「法と経済学」叢書 X

リチャード・A・ポズナー著
加齢現象と高齢者
高齢社会をめぐる法と経済学

國武輝久訳

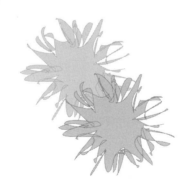

木鐸社刊

目次

はじめに ………………………………………………………………… 7

第1部　加齢現象と高齢者
　　　―社会学と生理学および経済学による理解

第 1 章　加齢現象の実態とその背景 ……………………………… 26
　　1　加齢現象のプロセス ……………………………………………… 26
　　2　加齢現象と生物進化の過程 …………………………………… 38

第 2 章　高齢者をめぐる過去と現在および未来 ………………… 45
　　1　高齢者をめぐる歴史的背景 …………………………………… 45
　　2　人口高齢化をめぐる心理的不安 ……………………………… 51
　　3　将来への展望とその課題 ……………………………………… 59

第 3 章　加齢現象をめぐる人的資本理論 ………………………… 71
　　1　単純なライフ・サイクル理論 ………………………………… 71
　　2　死後の効用と終末期の問題 …………………………………… 79
　　3　関係的な人的資本理論 ………………………………………… 84

第 4 章　加齢現象に関する経済学的モデル ……………………… 90
　　1　知識の変化と割引率および加齢に伴う能力減退 …………… 91
　　2　引退に関する意思決定 ………………………………………… 106
　　3　一元的自己と多元的自己の概念 ……………………………… 114

第2部　複雑な応用モデルとしての経済学理論

第 5 章　高齢者に関する経済心理学 ……………………………… 134
　　1　アリストテレスと高齢者 ……………………………………… 137
　　2　死に対する恐怖 ………………………………………………… 148
　　3　心理学における高齢者の身体的・精神的な能力減退 ……… 157
　　4　宗教と投票行動および言論 …………………………………… 160

第 6 章　高齢者の行動と加齢現象の相関関係 …………………………… 166
　　1　自動車の運転 …………………………………………………………… 166
　　2　犯罪の被害者および加害者としての高齢者 ………………………… 172
　　3　自殺 ……………………………………………………………………… 182
　　4　金銭的な吝嗇性 ………………………………………………………… 187
　　5　性的活動 ………………………………………………………………… 188
　　6　労働と余暇 ……………………………………………………………… 192
　　7　住居 ……………………………………………………………………… 197
　　8　投票行動と陪審参加 …………………………………………………… 201

第 7 章　加齢現象と創造力およびアウトプット ………………………… 211
　　1　生産性と年齢―創造力と指導力の関係 ……………………………… 211
　　2　職業分野とその相互間におけるピーク年齢の相違 ………………… 225
　　3　創造的労働の性格と加齢変化 ………………………………………… 236

第 8 章　裁判官の高齢化とその影響 ……………………………………… 244
　　1　高齢裁判官の生産性評価 ……………………………………………… 245
　　2　高齢裁判官の生産性とその根拠 ……………………………………… 258
　　3　裁判官の高齢化とその影響 …………………………………………… 270

第 9 章　高齢者の社会的地位と組織の老化現象 ………………………… 274
　　1　未開社会および農業社会 ……………………………………………… 277
　　2　現代社会における高齢者の象徴的地位 ……………………………… 294
　　3　イデオロギーの影響 …………………………………………………… 302
　　4　制度化された組織のライフ・サイクル ……………………………… 306

第3部　規範的な論点

第10章　安楽死と高齢者の自殺 …………………………………………… 314
　　1　定義 ……………………………………………………………………… 314
　　2　医師幇助自殺の経済学的分析―身体的な機能停止状態の場合 …… 317
　　3　自発的な安楽死とその実行の延期 …………………………………… 339

第11章　社会保障と医療ケア制度 …………………………… 351
1　社会保障の強制的性格 ………………………………………… 351
2　高齢者および男女間における医療ケア資源の配分 ………… 354
3　社会保障と所得再配分 ………………………………………… 376
4　高齢者と民主主義の理論 ……………………………………… 386

第12章　加齢現象と高齢者をめぐる法的諸問題 ……………… 399
1　企業年金法 ……………………………………………………… 400
2　不法行為の加害者および被害者としての高齢者 …………… 408
3　高齢犯罪者および受刑者 ……………………………………… 416
4　老人性認知症と行為能力 ……………………………………… 421

第13章　雇用における年齢差別禁止法と定年退職制度 ……… 427
1　雇用における年齢差別禁止法の法的性格とその評価 ……… 428
2　雇用における年齢差別禁止法の社会的影響 ………………… 440
3　強制的な定年退職制度をめぐる経済学 ……………………… 468
4　裁判官と大学教授の強制的退職制度 ………………………… 471

訳者あとがき ………………………………………………………… 489

＜索引＞ ……………………………………………………………… 496

はじめに

　現代社会は，極めて急速な人口構成の高齢化という問題に直面している。この高齢社会の進展に伴って，「高齢者(old age)」ないし「加齢現象(aging)」について考察することは，学術研究者にとって極めて有益かつ魅力的な研究主題である。しかし，経済学者たちは，高齢社会をめぐる政策的争点という主題について必ずしも充分な研究成果を示してこなかった。

　本書は，現代社会が直面する高齢者と加齢現象という重要な研究主題について，人びとの非市場的な社会行動を対象とする経済学的な分析アプローチを通じて新たな知見を示すことを意図している。本書で取り上げる具体的な論点としては，高齢者の安楽死を含む「老人の自殺(geronticide)」，雇用における年齢差別，連邦裁判官の退職年齢，加齢に伴う創造力や指導力の減退，高齢者による投票行動や陪審員としての参加活動，高齢者による不法行為や犯罪行動，老人性疾病の予防・治療をめぐる医療資源の配分，高齢者特有の行動・習慣に由来する社会的影響，高齢者の社会的地位をめぐる歴史的変化，高齢者に影響を及ぼす公共政策など，極めて多様で複雑な研究主題を例示できる。私は，高齢者と加齢現象をめぐる問題の全体像を理解するために，経済学的分析アプローチを通じて普遍的な鳥瞰図を示すことができると考えている。

　私は，本書では，経済学における実証的(positive)方法と規範的(normative)方法という二つの分析アプローチを採用する。前者は，高齢者と加齢現象をめぐるさまざまな主題について基本的理解を促すための実証研究的な分析アプローチである。後者は，高齢者と加齢現象をめぐる公共政策に規範的評価を加えるための分析アプローチである。後者のアプローチは，より慎重に表現するならば，公共政策の評価に関する判断枠組みを再構築するための分析手法と言い換えることもできる。この分析手法は，まさに学際的なアプローチである。私は，この学際的な分析手法を通じて，法律学や経済学など

の社会科学領域のみならず,進化生物学(evolutionary biology)や認知心理学(cognitive psychology)などの自然科学領域から加齢現象や高齢者をめぐる哲学や文学という人文科学領域に至るまで,幅広い分野で問題を掘り下げていくつもりである。私が本書で採用する分析手法は,われわれ自身がその若年期と高齢期でそれぞれ別個の人格を持っているという,古代ギリシャ時代のアリストテレスが提示した多元的自己(multiple selves)という観念を基礎としている。この多元的自己の観念は,その本質において経済学的というよりも哲学的な観念であり,統計学的な意味での選択的バイアス(selection bias)という概念を内包している。この選択的バイアスの概念は,アリストテレスの心理学と同様に,私の分析アプローチでは重要な役割を演じている。けれども,この複合的な学際的オーケストラでの指揮者の役割は,経済学的な分析手法が担うことになる。本書で採用する複合的な学際的アプローチは,人びとの加齢に伴う行動や態度に関する分析のみならず関連する公共政策を理解するためには,生理学・心理学・社会学・哲学その他の自然科学や社会科学と比較すると,経済学的なアプローチが最も有益であるという基本的な仮説の上に成立している。

　私は,この学際的なオーケストラを演奏する際に,以下のような複数の聴衆を想定している。最初の聴衆は,複合的な学際領域である老年学(gerontology)の研究者たちである。彼らは,経済学と老年学との密接な相互関連性を理解するならば,大きな驚きと新たな発見を見出すだろう。第二の聴衆は,人びとの非市場的な行動に関心を寄せる経済学者たちである。人びとの非市場的な行動に関する経済学は,より広汎に定義するならば,伝統的な経済学の外縁部に置かれてきた社会行動に経済学の分析アプローチを適用することを意味している。この第二の聴衆は,経済学者が関心を示すべき主題であるにも拘わらず,経済学者ではない老年学の研究者たちが直接的・間接的に多くの貢献を果たしてきたことに大きな驚きを覚えるだろう。第三の聴衆は,弁護士・裁判官・哲学者・生命倫理学者・社会科学者その他の専門職や研究者たちを想定している。彼らは,それぞれの職業分野において,加齢現象や高齢者をめぐる学際的な複合的主題に関心を持つ人びとである。これらの主題には,企業年金や安楽死をめぐる法的判断,医療ケア分野での研究助成の配分方法,強制的な定年退職制度に関する連邦法の適用問題,労働者の潜在能力に関する判断基準と評価方法,年齢を理由とする選好や差別および世代間の平等処遇に関する法的ルールなどの主題が含まれる。これら全

ての主題は，すでにアメリカでは，具体的な訴訟事件を通じて争われてきた主題である。これらの訴訟事件を担当した弁護士や裁判官の多くは，その実務的処理に際してしばしば法律学以外の専門領域から拡張的に発展してきた研究成果に驚きを感じている。私が想定している聴衆以外の人びとも，自らの加齢現象について関心を向けることにより，本書が主題とする課題の重要性を再認識することを期待している。

　私は，本書の記述では，さまざまな分野に及ぶ聴衆の知的好奇心をかき立てるように努力を重ねてきた。本書では，若干の数式モデルを使用しているが，その多くは単純化した上で充分な説明を加えており，特別の数学的知識を持たない読者にも理解できるように工夫している。また，経済学の基礎的知識を持たない初学者に対しても，新たに経済学の学習をしなくても本書が理解できるように充分な説明を加えている。

　本書は，法曹資格を持つ私の著作ではあるが，必ずしも加齢現象や高齢者に関連する法的主題に焦点を合わせた専門書ではない。私は，年齢差別や企業年金に関する連邦制定法から犯罪に対する刑罰や不法行為責任さらには裁判官の引退年齢に至るまで，さまざまな法的ルールの適用問題について論じている。これらの主題は，連邦裁判所の判事である私の実務経験から決定的な影響を受けていることは確かである。たとえば，雇用における年齢差別禁止法（ADEA）や労働者退職所得保障法（ERISA）は，私が法廷において数多く経験した訴訟事件での具体例でもある。連邦裁判所の判事という職業は，合衆国憲法の第3条の規定によって，強制的引退制度が適用されないという歴史的に名高い長老的（Nestorian）職業である。連邦裁判所の判事は，常勤ないしそれに類似する勤務形態で80歳代まで勤務することが充分ありうる職業でもある。ちなみに，有名なホームズ判事は90歳まで引退しなかったし，彼以外にも90歳代まで勤務した判事は少なくない。アメリカにおける連邦裁判所の歴史を振り返ってみても，80歳代の判事が重要な判決を下した事例は数多く存在する。歴史的に見れば，連邦裁判所判事の高齢化を問題視する声はこれまで常に存在した。有名なフランクリン・ルーズベルト大統領が試みた1937年の「包括的な裁判所改革プラン（Court-packing plan）」は，最高裁判所判事が70歳に到達した時点で引退・辞職勧告を拒否した場合，大統領に追加的な判事を任命する権限を付与する改革案であった。この計画では，最高裁判所判事の定数が15人に達するまで効力を持続することになっていた。このような司法権の独立に対する政治的脅威は明らかに存在した。

この計画案が公表されて以降，最高裁判所判事の高齢化に対する懸念の声はようやく下火になった。けれども，最高裁判所を含む連邦裁判所の判事には，加齢に伴う能力減退によって判事としての職務遂行が実質不能に陥っている人がいることもよく知られた事実である。

連邦裁判所判事は，老齢年金の給付や退職年齢の制限に関する連邦制定法のみならず，年齢を理由とする異なる取り扱いを「差別」として禁止する連邦制定法によっても恩恵を享受している。また，連邦裁判所判事の職務は，連邦法上の終身在職権(tenure)によって保障されており，これら全ての恩恵を享受する幸運に恵まれている。連邦裁判所判事の職務は，理論的にも法的位置づけにおいても，その性質は受動的でむしろ消極的な性格を持っている。この職務の性質は，訴訟事件の審理という職務自体の受動的な性格に由来している。この職務に従事するほとんどの判事は，めまぐるしく展開する訴訟事件での不連続な審理場面に常に直面している。とくに，連邦控訴裁判所の判事は，各年度で合計200件から300件の訴訟事件を担当している。裁判所判事の職務は，アメリカでもイギリスと同様であるが，その人生における2番目の職業体験として裁判実務を経験する場合が多い。結果的に見ると，裁判所判事という役割を演じる場面は，彼らがその舞台に早めに招聘されなければ，年齢的には比較的遅く登場して短期間で引退することが多い。私は，連邦控訴裁判所の実務の基本的なあり方について異議があるわけではない。けれども，連邦控訴裁判所の判事たちは，彼らが審理対象とする訴訟事件や裁判手続の構造について，事前に充分な知識が与えられていないという傾向が見受けられる。この傾向は，とくに高齢判事による裁判の実務的処理に際してその問題点が顕著に現れる。彼らの置かれている状況は，精神的重圧と不慣れな実務処理にも拘わらず，必ずしも専門領域とは言えない分野の紛争処理のために手際のよい実務的ダイジェストが用意されているわけではない。本書は，私の別の著作である『性と理性(*Sex and Reason*)』(1992年)と同じ趣旨であるが，私自身を含む連邦裁判所の同僚たちにとって，普遍的ではあるが情緒的でほとんど理解不能な一連の現象について検証することを試みるものである。本書で取り扱う主題は，高齢者をめぐる現代社会の問題状況に焦点を合わせる重要な論点を含んでいる。これらの法的主題は，性に関するそれとは違って，政治家や弁護士たちからの強い政治的影響力が反映される性質のものではない。これらの主題は，性に関する主題のようにタブー視される状況にはないことも確かである。けれども，本書において強調

する主要な争点は，公開での議論の際には深い沈黙や困惑ないし否定的な雰囲気が醸成される主題でもある。私は，本書でこのような状況を覆っているヴェールを引きはがすことを試みている。この主題をめぐる私のアプローチは，おおむね理論的なもので推測的な議論は控えめにし，可能な限り統計データによる論証の裏付けを試みている。現代のアメリカでは，高齢者に関する統計データは量的に不足する状況ではない。

本書において，私が高齢化に関する経済学的な分析アプローチを採る趣旨は，経済学的な意味での理論的根拠を示すという趣旨ではない。前述した私の著書『性と理性』においても，性に関する経済学的な分析手法で示したと同じように，本書でも同様の分析アプローチを展開するという趣旨である。高齢化をめぐる経済学的な研究成果は，量的にも膨大で技術的にも複雑な議論を展開している[1]。けれども，これらの研究の大部分は，主として人びとの退職後の社会的処遇に焦点を合わせている。たとえば，退職年齢の判断基準やその消費水準を支える所得保障(私的貯蓄や公的年金など)がその具体例である。結果的に，これらの研究は，高齢者をめぐる心理的・身体的な側面からの分析を見逃している。この高齢者をめぐる二つの側面は，経済学的な意味で重要性を持っている。

高齢者に関するこれまでの経済学的研究は，その全てが人びとの退職後の問題に焦点を合わせているわけではない。たとえば，アーサー・ダイアモンドは，加齢に伴う身体的な機能変化に焦点を合わせて，科学者たちが受け入れやすい人間の創造力に関する新たな理論構成を示している。彼の問題提起については，第7章で詳細に検討する。アイザック・エールリッヒと中馬宏之は，高齢者の終末期における延命努力について新たな研究視点を示している(第5章参照)。経済学の領域では，これ以外にもさまざまな研究成果があるが，これらは一般的な傾向の中では例外である[2]。結果的に，これまでの経

---

1 これらの文献は，Michael D. Hurd, "Research on the Elderly: Economic Status, Retirement, and Consumption and Saving," 28 *Journal of Economic Literature* 565 (1990)。なお，これ以前の文献については，Robert Clark, Juanita Kreps, and Joseph Spengler, "Economics of Aging : A Survey," 16 *Journal of Economic Literature* 919 (1978)．なお，この分野に関する非技術的ではあるが優れた要覧的文献として，以下参照．Victor R. Fuchs , *How We Live*, ch.7 (1983)。
2 これらの中でも，興味深いのは，男子のトラックとフィールド競技およびロードレース競技に関する統計的データを研究した，以下の文献がある。Ray C. Fair, "How Fast Do Old Men Slow Down ?" 76 *Review of Economics and Statistics* 103 (1994)。ここでは，経済学的モデルは含まれていない。しかし，この卓抜な研究者は，競技に参加した85歳

済学的研究は，高齢者の貯蓄や消費に関する意思決定が遺産動機によって影響されているか否か，社会保障制度が人びとの中年期や高年期での労働参加率や貯蓄率にいかなる影響を及ぼしているのかなどの論議に焦点を合わせるものが多数を占めている。結果的に，経済学の研究では，これ以外の論点はそのほとんどがその視野の外に置かれている。私は，これらの論点のいくつかに回答を与えたいと思っている。たとえば，高齢者は若年者と比較すると金融市場でのリスクを回避する傾向があるがその理由は何だろうか。学術雑誌における「匿名」の論文査読は，高齢研究者に対して不当な差別的効果を生むと考えるべきだろうか。高齢者の犯罪率が若年者より相対的に低いのは，懲役刑に伴う期待費用が彼らの期待生存期間の短縮効果によって抑制されるからだろうか。高齢者の社会的行動を分析するに際して，人生の「終末期(last-period)」とは何を意味するのだろうか。さらに，高齢者は年齢差別の犠牲者と言えるのだろうか。あるいは反対に，高齢者はあまりにも多くの政治的権力を保有しすぎているのだろうか。高齢者は，若年者よりも投票率が高い理由は何だろうか。アメリカでは，連邦議会選挙より大統領選挙のほうが年齢別の投票率格差が大きくなる理由はなぜだろうか。子供は投票権を持っていないから，若年者と高齢者との間で利益バランスを適切に調整するために，高齢者の投票権行使を制限すべきだろうか。人びとは，死が目前に迫るまで重要な意思決定を延期する理由はなぜだろうか。連邦裁判所の判事は，退職年齢が定められていないけれども，彼らにも強制的な定年退職制度を導入すべきだろうか。また，加齢に伴う能力減退は，連邦裁判所判事たちの生産性のアウトプットにも影響しているのだろうか。ある社会では高齢者

以上の男子の記録は，彼自身の55歳時点のそれよりも低くて記録の相関係数が49％に過ぎないと指摘している。この指摘は，「社会は，健康で正常な生活を営む個人にとって，加齢現象によって失われる損失に対してあまりにも悲観的な態度をとっている」(Id. at 117)，と示唆しているのかもしれない。私は，彼の研究成果が政策レベルでどのように評価されるべきか明確には理解できない。しかし，私は，USテニス協会が85歳以上の競技会を開催していることを彼が知らないならば，今後の興味深い研究対象となるだろうと確信している。また，ダン・ショーネシーは，「高齢者は，霊感を発揮する」と指摘している。*Boston Globe*, Sept.7, 1994, p. 57. 彼は，あるテニス・プレーヤーに対して「このテニス競技で数十年経過しても依然としてプレーを継続できる」という，「唯一の共通する秘訣」を挙げてほしいと質問している。この質問に対して87歳のプレーヤーは，「共通する秘訣は，われわれはまだ生きているということですよ」という賢明な回答をしている。

は尊敬されるのに，他の社会では軽蔑され時には殺される理由はなぜだろうか。よく見かけることであるが，黒人社会では白人社会よりも高齢者を尊敬する傾向があるのはなぜだろうか。人間の生命の「価値」をめぐる社会的評価に際して，高齢者の生命の価値は若年者のそれより低く評価されるのはなぜだろうか。さまざまな分野において，創造性に関する潜在能力のピーク年齢が職業領域ごとに異なる結果が生じるのはなぜだろうか。高齢者は，若年者よりも言葉づかいがくどい傾向があるのは本当だろうか，またその理由はなぜだろうか。高齢者は，さまざまな疾病にかかりやすいが，彼らが生命に執着するのはなぜだろうか。われわれは，高齢者が自発的な死を迎えるのに手助けをすべきだろうか。政府による財政補助を受けている医療研究は，アメリカの女性と男性の平均寿命の平準化を目指すべきだろうか。これらの医療研究は，高齢者の死亡率を高めるような疾病研究に集中すべきか，それとも視覚障害や聴覚障害のような高齢者の生活の質を向上させる治療の研究に集中すべきだろうか。連邦法による年齢差別禁止という法的効果は，人びとの生涯における富の配分にどのような影響を及ぼすのだろうか。高齢者に対する富の配分をめぐる公共政策は，若年者に対するそれよりも重視されるべきだろうか。高齢者による老後のための貯蓄行動は，彼らの子孫に対する遺産動機の貯蓄と比べると道徳的な意味が異なるのだろうか。これら全ての疑問は，経済学的な疑問ではないと思われるかもしれない。多くの人びとは（多くの経済学者を含めて），経済学の思考領域を狭く限定しているからである。

　経済学の概念は，本書で分析対象とするものに限定すれば，極めて常識的なありふれた概念である。これらの概念は，たとえば情報の経済学，健康の経済学，法の経済学，人的資源の経済学など，さまざまな経済学の関連領域で導入されてきた概念である。けれども，私は，たとえば明示的な合理的行為者という経済学の概念を例に挙げるならば，ある個人の若年者である自己と高齢者としての自己を区別して取り扱うなど，通常での経済学の概念を超えた新しい修正を加えている。本書での経済学の適用における新規性は，高齢者と加齢現象に対する経済学の適用に際して，金融市場その他の市場分野から非金融的ないし非市場的分野にまでその分析視点を拡張している点にある。この分析視点の拡張は，これまでの経済学が研究対象としてきた，人びとの退職後の社会的処遇をめぐる分析視点に新たな知的・精神的な内面分析を追加するという重要な意味がある。

私が本書で展開する，複合的な学際研究としての情報の経済学を高齢者に関する主題に適用するというアイデアは，従来の経済学による研究成果からではなく，アリストテレスの修辞法からそのヒントを得ている。アリストテレスは，若年者と高齢者との関係を対峙的に考察する際に，両者における人生の見通しが異なることを重視していた。彼は，高齢者と若年者のさまざまな相違を挙げているが，とくに私が注意を喚起されたのは次の指摘である。「若年者の人生は，記憶によってではなく期待によって満たされている。期待とは，将来への思い入れであり，記憶とは過去への思い入れである。若年者は，その人生における将来への長い時間と，その人生における過去という短い時間しか持っていない。人間が生を享けた瞬間には，思い出すべき過去を全く持っておらず，全ての期待をその前途に向けることができる。」高齢者は，若年者とは反対に，「彼の人生は希望というよりも，むしろ過去の記憶によって生きている。彼の人生の残りの日々は，彼の長い過去に比べるとあまりに少ない。希望とは未来であるが，記憶とは過去の残影に過ぎない[3]。」ここでは，人びとが持っている過去に由来する記憶と，想像力に由来する希望や期待を等価であると考えてみよう[4]。人間の知識と想像力について，これを理性に関する主要な構成要素として考えるならば，この二つの要素のバランスは加齢に伴って変化する。この知識と創造力の関係は，心理学における「結晶的(crystallized)」知能と「流動的(fluid)」知能の関係にほぼ相当する。私の経済学的分析アプローチは，この加齢に伴う知識と創造力のバランス変化について，経済学的な用語に翻訳することを通じて重要な役割に転換させることを目指している。これまでの高齢化をめぐる経済学研究は，若年者と高齢者の間での認知的・感情的・倫理的その他の加齢に伴うバランス変化を抽象的なレベルで考察してきた。つまり，従来の経済学的な研究は，人びとの加齢に伴うバランス変化について，老後の死を迎える瞬間の問題として考察してきたのである。なぜなら，人びとの人生を人的資本に対する投資として考えるならば，人間の死はその人生の清算時期に該当するからである。しかし，このような経済学的な分析が常に妥当するわけではな

---

[3] Aristotle, *Rhetoric*, bk.2, ch.12, in *The Complete Works of Aristotle*, vol. 2, pp. 2213, 2214（Jonathan Barnes, ed., 1984）(W. Rhys Roberts, trans.) なお，この引用部分のギリシャ語の原文ページは，1389aと1390aである。

[4] Robertsがギリシャ語から，最初は期待(expectation)で，次には希望(hope)と訳しているが，原文は $\varepsilon\lambda\pi\iota\delta$ で両者とも同意味である。

い。経済学的な観点からするならば，個人がその効用を最大化する期間が彼の死によって終了すると考える必要はない。若年者と高齢者の間における重要な相違は，個人の効用がその死によって終了するという事実ではない。アリストテレスが指摘するように，加齢に伴って精神的ないし心理的な潜在能力は減退するし，その能力変化が相互に影響を与えるという認知的変化こそが重要である。このような事実は，多くの研究を通じて確認されている。

　多くの経済学者は，人間のライフ・サイクルを考察する際に，高齢者はその潜在能力の減退を経験するという文脈で，加齢現象についておおむね否定的な現象として言及してきた。これらの経済学者の主張は，少し誇張された思考様式であることは確かである。彼らの思考は，人びとの加齢に伴う社会的な生産・消費をめぐる能力や機能は，人間の死や社会的引退によって急激にゼロにまで下降することを前提としているからである。これまでの経済学的な研究では，高齢者と人的資本の関係についてはほとんど考察の対象とされてこなかったし，加齢に伴う身体的ないし認知的な変化についても無視される傾向にあった。経済学における人的資本という概念は，人びとの稼得能力を含む概念である。この場合の「稼得(earning)」とは，金銭的報酬のみならず非金銭的報酬をも含む幅広い適用領域を包摂する概念である。この人的資本は，たとえば数学や音楽に関する才能のみならず瞬発的な身体反応や肉体的な強靭さなど個人に内在する資質を含んでいる。この人的資本の概念は，生得的能力(innate capacities)のみならず，教育訓練の成果とも言えないような後天的な獲得形質をも含んでいる。この生得的能力は，生物学的な意味では衰退しやすい能力であることは確かである。これに対して後天的な獲得形質は，アリストテレスが指摘したように，単純な生活や労働を通じて形成された知識(これも衰退しやすい)を含んでいる。これらの獲得形質は，学校や職業訓練プログラムで習得した知識と同様に，年齢に相関する経験によって獲得される能力も含まれる。高齢化をめぐる経済学的研究で生得的能力が軽視されてきた理由の一つは，人間のライフ・サイクルに関する研究では，人びとは社会的引退によって急激な能力減退に陥ると判断して経済学的分析を終了させてきたことにある。けれども，人間の能力減退は，社会的引退よりも以前から開始されているし，その生理的機能の転換は社会的引退よりもかなり以前から生じている。社会的な意味での引退は，標準的な引退年齢が65歳以降とされている。この社会的引退の標準年齢は，必ずしも一致した見解ではないが，歴史的にはビスマルクの社会保障立法から始まってい

る。しかし，経済学者たちは，標準的なライフ・サイクル仮説から逸脱するような機能的引退と社会的引退の区別についてはほとんど関心を示してこなかったのである。

この機能的引退と社会的引退を対比する考え方は，私の考察が高齢者に焦点を合わせていることもあって，読者が想定するよりもそのカテゴリーを緩やかに設定している。連邦法である雇用における年齢差別禁止法は，40歳以上の全ての労働者を保護対象と規定している。この法律の適用をめぐって争われた労働者の退職についての裁判例は，その多くが通常の引退年齢よりも早い年齢での退職強制をめぐる紛争であった。加齢に伴う能力減退は，個人の自由裁量によるプロセスではなく，持続的かつ継続的な一連の自然発生的プロセスである。たとえば，プロフェッショナルの運動選手などの分野では，30歳ですでに高齢者といわれるかもしれない。また，理論物理学やコンピュータ・ソフトの設計などに代表される知的職業分野では，専門職としての最盛期は30歳より若い年齢で訪れるかもしれない。原始的な未開社会の基本的特徴は，職業や社会的活動に関する年齢ごとの序列段階（時系列的な年齢を基礎として役割を割り当てる）が高齢者に制限されていなかった点にある。高齢者に関する研究は，実際には，人間全体のライフ・サイクル研究から分離することが不可能である。私の主要な関心は，主として高齢者にあることは確かであるが，本書のタイトルに高齢者と同時に加齢現象（または高齢化）を含めたのは上記のような理由もある。高齢者に関する重要な主題のいくつかは，たとえば犯罪常習者に対する刑罰や安楽死，非金銭的効用の損失に対する損害賠償の判断基準，医療資源の最適配分などは，高齢者と同様に若年者にも適用可能な主題である。同様に，高齢裁判官による司法判断の分析・評価は，一般的な司法プロセスを前提として初めて理解できる。他方で，年齢差別に関する訴訟は，一般の訴訟での原告が勝訴する要因の分析でも重要な役割を果たすことになる。本書の主題は，高齢者に関連する社会的主題を取り扱う研究成果の分析に充てられている。けれども，本書は，これらの主題に関する境界を越えてその分析を拡張する場合もあるし，そもそも主題とは外見では無関係に見える分析を展開する場合もある。

ここでは，本書の構成について説明することが読者のために有益であるだろう。最初の4つの章は，本書の舞台装置を設定する目的に充てられている。第1章は，高齢者に関する重要な生理学的データを提示・分析している。これらのデータは，従来の社会科学研究では，時には見過ごされたり過

剰な装飾が施されたりする傾向もあった。これらのデータは,「通常の加齢現象」として格別に疾病や事故に遭遇したわけではない普通の人びとの加齢について説明するデータである。私は,これらのデータの分析結果から,高齢者の能力減退についていささか誇張されてきた問題状況について検証する。私がここで検証する問題の一つは,加齢に関与する遺伝子プログラムが存在するか否かという問題である。その回答は,結論的に言えば「否定的」である。逆説的に言えば,本書の目的の一つは,高齢者が経験するある種の特性が「遺伝子レベルの定義」で説明可能かどうか検証することにある。

第2章は,第1章よりやや長いが,比較的「日当たりのよい」章である。この章では,人間の加齢現象と高齢者について,生理学・人口学・歴史学・経済学などに関連する追加的な裏付けデータを検証する。また,現在の国民国家が不吉にも老齢化(gerontified)しているという,社会的に広く認識され研究者の関心を呼んでいる主題についても予備的な考察を行うことになる。私は,国家の人口構成は高齢化しているけれども,批評家が喧伝するような危機的状況ではないと考えている。これらの批評家は,高齢者人口の増加に伴う費用を過大評価しており,その便益を過小評価しているからである。しかし,私のこの評価は,高齢化に伴う費用の存在とその増加現象を否定する趣旨のものではない。

第3章と第4章は,高齢化に関する一連の経済学的モデルを展開するための前提である,経済分析のための理論的な基礎構築に充てられている。第3章では,高齢者のライフ・サイクルに関する伝統的な人的資本モデルから,経済学的な分析アプローチによるその適用を開始する。私は,この人的資本モデルを前提として,それをさまざまな方向に拡張して適用することを試みる。たとえば,個人の死後の効用(posthumous utilities)を支える(遺産から派生する効用のみに限定していない)人的資本として私が「関係的」人的資本と呼ぶような,ビジネスその他の社会関係を含む友人その他の個人的関係について考察を加えている。第4章では,経済学の伝統的モデルをさらに変化させる。ここでは,若年者から高齢者に移行するに際して,加齢に伴う認知的変化によって創造力と知識・経験のバランスが変動すると仮定している。これは,加齢に伴って主観的な時間経過のスピードも変化する(早くなる)とともに,身体的・精神的な潜在能力もまた減退することを示唆している。これらの能力減退は,多くの人にとっては極度の高年齢に至る間に少しずつ進行する。私は,ここで「過剰な潜在能力(excess capability)」という概念を用

いることで，一般的には65歳までさまざまな活動領域で大きな屈折的変化は生じないという仮説を提示している。私はまた，日常的習慣の裏面にある「倦怠感(boredom)」という概念は，人びとが引退の意思決定をする際の経済学的に分析可能な要素として注目に値すると主張している。さらに，本書で重要な役割を演じることになる，特定の人物の若年期と高齢期における自己認識に関する命題を導入して検討を加える。この命題は，若年期と高齢期という二つの自己は，同一人格の自己と考えるよりも，全く異なる二人の人格と考えるほうが有益であることを示唆している。結果的に，第3章と第4章は，高齢化を深刻な問題と評価してきた従来の経済学的モデルに対して，私なりの新しいモデルを提示することになる。

　第2部は，第5章から第9章までの各章で構成されている。この第2部は，本書における経済学的アプローチの適用対象を拡張して検証する部分である。第5章は，高齢者に対して「経済心理学(economic psychology)」を適用するという新しいアプローチを採用している。この経済心理学というアプローチは，経済学で一般的に受け入れられている理論ではないが，経済学の外因的要素としてその心理学的特質を引き出すことが可能となる。たとえば，一般的に高齢者は，若年者と比較するとよい聞き手と言えないだけではなく，慎重な話し手とも言えないことが示唆されている(高齢者は社会的な定型化された平均的概念によって「あの高齢者たち(the elderly)」というような無定形の集団として取り扱われている)。高齢者は，自らの人的資本への投資が少ないために，他の人びとによる情報発信から受信できる情報量の比率が少なくなる。また，彼らの市場取引が相対的に限定される結果，自己中心的な性格を抑制して他者と協調的な会話を行うインセンティブが働かない傾向が見受けられる。結果的に，高齢者たちは彼らの特性を抑制することを通じて，利益の多い市場取引に参加する機会を減少させている可能性がある[5]。

---

[5] Cf. M.F.K. Fisher, *Sister Age* 234 (1964):「私は，人間が意地悪な老人や魔女(Nasty Old Man or Old Witch)に『変身する』ことはないという，強い信念を持っている。私は，もちろん，意地悪で魔女のような人びとがこの世に生まれてきて，彼らが多数の集団を構成していると信じている。また，彼らはときには，5年間ほど彼らの不健全な性悪さを押し隠しつつ，彼らがもはや社会行動のルールを遵守する必要がなくなるか，あるいは彼らの本来のぞっとするような性格に復帰するまでの間だけ比較的上品に振る舞うことも知っている」。

第6章は，高齢者の社会的行動に関するさまざまな難問（puzzles）に挑戦する。たとえば，高齢者による自動車運転や交通事故，犯罪や自殺あるいは性的行動，居住場所に関する習慣や遺産動機，選挙における投票行動や陪審参加，社会的引退ないし退職（再度の議論になる）をめぐる行動などがそこに含まれる。これらの難問には，たとえば高齢者による低い犯罪率や犯罪被害率と高い交通事故率や自殺率の間には正の相関関係があり，また高い投票率と低い陪審参加率との間にも正の相関関係が見受けられるという，極めて興味深いデータが含まれている。ここでは，想定される読者の疑問に対して，私なりの率直な対応をしたいと思っている。第一の疑問として想定されるのは，「高齢者」というカテゴリー分類は，加齢現象をめぐる行動分析の際に本当に有意義な分析装置となりうるのかという疑問である。第二の疑問は，高齢者の自己裁量によって変化する彼らの社会行動について，経済学的アプローチが有益な役割を果たすことができるのかという疑問である。

　第7章では，加齢現象と知的創造力ないしは目標達成力（achievement）との間の関係を検証する。私は，社会的なさまざまな活動において，一方では現実の経験と実務的な知恵の間に，他方では読書を通して学習することと抽象的に推論することの間に，明確な年齢別の能力プロファイルを設定することができると考えている。ここでは，「知的創造力」を必要とする職業の適性と指導者としての適性の相違について分析する。このような適性の相違は，「高齢者スタイル」とか「後期人生スタイル」と呼ばれる芸術が存在することが示唆するように，その本質において年齢に相関して変化する要素の集合と，知的創造力に基づく要素の集合を明確に区別することができることを示唆している。第8章では，高齢裁判官とりわけ連邦控訴裁判所の判事に注目して，彼らの業務における目標達成力に焦点を合わせて考察する。ここでは，法律情報の文献検索サービスによるデータ分析を通じて，裁判官は相当な高齢に至るまで外部から認識できるような知的障害を経験することなしにその潜在能力を維持できるという証拠を提示する。裁判官の加齢に伴う生産性の低下は，裁判官としての実務経験や文章作成能力の重要性を考慮に入れても，その進行は漸進的である（その生産性低下率は他の知的熟練職種と比較しても低い）という分析結果が導かれている。ここでは，連邦控訴裁判所における裁判官の業務の質的評価と業務遂行実績を考慮しつつ，彼らの謙虚な人柄やその選任においてしばしば発生する政治的バイアスの影響なども検証の対象としている。ここで提示される分析結果は，連邦控訴裁判所の裁判

官の生産性に関する証拠としては充分であると思われる。また第7章と第8章では，社会的活動において一般的に見受けられる高齢者の年齢に由来する特徴について，統計的なデータに基づいた解説も加える予定である。

第9章は，高齢者の社会的地位に焦点を合わせて，さまざまな社会において高齢者の地位に幅広い相違が存在する事実を検証する。ここでは，高齢者の社会的地位の相違について，高齢者の自殺や先祖崇拝に至る幅広い論点について検討を加える。はじめに，近代以前の社会（統計的分散値が極めて大きい社会）を対象として，ある社会では高齢者の社会的地位が極めて高いのに他の社会ではその地位が低い理由は何か，近代社会への移行過程でその地位がどのように変化するのかなどの論点について検証する。また，それぞれの社会における高齢者の地位をめぐり，その年齢階層別の実態についても詳細に検証する。最後に，個人の加齢現象と企業や国家その他の社会組織の加齢現象の間に類似性や相互作用があるか否か（私は相互に影響を与えていると考えている）についても検証する。

以上のように，第1部と第2部は，私の高齢化に関する経済学的分析アプローチを展開するとともに，高齢者と加齢現象に関する多くの課題を考察するためのさまざまな争点について検討している。これらの争点は，倫理的争点と法的争点の両者を含んでいる。これらの争点は，高齢化をめぐる経済学的な実証的アプローチに関する知識の源泉としてのみならず，規範的争点について考察するための充分な説得力と将来的な予測力を持っている。これに対して第3部は，規範的争点のみを直接的な対象として考察する部分である。これらの規範的争点へのアプローチは，マクロ経済学的アプローチとミクロ経済学的アプローチの二つに分かれている。第一のマクロ経済学的アプローチは，「財産的収奪（rip-off）」問題として要約されるアプローチである。たとえば，高齢者は若年者に対して財産的収奪を行っているのだろうか。これが事実なら，どのような方法でどの程度までそれをコントロールできるのだろうか。この財産の収奪に関する論点は，すでに第2章で基礎的な考察とその予備的な回答を示しているが，詳細については第11章で取り扱う。

第二の規範的争点に関するアプローチは，特定の市場ないし社会活動領域に適用されるミクロ経済学的アプローチである。第10章は，主として安楽死をめぐる争点（「安楽死」を実行する人が高齢者自身の場合には「高齢者自殺（geronticide）」として区別する）がその考察対象とされている。ここでは，医師幇助自殺（physician-assisted suicide）の合法化は，その批判者や支持者に

よる推測とは異なり，自殺率を増加させるのではなくかえってそれを低下させることを示唆している。私はまた，医師幇助自殺に反対する考え方を批判的に検証するためにさまざまな論点について議論している。たとえば，医師幇助自殺は，医師が虚弱な患者を死に追いやるような結果を促進するという議論がある。また，医師幇助自殺は，終末期の疾病や深刻な後遺障害が発生する場合には可罰性を否定すべきであるとする議論もある。私はこれらの論点について，将来に発生が予測できる一定の条件を充たす場合には，多元的自己モデルに従って考察すべきであると考えている。たとえば，高齢者の自己が極度の老衰状態に陥った場合には，若年者の自己が彼を殺害することを自らの死の事前選択として許容すべきであると考えている。

　第11章では，高齢者に関連する公共政策に焦点を合わせて，倫理的に多くの問題を含むさまざまな争点について検証する。たとえば，民間の企業年金プランに対して労働者の加入を強制すべきであろうか，企業年金プランに対する政府の財政補助は許容されるべきだろうか。高齢者に対する医療ケアのサービス給付に対しても，政府による財政補助がなされるべきだろうか。医療研究のための資源配分は，男性高齢者の疾病と女性高齢者の疾病を区分して配分されるべきだろうか。さらに，民主主義的な政治制度は，年少の子供や児童と比較すると高齢者にあまりに多くの権力を付与していると言えないだろうか。これらの論点については，人びとの直観には反するかもしれないが，私は以下のような分析結果を提示する。たとえば，女性高齢者の疾病と男性高齢者の疾病に関する調査研究の資源配分を区別することは，女性高齢者にとってより好ましい結果をもたらす可能性がある。また，現在の高齢者の政治的役割の評価については，現在の若年者ないし中年者たちが将来の高齢者となった自己自身の「代表(representatives)」として現在の高齢者の役割を承認するならば，彼らの投票行動は適切な権限行使として認められる可能性がある。結論的に言えば，本章では，哲学的な論点が明示的な主題となっている。すなわち，個人の人生での若年期と高齢期における，それぞれの自己自身と異なる人生のステージの人格として考える理由と目的は何か，また異なる人格としての自己自身とは何かという，これまでにもたびたび言及してきた多元的自己に関する哲学的な主題である。私は，若年者の自己と高齢者の自己の間での緊張関係は，高齢者に対する医療ケアや居宅ケアにおける費用負担という問題に加えて，人口高齢化の進展に対応する費用負担の増加が極めて急速なことが問題を複雑化させていると考えている。けれ

ども，私は，現在の高齢者世代が若年者や中年者の世代から膨大な財政移転を受けているとか，将来その財政移転が増加する可能性があると確信するに充分な証拠があるとは考えていない。第12章と13章は，これまでの各章において検討してきたさまざまな法的な争点について，実証的かつ規範的な分析アプローチを適用する。たとえば，企業年金を規制する連邦法（ERISA）によって派生する争点，高齢者に関連する不法行為や犯罪行為あるいは財産権をめぐる争点，若年犯罪者が終身刑を科された結果として在監のまま高齢者となった場合の処遇に関する争点など，極めて多様で複雑な争点で構成されている。これらの主題については，主として本書における最長の第13章で取り扱うが，強制的な定年退職制度を含む年齢差別をめぐる争点に焦点を合わせて雇用における年齢差別禁止法（EDEA）の理論的根拠についても検証する。また，この法律によって予測される実務的影響とそれに伴う費用負担をめぐって，その配分的（allocative）ないし分配的（distributive）効果について考察する。私は，この法律による規制の効力は実質的にはほとんど失われていると考えているが，強制的な定年退職制度に関する賛否の議論について私なりの考察結果を提示する。私の結論は，この法律は実際にはほとんど効力を持っていないが，仮にその規制が効力を持つとすれば，それは高齢労働者の所得配分に不当な影響を与えその労働生活を侵害する効力にあるだろうというものである。この法律の効力は，しばしば見過ごされているが，社会的規制というのは経済的規制と同様に公共の利益に奉仕するというもっともらしい口実に過ぎないという一つの具体例である。この事実は，たとえ規制に関する事前の予測や効果が説明されていた場合でも，表面的な受益者の期待を裏切る効果をもたらすという実例でもある。

　本書は，その主題のみならずアプローチの方法に関しても，極めて多様かつ広汎な問題領域を取り扱っている。結果的に，学術分野での高齢者に関する研究動向（全般的には健全であると私も認めている）から見れば，私の議論は挑発的な攻撃とみなされるかもしれない。本書の目的は，古臭い（old—これはダジャレを言っているわけではない）学術的議論が混迷状態にある主題について，新しい視点から見直すための問題提起である。私は，ある種の古典的な論点については，定型的な考え方ではなく示唆的な考え方こそが提示されるべきであると考えている。しかし，本書は，教条的な思考態度を放棄しているとしても，全ての読者に満足を与えられるわけではない。とくに，合理的選択論を支持する人びとは，私の経済理論が非経済的な社会現象

に適用されることに納得できないかもしれない。また，この研究領域で多く見受けられる，高齢者人口の増大とその帰結（彼らはその帰結を知っているかのようだ）に警鐘を鳴らす悲観論者も，私の分析とその結論には満足しないだろう。さらに，高齢者のための活動に従事する専門職の人びとも，その基盤となる高齢者の苦境を誇張しがちであるから本書の結論には同意しないだろう。もちろん私は，賢明な人びととの人生における最も幸福な時期が高齢期であると考える，古代ローマのキケロの見解に与するものではない。私はまた，人口高齢化に対応する最適な公共政策を提示しているとか，提示できると考えているわけでもない。私は，アメリカにおける人口高齢化の進行が全国的規模での災厄の前触れになっているとか，社会保障制度の廃止やその大規模な縮小という抜本的な改革が不可欠であると示唆しているわけでもない。これまでの議論は，人口高齢化に由来する費用負担が誇張され，その便益がほとんど無視されているように思われる。私は，少なくとも現在では，人口高齢化に警鐘を鳴らしている人びとが主張しているレベルよりも，実際にはその影響は幾分少ないと思っている。本書を通じて，この私の見解に読者が説得力を感じてくれることを期待している。

　本書の調査研究や執筆に当たって，私は，以下に記す多くの人びとから支援や助言を受けている。まず，調査研究に際しては，ベンジャミン・エイラー，マーク・フィッシャー，スコット・ゲイル，リチャード・ハインズ，ウィスレー・ケルマン，スチーブン・ニードハート，アンドリュー・トラスク，クリントン・ウーラー，ジョン・ライトおよびダグラス・ワィバローから多くの協力を得た。また，クリストファー・ヒルには，調査研究のリーダーとして活動してもらった。また，データの収集に際しては，エドワード・ロウマン，ジョージ・プリースト，スチーブン・シュレジンジャーおよびトム・スミスからも貴重な協力を受けている。以下に記す人びとからは，本書の原稿段階から，その各章の一つもしくは複数の章にわたって，さまざまな貴重かつ有益なコメントを得ることができた。これらの人びとの中には，マイケル・アロンソン，イアン・エイレス，ゲリー・ベッカー，ワイアン・ブース，マーガレット・ブリニッグ，クリスティーヌ・カッセル，アーサー・ダイアモンド，ジョン・ドナヒュー，ラリー・ダウンズ，ロナルド・ドゥオーキン，フランク・イースターブルック，ジョン・エルスター，リチャード・エプスタイン，ロバート・ファーガソン，ディヴィッド・フリードマン，ビクター・フック，ディヴィッド・グリーンワルド，ジョン・グリ

フィス，クリストファー・ジョルズ，ウィリアム・ランデス，ジョン・ラングベイン，エドワード・ラジアー，ローレンス・レッシグ，マーサ・ヌスバウム，ジェイ・オルサンスキー，トマス・フィリップソン，シャーレンス・ポズナー，エリック・ポズナー，マーク・ラムザイアー，エリック・ラスムッセン，ジョージ・ルサーグレン，キャス・サンスタイン，ジョン・トリネスキー，および キャロリン・ウィーバーなどが含まれている。ここに掲げた本書の草稿段階での読者たちは，私の誤読や誤解を正してくれたばかりでなく，本書に関する私の新たな展望を開くために再考する機会を与えてくれた。彼らの中でも，本書における最大の貢献者は，ゲリー・ベッカー教授である。彼は，本書の原稿段階から適切なコメントを与えてくれたのみならず，本書におけるそれぞれの主題について刺激的議論を投げかけてくれた。彼はまた，本書の基礎となる人的資本に関する経済学の基本的な研究成果について，さまざまな議論の相手となり適切なコメントを与えてくれた。

　なお，本書のいくつかの章の初期における草稿は，1994年のイエール大学における「人間の価値に関するターナー講座 (Tanner Lectures)」が基礎となっている。他の各章における議論は，以下の大学や研究機関における講義やスピーチから構成されている。これらの大学や研究機関には，ヴァージニア大学のロー・スクール，アイルランド経済社会研究所，シカゴ大学の「都市計画フォーラム」，ハーバード大学ロー・スクールにおける「法と経済学に関するワークショップ」，およびアメリカ法と経済学会の年次大会における報告などが含まれる。これらの講義や報告における聴衆の方々には，多くの貴重な刺激的コメントをいただいたことに感謝したい。

　最後に，本書において私が強調している論点の一つは，高齢者が保有する社会的価値や将来予測は，若年者や中年者のそれとは大きく異なっている可能性があるという議論である。この議論に関連して，本書の執筆時点における私の年齢は，満55歳であることをここに記しておくことにする。

第 1 部
加齢現象と高齢者
―社会学と生理学および経済学による理解

第1章
加齢現象の実態とその背景

1　加齢現象のプロセス

　われわれは，人間が年をとることを「加齢現象」という。人間は，なぜ年をとらなければならないのだろうか。老年学者たちの中には，「通常の加齢現象」という表現は論理矛盾であると指摘する人もいる。彼らは，加齢現象はある種の生理的な進行プロセスを意味するわけではなく，生命現象をめぐる不幸な出来事の集積を一般的に記述する表現に過ぎないとみなしている。われわれは，加齢に伴って病気に罹りやすくなる[1]。また，われわれは「加齢」によって特定の疾病に罹患しやすくなるのに加えて，特定疾病を克服した後でも複数の疾病に罹患するのが常態となる。加齢に伴う疾病の常態化現象に関する説明は，高齢者と若年者の唯一の相違は高齢者が病気になりやすいという説明のみになる。ある高齢者が病気にならないとすれば，彼は若年者と同じ健康状態と定義できるに過ぎない。

　この「疾病(disease)」という概念については，必ずしも説得力のある説明ではないが，疾病と加齢現象との間には不明瞭な境界領域があることを認識できる[2]。しかし，この疾病と加齢現象の境界領域の認識は，小さな具体例を

---

[1] 加齢現象は，ある年齢を超えると劇的に変化する。現在では健康な60歳の高齢者でも，80歳まで長生きして健康を維持できる比率はわずか30％に過ぎない。E. Jeffrey Metter et al., "How Comparable Are Healthy 60-and 80-Year-Old Men?" 47 *Journal of Gerontology* M73, M75 (1992). しかし，医療科学の進歩による加齢現象の改善は，将来的にも期待できると予測されている。

[2] この病気の概念については，心理学者と法学者の間で非常に注目される議論がある。それらの議論は，同性愛を病気と考えるべきか，それとも精神病的(psychopathic)または

挙げるならば，アリストテレスの以下の指摘を無視している。アリストテレスによれば，ものごとを想像することと実際に体験して知識を持っていることとの相違が人間のライフ・サイクルに及ぼす認知バランスの変化は，ある種の疾病に罹患したような意味論上での暴力的表現なしには記述できないと指摘している。別の具体例を挙げるならば，「加齢現象」が疾病に罹患する頻度の上昇を意味するならば，加齢現象の特徴を潜在能力の顕著な減退として説明できるかもしれない。けれども，この説明は，疾病に由来する身体的・精神的な変化を無視しているという意味で，加齢現象と疾病の関係を適切に説明していないという批判が可能である。多くのスポーツ分野でのプロ選手たちは，重大な怪我などの不運に出合わない場合でも，20歳代後半から30歳代前半で「高齢者」と呼ばれるが，彼らの症状は疾病に罹患したというわけではない。彼らの筋肉や神経システムの衰えは，世間の常識的な意味では疾病とは言えない。彼らの反射神経やランニング速度は，普通より少し遅くなっている程度ではあるがプロ選手としては致命的な遅れなのである[3]。この加齢に伴う運動能力の減退は，心理的要因もあることはもちろんであるが「疾病」と呼ぶことも可能である。しかし，スポーツ選手の20歳代や30歳代での能力減退が(女性の40歳代や50歳代の更年期症状も)「疾病」と呼べるならば，疾病の定義とその社会関係の相違を無視して考えるならば，他の同様な疾病も別の名称で呼ばれてもよいかもしれない。たとえば，癌・冠動脈疾患・脳卒中・糖尿病などは，人びとがそのように希望するならば疾病以外の名称で呼ばれる理由も充分に存在だろう[4]。

反社会的(sociopathic)な人格として取り扱うべきか否かという議論である。

3 Richard Schultz and Christine Curnow, "Peak Performance and Age among Superathletes: Tracks and Fields, Swimming, Baseball, Tennis, and Golf," 43 *Journal of Gerontology* p. 113 (1988). なお，加齢に伴う知的能力の減退は，極めて重要な要素であるが，少なくとも筆記テストでは比較的早い年齢の段階から知覚可能な能力減退が始まっている。ある調査(不健康な人は対象から除外している)によれば，知的能力の減退はおおむね35歳から44歳までの間に生じている。Kurt A. Moehle and Charles J. Long, "Models of Aging and Neuropsychological Test Performance Decline with Aging," 44 *Journal of Gerontology* p. 176, p. 177 (1989) (tab.1)

4 良好な身体の健康状態とは，加齢現象に伴う特徴である記憶喪失を抑制するという，極めて限定的な効力しか持っていないという証拠がある，Douglas H. Powell (in collaboration with Dean K. Whitla), *Profiles in Cognitive Aging*, ch. 5 (1994); Wojtek J. Chodzko-Zajko et al., "The Influence of Physical Fitness on Automatic and Effortful Memory Changes in Aging," 35 *International Journal of Aging and Human Development* 265 (1992).

加齢現象は，通常では，広範囲に及ぶ肉体的能力（身体的能力と精神的能力の両者を含む）の不可逆的な減退が要素となる進行過程とみなされる。このプロセスは，「身体的な能力減退」と呼ばれている[5]。加齢現象もしくは加齢と相関するこれ以外の非細胞レベルの変化は，加齢に伴って少しずつ死に近接してゆくプロセスである。この加齢現象に伴う非細胞レベルの変化については，第2章以下で詳細に検討する予定である。この非細胞レベルの加齢現象は，知的資源ないし人的資本への投資インセンティブとして作用する想像力や知識欲をめぐるバランス変化に影響を及ぼしている。この加齢現象は，環境に適応するために必要とされる習慣の効力にも影響を与える。この加齢現象は，アリストテレスが加齢現象について想定した人生での経験の効果と明確に区別できる，労働に伴う経験の効果にも影響を及ぼしている。労働に伴う経験としての倦怠感は，同じ仕事を長期間にわたって継続した効果として生まれる。この加齢に伴う相関的な変化は，明確な肉体的変化のみではなく，またその全ての能力が減退に向かうわけでもない。

　人間の能力減退に内在する身体的な側面（狭義での「身体的（physical）」という用語は「精神的（mental）」の対語として用いている）は，身体運動とそれに関連する運動能力と反射神経や筋肉の緊張能力なども含んでいる。また，身体的な強靭さやエネルギーの持続力，視覚や聴覚の鋭敏さや生殖能力・男性的能力の強さ，頭皮や髪の毛の色や肌のなめらかさ，免疫システムの有効性，身長と筋肉で計測される体重比など，さまざまな要素がここに含まれる。これに対して，人間の精神的側面における能力減退には，記憶力の喪失（とくに短期記憶），大胆な勇気や性的願望の減退，金融リスクに対する意欲の縮小，疑問や問題解決能力の低下，新たなアイデアの採用や古いアイデアの再検証に対する意欲喪失などが含まれる。しかし，ある種の精神的な能力減退は，身体的な能力減退とは全く関係がないのかもしれない。たとえば，古いアイデアの再検証に意欲を感じないのは，身体的意味での能力減退では

---

[5] 加齢現象について正確に言えば，極めて精密とは言えないとしても，以下のように定義できる。「通常の人間であれば，生殖的な意味で成熟した後に究極的に死によって結結することが明らかである，累積的・普遍的・進行的・本質的で人体に有害な機能的・構造的な一連の変化である。」Robert Arking, *Biology of Aging: Observations and Principles* 9 (1991). もちろん，加齢現象と無関係な理由によって，より早い時期に死が訪れる場合もある。なお，包括的な（人間と動物の両者を含む）加齢現象をめぐる生理学の文献としては，以下参照。Caleb E. Finch, *Longevity, Senescence, and the Genome* (1990).

なく，ビジネスでの経済活動に類似するその補完物であるのかもしれない。私は，これらの要素は，その全てが細胞レベルでの構成要素の変化であると考えている。少なくとも，科学的な見地から考えれば，精神や感情はその人の身体的状態に依存している。同様に，細胞学的ないし生理学的レベルの変化は，精神的な能力減退と同じように身体的な能力減退も派生させる[6]。

　加齢現象の進行プロセスは，加齢現象と相関する特定疾病の増加現象とは明確に区別できる。その一方で，加齢に伴う特定疾病の増加も，実際には無視しえない傾向にある。加齢現象の進行は，通常の加齢現象ではなく特定疾病の罹患率を上昇させる現象であるとしても，医療ケアのための財政負担を通じて社会的に重要な影響を及ぼすことになる。

　これらの加齢に伴う進行プロセスは，アメリカのような社会的差別に敏感な文化的背景の下では，通常の加齢現象として年齢区分を受け入れることに抵抗があることも事実である。ある種の人びとにとって，年齢区分という固定観念によって高齢者を認識することは，人種的なそれと同様に社会的な意味での定型的差別と考える余地があるからである。このような年齢差別に対する懸念は，ある人が年齢以外の要素では若年者と同様であるにも拘わらず，他の高齢者と同様に知的能力が低下していると思われるという懸念に由来している。このような場合の年齢差別には，実際には全く根拠がない場合があることも確かである。年齢と人種という二種類のカテゴリーは，統計的なデータ分布は全く異なるけれども，相当に重複する要素があることは確かである。この重複要素には，若年者と高齢者の潜在能力を比較する場合に顕在化する。その背景には，以下の二つの理由がある。第一に，人びとの年齢は，相互に異なる年齢区分によって表現されるのが通例である。第二に，人びとの能力は，異なる潜在能力レベルから出発して年齢を重ねていくに伴っ

6　加齢に関連する身体的・精神的な減退の証拠とその分析については，以下の文献を参照。id., ch. 5; Powell, note 4 above, at 69 (fig.4.1); *Handbook of Mental Health and Aging*, chs.6-13 (James E. Birren et al., eds., 2d. ed. 1992); Timothy A. Salthouse, *Theoretical Perspectives on Cognitive Aging* (1991), esp. ch. 7 ; *Handbook of the Psychology of Aging*, pt 3 (James E. Birren and K. Warner Schaie, eds., 3d. ed. 1990); Nathan W. Shock et al, *Normal Human Aging: The Baltimore Longitudinal Study of Aging*, ch. 6 (1984); James L. Fozard et al., "Age Differences and Changes in Reaction Time: The Baltimore Longitudinal Study of Aging," 49 *Journal of Gerontology* p. 179 (1994); Kathryn A. Bayles and Alfred W. Kaszniak, *Communication and Cognition in Normal Aging and Dementia*, ch. 5 (1987); Michaela Morgan et al., "Age-Related Motor Slowness: Simply Strategic ?" 49 *Journal of Gerontology* M133 (1994).

て変化する。たとえば，30歳の年齢で顕著な潜在能力を有する人が75歳になった場合を想定してみよう。彼は，加齢現象の進行が遅かったため，平均的な30歳の人がそのまま75歳になった場合と比較すると75歳になった時点でも潜在能力が非常に高い場合もありうる。この状況こそ，人びとが「年齢差別 (ageism)」として苦情を述べる困惑すべき事態なのである。

　高齢者であって年齢コーホートでの変異的な特別能力を示す人びとが増加しているとしても[7]，それは通常の加齢現象の進行を否定する根拠とはならない。また，異なる年齢コーホートの間でその変異的な特別能力を示す人びとが相互に重複していても，加齢現象の進行を否定する根拠となるわけではない。身体的な加齢現象とは区別できる精神的な加齢現象も，おおよそ65歳までは緩慢に進行するが死に至る終末期では加速度的に進行する。この加齢現象は，現代で予測可能な範囲では，将来での画期的な科学技術的な進歩がない限り不可逆的な進行である[8]。その証拠として，高齢者の身体的および精神的な健康状態の改善効果も，加齢現象の進行に伴う認知能力の減退を抑制する実質的効果がある[9]。このために，加齢現象の実態は，身体的・精神的な能力減退をもたらすある種の疾病に由来すると考える人びともいる。また加齢現象の進行は，環境条件による時系列的変化が年齢コーホートごとに相当に重要な影響を及ぼすという説明も不可能ではない。この環境条件には，たとえば貧困や教育の欠如あるいは選択的バイアスや知的挑戦ないし刺激的な機会の欠如などによって生じる，結果としての潜在能力の陳腐化現象 (「使用

---

[7] この点を強調するのは，Powell, note 4 above, esp. at pp. 12-14 and fig. 1.3. See also Dorothy Field, K. Warner Schaie, and E. Victor Leino, "Continuity in Intellectual Functioning: The Role of Self-Reported Health," 3 *Psychology and Aging* 385, 390 (1988). なお，変異的な特別能力を示す要因の増加は，単純な数理的帰結でも不可避的な現象であるように見える。たとえば，人びとを二つの集団に分けて，それぞれの潜在能力を100と50に区分した上で，それぞれの年齢集団ごとにその加齢に伴う能力変化を想定してみよう。何年か経過した後に，100で出発した集団のうち加齢の進行が遅い人びとの潜在能力が100近くに留まるとして，ここではかりに90と想定してみよう。他方で，50で出発した集団のうち加齢の進行が速い人びとの潜在能力は，ここではかりに10にまで低下すると想定してみよう。結果的に，この二つの集団の内部での潜在能力の最大値と最小値の分散は，時間経過に伴って拡大することになる。

[8] See Powell, note 4 above, ch. 4. なお，詳細な検討を行った文献として，Salthouse, note 6 above.

[9] See note 4 above.

しなければ喪失する)が含まれる[10]。さらに，「年齢差別主義者(ageist)」ではない人びとの中にも，通常の加齢現象の進行自体を認めることを拒否する人びとがいる。彼らは，加齢現象による認知障害を認めることは，高齢者の能力とりわけ認知的能力について誇張された疑念を生みだして，結果的に加齢現象の進行を緩和できる治療効果に疑念を生じさせると主張する。彼らが主張するように，高齢者の認知能力の減退が加齢現象ではなくある種の疾病症状であるとしたら，ほとんどの高齢者は老人性認知症に罹患していることになる。多くの高齢者は，何らかの程度で認知的な能力減退を経験しているが，これを疾病としての老人性認知症と区別することは困難である。けれども，この加齢に伴う認知能力の減退の多くは，疾病としての老人性認知症に進行するものではない[11]。最近の老人性認知症の急速な増加傾向を考えると(現在も増加している)，長寿の人びとは誰でも老人性認知症に罹患するのかもしれないが，多くの人びとが老人性認知症を発症する以前に亡くなるのが通例である。

通常の加齢現象である認知能力の減退と疾病としての老人性認知症の混同を回避するためには，注意深くそれぞれの概念を区分しておく必要がある。これらの概念区分は，①アルツハイマー病または最近ではSDAT (Senile Dementia of the Alzheimer's Type)と呼ばれる疾病，②認知症(dementia)，③老人性認知症(senile dementia)，④加齢に相関する通常の認知能力の減退，という4類型に区分できる。アルツハイマー病は，老人性認知症の同義語として人びとの間でも広く使用されている。けれども，アルツハイマー病は，実際には特殊なタイプの急激に進行する認知症であり，脳組織に顕著な細胞変化を生じさせる特徴がある。この疾病は，65歳以上の高齢者に発症するのが一般的であるが，早期に発症する若年性アルツハイマー病もある。たとえば，ダウン症候群(Down's syndrome)の患者はしばしば10歳代でアルツハイマー病に罹患している。さらに，アルツハイマー病は，最近では新たにSDATという病名に変更されたため，疾病名称をめぐる問題も混乱の原因となっている。旧来の病名であるアルツハイマー病は，当初は早期老人性認知症(pre-senile dementia)に限定して使用されていた[12]。多くの研究者は，現在で

10　See Salthouse, note 6 above, chs. 3 and 4.
11　Cf. Rajendra Jutagir, "Psychological Aspects of Aging: When Does Memory Loss Signal Dementia?" 49 *Geriatrics* 45 (1994).
12　Denis A. Evans et al., "Estimated Prevalence of Alzheimer's Disease in the United States," 68

は早期のアルツハイマー病とSDATを区別する努力をしている。しかし，癌疾病と同じように，異なる年齢で発症する同一の疾病をその症状に応じて区分しているに過ぎないのかもしれない。

認知症は，最も一般的な定義を用いれば，知的能力の低下によって障害が発生する疾病を意味している。この認知症という概念は，さまざまな特定疾病を記述する際に拡張的に適用されている。これに対して老人性認知症は，高齢者の認知症に限定して用いられている。この老人性認知症の中でSDATという呼称は，おそらくその80％程度の症状に適用されている。老人性認知症の残りの20％程度は，脳卒中・アルコール依存症・パーキンソン病・ビタミンB12欠乏症・脳水腫などの疾病に伴う症状として別途に分類されている。私は，このSDATと老人性認知症の相違はそれほど重要ではないと考えている。本書では，SDAT・アルツハイマー病・老人性認知症をそれぞれ互換的に使用していく。

老人性認知症に罹患している高齢者は，その総数は正確には把握されていないが，65歳以上の総人口の11.3％程度と推測されている[13]。この比率は，年齢の上昇に伴って急速に増加する。高齢者の中でも，65歳から74歳までの集団では比率は3.9％程度であるが，75歳から84歳までの年齢集団では16.4％にまで上昇し，85歳以上の集団ではその比率は47.6％にまで達している[14]。高齢者のほとんどは，加齢に伴う何らかの認知能力の減退，とりわけ結晶的知能に比べてピーク年齢が早く訪れる流動的知能の減退を経験している[15]。結果的に，老人性認知症ないし認知能力の減退という悩みを抱えていない人びとは，高齢者の中でも少数派であることは確かである。

われわれは，この老人性認知症に関する統計的なデータを解釈するに当たって慎重に対処しなければならない。老人性認知症は，初期および中期の症状と終期ないし末期の症状とを明確には区別できない。さらに複雑な問題は，軽度の認知症は進行型であるけれども，その全てがSDATとして重度

Milbank Quarterly 267（1990）.

13　Id. at 273. See also James C. Anthony and Ahmed Aboraya, "The Epidemiology of Selected Mental Disorders in Later Life," in *Handbook of Mental Health and Aging*, note 6 above, at 27, 33.

14　Evans et al., note 12 above, at 274.

15　See Jutagir, note 11 above, at 46; Paul B. Baltes, Jacqui Smith, and Ursula M. Staudinger, "Wisdom and Successful Aging," 39 *Nebraska Symposium on Aging* 123, 139-143（1992）；この他に，本書の「はじめに」で記述した，これらの定義についての議論を参照のこと。

の認知症に移行するわけではない(この軽度の認知症とは，年齢に相関する認知能力の減退と「軽度の認知障害(Mild Cognitive Impairment)」ないしMCIと呼ばれる進行性認知症の境界状態を意味している)。これらの軽度ないし中度の症状を除外して重度の症状のみに注目してデータを整理すると，前述した年齢構成の三類型における高齢者の老人性認知症の比率は，それぞれ0.3％と5.6％および19.6％という比率になる[16]。けれども，これらの老人性認知症の発症比率は，低めに見積もられている可能性がある。この研究の基礎となった人口統計データのサンプルでは，重度の認知障害の発症比率が相対的に高いと推測される入所型施設に収容されている人びとが除外されているからである[17]。また，この老人性認知症の発症比率を額面通りに受け取っても，年齢に対応してそのデータ数値が急激に上昇していることは確かである[18]。これらの事実は，高齢者の中でもとくに年齢の高い者では重度の認知症が急激に増加して，これが高齢者全体の重度の認知症比率を押し上げる原因となっている。

　この老人性認知症をめぐる議論の結果は，以下のように整理できる。すなわち，①加齢現象は多くの疾病の罹患率を上昇させる，②細胞(somatic)レベルでの変化は通常の加齢現象に伴う変化である，③非細胞レベルの変化も同様に加齢現象に伴う変化である。けれども，細胞レベルの変化は，(a)肉体的変化と(b)精神的変化という二種類に分類できる。これに対して非細胞レベルの変化は，(a)死に接近する変化(個人の内部ではなく純粋な「外部」

16　Evans et al., note 12 above, at 281. See also Fred Plum, "Dementia," in *Encyclopedia of Neuroscience*, vol. 1, p. 309 (George Adelman, ed., 1987).

17　施設収容者を除外していない調査研究では，重度の認知障害者の比率は，高齢者の三類型でそれぞれ2.9％と6.8％および15.8％になっている。Anthony and Aboraya, note 13 above, at 35.

18　ある調査研究は，65歳から70歳人口の約1％が重度の認知症であるが，95歳以上ではその比率は43％に達すると記述している。この記述は，再度の指摘になるが，低く見積もられている可能性がある。ここでも，基礎データの分子として施設入所者以外の重度の認知症の人びとを除外しているからである。結果的に，この比率は，高齢者人口(施設入所者と非施設入所者)全体を分母として，施設に入所している重度の認知症高齢者の比率を示しているに過ぎない。C.G. Gottfries, " Senile Dementia of the Alzheimer's Type:Clinical Genetic, Pathogenetic, and Treatment Aspects," in *Human Development and the Life Course: Multidisciplinary Perspectives* 31, 34 (Aage B. Sørensen , Franz E. Weinert, and Lonnie R. Sherrod, eds., 1986) . なお，これ以外の老人性認知症状の軽重に関する推計データは，以下参照。Powell, note 4 above, at 140, 144-145 (tabs. 7.2, 7.4-7.5) 。

変化である環境変化)として人的資本理論で強調される変化,(b)アリストテレスが指摘する認知バランス変化である想像力から知識力に転換する変化,(c)労働に対応する変化(経験の蓄積と加齢に伴う柔軟性の欠如・倦怠感・虚脱感など)の3種類に分類できる。これら全ての変化は,加齢現象と単純に相関する変化と考えるべきである。

これらの加齢に伴う変化は,相互に関係があるのみならず全てが加齢現象と関係しており,その一部は相互作用的な関係にある。とくに重要な変化は,詳細は後述するが,流動的知能の減退とアリストテレスが指摘する知識変動に伴う相互作用である。この相互作用の結合効果は,加齢に伴う抽象的思考による推論から具体的思考による推論への明確な変化である[19]。これをアリストテレスの二分法を活用して言えば,正確な(論理的ないし科学的)推論から実務的な推論への変化である[20]。この加齢に伴う推論の変化は,たとえば社会的な紛争処理の際には,科学的な推論よりも長老的な裁定が有益なことを示唆している。

加齢現象に相関する身体的・精神的変化は,その全てが深刻で否定的に評価されるべき現象ではなく,ある種の変化は状況に対応して肯定的に評価すべき現象である。たとえば,毛髪の移植や皮膚・鼻・耳などの形態変化は,多くの人びとに重要な意味を持つとしても主として美容整形的な効果しか持っていない。これに対して,加齢現象で肯定的に評価すべき面は,若年者特有の疾病から離脱する効果や癌細胞の増殖率が緩和する効果などがある。また,高齢者にとって(社会全体にとっても)肯定的な側面では,たとえば性衝動や喜怒哀楽の感情と攻撃性の減少など,テストストロンの分泌減少に伴って派生する変化なども考えられる。これらの変化は,高齢者のみならず中年者にとっても,彼らの若年時代と比較すると生活レベルの改善をもたらす効果である。

加齢現象に伴う身体的症状は,同じような時期に同じような進行状態として発現するわけではない。加齢現象に伴う症状は,「抑制不能(inexorable)」と私は表現しているが,時には突発的に発症することもある。この抑制不能

---

19 この点に関する証拠については,see Salthouse, note 6 above, at 276-277 ; Steven W. Cornelius, "Aging and Everyday Cognitive Abilities," in *Aging and Cognition: Knowledge Organization and Utilization* 411 (Thomas M. Hess, ed., 1990).

20 See Richard A. Posner, *The Problems of Jurisprudence* 71-73 (1990),及びその参考文献などを参照。

の突発的症状は，たとえば40歳代における老眼・耳鳴り・禿頭の発症やその悪化症状などがこれに該当する。加齢現象に伴う能力減退の症状は，全ての個人の潜在的能力が一律に減退するわけではなく，個人ごとにその発現形態は異なっている[21]。人びとを年齢別の集団として分類することは，すでに指摘したように，高齢者を特定する方法として恣意的分類となることが避けられない。しかし，人は誰でも加齢現象の進行を抑制することはできない。結果的に，いくら「健康」な高齢者であっても，若年者と比較して年齢以外の点では同等であるとしても，その身体的・精神的な潜在能力は低下していると判断せざるを得ない。この場合，「年齢以外の点では同等」という要件は重要である。たとえば，高齢者の中で不健康な人の比率は，不健康な若年者の比率よりも高くなる傾向がある。加齢現象に伴う変化としても，たとえば免疫システムの効率低下は疾病の罹患率を増加させる。結果的に，加齢に伴う年齢別の死亡率は，30歳以降の各年齢層では8歳ごとに約2倍となっている[22]。高齢者の重大な疾病への罹患率は，細胞変質型の疾病である(感染症的な疾病と明確に区分できる)癌・脳卒中・心臓疾患などでは加齢に伴って急速に増加する。

　医療ケアが保障されている現代のアメリカ社会において，「通常」の「健康」な高齢者でも身体的・精神的機能における能力減退を経験することは必然である。現在の生物学的・医学的常識として，加齢に伴う能力減退が明示的・実態的・体系的・普遍的で計測可能であることを疑う人は，高齢者の社会的実態を理解していないように見える[23]。同様に，この加齢に伴う「能力減退」が大衆的な妄想や悪意の産物として非合理的な偏見であると信じている人びとも，高齢者の社会的実態を知らないという意味では同様である。しかし，加齢に伴う能力減退は何歳ころから始まるのか，その進行プロセスを

21　ドラマティックな具体例として，以下参照。Arking, note 5 above, at 56-59 and fig. 3-8.
22　Id. at 42-43 and fig. 2-17.
23　加齢と相関する能力減退について顕著な証拠を示すものとして，以下参照。James N. Schubert, "Age and Active-Passive Leadership Style," 82 *American Political Science Review* 763 (1988); これらの証拠に関する包括的な参考文献としては，Powell, note 4 above, ch. 4; その他の参考文献としては，note 6を参照。このような見解は，高齢者に対する若年者や中年者の偏見という見方は当たらない。加齢に伴う能力減退については，高齢者自身による極めて鮮明・雄弁・魅力的な描写が数多く示されている。その有名な例として，Simone de Beauvoir, *Old Age* (1972), esp. ch. 7, and B. F. Skinner, "Intellectual Self-management in Old Age," 38 *American Psychologist* 239 (1983).

どのように理解すべきか、年齢集団ごとの能力減退にどの程度の分散があるのかなどの情報は必ずしも明確にされていない。加齢に伴う認知的変化は、人びとの労働体験を含む人生経験を通じてある程度は先送りすることが可能なのだろうか。また、高齢労働者の能力減退は、業務遂行計画の策定やその達成のために、余分な注意力や時間をかけるなどの代償行為によって抑制可能なのだろうか。これらの疑問は、いまだ解決されない検討すべき課題として残されている[24]。さらに、加齢に伴う能力減退とりわけ精神的・身体的な能力減退は、栄養や食事制限または機能回復訓練や医療技術の進歩を通じて改善可能であり、また実際にその改善効果が挙がっていると報告されている[25]。われわれは、加齢現象に伴う能力減退を阻止することはできないとしても、延期させることはできるし現にその実績も挙げている。現代のアメリカ社会では、30年前に考えた状況と比較すると、高齢者が60歳や70歳でも健康に生活できる可能性について適切に検討することができる。現在では、従来では考えられなかったほど多くの高齢者が生存している。現代のアメリカ社会では、予測されていた年齢別の人口分布も、最近ではその変動幅が小さくなっている。

　加齢に伴う身体的・精神的な能力減退は、その経済的・社会的な影響が誇張されている可能性がある。精神的機能に関する能力減退は、筆記テストその他の実験室レベルでの試験で評価される傾向がある。結果的に、個人生活における実用性レベルで評価されるべき能力減退は、その人のライフ・スパンとの関係では誇張される傾向が生まれる[26]。より基本的な問題は、詳細は

24　See, for example, K. Warner Schaie and Sherry L. Willis, "Adult Personality and Psychomotor Performance：Cross Sectional and Longitudinal Analysis," 46 *Journal of Gerontology* p. 275; Neil Charness and Elizabeth A. Bosman, "Expertise and Aging: Life in the Lab," in *Aging and Cognition: Knowledge Organization and Utilization*, note 19 above, at 343; James E. Birren, Anita M. Woods, and M. Virtrue Williams, "Behavioral Slowing with Age: Causes, Organization, and Consequences," in *Aging in the 1980s: Psychological Issues* 293, 302-303 (Leonard W. Poon, ed., 1980); Daniel Goleman, " Mental Decline in Aging Need Not Be Inevitable," *New York Times* (national ed.), April 26, 1994, p. B5.

25　See, for example, John W. Rowe and Robert L. Kahn, " Human Aging: Usual and Successful," 237 *Science* 143 (1987); Baltes, Smith, and Staudinger, note 15 above, at 133-134.

26　Paul Verhaeghen, Alfons Marcoen, and Luc Goossens, " Facts and Fiction about Memory Aging: A Quantitative Integration of Research Findings," 48 *Journal of Gerontology* p.157（1993）. 特に（私は極端だと考えるが），加齢に伴う精神的な能力減退に関する証拠について厳しい批判を行う文献として、以下参照。Gisela Labouvie-Vief, " Individual Time, Social Time,

第4章で検討するが,若年者の身体的・精神的な能力が,彼らへの経済的・社会的需要を反映してしばしば過大評価される傾向にある。個人の潜在能力は,あたかも加齢に伴う能力減退が問題ではないかのように,特定年齢に至るまでは過大評価されるのである。高齢者の加齢に伴う能力減退が誇張されるもう一つの原因は,詳細は第5章で検討するが,彼らの余暇の過ごし方が合理的に評価されていない点にある。高齢者の余暇の過ごし方は,比較的費用が安い方法で社会活動に参加する傾向がある。結果的に,彼らの身体的・精神的能力と比べて緩慢な動作や発言が印象的に表現されるのである。

　高齢者人口に占める女性比率は,男性のそれと比較すると圧倒的に高い。この状況を考慮に入れると,加齢現象が及ぼす影響は男性と女性との間では異なるのではないかという重要な疑問が提示される。この疑問に肯定的に考えるならば,平均的な高齢男性と高齢女性の間には,平均的な若年男性と若年女性との間におけるよりも,社会環境に関する変動要因を補正した場合でもより多くの相違が残る可能性がある。たとえば,高齢女性の受けた教育期間は,高齢男性と比較すると平均的な教育期間が短くなっているが,若年女性のそれと比較すると高齢男性との間のそれ以上に大きな差異がある。この男女間での教育期間の長短に関する比較研究は,広範囲に及ぶ研究として行われているがいまだ最終的な結論を得ていない。しかし,加齢現象をめぐる男女間の相違を比較した場合,生存期間や生活・健康状態の差異が存在するとしても,教育期間のそれよりも少ないように見える[27]。もちろん,高齢者人口に占める女性比率は男性のそれよりも高いことは確かである。しかし,同年齢の男女の生存者を比較した場合,加齢現象の進行に伴う「高齢終末期(agedness)」に差異があることを意味してはいない。平均的に見れば,高齢者の男女間に差異は存在するが,加齢現象の差異というより死への近接度の差異を意味するに過ぎない。

---

and Intellectual Aging," in *Age and Life Course Transition: An Interdisciplinary Perspective* 151 (Tamara K. Hareven and Kathleen J. Adams, eds., 1982).

27　Powell, note 4 above, ch. 6. しかし,高齢女性は,同年齢の男性と比較すると何らかの程度でより虚弱になる傾向がある。Margaret J. Penning and Laurel A. Strain, "Gender Differences in Disability, Assistance, and Subjective Well-Being in Later Life," 49 *Journal of Gerontology* S202 (1994).

2 加齢現象と生物進化の過程

　われわれは,身体が(それゆえ精神も)加齢によって変化する理由について,いまだ充分に理解しているとは言えない。現在の段階で最も合理的な説明は,発生学的な遺伝学による研究成果にある[28]。動物がその肉体を維持することは,自動車を維持するのと同様の意味での費用負担が必要である。われわれは,身体の維持のために必要とする資源消費量が多くなればなるほど,進化的に重要な子孫の再生産のために必要とする資源消費量は少なくなる。高度に複雑化した動物は,その生存環境を整えるために非常に長い時間をかけて進化してきた。結果的に,われわれ高等動物の親の世代は,多くの費用負担を余儀なくされた結果として,その妊娠期間と子供の養育期間が長期化する傾向が必然であった。人間以外の動物では,子供の誕生から生育まで長い期間を必要とする動物はそれほど多くない。この人間のような動物にとって,突発的事故が発生した場合には,生体維持機能は妨げられないとしてもその機能維持に重大なリスクが発生するならば,追加的に取得した寿命の長さは両親による生殖のための費用とは相殺されない結果となる。人間という例外的に長寿な動物には,その子孫たちに対する追加的な保護・養育期間や,他の動物には見られない長い生殖期間が保障されている。人間より複雑ではない動物では,たとえば海亀などは,種の絶滅リスクを減殺するために長寿の「設計図の作成」費用を低く抑制することで寿命の長さを確保している[29]。しかし,これらの動物の生殖適性が不必要な長寿という犠牲の上に成立しているならば,その長寿に相当する種としての生存確率に変換されない可能性がある。結果的に,彼らの親世代は寿命の短い競争相手よりも子孫

28　Thomas B. L. Kirkwood, " Comparative Life Spans of Species: Why Do Species Have the Life Spans They Do ?" 55 *American Journal of Clinical Nutrition* 1191S (1992). 加齢現象の進化に関する理論は,以下の文献に要約されている。Steven M. Albert and Maria G. Cattell, *Old Age in Global Perspective: Cross-Cultural and Cross-National Views* 27- 29 (1994); S. Jay Olshansky, Bruce A. Carnes , and Christine Cassel, " The Aging of the Human Species," *Scientific American;* Carnes and S. Jay Olshansky, "Evolutionary Perspectives on Human Senescence," 19 *Population and Development Review* 793 (1994), また,高齢者の処遇の発展過程については,以下参照。Michael R. Rose, *Evolutionary Biology of Aging* (1991).

29　J. Whitfield Gibbons, " Life in the Slow Lane: Lugging a Shell Around Has Its Rewards, as Turtles Have Known for Millions of Years," *Natural History*, 1993, no. 2, p. 32. この文献は,タイトルの子供っぽい外見にも拘わらず極めて真面目な研究である。

が少なくなるから，その動物の進化系統は絶滅せざるを得ない運命に陥ることになる。

　この動物の進化に関する研究成果は，動物の精神的・身体的な加齢現象に関する証拠によって裏付けられているが，この分析結果は人間にも同様に当てはまる可能性がある[30]。この分析結果は，われわれが人生に疲れ果てて死んでゆく理由を，とりわけ生殖期間が終了した後に死亡率が急増する理由を説明する。けれども，この分析結果から高齢者の心理特性や行動原理の詳細が説明できるわけではない。ここでは，生物遺伝子学での理論的スケッチを通じて，加齢現象について何が説明できるかを考えてみよう。人間の遺伝子プログラムは，どのようにそれが拡張されてきたのかは未解明ではあるが，人間の生存期間を拡張する機能が組み込まれていると考えられている。最初に，生物進化の発展段階から考えると比較的理解しやすいと思われる。人類の先史段階では，自然による選択作用が機能しており，人類はようやく現在の生物的進化の段階にまで発展を遂げたところである。この段階では，男性は彼らの壮年期を超えて数年間だけ生存するための環境に適応しており，女性もまたその生殖期間を超えて閉経後数年間のみ生存できるように適応したと考えられている。この段階では，比較的高齢の男性も生殖能力を維持しており，彼らが蓄積した知識（とくに無文字社会では価値がある）は，彼の子供や孫に対する保護的なサービスを通じて身体的な能力減退を補う役割を果たしていたと推定されている[31]。これに対して，比較的高齢の女性は，まだ発育が不充分な幼年期の子供たちを保護するとともに，その孫世代の育児をも援助することができたと推定できる[32]。ここでは，これらの発展段階におけ

30　See, for example, Diana S. Woodruff-Pak, " Mammalian Models of Learning, Memory, and Aging" in *Handbook of Psychology of Aging*, note 6 above, at 234; National Research Council, *Mammalian Models for Research on Aging* 307 (1981). " A failing memory and an inability to remember new names and faces have their counterpart at the animal level," in P. L. Broadhurst, *The Science of Animal Behaviour* 110 (1963).

31　David Gutman, *Reclaimed Powers: Toward a New Psychology of Men and Women in Later Life* 216 (1987).

32　Jane B. Lancaster and Barbara J. King, "An Evolutionary Perspective on Menopause," in *In Her Prime: New Views of Middle-Aged Women* 7 (Virginia Kerns and Judith K. Brown, eds., 2d. ed. 1992); Peter J. Mayer, "Evolutionary Advantages of the Menopause," 10 *Human Ecology* 477 (1982). なお，ガットマンは（note 31 above, at 163-173, 232），初期家族が拡張された家族形態に変容した場合に，閉経後の女性がその管理的役割を担うことを強調してい

る高齢者たち(現在の判断基準としての高齢者ではない)は，比較的若い世代の人びとにとって価値があり，彼ら自身も社会的に価値ある存在として自己肯定できたと想定できる。この想定が肯定できなければ，この発展段階での高齢者たちは，彼ら自身の生存のために将来展望を持ちえなかっただろう。この想定は，現在のアメリカでも，人びとが少なくとも親族関係の高齢者にある程度の尊敬や保護感情を持っている事実を説明する根拠となる。この高齢者への尊敬や保護感情は，人間としての本能的な感情と言えるのかもしれない。

　人間社会での非生殖的な親族関係が社会的統合を促進する(彼らの遺伝子コピーが子孫に組み込まれている)という考え方は，必ずしも新規なアイデアというわけではない。このアイデアは，彼らの生存に必要な遺伝子プログラムが組み込まれている結果，親族によって高齢者が保護されるという考え方を基礎としている。このアイデアは，同性愛をめぐる遺伝子の役割に関する理論でもその中核概念を構成している[33]。以下に記載する<**数式1.1**>は，このアイデアを定式化したものである[34]。ここでは，個人iの特定年齢(L_i)での最適な生存期間の期待値をi，残された潜在的生殖可能な比率である関数(p_i)として示している。また，別の個人kの潜在的生殖率の関数を(p_k)として，kがiの親族(血縁者)である場合には，血縁の近接性(r_k)を尺度として割り引いている。また，iの生存期間の延長に関する期待値がkに依存することで派生する便益を$k(b_k)$で割り引いた上で，iの血縁者の全ての潜在的生殖

　　る。また，女性の更年期という役割は，生まれてくる子供が生き残る確率を高めるためにその出生数を抑制する，出産コントロールの機能を果たしているという説明も可能である。Cf. Sarah Blaffer Hrdy, "Fitness Tradeoffs in the History and Evolution of Delegated Mothering with Special Reference to Wet-Nursing, Abandonment, and Infanticide," 13 *Ethology and Sociobiology* 409 (1992).

33　この問題に関してさまざまな証拠が提示されているが，その詳細は私の最近の著書である *Overcoming Law*, ch.26 (1995) で説明している。とくに注目すべきは，一卵性双生児よりも二卵性双生児の間において，強い同性愛的な傾向が見受けられるという証拠である。これは，一卵性双生児は相互に遺伝子的に親近関係を持っているものの，双生児は一卵性か二卵性であるかに拘わらず，一般的には家庭環境が同一であると想定される。したがって，その環境的な同一性は，二卵性のそれと比較すると少ないと考えられるからである。

34　See Denys de Catanzaro, "Evolutionary Pressures and Limitations to Self-Preservation," in *Sociobiology and Psychology: Ideas, Issues and Applications* 311, 317-318 (Charles Crawford, Martin Smith, and Dennis Krebs, eds., 1987).

率を総計した結果，以下のような等式が成立する。

<数式1.1>　　　　　$L_i = p_i + \Sigma(b_k r_k p_k)$

　この等式は，ある個人の更年期での生殖適合性の減少は，その個人を支える血縁者の生殖適合性の増加によって相殺されることを示している。
　この人類の進化理論は，中年期の人びとの生存理由を説明するために役立つかもしれない。人類の初期の発展段階では，高齢者はおそらく比較的少数であったと推測される。この時代の人びとは，狩猟や採集によって生活していた。このような社会での生活は，肉体レベルでは挑戦的な日常生活を送ることを余儀なくされた。彼らの生活スタイルは，基本的には遊牧生活であるため居住地の移動を常としていたからである。このような社会では，直接的に生産活動に従事しない人びとの生存を維持する余剰食物はほとんどなかったし，高齢者を居住地から別の居住地へと移動させる余剰エネルギーも少なかった(第9章参照)。現在でも，たとえば南アメリカのヤノママ・インディアンの部族では65歳まで生存できるのは8％に過ぎない。これに対して，現代のアメリカ社会では，65歳までの生存率は85％に達している[35]。歴史的に見ると，新石器時代の中期では50歳まで生存可能な比率は人口の約2％に過ぎなかった[36]。このような社会では，高齢期まで生存できる人びとが少ないとすれば，さまざまな属性を持った高齢者の間で自然選択があまり機能しなかった理由が存在するのかもしれない。この自然選択は，通常は多くの子孫を残すような属性を際立たせるプロセスとして現れる。このような社会では，必要以上に多くの選択肢は存在しないからである。人類の先史段階でも，現在と同様に充分な数の若い女性が生存していたことは確かである。たとえば，生殖能力が豊かで子供に愛情があってよき保護者となりうる男性は魅力的(魅力を維持し続ける)であるから，この資質を持った男性に有利な自

35　Albert and Cattell, note 28 above, at 31 (tab. 2.1)
36　Gy. Acsádi and Neméskeri, *History of Human Life Span and Mortality* 188 (1970) (tab. 58). See generally William Petersen, "A Demographer's View of Prehistoric Demography," 16 *Current Anthropology* 227, 232-234 (1975); Gottfried Kurth, "Comment," id. at 239. For a higher estimate, see Nancy Howell, "Toward a Uniformitarian Theory of Human Paleodemography," in *The Demographic Evolution of Human Populations* 25, 35, 38 (R. H. Ward and K. M. Weiss, eds., 1976). これらの統計データは，潜在的には誤解を招く可能性がある。かりに，大多数の人びとが乳幼児期に死亡していれば，たとえ高齢期までの生存確率(出生率に対する)が非常に低くても，成人の分母に占める高齢者比率が高くなる可能性があるからである。

然選択が行われたかもしれない。この自然選択の結果は，彼らの子孫を増加させることになった。しかし，多くの高齢者にはこの自然選択が機能する余地はほとんどなく，彼らに有利な自然選択を想定するのは容易ではない[37]。この時代での男性の社会的・物質的な役割は，遺伝子による演技の振り付けが行われない生活段階で担われていたのである。

この議論には，循環論的な要素があることは確かである。この先史時代では，高齢者にも自然選択が作用したと考えられるほどに，充分な数の人びとが高齢期まで生存できたわけではないからである。しかし，環境適合的な高齢者のみが自然選択の対象となったわけではないという議論にも証拠があるわけではない。この時代でも，高齢者がその子孫に実質的な便益を与えることができたならば，たとえば子孫の生殖的適合性を増加させる価値ある情報伝達などがそれに含まれるが，より多くの高齢者が生き残ったであろうと予測できる。この時代の高齢者は，彼らの生存率を高めるために必要な生殖適合性を犠牲にしても，生存に必要不可欠な肉体的「デザイン」を備えた高齢者がより多く生存できた可能性がある。けれども，情報提供者としての高齢者の社会的価値は，彼らが中年期に達して以降はそれほど増大しなかったかもしれない。それぞれの年齢コーホートでは，生き残る必要があるのは，少数の中年者を含む高齢者で充分だったかもしれない。後の世代の年齢コーホートに対して，食糧の在り処や略奪者の存在および社会構造の変化などの重要な情報を伝える役割は少数の高齢者で充分に担えるからである[38]。この推定が正しいと仮定すれば，高齢者には人類の生存可能性を「操作する」進化論的な価値はほとんど存在せず，人類の生殖適合性を減少させる費用負担が不可避であったと考えられる。

本章における基本的な論点を整理すれば，われわれの生物学的な「時計」を含む遺伝子的な資質は，現在とは異なる環境でも充分に適応しうると考えられる。ここでは，私が以前に指摘した，超過的な潜在能力に関する議論を思い出してみよう。人間にとって，狩猟漁労時代の方が現代よりも，生活様式としては身体的にも精神的にも困難が多い環境であった[39]。現代の若者は，

37　As Emphasized in Carnes and Olshansky, note 28 above, at 801-802.
38　このような判断は，高齢者世代が彼らの子孫に対して彼らの知識の伝達を制限する可能性はほとんどないと想定している。
39　現代では，精神的能力の多様性について，その視野を広げる必要があるだろう。しかし，現代の人びとは，いつも用心深く集中して迅速に行動することが生存の前提条件で

公的教育の普及を通じて，ほとんどの活動領域で必ずしも必要不可欠ではない身体的・精神的な潜在能力を身につけている。これに対して高齢者は，その潜在能力の低下にも拘わらず，狩猟漁労時代とは比較にならない複雑な社会環境への適応を余儀なくされている。高齢者は，人間の活動レベルで要求される能力水準が低下しても，社会的要求に適合する必要性はかえって増大している。人口構成の高齢化は，進化の必然的帰結とは言えないが，高齢者が社会的に生き残るために進化を必要とするのである。

この議論は，高齢者をめぐる議論について，進化生物学がいかに有用であるかを示すことができる。これは，ダーウィン流の適者生存原則から外れているとしても，高齢者の生存に関する説明に役立つものである。われわれが理解する高齢期という人間存在は，たとえば出産コントロール・ピルや精子バンクと同様に，遺伝子レベルの進化に由来する環境変化とともに存在するわけではない。われわれは，第5章で取り上げるが，遺伝子プログラムに組み込まれていない高齢期という人生ステージを説明するために，極めて有意義ではあるが逆説に富んだ遺伝子学についてさらに考察する必要がある。

人間という存在は，自然選択論が意味するところでは，生物的な意味での限定的な生存期間という概念で「デザインされている」という趣旨を体現している。この主張が正しいとすれば，加齢現象の医療的治療によるその克服や加齢に伴う障害除去のための老人病研究などは空想的努力に過ぎないのかもしれない。加齢現象について遺伝子レベルでの影響を研究している生物学者たちは，人間は無限の生命を享受できるように遺伝子がプログラムされてはいないと信じている[40]。これらの生物学者の考え方は，基本的に正しいのかもしれない。たとえば，人間細胞が分裂する回数には生物学的に限界があるし，また細胞が消耗すれば新たな細胞に置換されている。けれども，たとえ人間存在が有限であっても，生物学的レベルでの進化に限界があるという証拠は科学的に証明されてはいないし，その限界は医療技術や生命科学の進歩によって無限に拡大され続けるのかもしれない。多くの人びとは，人間の

はないが，先史時代にあっては極端なまでに困難かつ不安定な環境条件の下で生活していた。

40　See, for example, Carnes and Olshansky, note 28 above, at 802-804. なお，人間の生命の時間的な長さには生物学的な限界があるか否かについて，よい議論の実例として以下参照。Marcia Baringa, "How Long Is the Human Life-Span?" 254 *Science* 936 (1991).

加齢現象についてこのように信じていることは確かである[41]。最近の生物学においても，開発された医療技術をリスク調整して効率的にコントロールできるならば，人間の生存期待値はかなり延伸できるといわれている[42]。これらの示唆と同様に，スウェーデンからの最近のデータでは，すでに充分な人口の長寿化を達成しているにも拘わらず，今後とも人間の生存期待値は増加すると報告している[43]。いずれにせよ，生命科学における研究開発のブレークスルーが発生しなくても，人間の生存期待値が85歳まで達することは充分に可能である[44]。以上のような示唆は，現代社会はすでに膨大な高齢者人口を抱えているが，今後ともこの傾向は拡大することを示唆しているのである。

---

41 For good discussions, see Samuel H. Preston, " Demographic Change in the United States, 1970-2050," in *Demography and Retirement: The Twenty-First Century* 20, 30-37 (Anna M. Rappaport and Sylvester J. Schieber, eds., 1993); Kenneth M. Weiss, " The Biology of Aging and the Quality of Later Life," in *Aging 2000: Our Health Care Destiny*, vol. 1: *Biomedical Issues* 29 (Charles M. Gaitz and T. Samorajski, eds., 1985).

42 Kenneth G. Manton, Eric Stallard, and Burton H. Singer, " Methods for Projecting the Future Size and Health Status of the U.S. Elderly Population," in *Studies in the Economics of Aging* 41 (David A. Wise, ed., 1994).

43 James M. Vaupel and Hans Lundström, " Longer Life Expectancy? Evidence from Sweden of Reductions in Mortality Rates at Advanced Ages," in id. at 79.

44 S. Jay Olshansky, Bruce A. Carnes, and Christine Cassel, " In Search of Methuselah: Estimating the Upper Limits to Human Longevity," 250 *Science* 634 (1990).

第 2 章
高齢者をめぐる過去と現在および未来

　本章の目的は，現代社会の高齢化をめぐる人口学的および経済学的な基礎事実について読者に理解を求めることにある。人口構成の高齢化現象については，後の章でもさまざまな争点に関連して言及する。本章では，最初にその基礎的な事実関係について整理する。この基礎的な事実関係の紹介は，専門的な知識を持たない読者に問題の所在と思考の道筋を示す趣旨であるが，専門的な読者にも高齢化をめぐる問題状況についてある程度の展望を示すことを意図している。この趣旨において，基礎的な事実関係の紹介は，本書での首尾一貫した分析や記述の出発点となる。本章の第1節は，主として歴史的な分析に充てられているが，比較文化論的な分析もあわせて展開している。本章の第2節と第3節では，アメリカでの高齢化をめぐる現状とその将来展望について検証している。アメリカでは，人口構成の高齢化問題は，財政的側面よりも経済的側面から議論される傾向があった。私は，この議論での「依存人口比率(dependency rates)」という不明確な定義による分析について批判的に考察する。その上で，人口構成の高齢化は満足すべき状況ではないとしても，悲観的にのみ考察すべきではないとする結論を導いている。

1　高齢者をめぐる歴史的背景

　高齢者は，いかなる歴史的発展段階の社会でも存在していたが，その人口構成に対する比率は非常に異なっている。高齢者と呼ばれる境界年齢も，それぞれの社会ごとに異なっている。ここでは最初の導入部として，ホメロスの叙事詩に登場する老人のネストールに言及したい。歴史的に見れば，無文字時代における高齢者は，ホメロスの叙事詩に描かれているように，またアフリカの格言で「老人が死ぬときには図書館が焼失するときである」と表

現されるように，特別の価値を体現する人びとであると想像されてきた[1]。けれども，現代の高齢者をめぐる状況は，詳細は第9章で検証するが，この無文字社会の高齢者のそれと比較するとかなり複雑になっている。高齢者の社会的地位は，それぞれの文化や時代ごとにまたそれぞれの高齢者相互間でも相当な相違がある。たとえば，ネストールは「イーリアス」の中で重要な役割が与えられている。しかし，オデュッセイアの父親であるラーエルテースは，「オデュッセイア」でほとんど触れられていない。さらに，老人であるプリアモスも，イーリアスではとくに印象的な姿で描かれてはいない。

われわれは，19世紀以前の社会の人口構成プロファイルについては，西欧諸国のそれについてさえもほとんど情報を持っていない。これまでの推計によれば，スパルタの市民人口の10％ないし15％が60歳以上とされているが[2]，これは極めて不確実な推計と表現すべきだろう[3]。これらの人口推計の結果は，人びとの平均寿命について正確なデータ推計値を見出す試みとすれば誤解を招く恐れがある。たとえば，戦争による若者の死亡や出産時での妊婦の死亡による出生率の低下や死亡率の上昇が生じるならば，少ない人口に占める高齢者比率が上昇する可能性がある。また，人びとの平均寿命が急激に低下した場合でも，それは同世代の子供や若者の死亡率が単純に減少した結果を反映するに過ぎないのかもしれない。歴史的に見れば，国民の人口構成における平均年齢の上昇は，平均寿命の増加ではなく出生率の低下の方が重要な役割を果たしてきた。

より現代に近い社会になると，中世ヨーロッパ社会では非常に多くの高齢者が存在していたが，その多くは男性であったことがよく知られている。この時代には，出産に伴う女性の死亡率が高かったからである。多くの男性高齢者は，聖職者になるために修道院その他の施設を避難所として生活していた。彼らの多くは，加齢に伴う能力減退を理由として戦士としての役割が免

1　Georges Minois, *History of Old Age: From Antiquity to the Renaissance* 9 (1989).
2　Ephraim David, *Old Age in Sparta* 9-13 (1991).
3　Tim G. Parkin, *Demography and Roman Society* (1992). これは，古代ローマ時代における高齢者人口の推計を裏付ける研究である。なお，14世紀から18世紀までの人口推計については，その有益な要約版として以下参照。Herbert C. Covey, "The Definitions of the Beginning of Old Age in History," 34 *International Journal of Aging and Human Development* 325, 332 (1992).

除されていた[4]。われわれは，西欧社会で急激な高齢者人口の増加を経験したのは，現代社会が初めての例ではないことも知っている。たとえば，人口構成に占める高齢者の比率は，14世紀から15世紀の黒死病の蔓延により余剰人口としての高齢者比率が急速に上昇した[5]。この時代では，高齢者が地域社会で生活する前提条件である，老人看護ケア施設(nursing home)や引退者コミュニティなどの新しい観念が生まれている。この時代には，高齢者を余剰人口と考える見方を反映して社会的引退という概念も生み出された[6]。歴史的に記録されている限りでは，この時代でも高齢者の引退後の生存期間は長かったし，今後とも高齢者の生存期間は長期化してゆくだろうと予測できる。しかし，高齢者が病気・健康悪化・老衰などの理由で労働生活から引退するという現象は，比較的最近になって生み出された現象である。現代では，社会的引退という考え方は，人びとのライフ・サイクルにおける普遍的な側面として認識されつつある。

　ヨーロッパ諸国での黒死病が終わった後の時代では，高齢者の人口比率は相対的に低下した。たとえば，18世紀のアメリカでは，65歳以上の比率は全人口の2％以下に過ぎなかった。イギリスでも，1851年には65歳以上の人口比率は4.7％であり，また80歳以上の比率は0.65％に過ぎなかった。アメリカでの高齢者人口の同じ年齢比率は，1870年ではそれぞれ3％と0.37％であった。この両国における高齢者人口比率の相違は，アメリカの高齢者の死亡率がイギリスのそれよりも高いわけではなく，大量の若年移民の流入が人口比率に反映されていると解釈すべきだろう[7]。また，イギリスでの1551

4　Minois, note 1 above, at 179-183.
5　Id. at 210-217.トスカーナ地方(イタリア)では，15世紀における人口の約15％が60歳以上で(現代のアメリカでは約23％であることと比較してみよう)，そのうち男性が過半数を占めていた。Id. at 213.
6　Id. at 211, 246. 現代では，人口構成における若年者比率の急減な下落に直面していることは事実である。このため，労働力としての高齢者に対する需要増加が期待されているが，高齢者の労働能力に関する限定性を考慮に入れる必要がある。なお，高齢者人口の生産年齢人口に対する依存比率は，現在では均衡を保った状態で上昇していると考えられる。
7　これらの統計データは，以下を参照。U.S. Bureau of the Census, *Seventh Census of the United States: 1850 xlii* (1850); U.S. Bureau of the Census, *Historical Statistics of the United States: Colonial Times to 1970* 15 (1976); David Hackett Fischer, *Growing Old in America* 222 (1977) (tab. 1); B. R. Mitchell, *British Historical Statistics* 15-16 (1988); Mitchell, *European Historical Statistics 1850-1970* 37 (1976); Nathan Keyfitz and Wilhelm Flieger, *World Population: An Analysis of Vital Data* 312,

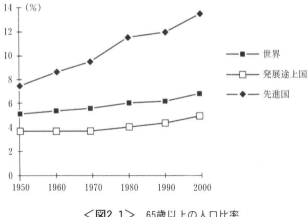

<図2.1> 65歳以上の人口比率

年から1901年までの60歳以上人口比率は，5％から10％の間で変動している[8]。

<図2.1>は，1950年から2000年までの間における，先進国と発展途上国および世界全体の65歳以上人口の推移を表記している。

ここでは豊かな先進国でも，1950年のころの65歳以上人口はまだ8％に達していないことを示している[9]。しかし，これらの先進国では，実質所得の拡大（近似的要素として平均寿命の伸長）や医療・保健ケアの改善あるいは出生率の減少などの効果が相まって，65歳以上人口は増加傾向を示している。1950年から1990年までの間では，先進国での65歳以上人口の比率は8％から12％以上へと上昇している。この結果，2000年までに，おそらくその平均で14％に達するだろうと予測されている。

<図2.2>は，<図2.1>と同じ基礎的データと項目による，80歳以上人口の推移を表現している。

先進国のデータでは，1950年から1990年の間に，80歳以上の人口比は

---

479 (1968).

8　E. A. Wrigley and R. S. Schofield, *The Population History of England 1541-1871: A Reconstruction* 216 (1981) (fig. 7.4).

9　<図2.1>と<図2.2>，および<表2.1>と<表2.2>で表示しているデータは，いずれも以下参照。United Nations, Department of International Economics and Social Affairs, *The Sex and Age Distribution of Population: The 1990 Revision of the United States Global Population Estimates and Projections* (Population Study No. 122, 1991).

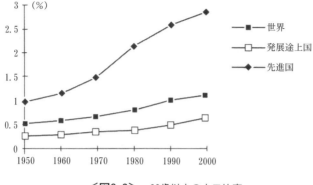

<図2.2> 80歳以上の人口比率

1％から2.6％へと劇的に上昇しており，2000年までには約3％に達すると予測されている。これに対して，発展途上国（「第三世界」）のデータは先進国とは対照的である。発展途上国では，現在の65歳以上と80歳以上の高齢者人口比率は，西ヨーロッパや北米の1850年代のデータと比較しても高い水準にあるとは言えない。

以下に示す＜表2.1＞と＜表2.2＞は，アメリカその他の諸国における65歳以上と80歳以上の人口比率の比較データを表現している。

アメリカの65歳以上人口は，1950年の8.1％から1990年には12.6％へと上昇して，20世紀の終わりには12.8％に達すると予測されている。このアメリカのデータは，歴史的に振り返って見ても，ナイジェリアなどの発展途上国と比較すると高い水準にある。けれども，アメリカの高齢者人口は，移民に

<表2.1> 65歳以上の人口比率

国名／地域	1950	1960	1970	1980	1990	2000	2010	2020
カナダ	7.7	7.5	7.9	9.5	11.4	12.7	14.4	18.8
フランス	11.4	11.6	12.9	14.0	13.8	15.4	15.7	19.3
ドイツ（FRG）	9.4	10.8	13.2	15.5	15.4	17.0	20.4	22.2
日本	4.9	5.7	7.1	9.0	11.7	15.9	19.6	23.7
ナイジェリア	2.4	2.3	2.4	2.5	2.5	2.6	2.8	3.2
スウェーデン	10.3	12.0	13.7	16.3	18.1	17.1	18.8	21.8
イギリス	10.7	11.7	12.9	15.1	15.4	15.2	15.7	18.2
アメリカ	8.1	9.2	9.8	11.3	12.6	12.8	13.6	17.5
世界（平均）	5.1	5.3	5.4	5.9	6.2	6.8	7.3	8.7
発展途上国（平均）	3.8	3.8	3.8	4.0	4.5	5.0	5.6	7.0
先進国（平均）	7.6	8.5	9.6	11.5	12.1	13.7	14.8	17.4

<表2.2>　80歳以上の人口比率

国名／地域	1950	1960	1970	1980	1990	2000	2010	2020
カナダ	1.1	1.2	1.4	1.8	2.3	3.0	3.7	4.1
フランス	1.7	2.0	2.3	3.1	3.5	3.3	3.8	3.9
ドイツ（FRG）	1.0	1.5	1.9	2.7	3.7	3.6	4.6	5.9
日本	0.5	0.7	0.9	1.4	2.2	3.0	4.3	6.0
ナイジェリア	0.2	0.2	0.2	0.2	0.2	0.3	0.3	0.4
スウェーデン	1.5	1.9	2.3	3.2	4.3	4.8	5.0	5.2
イギリス	1.5	1.9	2.2	2.8	3.4	3.6	4.0	4.2
アメリカ	1.1	1.4	1.8	2.3	2.8	3.3	3.8	3.9
世界(平均)	0.5	0.6	0.7	0.8	1.0	1.1	1.3	1.5
発展途上国(平均)	0.3	0.3	0.4	0.4	0.5	0.6	0.8	1.0
先進国(平均)	1.0	1.2	1.5	2.1	2.6	2.8	3.5	4.1

よる人口移動や出生率が低い他の西欧諸国や日本と比較すれば一般的に低い傾向が見受けられる。しかし、アメリカでも80歳以上人口比率では、これらの諸国との不均衡はそれほど大きくはない。この相違は、アメリカの高齢者に対する医療ケアへの財政支出の大きさによっておそらく説明可能である。

　前掲の＜表2.1＞と＜表2.2＞は、65歳以上と80歳以上の人口比率について、2020年までの予測的な推計値も表示している。この推計値は、これらの表を作成する際に使用したデータを共通の基礎としているが、予測データに不可避ともいうべき誤差が混入している可能性がある。たとえばこのデータでは、今後とも医療技術の急速な進歩が継続するという単純な予測を前提としている。他の問題点を挙げれば、老年学の統計データでは、90歳以上とか100歳以上という超高齢者については、そのデータ自体の信頼性が低いという問題がある。これらの超高齢者は、自らの年齢を誇張する傾向があるからである。たとえば、90歳以上(nonagenarian)とか100歳以上(centenarian)という年齢は、いまだに高齢者の自慢の種となっているのである。アメリカの公式統計上では、100歳以上の人口は約5万人であるが実際にはおよそ半分である可能性がある[10]。

10　Bert Kestenbaum, "A Description of the Extreme Aged Population Based on Improved Medicare Enrollment Data," 29 *Demography* 565 (1992), esp. p. 573. アメリカの高齢者人口に関する統計データの概要とそのデータ分析については、以下参照。Jacob S. Siegel, *A Generation of Change: A Profile of America's Older Population*, ch. 1 (1993).

2 人口高齢化をめぐる心理的不安

　アメリカのような先進国では，高齢者人口の急激な増加現象に対して，以下の二つの政策課題に関心が寄せられている。第一は，高齢者への膨大な医療ケア支出の抑制という政策課題である。けれども，ある国の総人口における平均年齢の高齢化という現象と国民一人当たりの医療ケア費用支出の増加現象の間には，他の変動要因を除外して考えれば相関関係はないように思われる[11]。医療ケア費用の増加の主たる原因は，医療技術の進歩や高度化に加えて，高齢者人口の急速な増加があることは言うまでもない。アメリカでも，若年世代が医療ケア費用の抑制を要求しなかったならば，高齢者に対する医療ケア費用の支出総額は相当の金額になったと予測できる。アメリカの65歳以上の高齢者人口は，総人口の13％以下に過ぎないが，彼らが医療費総額の3分の2を消費している[12]。この医療費支出の総計は，高齢者の多くが必要としている在宅の介護ケア費用を無視した上で計算されている。その理由は，介護ケア費用は政府による財政的な費用負担ではなく，主として家族メンバーによる個人的サービスによって負担されているからである。この費用負担の詳細については，第11章で検討するが相当な金額に及んでおり，高齢者となった両親に対する子供たちの気前のいい対応という性格で片づけられる問題ではない。

　第二の問題は，高齢者のライフ・サイクルを考えた場合，生産活動に従事する期間よりも消費生活のために過ごす期間が伸長する結果，生産的労働に関与しない生存期間が拡大するという問題である。このライフ・サイクルの変化によって，高齢者たちがその政治的影響力を通じて，若年者である生産年齢人口に対して高齢者の消費活動を支援するように圧力をかける可能性がある。人びとのライフ・サイクルが生産活動から消費活動へと比重が移動することは，必ずしも人口高齢化のみに付随する現象ではない。けれども，高齢者の社会的引退年齢という問題は，人口高齢化に対応するさまざまな公共

11　Thomas E. Getzen, "Population Aging and the Growth of Health Expenditure," 47 *Journal of Gerontology* S98 (1992).

12　Daniel R. Waldo et al., "Health Expenditures by Age Group, 1977 and 1987," *Health Care Financing Review*, Summer 1989, p. 111; U.S. Senate Special Committee on Aging et al., *Aging America : Trends and Projections* 133 (1991 ed.). 本章で利用する他の全ての統計データは，アメリカに関するデータである。

政策に影響を及ぼす問題である。しかし，実際の社会的引退年齢は，人口高齢化によって必ずしも変化していない。むしろ反対に，社会的な平均引退年齢は，平均寿命の上昇する時期にはかえって低下する傾向を示している。＜図2.3＞は，1950年から2000年までのアメリカの男性の平均寿命とその平均引退年齢の中央値を比較したデータである[13]。

このデータを見る限り，1950年の男性の平均寿命は彼らの平均引退年齢よりも低かった。しかし，彼らの平均寿命は1960年に平均引退年齢を超えて，1990年までの間で10年ごとに伸長し続けている。これに対応して，女性の平均寿命は男性よりも長くて(詳細は後述する)，社会的引退年齢も男性より相対的に高くなっている。しかし，この性別のデータ格差はそれほど大きくなく，＜図2.3＞で示した男性のデータとほとんど変りはない。

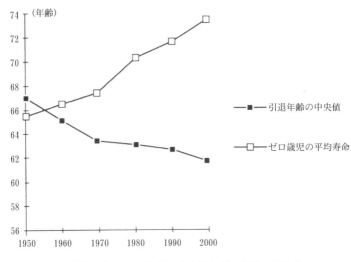

＜図2.3＞ 引退年齢の中央値とゼロ歳児の平均寿命

出生時の平均的な生存期待余命である平均寿命は，成人の年齢分布を説明する概略的な指標に過ぎない。この出生時の平均寿命は，乳幼児の死亡率と

---

13 ＜図2.3＞の資料は，以下参照。Cynthia Taeuber, *Sixty-five Plus in America* 25 (U. S. Bureau of the Census, Current Population Reports, Special Study P23-178RV, revised May 1993) (tab. 3-1); Murray Gendell and Jacob S. Siegel, "Trends in Retirement Age by Sex, 1950-2005," *Monthly Labor Review*, July 1992, pp. 22, 27 (1992) (tab. 4); U.S. Senate Special Committee on Aging et al., *Aging America : Trends and Projections* 25 (1987-1988 ed.).

の関係で極めて敏感に反応するデータだからである。最近では，乳幼児死亡率が極めて低くなっているため，成人の平均寿命に関心が集中するに至っている。＜図2.4＞は，これまで提示してきた図表データと大差はないが，成人の男性と女性の平均寿命を対比的に示している[14]。

なお，＜図2.4＞で表現されている平均寿命の統計データは，偶然の結果ではあるが，比較的長期にわたるデータの集積結果を示している。すなわち，1840年には20歳のアメリカ人ではその50％が65歳まで，またその38.8％が70歳まで生存することが期待できた。1910年には，この数値データはそれぞれ69.3％と59.5％へと上昇している[15]。

読者の中には，生物学的な意味での長寿に対する制約要因を考慮に入れた場合，平均寿命の上昇はその反動として急激な縮小に見舞われると想像する人がいるかもしれない。しかし，＜図2.5＞が示すように，結果はそれと反対である。＜図2.5＞は，成人の平均寿命の変化を示している。このデータでは，アメリカにおける人びとの平均寿命は，20世紀を通じて一貫して上昇する傾向を示しているのである。

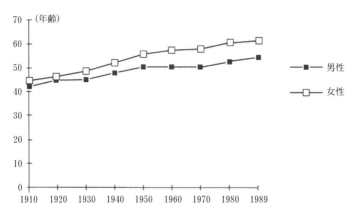

＜図2.4＞　アメリカの白人男女の20歳時における平均寿命（1910-1989年）

14　＜図2.4＞と＜図2.5＞の基礎データは，以下参照。"U.S. Longevity at Standstill," in Metropolitan Life Insurance Company, *Statistical Bulletin*, July-Sept. 1992, pp. 2,8; and Life Tables from the 1950, 1970, and 1990 editions of U.S. Bureau of Census, *Statistical Abstract of the United States*. なお，＜図2.4＞に類似するデータとして，50歳時における以下の資料に示されているデータがある。For example, Peter Laslett, " The Emergence of the Third Age," 7 *Aging and Society* 133, 144 (1987) (tab.4).

15　Fischer, note 7 above, at 225 (tab.4). note 7 above, at 225 (tab.4).

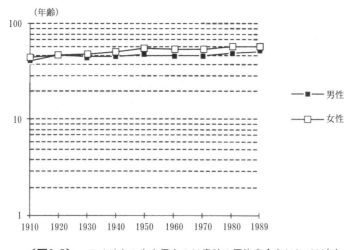

<図2.5> アメリカの白人男女の20歳時の平均寿命(1910-1989年)

また<図2.6>に示すように，アメリカの高齢者(65歳以上)および超高齢者(85歳以上)が人口に占める比率は，最近の数十年間では加速しているこ

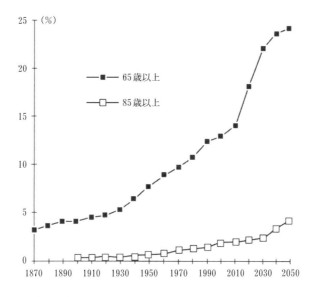

<図2.6> アメリカの65歳以上及び85歳以上の人口が
総人口に占める割合(1870-2050年)

とは明白である[16]。

　この高齢者人口の増加の背景には，出生率の減少が関与している。第1章で検討したように，人びとの平均寿命の上昇には何らかの「自然的な」制約があると信じるために必要かつ充分な根拠は発見されていない。しかし，アメリカ国民の出生時での平均余命が85歳以上に伸長するには，将来のブレークスルー的な研究開発の成果が必要である。

　アメリカでも，平均寿命の上昇は，男女間で平等に展開してきたわけではない。20世紀を通じて，女性の平均寿命は男性のそれよりも急速に上昇した（＜図2.4＞参照）。結果的に，高齢男性と高齢女性の人口バランスは大きく変化する傾向が現れた。1989年には，85歳以上の男性人口は，女性人口のそれのわずか39％を占めるに過ぎない。この結果，女性高齢者と男性高齢者の人口比率を比較すると，85歳以上の人口では5対2以上の比率に，また65歳以上人口でも3対2以上の比率に達しているのである[17]。

　高齢者人口の増加は，社会的引退の早期化という傾向と相まって，労働参加率の減少傾向とパラレルな因果関係を示している。この傾向を「高齢者依存比率(old-age dependency ratio)」という概念を通じて，単純に65歳以上人口の20歳から64歳までの生産年齢人口に対する社会的依存率と見るならば，この比率は1960年の0.173から1990年の0.209へと上昇している。アメリカの社会保障局(Social Security Administration)と連邦統計局(Bureau of Census)は，2050年には高齢者依存比率が0.392から0.416程度まで上昇すると予測している[18]。しかし，この将来予測は，その基礎となるデータが信頼を置けるものではないことに加えて，「高齢者依存比率」という概念自体が誤解を招く恐れが充分にある。この将来予測は，全ての65歳以上の人びとが引退した上で，自ら蓄積した財産に依存する可能性も含めてある種の依存状態に陥る一方で，20歳から64歳の全ての人びとが就労するものと想定している。

16　＜図2.6＞のデータは，U.S. Bureau of the Census, *Historical Statistics of the United States: Colonial Times to 1970*, note 7 above, at 15, and U.S. Senate Special Committee on Aging et al., note 12 above, at 7 (tab. 1-2).

17　Id. at 17 (Chart 1-9). See also Leonard A. Sagan, *The Health of Nations: True Causes of Sickness and Well-Being* 22 (1987) (fig. 1.3).

18　Samuel H. Preston, "Demographic Changes in the United States, 1970-2050," in *Demography and Retirement: The Twenty-First Century* 19, 23 (Anna M. Rappaport and Sylvester J. Schieber, eds., 1993).

しかし,このような想定は明らかに誤りである。高齢者依存比率という概念に代えて,労働者に対する非労働者の依存率として機能的に再定義すれば,その依存率は1960年代半ばから急速に低下する傾向を示している。その背景には,労働力としての女性参加率の急増があることは確かである。この依存率は,2005年以降に急速に上昇すると予測されているが,それでも1960年代半ばの水準までは戻らないと推計されている[19]。この高齢者依存比率という概念は,社会的にも誤解を招く恐れが高いから,その概念自体を新たに再定義する必要がある。その理由は,人びとが自身の過去の稼得に「依存」する状態は,人生の若年期から高齢期へと消費のための資産を再配分するという個人の意思決定に過ぎないからである。この個人の意思決定は,倫理学的にも経済学的にも,高齢者が現在の労働世代に依存するということとは全く別の問題である。

この議論は,高齢者依存比率が個人の社会的引退パターンによって影響を受けること自体を否定する趣旨ではない。アメリカでも,個人の自発的意思による社会的引退は,社会保障法の制定以前とそれ以降でまったく同じというわけではない[20]。アメリカでは,1840年には65歳以上の白人男性の70％は雇用労働者であったが,残りの大部分の高齢者はすでに労働能力を喪失していたと考えられている。その30年後の1870年には60歳以上の高齢者の64％が雇用労働者であったが,その60年後の1900年にはその比率は少し高くなっていたと推定されている。社会保障法が制定された1935年から高齢者の労働参加率は急激な低下が始まり,1980年には32％にまで低下している[21]。この比率は,1950年には＜表2.3＞で示すように[22],55歳から59歳の男

---

19 Stephan H. Sandell, "Prospect for Older Workers: The Demographic and Economic Context," in *The Problem Isn't Age: Work and Older Americans* 3, 5 (Stephan H. Sandell, ed., 1987) (fig. 1.1).

20 Gordon F. Streib, "Discussion," in *Issues in Contemporary Retirement* 27 (Rita Ricardo-Campbell and Edward P. Lazear, eds., 1988). しかし,一般的に信じられているより違いは大きくない。詳細については,第9章参照。

21 これらのデータは,以下参照。William Graebner, *A History of Retirement: The Meaning and Function of an American Institution, 1885-1978* 12 (1980); Roger L. Ransom, and Richard Sutch, "The Decline of Retirement in the Years before Social Security: U.S. Retirement Patterns, 1870-1940," in *Issues in Contemporary Retirement*, note 20 above, at 1, 13 (fig. 1.6); Carole Harber and Brian Gratton, *Old Age and Search for Security: An American Social History* 104-110 (1994).

22 ＜表2.3＞のデータは,以下参照。Gendell and Siegel, note 13 above, at 25 (tab. 2). なお,1990年代のデータとその後の予測値は,詳細は後述するが,正確でない可能性がある。

<表2.3> 45歳以上75歳またはそれ以上の男女別の
労働参加率の年次推移(1950-2000年)

男性	45-49	50-54	55-59	60-64	65-69	70-74	75以上
1950	96.5	95.0	89.9	83.4	63.9	43.2	21.3
1960	96.9	94.7	91.6	81.1	46.8	31.6	17.5
1970	95.3	93.0	89.5	75.0	41.6	25.2	12.0
1980	93.2	89.2	81.7	60.8	28.5	17.9	8.8
1990	92.3	88.8	79.8	55.5	26.0	15.4	7.1
2000	91.8	89.0	79.2	54.2	27.3	15.6	7.3
女性	45-49	50-54	55-59	60-64	65-69	70-74	75以上
1950	39.9	35.7	29.7	23.8	15.5	7.9	3.2
1960	50.7	48.7	42.2	31.4	17.6	9.5	4.4
1970	55.0	53.8	49.0	36.1	17.3	9.1	3.4
1980	62.1	57.8	48.5	33.2	15.1	7.5	2.5
1990	74.8	66.9	55.3	35.5	17.0	8.2	2.7
2000	82.7	74.8	61.9	39.5	19.7	8.5	2.7

性高齢者の労働参加率は90％であるのに対して，60歳から64歳までの比率は83％であり，また75歳以上では比率は21％に過ぎないという注目すべきデータが示されている。

この男性高齢者に関する1990年の労働参加率を見ると，55歳から59歳までの雇用者比率は80％，60歳から64歳の比率は56％であるのに対して，75歳以上では7％にまで落ち込んでいる。この男性高齢者の労働参加率の低下傾向は，高齢者の労働能力が低下したというわけではなくて，彼らが自発的に引退という意思決定をしたことを示している。

これを女性の労働参加率について見ると，引退年齢の低下傾向は労働参加率の上昇によって相殺されている[23]。しかし，75歳以上の年齢層はその例外に位置している。彼女らの年齢コーホートは，歴史的にも労働参加率が非常に制約されていた。この性別での労働参加率の差異は，引退前の雇用をめぐる社会的要因を考慮に入れた上で，相対的に古い過去のデータと新しいそれを比較してみる必要がある。その結果，高齢者の労働参加率は継続的に減少しているのではなく，実際に増加している時期があることも理解する必要がある。

高齢者の労働参加率が継続的に減少していると仮定した場合でも，その社

23　See also Amanda Bennett, "More and More Women Are Staying on the Job Later in Life Than Men," *Wall Street Journal*, Sept. 1, 1994, p. B1.

会的ないし経済的な影響は比較的少ないように思われる。政府の政策レベルでも，高齢者の平均年収が引退後の時間的経過に対応して減少するならば，おそらく政策的対応の重要性はほとんどないと思われる。高齢者の消費活動は，総体として消費支出に特徴があるのみならず，その消費期間が長期にわたって継続するという特徴がある。けれども，彼らの引退後の所得と消費支出は，現役時代の所得と比較して低下せずにかえって増加する傾向がある。アメリカでは，1957年から1990年までの間に，65歳以上人口に占める中央値に相当する所得階層は2倍以上になっている[24]。このデータには，メディケア (Medicare) による所得移転効果は含まれていない。このデータに加えて他の政策的効果を考慮に入れるならば，高齢者の生活レベルは，少なくとも高齢者以外の社会集団のそれよりも改善しているし，今後ともその改善効果が上昇すると予測できる[25]。結果的に，高齢者たちの社会集団は，高齢者以外の社会集団が1973年に達成した所得水準に到達する可能性がある[26]。たとえば，「高齢者では，100万ドル長者は少ないが，多くの高齢者は少なくとも若年者世帯と比較した場合には富裕であるか富裕になりつつある[27]」と指摘されている。また，1991年のデータでは，連邦政府による貧困水準以下である65歳以上の高齢者は12.4％であるが，全ての年齢層ではこの数値は14.2％となっている[28]。このデータは，当然のことながら，引退した高齢者が労働している人びと以上に享受している余暇の価値を考慮していないし，労働のために投入が必要とされる人的資本の投資費用も含まれていない。

---

24 Taeuber, note 13 above, at 4-7 and n. 104. なお，よりドラマティックな事実は，1970年から1984年の間で，高齢者世帯 (65歳以上) の実質所得の中央値が35％も上昇した事実である。この同じ期間で，25歳から64歳の世帯の実質所得は1％しか上昇していないという対照的なデータを示している。Alan J. Auerbach and Laurence J. Kotlikoff, "The Impact of the Demographic Transition on Capital Formation," in *Demography and Retirement: The Twenty-First Century*, note 18 above, at 163, 174.

25 Michael D. Hurd, "Research on the Elderly: Economic Status, Retirement, and Consumption and Saving," 28 *Journal of Economic Literature* 565, 576-578 (1990); John R. Wolfe, *The Coming Health Crisis: Who Will Pay for Care for the Aged in the Twenty-First Century?* 10 (1993).

26 See Sheldon Danziger et al., "Income Transfers and the Economic Status of the Elderly," in *Economic Transfers in the United States* 239, 264 (Marilyn Moon, ed., 1984).

27 John C. Weicher, "Wealth and Poverty among the Elderly," in *The Care of Tomorrow's Elderly* 11, 24 (Marion Ein Lewin and Sean Sullivan, eds., 1989); see also Pamela B. Hitschler, " Spending by Older Consumers: 1980 and 1990 Compared," 116 *Monthly Labor Review*, May 1993, p. 3.

28 *Social Security Bulletin: Annual Statistics Supplement* 1993 148 (tab. 3E2).

しかし，これらの統計データは若干の誤解を招く恐れがある。高齢者の所得と平均寿命の上昇には正の相関関係が存在している。これは，社会が高齢者に寛容であったから彼らが裕福で長生きできたわけではなく，高齢者たちが努力して裕福になったから長生きできたことを意味している。けれども，高齢者の相対的な経済的地位の改善については若干の疑問が残っている。たとえば，人びとが比較的早めに死亡または引退した場合でも，彼らが社会的な消費総額の増加に寄与したといえるかという疑問である。しかし，この疑問に対しては肯定的な回答を下すべきだろう。彼らは，人びとの生産的活動と非生産的活動の間での相対的な所得配分に関して，おそらく相当な劇的な変動効果を引き起こしたからである。この効果は，とくに消費形態の一部として医療ケア支出を含めて考えた場合に明らかである。この変動効果は，経済的な変動効果ではなく金融的なそれとして考えるならば(経済学は貸借対照表や損益計算書などではなく，効率的な資源配分を考える学問分野である)，労働する女性の数の増加でのみ部分的に相殺可能な効果である。女性が労働力として登場する場合には，非市場的な労働分野に市場を通じてその労働を代替する役割を果たすことになる。非市場的な労働は，社会的な価値を持っている。それゆえ，社会的生産のネットでの追加部分は，市場での所得増加よりも減少する。この市場での所得増加という効果は，社会的引退に伴う公的負担の効果を考える場合と同様の関係にある。これらの問題は，高齢者依存比率について議論する場合に常に焦点となる問題である。

3　将来への展望とその課題

人口構成の高齢化については，初歩的な統計データにのみ依拠して危機的状況に対する警鐘を鳴らす前に，将来に向けた問題解決への見通しについて検討すべき課題を整理しておく必要がある。ここでは，とりあえず，以下の10項目の検討課題を提示しておく。

(1)　すでに指摘したように，高齢者の社会的依存比率をめぐる「現実」を知る必要がある。高齢者の社会的依存比率を考察する場合，高齢者の人口構成に占める比率のみならず，子供や労働していない成人の比率を含めて考える必要がある。彼らのような高齢者以外の年齢集団もまた，社会的依存状態にあるからである。確かに，女性の労働参加率の上昇は，労働していない成人の比率を減少させる効果を導いている。この女性の労働力化は，出生率のみならず将来の子供の数にも(労働市場において高度の職業機会に恵まれた女

性にとって子供を持つことに由来する機会費用は高くなるから）消極的な影響を及ぼす。アメリカでの社会的依存人口の比率は，これを適切な基準で評価するならば，女性の労働力化の効果を通じて実際には全般的に低下する傾向にあるように見える。この社会的依存比率は，21世紀には再度の上昇が予測されるが，そのような予測に対してそれほど思い煩う必要はない。アメリカの国民の多くは，若い成人によって構成されており，いまだに多くの新規移民を惹きつける魅力のある国家である。アメリカにおける国土面積に占める人口密度も，現在でもなお相対的に低い状況にある。アメリカは，自由な移民立法を通じて社会的依存比率を抑制してきた国である。このアメリカの人口構成の流動性を前提とすれば（アメリカは「いまだ相対的に人口密度が低い」という評価に同意できない人びとがいるかもしれない），人口高齢化の持続的な進展に伴う財政負担という課題も，人びとの間で喧伝される社会的危惧の念が減少する可能性がある。確かに，高齢者に対する財政支出は増加している。しかし，その財政負担の増加も，高齢者一人当たりの所得に相関する劇的な増加ではない。また，この高齢者に関する財政支出は，子供の数が減少する結果としての教育費用の減少で相殺される可能性もある[29]。

　この楽観的な予測は，高齢者の医療ケアをめぐる費用負担が実質的には（インフレを調整したうえで）抑制可能であるという，非現実的ともいえるシナリオを前提にしていることは事実である。しかし，このような経済的予測は，人口構成の変化に伴う社会的影響の研究に際して合理的な推定であると思われる。医療ケアの費用負担の上昇と高齢者の人口増加（高齢者一人当たりの医療費は国民平均のそれを上回る）の「相互作用」は，相対的にはその影響が小さいと予測できるからである。医療ケア費用の増加は，人口構成の年齢分布の変化に比べるとその上昇率は極めて早い。結果的に見れば，高齢化に伴う人口動態の変化は，医療ケア費用の「危機的」な上昇レベルと比較すれば比較的には小さな変動要因に過ぎない[30]。高齢者への医療ケア費用の支出増加は，社会的に非難の対象とされているが，この支出部分の多くは人びとの人生の最後のステージ（死の直前の年・月・週の各単位）に集中的に支出されている（詳細は第5章）。全ての人びとの医療ケア費用の支出は，個人の人生での最後の年度に支出されると想定してみよう。この想定は誇張され

29　Michael D. Hurd, "Comment," in *Studies in the Economics of Aging* 33 (David A. Wise, ed., 1994).
30　Id. at 36-37.

てはいるが，この問題を理解するためには不可欠である。結論的に言えば，人びとの平均寿命の上昇は，一人当たりの医療ケア費用を複数年かけて（均等に消費するとして）段階的に支出することで「抑制」可能となる[31]。

　この楽観的な将来展望は，たとえそれが虚像であったとしても，高齢者への財政移転を政治的に抑制する実現可能性として把握しておく必要がある。この想定は，詳細は第11章で検討するが，医療ケアや在宅介護ケアに伴う費用負担をめぐる完全な解答とはなりえない。しかし，アメリカ社会では高齢者への社会保障給付を抑制することはできても，彼らを完全に見捨てるような社会ではありえない。われわれは，いかなる手段を利用してでも，高齢者が必要とする医療ケアや日常的な生活ニーズに対応する費用負担を担わなければならない。この費用負担者となる若年世代は，高齢者へのメディケアその他の社会保障給付の抑制手段を通じて，その負担増加に対処することが可能となる。たとえば，将来において生命科学や医療技術の持続的進歩に成功して，加齢に伴う高齢者の疾病や虚弱化の抑制を通じて平均寿命の更なる上昇が可能であると想定してみよう。この想定による場合には，医療ケア費用や関連する財・サービス価格が変化しないと仮定しても，高齢者への医療ケアや在宅介護ケアに関する費用総額が上昇することは避けられない。

(2)　労働者の平均引退年齢は，これを雇用関係の終了に関する代理変数として利用するならば，誤解を招く可能性がある。多くの労働者は，従前の労働分野から引退した後もパートタイムであれフルタイムであれ（大部分は前者であるが），実際には25％程度の人びとが何らかの仕事に就いている[32]。結果的に，労働者の平均引退年齢の低下傾向は，高齢者の労働参加率の上昇ないしは安定化傾向と整合的な関係にある。＜表2.7＞に示すように，65歳以上の高齢者の労働参加率は，前述の＜表2.3＞で示唆したデータとは異なるが，1985年以降では極めて微小ながらも上昇している[33]。結論的に言えば，「引退」という用語は間違って用いられているのである。

31　See Wolfe, note 25 above, at 27.
32　Daniel A. Myers, "Work after Cessation of Career Job," 46 *Journal of Gerontology* S93, S100 (1991); Dean W. Morse, Anna B. Dutka, and Susan H. Gray, *Life after Early Retirement: The Experiences of Lower-Level Workers*, ch. 3 (1993). See also Erdman B. Palmore et al., *Retirement: Causes and Consequences*, ch. 7 (1985).
33　＜図2.7＞は，以下の資料におけるデータを参照。*Employment and Earnings*, published by the Bureau of Labor Statistics of the Department of Labor.

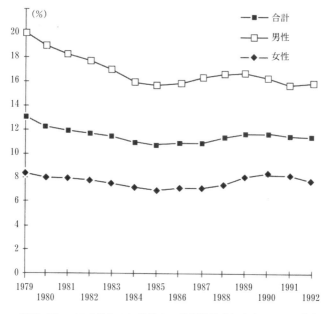

<図2.7> アメリカの65歳以上の性別労働参加率(1979-1992年)

(3) 高齢者は、若年者と比較すると犯罪行為に関与する確率は相対的に減少する。アメリカでの犯罪発生率の上昇は、犯罪被害者が負担する私的費用のみならず社会的にも多大な費用負担をもたらしている。高齢者はまた、若年者と比べると自動車事故に遭遇する確率が高い。高齢者の交通事故に関するデータは、その統計処理の方法に問題がある。その詳細は第6章で検討するが、高齢者が自動車事故の加害者となる確率は実際には極めて小さく、彼らの自動車を運転することに由来する便益の私的価値は極めて大きい。

(4) 国民の「富（wealth）」の源泉を考える際に、単なる金銭的な概念ではなく実物的な概念として、世帯内生産その他の家族による自発的サービスを含む非市場的な生産を考慮に入れる必要がある。人びとの社会的引退は、非市場的な世帯内生産を増加させる重要な要因となる。この世帯内生産の機会費用は、彼らが引退しない場合の市場的生産に由来する稼得の機会費用と比較すると相対的には低下する。この非市場的生産の増加は（余暇については後述する）、彼らの社会的引退による市場的生産の減少を充分に補完するには

至らないが，部分的にその補完的役割を果たすことになる[34]。

(5) 高齢者による余暇の「生産」は(余暇活動による消費と同一の意味である)，経済学者から見れば，純粋な富の源泉の一つであるに過ぎない。これは，高齢者が市場における労働に従事している場合でも，引退後の余暇活動ないしその不活動からより大きな効用を得ている場合と同様である。高齢者は，彼らが実際に人生を楽しんでいるか死の恐怖に震えているかに関わらず，その平均寿命の伸長による継続的生存から純効用を得ているとみなされる[35]。高齢者の平均寿命の伸長は，経済学的な意味では厚生もしくは効用の増加として富の源泉と評価される。このような評価は，彼らの寿命が医療ケア費用の増加で支えられているとしても，また市場での財やサービス生産が低下する効果を伴うとしても，その経済学的な意味に変化は生じない。

(6) 余暇についてさらに言及するならば，人びとの所得の向上に伴って余暇が派生するという意味では，余暇は一般的に極めて良質の財とみなされる。少なくとも余暇は，労働時間の短縮効果を確保する手段として，もっともらしい説明がなされてきた[36]。実際には，労働から余暇への時間のシフトは，国民生産のアウトプットの価値が低下する兆候であり，そのような事態の進展が現実に進行しているように見える。

(7) 労働生活から引退後における高齢者の平均寿命の上昇は，「障害者

---

34 A. Regula Herzog et al., "Age Differences in Productive Activities," 44 *Journal of Gerontology* S129 (1989); Phillip B. Levine and Olivia S. Mitchell, "Expected Changes in the Workforce and Implications for Labor Markets," in *Demography and Retirement: The Twenty-First Century*, note 18 above, at 73, 77-78; Martha S. Hill, "Patterns of Time Use," in *Time, Goods, and Well-Being* 133, 151-153 (F. Thomas Juster and Frank P. Stafford, eds., 1985) (fig. 7.5). これらの資料は，高齢者が市場的生産から個人的ケア(睡眠・洗濯その他)・余暇・世帯内生産・組織的活動(政治的・宗教的・慈善的その他)などの非市場的な生産に移行するに際して，彼らが時間配分を変化させるに伴って派生するさまざまな問題を提示している。

35 この趣旨は，自殺するためにも費用が必要であるから，全ての生存している人びとがこれに該当するわけではない。高齢者の自殺については，第10章で詳細に検討する。

36 この曖昧な表現(「少なくとも…もっともらしい」)は，賃金の上昇が余暇の機会費用を上昇させ，その代替効果が所得効果に優越する可能性があるという趣旨である。この所得効果に優越するという証拠については，賃金の関数曲線のカーブにおいて，労働力供給での後方屈曲を派生させるという説明がなされている。詳細は，以下参照。B.K. Atrostic, "The Demand for Leisure and Nonpecuniary Job Characteristics," 72 *American Economic Review* 428, 435 (1982) (tab. 3); John D. Owen, "The Demand of Leisure," 79 *Journal of Political Economy* 56, 69 (1971).

(disabled)」状態での平均寿命の上昇とは区別する必要がある。この高齢者の障害者状態は，高齢者の健康状態の改善なしに平均寿命のみを上昇させる医療・介護システムの必然的帰結と想定できる。このような高齢者の状態は，自力で移動できずに衰弱したまま認知症に罹患して，長く生存しすぎたための苦悩を耐え忍んでいる状態を意味している。しかし，医療技術の進歩は，高齢者の延命効果を生み出すとともに(治療技術のみならず予防技術も含めて)，彼らの障害状態を改善するとともに社会的依存率を低下させるような生活の質的改善効果も生み出してきた。具体的な治療効果を挙げるならば，高齢者に対する骨折治療・人口関節・骨粗鬆症などの治療や，循環器系疾患・白内障その他の眼科疾患・糖尿病の治療などの実例を挙げることができる[37]。加えて，高齢者の平均的な教育水準やその所得水準も年を追って向上している。高齢者が享受している教育や所得の上昇効果は，両者ともに彼らの健康状態と正の相関関係にあると考えられる[38]。

われわれは，この問題をことさらに強調する必要はない。たとえば，所得と健康との間には正の相関があると結論することは誤解を招く可能性がある。具体的に言えば，高齢者の年金に対する財政補助は，彼らに対する医療ケアの給付抑制によってその効果が相殺されるならば，高齢者に対するネットでの所得移転とは言えない。また，年金に対する財政補助は高齢者の平均寿命を上昇させる(所得と寿命の間には正の相関があるが，所得と健康の間には相関がない)から，結果的に医療ケアに対する彼らの政治的要求を

---

[37] Kenneth G. Manton, Larry S. Corder, and Eric Stallard, "Estimates of Change in Chronic Disability and Institutional Incidence and Prevalence Rates in the U.S. Elderly Population from the 1982, 1984, and 1989 National Long Term Care Survey," 48 *Journal of Gerontology* S153 (1993). この研究は，基本的な日常生活での活動を遂行するために必要な，主観的能力を評価することで障害の程度を判断している。たとえば，自身で衣服の着脱ができるか，バスルームへ行けるか，食事準備などの日常生活における器具操作ができるかなどを評価対象としている。しかし，他の注意深い研究は，障害の程度に応じた能力減退について別の評価を下している。Eileen M. Crimmins and Dominique G. Ingegneri, "Trends in Health among the American Population," in *Demography and Retirement: The Twenty-First Century*, note 18 above, at 225, 237-238.

[38] 詳細については，次章および注22の本文と参考資料を参照。Also J. Paul Leigh and James F. Fries, "Education, Gender, and the Compression of Mortality," 39 *International Journal of Aging and Human Development* 233 (1994); Marti G. Parker, Mats Thorslund, and Olle Lundberg, "Physical Function and Social Class among Swedish Oldest Old," 49 *Journal of Gerontology* S196 (1994).

増大させる可能性がある。医療技術の進歩は，短期的に見れば高齢者の障害状態を改善するが，長期的に見れば障害状態の発生を増加させる可能性がある。たとえば，多くの高齢者にとって腰椎骨折は死に至る疾病とみなされてきた。しかし，現在では高齢者の腰椎骨折も治療可能であって，寝たきり状態から解放されて長く生存することが可能になっている。この例のように，高齢者であって障害者にも分類される人びとは増加しているが，高齢者の実数の増加と比較すればむしろ減少傾向にある。統計的データによれば，1991年では，65歳以上の高齢者の4.2％は老人看護ケア施設に入所している（85歳以上では17.5％である）[39]。その一方で，在宅の高齢者の15％から30％の人びとは，何らかの支援を必要とする重度の障害状態にある[40]。これらの比率は，そのいずれもが上昇傾向を示している。現在では，在宅介護ケアのみならず施設介護ケアの費用もメディケアが適用されないために，高齢者自身やその家族によって費用負担がなされている[41]。アメリカでは，低所得である高齢者の老人看護ケア施設への入所費用のみがメディケイドで支給されているに過ぎない。

(8) アメリカでは，若年者から高齢者へのネットの富の移転がどの程度の規模に及んでいるのか，明確な財政的データに基づく証拠は示されていない。高齢者たちは，自身の利他主義的かつ裕福である程度に応じて，彼らの家族メンバーに対して遺産や贈与の形態による所得移転を行っている。これらの所得移転は，若年者から高齢者への強制的な所得移転（主としてメディケアを含む社会保障プログラムを通じて行われる）に対する見返りとしての対応である。しかし，実質的に見れば，社会的な所得移転を通じて高齢者世帯の所得は増加している。結果的に，利他主義的な若年者を含めて，若年者の自

---

39 Al Sirrocco, "Nursing Homes and Board and Care Homes: Data from the 1991 National Health Provider Inventory," *Advance Data* No. 244, Feb. 23, 1994, p. 4 (National Health Statistics) (tab. 8, 9).

40 なお，比較的に低い数値データを示すものとして，以下参照。U.S. Senate Special Committee on Aging et al., note 12 above, at 144, and is for the period 1985-1986. また，比較的に見ると高いデータを示すものとして，「65歳以上人口の約3分の1は，何らかの支援を必要とする」と推計するものもある。Roxanne Jamshidi et al., "Aging in America：Limits to Life Span and Elderly Care Options," 2 *Population Research and Political Review* 169, 173 (1992). 高齢者の4％が老人看護ケア施設に入所しているとすれば，高齢者の約3分の1に相当する29％（29＋4＝33）の人びとは，入所型の施設不足ゆえに放置されていることになる。

41 Id. at 173.

発的意思に基づく高齢者への所得移転は実質的には減少している[42]。この個人による自発的な意思決定としての所得移転は，しばしば政府による所得再配分プログラムを減殺する効果やそのプログラムの効果を喪失させる原因ともなっている。さらに，利他的とは言えない高齢者であっても，若年者の教育費用は強制的に税の形態で負担している。この高齢者による税負担は，若年者が労働可能年齢に達して自らの両親世代が引退年齢に達した場合に，彼らに高齢者の財政的支援を要請する道徳的な根拠となる。

　高齢者たちは，民主主義的な政府機能を歪めるような，自己利益を追求するための同盟関係を構築しているという主張は広く知られている。この主張は誇張されているが，その根拠とその是非をめぐる検討は，第3章とそれ以降の各章で議論する。また，人口構成の高齢化は技術革新の進展を抑制するという主張も，後の各章で見るように誇張された見解である。これに対して，高齢者たちは政治的・文化的な意味での社会の安定化基盤であるという主張は，社会的厚生という観点からこれを肯定的に評価すべきだろう。

　政府による賦課方式での若年者から高齢者への強制的な所得移転は，他の強制的な所得再配分政策とはさまざまな点において異なる性格を持っている。たとえば，男性は女性になれない(性転換に関する議論の余地があるとしても)が白人は黒人になれるという表現に従えば，多くの若年者はいずれ高齢者になれるという表現が可能である。このような視点に立って考えれば，ある意味では世代間の所得移転は，彼ら相互間で金銭的所得を移転しているに過ぎない。しかし，このような要素はあまり重視すべきではない。ある人びとは，高齢者になるまで生存できない可能性があるし，他の人びとは，人生のさまざまな段階での消費活動について自分で資源配分することに無関心なわけではない。若年者の自己は，高齢者の自己とは別個の人格としてみなすことができる(第4章で検討する)。実際の所得移転は，現在の若年者から現在の高齢者への所得移転であって，現在の若年者から将来の彼ら自身である高齢者への所得移転ではない。この政府の賦課方式による所得移転に関する制度は，現在の若年者に対する寛大な所得移転が行われる将来の可能性を減少させている。彼らが高齢者となる将来の状況は，連邦政府の財政赤字が拡大して経済成長率も鈍化している可能性が高いから悲観的にならざ

42　See, for example, Gary S. Becker, *A Treatise on the Family* 275-276 (enlarged ed. 1991), and references cited there.

るを得ない。現在の若年者は，将来における彼ら自身である高齢者への所得移転の減少を予測して，現在の政治的な政策展開に深い憤りを感じている可能性がある。現在の若年者である人びとの年齢コーホートは，彼らの人生の全ステージから見るとネットでの敗北者となる可能性が充分にある。

(9)　社会的な引退年齢は，歴史的に見ると必ずしも継続的にその年齢が低下してきたわけではなく，実際にはそれが上昇していた時代もある。社会的な引退年齢の決定要因は，以下の各章で見るように極めて複雑である。人びとによる社会的引退の意思決定には，人口構成での若年労働者の比率，企業年金プランや社会保障プログラムの引退給付水準などさまざまな要因が含まれている。社会保障プログラムは，すでに何度も改正されているが，引退後の老齢年金給付の期待的価値は減少傾向にある[43]。また，今後はベビー・ブーム世代の年齢層が高齢化して若年労働者数の減少が予測できるから，使用者にとって若年労働者を採用する費用が上昇する可能性がある[44]。労働者が早期退職する場合には，社会保障の老齢年金は減額されて支給される[45]。このため，労働者が実際に引退する時期は，彼の予測可能な生存期間に従ってその受給開始年齢を調節する必要がある。労働者は，自発的に退職時期を延期すれば，比較的に高い老齢年金給付水準をより長期にわたって受給できる[46]。結果的に，労働者の平均寿命の上昇は，社会的引退年齢（他の諸要因を考慮に入れても同様である）を実質的に上昇させる効果を伴うと予測できる。

(10)　社会的引退が加齢現象と相関する程度に応じて，「高齢期」と相関関係を示す「貧困」の問題を理解することが重要な課題となる。歴史的に見ると，たとえば30歳から70歳までの年齢層を閾値として，それぞれの社会に固有の高齢者とみなされる年齢幅が記録されている[47]。古代社会では，読者が予測しているように，人びとの平均寿命は極めて短いものであった。この

43　Levine and Mitchell, note 34 above, at 92-94.
44　Id.
45　たとえば，社会保障制度による退職年金給付は，62歳から受給を開始することができる。しかし，その給付額は，65歳まで待機した場合に受給できる満額の約80％程度に減額される。なお，企業年金プランの給付は，単純化されたパターン（「付加保険料」に依存する）として特徴づけることができる。詳細については第12章で検討する。
46　John R. Wolfe, "Perceived Longevity and Early Retirement," 65 *Review of Economics and Statistics* 544 (1983).
47　Covey, note 3 above. 詳細は第5章で検討する予定であるが，アリストテレスは男性の高齢期の閾値を50歳として認識している。

ような社会では，中年期に伴う身体的特徴(たとえば「老眼」)で補正して高齢期を定義することは困難であって，中年期と高齢期を区分すること自体が不可能な時代でもあった。現代社会では，平均寿命の上昇と医療技術の進展により，高齢期という年齢区分の閾値をめぐる社会的認識は上方修正される傾向にある。この高齢期に関する定義の変更により，人口構成に占める高齢者比率は低下する可能性もある。われわれは，高齢期という年齢の閾値について，人間の生理的特徴や65歳という年齢ではなく，従来では想像もできなかった80歳という年齢区分で考えるべきなのかもしれない。

　この高齢者に関する年齢区分の認識は，全ての問題における最も重要な出発点となる。アメリカ社会の上位中間層に位置する人びとは，最近では栄養補給・運動機能訓練・医療技術の利用などを通じて，高齢者と認識される階層から中年者として認識されるそれへと移行し始めている。アメリカでも40年前には，60歳代のほとんどと70歳代の大部分の人びとは自らを高齢者であると自覚していた。この時代では，彼ら自身の自覚いかんに関わらず，社会的にも彼らを高齢者と見なしていたのである。現代のアメリカ社会では，多くの人びとが70歳代後半に至るまで，若年者(より正確に言えば中年者)の合理的な類似者(simulacrum)の役割を演じ続けている。現代の人びとは，高齢者と呼ばれることを好んではいない。多くの人びとは，高齢者から非高齢者へと移行することによって，彼らやその家族の社会的効用の源泉も変化している。この変化には，それに相当する費用負担が必要となる。その費用負担の一つには，若さを保持するための医療ケア費用の増加が重要である。これとは別の費用負担として，若年または中年の家族メンバーによる高齢者ケアに関する追加的な費用負担がある。この費用負担は，高齢者から非高齢者への社会的移行に関連する文脈で言えば，本来的には死者から高齢者への移行に伴う費用負担というべき性質のものである。これらの費用のある部分は，適切な栄養補給・運動機能訓練・医療技術開発がなければ死亡したであろう，高齢者である両親の医療ケアや介護ケアのために若年者が「支払う」費用と考える必要がある。この費用負担は，社会保障やメディケアその他の高齢者のための政策的プログラムを支援するために，若年者が重税を負担しているという文脈とは異なる費用負担である。これらの費用負担は，若年者が高齢者のために費やした時間や租税と同様の意味であるが，感情的・心理的な負担を含めた費用負担である。われわれは，これらの感情的・心理的な費用負担については，これまでほとんど考慮の対象としてこなかった。

アメリカ社会は，高齢化に伴う費用負担については極めて鋭敏な感受性を持っているが，それに伴う便益については見逃しがちという傾向がある。この便益の一つに，社会的弱者である高齢者とみなされる階層から健康で裕福な中年者とみなされる階層へと移行するに伴って，平均引退年齢が上昇する効果が生まれている。社会的な引退年齢の閾値の決定は，健康状態と強い正の相関関係があると見るべきであろう[48]。

　これまで説明してきた高齢者をめぐる問題状況は，極めて複雑ではあるが，人口高齢化に内在する問題点を充分に分析した結果とは言えない。私の本書における研究視点は，高齢者をめぐる財政支出と費用負担の両面において，また現在の問題状況と将来の問題状況という両方の側面においても，従来の議論は危機的状況を誇張しているという証拠を示すことにある。私の議論が正しいとすれば，これは非常に重要な問題提起となる。アメリカでの人口高齢化という社会変動に伴う「問題」を解決する議論は，何が相対的に重要な政策課題かという判断基準に関する証拠を歪めているからである。

　この誇張された高齢者をめぐる「問題」が広く受け入れられてきた理由には，それほど明確な根拠があるわけではない。その理由の一つとして，人びとが高齢者に関する以下の事実を考えるに際して，多様かつ複雑な利害関係を調整する困難性を考慮に入れている可能性がある。たとえば，人びとの平均寿命が伸長した結果として，引退後の期待生存期間が長くなるに伴って派生する社会的問題がある。人びとは，追加的な平均寿命の延伸に伴う医療ケアや健康維持のために，現役労働者である時期の生活水準をある程度は犠牲にする必要がある。人びとは，現役労働者として長く働いた後の医療・介護ケアその他の支出に備えてその所得を貯蓄しかつ高額の税金を支払う必要が生じるのである。

　私は，アメリカの人口高齢化に伴う公共政策について，必ずしも楽観的に考えているわけではない。たとえば，人口構成の高齢化という問題は，人びとが現役労働者であった時期の所得を貯蓄して老後に利用すれば解決可能であるという楽観的な見解がある。この考え方は，若年者である自己に対して高齢者となる自己のために多くの金銭貯蓄を求めることになる。将来の高齢者となる自己の便益は，現在の若年者である自己の便益として充分に内部化

48　See, for example, Herbert S. Parnes and David G. Sommers, "Shunning Retirement: Work Experience of Men in Their Seventies and Early Eighties," 49 *Journal of Gerontology* S117, S123 (1994).

できなければ，このような公共政策の方向性は行き詰まる可能性が高い。しかし人口高齢化に関連して派生する公共政策は，人びとの恐怖心に訴えるような誇張した問題提起によって解決できるわけではない。このような恐怖心に訴える誇張された問題提起は，高齢化に伴う人口構成の急激な上昇によってもたらされる社会的帰結について人びとに広汎な誤解を生じさせている。私は，この問題についての極端な楽天家というわけではない。私は，私の隣人たちと同様に，自身が高齢者となることに恐怖を感じている。私は，人口構成の高齢化という問題は，社会的・経済的あるいは政治的な問題というよりも，個人レベルでのより重大な意思決定に委ねるべき問題であると示唆しているに過ぎない。

第3章
加齢現象をめぐる人的資本理論

1 単純なライフ・サイクル理論

　加齢現象について経済学者が考える基本的なモデルは，人的資本に関する理論的かつ経験的な研究を通じて発展してきたそれである[1]。この人的資本理論は，私の高齢化問題に関する経済学的な研究の出発点となっているが，より正確に言えばその出発点であるに過ぎない。ここでは最初に，人的資本理論について簡単な概要を示しておくことにする。その上で，加齢現象と高齢者について理論的に考察するために有益なこの人的資本モデルをさらに発展させる新たなモデルを提示する。この新たな人的資本モデルとその形成プロセスについては，次章で詳細に説明する。この次章の最後では，これまでの伝統的な人的資本理論では説明できなかった，人びとの心理的な行動レベルの現象を取り扱うことができる新しい経済学的なモデルを提示する。

　人的資本理論は，人びとの稼得や平均寿命を含む多くの要素に相違が存在することを，人的資本に対する投資に由来する相違として説明する理論である。経済学者は，厳密な意味での物的資本とは異なる類似概念である人的資本について，人びとが長期にわたって稼得を産出する資産と把握している。労働者の稼得は，金銭的所得と非金銭的なそれに分けられるが，通常の意味で用いられるのは前者の意味である。この人的資本を形成する社会活動として，公的教育やOJTによる職業訓練などが具体例として挙げられる。

---

[1] See Gary S. Becker, *Human Capital: A Theoretical and Empirical Analysis, with Special Reference to Education* (3d. ed. 1993)（本書の邦訳書(第2版)として，佐野陽子訳『人的資本―教育を中心とした理論的・経験的分析』東洋経済新報社，1976年）．なお，同書の簡潔な要約版として，以下参照。Becker, *A Treatise on the Family* 26-27 (enlarged ed. 1991).

人的資本投資の大部分は，間接的な投資としての性格を持っている。たとえば，ある個人が「無償」の公的教育を受けるために労働市場から一時的に退出している場合でも，彼はその間の稼得を放棄したという意味で金銭的費用を負担している。彼が企業内でOJT訓練を受けている場合には，たとえ使用者がその訓練費用を全額負担しているとしても，彼は本来の水準よりも低い賃金を受け取ることでその費用を負担している。さらに，彼に対するOJT訓練の費用が使用者の全額負担による現物給付であり，仕事をすることが学習することであるという単純な教育訓練であったとしても，労働者が全く費用負担をしていないわけではない[2]。この人的資本は，労働者の費用負担なしに獲得されたものではあるが，その人的資本の生産に多くの費用がかかるとしても，彼には全く費用負担がないわけではない。企業でのOJT訓練によって形成された労働者の人的資本の多くは，公的教育によるそれとは異なり，特定の使用者の下での業務遂行にしか役に立たない企業特殊的な人的資本である可能性が高いからである。この企業特殊的な人的資本をめぐるOJT訓練については，労働者はその費用負担を嫌がる可能性がある。労働者は，その人的資本が企業特殊的なものであれば，現在の仕事を辞めてより高賃金の就業機会を得るためにその人的資本を活用できないからである。使用者も，このような企業特殊的な人的資本形成に対する費用負担については，一般的な人的資本と比較すると好意的な対応をすることが多い。OJT訓練で形成された企業特殊的な人的資本は，労働者も簡単には私物化（退職ないしその脅しに利用すること）ができないからである。これに対して，一般的な人的資本投資については，使用者はその費用負担を回避する傾向がある。使用者には，労働者への一般的な人的資本投資をめぐる費用回収の保証がないからである。この結果，一般的な人的資本投資は，労働者に対するOJT訓練ではなく公的教育に委ねられる理由が明らかになる。

　合理的な個人であれば，使用者であれ労働者であれ，人的資本への投資ないし獲得のために必要とされる直接的・間接的な費用負担を回避する場合が

---

[2] See Kenneth J. Arrow, "The Economic Implications of Learning by Doing," 29 *Review of Economic Studies* 155 (1962); Becker, *Human Capital*, note 1 above, at 67-68. 労働者は，多くの費用負担を必要とするわけではないが，とにかくある程度の負担が必要である。具体的には，彼は価値ある経験を得るためにより長期にわたる労働をする必要があるかもしれない。また，彼は自分の余暇時間を犠牲にしているかもしれないから，その余暇時間の価値が経験を得るために負担した費用と解釈される余地もある。

ありうる。このような場合とは，使用者ならばその費用負担が生産性の向上に見合わない場合，労働者ならば高い稼得に結び付かない場合である。この場合における労働者の稼得は，彼の人的資本に対する投資がそれに見合う費用回収の期待値(利息つきで)を暗黙裡に前提としている。労働者の人的資本に対する投資が大きくなれば，彼の予測できる稼得の現在価値もまた大きくなる。彼の人的資本投資は，比較可能な他の投資機会におけるリスクから得られる期待収益に相応する，割引現在価値で投資費用を回収する必要があるからである。結果的に，労働者による現在もしくは未来の自分に対する人的資本投資(苦労の多い職業訓練や大学院ないし専門職教育の受講など)は，急峻なカーブとして年齢別の稼得プロファイルを描くことになる。このプロファイルは，人的資本の投資期間中の稼得は低下ないし減少するが，回収時期はその稼得が投資価値に見合った水準まで上昇することを示している。

　この人的資本は，他の物的資本と同様に減価する可能性がある。この減価は，人的資本のみで強調すべき要素ではないが，人的資本の場合には記憶の喪失や適応能力の減退のように文字通りの資本の損耗現象として現れる。この人的資本の減価は，労働環境の変化によって特定の知識や熟練の価値が減少する場合に顕在化する。労働者は，死亡・老齢・引退などの事態に陥らない限り，減価した人的資本の更新によって投資費用を回収するために必要な稼得レベルを維持しなければならない。しかし，このような稼得の維持が常に期待できるわけではない。労働者の稼得水準は，経験年数に対応して上昇すると仮定すれば，人的資本に対する新規投資のために職場を離れる(たとえば学校教育に復帰する)必要があるならば，新規の人的資本投資には別途に費用が発生するからである。この職場離脱による稼得の喪失は，たとえば授業料のように教育費用として顕在化する部分もある。労働者は，たとえ死亡しないと仮定した場合でも，年齢別の稼得プロファイルでは明確なピークが存在しないかもしれない。この労働者の稼得水準は，追加的1ドルを生産するために必要な人的資本投資に対する最後の1ドルの投資価値に均衡する水準で安定する。しかし，人間は死亡しない存在ではないから，たとえ人的資本投資の費用が年齢と無関係であったとしても，人びとは引退するか少なくとも一般的に引退すると思われる年齢以前に新規の人的資本投資を停止する。合理的人間であれば，人的資本に対する投資の最低回収期間を20年と想定すれば，労働可能の期待年齢が10年程度に短縮した時期に新規投資を停止するであろう。人びとは，労働に適応不能になるとか新規技術が習得不

能になるという意味では、年齢と無関係にその能力を維持することはできない（人びとは不死の存在ではないし将来の平均寿命の期待値もそれほど上昇しないだろう）。また、人びとが年齢と無関係に、いかなる時点でも同一費用で人的資本投資による所得上昇が可能である仮定しても、実際には80歳でメディカル・スクールに入学できるとは期待できないだろう。

　ここでは、人的資本投資の費用が年齢に相関して増加するか、あるいはその投資に対する回収期待値が年齢に相関して減少するか、またはその両方が同時に予測されると仮定してみよう。この仮定に従えば、労働者の加齢に伴う人的資本に対する新規投資の比率は減少すると同時に人的資本の既往の価値も減価するから、人的資本の価値は総体として減少することになる。この結果、人的資本に対する再投資を抑制する稼得の逓減効果が派生することにより、その稼得は総体として減少することになる。この人的資本の投資に対する抑制効果は、一般的には国民経済レベルでの生産性の向上によって覆い隠されている[3]。このような理解の仕方は、これまでは無視されてきたけれども、私の問題関心とはとりあえずここでは関係がない。私の議論の焦点は、賃金に対するインセンティブを分析することを通じて、＜図3.1＞で示すように年齢別の稼得プロファイルが逆U字型を示すことを証明することにある（この分析での年齢と稼得プロファイルは、正確にいうと時間当たり賃金と労働時間との比率で表現される）。

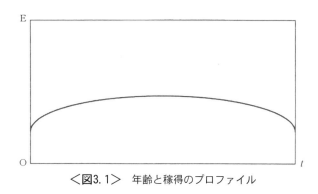

＜図3.1＞　年齢と稼得のプロファイル

3　しかし、この事実は完全に覆い隠されているわけではない。時間当たり賃金による稼得の上昇は、加齢に伴う労働時間の減少によって相殺される傾向があるからである。See Gilbert R. Ghez and Gary S. Becker, *The Allocation of Time and Goods over the Life Cycle* 85 (1975) (fig. 3.1).

＜図3.1＞で示すように、稼得は垂直軸にプロットされており、勤務年数（時間＝t）は水平軸で表示されている。この関係は、この数式によって簡単に表示できる。

＜数式3.1＞ $\qquad E(t) = a + b_1 t - b_2 t^2$

ここで$E(t)$は、時間（最初の就職から引退までの年数）の関数である年間の稼得を示している。またaは、人的資本投資とは独立した稼得の構成要素であり、時間の経過にかかわらず一定であると仮定されている。b_1は、人的資本投資によってもたらされる年間の稼得の増加分を表示している。$-b_2$は、個人が保有する人的資本ストックのネットでの減耗により生じた年間の稼得の減少分を表示している。さらに、稼得のピーク年(t^*)は、$E(t)$をtに関して微分した上でゼロに近似する値で固定することによって与えられる。この計算手順は、以下の数式によって算出できる。

＜数式3.2＞ $\qquad t^* = \dfrac{b_1}{2b_2}$

この＜数式3.2＞では、労働者の稼得のピーク年は、彼の人的資本投資(b_1)によって稼得が上昇した年以降に出現することを示している。また、加齢に伴う稼得の減少(b_2)は、人的資本を更新するための投資の減少によって生じたその減耗分を示している[4]。

ここでは単純化のために、労働者は自己のために人的資本投資の費用の全額を負担していると仮定しているが、使用者がその費用を全額負担している場合でも分析結果に違いは生じない。使用者は、労働者が死亡するか引退する場合には、彼に対する人的資本投資を回収できない結果に陥るに過ぎない。使用者は、労働者の死亡や引退が予測できるならば、人的資本の減耗を抑制するために労働者への人的資本投資を停止するだけである。

労働者の加齢に伴う人的資本投資の減少は、稼得の上昇を抑制するレベルではなく、実際に稼得が減少するレベルまで低下すると仮定してみよう。この場合、労働者の稼得の減少がその職場に留まるインセンティブとしてほとんど機能しないレベルにまで低下するならば、労働者が社会的引退を意思決定する理由について説明できるようになる。すでに指摘したように、名目的

---

[4] これは、人的資本理論に共通するモデルである。＜数式3.1＞では、従属変数が稼得の自然対数として表現されるならば、b_1とb_2はパーセントで表示できる。結果的に、b_1は人的資本の回収率を表示しており、b_2は人的資本の減耗率を表示することになる。なお、この補足的説明は、私の議論において重要ではない。

な賃金水準の上昇は名目的な生産性の上昇の結果を反映しているが,労働者の加齢に伴う人的資本の減耗分を補填できない場合にはその効果は稼得の減少に反映される。その結果,労働者の稼得水準は,彼の雇用継続の最終年度に至るまでピークに達しないこともありうる(稼得のピークが遅れる別の理由については後述する)。ここでは,労働者が自らの労働不能または労働意欲を喪失する時期に備えて,その稼得の一部を貯蓄する場合を想定してみよう。彼の所得水準の将来予測は,稼得から生じる水平的レベルよりも貯蓄によって上昇するから,就労で生じる期待可能な所得と費用を考慮に入れて自らの意思で適切な引退時期を決定できる。これに対して,労働者が就労期間の延長を選択する場合の費用は相対的に高くなる。労働者は,加齢に伴う能力減退に対応して,その就労に伴う職務要件を充足する努力を要求される。労働者が就労期間の延長を選択する場合の稼得の期待値も,人的資本投資に対するインセンティブの減少によって低下する可能性もある。ここで注意すべきことは,人的資本投資に対する意欲が引退年齢の決定に影響を与えるとともに,その引退年齢の決定が人的資本投資に影響を及ぼす関係にある事実である。この結果,労働者の予測される引退年齢は,企業がその労働者に対する人的資本投資の回収がもはや期待できない時点で水平的に固定される。

アメリカでは,人びとの平均寿命は今後とも上昇すると予測されているから,将来の人的資本形成に関する予測可能な効果について考える必要がある。ここでは,二つの相互補完的な効果(完全な相互補完性までは意味しない)を推測することができる。一つは,人的資本投資の潜在的な回収期間の長期化から派生する,人的資本投資の総額が上昇するという効果である。もう一つは,人口構成の高齢化に伴って派生する,高齢者に対する介護ケアの需要拡大から生じる効果である。高齢者に対する介護ケアは,低い熟練度の職務とみなされているから[5],人的資本投資の総額を減少させる可能性もある。この第二の効果は,アメリカでの平均寿命の上昇の結果として,介護ケアを必要とする多くの高齢者が生み出されることを想定している。これらの効果は,すでに述べてきたように,将来の発生が予測できる事態として検討すべき課題である。しかし,人口高齢化の影響について警告する人びとの予測は,全く根拠がないことに注意すべきである。たとえば,レオン・カスの

5　David Owen Meltzer, "Mortality Decline, the Demographic Transition, and Economic Growth" 47, 75-77 (Ph. D. diss., University of Chicago Dept. of Economics, Dec. 1992).

予測では，平均寿命が今後10年ないし20年伸びた場合には，「たとえ高齢化の進行がこの段階で停止したとしても」，社会的には破滅的な帰結が生じるだろうと警告している[6]。カスの警告は，人びとの引退後の生活を支援する費用はそれ自体が破滅的な帰結をもたらすとともに，この費用を抑制するための退職年齢の引き上げ政策も若年者の雇用機会を制約するという理由で挫折すると予測している。このカスによる警告は，高齢者の追加的な生存期間の延伸効果にはもっぱら個人で対処すべきであるという主張であるが，彼が想定する前提それ自体が間違っているからこの議論は無意味である。確かに，高齢者の労働生産性は加齢に伴って減少するけれども，彼らの引退時期は今後とも少しずつ遅くなるだろう。結果的に，高齢者の社会的依存比率の減少（第2章を参照）は，国内総生産を増加させるとともに若年者への新規の雇用機会を創出する効果がある。また，中年者の転職による労働市場の変動もより一般的な現象になるだろう。中年期における追加的な人的資本投資の見返りは，相対的にその効果が大きくなるからである[7]。中年期の転職者の中には，新しい職場で若年の人びとと働くケースが増加する可能性もある。彼らの転職には，倦怠感（詳細は第4章で説明する）という心理的要素がその誘因として作用する。これらの転職の増加に伴って，労働者の引退年齢の期待値も現在のような低い年齢に据え置かれる理由はなくなり，若年者の雇用機会を妨げる要因にもならなくなるだろう。このような状況では，高齢者の増加という認識自体が変化するとともに，平均寿命の延伸効果である追加的な生存期間は，人びとの高齢期というよりも全盛期という評価に変化するだろう。

　個人の内部における変化としての加齢現象は，すでに言及してきたプロセスであるが，人的資本理論で使用されてきた単純なライフ・サイクル理論の構成部分とは言えない。単純なライフ・サイクル理論では，個人間の年齢に由来する相違は，人間としての死への近接性による相違としてのみ意識されている。この理論による加齢現象をめぐる経済的分析は，加齢に伴う柔軟性・想像力・強靱性その他の労働に関連する潜在能力の低下によって特徴づけられている。ゲリー・ベッカーは，この考え方が彼の理論に組み込まれて

6　Leon Kass, *Toward a More Natural Science: Biology and Human Affairs* 302-305 (1985).
7　Cf. Yoram Weiss, "Learning by Doing and Occupational Specialization," 3 *Journal of Economic Theory* 189 (1971).

いるわけではないが,この変化を「ライフ・サイクル効果」と呼んでいる[8]。また,別の重要な人的資本研究者であるジェイコブ・ミンサーは,加齢現象の稼得に対する純粋な効果を計量している。ミンサーは,加齢に伴う効果は経験的な効果よりも少ないと仮定しているが,50歳以降ではある程度の否定的影響が見受けられると結論している[9]。けれども彼は,高齢労働者の賃金が手抜き労働をさせないための(あるいは手抜き労働をしなかった労働者に報酬を与えるための)刺激的賃金になっている結果として,高齢労働者の生産性が過大評価されている可能性について言及しているわけではない。また,ベッカーとミンサーの両者ともに,高齢者や社会的に引退した人びとに焦点を合わせて議論しているわけではない。彼らはまた,加齢現象の効果が通常の引退年齢の以前に問題となる,プロ・スポーツ選手や理論物理学者について議論しているわけでもない。

　加齢に伴う効果と死への近接に伴う効果を実証的に区別する方法には,一方では高齢者を他方では若年者や中年者を対象として,彼らの職業・投資・教育・余暇その他の活動に関する自発的な選択結果を比較して検証する方法がある。この場合には,若年者や中年者の比較対象グループは,生存期待値はやや縮小しているが外見的には健康状態が良好な人びとで構成されている。しかし,彼らの中でもエイズ・ウイルス(HIV)に感染したが,いまだ発症していない人は,およそ65歳の高齢者と同じ生存期待値ないしその近似値となる[10]。伝統的な人的資本モデルでは,所得その他の相違を補正した上で(若年者や中年者には大きな相違点として頼るべき年金受給権がない)推計すると,同一の生存期待値を持つ若年者・中年者と高齢者の行動は近似的になると想定できる。彼らは両者ともに,人的資本の投資に関する限りでは近似的に見えることは確かである。両者ともに,人的資本投資に対する回収が見込めなければ投資しないという選択をするからである[11]。また,HIV感染者

8　Gary Becker, *Human Capital*, note 1 above, at 86-87, 92.
9　Jacob Mincer, *Schooling, Experience, and Earnings* 80 (1974).
10　また,刑事犯罪の被告人として死刑判決を受けた人も同様な状況にある。この場合,判決と刑の執行の時間的間隔はおよそ10年である。また,HIVの感染とエイズの発症との平均的な間隔もおよそ10年であり,通常はその発症後2年以内に死が訪れるとされている。See generally Tomas J. Philipson and Richard A. Posner, *Private Choices and Public Health: The AIDS Epidemic in an Economic Perspective* (1993).
11　Cf. John G. Bartlett and Ann K. Finkbeiner, *The Guide to Living with HIV Infection* 17, 264 (1991).

には高い自殺率という特徴が見出されることも事実である(彼らがAIDS感染者と認定されてから症状が進行する以前でも同様である)[12]。この類似的な特徴は，第6章で見るように，高齢者の間でも見受けられる。しかし，生存期待値が短縮している若年者や中年者は，高齢者と違ってその自覚症状は希薄であり，高齢者に特徴的に見られる態度や行動を示さない。これら高齢者に特徴的な態度や行動とは，流動的知能より結晶的知能を必要とする雇用機会の重視や「無遠慮な」会話，金銭の出し惜しみや投票行動への積極的参加，または創造的活動の減少や「行動の緩慢化」などがその具体例となる。

新しい複雑な人的資本理論に基づくモデルは，加齢現象を死や引退に近接する視点から考察するのではなく，高齢者に特有の問題について適切に評価する視点へと転換している。以下で検討する死後の効用や終末期の問題は，この点に関して重要な示唆を含んでいる。また，これ以外の高齢者に関連する問題点については，主として第4章で取り扱う。そこでは，本章の後半部分で記述する人的資本理論による新たな加齢現象へのアプローチによって，個人はその生涯において「身体的な(physical)」変化を経験しないという非現実的かつ単純な想定は最終的に放棄される。

2　死後の効用と終末期の問題

これまでの経済学における想定とは反対ではあるが，人の死によってその人的資本投資の回収が遮断されると考える必要はない。経済学における通常の思考方法によれば，労働者に対する人的資本投資は，その生産性の上昇を通じて適切な利子率で割り引かれた上でその費用が償還される必要がある。結果的に，労働者が死亡した場合には，彼の人的資本の生産性はゼロに収斂する。けれども，ある種の人的資本投資は，彼の死後にも生き残るような形態で肉体化されることがある。たとえば，ある高齢者が著書を書いているが，自分が死ぬ前にそれが出版されるとは期待できない場合を想定してみよう。彼は，この著書を書くために一切の他の社会的活動から手を引いている。彼の著作活動は，それが新規分野の著作であれば新たな調査研究が必要になるし，また自叙伝を書くつもりであれば過去の記述や日記を集めて再構

12　Cesar A. Alfonso et al., "Seropositivity as Major Risk Factor for Suiside in the General Hospital," 35 *Psychomatics* 368 (1994); James R. Rundell et al., "Risk Factors for Suiside Attempts in a Human Immunodeficiency Virus Screening Program," 33 *Psychomatics* 24 (1992).

成する必要がある。彼にとって，これは人的資本の投資であるが，彼の死亡後も相当の長期間にわたってその費用は償還されない可能性がある。彼は，この本の著作権を一括払いで事前に出版社に売却したとしても，その印税の期待値の全てを事前に回収することはできない。とくに，彼が終末期に近づいている場合には，印税の一括払いによって何を期待できるのだろうか。彼の立場からみれば，彼の著作活動という人的資本投資は，いまだ価値ある活動であるかもしれない。彼は，自分の家族に利他的な感情を持っているならば，死後に受け取る印税という将来的な効用の増加によって彼の現在の効用を説明することができる。彼にとって，たとえば死後の名声が現在の効用の源泉となっているならば，その予測が彼の投資に対する補償的役割を担っているという説明も可能である。また，この著作の出版は，死後の効用としての利他的側面と利己的側面が結合した側面において，彼の誠実性その他の評判を高め名誉回復などの「名声」の確保を企図したと考えることもできる。この社会的名誉や評判の確保という目的は，著者にとって現在の効用の直接的な源泉と見なすことができる。彼の社会的評判は，個人としての資産であるのみならず彼の家族にとっても資産と評価できるから，彼の利他的動機による効用も間接的な効用として評価できるかもしれない。

　これまでの議論は，人的資本投資に関する死後の効用に焦点を合わせてきた。この議論に関連して，個人のライフ・サイクルの終末期でのさまざまな社会的な活動費用について考える必要がある。ある人は，彼の家族や仲間に対する利他的動機によって，あるいは利己的な社会的名誉や評判の確保あるいは死後の名声や栄光への願望などによって，彼自身のこれまでの人生を全て犠牲に供することも厭わないかもしれない。

　経済学では，人びとの行動に関するインセンティブが死が切迫した状況でどのような影響を及ぼすかという問題について，一般的には「終末期(last period)」のテーマとして議論してきた。経済学者たちは，人びとはこの終末期でも約束を守り，法を順守し，義務を履行し，その他の社会的に善良な行為を積極的に行うものと仮定している。その理由は，これらの行為によって予測できる利得がその損失を超えるというのがその説明である。人びとがこのような予測を持っていない場合には，たとえば彼らが瀕死の状態にあるならばこの説明は説得力を持ちえない。もっと現実的な想定をした場合でも，人びとが瀕死状態にある場合だけではなく，彼が社会的な報酬や制裁が適用される領域から離脱する人生の転換点(たとえば引退や転職あるいは国

籍変更などの場合)でも，この行動インセンティブによる説明は可能だろうか。経済学における市場の活動をめぐる説明は，賃金その他の経済的報酬の後払い(back-loading)という性質による説明がある。たとえば，ある労働者が非常に寛大な企業年金の受給権を確保しているが，その企業における年金受給権ルールでは不正行為を行った場合には受給権は剥奪されると規定していると仮定してみよう。この場合には，彼の雇用契約が終了直前で不正行為に対する刑事罰も適用されない状況下でも，その労働者は信念に基づく行動インセンティブを維持できるだろう[13]。労働者は，その限界的生産性よりも高い賃金を受け取っていた場合には，彼が解雇されたらその賃金に見合う新しい仕事に就職できなくなるから同様の行動をとるであろう[14]。また，人的資本の定義から考えても，企業が労働者の企業特殊的な人的資本に対する充分な投資を行っている場合には，彼が転職してそれを新規企業に持参することができないから，彼は従前の企業でその生産性に見合った賃金を受け取っていることになる。また，労働者が人的資本を多く保持しているならばその限界生産性は高くなるから，使用者は彼に充分な額の賃金を支払うことができる。この場合には，使用者は労働者の人的資本の流出を回避するために，彼の退職を防止するという動機を充分に持っているだろう。

現在の行動が死後に及ぼす影響については，人びとによるその行動の動機が利他的であれ利己的であれ，人生の終末期について検討すべき別の問題もある。人びとの死後の効用に対する関心は非常に強いものであって，彼らにとっては終末期という問題は存在しないのかもしれない。たとえば，死後の世界では善良な人は報われるが悪人は処罰されると信じている人びとについ

---

13 Gary S. Becker and George J. Stigler , "Law Enforcement, Malfeasance, and Compensation of Enforcers," 3 *Journal of Legal Studies* 1, 6-13 (1974). 企業年金は，労働者が相対的に低い賃金を受け入れることを通じて保険料を拠出している。労働者は，その拠出金によって債権を購入するが，彼の賃金はその分だけ減額されて支給されている。なお，労働者が不正行為を行って解雇された場合には企業年金は不支給となる。

14 賃金の低下は，結果的には労働者の不正行為に対する制裁として機能する。Edward P. Lazear, "Why Is There Mandatory Retirement ?" 87 *Journal of Political Economy* 1261 (1979); Lazear, "Agency, Earnings Profiles, Productivity, and Hours Restrictions," 71 *American Economic Review* 606 (1981). なお，ベッカーとスティグラーおよびラジアーの「賃金結合モデル (bonding wage models)」を支持する実証研究として以下参照。Laurence J. Kotlikoff, "The Relationship of Productivity to Age," in *Issues in Contemporary Retirement* 100 (Rita Recardo-Campbell and Edward P. Lazear, eds., 1988).

て考えてみよう。確かに，無神論者が臨終の間際に信仰へ回帰するという現象は充分に信じられるべき現象である。人びとは，死後の恩寵や償いが差し迫った段階となった場合には，将来の出来事や不確実性を軽視して現在の利益や消費支出を優先してきた人びとも，死が切迫した瞬間には厳粛に反省するのである(有名なパスカルの神の存在をめぐる「賭け」について考えてみよう)。死後の世界における生命の存在を信じている人びとは，現在の消費を抑制して予測される死後の生活を改善するために，現在から死後の世界へと消費効果を再配分しようと試みる。エジプトのファラオのピラミッドは，このような消費の大規模な再配分が行われた事実を証明している。

　この現象は，宗教的な信仰者のみに限定されているわけではない。死後の名声や評判に関心を寄せる人びとは，その全てが死後の世界を信じているわけではない。彼らには，その死後における家族の幸福への願望やこの世界に彼が存在した証拠を残したいという思いがあったとしても，彼らが死後の世界を信じている証拠となるわけではない[15]。宗教を信じていない人びとでも，宗教を信じている人びと以上に，この死後の問題に現実的な関心を寄せている。彼らは，金銭のみならず名声や幸福などを含めて，彼がこの世界で成功した事実について些細な事柄でも残したいと願っているように見える。

　この分析は，多くの人びとがその意思決定を死が切迫する終末期まで引き延ばすという，その経済的理由(その感情的理由は周知の通りである)の存在を示唆している。人びとが終末期に至るまで意思決定をしないという事実は，遺産の指定受益者が期待できる便益は未確定であるし，遺産の受贈者もその効用関数を計量できないことを意味している。この分析はまた，相続財産である遺産は受益者の労働成果ではないから重い相続税を課すべきだという主張が表面的な理由に過ぎない事実を説明する。たとえば，遺贈者がその相続財産について死に至るまでに意思決定できない不運の事故にあった場合を別として，彼がその意思で遺産を処分できる場合を想定してみよう。この場合には，遺贈者が予測する程度に応じて，相続人たちも相続税が課税されることを予測している。遺贈者は，彼にとって死後の消費が減少することは，現在の効用を減少させると考えているからである。

　人びとの終末期とその解決に関する問題は，彼がいつ引退するかという時

15　For an Interesting discussion, see Ryan J. Hulbert and Willy Lens, "Time and Self-Identity in Later Life," 27 *International Journal of Aging and Human Development* 293 (1988).

期の問題に加えて，引退に際して消費と貯蓄のバランスをどのように調節するかという，二つの問題を内包している。第一に，利他的な性向がある人は，引退する時期を遅くする可能性がある。彼は，相対的に長く働いた結果として，生前贈与か死後の遺産かは別として彼の親族に移転すべき富を充分に蓄積していると思われるからである[16]。第二に，ある人が引退する時点で退職時の所得を多く貯蓄して少なく消費する傾向があるならば，彼は相対的に利他的な性向がある人と考えられる。利他主義者の多くは，その家族を中心に考える人びとである。ここでは，他の問題でも同様であるが，家族に対する考え方の違いで異なる二種類の人びとを想定することができる。あるタイプの人びとは，彼の退職時の所得をできるだけ多く子供たちに残したいと考える人びとである。他の人びとは，これとは異なる逆の考え方をする人びとである。この利他主義者に関する仮説の証明は，ある程度は成功を収めているが，経済学者の間ではコンセンサスを得るには至っていない[17]。

多くの人びとが死亡する際に，その資産を私的年金の受給権という形態ではなくその全てを遺贈可能な資産の形態で保有する事実は，高齢者における遺産動機の存在とその重要性に加えて，彼らの利他主義に関する決定的証拠を示している。しかし，人びとは流動的資産の保有を選好するという，純粋に利己主義的な動機が存在することも確かである。たとえば，極度に大きな需要が発生する事態に備えるとか，インフレーションへの対策を採用する傾向などがそれにあたる。けれども，私的年金をめぐる保険料拠出に関する契約でも，インフレ対策として物価スライドを導入するとか，緊急時の必要性に対応する一時的な借り入れの特約を付加することが可能である。しかし，人びとは引退時における将来計画を策定する際に，この私的年金契約の締結に伴う複雑な契約内容を充分に理解し信頼することができない可能性がある。もっと複雑な問題は，人びとが引退時にその資産を私的年金化することは想像可能であるとしても，遺産として子孫に残したいという願望とは両立しないという問題がある。遺産の相続人たちは，遺産の寄贈者がいつ死亡するか不確定であるから，彼らの生活設計でその遺産の消費や配分の時期を決

---

16 生前贈与と死後の遺産との選択における選好は，遺贈者と受贈者のどちらがより効率的な貯蓄家であるかによって判断されることになる。この選択は，相続税についての考慮によっても影響を受ける。

17 Michael D. Hurd, "Research on the Elderly: Economic Status, Retirement, and Consumption and Saving," 28 *Journal of Economic Literature* 565, 617-629 (1990).

定できないという困難に直面する。この不確実性という問題は，遺贈者の私的年金契約で残りの人生に必要な所得を確保した上で，遺言で残余財産を相続人に配分する方法で解決可能かもしれない[18]。

終末期の問題は，アメリカでは多くの裁判官たちがそうであるように，人びとが死亡する直前まで働いている場合に大きな問題が生じてくる。この終末期の問題は，逆説的に見えるが，個人は臨終に際して「文字通り」に，遺言文を遺すことによって解決することが可能である。この点については，第8章でより詳細に説明する。

3　関係的な人的資本理論

人的資本の概念は，技術的ないし非対人的な熟練(たとえばフォークリフトの運転やバランス・シート分析の技能など)に対する投資や，市場活動で利用可能なその他の熟練技能への投資に限定して適用可能というわけではない。この人的資本の概念は，本書の主題とする高齢者の活動領域が主として市場以外の活動であるから，非常に活用しやすい概念という特性を持っている。人びとが保有する人間関係は，たとえば婚姻関係や子供や親族との関係あるいはその他の友人関係であるが，利益追求を考えずにさまざまな時間やサービス提供のための人的資本を要求するという特徴がある。たとえば，結婚前の男女交際や初期の友人関係などは，直接的な便益を享受する場合もしばしばあるけれども，関係的人的資本を構築する時間や労力を考えていないという意味では個人的な関係的資本の代表的例である[19]。高齢者は，人的資本投資から収益をそれほど期待していないから，他の点では若年者と相違がないと仮定すれば，婚姻や友人関係を通じての人的資本投資は相対的に低い比率になる。高齢者にとっての配偶者や友人との関係は，彼らが死亡するならば簡単に代替関係の形成ができないから，このような状況では若年者より

18　Laurence J. Kotlikoff, John B. Shoven, and Avia Spivak, "Annuity Markets, Savings, and the Capital Stock," in *Issues in Pension Economics* 211 (Zvi Bodie, John B. Shoven, and David A. Wise, eds., 1987).

19　他の社会関係でも，費用負担が抑制される場合がある。たとえば，ある個人を考えるならば，ある交際相手には多くの時間を費やすが，他の相手には少ししか時間を割かない場合もある。彼らの長い交際期間の最後は，多くの場合は結婚で終了する。しかし，夫婦関係も時の経過によって忍耐力がなくなる。「婚姻市場」で提供される他者との交際機会を開発するためには，他者と接触することに特別な理由が必要とされるのだろうか。

も孤独に陥りやすい。しかし，このような高齢者への推測は，彼らの社会的な引退以後の時期については，彼らの時間的な機会費用を低く見積もりすぎている可能性がある。高齢者の社会的引退は，完全な就業状態から全く就業しない状態へと急激に変化するから，時間に関する機会費用も水平的な費用配分から垂直的なそれへと急激に変化する[20]。この変化は，加齢現象に伴う新たな友人関係からの期待収益の減少に加えて，引退直後から新たな友人関係の形成が減少する結果，その関係的資本の減少傾向は彼の死の直前まで持続する。

＜図3.2＞は，高齢期におけるこの友人関係の減少傾向を示している。

この図では，高齢者の引退時期を70歳と想定している。ここでは，ある個人の引退前に新たな友人関係を形成することに由来する便益を(b)，その費用を(c)（両者とも効用Uの単位として計量する），年齢の関数を(a)と表

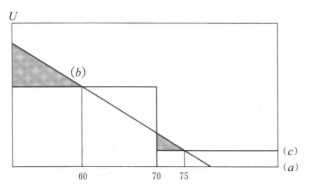

＜図3.2＞　高齢期における新しい友人関係の形成

示した上で，彼の60歳時点で便益と費用が交差することを示している。彼の友人関係は，60歳から引退時までの間には新たに形成されないが，75歳まではその形成努力が継続される。しかし，彼の友人関係に由来する効用は，継続的に減少する（友人関係から収益を享受できる年数に対応してその

---

20 ある研究は，「彼らのほとんどの生活時間が……子供と夫や地域コミュニティとの関係で結合していた女性たちは」，高齢期になって従前の責任から時間的に解放される結果，新しい友人とのネットワーク拡大を経験すると指摘している。Rebecca G. Adams, "Patterns of Network Change: A Longitudinal Study of Friendships of Elderly Women," 27 *Gerontologist* 222, 226 (1987). See also Sarah H. Matthews, "Friendships in Old Age: Biography and Circumstance," in *Later Life: The Social Psychology of Aging* 233, 251 (Victor W. Marshall, ed., 1986).

効用は減少する)。新しい友人関係から生じる便益は,60歳以降ではその費用を下回るが,この費用は70歳の引退時点から急激に下降する。この友人関係からの便益は,新しい友人関係が同世代である場合にはその下降は急激になる。同世代の友人関係は,どちらの死亡によってもその友人関係は終了するからである。アメリカでは,高齢期の友人関係は同世代のそれが多くなっている[21]。とくに,社会的な活動領域での同一の年齢コーホートは,異なる年齢コーホートのメンバーよりも相互に価値観や経験を共有する確率が高くなっている。

　高齢者の中でも極度に高齢な人びとは,その孤独感が加速度的に強まると予測できる。彼らは,旧来の友人関係を急速に失ってゆくとともに新しい友人関係の形成も困難であるから,友人関係に由来する効用は急速に減少する。新しい友人関係の形成が可能であれば,状況を改善できることは確かである。新しい友人関係は,古いそれの代替関係にあるから,古い友人の死亡による供給の減少は新しい友人に対する需要を増加させる。しかし,高齢者の新しい友人関係に対する需要の増加は,供給源である自身の年齢コーホートが縮小するため,この需要と供給の関係は相互調整される結果になる。

　この仮説をめぐる実証的な研究は,極度の高齢期まで生存する人びとが同一年齢コーホートでの無作為抽出のサンプルとは言えない事実によって極めて複雑な問題を提示する。これらの長寿な高齢者たちは,もちろん平均よりも健康状態はいいし,知的レベルや教育水準も平均より高くて裕福な人びとが多いと予測できる。この長寿を保った高齢者たちの健康・所得・教育・知

21　Lois M. Tamir, *Communication and the Aging Process: Interaction throughout the Life Cycle* 128-129 (1979); Arlie Russell Hochschild, *The Unexpected Community* 27-30 (1973); Beth Hess, "Friendship," in *Aging and Society*, vol. 3; *A Sociology of Age Stratification* 357 (Matilda White Riley, ed., 1972); Vivian Wood and Joan F. Robertson, "Friendship and Kinship Interaction: Differential Effect on the Morale of the Elderly," 40 *Journal of Marriage and the Family* 367, 372 (1987). これは,「年齢階層」の例であるが,詳細については第9章で議論する。もちろん,高齢者の友人は同世代の年齢サンプルであって,若年者はその友人の平均年齢のサンプルかもしれない(as in Rebecca Gay Adams, "Friendship and Its Role in the Lives of Elderly Women" 39, 45 [Ph. D. diss., University of Chicago Dept. of Sociology, Aug. 1983])。もちろん,年齢分布の上方の曲線は死亡者のために減少している。100歳の人が友人関係を持っているとしたら,彼ら同士が100歳以上である可能性が高い。この年齢階層は,同世代が極めて少ないからである。

的能力などは，全てが相互に強い正の相関関係にあるからである[22]。それゆえ，80歳と70歳の年齢の人びとの間の相互認識は，彼らの年齢集団に内包されている相違よりも相互に違和感は少ないかもしれない。たとえば，高齢者であっても知的能力の高い人びとは，そのレベルが低い人びとよりも社交的ではないかもしれない。これらの超高齢者たちは，平均的な高齢者たちよりも孤独感が少ないかもしれない。これらの超高齢者たちは，すでに友人関係が少なくなっている可能性もあるが，知的水準が相対的に高いとすれば多くの友人がいなくても平均的に長く生存できたと推測できるからである[23]。

高齢者の場合，すでに述べたように，異なる年齢コーホートのメンバー相互間での友人関係の形成は極めて例外的である。この事実は，驚くべきことかもしれない。高齢者たちは，彼らのライフ・サイクルのさまざまな段階を通じていろいろな知識や経験を学んできた。彼らの蓄積した知識や見識は，若年者に対しても価値ある知識の源泉として役に立つ情報であろうと推測できる。高齢者たちは，時間の機会費用が極めて低いから，結果的に若年者との関係でも多くの時間を費やすことが可能である。けれども，若年者にとって，高齢者は友人として(無関心とは言えないとしても)全く関心を持てない存在となる可能性がある。われわれは，この現象を「逆転の終末期(reverse last-period)」と呼ぶべきかもしれない。高齢者たちは，彼らが持っている知恵を若年者に分け与えないという行為から得られる成果は何もない。けれども，高齢者が若年者との関係では積極的な取引活動をしないという行為は，彼らにとってよいことが起こることをほとんど期待できないからである。異なる年齢コーホート間の友人関係が形成されにくいのは，高齢者の知恵が若年者にほとんど価値がないことを示唆している。私は，これは事実であると思う。その趣旨は，高齢者に蓄積された生活の知恵は価値がないという意味ではなく，その知恵が効率的なコミュニケーション手段として活用できないという意味である。過去の世代の経験は，それが文章によって編纂された場合には，書籍などの一般化された手段を通じてのコミュニケーションが可能となる。それが文章として編纂されていない場合には，その関係がいかに親密であっても，しばしばコミュニケーションが全く不可能な状況に陥る。

22　See, for example, Isaac Ehrlich and Hiroyuki Chuma, "A Model of the Demand for Longevity and the Value of Life Extension," 98 *Journal of Political Economy* 761, 774-775 (1990).

23　Cf. Ethel Shanas, "The Psychology of Health," in Ethel Shanas et al., *Old People in Three Industrial Societies* 49, 67 (1968).

これは，生きた経験であって文章化された経験ではないからである。私は，この二つの経験の重要な相違について，第7章において再度検討する予定である。

私がこれまで議論してきた関係的人的資本の概念は，社会学者であるジェームズ・コールマンが提唱した「社会的(人的)資本」の概念に類似している[24]。コールマンが強調しているのは，教育分野における社会的な人的資本の役割である。しかし，私が議論の対象としている個人の友人関係や職場での人間関係も，社会関係的な人的資本として重要な役割を演じている。たとえば，セールスマン，弁護士，会計士，出版社の編集者，政治家，ロビイスト，投資顧問業者，旅行代理業者その他のサービス提供主体は，それぞれの職業生活を通じて個人的コンタクトの対象ネットワークを形成している。これらのネットワークは，情報・照会・アドバイスなどの源泉であることに加えて，ネットワークのメンバー相互間の信頼関係を基礎とする継続的なビジネス関係が成立している。社会関係的な人的資本のネットワークとその「よい評判」(一部のメンバーが取引で悪い評判を得た場合にはネットワーク自体の維持が困難に陥る)は，他の形態による人的資本と同様に，そのメンバーである個人がその稼得を増加させる重要な手段となっている[25]。この人的資本のネットワークでは，他の形態による人的資本とは異なり，その資本と年齢の相関関係はほとんど存在しない。実際のネットワークの機能は，自動的・継続的・発展的に成長してゆくために，個人の経験と同じようにほとんど費用を必要としない。このネットワークは，個人の経験とは異なって，収益が減少すると倦怠感が生まれるとか(実践から学ぶことはある種の反復行為である)，無意識的な習慣として退歩するとか堕落する可能性がある。実際にネットワークの重要なメンバーが引退した場合，ネットワークの評判が急速に低下する可能性がある。そのような事態に至る前の段階でも，ネットワークの主要メンバーが転職によって脱退した場合でも，その役割を補完する努力が必要となり費用が増加する。このようなネットワーク構築に伴う便益は，特定のメンバーが引退する決断をすると，他のメンバーは引退しな

24　James Coleman, "Social Capital in the Creation of Human Capital," 94 *American Journal of Sociology* S95 (1988). 同様の指摘は，取引費用に関する経済学の文献にも見出される。See, for example, Yoram Ben-Porath, "The F-Connection: Families, Friends, and Firms and the Organization of Exchange," 6 *Population and Development Review* 1, 4-12 (1980).

25　See Curtis 1000, Inc. v. Suess, 24 F. 3d 941, 947 (7th. Cir. 1994), for an illustration.

いにも拘わらずその便益は相対的に減少する。その理由は，他のメンバーが投資した人的資本を回収する前に，ネットワークの機能自体が収縮するからである。ネットワーク型の社会関係的な人的資本は，他の社会的な活動形態と比較すると，年齢と相関する活動のピーク時からの低下が比較的に緩やかに進行するという特徴がある。

　第3章の内容を要約すると，以下の通りである。人的資本理論は，最も単純なモデルでさえ，人間のライフ・サイクルに関する社会的行動を説明・予測する際に極めて大きな威力を発揮する。この人的資本理論は，人口高齢化の急速な進行に対して危機感を感じて警鐘を鳴らす人びとに対しても非常に強力な解毒作用を持っている。しかし，このモデルは，高齢者の社会的行動に関する心理的側面について正確に理解するためには，若干の修正が必要である。この単純な人的資本モデルの修正は，さまざまな論点に関連して今後とも繰り返して言及することになる。たとえば，個人の死にまつわる終末期や臨終をめぐる価値観の転換，遺産をめぐる人びとの行動や終末期までの意思決定の延期，高齢期における新たな友人関係の形成の困難性などの主題は，この単純な人的資本モデルで説明することは困難である。しかし，単純な人的資本モデルでも，たとえば死後の効用と不効用に関する分析枠組みや，終末期と「逆転の終末期」の概念の相互関係は，社会関係的な人的資本の概念を導入する経済学的な分析アプローチを通じて説明することが可能となる。本書では，さまざまな箇所で繰り返して指摘することになるが，高齢者ないし加齢現象に関する真実の理解を妨げている偏見や無理解を是正し修正することの重要性をここで強調しておきたいと思う。最後に，高齢者について考える際に，彼らを年齢コーホートから無作為に抽出されたサンプルと考えてはならないことを銘記すべきである。

第4章
加齢現象に関する経済学的モデル

　本章では，これまで経済学者が利用してきた単純な標準的ライフ・サイクル理論に対して，高齢者と加齢現象をめぐる私の研究アプローチに適合させるために多くの重要な修正を加えたい。これまでの各章では，個人の時系列的な内部変化のプロセスである加齢現象についてさまざまな検討を加えてきた。経済学者による従来の標準的なライフ・サイクル理論は，個人の加齢現象を時系列に沿って水平方向に進行する生理現象と認識してきた。この認識方法は，加齢現象の重要な側面を把握するものであるが，個人の加齢変化でも水平方向に進む以外の要素があることを見逃している。たとえば，高齢者の生活空間での時間軸に沿った居住場所の変化がその代表例であるが，このような事例は居住場所に限られるわけではない。とくに，加齢に伴う人的資本の損耗を認めるならば，人的資本の損耗の回復手段も検討しなければならない。加齢現象による人的資本の損耗は，肉体的・精神的疲労と同様に，機能の回復訓練その他の人的資本要素に対する再投資で回復できるかもしれない。これが事実であると仮定すれば，標準的なライフ・サイクル仮説とは矛盾する。標準的なライフ・サイクル仮説は，労働者の潜在能力の変化については年齢と相関する変化のみを想定しているからである。しかし，すでに第3章で言及したように，人的資本の損耗は人びとの潜在能力自体の損耗を意味しているわけではない。たとえば，市場における商品販売を考えるならば，消費者の嗜好の変化や代替商品の価格等の環境変化に対応して，販売者はその商品価格を変動させなければならない。これと同様に，ある労働者の業務遂行に必要な技術やノウハウが陳腐化した場合には，彼が用いている器具その他の労働要素の変更により能力変化とは無関係にこれを修正することが可能かもしれない。これを法律学の領域で考えれば，古い制定法が環境

変化に従って改正される場合や古い判例ルールが新しい判例で修正される場合、法律学の教授はその生産性を維持するために年齢とは無関係に再学習のための人的資本投資が必要であることを意味している[1]。

ここでは誰にでも起こりうる事態として、人的資本が精神的・肉体的疲労によって損耗する場合を想定してみよう。この現象は、もの忘れが多くなるとか「技能が陳腐化する」現象として指摘されるが、適切な時期に再訓練することで対処可能となる。たとえば、航空会社のパイロットの場合、この「技能の陳腐化」は年齢と相関する現象ではない事実が証明されている。このため航空会社では、業務上不可欠の緊急対応に必要な技能水準を確保するために、25歳から60歳までのパイロットに対して半年ごとの定期的な再訓練コース受講を義務付けている。彼らの人的資本投資は、自動車の経年変化による半年ごとのオイル・チェンジと同様に、実際の年齢とは無関係に再訓練が義務付けられているのである。航空会社のパイロットの賃金上昇カーブは、加齢現象に伴う人的資本投資の費用負担に対応すべく制度設計されている。この賃金上昇カーブは、パイロットの引退に伴う人的資本投資の回収期間の減少効果を勘案して、長期にわたる生産性の改善・維持のための投資インセンティブ（半年という例ではない）が機能するように制度設計されている。この例は、加齢に伴う能力減退とは無関係な対応としての人的資本モデルと評価すべきであろう。人びとは、第1章で指摘したように、細胞レベルでの変化のみならず非細胞レベルでも加齢に伴って絶え間なく蓄積される変化から逃れられないという俗説を信じる必要はない。これらの加齢に伴う変化は極めて重要ではあるが、雇用の場からの引退に関する新しい経済モデルによって克服することができる。

1　知識の変化と割引率および加齢に伴う能力減退

(1)　二種類の思考方法、およびその加齢現象との関係

加齢に伴う非細胞レベルの変化には、さまざまな思考のバランス変化という現象がある。たとえば、記憶力と想像力との関係、経験的知識と分析的知

---

[1]　法的な知識に関する資本の減耗については、以下参照。William M. Landes and Richard A. Posner, "Legal Precedent: A Theoretical and Empirical Analysis," 19 *Journal of law and Economics* 249 (1976).

識との関係，過去の記憶と将来の予測との関係，あるいは後ろ向きの思考と前向きの思考の関係などがその具体例となる．この加齢に伴う思考のバランス変化は，職業その他の人生での重要な選択に際して対処すべき知恵の源泉として，さまざまな社会関係で対処すべき能力のバランス変化を反映している[2]．加齢に伴う顕著な変化は，前述した思考のバランス変化の組み合わせで考えるならば，記憶力に関する能力が想像力に関するそれに対して次第に優越する傾向が現れる．この加齢に伴う変化は，個人の社会活動のレベルによってその活動能力に変化が生じるか否かという意味では，基本的には中立的な変化と考えるべきである．たとえば，想像力と経験的知識が単なる追加的な相関関係にあれば，加齢による経験的知識の獲得は社会活動の遂行能力を向上させる．より深く考えるならば，加齢に伴う経験的知識が追加的効力を伴うためには，それが想像力を低下させないという前提が必要となる．私は，アリストテレスと同様に，想像力と経験的知識は相互補完関係にあり，また経験的知識は想像力を置換する効果があると考えている．これは，アリストテレスも指摘しているように，想像力は加齢とともに減退するという意味ではなく，その影響は明らかな事実として認められていないという意味である．この問題の詳細については，第5章でさらに検討する．

　加齢に伴う肉体的変化から派生する身体的・精神的変化は，細胞レベルのカテゴリーで考えれば，両者ともに極めて複雑な組み合わせで構成されている．個人の潜在能力を低下させる変化は，生産活動（市場活動に限定されない）を遂行する能力やその能力を維持する努力も含めて，能力の「減退（decline）」という概念で分類できる．しかし，加齢に伴う細胞レベルの変化は，知識の変化という文脈で言えば，社会活動に関する潜在能力が低下するのではなくかえって増加する効果を伴っている．たとえば，若年者に特有の性ホルモンに由来する感情爆発は，ある種の業務遂行を妨げる効果を伴っている．けれども，高齢者は，加齢に伴ってこの感情爆発を適切に抑制できるのである．

　細胞レベルの変化と知識の変化の間での重要な相互作用は，流動的知能と結晶的知能の間の相違に関係している．本書の「はじめに」で少し触れてい

---

[2] 私は，「知識」については，抽象的な知識というよりも，物事に対処するための知恵という趣旨で考えている．しかし，実務的なノウハウについては，複雑な方程式の解を求めるような，物事を抽象的に考える知識も含めて考える必要がある．

るが，流動的知能は問題解決能力に関連する知識と深く関係しており，また結晶的知能は日常習慣的な知識がその基礎をなしている。個人の能力は，たとえば言語的な熟練(読み書き能力を含む)，表情による他者認識，自己発達の認知，社会行動における処世術(「常識」)，空間的な方位測定能力などは結晶的知能に含まれる[3]。しかし，流動的知能と想像力との間でも，結晶的知能と経験の間と同じように，パラレルな相互依存関係が存在している。この場合の「想像力(imagination)」とは，創造力(creativity)という意味ではなく，日常的な意味での思考モデルを構築するとか問題を抽象化して表現するなど，理論的手段を通じて問題解決を図る能力を意味している。単純な計算能力としての想像力は，特定の時点で映画館に入場した観客数を判定するような能力を意味している。この能力は，当日の開館時の入場者数からその後の退場者の人数を差し引いて計算する能力など，映画館の入場者と現時点での観客数を明確に区別する能力を意味している。若年者がこの仕事をする場合，高齢者のそれと比較すると，経験から学ぶよりも思考をモデル化する能力に強く依存する傾向が現れる。彼らは，これまで経験した同種の状況での判断方法を利用するのではなく，一般的な解決方法から特定状況での解決方法を探りだすという思考方法を採用するのである[4]。この思考方法は，高齢者が経験に依拠する傾向があるのに対して，若年者は経験に頼ることが少ない特性として表現されている。心理学者の多くは，加齢に伴って流動的知能は結晶的知能よりも急速に低下する事実について，相当の証拠に基づいて判断を下している。この加齢現象に伴う効果は，私が知識変動(knowledge shift)という名称で強調している効果である。高齢者は，想像力に依存するのでは

---

3 See, for example, D.B. Bromley, *Behavioural Gerontology: Central Issues in the Psychology of Aging* 194-195 (1990); Eugene A. Lovelace, "Cognitive Aging: A Summary Overview," in *Aging Cognition: Mental Process, Self-Awareness and Interventions* 407 (Eugene A. Lovelace, ed., 1990); Donald H. Kausler, "Automaticity of Encoding and Episodic Memory Processes," in id. at 29; Anderson D. Smith et al., "Age Differences in Memory for Concrete and Abstract Pictures," 45 *Journal of Gerontology* p. 205 (1990); Paul B. Baltes, Jaqui Smith, and Ursula M. Staudinger, "Wisdom and Successful Aging," 39 *Nebraska Symposium on Motivation* 123, 128-131 (1992).

4 なお，情報処理の速度に関連して，蓄積された知識の代替可能性についての証拠については，以下の文献を参照。Timothy A. Salthouse, "Speed and Knowledge as Determinations of Adult Age Differences in Verbal Tasks," 48 *Journal of Gerontology* p. 29 (1993); Neil Charness and Elizabeth A. Bosman, "Expertise and Aging: Life in the Lab." in *Aging and Cognition: Knowledge Organization and Utilization* 343 (Thomas M. Hess, ed., 1990).

なく経験に依存して思考するという傾向が強く現れる。これは，高齢者がさまざまな経験を持っているという理由によるのではなく，彼らは問題解決に想像力を活用する思考方法に慣れていないのである。

高齢者が蓄積した経験的知識を若年者に低い費用で譲渡できるならば，彼らの流動的知能の減退(たとえ緩慢であっても)に伴う知識変動の結果として，若年者に決定的に有利な状況がもたらされる。たとえば，ある高齢研究者がすでに発見されて数時間で学習可能なアルゴリズムの研究のために歳月を費やすことを想像してみよう。若年者は，このアルゴリズムの短時間での学習によって，高齢研究者の蓄積してきた経験的知識の重要部分をわずかな費用で活用できる。この若年研究者と高齢研究者の間では，前者は後者と比較するとより早い速度でそのアルゴリズムを活用して問題を解決できる。これに対して，高齢研究者は，若年研究者に低廉な費用で利用可能な知識を移転しても何ら利益を得ることはない。けれども，高齢研究者が保持している経験的知識は，書籍に書かれた知識ではなく生きた経験が不明瞭な形で結晶化したものであれば，簡単には若年研究者にその知識を移転することはできない。いずれの例においても，高齢研究者は，彼が保有する経験的知識を若年研究者に「譲渡する」ことで適切な便益を受けることはない事実を示唆している。

若年者は，高齢者よりも物事を学習する速度が速い。その理由は，彼らの記憶力が高齢者のそれと比較すると優れているからである。これは，流動的知能をめぐる年齢別プロファイルの変化を示している。学習効率をめぐる年齢による能力バランスの不均衡は，とくに言語獲得能力で典型的な例が見受けられる。ここでは，移民の年齢による言語獲得能力の変化について考えてみよう。移民の人びとは，母国で異なる言語を使用していた場合には，母国で同一言語を使用していた場合と比較すると言語習得が遅れる傾向がある（他の要素を同一であると仮定しているが，この仮定が適用不能な場合もある）[5]。

これらの移民の大多数は，若年者であると想定してみよう。この移民たち

---

[5] 移民が目指す移住対象国は，その言語の流暢さによって有望な所得機会を多く期待できることが前提となっている。See references in Robert J. LaLonde and Robert H. Topel, "Economic Impact of International Migration and the Economic Performance of Migrants" 75-82 (Working Paper No. 96, Center for the Study of the Economy and the State, University of Chicago, Aug. 1994).

は，母国よりも新しい移住国で高額所得が期待できるならば，比較的に若い年齢段階で移民する決断をして所得最大化を目指すと想定できる[6]。しかし，この移民の例については，加齢に伴う能力減退ではなく，流動的知能の減退に焦点を合わせていることを強調しておく必要がある。

　一般的に言えば，若年者は高齢者よりもその思考が柔軟であり，高齢者は若年者よりも頑固であると考えられている。これまでの議論は，この若年者と高齢者の思考方法に相違が生じる理由について検討してきた。抽象的な推論という思考方法は，懐疑主義的ないし経験主義的な推論よりも，相対的には柔軟な対応ができる思考様式である。この抽象化するという推論方法は，さまざまな事例にこの推論を応用できるからである。若年者は，高齢者と比較すると，最近の出来事に関する記憶の良さは際立っている。新しいことを学習する費用も，若年者の方が高齢者よりもその費用が低廉である。アリストテレスの推論による思考方法の後継者たちは，三段論法その他の抽象的モデルを介在させることなく，類推という思考方法を通じて議論の焦点を移動させることが可能であると主張している。この主張が健全であるならば，高齢者は若年者と同じ柔軟な思考能力を保持しており，利用する思考方法のみが異なるに過ぎないことになる。しかし，この議論はおそらく不健全なものである。これらの点については，第5章でさらに詳細に検討する。

　特定職域に対する参入規制は，職人に対するギルド的規制や徒弟教育による専門職養成などがその例であるが，後継者育成をめぐる競争制限的な規制に該当する。以下では，現役世代が後継世代に対して，この制限的規制を加える理由について検討したいと思う。

(2) 主観的な時間とその割引率

　ある種の細胞レベルでの変化は，加齢現象には中立的な変化であると仮定しても，人びとの社会活動に重要な影響を及ぼす可能性がある。多くの人びとは，加齢とともに時間の経過が速くなると感じている[7]。若年者の人びと

6　Gary S. Becker, *Human Capital : A Theoretical and Empirical Analysis, with Special Reference to Education* 87 and n. 32 (3d. ed. 1993). 経済学に共通する傾向であるが，私は一般的な傾向に焦点を合わせて議論している。高齢者は，しばしばその子供たちが移民した国に移住する傾向がある。また，ある移民たちは，新しい国の言語の習得を望まずに，彼らの母国語で会話できる地域を選択して居住する傾向もある。

7　人は，年をとると「時間の経過が速くなり，あたかも彼(高齢者)が急な坂をすべり

は，一般的に将来を楽観的に見通して前途に希望を抱いている（詳細は第5章）。若年者は，とにかく短気であるから，外から見ると沸騰していない薬缶を監視しているような気分になる。これに対して，高齢者は一般的に悲観的であるから，沸騰している薬缶に見えないことは確かである。この事実は，人びとの人生は，それぞれの年齢に対応して変化することを意味している。高齢者は，若い時代よりも規則的・習慣依存的で新規な課題への挑戦を回避する。この加齢に伴う変化は，その全てが知識レベルの変化に関連している。一般的に言えば，高齢者は集中力や注意力が散漫になり，主観的な時間経過で影響を受けにくくなる傾向が現れる[8]。

この加齢に伴う時間の加速度的な効果は，「時間の羽根を着けた馬車（time winged chariot）」と呼ばれ，未来の時間を現在の時間に近づける役割を担っている。この現象は，時間の割引率（将来の価値や費用が現在のそれに等しくなる確率）がライフ・サイクルを超えて縮減することを示唆している。この時間の割引率に関する証拠は，加齢に伴う時間速度を説明する証拠にもなる[9]。第1章で示した＜数式1.1＞は，加齢現象の進展とともに潜在的な生殖能力が減退することを示唆している。人びとは，将来の消費を増加させる手段を通じて環境適合的な能力（将来世代に彼らの遺伝子を最適化して発現させる能力）を増加させることが可能である。人びとはまた，彼ら自身の潜在的な生殖能力を向上させるとともに，その子供や子孫の利益のために自身の

降りる間にスピードを加速させているような錯覚を覚える。たとえば，79歳から80歳までの時間は，少年時代の1週間に相当するような印象である」。Quoted in *the Art of Growing Older: Writers on Living and Aging* 50（Wayne Booth, ed., 1992. See also Simone de Beauvoir, *Old Age* 373-376（1972）; Leonard W. Doob, *Patterning of Time* 234-244（1971）. For empirical evidence, see David Licht et al., "Mediators of Estimates of Brief Time Intervals in Elderly Domiciled Mails," 21 *International Journal of Aging and Human Development* 211（1985）. ここでは，人びとが年をとると時間の経過が短縮すると感じていると指摘している。これは，主観的な時間単位が年齢と相関していることを示唆している。; Michael A. Wallach and Leonard R. Green, "On Age and the Subjective Speed of Time," in *Middle Age and Aging: A Reader in Social Psychology* 481（Bernice L. Neugarten, ed., 1968）; and studies cited in Johannes J. F. Schroots and James E. Birren, "Concepts of Time and Aging in Science," in *Handbook of the Psychology of Aging* 45, 49（James E. Birren and K. Warner Shaie, eds., 3d ed. 1990）.

8　Cf. Joseph E. McGrath and Janice R. Kelly, *Time and Human Interaction: Toward a Social Psychology of Time* 75（1986）.

9　この両者の証拠については，以下の参考文献とその議論を参照。Alan R. Rogers, "Evolution of Time Preference by Natural Selection," 84 *American Economic Review* 460, 477（1994）.

現在の消費を犠牲にすることもできる。この環境適合性を向上させようと自覚的に努力する人びとは，相対的に見れば少数かもしれないが，人間以外の他の動物には存在しない。この環境適合的な遺伝子を保有する人びとは，人類が急速に進化し発展する時代には人口構成に占める比率が増加する。その結果として，彼らの遺伝子を遺産として継受しているのが現在の子孫であるわれわれである。われわれは，人びとが高齢化して生殖能力が減退するに従い，将来に配慮する環境適合的な遺伝子がより増加すると予測できる。しかし，人間という動物には，第1章で指摘したように，加齢に伴う行動を制御する遺伝子が組み込まれていない可能性がある。

　高齢者に対する時間の割引率は，平均的に見れば若年者のそれよりも低いとみなされる別の理由もある。この時間の割引率が低い人びとは，彼らの健康状態を長期にわたって維持するためにより多く自己のために投資する[10]。この人びとは，高齢期まで生存した人びとの中では不均衡な頻度で出現する。この割引率が低い人びとに関する説明は，最初の説明とは異なり，人びとの時間の割引率に年齢と相関する変化が存在しない事実を示唆している。時間の割引率は，ライフ・サイクルを超えて定常的であり，割引率の高い人びとは年齢と無関係に選択的に出現する。結果的に，人びとの「平均的な」割引率は下降傾向を示すことになる（この選択的バイアスは，高齢者の行動特性を説明する重要な変数である）。

　この人びとの時間の割引率が低い要因は，他の要因が等しいと仮定すると，その高い貯蓄性向に求められるだろう。時間の割引率が高い人びとは，現在の消費性向を高める欲求を持っているが，時間の割引率が低い人びとは将来の消費に配慮する傾向がある。われわれは，将来に貯蓄を残すために持ち時間が少ない場合には，人生の終末期に近づくにつれて時間の割引率が急速に上昇すると予測できる。この分析結果は，終末期の問題を別の側面から検討すべきことを示唆している。高齢者にとって，遺産動機が強くなれば，時間の割引率が上昇する可能性はほとんどありえないことを示唆している。

10　For evidence, see Victor R. Fuchs, "Time Preference and Health: An Exploratory Study," in *Economic Aspects of Health* 93（Victor R. Fuchs, ed., 1982）; Issac Ehrlich and Hiroyuki Chuma, "A Model of the Demand for Longevity and the Value of Life Extension," 98 *Journal of Political Economy* 761, 774（1990）.

(3) 潜在能力とその減退

　ここでは，加齢現象によって生じる潜在能力（capability）の減退について詳細に検証する。私の主たる関心は，潜在能力の減退が疾病に伴う効果ではなく，加齢に伴う効果として発現することに焦点を合わせている。しかし，疾病に伴う効果も，加齢に伴うそれと正の相関関係がある。たとえば，辛くて汚くてかつ危険な3K職場は，労働者の健康維持や業務適応能力に大きな負担を課すことになる。このような職場の労働者は，軽易で安全な職場でのそれよりも実質的に早い年齢での引退を余儀なくされる[11]。われわれは，ある種の職場での業務は，その業務自体が労働者の加齢現象を促進すると考えている。これを正確に表現するならば，労働者の業務内容と雇用条件が相まって，彼らの健康と職業的寿命の決定要素が構成されると表現すべきであろう。たとえば，視覚的な鋭敏さの減退という現象は，通常は加齢現象に随伴する生理的現象である。緑内障・白内障・網膜剥離などの視覚疾病も，他の疾病と同様に加齢に伴う高齢者特有の疾病である。しかし，加齢に伴う高齢者特有の疾病は，「老眼」という一般的な名称で表現される場合もある。高齢者でも，若年者と同様の身体的・精神的な健康状態を保持している人びとは極めて少数に過ぎない。私の問題関心は，高齢者の健康状態について限定条件を付けた上で，職業的な業務遂行をめぐる潜在能力の減退について考察することにある。

　高齢者の能力減退を単純化して考えるために，労働者の業務上の成果は先天的な潜在能力と努力の成果であって，後天的に形成された人的資本によって影響を受けないと仮定してみよう（私はこの仮定を無視したいと思ってはいるのだが）。この仮定によって，潜在能力を年齢の関数として把握できる。この潜在能力を表示する関数は，逆U字カーブで表現できる。たとえば，子供は労働する潜在能力を持っていないし，障害者や極端な高齢者も同様に扱うことができる。高齢者の労働能力喪失についても，これを単純化するために，たとえば80歳という年齢を標準的な指標として設定してみよう。ここでは，後天的に獲得された人的資本も抽象化して細胞レベルの変化も考慮に

11　See, for example, Martin Neil Baily, "Aging and the Ability to Work: Policy Issues and Recent Trends," in *Work, Health, and Income among the Elderly* 59 (Gary Burtless, ed., 1987); Gary Burtless, "Occupational Effects on the Health and Work Capability of Older Men," in id. at 103; Monroe Berkowitz, "Functioning Ability and Job Performance as Workers Age," in Berkowitz et al., *The Older Worker* 87 (1988).

入れているから，潜在能力は加齢に伴って一般的には上昇する。先天的な潜在能力のピークは，比較的に早い年齢段階で訪れるが，多くの職業分野ではティーン・エージャーの時期に相当する。さらに単純化すれば，先天的な潜在能力は定常的な業務遂行能力とは無関係である。現実的に表現すれば，極端に若い人や極端な高齢者は，業務遂行能力がないことを意味している。ここでは，＜図4.1＞として，実際に必要とされる潜在能力と年齢の相関関係を示している[12]。

この図では，潜在能力(c)を縦軸で年齢(a)を横軸で表示している。また，逆U字カーブで表示されているピーク年齢(m)は20歳で$c=m$で表示されているが，潜在能力は80歳でゼロになると想定している。また，横軸上のrの線は，職務遂行に必要とされる潜在能力レベルを表示しており，現実の潜在能力は座標軸上の2点で分けられている（この図では想像力が必要な職務は幼い子供でも遂行可能なことを示している）。われわれは，この逆U字カーブのピークを超えた右側の部分，私はdと表示しているが，この部分は以下の数式で表示することが可能である。

＜数式4.1＞　　　　　　$d = m - k(a)$

この数式では，$k(a)$は年齢に相関する潜在能力の変化を示している。潜在能力は，$r>d$あるいは$r-m+k(a)>0$である場合に，その潜在能力が業務遂行に必要とされる水準以下にあることを示している。この限界点は，仕事に

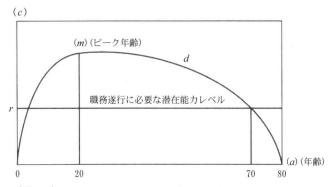

＜図4.1＞　現実に必要とされる潜在能力と年齢の相関関係

12　Cf. Joseph J. Spengler, "Introductory Comment: Work Requirement and Work Capacity," in Juanitia M. Kreps, *Lifetime Allocation of Work and Income : Essay in the Economics of Aging* 3, 6-7 (1971).

必要な潜在能力が上昇するにつれて近接する水準であるが，最も適切な潜在能力水準はそのピーク時に相当する。しかし，そのピーク時の潜在能力は，その後に加齢とともに下降してゆくと想定している。

　この事実は，潜在能力が業務遂行に必要なレベル以下の年齢に到達した労働者は，すぐに退職しなければ解雇される恐れがあることを意味するわけではない。多くの労働者は，その賃金が業務遂行上の成果の限界価値に等しい時点でも，引退間際の賃金よりも多額の賃金を受け取っている可能性がある。この問題は，すでに第3章で検討しているので詳細は省略する。労働者の業務遂行上の成果は，彼の潜在能力の関数であるとともに彼の努力の関数でもある。労働者は，加齢に伴う潜在能力が減退する程度に応じて，努力を通じて潜在能力の減退部分を補完する必要がある。この努力の必要性が増加することは，労働者にとって追加的な非金銭的な費用負担が必要となるとともに，その追加的費用は加齢に伴って上昇することを意味している。結果的に，労働者がある一定の年齢を超えた時点でその技能のみならず努力のための潜在能力も減退する。この限界点となる閾値は，労働者の限界的な生産性がゼロに収束するかあるいは労働費用が賃金と付加給付のパッケージ水準を超える努力を要求するか，そのいずれかの時点に到達することを意味する。この付加給付には，企業からの退職関連給付（余暇や企業年金などの給付）[13]や軽易業務への転換に必要な給付などが含まれる[14]。この潜在能力に関する分析アプローチは，伝統的な人的資本理論とは異なるアプローチを含んでいる。ここで用いる「業務上のアウトプット」という概念は，時間単位での業務上のアウトプットである労働者の生産性を意味している。ある労働者の業務遂行が緩慢なため，2年間のアウトプットが1年のそれに等しい場合には，彼の潜在能力は使用者が要求する業務上の能力要件に該当しないことを示唆している。

13　この点に関する証拠として，高齢者の労働参加率は，年齢との関係では強い負の相関関係があることを示すデータが存在している。このデータは，教育レベル，健康状態，年金受給資格その他の労働参加率に影響を及ぼす要素を全て考慮した上で修正している。Giora Hanoch and Marjorie Honig, "Retirement, Wages, and Labor Supply of the Elderly," 1 *Journal of Labor Economics* 131（1983）.

14　Thomas N. Chirikos and Gilbert Nestel, "Occupational Differences in the Ability of Men to Delay Retirement," 26 *Journal of Human Resources* 1, 23（1991）; Roger L. Ransom and Richard Sutch, "The Labor of Older Americans: Retirement of Men On and Off the Job, 1870-1937," 46 *Journal of Economic History* 1, 19（1986）.

ここでは，年齢に相関して潜在能力が次第に減退するカーブが描ける（職務遂行に必要な経験的知識と関係的人的資本のどちらが重要であるかを問わず，潜在能力がその限界値に近接する）と仮定してみよう。業務遂行に必要な潜在能力カーブは，ある年齢に達した時点での交点と不連続になる。この交点の左側では，潜在能力カーブの下降は年齢との相関関係がなくなり，交点の右側ではその労働者を雇用する企業にとっての価値が失われる。この潜在能力のカーブの不連続性は，業務遂行に関する潜在能力と年齢の相関関係をめぐる事情の全てを説明するわけではない。この不連続カーブの合理的説明は，フルタイムで1日の労働をした場合，翌日以降の労働を想定しない場合にのみ理解可能となる。

前述した＜図4.1＞におけるmとrの違いに関するもう一つの注目すべき側面は，潜在能力のピークと業務に必要とされる潜在能力の違いである。第1章ですでに指摘したように，人間は挑戦的な環境の下で進化してきた生物である。現在の労働環境は，多くのアメリカ人にとってそれほど挑戦的な環境というわけではない。たとえば，店舗のカウンターにいる店員は，雇い主が満足する仕事を遂行するために，彼が保有する身体的・精神的な潜在能力のほんの一部を提供する必要があるに過ぎない[15]。この潜在能力は，たとえば視覚・聴覚の鋭敏さと記憶容量の大きさや計算能力のスピードと歩く速度や休息の必要性など，職業生活の中で加齢に伴う減退が生じる可能性がある潜在能力である[16]。ここでは，この店員の職務が経験や熟練から得られるものがなく，また価値ある社会的人的資本の獲得も必要としないと仮定してみよう。この店員の職務遂行能力は，能力減退により業務遂行が全く期待できなくなるか努力の成果が（彼にとって）費用に見合わない水準に達するまでに相当の時間が経過する。彼は，この限界点に達するまで努力を少しずつ重ねることにより，その潜在能力の減退を埋め合わせる必要があるに過ぎない。

15　See, with respect of memory, Paul Verhaeghen, Alfons Marcoen, and Luc Goossens, "Facts and Fiction about Memory Aging: A Quantitative Integration of Research Findings," 48 *Journal of Gerontology* p. 157 (1993), and with respect of sight, William Kosnik et al., "Visual Changes in Daily Life throughout Adulthood," 43 *Journal of Gerontology* P63 (1988). これは，よい店員と悪い店員がいることを否定する趣旨ではない。ここでは，加齢による潜在能力の急速な減退（たとえば視力の減退）のみによって，その業務遂行能力が判断できるわけではないことを示唆している。

16　See, for example, Sara J. Czaja and Joseph Sharit, "Age Differences in the Performance of Computer-Based Work," 8 *Psychology and Aging* 59 (1993).

この考察は，加齢現象が必ずしも職業関連的な潜在能力を減退させるわけではないことを示唆している。この考察はまた，これまでの多くの研究成果でも，加齢に伴う生産性の減少を証明できなかった理由を説明する有益な示唆を含んでいる[17]。この考察に伴う追加的な説明としては，高齢労働者の潜在能力に関する「楽観的」な研究成果では，高齢者が業務遂行中に職場を離脱したり怠けたりする確率は若年者よりも相対的に少ないことを強調する主張もある。これらの高齢者の行動には，適切な経済学的な理由がある。高齢労働者は，彼らの現在の賃金水準を確保するために必要な企業特殊的な人的資本を多く形成しているために，彼らが退職するならばその人的資本を喪失する場合が多い。この事実は，高齢労働者は企業との関係では弱い立場に置かれることから，その企業に対する忠誠心を高めていることを示唆している。この事実を企業側から見ると，高齢労働者は労働組合の要求に追随しやすいという疑惑の目が向けられることを意味している。高齢労働者は，解雇によって打撃を受けやすいから，正当な動機か機会主義的な動機かはともか

17　See, for example, Bruce J. Avolio, David A. Waldman, and Michael A. McDaniel, "Age and Work Performance in Nonmanagerial Jobs: The Effects of Experience and Occupational Type," 33 *Academy of Management Journal* 407 (1990); Seymour Giniger, Angelo Dispenzieri, and Joseph Eizenberg, "Age, Experience, and Perforomance on Speed and Skill Jobs in an Applied Setting," 68 *Journal of Applied Psychology* 469 (1983); Jack Levin and William C. Levin, *Ageism: Prejudice and Discrimination against Elderly* 80-81 (1980); William McNaught and Michael C. Barth, "Are Older Workers 'Good Buys'? – A Case Study of Days Inns of America," *Sloan Management Review*, Spring 1992, p. 53; and see generally Robert Clark, Juanita Kreps, and Joseph Spengler, "Economics of Aging: A Survey," 16 *Journal of Economic Literature* 919, 927-929 (1978). これらの研究は，以下のような理由によって，その研究成果の選択が極めて困難であった。いくつかの研究は，加齢現象と相関する生産性の減退に関する証拠について分析を加えていた。二つの研究は，フォーチュン500に掲載された企業について，全ての職種における40歳代の対象労働者(男性，女性，事務職，男女の営業職，男性の管理職)の著しい生産性の減退に関する証拠を示していた。これらの研究については，以下の文献に要約されている。Laurence J. Kotlikoff, "The Relationship of Productivity to Age," in *Issues in Contemporary Retirement* 100 (Rita Ricardo-Campbell and Edward P. Lazear, eds., 1988). また，労務職労働者と事務職労働者に関する初期の研究として，以下の文献を参照。Mary Jablonski, Larry Rosenblum, and Kent Kunze, "Productivity, Age, and Labor Composition Changes in the U.S.," *Monthly Labor Review*, Sept. 1988, pp. 34-35; Mildred Doering, Susan R. Rhodes, and Michael Schuster, *The Aging Worker: Research and Recommendations* 37, 62-63, 86-88 (1983); Czaja and Sharit, note 16 above, なお，これらの文献に関する優れた分析と評価を行っている研究として，以下参照。Berkowitz, note 11 above.

く，厳格な雇用保障や先任権(seniority)を強く求める傾向がある[18]。

　高齢労働者は，自発的に退職することは少ないけれども，疾病に伴う後遺障害によって退職する確率が若年者よりも高い。この高齢労働者の脆弱性とその企業忠誠心の強さは，加齢に伴う流動的知能の減退による新しい業務習得の困難性から派生しているという説明も可能となる。高齢労働者の脆弱性は，雇用されている企業での業務遂行に影響を及ぼすのみならず，使用者が職務要件を変更した場合にはさらに業務遂行の困難性が増加する。高齢労働者の企業忠誠心は，結果的には純粋なプラスの方向に働くというよりも，努力を抑制するというマイナスの方向にも働く可能性がある。ある研究は，このような視点から高齢労働者の企業忠誠心について検証している。この研究では，高齢労働者の労働生産性は若年者のそれと均衡する水準にあると指摘している。そこでは相互に関連する二つの理由が挙げられているが，加齢に相関する能力減退については厳格に限定されている。第一の理由は，選択的バイアスの問題である。使用者は，生産性の劣る高齢労働者を排除する傾向がある。使用者の選択結果として，残された労働者は生産性の高い労働者が多くなるから，その年齢グループの生産性は高めに評価される。第二の理由は，高齢労働者の多くはすでに退職しているから，加齢に伴う生産性の減退をめぐる実証研究は，高齢労働者と中年ないし若年労働者の比較というよりも中年労働者と若年労働者との比較となる。この研究は，高齢労働者の能力をめぐる実証研究には疑問の余地があることを示している。

18　See Richard B. Freeman and James L. Medoff, *What Do Unions Do?* ch.8 (1984); Barry T. Hirsch and John T. Addison, *The Economic Analysis of Unions: New Approaches and Evidence* 58, 178 (1986); A van de Berg and W. Groot, "Union Membership in the Netherlands: A Cross-Sectional Analysis," 17 *Empirical Economics* 537, 552 (1992) (tab. 2). アメリカの16歳から24歳の労働者は，1993年では6.8％しか労働組合による交渉代表を選出していない。25歳から34歳の労働者でも，その比率は14.9％に過ぎない。これに対して，45歳から54歳までと55歳から64歳までの比率は，それぞれ25.7％と23％になっている（65歳以上の比率も10％に落ち込んでいるが，これらの高齢労働者は組合が存在する職場で働く人びとは少数に過ぎない）。Bureau of Labor Statistics, *Employment and Earnings*, Jan. 4, 1994, p. 248 (tab. 57). 他のデータ結果によって修正した場合，労働組合による交渉代表機関の選出を支持する年齢別の効果は，おおむね減少傾向にあるか，少なくとも均衡状態にあると判断できる。その理由は，おそらく労働組合が代表する交渉単位では，年齢別の勤労所得プロファイルが平準化する傾向があるという事実によると推測される。Hirsch and Addison, above, at 58.

現代社会での労働者の職務遂行には，さまざまな身体的・精神的な潜在能力を必要とする場合が多い。これらの能力には，たとえば身体的な力強さや敏捷性あるいは身体的・精神的な機敏さなど，加齢現象と強い相関関係のある能力も含まれる。潜在能力の発達過程にある若年労働者も，平均的な労働者として使用者が要求する業務遂行水準を達成することは困難である。現代の複雑な社会では，詳細は第9章で説明するが，高齢労働者もまた職業的能力について若年労働者から多くの敬意や尊敬を受けることは期待できない。現代における職場の業務内容は，不潔で危険で苦労の多い伝統的な労働分野は少なくなり，主要な労働分野は製造業からサービス産業へと大きく重心を移動させている。また，公教育の普及は，高齢労働者が蓄積してきた経験に基づく低賃金の産業分野から，若年労働者を中心とする新しい産業分野へと移行している。この社会的・技術的変化の進展は，高齢労働者が蓄積してきた人的資本の急速な陳腐化をもたらしている。結果的に，高齢労働者は流動的知能の減退により人的資本を更新する意欲を喪失するとともに，合理的費用での新たな転職機会に恵まれる状況にもない。けれども，最近の数十年間に進展した社会経済的な環境変化によって，高齢者が若年者と比較すると富の配分比率を高めてきた理由を説明することはできない。この問題に対する説明は，高齢者の基本的特質と政治的民主主義の相互作用に由来すると思われるが，これらの課題の検討は次章以降に委ねることにする。

　ここでは，労働者の潜在能力はそのピーク時とそこから減退する間隔が短縮する，つまり潜在能力が全ての年齢で均等に減退してゆくと仮定してみよう。このように年齢と相関して潜在能力が均等に減退すると仮定すると，労働者の職務遂行に必要とされる潜在能力を基準に考えれば，労働者の職務遂行が不能状態に至ったと判断される年齢は相対的に早くなると予測できる。この状況は，職業的な潜在能力のピークが比較的早く訪れるプロ・スポーツ選手や素粒子物理学者など，身体的・精神的な潜在能力をめぐる資質配分の頂点に位置する職業グループを考察するとその理解が容易になる。身体的に苛酷な職業に従事する労働者は，プロ・スポーツ選手や若干の軍隊における特殊任務要員などを除けば，必ずしも資質配分的に頂点が高い職業グループとは言えないが，その職業生活のピーク時にはかなり高度な潜在能力が要求されている。このような苛酷な職業分野では，労働者の引退年齢は早くなる可能性がある。加齢現象をめぐる心理学研究の多くは，現代社会における多くの職業分野で必要とされる最低限の潜在能力は，多くの人びとにとっ

て60歳(この年齢を超える場合もしばしばあるが)に至るまで下降することはないと示唆している[19]。労働者の生産性は，より早い年齢段階から下降する職業分野も多く存在するが，全ての職業分野がそこに含まれるわけではない。第1章でふれた「ペンと鉛筆」テスト(心理学の用語では「計量心理学(psychometrics)」的なテスト)では，このテストは職業能力では不要な潜在能力を計測するものであるが，この問題では逆の結論を導いている。このテスト結果では，高齢労働者は業務では些細なミスは犯すけれども，業務関連の潜在能力である調整力・集中力・柔軟性・努力性などの能力減退は見られないと分析している。

この心理学的研究は，多くの労働者が職務要件を充足する潜在能力を維持しつつ順調に労働していることを前提としているが，この前提それ自体を疑問視することにも合理的な理由がある。この研究では，その前提として，労働者の潜在能力が加齢に伴って減退して職務と不適合を生じた場合でも，使用者は昇格や降格などの人事処遇を通じて対処できると考えている。この労働者の加齢に伴う潜在能力の減退について，前掲の＜図4.1＞を用いて検討してみよう。使用者による労働者の昇格という人事処遇は，能力のある労働者を職務要件のより厳しい職務へ移動させる場合に適用される。この昇格の場合，労働者に適用される厳しい職務要件をrとして，彼のピーク時の潜在能力に近接する職務要件をmとする。労働者は，加齢に伴うmの減退が職務要件の期待値を下回るならば，昇格のプロセスは逆転してrに近接する職務に降格されると予測できる。この効果は，＜図4.1＞で示される逆U字カーブとrの交点の間(r以下を除いたその上の部分)の曲線が，その労働者の生存期間における潜在能力の変化を表示している。しかし，この説明は多くの人びとに理解されていないし，少なくとも多くの経済学者には理解されていない可能性がある。その理由は，連邦法である雇用における年齢差別禁止法(ADEA)や最低賃金法が制定されているために，この法的規制が実務とは独立に機能しているからである。結果的に，実務レベルの人事処遇としての降格は，労働者の加齢に伴う潜在能力の減退を調整する手段としてほとんど活用されていない。実務的に見れば，労働者にとって降格は不名誉な人

19　See, for example, K. Warner Schaie, "The Seattle Longitudinal Study: A 21-Year Exploration of Psychometric Intelligence in Adulthood," in *Longitudinal Studies of Adult Psychological Development* 64, 127-128 (K. Warner Schaie, ed., 1983).

事処遇と考えられているのである。結果的に，労働者のrは潜在能力のピークを過ぎても定常的に維持されて，労働者の引退を加速する要因として作用している。労働者は，降格という不名誉な人事処遇で恥辱を味わうよりも，早い段階で引退することで所得の実質的減額を受け入れているのが実情である。

2　引退に関する意思決定

説明を単純化するために，労働者は65歳か70歳かどちらかで引退しなければならないと仮定してみよう。経済学的な分析によれば，現時点での即座の引退による期待効用(U)が労働継続や引退時期の延期($t>1$)による期待効用よりも大きい場合，人びとは現時点での即座の引退($t=1$)を選択すると説明する。この分析では，ある人の引退に由来する所得が適切な現在価値で割り引かれた結果，彼の労働に由来する所得と労働費用の総計を上回るならば現時点での引退を選択すると予測できる。また，彼の現時点での引退に由来する所得が引退を延期した場合の所得の割引現在価値よりも大きければ，現時点での引退という意思決定は変わらないと予測する。この労働者の引退の意思決定について，極めて単純化されたモデルで考えてみよう。ある人が引退を考えているが，自分が80歳まで生存する確率がどの程度あるか知りたいと思っている。彼の現時点での選択としては，あと5年間は労働した後に残りの10年間の引退生活を過ごすか，現時点で即座に引退して15年間の引退生活を過ごすかという二つの選択肢がある。彼は，5年間の引退延期を選択した場合には，以下の二つの所得源からの効用が期待できる。その一つは，5年間の労働生活から得られる金銭的所得（賃金I_l）である。他の一つは，その労働生活から得られる非金銭的所得（I_o）である。彼の非金銭的所得（I_o）は，労働生活が不効用を引き起こす場合（危険・疲労・倦怠・通勤ストレス・余暇の減少・不愉快な上司など）には，彼の期待効用の評価はマイナスとなる。彼が労働生活から効用を得られる場合には，たとえば名誉感・興奮・社交その他の職務に関連する心理的な達成感などが期待できるならば，非金銭的所得であるI_oはプラスの期待効用を示すことになる。彼が5年間の引退延期を選択することで生まれる効用は，6年目から給付される年金所得（労働所得の$1/\alpha$で表示される年金支分権）に加えて，労働生活（I_l）に由来する余暇の代替効果である非金銭的所得で構成される。この二つの所得効果は，ある特定の利益率（i）の現在価値で割り引かれなければならない。彼が現時点での引

退を選択する場合には,年金所得と余暇の現在価値を比較して選択することになる。労働者の年金所得は,彼が引退を延期せずに即座に引退した場合にはある程度は低くなる。結果的に,引退延期で労働する5年間の年金所得の支分権をβとすれば,現時点で即座に引退した場合の年金支分権αとの関係は,$I_p/\beta < I_p/\alpha$として表示できる。

これらの議論を整理した上で,総和記号であるΣを使って表示すれば,労働者の年間の費用と便益(期待効用)の流れはすでに計算しているから,次の数式で表示することができる。この<数式4.2>では,即座の引退に由来する便益の現在価値が引退延期によって得られる便益の現在価値を超えるならば,労働者は即座に引退すると想定されている。

<数式4.2> $$\sum_{t=1}^{t=15} U \frac{(I_p/\beta + I_l)}{(1+i)^t} \geq \sum_{t=1}^{t=5} U \frac{(I_p + I_O)}{(1+i)^t} + \sum_{t=6}^{t=15} U \frac{(I_p + I_l)}{(1+i)^t}$$

この数式における金融的要因は,即座に引退するか引退を延期するかという選択に決定的な影響を及ぼすと想定されている。これらの金融的要因は,たとえば年金受給権やその支分権およびこれらの年金受給権の労働所得に対する比率など,膨大な対象項目をその要素として分析する必要がある[20]。これらの要素は,その詳細は後の各章で検討するが,ここでは相互に関連する以下の四つの要素として整理しておく。

(1) 労働者の労働能力に関する割引率が高ければ,彼の引退時期は早い段階で選択される可能性が高くなる。たとえば,労働者があと1年間の労働期間を無事に継続できれば年金受給額がある程度は増加する。この年金受給額の増加分は,長期にわたる将来にその便益(高めの年金給付額)を分散的にもたらすが,彼が労働を継続する1年間に味わう苦痛・疲労・放棄した余暇時間その他の費用も計算しなければならない。結果的に,彼の引退をめぐる意思決定は,彼とその配偶者に残された生存期間に加えて,年金契約の受給権ルールによっても影響を受ける。彼の労働能力の割引率が高ければ,将来に受け取ることができる便益の現在価値は小さくなる。この結

---

20 この点については,適切な解説書として以下を参照。Joseph F. Quinn, Richard V. Burkhauser, and Daniel A. Myers, *Passing the Torch: The Influence of Economic Incentives on Work and Retirement* 85-87, 199 (1990). また,引退に関する経済学的分析に関する適切な文献として以下を参照。Edward P. Lazear, "Retirement from the Labor Force," in *Handbook of Labor Economics*, vol.1, p. 305 (Orley Ashenfelter and Richard Layard, eds., 1986).

果，低賃金労働者は高賃金労働者と比較すると早めに引退する可能性が高くなる。彼の低い労働能力とその高い割引率は，単純に正の相関関係にあるからである。労働能力の割引率が高い労働者は，人的資本に対する投資が少なかった（その回収見込みが少ないから）結果として，引退後も相対的に低い所得水準が継続することになる。

(2) 労働から非金銭的効用を得ている人びとは，労働を不効用と考える人よりも（<**数式4.2**>におけるI_oを比較して）引退時期は遅くなる可能性がある[21]。アメリカの大学教授たちは，連邦法による強制的な引退制度が適用除外されるか否かに関心を示している（詳細は後述する）が，彼らの関心の大部分は非金銭的効用に向けられている。この非金銭的効用は，引退でほとんどが失われることは確かである。しかし，大学教授としての労働継続による費用は，彼が高齢者となっても極めて低い水準に抑制することができる。この大学教授の職務での効用の合成的効果は，I_oが正の相関として強く現れることに由来する。これと反対の極端な例として，他の条件が等しいと仮定すれば（ほとんど稀有なことであるが），仕事が汚く危険で不健康で苦労やストレスも多い職業では，労働者は早く引退したいと考える傾向がある。アメリカの黒人労働者の多くは，このような仕事に就労しているから，白人労働者と比べると（他の要素を考慮し修正して）平均的には早く引退する傾向がある。また，彼らが引退から幸福感を得ている比率も高くなっている[22]。しかし，複雑な問題を提示するのは，労働による満足度

---

21 For evidence, see Randall K. Filer and Peter A. Petri, "A Job-Characteristics Theory of Retirement," 70 *Review of Economics and Statistics* 123（1988）; Chirikos and Nestel, note 14 above; Chirikos and Nestel, "Occupation, Impaired Health, and the Functional capacity of Men to Continue Working," 11 *Research on Aging* 174, 192, 197-198（1989）; cf. Herbert S. Parnes and David G. Summers, "Shunning Retirement: Work Experience of Men in Their Seventies and Early Eighties," 49 *Journal of Gerontology* S117, S123（1994）; Martin D. Hanlon, "Age and Commitment to Work," 8 *Research on Aging* 289（1986）. なお，高水準かつ本質的な満足を生み出す多くの仕事について，その確信ある証拠を提示するものとして以下参照。F. Thomas Juster, "Preferences for Work and Leisure," in *Time, Goods, and Well-Being* 333（F. Thomas Juster and Frank P. Stafford, eds., 1985）. See also, Nan L. Maxwell, "The Retirement Experience: Psychological and Financial Linkages to the Labor Market," 66 *Social Science Quarterly* 22, 30-31（1985）.

22 黒人は，白人と比べて早く引退する傾向がある。黒人の引退という行動は，就労不能に由来する早期引退を含めて，機能的な概念として用いられている。See, Rose C. Gibson, "Reconceptualizing Retirement for Black Americans," 27 *Gerontologist* 691（1990）, and E. Percil Stanford et al., "Early retirement and Functional Impairment from Multi-Ethnic Perspective," 13

と引退による満足度とは正の相関関係にあるという事実である。その理由は，労働による満足度が高い管理職種や専門職種の人びとは，引退後の余暇の増加から多くの便益を引き出すような熟練・趣味・所得を保有しているという事情がある[23]。

超過的な潜在能力(excess capability)という概念は，労働の不効用の問題と密接に関連している。ここでは，単純なケースとして前述の＜図4.1＞を用いて考えてみよう。この図では，rとdの交点の左側における全ての年齢の人びとは，労働に由来する不効用(ストレスや努力など)と等しい非金銭的効用(名誉や社会的信用など)を享受しているので結果的に$I_o = 0$となる。次に，この交点を超える高齢労働者の状況を考えてみよう。彼らは，その潜在能力が職務に関する資格要件以下に落ち込まないように努力する必要があるから，労働に伴う費用は加齢に伴って次第に上昇する。結果的に，彼らのI_oはマイナスとなるため引退という選択肢への誘引が強く働くことになる。労働者は，加齢に伴う能力減退が余暇の減少よりも労働生産性の減少を拡大させるならば，即座の引退に向けての心理的圧力がさらに強まる結果となる。

労働費用に関する経済学的な分析では，従来から見逃されてきたいくつかの要素がある。ここで注目すべき現象は，細胞レベルでの心理現象として挙げられる，倦怠感(boredom)や虚脱感(burnout)という要素である。この二つの現象は，外見的には類似しているが同一の現象ではない。虚脱感は，ストレスに対する反射的な対応現象である。実際には，虚脱感は高齢労働者よりも若年労働者の間で一般化していることを示す証拠がある[24]。

Research of Aging 5, 18 (1991). また，彼らが早期引退を楽しんでいる証拠については，以下を参照。Rose C. Gibson, "Aging in Black America: The Effects of an Aging Society," in *Aging in Cross-Cultural Perspective: Africa and Americas* 105, 119, 121 (Enid Gort, ed., 1988). 単純な人的資本モデルでは排除されている追加的な問題点として，引退が遅くなる傾向は，労働者の期待生存期間が長くなる場合に多いという問題がある。その理由は，労働に伴う引退後の所得が高い企業年金の受給資格に連動しているために，結果的にその所得の総計が増加する効果が大きいからである。黒人は，白人と比較すると生存期間の期待値が低いから，早期引退による彼らの引退給付の減少という経済的損失は結果的には少なくなっている。

23　See C.T. Whelan and B.J. Whelan, "The Transition to Retirement"(Economic and Social Research Institute of Ireland, Paper No. 138, July 1988).
24　Cynthia L. Cordes and Thomas M. Dougherty, "A Review and an Integration of Research on Job

しかし，ここでは選択的バイアスが働いている可能性がある。労働者でもストレスに弱い人びとは，ストレスの多い職場から早めに逃げ出すという選択をしているからである。これらの労働者は，その職場に残る場合にはストレスの累積的効果から虚脱感を経験する確率が高くなる[25]。これに対して倦怠感は，私の分析手法に関していえば，働きすぎというカテゴリーとは区別すべき概念である。倦怠感は，「退屈な」仕事を遂行する若年労働者に一般的に見受けられる現象である[26]。私の主たる関心は，職業的な業務遂行に内在する倦怠感である。この倦怠感は，変化のない業務を継続するときにしばしば経験する感情である。この倦怠感は，全く同じではないが，長期間にわたってストレスが累積する業務で発生する虚脱感に類似してくる。

労働者は，職業訓練その他の人的資本蓄積を目的として労働する場合には，ストレスが少ない職場でもその効果は異なるものとなる。虚脱感や倦怠感は，労働者が「同一の」職務もしくは職種で長年にわたって労働を継続する場合に発生しやすい。しかし，労働者がその職種で到達可能な業務の頂点に達した場合にも，彼の職種が日常業務の繰り返しになれば倦怠感に捉えられる。また，ストレスの多い業務の場合には，たとえば粗暴な近隣住民に対応する警察官や学校教師も虚脱感に陥ることが充分ありうる。この倦怠感や虚脱感は，労働に伴う非金銭的費用を生み出すその源泉でもある。けれども，同一職種での労働期間の長さが加齢現象と正の相関関係にない限り，労働期間の長さに相関する現象が必ずしも加齢現象に相関するわけではない。それゆえ，労働期間と加齢現象との相関関係を区別することは極めて重要である。この問題については第5章において，高齢に達した連邦裁判所判事の生産性の問題とともに，アメリカでの労働者の平均的な引退年齢の上昇について考察する。ここで連邦裁判所の裁判官の問題に若干の言及をすれば，英米法系の法体系の下では，裁判官は相当に年をとってから任命され比較的長くその職にとどまる傾向がある。彼らの職務についての考察は，一般的な労働者の職務に従事する時間の長さと加齢に

Burnout," 18 *Academy of Management Review* 621, 633 (1993).
25　For evidence, see George J. Schunk and Harold T. Osterud, "Duration of Pediatric and Internal Medicine Practice in Oregon," 83 *Pediatrics* 428 (1989).
26　See Amos Drory, "Individual Differences in Boredom Proneness and Task Effectiveness at Work," 35 *Personnel Psychology* 141, 146 (1982).

伴う効果について，分離して考察すべき事情があることを示している。倦怠感は，他の要素が等しければ，職業体験に関連する現象である。一般的に言えば，ある職業に早めに参入した労働者は比較的早めに引退する。しかし，引退年齢が制度的に比較的遅く設定されている場合には，労働者がその職業に長くとどまることも充分にありうる。

　倦怠感は，時間依存的な費用を示すものであるが，この時間と費用は正の相関関係にある。また習慣の効果は，時間依存的な費用に加えてその便益をも示すものである。この習慣に伴う費用は，時間との関係では負の相関にあるが，習慣に伴う便益は，時間との関係では正の相関関係にある[27]。たとえば，歯磨きをした後にこれを習慣にすることの費用は安いが，その歯磨きを止めること（歯を磨かないことが実際に健康に悪いという証拠を確信するためかもしれない）は，習慣を止めるという意味で気持ちを悪くする効果がある。習慣を中断することは，薬物中毒（極端な習慣の例）を止めることと同様にある種の禁断症状を引き起こす。単なる習慣を止める場合でも，軽い一時的な禁断症状を惹起しやすい。労働という行為も，習慣を形成する行動とみることができる。しかし，高齢労働者の場合には，労働の習慣化は費用が高くつく可能性がある。それは，高齢労働者にとって大きな努力を要求されるとともに，（その仕事が年齢と時間に深く相関していると仮定すると）倦怠感をもたらす可能性があるからである。習慣の形成は，「習うよりも慣れよ」という意味で労働に習熟する一つの方法である。仕事の要領は，これを習慣化した場合には，時間的にも努力の上でも極めて効果的である。しかし，コインの裏側には，習慣的な活動は退屈な活動になるという現象がある。結果的に，「習うよりも慣れろ」という習慣は，すぐに敏感に反応する収益逓減という現象に直面する（学習カーブのピークにすぐに到達する）。のみならず，習慣的労働が日常化した単調労働に過ぎなくなれば，急速に倦怠感というマイナスの効果として跳ね返ってくる。

　高齢労働者をめぐる経済学的分析で習慣が重要な役割を果たす例は，業務の日常性に加えて業務遂行の手段や方法などが習慣化する点にある。こ

27　Gary S. Becker, "Habits, Addictions, and Traditions," 45 *Kyklos* 327, 336 (1992); Marcel Boyer, "Rational Demand and Expenditures Pattern under Habit Formation," 31 *Journal of Economic Theory* 27 (1983).

の業務の習慣化は，労働者の加齢に伴う流動的知能の減退が存在しない場合でも，習慣を変更することを困難にする。この業務の習慣化は，高齢労働者の特性を若年労働者のそれと比較した場合，業務遂行での柔軟性喪失や環境変化への適合性欠如に加えて「新しい業務」に対する学習意欲の低下などさまざまな付随的な問題を派生させることになる。

(3) 高齢者が自発的に引退したいと考えることは，年少の児童が雇用されないことと比較して考えれば，特別に驚くべきことではないかもしれない。児童や非常に高齢になった人は，その労働の限界生産性がマイナスとなるからである。一般的に言えば，限界生産性と所得の間には正の相関関係がある。労働から得られる所得が低い人は，余暇に対する選好が高いか余暇を選好しやすい人である。また興味深い事実は，多くの人びとが労働時間を徐々に短縮するのではなく，フルタイム勤務から引退へと一晩で決断するその理由にある。もちろん，全ての人びとがそのような決断をするわけではない。部分的な引退も，極めて普遍的な現象ではある[28]。詳細については後の章で検討するが，たとえば連邦裁判所の裁判官に提示されている魅力的な契約条件である漸次的な引退制度(後述する「先任裁判官資格」)はその具体例となる。またノルウェーやスウェーデンでは，政府による政策的プログラムとして，通常の引退年齢に達した労働者が労働時間を短縮する見返りとして部分年金を受給できる制度を導入している。スウェーデンでは，引退年齢に到達する以前からその選択が認められるが，ノルウェーでは引退年齢の到達後にその適用が認められるという相違がある[29]。しかし，アメリカの高齢者では，ある時点における「突然」の引退がいまだ一般的である。この突然の引退という飛躍的行動は，余暇の規模拡大を示す経済発展を前提とすれば理解可能である[30]。この余暇の拡大現象は，余暇の限界効用逓減という効果を相殺する結果をもたらしている。使用者が負担する付加給付その他の労働費用は，労働者がフルタイムからパートタイムへと転換することで派生するアウトプットの減少よりも多く

---

28 Christopher J. Ruhm, "Bridge Jobs and Partial Retirement," 8 *Journal of Labor Economics* 482, 490-493 (1990).

29 Helen Ginsburg, "Flexible and Partial Retirement for Norwegian and Swedish Workers," *Monthly Labor Review*, Oct. 1985, p. 33.

30 As argued in John D. Owen, *The Price of Leisure: An Economic Analysis of the Demand for Leisure Time* 72 (1969).

の費用抑制効果をもたらすならば，余暇の拡大はその当然の効果と判断できる。たとえば，二人のパートタイム労働者がそれぞれ自前の執務室を要求する場合を想像してみよう。使用者の負担を考えるならば，一人のフルタイム労働者が二人のパートタイム労働者の業務を一つの執務室で遂行する場合と比較するとその負担は倍増する。このフルタイムからパートタイムへの転換に伴う使用者の負担は，労働者一人当たりの執務室の費用増加を補償する賃金減額が必要不可欠となる。労働者の業務に由来する所得は，時間当たり賃金と労働時間数による生産関数を意味するから，労働時間の短縮のみの経済効果より早く減少する[31]。同時に，労働者の余暇利用に由来する非金銭的効用は，彼が引退した場合には急激に上昇する。引退は，余暇に関する規模の経済効果として，余暇の増加のみならず余暇の効用も上昇させるからである。

(4) 人びとは，労働に由来する金銭的所得は，余暇の効用に等しい非金銭的所得を生みだすとは考えていないと想定できる。この想定が正しいとすれば，金銭的所得の安定的な増加は，所得の限界効用逓減を前提とすれば，労働者の引退年齢を早期化させる現象を随伴すると考えられる。けれども，このような現象が常に随伴するわけではない。賃金の上昇という効果は[32]，第2章ですでに検討したように，余暇の機会費用をも上昇させるならば，その賃金上昇に由来する金銭的所得の限界効用も逓減する効果を伴うことになる。その第一の効果である代替効果は，労働者の引退時期を遅らせる可能性がある。その第二の効果としての所得効果は，労働者の早期引退を促進する作用をもたらす可能性がある。最近の数十年に見られる引退年齢の早期化現象は，所得効果が有意性を維持していることを示唆している。後の章で説明することになるが，他の要素も同様に作用しているけ

31　Robert L. Clark, Stephan F. Gohmann, and Daniel A. Sumner, "Wages and Hours of Work of Elderly Men," *Atlantic Economic Journal*, December 1984, p. 31. この文献では，高齢労働者は，労働時間が10％増加してもその平均賃金の増加率は6％に過ぎないと分析されている。

32　一般的に信じられている事実と反対であるが，時間賃金率は1960年代以降において上昇傾向が見受けられる。この傾向は，時間賃金の標準的な計測方法によっては理解が困難になっている。たとえば，週当たり賃金を40時間で割る場合，労働時間数の減少が見過ごされるからである。F. Thomas Juster and Frank P. Stafford, "The Allocation of Time: Empirical Findings, Behavioral Models, and Problems of Measurement," 29 *Journal of Economic Literature* 471, 493-494 (1991).

れども，この事実には別の証拠も存在している[33]。

3 一元的自己と多元的自己の概念

(1) 多元的自己という概念

　個人レベルでの加齢に伴う変化は，その誕生から死に至るまで連続する個人という文脈と区別して考えることができる。けれども，加齢現象に関するこの多元的自己というアプローチは，伝統的な経済学による分析アプローチとの関係では，最も初歩的な段階から困難な問題に逢着する。伝統的な経済学による分析アプローチでは，個人はその生涯を通じて単一の経済的意思決定者と想定されている。けれども，それぞれの個人は，共時存在的であれ時系列的であれ，競合的な自己が存在するという文脈で異なる自己をモデル化できるという見解は必ずしも目新しい考え方ではない[34]。この多元的自己という分析的アプローチは，極めて難解であるために多くの経済学者によってほとんど無視されてきた。たとえば，不法行為の損害賠償訴訟の際に，加害行為の結果として重度の障害状態に陥った被害者に対する非金銭的損失の算定方法という論点では経済学者の評価が分かれている。非金銭的な損害賠償に否定的な評価をする経済学者は，障害状態になった人の場合には富の効用

33　Owen, note 30 above, at 121. See also references in chapter 2, note 36.
34　さまざまな領域における，適切な議論を紹介している文献として以下参照。Thomas C. Shelling, "Self-Command in Practice, in Policy, and in a Theory of Rational Choice," 74 *American Economic Review* 1, 6-10（May 1984 Papers and Proceedings issue）; Derek Parfit, *Reasons and Persons*（1984）, esp. 305-306; Allen E. Buchanan and Dan W. Brock, *Deciding for Others: The Ethics of Surrogate Decision Making*, ch. 3（1989）; Elizabeth S. Scott, "Rational Decisionmaking about Marriage and Divorce," 76 *Virginia Law Review* 9, 59-62（1990）; George Ainslie, *Picoeconomics: The Strategic Interaction of Successive Motivational States within the Person* 29（1992）. The seminal economic paper is R. H. Strotz, "Myopia and Inconsistency in Dynamic Utility Maximization," 23 *Review of Economic Studies* 165, 173（1955-1956）. 経済学的分析として考えれば，時系列的な多元的自己の相互対立は，貯蓄率に関する世代間の対立に類似する（高い貯蓄率は，現在世代の費用負担による現在世代から将来世代への便益の贈与とみなされる）。これは，経済学における最大の争点の一つである。See, for example, E. S. Phelps and R. A. Pollak, "On Second-Best National Saving and Game-Equilibrium Growth," 35 *Review of Economic Studies* 185（1968）. Debraj Ray, "Nonpaternalistic Intergenerational Altruism, 41 *Journal of Economic Theory* 112（1987）.

は縮減すると考えている[35]。彼らは，障害状態にある人びとの非金銭的損失は，民間保険ではカバーされない事実によっても説明できると主張している。彼らは，黙示的ないし無意識的に，民間保険による補償ルールが不法行為で被害に遭う前の自己に対する補償であるとする立場を採用しているからである。不法行為の被害者となった自己は，たとえ彼が被害に遭う前の「前任者」である自己が享受していた効用水準の回復は望めないとしても，彼が遭った被害を回復できるレベルでの補償を望んでいるのである[36]。

　障害状態にある人びとの富の限界効用は，他の人びとと比較すると一般的に低くなるか否かという論点は，この損害賠償訴訟で損害額を算定する際に経済学的な評価の中心的な論点となる。この場合，その障害状態に陥った自己が一人ではなく二人の自己であると考えるならば，経済学でのパレート的な効用分析は適用できない。自己が二人であれば，一方が他方の犠牲によって有利な立場を選択する可能性があるからである[37]。しかし，この議論は本質的に無関係というよりも，意図的な悪意に基づく間違った議論である。不法行為による被害者となった自己の効用は，不法行為の被害者となる前の自己によって評価されるから，彼による富の限界効用が相対的に低く評価されるのである。彼の限界効用は，現在の自己が算定した「現在の自己との関係での」将来の自己の限界効用として評価されるべきである。これと同様に，子供に対する教育の価値は，子供の両親がその教育に対して支払う意欲としての価値として評価すべきである。現在の自己が将来の自己に利他的でないと仮定すれば，将来の自己の消費水準を維持するためには高い費用負担が必要となる。現在の自己は，将来の自己の効用について低い評価しかしていないからである。重度の障害を負った被害者に対する不法行為の損害賠償額を抑制するルールが採用されるならば，損害賠償額の抑制が事故の発生件数に影響を与えないとしても，被害者の効用の総計は抑制される可能性がある。

35　See, for example, David Friedman, "What Is 'Fair Compensation' for Death or Injury ?" 2 *International Review of Law and Economics* 81（1982）;Paul H. Rubin and John E. Calfee, "Consequences of Damage Awards for Hedonic and Other Nonpecuniary Losses," 5 *Journal of Forensic Economics* 249, 251（1992）.

36　同様の議論は，以下の文献でも（それぞれ独立に）検討されている。Steven P. Croley and Jon D. Hanson, "The Nonpecuniary Costs of Accidents: Pain-and-Suffering Damages in Tort Law" 42-44（unpublished, Michigan Law School and Harvard Law School, Oct. 28, 1994）.

37　このような批判は，不法行為の犠牲者が死亡した場合や回復不能な意識障害に陥った場合には，今後とも重要な議論の焦点であり続けるだろう。

結果的に，民事損害賠償の責任保険における保険料率は，健常な身体を保持する自己が選好する水準にまで低下する。その保険料率の低下は，結果的には不慮の事故によって障害者となった自己の犠牲の上に成立するのである。

ジョン・エルスターは，この問題について重要な指摘を行っている。「現在の絶対的な優先順位は，現在の自己である私の意思決定が他の全ての人びとのそれに優越する絶対的優先順位にあることを意味している。私は，私であるけれども，そこでは他の全ての人びとは排除されている[38]」。たとえば，ある研究者が学術集会への招待状を事前に早めの時期に受けとったならば，出席する旨の承諾の意思表示を早めに送付する確率が高くなる。この学術集会の日程が最終的に延期されたならば，彼は出席の返事を早めに出したことを後悔するかもしれない。この場合，彼の後悔という感情は非理性的といえるだろうか。私は，そうは思わない。学術集会への出席の返事は，即時に便益を供与する意思表示であり，他の人（互恵的関係にある可能性が高い）が期待している何事かを遂行することであり，他の人を失望させないために配慮する行為でもある。その費用は，将来の自己の負担として支払われるべきものである。招待状への受諾の返信を早めに出した場合には，現在の自己とその費用を負担すべき将来の自己との利害関係は希薄になる。この事実を前提として考えるならば，これは「招待状の受諾に関する後悔」の説明のみに適用されるべき問題ではないことが明らかになる。たとえば，早めの招待状の送信は，招待者が彼の出席を期待しているというシグナルかもしれない。その早めの招待状への受諾の返信は，意思表示を撤回する口実（どのような理由であれ約束は現存している）を困難にする。多元的な自己という問題の性質は，招待状を受諾する意思決定に際して，現在の自己は将来の自己が後悔する可能性があることを知っていることがその前提となっているのである。

多元的自己による分析的アプローチは，たとえば薬物中毒に見られるような意思の脆弱性・後悔・自己欺瞞などさまざまな心理現象を対象として取り扱ってきた。加齢現象や安楽死をめぐる問題も，詳細は第10章で検討する予定であるが，この分析的アプローチによる分析対象とすることができる[39]。しかし，加齢現象に対する多元的自己による分析的アプローチは，驚

---

38 Jon Elster, *Ulysses and the Sirens: Studies in Rationality and Irrationality* 71 (1979).
39 この問題に関する議論としては，私は極めて短い二つの論文を発見できたたのみで

くべきことにこれまではほとんど無視されてきたのである。加齢現象は，個人のライフ・サイクルにおいて非常に大きな心理的変化をもたらす現象である。ここでは，二人もしくはそれ以上の個人がそれぞれの選好や嗜好を保持しつつ，同一の人格としてライフ・サイクル全体を「タイム・シェアリング」していると仮定してみよう。この多元的自己による分析アプローチは，最近では心理学者のみならず若干の経済学者にも注目されるようになっている。これらの研究者たちは，現在の個人である自己が感じている苦痛や快楽について時間を超越して将来の自己に配分することは，その外見から考えるよりも合理的な行動であると考えるようになっている[40]。この考え方は，現在の自己が将来の不確定時点での自己を明確に区別して認識できると仮定している。現在の自己にとって，将来の自己よりも現在の自己の利害に大きな関心を置いて考えることが自然であるならば，現在の自己による人生の意思決定は極めて合理的な選択行動である[41]。この合理的な選択行動は，人びとがコミュニティへの帰属意識に基礎を置く強い利他主義的な感情を持っている場合でも同様である。ここでは，高齢者の意識調査において，彼らが人生を再び生き直すことができるならば異なる選択を行うか否かという調査結果を検討してみよう。彼らの多くは，人生の再選択が許容されるならば，多くの教育を受ける機会を得たいという強い願望を表現している[42]。この教育費用は，人びとの(労働に由来する過去の所得を原資として)若年時代に集中して支出される性格のものであるが，その便益はそれぞれの人生では長期にわたってその効果が配分される。この教育という領域は，高齢者になってから振り返って，若年者の自己に対する投資が過少であったことに気が付くという代表的な例である。

ある。これらの分析は，加齢現象に対しても適用可能であると思われる。Daniel Wikler, "Ought the Young Make Health Care Decisions for Their Aged Selves？" 13 *Journal of Medicine and Philosophy* 57, 62-63（1988）；Michael Lockwood, "Identity Matters," in *Medicine and Moral Reasoning* 60, 64-65（K. W. M. Fulford, Grant R. Gillett, and Janet Martin Soskice, eds., 1994）.

40　See, for example, the essays in *Choice over Time*（George Loewenstein and Jon Elster, eds., 1992）.

41　Cf. Ian Steedman and Ulrich Krause, "Goethe's *Faust*, Arrow's Possibility Theorem and the Individual Decision-Taker," in *The Multiple Self* 197, 204-207（Jon Elster, ed., 1986）.

42　Mary Kay DeGenova, "If You Had Your Life to Live Over Again: What Would You Do Differently？" 34 *International Journal of Aging and Human Development* 135（1992）.

(2) 多元的自己の概念の規範的な利用への批判的攻撃とその防御方法

　多元的自己の概念は，「厚生経済学(welfare economics)」に基礎を置く規範的なレベルから加齢現象の実証研究レベルに至るまで，さまざまな批判的な議論の対象とされてきた。ここでは，規範的レベルの批判からその検証を始めたいと思う。まず，若年者と高齢者が異なる自己であると仮定すれば，以下のような議論が可能となる。20歳の自己と40歳の自己が異なる自己であると仮定すれば，20歳の自己と21歳の自己，65歳の自己と66歳の自己もそれぞれ異なる自己と言えるだろうか。われわれは，それぞれの人生の年月に対応する多くの自己が区別されて，その生涯において月単位やおそらく時間単位での自己も終わりなく続くことになる。このような多元的自己の概念を認めれば，個人としての重要な概念とりわけ責任ある行為主体としての個人の概念は消え失せてしまうかもしれない。われわれは，その数えきれない自己の状態について，言葉による適切な表現形式を持っていないために，その概念に内在する価値それ自体を見失ってしまうのである。

　このような多元的自己の概念をめぐる論理矛盾は，この概念を利用するに当たって，個人とその多元的自己の間の関係を定義するという困難な課題に直面する。しかし，時間的に近接して連続する自己や多くの中間的に連続する自己とは明らかに区別できる若年者である自己と高齢者である自己との間には，相互に区別して認識できる大きな相違が存在している。この事実は，多くの法律や社会的慣習において，個人としての自己を子供時代の自己と成人になって以降の自己とを区別していることと基本的には大きな相違はない。私の母親は，65歳でいまだ壮健な女性であったときに，車椅子に乗っている衰弱した高齢女性を見かけて私の妻に語りかけた。彼女は，「私がもしあの人のような状態になったなら，私を銃で射殺してね」と告げたのである。その後に約20年を経過して，彼女はまさにその状態に陥ったが，彼女は死への願望を一言も示すことはなかった。彼女は，すでに中程度の認知症を患っていたが，その状態は第三者から見て彼女が生きたいのか死にたいのか判断できない段階に達していた。私は，彼女の容貌の変化から判断して，彼女の内面的知識が外面的変化を通じて表現されていたとは考えていない。彼女の若い自己は，雲の上に座って下界を見下ろしつつ車椅子に閉じ込められた高齢で精神状態も衰えた自己の姿を観察して，予想よりも少し悪い運命

に陥ったと思っていたかもしれない[43]。私の母親は，加齢に伴う変化は極めて大きくその容貌は完全に変わってしまっていたから，彼女の若い自己から見れば全く見知らぬ人に見えていたのかもしれない。

　ここでは，この問題について別の分析視角を提示しよう。あなたは，老人性認知症の人は子供と同じように人生を楽しんでいるとか，認知症ではない高齢者の特性は饒舌や吝嗇などの否定的特性（高齢者以外の人びとと比較して）として把握できると確信していると仮定してみよう。これらの高齢者の特性について，詳細は第5章で検討するが，若年者や中年者から高齢者がそのように思われていることは驚くべきである。高齢者の多くは，詳細は後述するが，高齢ではない人びとと比較すると相対的に幸福であると感じている。この事実を知ることで，あなたは高齢期まで本当に生きたいと思うだろうか。私は，あなたがこのような事実を知ることでその意欲が減退すると予想している。私は，あなたの現在の自己と将来に直面する可能性がある自己との間には，それぞれの価値判断や嗜好性を含めて大きな断絶がある事実をここで強調しておきたいと思っている。

　若年者の自己と高齢者の自己の間に存在する断絶は，情報の欠落から生じるというわけではない。この情報の欠落が存在するならば，高齢者人口の増加のみならず老人看護ケア施設や老人学研究者の増加などの情報を得ることによって，若年者も高齢者になることへの不安が相当に緩和されるかもしれない。若年者は，高齢者が単に悲惨な死の恐怖に震えているという事実ではなく，彼らが本当に長寿を全うすることを望んでおり実際に生活を楽しんでいる事実を理解することが重要である。しかし，若年者の将来展望の中には，このような高齢者の心理的変化をめぐる事実認識は含まれていないのである。

　この分析結果については，若干の補強証拠が必要だろう。アメリカでは，不治の疾病に罹患した患者が適切な方法で死を選択することを認めるべきだと考える人びとの比率は，加齢とともに一貫して減少する傾向を示している。＜図4.2＞は，この調査に関する回答結果を年齢別の比率で示したものである[44]。この質問に対する若年世代の回答は，肯定的に考える比率が相対

43　私の母親の物語については，第11章で再び言及するつもりである。
44　この＜図4.2＞のデータは，シカゴ大学全国世論調査センターが1988年と1993年に実施した，一般的社会調査（General Social Survey）のデータ結果から得ている。本章で利用する，これらのデータとその他のGSSデータは，上記のセンターで立派な仕事をしている

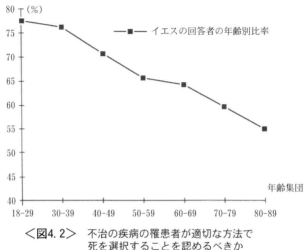

<図4.2> 不治の疾病の罹患者が適切な方法で
死を選択することを認めるべきか

的に増加している。その理由は，彼ら自身がその将来に直面する可能性について，疾病状態に由来する効用の変化を割り引いて考えているからであろう。

　ここで再び，私の母親の物語に戻って考えてみよう。私の母親は，若年である自己の選択として虚弱な高齢者として生存したくないと考えていた。しかし，高齢になった自己は，これとは反対の選択をしていたと考えられる。彼女のこの選択は，それぞれの自己の真正の選択意思を反映したものだったのだろうか。実際問題として考えれば，若年者である自己は自分の身体状況をコントロールできるから，高齢者の自己に対してその多くの選択結果を押し付けることも可能である。これに対して，高齢となった自己は，若年の自己に対して全くコントロールする力を持っていない。私は，この若年の自己が保有するコントロール力に法的ないし道徳的な権利を保障すべきか否か，いかなる意味でも経済学的な根拠を見出すことができない。われわれは，若年者の自己である時代に，自分が85歳に達した時点で社会的扶助を受けて生存するよりも自発的に死を選択すべきであるという意思決定を行う資格を持っているだろうか。私の母親の例に戻って，彼女が65歳の時に私の妻に告げた伝言を素材として，彼女がその将来において悲惨な状態に陥った場合

トム・スミスから提供されたものである。

の対応措置について考えてみよう。この状況は，私自身が現在，将来の展望について考えている状態と全く同じ状況である。現在の私は，将来の自己との間で，いつの日か微笑むことができる効果的な契約を締結できるという展望を持ちえないままの状態である(詳細は第10章で記述する)。私は，現在の自己との関係ではなく将来の自己との関係において，彼に「権利」を付与することで人生の総効用を最大化することが可能であると言明できない。現在の私は，厚生経済学の研究成果はこの問題に対する回答を用意していないと言明できるに過ぎない。現在の私は，われわれ自身の将来の自己が現在の自己の効用を考慮した上で，法的ないし倫理的ルールとしてどのような自己の効用を考慮に入れて公共政策を決定すべきかという問題提起をしているのである。

　この問題は，厚生経済学の内在的な欠陥を示すものである。厚生経済学は，社会の総効用ないしは社会の全ての富を最大化する公共政策の規範的ガイダンスを示す学問である。けれども，現在の厚生経済学は，その学問的想定が対象とする社会を構成する境界領域の確定すらできない状況にある。この厚生経済学が想定対象とする社会の境界領域の内部には，人間以外の動物は含まれるのだろうか。同様に，一般論として考えるならば，この境界領域の内部にはまだ生まれていない人びとやわれわれ自身の将来の自己は含まれるのだろうか。私は，これらの疑問に満足できる回答を示す思考方法の存在を知らない。伝統的な厚生経済学の考え方では，これらの社会の境界領域の内部には，現在の社会で生きている人びとと同様に潜在的な将来世代もその集合の一部として含まれると想定している。しかし，現代に生きているアメリカ人は，その義務の一部をわれわれの後継者と想定される居住可能な他の惑星の将来の住民にも手渡すことが許されるのだろうか。功利主義者の中でも社会の平均的効用ではなく総効用の最大化を主張する人びとは，現在世代だけではなく潜在的な将来世代の効用も平等に考慮に入れる必要があると考えるだろう。ここで，将来世代として生まれてくる人びとについて考えてみよう。彼らは，われわれ自身の後継者である将来の自己ではなく，ほとんどが全く見知らぬ人びとである。われわれは，彼らのための適切な受託者(trustees)として行動すべきであると想定されているのだろうか。しかし，高齢者と高齢者以外の人びとが異なる価値を持っていることが現実であるならば，たとえば私の母親の場合を具体例として考えれば，このような想定は間違っていることになる。まだ生まれていない人びとの効用を現在の人びと

の効用と等しく取り扱うことは(妊娠中絶の反対論者でも少しは区別するだろう)、たしかに奇妙な思考方法と思われるかもしれない[45]。けれども、多くの人びとは、将来の人びとの利益を全く考慮に入れないこともまた奇妙な結論と思うかもしれない。たとえば、教育に対する公的費用負担や環境に対する保護政策に関する意思決定を考えれば、このような将来世代に対する配慮は当然なされるべきであろう。そうだと仮定すれば、このような思考方法は、われわれの将来の自己に対するのみならず、われわれが全く見知らない将来の人びとに対しても何らかの義務を負っていることを意味している。この点では、少なくとも前者、すなわちわれわれ自身の将来の自己に対しては、われわれは明確な義務を負担すべきであるように思われる。しかし、これは正確な意味での義務といえるのだろうか。われわれの直面するディレンマは、社会の境界領域が現在世代の自己から遠く離れた将来に出生する可能性のある全ての自己を包摂するならば、それは広すぎるという抵抗感のみである。その一方で、現在世代の自己以外を全て排除する社会的な境界領域の設定は、あまりにも狭すぎることも確かである。

多元的自己という概念は、適切な人生というのは合理的な人生設計に基づいて生活している人のそれを意味すると信じている人びとには、かなり抵抗のある概念だと思われる[46]。この多元的自己の概念は、時間的に継続する単一の自己ではなく、時間的に区切られた自己という概念を意味している[47]。しかし、個人における時間的に継続する自己を統合する作用を認めることは、全ての多元的自己を尊重しかつ配慮すべきことを意味している。この多元的自己の考え方は、人間とは単一の自己を統一的人生計画に従って構想し行動する思慮深い存在であるという、人間に対する挑戦的で考慮に値する観察方法に基礎を置いている。解決が困難な問題は、誰がこの時間的に継続する多元的自己の統合機能を担うのかという問題である。この問題は、多元的

---

45 Richard A. Posner, *Sex and Reason* 280-281 (1992).
46 哲学的な文献としては、以下参照。John Rawls, *A Theory of Justice* 407-416 (1971). また、経済学の文献としては、以下参照。Steven M. Goldman, "Consistent Plans," 47 *Review of Economic Studies* 533 (1980), and studies cited there.
47 ロールズは、「合理性の概念は、われわれの人生のすべての時期区分に対する公平な配慮という概念を含んでいる」(note 46 above, at 293)、「個人として考えた場合、純粋な意味での時間的選好は非合理的である。これは、その個人がその人生のすべての瞬間を平等な時期区分とは見なしていないことを意味する」(Id. at 295)、と述べている。

自己を統合する主役となる自己が存在すること，少なくとも無知のヴェールの下で時間的に継続する多元的自己の間での相互交渉が必要なことを示唆している。しかし，自己存在の多元性が無視されている事実が問題解決を困難にしている真の理由ではない。人びとの合理的な人生計画は，この計画が採択されたとみなしうる年齢の関数と考えることができる。人生の全ての段階に公平な配慮がなされた人生計画は，時間的に継続する多元的自己を統合する計画と評価できるからである。

　多元的自己の概念は，たとえば高齢者と若年者は別個の自己であることを理由として，高齢者は若年の頃に犯した犯罪を理由として処罰されないという論理にまで拡張することはできない。この政策が採用されれば，犯罪予防のための刑罰の威嚇効果が減少するという実務的理由がその背景にある。多元的自己の概念が保有する価値は，家父長的な保護主義と実務的対策をめぐるイデオロギー的な対立・抗争にある種の分析的な方向性を与える効果がある。われわれは，人びとが若年者であった時期に締結した長期契約の効力を否認することを許容すべきではない。たとえば，若年者は現在の生活で苦労しているのだから，彼らが締結した不動産抵当権に対する強制執行は認められないという主張などがそれである。しかし，高齢者の自己が社会的義務を負担しているならば，彼らにも社会に対する権利が付与されるべきかもしれない。このように考えれば，国家は社会保障制度を通じて彼らの権利を保護すべきことになる。

　以上のような社会保障の位置づけとは反対であるが，多元的自己に由来する政策的な対応の全てが「統制経済的」な政策になるわけではない。たとえば，第3章ですでに検討したように，遺産に対する行政裁量による恣意的な課税強化などがその例となる。相続財産となる遺産は，個人のある時点での自己からその委任を受けた将来の自己に対する消費の再配分を意味している。このような遺産の特性は，ある高齢者が死亡したことに伴う子供や他の相続人に対する遺産配分でも，その遺産が高齢者である自己の貯蓄から派生しているという原則には変わりはない。この多元的自己の概念に沿って考えれば，「遺産」が若年者の自己から高齢者の自己への所得移転であっても同様に把握することが可能である。ある人びとは，彼ら自身の将来の自己よりも，自分の相続人に対して利他的であるかもしれない。この場合でも，彼らに対する相続税の重税化によって処罰すべきだと考えるならば，そのための明確な法的根拠が示されなければならない。

(3) 多元的自己の概念の効用をめぐる実証分析

　多元的自己の概念は，合理的選択という分析モデルの適用範囲を拡大するという方法的な効果がある。人間の合理的行動は，非合理的なそれよりもモデル化しやすいし，また社会的争点に関する時系列的な予測をめぐる実験テストができるという利点もある。しかし，多元的自己の概念を実証分析に適用することには強力な反対論があり，経済学の研究領域でも厳しい議論の対立が実際に存在している。この多元的自己による実証分析への反対論は，正確に言えば，これまでの伝統的な経済学的な分析アプローチが全く役に立たないことがその根拠となっている。この反対論に対して適切な説得をするためには，企業経営をめぐる概念を類推適用することが有益である。最近に至るまで多くの経済学者は，企業の概念を異なる個人の集合ではなく単一の法人（単一の自己）として取り扱うことが適切であると考えてきた。この考え方によれば，たとえば喫煙を抑制するために効果的な課税政策を考える場合に，煙草の価格と生産量への課税が効果的な規制政策となりうる。これに対して，同じ喫煙抑制の目的でも，煙草の製造企業の取締役会の構成を変えるとか経営者の報酬を制限するという政策の効果測定は不可能である。実際に，非現実的な仮定を正当化するには合理的説明が必要であるが，単純なモデルから離れて実証分析モデルを複雑化することが有益な場合もありうる。複雑な実証分析モデルを利用すれば，時系列的な検証に耐えられる実証データの作成や説得力ある分析結果を示すことができる場合もある。特定の企業に関する実証分析を考えれば，特定の目的を検証するには非常に複雑なモデルが必要となる。ここでは企業とは異なる例として，高齢者に関する具体例を考えてみよう。

　ここでは，前述した私の母親の例に戻って考えてみよう。彼女の演劇的な表現が意味するところは，彼女自身が極端な高齢者になった時点での人生のネットでの効用について，合理的予測がゼロではないとしても極めて低い確率での予測しか持っていなかったのかもしれない。彼女は，法的に執行可能な自殺契約を締結する意思を持っていたわけではなく，その生存期間の延伸に対する投資を最小化することを意図していたと考えられる。彼女は（強い遺産動機がないと仮定して），極端な高齢期に必要とされる所得の効用は極めて低いと想定して，高齢期に備えるための貯蓄レベルを抑制しようと考え

ていた[48]。しかし，彼女の高齢期に対する考慮は完全なものであったとは言えない。彼女は，車椅子に乗った老女の衰弱した有様を見た瞬間の，彼女自身の狼狽した感情を表現したのかもしれない。彼女は，その老女（全く見知らぬ他人であった）の心理状態を推測して表現したのではない。その老女は，自らを不幸な状態であるとする表現は全く示していなかった。私の母は，現在の自己の視点から老女の状態を観察・評価していたに過ぎないように思われる。

　ここまでは多元的自己について，継続的かつ利己的な自己という視点から，個人モデルによってさまざまな現象を分析してきた。われわれは，個人を死に至らせる契約を不本意な形で強制するという考え方には強い嫌悪を感じている。この契約は，たとえば高齢者が老人性認知症を発症した場合（第10章参照）に，将来に発生する可能性がある条件を事前に自己選択した上で，この契約に執行力を付与する場合も想定できる。若年者や中年者の場合には，その死のリスクの発生確率を考慮するならば，その割引率が相当に高くなることは事実である。これと関連する問題として，人びとが将来の偶発的にめぐり合う自己との間での不完全な約款に基づいて契約を締結するという，いわば不完全情報をめぐる契約締結という問題も存在している。さらに，個人の生存に関する効用の割引率は，本章の前半で検討したように，加齢に相関して低下するという問題もある。高齢者と若年者の間では，治療不能な疾病で死を迎える人びとへの対応にも相違が生じる（＜図4.2＞参照）。また，不法行為法では，実質的な損害賠償額の算定に際して，高齢者の将来の生存期間に抑制的な算定率の適用を認めている（第12章参照）。さらに，高齢者は，金銭的には一般に極めて吝嗇であるという傾向がある（第6章参照）。また，自己の死をめぐる契約に執行力を付与する困難性は，その設定された条件自体が不明確である。たとえば，個人が契約締結後の数時間ないし数日後に意思表示を変更した場合に契約の執行力は否定されるべきだろうか。これら全ての問題は，われわれはその意思決定の直後での将来の自己に対しても，自らの死を抑制する衝動が働く可能性があるという事実を示唆している。

48　この議論に含まれる重要な論点は，生存確率の上昇が必然的に貯蓄率の上昇をもたらすわけではなく，むしろその割引率を高くする効果をもたらす可能性があるという点にある。その理由は，高齢者が虚弱で障害を持つと予測される場合には，高齢期における消費支出から多くの効用を期待できないと考えるからである。

ここでは，経済学での割引率(または利子率)の考え方について説明しておこう[49]。たとえば，現在の1ドルの価値は，割引率を2％と考えれば40年後にはわずか45セントの価値に過ぎない。現在30歳の人は，70歳まで生存する機会比率が45％よりも相当に大きいから，実際には75％の生存確率にほぼ相当する[50]。現在の1ドルの価値は，その割引率を4％に上げると，40年後の受け取り額は21セントに過ぎない。「実際に」(インフレの想定は除外して)リスクのない(死亡リスク以外の)市場の需要に相当する利子率は，おそらく2％から4％の範囲内であると推測できる[51]。この割引率を基礎として，現在の消費と将来の消費とを比較すると(死亡率を調整した上で)，人びとは極めて高い割合で前者の価値を評価していることを意味している。この事実は，極めて興味深いことに，人びとは現在の自己と将来の自己は別個の人格であると予測していることを示唆している。

　ここでは，合理的な想定と矛盾しない範囲内で別の説明を試みよう。これまでに分析対象としてきたさまざまな現象は，人びとが将来における世界のあるべき状態を想像する費用が大きすぎるために，将来の快楽(または苦痛)について現実感を伴った実態として思い描くことが困難であることを示している。合理的な人びとは，これらの費用を抑制する手段として，「想像的資本」に投資することによって効用を最大化することができる。この想像的資本への投資は，彼らの将来が苦痛ではなく快楽に満ちたものとする目的で，現在の状況を改善するためにより多くの投資を行うという選択である[52]。この想像的資本という議論は，人的資本に関する新たなアプローチである。こ

49　割引率と利子率は同一の概念であって，現在と将来における費用と便益が等しくなる比率を意味している。割引率という場合は，現在の価値が将来における受益ないし支出としてどのように評価できるかという点に関心がある。これに対して利子率は，現在の投資または費用負担の増加が将来の価値としてどのように変動するのか，という点に関心が向けているという点に違いがある。

50　Computed from *Monthly Vital Statistics Report*, Sept. 28, 1993, p. 16 (tab. 6).

51　See, for example, L. T. Evans, S. P. Keef, and J. Okunev, "Modeling Real Interest Rates," 18 *Journal of Banking and Finance* 153, 157 (1994); Tong-sheng Sun, "Real and Nominal Interest Rates: A Discrete-Time Model and Its Continuous-Time Limit," 5 *Review of Financial Studies* 581, 605 (1992); T. Michael Kashner, "Present-Future Gratification Tradeoffs: Does Economics Validate Psychometrics Studies?" 11 *Journal of Economic Psychology* 247, 263 (1990).

52　Gary S. Becker and Casey B. Mulligan, "On the Endogenous Determination of Time Preference" (unpublished, University of Chicago Dept. of Economics, July 20, 1994).

の議論によって説明可能な具体的事例として，この論者たちが議論として取り上げているテーマではないが，人びとは自分たちが死ぬ時期を正確に知りたいと思ってはいないという事実について考えてみよう。この個人の死亡時期に関する知識は，人的資本投資などさまざまな意思決定に際して役立つとしても，人びとはそれを実際には知りたいとは思っていない。人びとが死亡する時期を知ることは，将来における自らの死をより深く実感することを通じて，現在の不効用を反省しこれを改善する機会をもたらすことは確かである。この想像的資本モデルは，多元的自己モデルと同様に，将来の死亡する自己や衰弱した老後の自己という悲惨な状態に対して，「超過的」な割引率を適用することを意味している。このようなモデルは，合理的な想定と矛盾するわけではなく，むしろその想定の範囲内にあると考えられる。

高齢者に関する実証的分析として，どのようなアプローチが最も有効であるかはいまだ明らかにされているとは言えない（人的資本に関する研究もこの問題に焦点を合わせてはいない）。けれども，少なくとも多元的自己の概念は，期待効用の最大化を限定するために利用できる規範的な分析道具であると思われる。多元的自己の概念は，高齢者による自発的な安楽死の問題から安楽死に関する損害賠償をめぐる問題に至るまでのさまざまな争点を構成する。なお，この安楽死をめぐる争点については，本書の第3部において詳細検討を加える予定である。この多元的自己の概念を規範的な分析道具として利用することは，すでに説明したような実証的分析に関する領域に大きな影響を及ぼす可能性がある。多元的自己の概念は，人びとによる取り返しのつかない行為に対する社会的承認を拒否することで，彼らの行為を抑制する必要性があることを明らかにする。これら行為には，たとえば薬物中毒のような将来の自己に重大な損傷を及ぼす行為が含まれる。

最後に，多元的自己に関する最終的な評価をまとめておくことにする。私は，ある人の若年者の自己と高齢者の自己が実際に異なる人格であると主張しているわけではない。私はまた，多元的自己をめぐる事実の存否を問題にしているわけでもない[53]。多元的自己の問題は，企業が単一の人格であるか個人の集合に過ぎないのかという問題と同じく，単なる事実の存否に関する

---

[53] 私は，事実の問題ではないと信じている。しかし，非常に有力な議論として（高齢者の問題を扱っているわけではない），「人びと(persons)」は自然の種（近似的な）であって，単なる社会的な創造物ではないとする主張もある。See, David Wiggins, *Sameness and Substance* 37 and ch. 6 (1980).

問題ではないからである。多元的自己の概念は，経済学とその関連領域における分析方法であり，さまざまな社会現象に焦点を合わせるための概念装置である。この概念装置は，「個人の」選好に基づく自主的な選択に決定的な重心を置いて構築されている。たとえば，経済学は個人の行動を「微小に原子化」して考えていると嘲笑する人びともいる。けれども，私は，経済学の分析手法は微小な原子化のみではないことを，多元的自己の概念を用いて証明したいと思っている。多元的自己の概念は，現在の自己と将来の自己を二人の別個の人格として考えることを通じて，ある種の分析目標に到達するために極めて有効な役割を果たすことができる。たとえば，人びとが将来のある時点で発生が予測される事態を回避するために，自発的に死を選択することを許容する立法を評価する場合がそれである。けれども，これとは別の目的のためには，現在の自己と将来の自己を同一の人格として取り扱うことが有益と考えられる場合もある。たとえば，高齢者が自分の若年者である時期に負担した責任について，これを拒否することができないという立法を評価する場合などがその例である。この多元的自己に関する二重の評価は，われわれの言語における表現活動にも反映されている。われわれは，その誕生から死に至るまでの全ての時間軸を通じて，自らを単一の自己として統合的に取り扱い言語的にもそのように表現している。しかし，われわれは，特定の状況では単一の自己モデルから離反して自らを表現する場合もある。たとえば，「今の私は，あのときの人格と同じではない」とか，「その問題については，私の中では二つの見解が共存している」とか，「Xはジキルとハイドである」とか，「現在の私は，あの事件を起こした際の私ではない」などの表現を用いる場合である[54]。われわれは，このような表現をする場合に「単純に」比喩的な表現をしているわけではないのである。

　本章では，さまざまな議論について検討を重ねてきた。最後に，簡単な要約をしておくことが必要だろう。まず，強調しておく必要があるのは，ライフ・サイクルにおける人的資本モデルの重要性である。この人的資本モデルは，実際には必然的というべきであるが，人びとは加齢によって変化する存在であることを前提としている。人間の成人に達してからの最初の変化は，

---

54 「ハムレットはレアティーズに悪いことをしたのだろうか。いや，ハムレットが悪いわけじゃない。…ハムレットは，彼自身から遊離していた。…そして，彼が自分自身ではないときに，レアティーズに悪いことをしたのだ。…そこでは，ハムレットがその行為をしたわけではない」，などの表現がある。See, *Hamlet*, act V, sc. ii , II , 229-232.

流動的知能（抽象的な論理構成の柔軟さと新しい技能や資格を習熟するために必要な能力）と結晶的知能（既存の知識を基礎として具体的状況に対応して推論を構成する能力）の間のバランス変化である。人間は，経験を蓄積すると流動的知能は減退を始めてゆく。簡単な例として，他の状況が等しいことを前提として，移民を例として考察してみた。異なる言語の国から移民してきた人びとは，平均的な年齢が若い人ほど言語的変化に容易に対応できる。

　詳細は第5章以下で検討するが，人間はその加齢に伴う変化により，さまざまな年齢に対応する活動への依存性は高くなる。個人レベルでは，職業に相関する潜在能力は，加齢に伴って一般的には下降する傾向がある。また，職業的な能力に関しては中立的ではあるが加齢に伴う重要な変化として，たとえば時間的経過を早く感じる現象が加齢に伴って加速する傾向がある。この加齢に伴う変化は，選択的バイアスがあることも確かではあるが，加齢とともに割引率が低下する事実を実証的証拠とすることもできる。この選択的なバイアスは，実際には気休めに過ぎないけれども，労働者の業務遂行能力の減退は加齢現象とは相関していないという研究での重要な根拠とされている。この研究では，労働者の業務遂行に関する年齢要素は排除することができるから，使用者が期待するような年齢に対応する業務遂行能力は実際には義務付けられていないと説明する。しかし，これらの研究ではその証拠は示されていない。

　加齢に伴う能力減退の問題は，引退年齢その他の職務遂行に関連する労働者の能力評価と密接に関連する重要な意味を持っている。この点に関連して，労働者のピーク時における潜在能力レベルと使用者の要求する潜在能力のそれとの間の落差と，その労働者のピーク時での潜在能力からの加齢に伴うその下降率が問題となる。人びとは，自然選択の作用を通じてその環境に適応する能力を備えているから，職業生活における「仕事」に必要とされる職務要件の違いにも対応できる。現代社会での環境変化に適合する職務に必要とされるピーク時の潜在能力は，その職業が要求する潜在能力をしばしば超える水準に達している。このような「超過的な潜在能力」は，労働者の潜在能力がピーク時を超えた後も相当な長期間にわたって使用者の満足する以上のレベルで持続することを示唆している。このため使用者は，労働者の潜在能力に関する上昇カーブをより完全なレベルまで開発するために，人事政策として昇格や降格などの刺激効果を利用することになる。専門職などのエリート職種では，使用者の要求する潜在能力のレベルは労働者のピーク時の

それに近い水準に設定されている。これらの職種では，他の職種と比較するとその引退年齢は，事実上ないし法律上のルールとして相対的に早めに設定されている。

　労働者は，加齢に伴う潜在能力の減退を補充するための努力を行うとしても，その追加的努力はその労働者にとってある種の費用負担となる。このような労働費用の上昇は，労働者にとって引退をより魅力的な選択肢とするような効果をもたらす。労働に伴う非金銭的効用は，その不効用と同様に，労働者の引退年齢に影響を及ぼす効果を伴っている。この必然的な結果として，汚くて危険な仕事を遂行する職業領域では引退時期は早めになる傾向がある。労働者の引退による非金銭的効用ないし不効用は，労働者の潜在能力の割引率を意味すると同時に，賃金率の上昇に対応する所得効果とその代替効果を意味している。労働に由来する非金銭的な不効用は，累積的な倦怠感のみならず，これに相関する累積的な効果である虚脱感をも生みだす。加齢に伴う倦怠感や虚脱感は，主観的な時間経過を加速するのと同様の現象として，個人の内面における変化を反映する時間の関数である。この関数は，潜在能力の減退のみに由来するわけではないが，高齢労働者の行動に重大な影響を及ぼしている。最後に，余暇の拡大とそれに伴う使用者の労働費用の固定化をめぐる経済学的分析は，引退年齢が加齢に伴って自然に上昇するのではなくある年齢で突発的に急上昇するという，労働者の引退に関する社会的背景を説明することが可能となる。

　個人の高齢期と若年期の生理的変化は，あたかも同一の身体を「時間的に分有している」と考えられるほど異なっている。個人における高齢期と若年期の相違は，あたかも別個の人格であると想定できるほどその変化には深刻な断絶がある。多元的自己という概念は，このような現象を説明するために有益な分析手法である。たとえば，人びとの効用に関する割引率は，死のリスクを考慮するために必要な範囲を超えた高い割引率にまで上昇する理由は何であろうか。現在の自己は，将来の自己のそれと比べて，現在の効用に高い比重をおく理由は何だろうか。また，これと関連する問題として，多くの人びとが高齢期のために充分な蓄えを準備しない理由は何であろうか。現代社会では，ある個人が決断した自発的な意思決定に法的執行力を付与しない理由は何であろうか。多元的自己の概念は，その適用には慎重な配慮が必要ではあるが，さまざまな社会的な活動領域に応用することが可能である。たとえば，家父長的な規制ではなく，現在の自己による利己的な関心を制限す

る目的で将来の自己にあらかじめ一定の権利を付与するという，多元的自己の相互間における権利配分ルールの設定などがその具体例となる。

第 2 部
複雑な応用モデルとしての経済学理論

第5章
高齢者に関する経済心理学

　経済学者たちは，価値・選好・行動などの概念を所与の前提として社会現象を分析している。彼らは，人びとは高齢者であるか若年者であるかを問わず，合理的な行動者として自らの選択により効用を最大化すると考えている。彼らはまた，人びとの合理的な選択行動の対象は，居住の場所，従事する職業，結婚の相手など全ての社会的行動に及ぶと考えている。私は，これらの経済学者とは異なるアプローチを採用する。私の経済学的な分析アプローチは，高齢者に関する心理学に焦点を合わせることを通じて，合理的選択論の帰結をより実りの多いモデルとして再構築することを試みる。私は，高齢者が日常生活レベルにおいて，合理的行動を自覚的に選択しているか否かという議論に関心があるわけではない。たとえば，高齢者は彼らが若年者であった時期と比較すると，日常会話では饒舌であるが，他人の話をほとんど聞かないという議論などがそれである。私は，高齢者が自覚的であるか否かを問わず，彼らの基本的属性を理解するならば，社会的行動では効用最大化のために合理的選択をしていると考えている。高齢者の中には，合理的選択が不可能なほど重度の精神的疾患を抱えている人びとも多いが，私の議論はこれらの人びととの問題はここでは除外している。私は，高齢者の心理学に関する研究成果がその全てにおいて満足できるほどに，経済学的な分析に寄与すると信じているわけではない。しかし，遺伝学(Genetics)の研究は，私の心理学的アプローチで極めて重要な役割を果たすことになる。

　高齢者に関する心理学研究は，極めて限定的ではあるが，言語による想像力という研究領域に注目を集める方向で展開されてきた[1]。しかし，例外的で

---

[1] 文化人類学および高齢者に関する文献の評価については，以下参照。*The Oxford Book of*

はあるがこれとは異なる注目を集める研究領域もある。私のお気に入りは，ジョリオン・フォーサイトという80歳代で活躍した小説家である。彼の代表的な小説は，ジョン・ゴールズワージーによる『フォーサイト家の物語』の第1巻に収録されているもので，話し手の祖母による語りで構成されている『過去の事柄をめぐる記憶』の物語である。これとは逆に，高齢者に対する冷酷な物語としてはシェイクスピアを思い出すことができる。たとえば，『お気に召すまま』では，高齢者に対して「第二の子供時代で，記憶は遠く霞んでいる」とか，「老いぼれて，歯もなく，目もなく，味もなく，何もない」と語られている。また『から騒ぎ』では，「年をとったら，理性はなくなる」と謳われている。そして，『ハムレット』では，ポローニアスの人格をめぐって高齢者への冷笑が山のように浴びせられている。壮麗な悲劇で紛れもない人生の破滅をめぐる物語である高齢のリア王を思い出すこともできる。ここでは，シェイクスピアから離れて，高齢者をめぐる他の文学作品について考えてみよう。たとえば，『ガリバー旅行記』では，ストラルドブラグスの不死状態を描写している。また，キーツは，中風の発作による老いの嘆きとして，「ほとんどなくなりかけている，悲しい，最後の白髪たちよ」と謳っている。さらに，T・S・エリオットは，高齢者のための贈り物の保存カタログとして，「感覚を失った，冷たい人間関係の摩擦」とか，「引き裂かれるような痛みの再現，あなたの過去の全てとその継続の状態」と表現している。また，イエーツは，高齢期の爆発的感情として，「この馬鹿馬鹿しさ，このカリカチュア，老衰という残酷さが私に取り付いている，あたかも犬のしっぽのように」と表現している。

　前述のエリオットの詩は，『四つの四重奏』の最後における「小さなギディング」から引用している。この詩は，エリオットによって，果てしない時空の彼方にある世界と対比して，制限された束の間の世界のシンボルとして加齢現象が取り扱われている。また，『四つの四重奏』の中にある別の詩である「東のコーカー」では，次のように表現している。ここでは，「私には聞かせないで，年寄りの愚かさではなく，彼らの知恵を／年寄りの恐怖や

　Aging: Reflections on the Journey of Life (Thomas R. Cole and Mary G. Winkler, eds., 1994); *The Art of Growing Older: Writers on Living and Aging* (Wayne Booth, ed., 1992); Simone de Beauvoir, *Old Age*, ch. 3 (1972); David H. Fowler, Lois Josephs Fowler, and Lois Lamdin, "Themes of Old Age in Preindustrial Western Literature," in *Old Age in Preindustrial Society* 19 (Peter D. Stearns, ed., 1982).

逆上の叫び声を，彼らの恐怖に取り付かれた状態を／彼らは，もう別人になっている，もう他人に，あるいは神に帰属している」と謳っている。前述のイエーツの詩は『塔』からの引用であるが，高齢者をめぐる表現として「虐待されたみじめな家畜の一種」とか，「破滅した肉体／少しずつ血が腐ってゆく／いらいらした精神錯乱／もしくは鈍重な老衰／あるいは邪悪な悪魔に魅入られた／死の友人または死そのもの／全ての輝くひとみから／その呼吸を一掴みする」と記述している。イエーツが『塔』を書いたのは1928年で，すでに63歳であった[2]。この時期のもう一つの有名な『生徒たちの間で』の詩は，イエーツが60歳代の初めに書いているが，自分を「安楽な気分の年老いた案山子」と表現している。彼はまた，修辞的な表現として「何という若々しい母親，きれいな膝を揃えている／蜂蜜のように甘い時代は裏切られた／…彼女は息子について考えたけれども，その息子の姿は見えず／60余年に及ぶ冬の季節がその頭髪に宿り／彼の出産のときの痛みを思い出すが／そうでなければ彼は出発できなかったのに／」と謳っている。

　もっと挑戦的な叫びは，テニスンによる老いたユリシーズについての詩である[3]。

「年寄りは，まだ威厳を保ちながら，苦悩に耐えているけれども／
死の気配が漂っている，まだ何事かをなし遂げる前に／
崇高なことばを生み出す仕事は，まだ終わっていないのに／
神々と一緒に戦っている男たちは，それが不似合ではないのに／
………………………………………………………………………
多くのことを成し遂げ，多くの苦難に耐えた，それにもかかわらず／
われわれは，いまや，昔のちから強さを失って／
地上から天国へ遷りゆく，われわれの目指すところ，ああ，われわれは／

---

[2] エリオットの初期における高齢者についての詩である『老年期』は，彼の30歳代の初めに公表されている。この事実は，高齢者に関する洞察力に富む詩を書くためには，年をとるまで待つ必要はないことを示している。

[3] この詩は，微妙な部分でキケロの記述に呼応している。キケロが「老年について」(De Senectute, ch. X, §32.，正式タイトルは，『大カトー・老年について』(中務哲郎訳，岩波文庫，2004年))を書いたのは84歳のころである。これは，高齢者について楽観的な表現をした古典的著作の一つである。われわれは，キケロについて，現代の著名な古典学者による以下のような簡単な要約を見ることができる。「私は，老齢という病気を償う高齢期の要素を探し求めたが，そこには何も見出すことはできなかった」。Kenneth Dover, Marginal Comment: A Memoir 243 (1994).

われわれの英雄的な魂は，ひとつの等しい気分に充たされ／
時間と運命によって弱められているけれども，その意思だけは力強く／
戦うために，探し求めるために，見出すために，でも生み出すためではない／」

　この詩は，ひどく疲れて落ち込んだようなトーンで語られている。しかし，彼による「神々と一緒に戦っている」という言葉は，それを語ることができない現代のわれわれには安らぎとはならない。テニスンは，『ユリシーズ』と対をなす作品として，『ティトナス』という詩を書いている。この詩は，クマエの巫女(エリオットとウォーが描いた『一握りの砂』における)のような，ある男についての詩である。この詩は，永遠の若さという贈り物を伴わないままに，永遠の不死という贈り物を受け取った不幸な男の物語である。また，エリオットの偉大な詩である『荒地』のエピグラフでは，シビュラに何が望みなのかを聞いている。この問いに対して，彼女は，「私は死にたいだけなの」と答えている。

1　アリストテレスと高齢者

　アリストテレスは，本書の「はじめに」で引用した『修辞学』において，「高齢者である男の特性は，その過去に最良の日々がある」という注目に値する表現を示している[4]。彼は，現在から2000年以上も前に，「政治的な矯正 (political correctness)」という概念を用いている。この概念は，古典学の辞書にも登録されているが，その詳細は必ずしも明らかではない。彼の議論は，修辞学の論文にふさわしい極めて明確で定型的な表現によって展開されているが，彼の弁論を聞いた聴衆が理解できるようにその主題の特徴を明確に示している。彼の高齢者に関する議論は，個人の多様性に言及するのではなく，高齢者について一般化できる特徴に焦点を合わせた議論を展開している。アリストテレスの議論は，高齢者について全ての真実を語っているわけ

---

[4] Aristotle, *Rhetoric*, bk. 2, ch.12, in *The Complete Works of Aristotle*, vol. 2, pp. 2213-2215 (Jonathan Barnes, ed., 1984) (W. Rhys Roberts, trans.) (the page and colum references to the Greek text are 1389a and 1390a). 古代ギリシャにおける高齢者についての考え方は，統一的に把握することはできないが，アリストテレスはその点でも権威ある解説者とは言えない。古代ギリシャ時代における高齢者に関する考え方の多様性については，以下の文献で充分に説明されている。Bessie Ellen Richardson, *Old Age among the Ancient Greeks: The Greek Portrayal of Old Age in Literature, Art, and Inscriptions* (1933).

ではないが，定型的ではあるにせよ高齢者の特性であるその実像を詳細に記述している。けれども，高齢者に対するアリストテレスのような率直な表現方法は，現代ではこれを抑制する傾向が顕著になっている。現代に生きるわれわれは，後天的に変更できない特性によって定義される社会集団を示唆する言葉に対して，極めて敏感な心理的反応を惹き起こす時代に属しているからである。これらの社会集団には，たとえば人種・性別・年齢など，幸福を追求する能力において他の集団よりも劣位にあるとみなされる社会集団が含まれるのである。

　最近では，アリストテレスの心理学領域での分析に研究者の関心が集まっている。けれども，加齢現象をめぐる心理学にアリストテレスの理論を適用する私のアプローチは，他の心理学者のそれと比較すると極めて特異な印象を持たれるかもしれない。私は，本章ではアリストテレスのみならず，近代における他の心理学者の研究文献も数多く参照している。これらの文献に対する私の率直な印象を言えば，人びとの推論など厳密な意味での認知的能力と明確に区別できる，加齢現象に伴う人格・特性・感情をめぐる心理学的研究が極めて少ないことに驚きを感じている[5]。とくに，現代の心理学での加齢現象の人格に及ぼす影響をめぐる研究は，ほとんど重要な研究成果が見られないという印象である[6]。しかも，数少ないこれらの研究成果にもほとんど説得力が感じられない。これらの研究では，加齢に伴う心理現象に関連して「感情的な安定性」や「情報の検索力」（広い意味での），さらには「人間関係の親密性」などのカテゴリーが使用されている。これらのカテゴリーには，加齢現象と相関する領域において必要とされる，たとえば新しいアイデアへの対応力・注意力・悲観主義に対応するカテゴリーなどはほとんど含まれて

---

[5] これらの文献については，以下参照。Nathan Kogan, "Personality and Aging," in *Hand-book of the Psychology of Aging* 330 (James E. Birren and K. Warner Schaie, eds., 3d ed. 1990).

[6] Dorothy Field, "Continuity and Change in Personality in Old Age — Evidence from Five Longitudinal Studies: Introduction to a Special Issue," 46 *Journal of Gerontology* p. 271 (1991). なお，これらの研究については，以下参照。Paul T. Costa, Jr., Robert R. McCrae, and David Arenberg, "Recent Longitudinal Research on Personality and Aging," in Nathan W. Shock et al., *Normal Human Aging: The Baltimore Longitudinal Study of Aging* 171 (1984); Leonard M. Giambra, Cameron J. Camp, and Alicia Grodsky, " Curiosity and Stimulation Seeking across the Adult Life Span: Cross-Sectional and 6- and 8- Year Longitudinal Findings," 7 *Psychology and Aging* 150 (1992). なお，これに反対する見解として，以下参照。Kogan, note 5 above, at 336.

いない[7]。さらに，これらの研究の多くは，実験参加者の自己報告型のサンプルを基礎とするものがほとんどである[8]。結果的に，これらの研究成果は，実験参加者の自己認識に依存している。アリストテレスの加齢現象に関する心理学は，このような研究方法と類似するレベルのものではない。

アリストテレスは，以下のように説明している。高齢者である男性は，長期にわたって生活してきたために，「彼らはしばしば厄介ごとに巻き込まれ，しばしば間違いを犯してきた。したがって，彼らの人生は，全般的に言えば『悪い成り行きだった(bad business)』と考えられている」。このため，「彼らは，確かなことは何もないと考えている。…彼らは，真実について『考える』けれども，決してそれを『知る』ことはできないと考えている」。彼らは，経験を通じて「皮肉な見方を身に付けており，全ての事柄を悪く解釈する傾向に陥っている」。このため，彼らは，全てのことを信用しないという態度をとっている。彼らは，「極めて臆病で，人生に対して謙虚である。彼らの望みは，賛美すべき何事もなく，彼らを生きながらえさせてくれること以上の何事も求めない」。彼らの生存確保に対する執念は，金銭を確保することの困難性を痛感させる経験や，それを喪失することの容易性の経験に裏打ちされている。これらの経験は，彼らを非寛容で臆病な性格にするとともに，「常に危険を予測する」態勢を保たせている。彼らは，自己中心的であるから，何が「崇高か」という視点ではなく，何が有益かという視点によって生活規範を形成している。これらの生活規範は，彼らのために「何が絶対

---

7 これらに関連するカテゴリーの一つとして，注6で引用した文献(Costa, McCrae, and Arenberg,)では，「男らしさ(masculinity)」についても議論している。彼らは，このカテゴリーは加齢に伴って急速に減退すると指摘している(Id. at 191-192)。しかし，残念なことに，このカテゴリーは明確に定義されていない。おそらくこのカテゴリーは，物理的な勇気のような，典型的で定型的な筋肉質の男性像を前提として拡張されているように思われる(これらの研究対象は，男性に限定されている)。加齢に伴う人格的変化に関する他の証拠は，人格的特性について注意深く定義したものとして，以下参照。Joel Shanan, "Who and How: Some Unanswered Questions in Adult Development," 46 *Journal of Gerontology* p. 309, pp. 313-314 (1991).

8 これに該当しない文献としては，以下参照。Dorothy Field and Roger E. Millsap, "Personality in Advanced Old Age: Continuity or Change ?" 46 *Journal of Gerontology* p. 299 (1991). この研究では，自己報告型のサンプルではなく，抽出サンプルとして高齢者の個人面接方式を採用している。この調査は，14年にわたって行われた面接手法を通じて，彼らの印象についてさまざまな報告をしている。しかし，異なるサンプルによる面接方式は，やむを得ない面もあるが，この調査の有効性を損なっている。

的に良いことか」という視点で彼らの生活を維持する規範となっている。別の言い方をすると、「彼らは、自らの生活をそれぞれの個人的性格によってではなく、論理的推論によって基礎づけている。論理的推論は効用によって導かれるが、個人的性格は英知によって導かれる」。また、「彼らは、内気ではなくむしろ恥知らずで」、「人びとが彼らを軽蔑的に考えている」とだけ感じている。「彼らは、将来について確信を持っていない。彼らは、これまでの経験に照らして多くの事態は悪い方向に進むか、少なくとも期待するより悪い方向へ展開すると考えている。その原因は、彼らの臆病な性格に由来している」。彼らは、おしゃべりが好きであり、「思い出を楽しむために、いつも過去の事柄について話し続けている」。「彼らは、時には怒りに駆られるが、その表現は極めて微弱なものでしかない」。彼らは、「自制的であって、彼ら自身の情熱は減衰しているが、愛情を獲得するために奴隷状態である」と想像するのは、明らかに彼らに対するわれわれの誤解である。高齢者たちは、他人に憐みを感じる時には、「弱さから離脱しており、誰かに降りかかった災難は自分にも降りかかるかもしれないと考えている。…だから、彼らはいつも不平や不満を抱えていて、冗談を言ったり笑顔を浮かべたりすることはほとんどない」、という高齢者の特徴について記述している[9]。

アリストテレスは、このように高齢者をめぐる恐怖の空間を描くことを通じて、聴衆を若年者の側に引き付けることを意図している。アリストテレスによれば、若年者たちは(高齢者が持っていない)多くの良い特性を持っているが、また多くの欠点も併せ持っている。若年者は、情熱に流されやすく気まぐれで自制心が希薄であり、さらに名誉心や優越感に浸りやすく素朴なまでに楽観的である。「彼らは、人生における悪い側面ではなくよい側面だけを見ている。彼らは、人びとによる多くの悪意をいまだ経験していない。彼らは、他人に騙された経験が少ないから、すぐに他人を信用してしまう。彼らは、いまだ失望する経験が少ないから陽気で快活である」。彼らの陽気な外見は、彼らを騙されやすくしており、その情熱もまた彼らの行動を大胆にしている。結果的に、「彼らの情熱は、恐怖の感情を妨げており、希望に満ちた外見は信頼感を与えている」。アリストテレスは、「若年者は抽象的な観念を賛美する」とともに、「彼らは全てを知っており、それが正しいと信じ

---

9 Aristotle, note 4 above, at 2214-2215 (1389b- 1390a in the Greek edition).

ている」という特徴があると指摘している[10]。

このアリストテレスの考え方について検討してみよう。アリストテレスの議論は，男たちにとって人生の最良の時期をどのように考えるかという争点に向けられている。

アリストテレスは，「人生の最良の時期にある人びとは，向こう見ずといわれるほど自信過剰ではないがそれほど臆病でもなく，自信過剰と臆病さとがほどほどに共存している状態にある。彼らは，全ての人を信頼していないが全ての人に不信感を持っているわけではなく，人びとの状態を適切に判断している。彼らは，それが崇高であるとか何か役に立つかという単純な判断基準ではなく，その双方に対して適度に配慮しながら生活している。彼らは，生活態度において節約家でもなく浪費家でもなく，どの支出が適切で調和的であるかを常に考えている…。彼らは，勇敢であるとともに温和であり，温和であると同時に勇敢でもある[11]」と表現している。

結論的に言えば，アリストテレスは「人生における最良の時期は，肉体的には30歳から35歳のころ，精神的には49歳のころに相当する」と指摘しているのである[12]。

アリストテレスは，若年者と高齢者の間に存在する基本的な相違について，以下の二つに整理できると説明している。第一に，若年者は楽観的であるのに対して高齢者は悲観的であるという相違である[13]。加齢に伴う知識の変化(知的資源である想像力と記憶力のバランス変化)は，感情的な変化を含んでおり，単なる認知的変化のみではない。第二に，アリストテレスは，高齢者は若年者と比較すると自己中心的であるという相違を挙げている[14]。高

10　Id. at 2213-2214 (1389a-1389b).

11　Id. at 2215 (1390a -1390b).

12　Id. at 2215 (1390b). アリストテレスが『修辞学』を書いた時期は特定されていないが，彼が活躍したのは紀元前340年から同335年ころと推定されている(George A. Kennedy, "The Composition of Rhetoric," in Aristotle, *On Rhetoric: A Theory of Civic Discourse* 299, 301 [George A. Kennedy, trans., 1990])。また彼は，紀元前335年には49歳であった。

13　For corroboration, see Carol D. Ryff, "Possible Selves in Adulthood and Old Age: A Tale of Shifting Horizons," 6 *Psychology and Aging* 286, 293-294 (1991).

14　長期的な実証的研究として，IQの高い弁護士集団が使用する語彙の変化についての研究がある(Terman Study of Gifted)。この研究によれば，彼らの70歳代における語彙の変化は，「仕事と家族という二つの主要な活動から，高齢者である自己の機能変化としての身体状況や自己の内面に対する関心への語彙へと若干の増加する傾向が示されている」，

齢者は，臆病で自身の安全と財産的価値の保障を重視しており，結果的に若年者と比べて吝嗇であるという特性を持っている。彼らの特性は，恥知らずで人びとが彼らによい印象を持っていないことも気にしていない。

われわれは，高齢者と若年者の相違をどのように説明すべきなのだろうか。アリストテレスによるその相違に関する説明に説得力がないとしたら，どのように相互的な相違を記述すべきなのだろうか。アリストテレスは，両者の間の望ましくない相違を見出すことに没頭しすぎたのだろうか[15]。若年者は，その人生での意思決定に際して，想像力に加えて将来に対する期待により多く依存する傾向がある。これに対して，高齢者は，過去の経験やその記憶の回想により多く依存するのはなぜだろうか。また，若年者は人生に対して楽観的な傾向があるのに対して，高齢者はそれに対して悲観的になるのはなぜだろうか。

これらの疑問に対する説明は，人びとは「自然状態では」楽観的であるという解答が適切かもしれない。チャールズ・サンダース・パースは，次のように主張している。

「われわれは，自らが幸福で自己満足している状態に安住しないように習慣づけられている。このため，われわれの経験の効果は，希望や情熱と常に結合されている。けれども，われわれの楽観的な処世術は，人生での経験による矯正を生涯にわたって施したとしても根絶できないだろう。希望は，経

と指摘されている。Edwin Shneidman, "The Indian Summer of Life: A Preliminary Study of Septuagenarians," 44 *American Psychologist* 684, 692 (1989).

15 しかし，われわれは，アリストテレスが高齢者の感情的・精神的な変化について充分な考察をしていないと非難することはできない（彼が『修辞学』を書いた時代には，高齢者の多くは生存できなかった）。ここでは，高齢になったモンテーニュによる，高齢者の内面に関する考察を取り上げてみよう。彼は，「われわれは，高齢者に反省を求めることで，その悪徳の数々を断念させることはできない。私の見解では，それはかえって彼らを悪い方向に導くことになる。私は，馬鹿げて傷つきやすいプライド，退屈なおしゃべり，いらいらする非社交的な雰囲気や迷信，そして使い道さえ考えずに金銭に執着する馬鹿げた迷妄など，加齢に伴って妬み・不正・悪意などが増加すると信じている。高齢者には，彼らの顔に刻まれたしわの数よりも，多くの精神的なしわの数が刻印されている。加えて，高齢者は時おり極めて稀ではあるが，自ら獲得した特質ではなく加齢による必然的変化として，彼らの魂が酸っぱくてかび臭い老醜という匂いを漂わせることになる」。"On Repentance," in Michel de Montaigne, *Essays* 235, 250 (J. M. Cohen, trans., 1958). See also Beauvoir, note 1 above, pt. 2 (1972). For a contrasting view, see Erik H. Erikson, Joan M. Erikson, and Helen Q. Kivnick, *Vital Involvement in Old Age*, pt. 2 (1986).

験によって修正されなければ過剰な楽観主義に陥る危険性がある。実務的な対処方法である推論的思考は，…動物としての人間が持ちうる有用な特質ではあるけれども，それは自然選択という進化作用の帰結に過ぎないのかもしれない。しかし，自然選択の作用が及ばない状況では，動物が喜びや野望を抱くことができる透視力を持つことは，それが彼らの真実を示すか否かは別にして，彼らに大きな利益をもたらした可能性がある。この自然選択による結果として，実務的な対処方法以外の領域において，虚偽的な推論的思考が生まれる可能性は充分にありうる[16]」。

パースのいうように，世界をバラ色のメガネで見るように限定された性質が動物の生存に必要とされる本能的な特性であり，われわれの遺伝子細胞にそれが組み込まれていると仮定してみよう。このような楽観的傾向は，われわれの経験によってその特性が弱められると予測できる。われわれは，経験によって若年時代の楽観主義が過剰であったことを教えられるからである。人間にとって，経験と加齢現象は正の相関関係にある。加齢に伴う経験の蓄積効果は，自然ではあるが誇張された楽観主義を抑制することで，高齢者を若年者よりも悲観主義に向かわせる傾向がある。この傾向は，人びとの年齢に対応して予測できる所得と損失のバランスを変化させるから，加齢に伴ってこの傾向は加速される。高齢者の場合，将来における所得と損失のバランスがプラスになる確率は低下すると想定できる[17]。将来に対する悲観主義は，

---

16 Charles S. Peirce, *Essays in the Philosophy of Science* 7-8 (Vincent Tomas, ed., 1957). To Similar effect, see Lionel Tiger, *Optimism: The Biology of Hope* (1979), esp. p. 168; Martin E. P. Seligman, *Learned Optimism* 108 (1991); cf. Lauren B. Alloy and Lyn Y. Abramson, "Depressive Realism: Four Theoretical Perspectives," in *Cognitive Processes in Depression* 233, 256-257 (Lauren B. Alloy, ed., 1988). セリグマンは，人が抑うつ状態に陥った場合，悲観的な見通しが生存のために重要な資質となると示唆している。また，「抑うつ状態にない人びとは，現実を歪めて自己利益を追求する傾向がある。しかし，抑うつ状態にある人は，現実を直視する傾向があるという明確な証拠が存在する」と指摘している。Seligman, above, at 111-115. See also Alloy and Abramson, above; Mark D. Evans and Steven D. Hollon, "Patterns of Personal and Causal Inference: Implications for the Cognitive Theory of Depression," in *Cognitive Processes in Depression*, above, at 344, 353-356. しかし，極めて多くの人びとは，抑うつ的な悲観論者というよりも非抑うつ的な楽観論者である。たとえば，「アメリカ人男性の80％は，社会的な技能の上位50％以上に属していると考えている」と分析されている。Seligman, above, at 109.

17 Paul B. Baltes, Jacqui Smith, and Ursula M. Staudinger, "Wisdom and Successful Aging," 39 *Nebraska Symposium on Motivation* 123, 145-147 (1992).

金融その他のリスクをとる行動では人びとを消極的にする。とくに高齢者は，自らが「幸運」に恵まれる可能性があると考えることは間違いであるという事実を人生の経験から深く学んでいる。この事実は，楽観主義に基づく間違いは悲観主義に基づくそれよりも社会的費用を高める領域があることを示唆している。これらの領域では，若年者よりも高齢者に社会的責任に関する信頼を委ねるべきことを示唆している。

この点に関連して，高齢者は若年者と比較するとより現実的であると予想することができる[18]。また，高齢者は若年者と比較すると，人間としての能力の限界や偶然による自然の作用についても自覚的である。結果的に，才能と対比されるべき知恵という意味でも，高齢者は若年者よりも「賢い」と評価すべきだろう[19]。アリストテレスは，当時の一般的な信念として語られていた（彼もそれに同意していた），以下のような記述を紹介している。「若年者の実践的な知恵は，深いものではない。その原因は，この実践的な知恵は普遍的なものではなく，経験と密接に関連する特殊的な知恵と深い関係があるからである。経験を蓄積するには充分な時間が必要であるが，若年者はその経験がいまだ充分に蓄積されていない[20]」。抽象的推論と具体的推論あるいは正確な推論と実践的な推論の相互間におけるバランスは（後者の概念は，社会活動に関しては完全に理論化されていない領域である），加齢とともに前者の推論から後者のそれへと変化する。この前者の推論の対概念である後者の推論は，加齢の効果がとくに明確に現れる。人間にとって，知恵と経験は同義語とは言えない。人は賢くなくても，経験を蓄積することはできる。しかし，人は経験を蓄積しなければ賢くはなれない。高齢者の経験は，ある必要を充たす商品を販売する店舗を充実させる実践的推論として有益であるのみならず，経験不足による若年者の楽観主義を戒める効果も持っている。それゆえ，加齢現象と知恵の性質は相関関係にある。

加齢に伴って知恵が上昇するならば，加齢に伴って何が減少するのだろう

18　See Ryff, note 13 above, at 292-293.

19　Baltes, Smith, and Staudinger, note 17 above, at 134-139; cf. Maria A.Taranto, "Facets of Wisdom: A Theoretical Synthesis," 29 *International Journal of Aging and Human Development* 1 (1989).

20　Aristotle, *Nicomachean Ethics*, bk. 6, ch. 8, in *The Complete Works of Aristotle*, note 4 above, vol. 2, p. 1803 (1142a). しかし，ここでアリストテレスが言及している若年者の実践的な知恵を否定する趣旨は，一般的な男についての言及であって，必ずしも高齢者との対比で主張されているわけではない。

か。別の表現として考えると，知恵がすべてを意味するならば，才能を持った若年者には何が可能でそれは何を意味するのだろうか。この疑問に対する解答は，アリストテレスの考え方で不明瞭な部分をどのように補うかで異なるだろう。正確に言えば，抽象的な推論と明確に区別できる実践的な推論において，認知的な道具がどのように使われるのかが問題である。伝統的な思考方法としては，アリストテレスが簡潔な議論として展開している類推による推論がある[21]。とくに法律学の領域では，この伝統的な類推による推論は根強く残っている[22]。この実践的な推論の特徴は，とくに類推的な方法を用いる場合には，三段論法その他の抽象的な推論を用いることなしに，その類推的推論を通じて具体的な対象ごとに論理展開できる点にある。このような実践的推論の特徴を認識するならば，高齢者の流動的知能の衰退は，既存の経験的知識を新規領域に適用する能力を阻害すると考える必要はないのかもしれない。しかし，私はこの想定は間違っていると思う。このような類推的推論は，類推を前提として適用される一般的な法領域で用いられるべき方法であって，個別的な法領域でそれ自体を正当化するために用いられるべき方法ではないからである。たとえば，天然ガスに対する法的規制について議論する財産法専門の弁護士を想定してみよう。彼は，これはウサギの飼育を規制する法と同様に対処すべきだと主張するかもしれない。なぜなら，この両者のタイプの資源は「彼ら自身の支配に属する」資源であるから，全ての資源に適用可能な一般法のルールが適用できると主張する可能性があるからである。しかし，この場合のルールは類推適用を認めることが不可能なタイプであり，一般法としてその主張を健全であると認めることはできない[23]。結果的に，類推適用という推論による方法は，高齢者が若年者と同様に柔軟な想像力を用いて思考できるという，流動的知能の衰退を回避する方法とはなりえない（この点に関する証拠は，第7章で議論する）。

われわれは，ここで高齢者の悲観主義に関する議論に再び戻る必要がある。高齢者は，かつては若年者であった。彼らの悲観主義は，若年時代における幻滅の結果もたらされたものである。彼らの幻滅には，人間としての生活環境改善のための努力の過程での幻滅が含まれる。これらの生活環境改善

21　See Aristotle, *Prior Analytics*, bk.2, ch. 24, in *The Complete Works of Aristotle*, note 4 above, vol. 1, p. 110 (68b-69a).

22　For references and critique, see Richard A. Posner, *The Problems of Jurisprudence* 86-92 (1990).

23　See id. at 89, also Richard A. Posner, *Overcoming Law*, ch. 24 (1995).

の努力は，経験に基づくというよりも希望に基づいて策定されるのが通常である。若年者は，過去における努力の失敗については見聞きしているかもしれないが，高齢者はその失敗を実際に体験しているという違いがある。さまざまな領域の人間活動での経験は，記録された書物を通じて学習することでは，実際の生活体験の代替物とはなりえない（第7章参照）。高齢者たちが悲観主義的に幻滅して皮肉な見方をすることは，彼らが「賢く」なったことでもある。高齢者が賢くなることは，彼らが実際に体験した良い経験のみを生活の知恵として，彼ら自身の生存や幸福の実現を最大限に追求すべきことを意味している。高齢者にとって，この強迫観念こそがその強欲や恥知らずな社会的対応の心理的基礎となっているのである。

アリストテレスが考えた問題設定は，人びとがなぜ加齢とともに次第に悲観的になるのかという，その理由を解明することにあった。この問題の重要なポイントは，人びとはなぜその最盛期に到達した現実主義の地平にとどまらずに，高齢期になってから悲観主義に陥るのかという疑問である。高齢者の悲観主義的な将来展望を構成する少なくとも一つの要素は，経済学的な説明によって考察することができる。高齢者たちの悲観主義は，昔の日々は良かったが現在ではものごとは全て悪い方向に進んでおり，現在の状態はいまや「手提げ籠の中に地獄を抱えているような」状態であると考えているのである。しかし，過去の数十年を振り返ってみても，社会環境のいくつかの指標は悪くなっているが良くなっている指標もある。高齢者にとって，ものごとが良くなっていると考えるよりも，悪くなっていると自覚することの方が合理的である。このことは，若年者にとっては全く逆の関係にある。社会改革の多くは，その全てではないが費用と実績から評価すると，漸進的な改革とは明確に異なる新しい改革として評価できるものもある。高齢者は，加齢現象に伴う流動的知能の減退によって，新しい改革に伴う代償としての費用負担を考えるから，社会改革による現実的効果を認識することが困難になっている。結果的に，芸術・ファッション・生活スタイルなどの分野での技術革新の効果は，高齢者に受け入れられず若年者のみによって受容される傾向が出現する[24]。高齢者は，「技術革新」の効果について，時代錯誤的で逆行的

---

24 「消費者である高齢者は，生産物・サービス・知的技術などの採用については，顧客リストにおける最後の購入者として記録される」．Mary C. Gilly and Valarie A. Zeithaml, "The Elderly Consumer and Adoption of Technologies," 12 *Journal of Consumer Research* 353 (1985), citing studies.

であると考えている。これに対して若年者は，技術進歩と併走することによって失うものに鈍感なのかもしれない。高齢者は，これまでに実際には良いことも経験してきた。若年者は，これら過去の出来事については書物で読むことしかできない。彼らは，これらを読むことが面倒だというわけではないが，自分の時代に適した書物を読むことも必要である。まとめて言えば，社会的進歩の費用として情報費用を考えるならば，若年者よりも高齢者にとってその費用負担は大きくなる。しかし，社会進歩の便益として情報費用を考えるならば，高齢者に大きな効用をもたらしているのかもしれない。しかし，エアコンやポリオ・ワクチンのように，高齢者は経験によりその便益を熟知しているが，若年者は無自覚にその便益を享受しているに過ぎないという状況も存在する。

　この分析は，若年者と高齢者の間で極端な楽観主義から極端な悲観主義へと急激に転換するのではなく，実際には加齢に伴って漸進的に変化する心理現象であることを示唆している。しかし，この変化には加齢に伴う心理的変化のプロセスが関与しているが，そこには経済的な理由があることも確かである。この経済的な理由は，過去の経験と相関する，現在と将来にわたって予測できる出来事についての費用と便益の分析評価が関係している。

　高齢者は，若年者と比較するとより自己中心的であることに経済学的な意味があるが，この経済学的な含意については後に詳細に分析する。この問題を議論する際に重要な鍵となるのは，第3章で議論したような個人の終末期に関する問題である。社会的な美徳には，公正な取引に対する信頼性やよい聞き手であることに加えて，社会的な寛容性や忍耐強さあるいは自己制御力などの要素が含まれる。これらの社会的美徳は，市場での取引活動に関連する性質を持っている。この社会的美徳と密接に関連する人的資本の蓄積は，将来におけるより高い価値の市場取引を実現するために必要不可欠である。この場合に「よい聞き手であること」は，この両者の密接不可分性を説明するための重要な要素である。よい聞き手は，礼儀正しい人であるという評価によって，市場を通じて彼と取引する他の人びととの取引費用を縮減する。これと同時に，他の人びととの言葉を注意深く聞くことにより，彼自身にとっても有益な情報の集積を増加させることができる。加えて，よい聞き手は，自分自身の発言を抑制することで，自身に関する情報が「露出する」危険性を減少させることができる。また，よい聞き手は，自己表出の抑制によって潜

在的な取引相手の反発を抑制可能とする[25]。人びとの市場における取引活動の実態を観察すると，取引の期待的価値を増加させるような美徳に執着する人びとは，この市場での取引行為で便益を得る少数者に過ぎないという事実を理解することができる。われわれは，高齢者が若年者と比較すると過去の市場取引に際して多くの後悔を経験していると仮定すれば，彼らはこの市場での取引活動で後悔することが少ない人びとであると想定できる。後悔の効用は，間違った取引活動の経験を何度も繰り返さないことにある。高齢者は，若年者よりも多くの経験を積んでいるので，経験から学習している効果が少ないとは言えない。

2 死に対する恐怖

高齢者は若年者と比較すると自己中心的であるという示唆は，極めて困惑すべき問題を提示している。この事実は，アリストテレスが指摘したように，高齢者の死に対する尋常ならざる恐怖に由来している。アリストテレスは，「高齢者たちは，生を愛しており…彼らが終末期に近づくほどその愛は強まっていく」と指摘している[26]。どうして，彼らはそうなるのだろうか。高齢者は，若年者と比べると死によって失われる年月はそれほど多くはない。高齢者に残された年月の効用も，その健康状態を考慮すれば若年者よりも多くはない。高齢者に残された年月の少ない効用は，事前に経験したものではなく事後の予測に過ぎない。この少ない効用予測にも拘わらず，なぜ死の恐怖は彼らの行動に大きな影響を及ぼすのだろうか。ここで，高齢者は悲観主義的であるという事実を思い起こしてみよう。

死の恐怖の問題は，高齢者の効用に関する割引率の低さ（第4章参照）によって説明するのは不充分である。これは，若年者の死に対する恐怖が比較的少ない理由として，彼らの興奮による刺激の大きさで説明することと同じである。高齢者の死は切迫しており，死は短期間のうちに実現する可能性が高い。高齢者が死に直面した場合，たとえ死から逃れる確率が若年者と同じでも，彼らの死に対する恐怖心は相対的に強いのかもしれない。

この問題については，進化生物学がある種の説明を提供する可能性があ

---

25 秘匿（secrecy）の意味におけるプライバシーの価値の説明については，以下参照。The discussion in *Overcoming Law*, note 23 above, ch.25.
26 Alistotle, note 4 above, at 2214 (1389b).

る。全ての人類は，死を反射的に恐れる精神的能力を最小限度は持っている。この死の恐怖は，宗教的・政治的・軍事的な指導者たちにとっても，生涯にわたって自らの創意工夫で克服すべき目標であり，それは遺伝子プログラムによって組み込まれた才能であるのかもしれない。死の恐怖は，包括的な適者生存原理(遺伝子の存続と将来世代への伝承)に寄与することは明らかである。この死の恐怖を本能的に体現している人間という合理的な生物は，このような恐怖を持たない生物と比較すると，潜在的な生殖的能力を最大化するために充分な期間にわたって生き残ることが可能となる。確かに，極端な年齢に至るまで高齢者が生き残ることは，包括的な適者生存に寄与する余地はほとんどないかもしれない。彼らは，潜在的な生殖能力をほとんど持っていないからである(高齢女性の場合は皆無であろう)。現実には，高齢者は希少な食物その他の財の供給をめぐって自らの家族集団内での若年者たちとの競争に追い込まれる結果，彼らの包括的な適者生存確率はむしろ低下したのかもしれない。しかし，本書の「はじめに」で見たように，高齢者に対する自然選択の圧力は，細胞レベルでの遺伝子プログラムとして明確に組み込まれてはいない。結果的に，高齢者がもはや生き残る価値がないことを自覚しても，本能的な死の恐怖を克服することが期待できるわけではない。高齢者の生存価値を否定する遺伝子プログラムが組み込まれていれば，その遺伝子配列は子孫に対して生殖的な適者生存機能を発現させるとともに，高齢者の生存の見通しを変化させる可能性がある(詳細については第9章を参照)。シェイクスピアは，次のようにクローディアスに謳わせているが，その生物学的センスは評価されてよい。「ひどく退屈で，吐き気を催すような，この世俗的な日々／馬齢を重ねて，身体の節々も痛み，貧窮の中で，牢屋に閉じ込められている／自然の中で寝転ぶことができたら，それはパラダイスだ／われわれは，なぜ死を恐れる必要があるのだろう[27]」。

　高齢者は，なぜ死を恐怖するのであろうか。高齢者が死を恐怖すると想定できる理由には，生物学的な理由のみならず経済学的な理由も存在する。ある経済学の文献は，不法行為による死亡事故に対する損害賠償請求に関連して，以下のように指摘している。ある個人が不法行為によって死亡した場合，彼が生存によって正の効用を得ているとしても強い遺産動機を持っていなければ，生存を断念する際に金銭による損害賠償を請求することはないと

27　*Measure for Measure*, act Ⅲ, sc. ⅰ, 11. 132-136.

予測できる[28]。彼にとって，その死後に金銭からはいかなる効用も得られないからである。これと同様に，その生存から負の効用しか得ていないが強い遺産動機を持っている人を除外すれば，ほとんどの人びとが死を回避するために必要ならば所有する全資産を喜んで支出するだろう。この資産は，彼が死亡すれば彼にとっての価値はゼロとなるために，機会費用としての役割を全く果たしえないからである。それゆえ，実際の死に直面している人は，その年齢いかんと全く関係なくあたかも彼の生命が「無限」の価値を持っているかのように行動する。彼にとって，死を回避するために現実に支出する資産の費用はゼロである。このような人びとの行動は，高齢者の間では普遍的な行動として定着している。高齢者は，若年者と比べると差し迫った死の恐怖に直面する確率が高いからである。

　死の恐怖は，人間の生存のために必要な価値を体現しているならば，幸福な事態として祝福すべきである。人びとは，生存を享受すればするほど，死を回避するためにより多く努力を尽くすからである。ここでは，「幸福を追求する」人びとは，悲惨な状況に陥った人びとよりも長く生存できると想定してみよう。なぜなら，彼らは自殺する可能性が低いし，自分の生活や健康に気を配っているからである。このような人びとは，高齢者の中で極めて高い比率を占めていると推測できる。この高齢者の生存に関する選択的バイアスは，高齢期まで生存する人びとの幸福度が年齢に相関して減退することによって調整される結果，彼らの死に対する恐怖がさらに増大している可能性がある。＜図5.1＞は，人びとの幸福度に関する調査結果を示している。この調査結果によれば，人びとが「非常に幸福」と回答した比率は，30歳代から40歳代の人びとと比較すると，80歳代の人びとの比率が相対的に高くなっている[29]。この調査結果は，高齢者の社会的対応と行動を説明する際に，選択的バイアスが重要な説明要因となりうることを示唆している。

　高齢者は，死に対する恐怖の感情を若年者以上に保有するとすれば，その理由はなぜだろうか。その理由の一つには，高齢者による自己犠牲は，若年者によるそれと比較すると，他の人びとから期待できる見返りが少ないという可能性がある。戦闘行為で犠牲となる兵士は，自らを死に至らしめるよう

28　See for example, William M. Landes and Richard A. Posner, *The Economic Structure of Tort Law* 187-188 (1987); Marvin Frankel and Charles M. Linke, "The Value of Life and Hedonic Damages : Some Unresolved Issues," 5 *Journal of Forensic Economics* 233, 236 (1992).

29　The source for figure 5.1 is the General Social Survey for 1988-1993. See chapter 4, note 44.

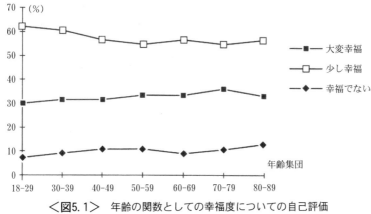

<図5.1> 年齢の関数としての幸福度についての自己評価

な危険な行為に従事しているが，それは彼が所属する国家・同胞・家族の生存を含む利他的な便益を目的としている。高齢者は，戦闘行為を効果的に遂行できないために，自らの犠牲によって補われる社会的便益が少なくなる。このため，高齢者の自己犠牲は，社会的便益として低く見積もられる可能性がある。戦闘で生き残った兵士は，また別の機会に戦闘に参加する可能性が残されているから，高齢者にも戦闘行為以外の社会的に価値ある活動機会が残されているのかもしれない。たとえば，執政官・聖職者・裁判官などの社会的な活動領域がその例として挙げられる。この職種の高齢者は，何も考えずに唾棄されるような社会的に無用な長物ではない。

さらに，たとえば高齢者と若年者のように，年齢が異なる二人の個人が同一のリスクにさらされていると仮定してみよう。彼らは，もし同一年齢であるならば(かりに溺れかけている子供から等距離にいる二人の成人であると仮定しよう)，同一のリスクに直面していると考えることができる。彼らが高齢者と若年者である場合には，自己犠牲の結果として死亡ないし重大な後遺障害が残る確率は，身体的に虚弱な高齢者の方が大きいと考えられる[30]。

---

30 Lloyd Cohen, "Toward an Economic Theory of The Measurement of Damages in a Wrongful Death Action," 34 *Emory Law Journal* 295, 332 (1985); see also Erin Ann O'Hara, "Hedonic Damages for Wrongful Death: Are Tortfeasors Getting Away with Murder ?" 78 *Georgetown Law Journal* 1687, 1717-1718 (1990). これらの証拠については，交通事故における歩行者の死亡事故のデータがある。このデータにおける高齢者の死亡確率は，高齢になるほどそのデータの歪み現象が大きくなっている。Robert Arking, *Biology of Aging: Observations and*

このように社会的リスクの高い活動に従事する期待費用は，高齢者が若年者よりも死を恐れないと仮定しても，高齢者の方が大きくなることを意味している。

これまで高齢者をめぐって議論されてこなかった問題として，個人の生存に関する「ある確率で発生する」死亡ないし重度障害という社会的リスクをめぐる問題がある。臆病な人は，そのリスクを引き受けることで賞賛される場合でも，自身の生命をリスクにさらす覚悟を示すことはない。この臆病さは，自殺を実行する覚悟がないこと（われわれの文化でもある）とは意味が異なる。若年者は，高齢者と比較するとリスクの多い選択にも相対的には楽観的に対処できる。これに対して高齢者は，主観的には同じ死のリスクが発生する場合でも，若年者よりもそのリスクを相対的に高く評価する傾向がある。

さらに議論すべき問題は，生命維持の目的が他の効用のための資源配分よりも優先される，いわゆる人間の終末期をめぐる問題である。この終末期における競合財の限界価値として，たとえば性行為・旅行・おいしい食事・適切な機能訓練・堕落行為などが挙げられる。合理的な高齢者は，生存期間を延長させるための投資として，医療ケアや生命の安全に対する新たな資源配分を行う可能性がある[31]。このような高齢者は，日常生活でも若年者より注意深くふるまうだろう。彼は，注意深く消費行動を選択しなければ，彼にとってその選択の価値がなくなってしまうからである。この高齢者の選択行動は，若年者のそれと比較すると，リスクの多い選択によって獲得できる成果も相対的に少なくなる。

ゲーテは，「われわれの人生は，『魔女の預言書』のそれに似ている。残さ

Principles 35 (1991) (fig. 2-12). なお，次章での高齢者の自動車運転に関する議論を参照のこと。

31　Isaac Ehrlich and Hiroyuki Chuma, "A Model of Demand for Longevity and the Value of Life Extension," 98 *Journal of Political Economy* 761, 776-777, 780-781 (1990); see also Cohen, note 30 above, at 332. このような再配分は，生存期間の延伸という選択があるならばそれに投資することはもちろんだが，他に選択肢が存在しない場合にも起こりうる。それゆえ，メディケアによる支出の28％が人びとの終末期における最後の1年間で支出されていることは驚くに値しない。Dennis W. Jahnigen and Robert H. Binstock, "Economic and Clinical Realities: Health Care for Elderly People, " in *Too Old for Health Care ? Controversies in Medicine, Law, Economics, and Ethics* 13, 29-30 (1991) . なお，この統計は1978年のものである。私は，この年度より新しい統計データに接していない。

れた時間が少なくなれば，その時間は一層貴重になる」と言っている。ここでは，二つの解釈が可能である。一つの解釈は，死の予測が近づけば近づくほど，死が何を意味するかという認識が深まるという趣旨である。われわれは，死がいまだ遠い場合には自らの生存を当然視して，それがもたらす生命の享受やその報酬について考慮することが少ない。われわれは，享受している生存に伴う報酬を相対的に価値が少ない当然の事実と考えている。二つ目の解釈は，残された生存のための時間は，社会活動に対する他の財への投入量と同じで価値が少ないとする解釈である。生命の最後におけるアプローチとして，追加的な最後の数ヵ月ないし数週間は，その人にとってものごとを処理できる貴重な価値を有する時間である。たとえば，家族や知人たちに別れを告げこれまでの人生を回想した上で，その完全性や円熟性について芸術的・心理的な感謝の気持ちを表現する最後の機会となるからである。これは，人の人生を一つの芸術作品であると考えたニーチェ的な観念の表現である（少なくともニーチェに由来する観念の一つである）。

　最後に指摘すべき問題は，死によって失われる唯一の事実は将来の生であるという想定は独断による偏見であるという問題にある。人の死は，その個人の人格を構成している複合的な記憶の崩壊である。高齢者は，老衰によってその記憶の大部分を喪失するに至るまで，若年者よりも多くの過去の記憶を保持している。これら高齢者の記憶の総量は，彼にとって効用の源泉であり，若年者の生存に関する期待値の大きさと相互補完の関係にある[32]。この趣旨は，アリストテレスが知識の変化という概念に用いた重要な含意である。これとは逆の表現をするならば，少なくともその高齢者が過去の楽しかった記憶パターンを整理して貯蔵する時間的余裕（私が以前に指摘した）が残されているならば，豊富な記憶ストックは残された生存の潜在的価値を実現する重要な意義をもたらす可能性がある。

　これらの論点を全て勘案すると，以下のように整理することができる。高齢者が自らの生存を危険にさらすようなリスクをとる行為は，若年者による同様のリスクをとる行為と比較すると，一般的には便益が少なくかつ費用が高くなっている可能性がある。ただし，高齢者に残された生存の期待効用

---

[32] 記憶に由来する効用は，楽しかった経験や興奮した経験を回想することから生まれる。See Jon Elster and George Loewenstein, "Utility from Memory and Anticipation," in *Choice over Time* 213, 229-231 (George Loewenstein and Jon Elster, eds., 1992).

は，死の恐怖が支配的要因となっていないことがこの推論の前提である[33]。しかし，われわれは，この死の恐怖に関する考慮を捨てる必要はない。われわれは，若年者と比べると高齢者の高い自殺率（詳細は第6章）を忘却することはできないし，彼らの死後の世界への関心の深さを無視することもできない。高齢者は，若年者と比べると，この死後の世界を重視する比率が相対的に高くなっている。しかし，この死後の世界への関心は，人びとが死の危機に直面した場合の行動に及ぼす影響は，その人の宗教的信条いかんに依存する。たとえば，彼が地獄に堕ちる可能性があると考えれば，彼の死に対する恐怖は増加する。しかし，これまで勇敢な行動をとってこなかった人の場合には，死後の世界で臆病であったという理由で罰を受けると考えるならば，勇敢な行動によって死の恐怖を免れるように努力するかもしれない。死後の救済について確信を持っている人の場合には，死によってすべてを断念する必要はないと考えるかもしれない。

　人間が持っている臆病という特性は，物理的な危険に遭遇することを回避する特殊な意識であるが，これは高齢者に特有の属性でもあるように思われる（全ての高齢者が臆病だという意味ではない）。けれども，アリストテレスは，高齢者の臆病という特性については着目していない。この高齢者の臆病という特性は，若年者が理解できない種類の勇気を持って尻込みせずに，自らの高齢期に直面する勇気とバランスを維持するための特性である。私は，本書で高齢者について考察を開始する以前から，有名なホームズ判事に注目していた。ホームズ判事は，「最高裁判事として高齢に達したことを理由とする侮辱や非難の言辞に直面した場合には，…大いなる勇気と高潔な精神を以って反論する活動を展開していた。彼の最後の数年間における判事としての活動は，彼の若き軍隊時代の英雄的活動のサイクルを完成させる期間でもあった[34]」。ホームズ判事は，彼の高齢期における活動のみならず軍隊時代における活動でも，二つの異なる分野で人間の努力による勇気を証明するという機会に恵まれた。われわれの多くは，そのような勇気を証明する機会

33　これに反対する証拠は，以下参照。Edmund C. Payne et al., "To Die Young, To Die Old: Management of Terminal Illness at Age 20 and at Age 85: Case Reports," 8 *Journal of Geriatric Psychiatry* 107 (1975).

34　*The Essential Holmes: Selections from the Letters, Speeches, Judicial Opinions, and Other Writings of Oliver Wendell Holmes, Jr.* xv (Richard A. Posner, ed., 1992) (editor's introduction). この資料における，第1章の *The Essential Holmes* の文章（「高齢化と死」）はこの趣旨を表現している。

は，高齢期というたった一つの機会しか与えられないだろう。

　フランスの元首相G・クレマンソーは，高齢期について質問されたときに，彼はすでにその年齢に達していたが，「私は，自分が死ぬまでは生き続けるだろう」と回答している[35]。これと同様に，ホームズ判事も，彼の90歳の誕生日を祝うラジオのインタビューで，以下のような中世における無名のラテン語の自由翻訳詩で結んでいる。「死が私の耳を引っ張って囁く，生きよ。死は，もうすぐにやってくるぞ[36]」。さらに私は，イエーツが60歳代初めに書いた，高齢期に関するダウンビートの詩にも言及したいと思う。イエーツは，彼が73歳で死ぬまでの間に，高齢期をめぐる詩を大きな主題として取り上げていたが，その詩はときには挑戦的で次第に勝ち誇ったようなトーンになってゆく。これは，テニスンのユリシーズに見られるような，偉大な仕事に立ち向かうためにただ独りで冷静さと知恵を内に秘めて，困難を乗り越えてゆくような希望について語っているわけではない。イエーツの高齢期に関する多くの詩は，高齢者の知恵を純粋な幻滅として痛切な感情をこめて描いている。実際に，彼の詩の一つのタイトルである『老人は，なぜ狂気に陥るのか』は，この質問に対する彼の回答になっている。晩年のイエーツの詩の影響は，ニーチェが現実を直視する男のアイデアを表現するときにも反映されている。このニーチェの思想的アイデアは，ストア派（禁欲主義者）の自己満足に関する考え方を思い起こさせる。この思想的アイデアは，実際にはニーチェが生み出したとされているが，その原型はイエーツの詩に由来していると思われる[37]。あるいは，ここでハムレットの台詞を挿入すると（シェイクスピアもストア派の影響を受けていたことが知られている），「この世には正義も不正義も存在しない。人の考え方がそれらの幻影を創りだすのだ[38]」。われわれは，高齢者という場合にも，その幻影を創りだして

35　Quoted in *The Art of Growing Older: Writers on Living and Aging*, note 1 above, at 177.

36　*The Essential Holmes*, note 34 above, at 21. See the exchange letters between Holmes and Frederick Pollock, May 4 and 15, 1931, in *Holmes- Pollock Letters: The Correspondence of Mr. Justice Holmes and Sir Frederick Pollock 1874-1932*, vol. 2, pp. 285-286 (Mark DeWolfe Howe, ed., 1941).

37　ニーチェに対するイエーツの影響については，以下の引用文献を参照。References in Richard A. Posner, *Law and Literature: A Misunderstood Relation* 150 n. 29 (1988)（リチャード・A・ポズナー『法と文学（上，下）』平野晋監訳，木鐸社，2011年). なお，ニーチェに対するストア派の影響については，以下参照。Martha C. Nussbaum, *The Therapy of Desire: Theory and Practice in Hellenistic Ethics* 4-5 (1994).

38　*Hamlet*, act II, sc. ii ,11, 251-252. イエーツの詩である『死』の最後のフレーズは，「男

いるのかもしれない。イエーツは,『高齢者のための祈り』という詩の中で,「私は見るかもしれない,年老いて死ぬ私を／ばかばかしい程に情熱的な男を」,という言葉で祈っている。また『拍車』という詩では,「お前は,欲望や怒りが恐ろしいと思うけれど／年よりの私をいたわりながら,一緒にダンスを踊ろうよ／…私の若いころには,そんな厄介なことではなかったよ／私がいま,詩に込めるようなこと,なにがあるのだろうか」,と冷静に詠っている。

われわれは,全ての人びとがホメロスやクレマンソーあるいはイエーツではないことを知っている。また,全ての人びとがさまざまな高齢期を迎える際に,無表情にせよまたは勝ち誇るにせよ,ストア派のように過ごすことを期待できるわけでもない。とくに,われわれのような現代の男たちは,ストア派のように過ごすことはできない。アリストテレスが一般的観察の結果として指摘したように,「臆病な」高齢者たちは,年をとった男は女のようになり,年をとった女は男のようになる傾向がある[39]。加齢に伴う現象として,男は次第に優しく防御的になり,女は逆に優しさが少なくなって独断的になる傾向がある。この性的相違に基づいて相互に収斂に向かう変化は,加齢に伴う純粋な生理的悪化現象と考えるべきではない。これらの加齢に伴う変化は,詳細は第9章で検討するが,高齢者たちが新たに生まれた社会的空隙に自ら備える自衛行動であると理解すべきであろう。

私は,多くの人びとが終末期を迎えた高齢者を観察して,侮蔑的な表情を浮かべる度胸を示すことを非難するつもりはない。人びとの生命の価値は,死後の評判という視点から考察するならば,合理的個人の効用関数を増加させる可能性がある。死後の評判を維持することは,死後の世界を実感することが困難であるから,死後の評判を維持するための投資を選択することもまた困難である。人びとが死に直面した場合の振る舞いは,死後の評判を維持するための重要な構成要素を占めている。彼らの勇敢な言動やその禁欲的な

は,死を創出する」という言葉で終わっている。また,彼の後期の別の詩である『自己とその魂の対話』では,「私が自責の念を追い払ったときに／本当に甘いささやきが私の胸に響いている／われわれは笑わなければならないし,歌わなければならない／われわれはすべてのものに祝福されている／われわれの見るものすべてに祝福あれ」,と詠じている。

39 See, for example, David Gutmann, *Reclaimed Powers: Toward a New Psychology of Men and Women in Later Life* (1987); also Costa, McCrae, and Arenberg, note 6 above, at 191-192.

態度は，人びとの記憶に長くとどまる可能性がある。われわれは，人びとの終末期における振る舞いが見事であれば，その費用便益比率がその死に際しての行動で上昇したと認めるべきだろう。彼らは，ある意味では「自己中心的に」行動したと考える必要がある。

3 心理学における高齢者の身体的・精神的な能力減退

アリストテレスは，高齢者の心理現象に関連する記述において，加齢に伴う能力の減退や権力の喪失についてそれほど大きな比重を置いてはいない。高齢者の特性に関するアリストテレスの関心は，私が知識変動(knowledge shift)と呼んでいる心理現象に置かれている。彼は，この高齢者の知識変動の原因について，加齢に伴う精神的能力の減退に帰結するとは考えていない。アリストテレスは，高齢期の開始を50歳という年齢で区切って，その高齢者に対する心理的アプローチの方法を解説している。当時の古代ギリシャでは，人びとは50歳に到達するまでの間に，若年者としての楽観主義的な態度を喪失するに充分な人生の時間を過ごしたと考えられていた。紀元前4世紀のアテネでは，典型的な50歳の市民が精神的・身体的な意味において完全に老成していたとは思えない。しかし，私がすでに指摘したように，加齢に伴う能力減退が存在しないと仮定すれば，加齢に伴う知識変動による知識の増加とその喪失をもたらす原因は何かという疑問が相変わらず残されたままである。高齢者は，若年者と比較すると，悲観主義的である一方で現実主義的でもある。結果的に，若年者は想像力のみに依存しているが，高齢者は想像力のみならず経験的知識にも依存している。アリストテレスは，経験は想像力を補うのではなくむしろ想像力に置換すると信じていた。アリストテレスがそのように説明しているわけではないが，加齢によって流動的知能が低下すると考えるのは当時でも健全な信念であったと思われる。

現代における高齢者という定義は，アリストテレスの時代よりもその年齢区分は上昇している。しかし，現代でも加齢に伴う能力減退という問題は，高齢者の心理的特性を説明する際に避けられない重要な課題となっている。加齢による能力減退は，高齢者の「臆病さ」のみならず，彼らのためらいがちな言動や自信のない態度にも影響を与えている。高齢者の身体的・精神的な能力減退を補償する一つの方法は，彼らが課題をこなすために時間をより多く投入することである。高齢者は，歩く速度はゆっくりしており，車の運転も低速で意思決定も遅くなりがちである。ここで重要な点は，これらのこ

とは事実であるとしても，彼らが速く歩くことは不可能であるという意味ではない。少なくとも高齢者にとって，彼が歩く速度を捷める努力に必要とされる費用(事故の予測確率だけではない)が時には抑止的なレベルまで高くなるという意味である。高齢期には「その動作が遅くなる」という現象は，人間だけではなく他の動物でも見受けられるから，生物一般における際立った特徴と考えられる。これらの現象は，その全てが環境変化に適応するための費用便益分析に基づく意思決定というわけではない[40]。私がここで指摘したいのは，高齢者がその動作に時間をかける行為は，潜在能力の低下に対応するための合理的選択による適応行動であるという点にある。高齢者は，若年者と比較すると歩行中に転倒するという大きなリスクを抱えている。高齢者は，歩行のみならず視野のバランスが悪くなっているために反射的動作も遅れがちになる。高齢者の衰弱した身体は，歩行中に転倒したならば後遺障害が残る危険も大きくなっている。結果的に，高齢者がその動作に多くの時間を投入することによって得られる便益は極めて大きくなる。高齢者は，その歩行や車の運転に際して，保有する能力よりもゆっくりと行動するという合理的選択を行っているのである。高齢者にとって時間をかけるための費用は，若年者のそれと比較すると大きく低下しているから，他の要素と比較すると時間を多く投入する傾向が現れるのである。

　加齢による能力減退は，高齢者となった専門職や研究者たちにとって，若年者と比較してそれぞれの専門分野で充分な業績を挙げることができない理由を説明する。高齢者は，若年者と比較すると新しい情報を吸収するための費用が高くなる。彼らの流動的知能が減退する結果，新しい情報を獲得するための努力に伴う便益が減少するのである。また，彼らが新規の人的資本に投資する場合でも，その投資費用を回収するための期間が短くなる。これを少し広げて考えると，加齢に伴う費用と便益のバランスが変化する結果，高齢者は若年者と比較すると新規のアイデアを受け入れることが困難になることを意味している。これは，たとえば「老いぼれた犬に新しい芸を教えることはできない」という，残酷な比喩(年齢差別の訴訟事件では「決定的証拠(smoking gun)」となりうる)がそれなりに有効な表現となる核心部分を構成

40　James E. Birren, Anita M. Woods, and M. Virture Williams, "Behavioral Slowing with Age: Causes, Organization, and Consequences," in *Aging in the 1980s: Psychological Issues* 293, 302-303 (Leonard W. Poon, ed., 1980).

している。この例における「老いぼれた犬」という比喩は，新しい芸を学習するために時間をかけることを本人が望んでいないという，高齢者の合理的選択としても適切な表現となっている。年老いた犬は，若い犬と比較すると，新しい芸を学習する費用は大きいにも拘わらず便益は少ないのである。彼にとっての追加的な費用負担は，これまでの生活における習慣や信念を諦めることを含んでいる。高齢者は，従来の生活習慣に頑固に固執しているから，そのような行為・態度・反応を変更する費用は結果的には高くつくことになる。ある活動で中毒症状を呈している人びとは，それが喫煙であれクラシック音楽であれ，その活動を放棄するならば禁断症状で苦しむことになる。これを音楽の例でいうならば，中毒症状は純粋に心理的な現象である。

　高齢者が新しい能力を身に付けることに伴う費用便益の分析アプローチは，高齢者のリスクをとる活動全般に対する嫌悪感の問題とは別に，新たに検討すべき課題を見出すことができる。たとえば，ある高齢者に提案された一連の行動が何か新しいことに直面するという理由のみではなく，失敗する可能性が極めて高いという意味でリスクのある行動であったと想定してみよう。このような行動は，これまでに彼が慣れている行動の繰り返しであるならば，それは一定の規格に沿った継続的行為と想定できるから失敗のリスクは最小化されている。しかし，高齢者は，流動的知能の減少に伴って，これまでの習慣を捨てることや新しい技術やアイデアを吸収することが困難になっている。このような状況では，高齢者がリスクのある選択肢について適切に判断することが困難である。

　人間の行動は，リスクを冒さずにまた新しいことに挑戦しなければ，保守的で定型的な活動スタイルになる。高齢者の行動は，若年者のそれと比較すると，この保守的スタイルは普遍的な慣行として定着していると予測できる。軍事的なリーダーシップに関する研究は，高齢の将軍を若い将軍と比較すると，攻撃的な戦略よりも防御的戦略をより多く採用する傾向があると報告している[41]。この問題は，高齢者はリスクをとる潜在能力に欠けているから新しいアイデアを吸収できないという，加齢に伴う能力減退の問題として扱うべきではない。彼らは，合理的判断によってその戦略的行動が費用に見合わないという理由で回避した可能性があるからである。高齢の将軍による

41　Dean Keith Simonton, "Land Battles, Generals, and Armies: Individual and Situational Determinant of Victory and Casualties," 38 *Journal of Personality and Social Psychology* 110, 115 (1980).

合理的な戦略的回避行動は,若い将軍のそれと比較するとその採用比率が相対的に高くなる可能性がある。

よく知られている事実ではあるが,高齢者は金融的リスクを回避する傾向があるという事実についても,追加的に重要な要素を考慮に入れる必要がある。この金融的リスクとは,投資に対する収益期待値の分散は平均値に収斂するという意味である。高齢者が保有する富の構成要素は,人的資本に関する資産よりも金融的な資産がより多くなっている。高齢者は,実際に引退した時点以降は,労働市場で流通する人的資本の評価対象からは除外される。その結果,高齢者の金融資産からの所得分散は,若年者のそれと比較すると所得総額の中で大きな比重を占めている。これを少し技術的に表現すると,高齢者は若年者と比較すると,リスクに対する一般的な耐性能力が低下していることを示唆している。高齢者にとって,投資リスクから生じた損失を埋め合わせる賃金所得がもはや存在しないからである。それゆえ,高齢者の最適な投資戦略は,相対的に保守的な戦略とならざるをえない[42]。この事実は,個人の金融資産をめぐる債券と株式のポートフォリオにおいて,債券比率はその年齢に等しくなるという経験則が妥当することを示唆している。つまり,20歳の人はポートフォリオの20％を債券に割り当てるが,80歳ではその比率は80％になるという経験則が妥当するのである。

4 宗教と投票行動および言論

高齢者は,平均的に見る[43]と,若年者より信仰心が篤いと仮定しても驚くには値しないだろう(高齢者は実際に教会に行くことが困難な場合もあるので,実際の行為ではなく信念の問題として考えている[44])。高齢者にとって,

---

[42] Burton G. Malkiel, *A Random Walk down Wall Street, Including a Life-Cycle Guide to Personal Investment*, ch. 13 (5th ed. 1990); David P. Brown, "Multiperiod Financial Planning," 33 *Management Science* 848, 859-860 (1987).

[43] 私は,本書では,この「平均的に見れば」という限定要件を繰り返し使用しているが,おそらくその頻度は充分でないかもしれない。後の第13章でみるように,年齢差別の証明要件は,中年者や高齢者の態度や行為その他の社会活動に対して,その「分散」を抑制することがその中核になっている。なお,本書では,経済学における他の文献と同様に,統計データの利用に際しては全体の分布ではなくその平均値に関心を合わせている。

[44] See, for example, Cary S. Kart, *The Realities of Aging: An Introduction* 344-349 (3d ed. 1990); David O. Moberg, "Religiosity in Old Age," in *Middle Age and Aging: A Reader in Social Psychology*

すでに第3章で指摘したように，死後の世界は切実な問題として彼らの思考様式や意思決定に大きな影響を与えている。しかし，高齢者の宗教的な信仰心について詳細に観察すると，病弱な高齢者は生存期待値が低いために，宗教的信仰は健康状態と負の相関関係にあるのかもしれない[45]。

　高齢者は，平均的に見れば自己中心的であるから，選挙における投票行動に際しては単一の争点で意思決定をすると想定できる。つまり，高齢者は在職期間の短い政治家と同様にその視野を狭めているから，長期的に見れば不合理な政治的行動を採用している可能性がある。この問題を表面的に観察すると，前述の信仰心の問題と密接な関係があることが理解できる。信仰心は，高齢者の視野を拡張する効果を持っているが，それは彼らの自己中心的な考え方に影響を及ぼす効果でもある。この効果は，彼らを利他的な投票行動者にする効果を持つわけではない。より深刻な問題は，高齢者であるか否かに関わらず，合理的個人はその投票行動が選挙結果を左右する効果を持たないことを知っていることにある。このような状況において，彼が確信を持って投票行動をすべき理由は何だろうか[46]。彼の投票行動は，その個人に関する費用負担の問題として説明できるのだろうか。この問題に対する解答は，多くの人びとが自分たちにとってよいことはよいことであると確信しているか否かに依存する。彼らは，自らとは異なる政治的信条や自己利益に反する政治的選択肢に同意しても，得られるものは何もないことを熟知してい

497, 508 (Bernice L. Neugarten, ed., 1968); Dan Blazer and Erdman Palmore, "Religion and Aging in a Longitudinal Panel," 16 *Gerontologist* 82 (1976); John M. Finney and Gary R. Lee, "Age Differences on Five Dimensions of Religious Involvement," 18 *Review of Religious Research* (1976); Rodney Stark, "Age and Faith : A Changing Outlook or an Old Process ?" 29 *Sociological Analysis* 1(1968).この一般社会調査(GSS)における1988-1993のデータ（前掲注29を参照）は，この分析結果を一般的に裏付けている。高齢者の回答者の多くは，平均的に言えば若年者よりも宗教的な帰属意識が強く，時には「神の身近にいる」という強い感情を表現している。しかし，彼らも死後の宗教的信仰についてはあまり言及していない。彼らにとって死後の世界は，希望であるとともに恐怖でもあるからであろう。あるいは，死後の宗教的信仰は，実際には念願という考え方に支配されてその影響を強く受けているからだと思われる。

45　For evidence, see Bradley C. Courtenay et al., "Religiosity and Adaptation in the Oldest-Old," 34 *International Journal of Aging and Human Development* 47, 54 (1992).

46　さらに言えば，彼らが投票する理由はそもそも何だろうか。この投票行動に関する問題は，経済学者や政治学者にとって深刻な検討課題でもある。この問題については，第6章で詳細に検討する。

る。彼らは，認知レベルでの不協和音がもたらす苦痛を最小限の費用負担で回避しているのである。

　この高齢者の投票行動に関する問題については，家族主義的な利他主義もその適切な解答とはならない。集団としての高齢者は，集団としての若年者から彼らへ富を移転する政策に対して，反対するよりも支持する方が有利であることは確かである。しかし，高齢者たちは，彼ら自身の子供や孫に対してその富の一部を贈与することができる。この問題は，詳細は第11章で論じるが，さまざまな疑問を解決するためのヒントを含んでいる。この問題は，社会保障における老齢年金給付を削減する法律が広汎な支持を獲得できる手がかりを含んでいる。現在の高齢者は，この法律によって失うものは何もないし，この法律の効力は彼らの死後に効力を発揮するに過ぎない。加えて，彼ら自身の家族である若年者たちへの課税負担を軽減するという，利他的な願望も充足することができるからである。

　高齢者の投票行動について，彼らが例外なしに自己中心的な投票行動をするという考え方に対しては，政治的に無関心な高齢者の存在を無視しているという反論がある。高齢者は若年者と比べると，現実の世界に対する関心を喪失している程度に応じて，資源の再配分政策への関心も減少している。高齢者は，この問題に関する限りでは，裁判官（その多くは高齢者である）に類似している。われわれは，裁判官たちが他の政策決定者よりも公平であると想定している。彼らの司法倫理的な態度は，その審理対象とする事件の審理の際に，家族的ないし財産的な利害関係を持たないことを前提としているからである。

　この問題は，高齢者は若年者よりも自己中心的であるという，アリストテレスの提出した命題を論証することを要求している。しかし，高齢者たちが自己中心的であると仮定しても，高齢者の「自己」は若年者のそれと比較すれば，さまざまな政治的な意思決定や政策選択に際して影響を及ぼす可能性は少ないかもしれない。若年者たちは，自己利益から離れて考えるための費用が同一であると仮定したら，高齢者たちよりも自己中心的ではないかもしれない。しかし，若年者たちが自己利益から離れて投票行動をする費用は，彼らにとって高くつく可能性はある。若年者たちは，高齢者たちと比較すると，選挙における争点となった公共政策から利益を得たり損失を被ったりする確率が高く，またこの利益や損失が長期にわたって継続する確率も高いからである。

高齢者については，ギリシャ神話におけるネストールや『ハムレット』に登場するポローニアス，さらには啓蒙思想家のモンテーニュを経て現代にいたるまで，さまざまな言葉で語られてきた[47]。私は，本書の「はじめに」において，高齢者は若年者と比べるとプライバシーに関連する新しい情報の価値が少ないことを理由として，高齢者の自己中心的な性格についての説明を試みた。これとは別の説明を試みるならば，個人はその現実の人生体験について，彼の人格を超えた情報伝達が困難であるという説明も可能である。個人が経験を通じて獲得した知識は，書籍や会話を通じて伝達することが可能である（ある種の知識はそれが容易である）。しかし，この知識が容易に伝達可能であれば，加齢に伴って社会的に有用と評価できる高齢者の「経験」や「判断」の役割は消失してしまう可能性がある。若年者たちは，これらの情報について書物を読むことでその経験を獲得してしまうからである。高齢者の生きた経験が不完全であるにせよ伝達可能であれば（もちろん文章表現では伝達できないものもある），高齢者にもそれを他者に上手に伝達することを期待すべきであろう。また，高齢者にとって会話による情報伝達を妨げる障害があるならば，それを除去する努力を通じてその情報伝達を期待することになる。

　けれども，全ての高齢者が饒舌で話好きというわけではないし，高齢者の中には若かった時よりも無口になっている人もいる。このような高齢者の心理現象は，彼らがリスクをとることを好まないという，加齢に伴う別の要素を反映している可能性がある。さらに言うならば，会話を多くすることは，相手に互恵的会話を要求することを意味している。たとえば，私があなたに何かを話すことは，その見返りとして何か有用な情報を伝達してくれることを期待しているのかもしれない。このような会話による情報交換は，市場での取引行為と密接に関係しているが，高齢者にとって取引行為としての機能

47　See, for example, Cicero, note 3 above, ch. XVI, § 55. For empirical evidence, see Dolores Gold et al., "Management and Correlates of Verbosity in Elderly People," 43 *Journal of Gerontology* p. 27 (1988). 私は，ここで病理学的な意味での「目標のない多発語症」について関心を示しているわけではない。この症状は，特定の脳機能障害の結果として，少数ではあるが高齢者たちを悩ませている疾病である。Tannis Y. Arbuckle and Dolores Pushkar Gold, "Aging Inhibition, and Verbosity," 48 *Journal of Gerontology* p. 225 (1993). 高齢者はゴシップを多用する特性があるという推論に関しては，対立する議論がある。しかし，高齢者は若年者よりもゴシップに費やす時間の機会費用が低いから，この推論は受け入れやすいものかもしれない。

はその価値が低くなっている。結果的に，高齢者は平均的に見れば，若年者よりも話好きであるとは期待できないかもしれない。しかし，高齢者たちの間では，若年者よりも話好きな人と無口の人の比率の分散は相対的に大きくなっている可能性がある。

　このような例は，高齢者の心理現象が決して単純ではない事実を示唆している。経済学による分析は，本章では本格的に検討する余裕はないけれども，進化生物学の研究成果による具体例を通じてこの心理現象を理解することができる。たとえば，多くの人びとは生まれながらに楽観的な性格を持っていると仮定してみよう。加齢に伴う知識変動は，これまでの各章で検討を重ねてきたが，想像に基づく推論から経験に基づく推論へとその知識基盤を変動させる傾向がある。この事実は，人びとは加齢とともに悲観主義的になることを示唆している。この事実を支持する証拠は，さまざまに異なる重要性を持っている。一方では，加齢に伴う流動的知能の減退と習慣によって形成される経験の効果により，高齢者が「社会進歩」に由来する効果を享受することが困難となる。他方では，高齢者は若年者と比較すると，単に書物から学んだのではなく経験によって学んでいるから，社会進歩に伴う損失についても充分に自覚的である。社会進歩は，古いサービス・製品・活動などを新しいそれに置き換えるとともに，その利得と同じくその損失も古い様式から新しいそれに置き換える。この新旧の置換は，たとえ古い様式が支配的な状況においても同様な効果を生じる（これが「社会進歩」の含意でもある）。このような社会進歩は，高齢者の目から見ると支配的影響力を持っているとは思えないかもしれない。高齢者が社会進歩を回避する傾向は，彼らの保守的な性格を助長する効果をもたらす結果になる。けれども，高齢者の保守的な性格は，単なる無分別な現状維持主義と考えるべきではなく，社会進歩を受け入れる費用負担を考慮に入れた合理的な保守主義と考えるべきだろう。この事実は，金融市場における高齢者の行動によっても裏付けられる。高齢者は，職業生活から引退して以降，金融資産からの収益がその所得総額の多くの部分を占めるから，金融資産の収益における変動リスクはその所得総額に大きな影響を及ぼすことになる。

　高齢者の自信のなさそうで遠慮がちな態度は，加齢に伴う能力減退の結果として生じる社会的なリスク増加に適応する合理的対応とみるべきである。彼らの自己中心的な心理状態も，多くの高齢者の基本的な特性と考えるべきである。高齢者の会話における基本的特徴は，無分別な会話者になりがちで

あると総称されているけれども，市場における取引活動に由来する便益が減少する効果と密接な相互関係にある。このような高齢者の特性は，社会活動の制約により自己中心的な行動から得られる利益が少なくなる結果，彼らは市場での取引活動自体に興味を失っている可能性がある。高齢者の自己中心的な心理状態は，彼らの「死の恐怖」に戻って考えてみると，加齢に関する遺伝子プログラムが存在しないという事実によって説明できる。死の恐怖は，若年者については本能的反応として理解できるとしても，高齢者については本能的反応としての説明は適合的ではないと思われる。死の恐怖に対する本能的な反応は，高齢期には自然選択によって排除されるからである。経済学的な多くの説明もまた，この結論の妥当性を示唆している。これらの高齢者の心理状態は，彼らの心身の虚弱性に加えて，延命行為以外にその資源を活用する余地がほとんどないという事実と密接に関係している。この問題に関連して，彼らが瀕死状態から回復する見込みがゼロである場合に，資源を投入する機会費用をどのように考えるかという極めて深刻な問題にも関連している。この状況において，高齢者に遺産動機が存在しなければ，彼が死んだ場合にはこれらの所有資源は使用不能な状態に陥ることになる。

第6章
高齢者の行動と加齢現象の相関関係

　本章では，高齢者に典型的に見られる社会的行動を考察対象として，経済学的な分析アプローチを展開する。この高齢者の社会的行動には，居住場所の選択や自動車の運転，犯罪行為・自殺行為・性的行動に加えて，労働生活からの引退・政治的な投票・陪審参加などの行動が含まれる。これらの高齢者の社会的行動のいくつかについては，本章以外でも言及しているが，そこでは特定の社会的行動に分析対象が限定されている。また本章では，広義の意味での高齢者の生産性と創造性をめぐる潜在能力や指導力およびその関連領域について多くの言及はしない。その詳細は，第7章および第8章で検討する。本章の主たる目的は，若年者と高齢者の間に存在する，広汎かつ多様な行動様式の相違について分析する経済学の効力を説明することにある。これに加えて，以降の各章で検討するさまざまな公共政策をめぐる経済分析のための基礎的概念を整理することもその目的としている。

1　自動車の運転

　高齢者は，平均的に見れば，若年者ほど頻繁に自動車を運転しない。けれども，高齢ドライバーは，極端に若い年齢層を除外すると，全年齢層の中で交通事故を惹起する比率が最も高くなっている[1]。単純なライフ・サイクル理

---

[1] Leonard Evans, "Older Driver Involvement in Fatal and Severe Traffic Crashes," 43 *Journal of Gerontology* S186 (1988); Donald W. Kline et al., "Vision, Aging and Driving: The Problems of Older Drivers," 47 *Journal of Gerontology* p. 27, p. 33 (1992); Richard A. Marottoli et al., "Driving Cessation and Changes in Mileage Driven among Elderly Individuals," 48 *Journal of Gerontology* S255, S258 (1993); Joan E. Rigdon, "Older Drivers Pose Growing Risk on Roads as Their Numbers Rise," *Wall Street Journal* (midwest ed.), Oct. 29, 1993, pp. A1, A6. この章で使用する統計デー

論では，平均的な事故発生確率に近似する個人データのみが加齢に伴う統計的有意性を示すと解釈されている。結果的に，高齢者による交通事故率の上昇は，高齢者の生存期待値の低下現象についてのみ言及されることになる。つまり，高齢者は失うものが少ないから，交通事故による死亡率が高くなるという説明になる。けれども，このような説明は，これまで各章で検証してきた高齢者特有の心理現象や犯罪率の低さ（詳細は後述）とは矛盾する。この説明では，高齢者による自動車の運転自体が減少傾向にある事実も説明できない。引退した高齢者たちは，通勤のために運転するのではなく，余暇活動のために車を運転することが多いのである。

　高齢者の自動車運転に関するパターンは，加齢に伴う能力減退で決定的な影響を受けている。加齢に伴う視野狭窄と反射神経や集中力の減退は，高齢者が安全に運転する潜在能力に大きな影響を及ぼしている[2]。しかし，高齢者の交通事故率は，加齢に伴う身体的・精神的な運転技能や能力減退の結果として「比例的に」上昇するという推論は間違っている。

　加齢による運転技能や能力減退は，高齢者の自動車運転に関する期待費用を高める効果がある。この費用には，交通事故によって高齢者自身が死傷する（財産的損害も含む）期待費用と，自分以外の第三者への加害行為によって発生する民事責任（財産的損害も含む）の期待費用という二つの費用を含んでいる。これらの費用は，両者ともに事故の発生確率と正の相関関係を示している。また，他の条件が変化しないと仮定すれば，高齢ドライバーによる事故の発生確率は加齢に伴って上昇する。高齢ドライバー自身の死傷確率も，加齢に伴って一般的には上昇する。高齢者は，交通事故に巻き込まれた場合でも，若年者と比較すると虚弱であるため死傷確率も上昇するからである。

　われわれは，高齢者による交通事故の期待費用を高くする原因として，二種類の反応速度をめぐる能力減退を区別する必要がある。すなわち，一つは動態的な反応速度の減退であり，もう一つは注意に関する反応速度の減退である[3]。高齢者による事故の期待費用を抑制する方法の一つとして，不必要な

タは，他の注記がなければ，アメリカ合衆国のデータに限定されている。
2　See, for example, Rudolf W. H. M. Ponds, Wiebo H. Brouwer, and Peter C. van Wolffelaar, "Age Differences in Divided Attention in a Simulated Driving Task," 43 *Journal of Gerontology* p. 151 (1988).
3　不法行為に関する経済学的分析については，基本的な分類を行う文献として，以下参照。William M. Landes and Richard A. Posner, *The Economic Structure of Tort Law* (1987); Steven

旅行を止めるなど運転自体を少なくするという方法がある。事故の期待費用が増加すれば，その費用を正当化する根拠も必然的に小さくなる。また，事故の期待費用が運転によってもたらされる便益を超過すれば，高齢者が自分で運転しないという選択肢を採用する可能性も高くなる。同様の現象は，労働現場でも生じている。労働者は，加齢に伴う知覚神経や運動神経の減退により労災事故を惹き起こす確率が高くなれば，その職業活動から離職する確率が高くなる。この高齢者の能力減退は，加齢現象と労災事故をめぐる負の相関関係を説明する重要な説明要因ともなっている[4]。

　高齢者の交通事故に関する期待費用を抑制するもう一つの対応は，高齢者に注意深く運転するように働きかけることである。単純に言えば，高齢ドライバーはゆっくり運転するように自分で心がけることができる。高齢ドライバーは，自動車運転に際して時間をかけてゆっくりと運転しながら視界を確保しつつ注意力を集中して，事故が起こりやすい環境的変化に対処する必要がある。高齢者は，時間の機会費用が安くなっているから，この代替的方法は費用が安価な方法となる。高齢者は，自分が運転する車の速度超過によって事故に巻き込まれる確率は低くなっているが，この事実は必ずしも驚くには値しない[5]。私は，高齢者による自動車事故の発生確率は，彼らの運転技能や能力減退と比較すると，緩慢にではあるがその比率は上昇していると予測している。しかし，高齢者の時間的費用が運転技能や能力減退よりも急速に下降すると仮定すれば，高齢者による自動車事故の発生確率は現実にも低下する可能性がある。けれども，この仮定は，実際には以下の三つの理由により実現不能である。第一に，高齢者の時間的費用の低下は，運転技能や能力減退の完全な代替的機能を果たし得ないという事実である。この仮定が正しければ，視覚障害者も安全に運転することが可能とみなされる。第二に，自動車の運転技能だけの問題ではなく，その運転スピードもまた交通事故を惹き起こすリスク要因となりうる。これは，高速度走行を前提とする高速道路において，最高速度のみならず最低速度についても法律で制限している事実

　　Shavell, *Economic Analysis of Accident Law* (1987).
4　Mildred Doering, Susan R. Rhodes, and Michael Schuster, *The Aging Worker: Research and Recommendations* 79 (1983). 高齢者が自ら自動車を運転するか否かまたその頻度をどのように考えるかという意思決定は，事故の期待費用に大きく依存している。この予測に関する私の分析については，以下参照。Marottoli et al., note 1 above, esp. S258-S259.
5　Kline et al., note 1 above, at P33.

によっても明らかになる。第三に，ゆっくり運転することは，自動車旅行に必要とされる時間消費の総量を増加させる。高齢者の自動車での旅行は，それに代わる社会活動よりも事故の発生確率を上昇させるならば，事故発生リスクを減少させるために速度を遅くした自動車運転の効果も部分的には相殺される可能性を高める結果になる[6]。

高齢者にとって自動車をゆっくり運転することは，大きな事故に巻き込まれるリスクを注意深く回避する唯一の方法ではない。高齢者は，アルコール摂取後に飲酒運転をする確率は，若年者と比較すると相対的には小さくなっている[7]。ここでは，第5章で指摘したように，高齢者は加齢に伴って一方的に虚弱化するわけではないという分析を思い起こしてほしい。高齢者は，若年者と比較すると，彼らの生存を確保するためにより多くの資源を費やす必要がある。適切な例を挙げれば，交通事故の抑制策としてアルコール消費の抑制は，高齢者の費用負担が相対的に軽い政策である。高齢者の身体状態は，加齢とともに次第に飲酒に耐えられなくなるという理由もそこに介在している。

高齢ドライバーは，加齢に伴う反射神経その他の運転技能や能力の減退に対処するために，注意力や反応動作を強化するという方法でその代替機能を果たすことはできない。結果的に，高齢ドライバーは若年者と比較すると，交通事故の発生確率が高くなることは避けられない。しかし，若年者でも低年齢層では，異常なほどの高い事故発生率が記録されている。運転者の年齢と安全運転の相関関係を示す関数は，逆U字カーブを描くことは周知のとおりである。この事実に対する説明可能な解釈は，車の安全運転は経験とともに上昇するが，加齢に伴う能力減退によって次第に低下するという説明である。

高齢者の高い交通事故の発生確率を抑制するために，高齢ドライバーに対する免許の発給要件を厳格にすべきであるという議論もある。この議論は，間違った推論に基礎を置く主張である。この議論は，高齢者の生活維持のために必要不可欠な自動車運転の限界価値を見落としている。高齢者は，交通事故発生という危険にも拘わらず，自動車運転を継続することは避けられな

6　Cf. Landes and Posner, note 3 above, at 238 n.17.
7　Issac Ehrlich and Hiroyuki Chuma, "A Model of the Demand for Longevity and the Value of Life Extension," 98 *Journal of Political Economy* 761, 781 (1990) (tab. 5).

い。民間の保険会社は，保険料率を年齢別プレミアムで調整した上で，彼らの自動車運転に関する保険事故リスクを引き受けている。この事実を前提とすれば，高齢ドライバーによる事故発生リスクを内部化することは可能であり，不法行為法による法的規制のレベルを超えた政府介入の必要性は存在しない。さらに，高齢者による交通事故の高い発生確率は，必然的に他の道路利用者のリスクを高くしているわけではない。民間保険における交通事故の発生確率リスクは，マイル単位の運転距離による事故率で計測されている。高齢ドライバーによる年間のマイル単位での運転距離による事故率は，若年者のそれよりも相当に低い発生確率になっている[8]。その理由は，高齢ドライバーの人数が相対的に少ないことに加えて，彼らは若年者と比較すると平均的に運転距離が短いことに由来する。高齢ドライバーに関する問題は，加齢現象それ自体が自動車事故の大きな原因ではなく，事故発生率と相関する他の要因が存在することを示唆している。高齢者にとって運転免許の保持は，彼らの生活に不可欠な死活問題である。さらに，高齢者は，若年者と比較すると虚弱であるために，交通事故の被害者として死傷する確率も高い。彼らは，自動車の運転者としてのみならず，歩行者としても交通事故の被害者となる確率が高くなっている[9]。これに対して，65歳以上の男性ドライバーによる歩行者への加害者としての死傷事故の発生比率は，40歳以上の男性ドラ

---

[8] たとえば，1990年における75歳から79歳の高齢ドライバーの運転距離の合計は，2,630万マイルであった。これに対して，50歳から54歳のそれは，1億4,160万マイルであった。Ezio C. Cerrelli, "Crash Data and Rates for Age-Sex Groups of Drivers, 1990" 10 (U.S. Dept. of Transportation, National Highway Traffic Safety Administration Research Note, May 1992) (tab. C). なお，高齢ドライバーの交通安全ルール遵守の証拠は，高速道路における人身事故率の結果と整合的である。詳細は，次の脚注を参照。

[9] Id., p. 6; U.S. Dept. of Transportation, National Highway Traffic Safety Administration, "Traffic Safety Facts 1992: Older Population" 3 (n.d.). See also Dawn L. Massie and Kenneth L. Campbell, "Accident Involvement Rates by Age and Gender," *UMTRI Research Review*, March-April 1993, p. 1. なお，1992年度では，アメリカの総人口の9％に相当する70歳以上の高齢者は，自動車の保有者の交通事故による死亡者総数の11.8％，また歩行者の交通事故による死亡者総数の17.9％を占めている。"Traffic Safety Facts 1992: Older Population," above, at pp.1, 3. また，時系列的な交通事故に関する統計データでは，交通弱者とは言えない若年者と比較すると，高齢の歩行者は重大事故によって死傷するリスクを回避するために，合理的により注意深く行動していることを示している。See W. Andrew Harrell, "Precautionary Street Crossing by Elderly Pedestrians," 32 *International Journal of Aging and Human Development* 65 (1991).

イバーによるそれの32.8％、また20歳以上の男性ドライバーのそれの11.8％を占めるに過ぎない[10]。また、運転免許を保有する男性ドライバー対比でみた自動車による衝突事故の発生比率は、高齢者による年齢別の構成比率では一貫して減少傾向にあり、85歳以上のドライバーのみが若干の上昇を示すに過ぎない。この80歳以上の高齢ドライバーによる事故率でも、10代の若者による事故率の4分の1に過ぎないし、25歳から29歳までのそれの約50％に過ぎない[11]。

　このように交通事故の大部分は、必ずしも高齢ドライバーの責任に帰することができるわけではない。けれども、この事実のみによって、高齢者の運転免許保有を継続させるための費用を正当化できるわけではないことも事実である。高齢ドライバーは、高速道路の安全性を脅かす主要な原因ではないかもしれない。運転免許がもたらす便益の適切な評価基準が走行距離であるとするならば、高齢ドライバーの走行距離当たりの交通事故による発生費用の低さは、他の道路使用者の利害と抵触するとしても彼らの便益の低下はバランスが取れたものだろう。しかし、高齢者以外の一般のドライバーの便益がどの程度まで低下することが政策的に許容範囲と判断できるかという問題がある。たとえば、高齢ドライバーの運転比率を減少させる刺激的効果を導入する政策を考えてみよう。この政策は、高齢ドライバー自身の安全確保とともに、彼らの民事責任保険の費用抑制という両面の効果を有する。しかし、高齢者たちは、自動車運転それ自体から多大な便益を受けている可能性がある。これ以外の政策は、交通事故を防止するための社会的に価値ある方法であるとしても、高齢者の活動レベルを低下させる提案であるから政策的妥当性に疑問の余地がある。たとえば、一般的な交通手段として考えるならば、鉄道は運河よりもその本質において事故発生の危険性が高い。結果的に鉄道の運賃は、事故の予防費用を含めた交通サービス価格を考えるならば、運河による輸送と比較するとある程度は高額になると予測できる。論理的な推論として考えるならば、これらの事故発生に伴う費用を考慮した上で、運河交通が適切ではない場合の手段として鉄道交通を確保しつつ、相対的に多くの便益を船舶運航者に付与することは適切な公共政策と言えるだろう。このような政策が採用されなければ、船舶運航者は運河交通に参入しない可能

10　Evans, note 1 above, at S192 (tab. 1).
11　Cerrelli, note 8 above, p. 7 (fig. 1).

性があるからである。同じような推論は，高齢ドライバーの場合にもあてはまる。このような推論は，高齢者の行動を説明するために有益な(この場合には社会的価値として評価される)選択的バイアスの重要性を示す具体例である。高齢ドライバーは，その運転によって生じる高い社会的価値を評価する，公共政策を通じてその効果を享受しているのである。

この分析が正しければ，若年者と同じレベルでの運転技能を免許の保有条件とするような，高齢ドライバーの運転を実質的に制限する政策は間違っていることになる。この政策に従えば，運転技能や能力が減退した高齢ドライバーは，若年者と同様のレベルの注意力を維持するために低速運転に徹することはできるかもしれない。この低速運転から得られる彼らの便益は，その低速運転から他のドライバーが交通事故を惹き起こす高いリスクを相殺するほどに大きい可能性もある。これ以外の手段として，高齢ドライバーや歩行者の安全を確保するために，たとえば歩行者用の信号機ランプの時間を長くする方法も考えられる。しかし，この高齢ドライバーや歩行者保護の方法は，その費用を他の道路利用者に転嫁している事実を考慮していない点では間違った政策であると思われる[12]。

2 犯罪の被害者および加害者としての高齢者

(1) 犯罪行為の被害者としての高齢者

ここまで検討してきた高齢者の交通事故による死傷者をめぐる統計データは，実際には過大評価されている可能性がある。これとは逆になるが，高齢者の犯罪被害に関する統計データは，実際には過小評価されている可能性がある。アメリカでの65歳以上の高齢者は，全人口に占めるその比率が約13％を構成している。しかし，犯罪に関する統計データを見ると，65歳以上の高齢者が殺人事件の被害者となる比率は1992年度では5％に過ぎず，また全ての犯罪被害者に占める高齢者の構成比率もわずか2％に過ぎない[13]。高齢者は，若年者と比較すると虚弱であるため，犯罪行為の被害者と

---

[12] As in Russell E. Hoxie and Laurence Z. Rubenstein, "Are Older Pedestrians Allowed Enough Time to Cross Intersections Safely?" 42 *Journal of American Geriatric Society* 241 (1994).

[13] U.S. Dept. of Justice, Bureau of Justice Statistics, "Elderly Crime Victims: National Crime Victimization Survey," (NCJ-147002, March 1994). この統計データには，高齢者に対する家族間の暴力行為は含まれていない。これらの暴力行為は，そのほとんどが配偶者からの

なる場合の期待費用は大きいと予測できる[14]。われわれは，高齢者に対する犯罪被害については，事前の充分な予防措置が講じられることを期待している。この高齢者に対する犯罪被害の事前予防措置の費用は，適切な表現をすれば犯罪対策の費用を意味している。犯罪被害者に関する統計データは，この犯罪予防のための費用を過小評価している。この犯罪予防措置は，高齢者のみならず全ての人びとに適用されるものであるから，その費用負担の割合や総額が明確にされているわけではない。高齢者は，その虚弱性により犯罪被害者となりやすい特性があるにも拘わらず，犯罪被害を回避するための高い費用負担を余儀なくされている(金銭的費用のみならず非金銭的費用を含めて)。しかし，高齢者自身による事前の犯罪予防の費用負担は，若年者のそれよりも相対的には低いと予測できる。高齢者は，若年者と比較すると活動領域が狭くかつ自動車での移動が多いことに加えて，夜間外出や危険地域での生活・就労機会も少ないために(高齢者の多くは働いていない)，その費用負担は相対的に少ないからである。けれども，高齢者の交通事故や犯罪行為による被害の発生確率は，以下の事実を示唆することでその統計データ数値が不均衡である事実を示唆するのに充分であるだろう。高齢者は，自動車旅行や歩行者として道路横断を回避するとか犯罪多発地帯での居住を断念するなど，事故や犯罪被害を回避するためにより多くの費用を負担している。この事故回避のための費用負担は，年齢別の交通事故による致死率と非交通事故のそれと比較すると，高齢者は中年者と比べて致死率が極めて高くなっている事情を説明する[15]。高齢者は，転倒や焼死などの不慮の事故(高齢者に

ものであることに疑問の余地がない。Karl Pillemer and David Finkelhor, "The Prevalence of Elder Abuse: A Random Sample Survey," 28 *Gerontologist* 51 (1988). この家族間の高齢者虐待の統計データは，過小評価されていることは確かである。しかし，同じ家族間の虐待事件でも，若年者とりわけ児童に対する虐待件数のデータよりも高齢者虐待の方が多いか否かについては，全く調査されたことはないようである。なお，最近の研究では，高齢者に対する身体的な虐待の蔓延という主張については，あまりに誇張され過ぎているという指摘がなされている。Beletshachew Shiferaw et al., "The Investigation and Outcome of Reported Cases of Elder Abuse: The Forsyth County Aging Study," 34 *Gerontologist* 123 (1994).
14 この事実は，アメリカの多くの州法が，高齢者に対する暴行・脅迫行為についての刑罰強化を図っている理由を説明している。Annotation, "Criminal Assault or Battery Statutes Making Attack on Elderly Person a Special or Aggravated Offence," 73 A.L.R. 4th 1123 (1989).
15 William Wilbanks, "Trends in Violent Death among the Elderly," 14 *International Journal of Aging and Human Development* 167, 170 (1981-1982) (tab.2).

共通する非交通事故型の事故)に遭遇することを回避するために，交通事故や犯罪行為を回避する以上に多くの費用負担が必要となる[16]。高齢者は，自宅からほとんど外出しない人びとでも，住居内での転倒・火傷・焼死などのリスクに直面する可能性があるからである。

　高齢者が犯罪被害者となる確率を低下させる原因をめぐるもう一つの説明は，彼らが犯罪に対する不合理的な恐怖を持っているために，世捨て人のような過剰な予防措置をとっているという説明である。この説明は，相対的には受け入れやすい説明であるが，少し誇張された見解であると思われる[17]。けれども，ある調査データによれば，高齢者は若年者と比較すると，夜間外出にはその近隣でさえも恐怖を感じていることを示唆している[18]。

　連邦政府の犯罪統計データによれば，1973年から1992年までの期間で，全犯罪に占める凶悪犯罪の比率は全般的に一定範囲内にあった事実は注目すべき現象である。しかし，同じ時期に，65歳以上の高齢者に対する凶悪犯罪比率は50％以上も減少した。高齢者に対する窃盗犯罪件数も，総数の減少と比べるとより緩やかな減少傾向を示している[19]。この傾向は，この時期に高齢者の所得が急激に増加した事実に関係があるかもしれない。この結果，高齢者の居住地と社会活動での選択結果が暴力的被害のリスクを最小化した反面で，窃盗などの物欲犯罪のターゲットとしてのリスクが増加した可能性がある。

(2) 犯罪加害者としての高齢者

　高齢者は，以上に見てきたように，犯罪被害者となる確率は低下する傾向にある。これに対して，高齢者が犯罪加害者となる確率は，実際にはその統

---

[16] See, for example, Harmeet Sjögren and Ulf Björnstig, "Unintentional Injuries among Elderly People: Incidence, Causes, Severity, and Costs," 21 *Accident Analysis and Prevention* 233 (1989); Jeanne Ann Grisso et al., "Injuries in an Elderly Inner-City Population," 38 *Journal of the American Geriatric Society* 1326 (1990).

[17] Randy L. LaGrange and Kenneth F. Ferraro, "The Elderly's Fear of Crime: A Critical Examination of the Research," 9 *Research on Aging* 372 (1987).

[18] 一般社会調査(GSS)のデータ(第4章　注44参照)によれば，80歳代の人びとの60％がこのような恐怖の感情を抱いている。これに対して，40歳代の人びとの同じ比率は，36.7％を占めるに過ぎない。

[19] U.S. Dept. of Justice, Bureau of Justice Statistics, *Criminal Victimization in the United States: 1973-92 Trends* 1, 13 (NCJ-147006, July 1994).

計的なデータが示す以上に低くなっている。アメリカでは，1992年度の逮捕者総数のなかで60歳から64歳までの比率は0.7％に過ぎず，65歳以上の高齢者の逮捕者比率も同じような低水準にある[20]。この二つの年齢集団は，アメリカでの15歳以上の年齢人口の20％以上を構成しているが，その逮捕者数は合計でもその1.4％に過ぎないことは驚くべき事実である。高齢者である65歳以上の逮捕者比率が少ないとしても，彼らは重大な暴力的犯罪を実行しているかもしれない。この重大な暴力的犯罪とは，たとえば殺人・暴力的強姦・銃器を使用した強盗・集団暴行などの犯罪類型によって構成されている。これらの犯罪類型の逮捕者総数は，たとえば単純強盗・窃盗・自動車窃盗・放火などで構成される財産的犯罪類型の総数と比較すると相当に少ない。けれども，この年齢集団での両者の差異はそれほど大きくはなく，それぞれの犯罪類型総数の0.6％と0.8％を占めるに過ぎない。この比率は，年齢集団を60歳から64歳までに変更してもそれほど大きな差異は生じない。これら高齢者による，暴力的・非暴力的な類型ごとの犯罪率に大きな差異がない事実は驚くに値する。とくに，暴力的犯罪者たちは，高齢者とみなされる年齢に到達する以前に殺されている蓋然的確率が高いと推定されるから，その驚きは一層強い印象を残すことになる。

　ここでは，前述した連邦政府による逮捕者に関する統計データを再度にわたって検討してみよう。高齢者の犯罪に関しては，われわれは過小評価している可能性があるからである。しかし，この統計データでは高齢の逮捕者数が少ないことは確かである。

　高齢者による犯罪という主題は，経済学的な分析を通じて初めて解明することができる。高齢者による犯罪は，合法的な雇用機会その他の社会的活動との関連において，個人の時間配分での費用・便益分析の結果が「合理的」である可能性がある[21]。しかし，この分析では，高齢者と若年者の間に見ら

20　この統計データは，以下参照。U.S. Dept. of Justice, Federal Bureau of Investigation, *Uniform Crime Reports: Crime in the United States 1992* 228（1993）(tab. 38). この逮捕者数に関する統計データは，犯罪者総数の推計に関する不完全な代理変数として用いている。しかし，私は，この年齢層における犯罪を実行したが逮捕されなかった人びととの総数という統計データは見出せなかった。なお，高齢者の犯罪に関する研究文献として，以下参照。Kyle Kercher, "Causes and Correlates of Crime Committed by the Elderly: A Review of the Literature," in *Critical Issues in Aging Policy : Linking Research and Values* 254（Edgar F. Borgatta and Rhonda J. V. Montgomery, eds., 1987）.

21　Donald J. Bachand and George A. Chressanthis, "Property Crime and the Elderly Offender: A

れる犯罪率の差異について説明できるものではない。

　高齢者による暴力的犯罪と非暴力的犯罪の比率データが極めて近似的といぅ事実は，高齢者に特有の虚弱性が彼らの強い遵法意識を支えている理由ではないことを示唆している。この事実を補強する他の証拠を挙げるならば，55歳から59歳の年齢集団でもその逮捕率は全体の1.1%であるから，充分な低下傾向を示しているという事実が挙げられる[22]。高齢者の虚弱性といぅ理由は，高齢者による犯罪率の低下傾向に一定の役割を果たしていることに疑問の余地はない。高齢者による犯罪の特徴は，他の成人集団のそれと比較すると，児童に対する性的加害行為を犯すという犯罪の特徴が際立っている[23]。高齢者人口の比率では，男性よりも女性が多いけれども，犯罪者比率は男性と比較すると女性の比率は圧倒的に少ないという特徴がある。けれども，高齢者による犯罪での特徴としての虚弱性や性的嗜好の偏りは，加齢に伴う犯罪行為に関する一般的傾向を説明する要因の一部でしかない。

　この高齢者と犯罪をめぐる傾向は，単純なライフ・サイクル理論による人間の動機や行動に関する説明に疑問を投げかける。とりわけ，現代のアメリカ社会のように，犯罪に対する主要な刑罰手段が懲役刑である場合にはその疑問はいっそう強くなる。犯罪者に対する刑罰は，たとえば非常に長期に及ぶ懲役刑の場合，受刑者がその受刑期間のほんの一部しか生存できないと仮定すれば，犯罪予防の効果的手段として機能しているとは言えない。とくに，高齢の受刑者については，彼らを監獄で死ぬまで留置するのではなく中途で仮釈放する慣行が長らく継続してきたことを考慮すると，この懲役刑による犯罪予防効果は疑問視されても当然であろう。高齢の犯罪者に関して

Theoretical and Empirical Analysis, 1964-1984," in *Older Offenders: Perspectives in Criminology and Criminal Justice* 76 (Belinda McCarthy and Robert Langworthy, eds., 1988).

22　U.S. Dept. of Justice, note 20 above, at 228 (tab. 38).

23　E.A. Fattah and V. F. Sacco, *Crime and Victimization of the Elderly* 39-48 (1989); cf. William Wilbanks, "Are Elderly Felons Treated More Leniently by the Criminal Justice System ?" 26 *International Journal of Aging and Human Development* 275, 282 (1988) (tab. 3). なお，高齢者による「機会主義的」な小児愛は，彼らが成人を強姦するにはあまりに虚弱であるために児童を性的犯罪の標的にするからである。しかし，このような高齢者犯罪に関する証拠については，その研究成果は極めて少ない。See A. Nicholas Groth, *Men Who Rape: The Psychology of the Offender* 144-145 (1979); Marc Hillbrand, Hilliard Foster, Jr., and Michael Hirt, "Rapists and Child Molesters: Psychometric Comparisons," 19 *Archives of Sexual Behavior* 65, 69 (1990).

は，常習犯罪者に対する刑罰である懲役刑で犯罪予防効果を期待することはほとんど不可能である。彼らへの懲役刑による刑罰効果は，犯罪予防効果を維持するためには軽すぎるからである[24]。この問題について，前述した多元的自己の概念を導入すると，状況はより複雑な混迷状態に陥ることになる。たとえば，若年者の自己は，彼の高齢者の自己とは別の人格とみなされると仮定してみよう。高齢犯罪者への長期にわたる懲役刑の役割は，それが犯罪の重大さと密接な相関があるならば，刑罰としての役割・機能は大きく異なる結果をもたらす。

　この問題を分析する際に，高齢者の犯罪率が低い事実をどのように解釈すべきだろうか。ここでは，いくつかの解釈を示すことができる。たとえば，経済学者への説明としては，犯罪は労働の一つの形態であるという説明が可能である。その労働から派生する生産性は関数で表示できるから，少なくとも犯罪行為の一部は人的資本投資の関数として解釈できる。この人的資本理論によれば，高齢犯罪者は，犯罪技能を新たに習得する人的資本投資を重視しないと予測できる。高齢犯罪者は，新たな人的資本投資をしなければ，犯罪行為で逮捕され有罪判決を受ける蓋然的確率は高くなる。刑罰の期待費用は，刑罰を受ける蓋然的確率に刑罰での不効用の現在価値を掛けた近似値である。したがって，刑罰による不効用の現在価値の低下は，刑罰を受ける蓋然的確率の増加によって相殺される。

　この高齢者による犯罪技能の習得は，合法的な職業労働でのそれと全く違う技能であるならば，この相互抑制的な効果が生じる可能性は大きくなる。高齢者における流動的知能の減退は，新しい技能習熟のための費用を増大させる。高齢犯罪者にとって，犯罪的技能の習得のための新たな人的投資から

24　実際に高齢犯罪者に対する刑罰は，比較的軽いという証拠が示されている。See Fattah and Sacco, note 23 above, at 72-75; Dean J. Champion, "The Severity of Sentencing: Do Federal Judges Really Go Easier on Elderly Felons in Plea-Bargaining Negotiations Compared with Their Younger Counterparts ?" in *Older Offenders: Perspectives in Criminology and Criminal Justice*, note 21 above, at 143; John H. Lindquist, O. Z. White, and Carl D. Chambers, "Elderly Felons: Dispositions of Arrests," in *The Elderly: Victims and Deviants* 161 (Carl D. Chambers et al., eds., 1987). しかし，別の証拠(Wilbanks, note 23 above)も示されている。たとえば，カリフォルニア州の刑事裁判では，高齢の重罪犯罪者は年齢以外の要因を統制した場合には，必ずしも軽い刑罰が選択される取扱いはなされていない。なお，高齢の犯罪者に対する刑罰軽減に関する連邦法は，懲役期間のガイドラインを示している。詳細については，第12章を参照。

得られる便益は，生存期待値が少なくなればそれに応じてその投資効果も少なくなる。それゆえ，高齢犯罪者の人的資本投資の費用は，若年者のそれと比較すれば相対的に高くなる。実際に高齢犯罪者たちは，高齢期に至ってからの新たな技能習得は期待できないから逮捕・有罪判決を受ける確率が高くなり，結果的に犯罪者としての費用負担は急激に上昇する。これらの理由によって，高齢犯罪者の犯罪活動に対する欲求は急速に低下する。彼らに対する刑罰軽減が現実に可能ならば，高齢犯罪者に対する刑事司法における寛大な取り扱いは最適な政策選択と言えるかもしれない。

　高齢犯罪者に刑罰を厳格に適用する政策は，懲役刑の刑期短縮に焦点を合わせた処罰軽減政策よりも重要な意味を持っている。この理由は，すでに前の各章で説明している二つの側面がある。第一の側面は，人びとの時間に内在する価値は，加齢とともにその価値(所得ではなく効用という意味で)を増加させている。たとえば，自由であることと収監されていることとの時間的な差異は，学術的意味での主題としても重要な差異がある。ある人は，老人看護ケア施設に入居していることは，監獄に収監されている以上に自由ではないと感じているかもしれない。実際に，老人看護ケア施設と刑務所の高齢者監房の相違はほとんど存在しない。衰弱した高齢者には，犯罪を実行する潜在的能力自体がないのである。

　第二の側面は，全ての人びとの未来は，これまでの人生によって制約されるわけではないという理由から派生する。高齢者は，若年者と比較すると，死後の世界での生前の善行は報いられ悪行は罰せられると信じている可能性が高いと仮定してみよう。彼らは，犯罪行為によって科せられたいかなる刑罰も，彼の身体的な死によってその効果が消失すると考える可能性は少ないかもしれない。同様に，高齢者は自身の名誉を保って死にたいと思っていると仮定してみよう。現代では，たとえば父親の犯した罪が子供たちやその子孫たちにも引き継がれると考える人びとは少なくなっている。家族という社会的単位は，良かれ悪しかれそれ自身の社会的評判を持っているけれども，その構成員が社会的に利益のある取引行為を行う条件に影響を与えると考える人びとも少数になっている。しかし，「家族の名前に恥辱をもたらす」という観念は，完全に時代遅れになっているわけではない。たとえば，ある高齢者がその家族構成員に利他的な感情を持っており，その家族が彼の生きがいであったと仮定してみよう。彼が犯罪行為を実行したならば，家族の社会的評判を貶めるという費用負担を若年の家族メンバーに課すという不効用を

もたらす。彼が高齢であれば,「社会的評判としての遺産」を含めてその遺産動機が大きくなる。彼の効用は効用関数として表現できるが,ある効用はその死後の効用関数を増加させる一方で,社会的評判の失墜は他の全ての効用を消失させるほど大きい可能性もある。

　私の分析は,他の要素が等しいと仮定すれば,高齢者の犯罪率は今後とも上昇すると予測している。その原因として,以下の二点を挙げることができる。第一に,特定の犯罪類型に対する刑の重罰化が進行する(死期が切迫した懲役囚への仮釈放が促進される一方で重大犯罪への懲役刑は長期化する)と予測できるからである。第二に,実際に犯罪を実行するためには新しい技能習得は必ずしも必要ではないからである。たとえば,高齢者による飲酒運転を理由とする逮捕者数(運転マイルの距離単位で)は,若年者と比較すると増加する傾向を示している。高齢者にとって自動車の運転技術は,新たに習熟する必要がある技能ではない。けれども,高齢ドライバーは若年者と比較すると,飲酒運転で実際に逮捕される比率は今後とも低いままだろうと予測できる。飲酒運転による交通事故の期待費用は,若年者よりも高齢者の方が大きいからである。私が高齢者の犯罪予測について利用している統計データは,前述のように,年齢別の犯罪発生確率を公表している逮捕に関するデータである。このデータによれば,65歳以上の高齢者の逮捕率はわずか0.7％に過ぎない。しかし,飲酒運転による逮捕率は,同じ年齢集団でも1.3％にまで上昇する(人口対比の高齢者比率で見ると低い水準にある)。これに対して,文書偽造ないし通貨偽造で逮捕された者の比率は,同じ年齢集団でも0.3％にまで落ち込んでいる[25]。

　ここまでは,高齢者の犯罪率の低さについて,主として犯罪行為に必要とされる費用に焦点を合わせて議論してきた。高齢者の犯罪率の低さに関するもう一つの説明は,高齢者の犯罪行為の一部についてのみ適用可能な説明かもしれない。ある種の犯罪は,便益を生み出すために比較的長い時間が必要であり(長年にわたって憎んできた敵を殺害する場合など),若年者ほどその便益が大きい犯罪類型がこれに該当する。この犯罪類型は,実際には投資行為であると考えるべきかもしれない。高齢者はその老い先が短いために,この投資行為からの見返りが期待できないことを知っているのである。

25　Computed from U.S. Dept. of Justice, note 20 above, at 228 (tab. 38).

(3) 常習的な犯罪者

　私は，高齢者になるまで遵法意識を維持する人びとについて，さまざまな考え方を巡らせてきた。これに対して，その対極に位置する人びと，つまり常習的犯罪者とはどういう人びとなのだろうか。彼らは，高齢になると燃え尽きたように見えるのはなぜだろうか[26]。これらの常習的な犯罪者の中には，犯罪行為に特化した技術に習熟した人びとが存在する。彼らのほとんどは，家族ぐるみで染みついた汚名を背負っており，遵法精神に立ち戻って宗教的な懺悔を行う可能性はありえない人びとである[27]。このような常習的犯罪者は，加齢による流動的知能の減退を考慮すると，高齢になって犯罪活動から足を洗って職業転換するように期待することは，高齢になってから犯罪行為に手を染めることと同様に困難である。犯罪的な職業と言っても，それなりの修練が必要であるし危険でもある。これらの犯罪的職業は，普通の温和で安全な職業と比べると健康面でも負担がかかるので，結果的にはその引退時期も早くなる。ここでは，第4章で議論した，ストレスと虚脱感の関係について思い出してみよう。職業的な犯罪行為については，明確とは言えない分類ではあるが，逮捕および起訴段階における実務的分類がある。犯罪行為に習熟していない人びとは，繰り返し逮捕されるために，彼らが実行した犯罪行為は社会的に非難されるべき行為であったことを学習する。結果的に，彼らは犯罪者集団から零れ落ちて脱落してゆくことになる。これに対して職業的に習熟した犯罪者たちは，本来ならば逮捕や有罪判決を受ける機会をたびたび免れているために，高齢者の犯罪統計データでは結果的には過小評価されている。このため，彼らの実態を高齢者の逮捕記録から推計するためには統計データ自体が不完全であるから，全ての高齢者が必ずしも遵法精神に富んでいるとは言えない。

　犯罪者が早期に「引退」の意思決定をする重要な要素は，犯罪行為に当たって逮捕・有罪判決の頻度や確率が次第に上昇することがその主たる原因となっている。この結果，彼らは犯罪者リストに登録され，警察も彼らを捜査・逮捕しやすい対象者とする結果となる。彼らは，犯罪容疑者として法廷

26　もちろん，全ての人がそうだというわけではない。人的資本理論が示唆するように，「専門職」的な犯罪者は，素人より長く犯罪者の世界にとどまるために犯罪技術に投資し続けると言われている。Evelyn S. Newman et al., *Elderly Criminals* 8-11 (1984).

27　Lee Ellis, "Religiosity and Criminality: Evidence and Explanations surrounding Complex Relationship," 28 *Sociological Perspective* 501 (1985).

で証言を求められる場合，彼らの犯罪記録は彼らの証言の信頼性を毀損するために利用される。このような結果の予測は，前科を持つ容疑者の証言機会を抑制するとともに，有罪判決を受ける確率を(彼が証言した場合以上に)増加させる。彼らの裁判に参加した陪審員たちは，裁判官は別の説示を行うかもしれないが，被告人が証言を拒否して黙秘した場合，しばしばそれを彼らの有罪を推定する根拠と判断する。結果的に見ると，常習的犯罪者は，逮捕され有罪判決を受ける確率が高くなる(以下で検討する事実を無視すれば，彼らは初犯者よりもその確率は高くなっている)。彼らは，常習的犯罪者として重罰を受けやすい立場に立っている。彼らは，初犯者と比較すると，すでに有罪判決を受けているために刑罰の期待費用は高くなっており，その期待費用は有罪判決ごとに累積されてゆく。結果的に，彼の刑罰の期待費用が高くなるために，仮釈放の余地があるとしても，職業的犯罪者としての活動は抑制されて「引退」を余儀なくされる。しかし，高度に熟練した犯罪者は，例外的に逮捕・有罪判決を免れていることがありうる。いずれにせよ，加齢とともに犯罪記録が分厚くなることは，職業的犯罪者にとってそれが負の相関関係を示すことになる。

　一般的には，初犯者よりも常習的犯罪者に重い刑罰を課すことは当然であると考えられている。常習的犯罪者に対する重い刑罰は，加齢に伴う能力低下とともに，仮釈放の余地はあるとしても懲役刑による犯罪抑止効果の上昇が期待できる。この問題は，第3章で議論したように，終末期における事前の調整的補償という問題とパラレルに考えるべき問題である。犯罪者への懲役刑という期待費用は，加齢に伴う能力減退で引退に近づいたことを自覚させる効果がある。この効果は，犯罪生活か他の職業生活かの違いがあるとしても，加齢に伴って労働者の解雇される確率が高まる場合と同様である。加齢に伴う能力減退は，ある閾値において(重要な概念であるが，詳細は第12章で検討する)常習的犯罪者の懲役期間が調整される結果となる。常習的犯罪者の中で「歴戦の勇士」として名声を持つ犯罪者は，加齢を重ねても犯罪から足を洗わない場合がある。常習的犯罪者に対する重罰を正当化する議論は，刑罰を受けることで学習する効果があるという理由にある。刑罰による期待費用は，犯罪から獲得されるのは経験の価値であるから，犯罪はわりに合わないことを刑罰によって学習する効果が期待されているのである。

　職業的な常習的犯罪者についての議論は犯罪記録のデータにおいて高齢者の犯罪比率が「極めて」低い理由を明らかにする。その背景には，加齢に伴

う能力減退と高齢者の職業選択という二つの効果が介在している。真面目な職業に就いていた人びとは、高齢者になってから犯罪行為に手を染めるならば費用便益比率は逆転する。これに対して、若年のころから犯罪を職業として選択した人びとは、幸運にも逮捕や有罪判決を一度も受けなかった場合を除けば、高齢期まで犯罪者として生き延びることはほとんどありえない。どちらの場合でも、高齢者に関する犯罪統計データには記録されない結果となる。

3 自殺

高齢者の犯罪率は、すでに検討してきたように、加齢に伴って低下する傾向がある。これに対して高齢男性の自殺率は、成人に達した後の早期の段階でいったん低下するが、その後は加齢とともに一本調子で上昇する傾向を示している[28]。高齢者の犯罪と自殺の関係は、暴力的性向が異なる方向に進んだ表現であると仮定するならば、この統計データにおける両者の不一致は謎めいている。この仮定が否定される場合には、経済学的なアプローチが登場する場面となる。人間の生存に伴う効用は、苦しみや悲しみその他の価値喪失に伴う不効用も含めて、加齢とともに減少する傾向が示される。高齢者にとって、生存のために残された時間的価値の低下は、人生における苦悩のために上昇するカーブとある時点で交差する。この問題に関連して、ゲリー・ベッカーとレベッカ・キルバーンは、以下のような二つの論点を提示してい

28　U.S. Senate Special Committee on Aging et al., *Aging America: Trends and Projections* 115 (1991 ed.). たとえば、1990年における人口10万人当たりの自殺率は、65歳から74歳では34.2人、75歳から84歳では60.2人、85歳以上では70.3人という数値を記録している。これに対する比較データを示すならば、35歳から44歳では25.3人に過ぎない。U.S. Bureau of Census, *Statistic Abstract of the United States 1993* 99 (113th ed.) (ser.137). この統計データの年齢に対応するパターンは、諸外国にも見受けられる。たとえば、フィンランドは西欧諸国で最も自殺率が高い国であるが、自殺率のピークは55歳から64歳の年齢層である。また、デンマークとドイツの自殺率のピーク年齢は、ほぼこの年齢層と次の年齢層(65歳から74歳)である。これに対してアメリカでは、ピーク年齢は75歳以上になっている。See World Health Organization, *World Health Statistics Annual*, various years. なお、アメリカと諸外国における高齢者の自殺率について、優れた分析・検討を行っている文献として以下参照。John McIntosh, "Epidemiology of Suicide in the Elderly," in *Suicide and the Older Adult* 15 (Antoon A. Leenaars et al., eds.,1992).

る[29]。第一に，幸福に関する認識は相対的であるため，加齢現象は「主観的に」充分満足している人びとにも急激な効用の低下を惹き起こす可能性がある。彼らは，自分の現在の状態を他人のそれとの比較ではなく，若年者であったころの自身のそれと比較するからである。第二に，若年者にとって期待効用の構成要素は，生存の継続を前提とする「選択肢」の価値である。この価値は，彼らの生存の質が将来のある時点で大きく改善される可能性をもたらす。しかし，この選択肢に内在する価値は，高齢者にとって極端なまでに減衰している。加齢現象は，この生存の質の改善に関する主観的価値のみならず，客観的価値をも減衰させる。加齢現象は，若年者が保有する楽観的な考え方を消失させる。高齢者には，生存に伴う生活改善効果があるとしても，それを享受する時間は限られている。加齢現象は，これらの理由により，生存を維持するための選択肢の価値を減衰させるのである。

家族的な利他主義は，死の恐怖を含む自殺に伴う費用と同様に(詳細は第10章で検討する)，高齢者が自身の生命を終わらせることを防止する効果を持っている。この家族的な利他主義の効果は，高齢者を取り巻く状況を考えると，自身の生命維持に関する期待効用が消極的である環境でも変わりはない。あるいは，このような想定自体が間違っているのかもしれない。自殺に対する社会的な非難は，犯罪行為に伴うそれよりも少ないし，ある特定集団の内部では全く存在しないかもしれない。少なくとも，健康状態が極端に悪い高齢者の自殺に対しては，社会的非難の声は全く挙がらないかもしれない。また，この自殺に関する社会的評価は，家族集団に内在する「名声」にもそれほど大きな影響を与えないかもしれない。家族的な利他主義は，自殺に伴う期待効用を減少させるよりむしろ増加させる場合もある。高齢者の自殺によって，相続財産の承継が加速される場合がそれに該当する。高齢者の自殺によって，彼の消費はゼロにまで減少する。彼が豊富な相続財産を保有している場合には，彼が相続人よりも効率的な消費者でない限りその生存期間の終了は相続人により多くの消費機会を付与する結果になる。

人びとの効用は，所得に対する正の関数である。高齢者の所得は，ここ数十年間で飛躍的に増加している。アメリカでは，この半世紀の間で白人男性

---

[29] Gary Becker and M. Rebecca Kilburn, "The Economics of Misery" (unpublished, University of Chicago Dept. of Economics, Dec.19, 1993).

の高齢者の自殺率が大幅に低下した[30]。この統計データ結果は,経済的に豊かになったことのみが理由であればそれほど説得力があるとは言えない。65歳以上の高齢者の自殺率は,アメリカの繁栄時代であった1980年代から上昇傾向を示しているからである[31]。アメリカの人口は,この間にも急速に増加し続けていた。この人口増加は,極端に高齢の年齢集団のみが増加したわけではない。彼らの年齢集団の効用レベルは,とくに貧弱だったのかもしれない。白人男性の65歳から69歳の集団の自殺率は,1981年から1989年の間で上昇しているからである[32]。

高齢者の自殺についての非経済学的な説明は,うつ病が自殺リスクを増大させている原因だという説明である。この説明は,高齢者の間では多く受け入れられている[33]。しかし,うつ病が彼らの間で本当に脅威となっているという証拠はない[34]。この主張を認めるとすれば,われわれは「うつ病 (depression)」の定義について,人びとを自殺に駆り立てる神秘的な症状という循環論的な定義を与える以外にない。うつ病は,生活の質の改善やその見通しの低下についての合理的評価や,明確な器質的疾患と区別して認識することが困難である。これは,「うつ病リアリズム」と呼ばれる症状である (第5章参照)。ある研究者は,高齢者の自殺はうつ病に起因するという前提

30　Patricia L. McCall, "Adolescent and Elderly White Male Suicide Trends: Evidence of Changing Well-Being?" 46 *Journal of Gerontology* S43, S44 (1991) (fig. 1); Dan Blazer, "Suicide Risk Factors in the Elderly: An Epidemiological Study," 24 *Journal of Geriatric Psychiatry* 175, 177 (1991); James R. Marshall, "Changes in Aged White Male Suicide: 1948-1972," 33 *Journal of Gerontology* 763 (1978).

31　Nancy J. Osgood, *Suicide in Later Life: Recognizing the Warning Signs* 10-13 (1992); Mark S. Kaplan, Margaret E. Adamek, and Scott Johnson, "Trends in Firearm Suicide among Older American Males: 1979-1988," 34 *Gerontologist* 59 (1994).

32　Calculated from Bureau of the Census, *Vital Statistics of the United States*, 1965-1989.

33　See, for example, Kalle Achté, "Suicidal Tendencies in the Elderly," 18 *Suicide and Life-Threatening Behavior* 55, 57 (1988).

34　See James C. Anthony and Ahmed Aboraya, "The Epidemiology of Selected Mental Disorders in Later Life," in *Handbook of Mental Health and Aging* 27, 42, 46 (James E. Birren et al., eds., 2d ed. 1992); Blazer, note 30 above, at 182-183; Gerda E. Gomez and Efrain A. Gomez, "Depression in the Elderly," *Journal of Psychological Nursing*, no.5, p.28 (1993). うつ病の症状の多くは,文章表現で議論することが困難なものが多い。たとえば,無気力・味覚喪失・睡眠障害などがその例である。これに加えて,高齢期の身体的不調には,うつ病に類似的な症状が多く存在する。

で，高齢者にペットを提供する治療方法を推奨している[35]。私は，最もセンティメンタルな愛猫家の一人であるが，この世界で「ペット・セラピー」の価値に疑問を提示する最後の一人になりたいと思っている。より正確に言えば，高齢者の幸福を増加させる手段として，少なくとも治療方法という印象を薄める表現にすべきだろう。つまり，これは「臨床的なうつ病」に対する「治療」としてではなく，自己破滅の衝動を抑制する方法として推奨すべきものであることを意味している。

　高齢者の高い自殺率は，選択的バイアスが介在するために，極めて注目に値する現象である。高齢者と若年者を比較して，それぞれの行動パターンの年齢別効果を測定すると，自殺は年齢と相関しない普遍的な現象として理解できる。自殺する人びとの多くは，比較的に若いときに自殺を実行している。このため高齢者の自殺率は，自殺に関する選択的バイアスのある調査サンプルとなっている。＜図6.1＞と＜図6.2＞は，当惑する事実を明らかにしている。高齢者の多くは，若年者・中年者と比較すると，治癒不能な疾病や生活に疲れたという理由でする自殺行為は悪いことだと思っている比率が高

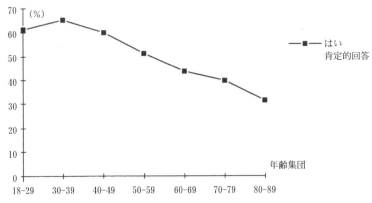

＜図6.1＞　もし疾病が治癒不能であれば，自殺することは認められるか

35　Nancy J. Osgood, Barbara A. Brant, and Aaron Lipman, *Suicide among the Elderly in Long-Term Care Facilities* 115, 140 (1991). なお，伝統的なうつ病に対する精神療法を高齢者に適用する困難性について，以下参照。Dan G. Blazer, "Affective Disorders in Late Life," in *Geriatric Psychiatry* 369, 370-371 (Ewald W. Busse and Dan G. Blazer, eds., 1989).

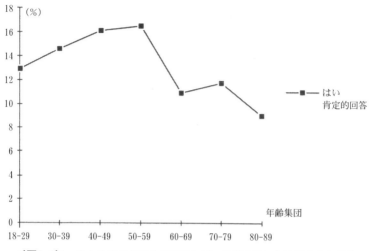

<図6.2> もし生活に疲れたのであれば，自殺することは認められるか

いのである[36]。

　この選択的バイアスは，高齢者の自殺パターンを説明するために，さらに重要な役割を果たすことになる。高齢者による自殺の試みは，若年者によるそれと比較すると，より慎重で衝動性が少なくその成功確率が高いという特徴がある。衝動的に自殺しやすい性向の人は，高齢期に達する以前にすでに実行してしまっている可能性が高いからである(証拠については第10章参照)。高齢者の自殺は，臨床的な疾病としてのうつ病に起因する可能性が高いという事実もある(そのようなうつ病が実際に存在しなければ，私がすでに疑問を提示したように高齢者の自殺は若年者のそれよりも広がっているだろう)。うつ病の症状で苦しんでいる人びとは，年齢別にみると不均衡とも言うべき数の人びとが高齢期になる以前に自殺を実行しているからである。

　年齢別に見た自殺率の急激な変化は，男性についてのみ見受けられる特徴である。女性の自殺率は，男性よりも相対的に低いのみならず，加齢に伴っ

36　<図6.1>と<図6.2>の統計データの出所は，前掲の一般社会調査(General Social Survey)である。See note 18 above. しかし，年齢コーホートによって影響されている可能性は，統計的に排除されていない。

て上昇する傾向を示さない。男性の自殺率は，女性のそれと比較すると全年齢層では3.81倍であるのに対して，65歳以上の高齢者である年齢層では6.10倍に達している[37]。男性と女性の性別による自殺率は，若年者よりも高齢者になって以降の方が大きな差異を生んでいるのである。しかし，この男性と女性の自殺率に関する分散についても，またその年齢層での分散の相違についても，一般的に受け入れられるような説明変数は存在しない。

4　金銭的な吝嗇性

　幸運なことに，これまでに取りあげてきた自動車の運転・犯罪行為・自殺などは，高齢者にとって主要な社会活動とは言えない。高齢者にとっての主要な社会活動は，労働・余暇および自身に対するケアを含む家事労働である[38]。しかし，高齢者の社会活動に現れる些細ではあるが極めて興味深い特徴として，彼らの金銭的な吝嗇性という特徴がある。たとえば，商品クーポン券による購買やバーゲン商品の購入などがその代表例である。若年者たちは，高齢者が少しばかりの金銭を細かく計算して出し惜しみする金銭的な吝嗇性に驚嘆している。しかし，この高齢者の金銭的な吝嗇性は合理的行動であると考えられる。引退した高齢者の時間的費用は非常に安くなっている。彼らの金銭的な吝嗇性は，たとえば注意深い買い物行動などは，彼らの時間集中的な活動とみるべきである。引退した高齢者は，彼らが働いていた現役時代と比較すると所得水準は一般的に低下している。彼らにとって引退後の追加的な1ドルの価値は，現役時代における価値よりも大きくなる(所得の限界効用逓減を仮定している)。高齢者にとって，金銭的な吝嗇性に必要とされる時間的費用は低下する一方で便益は相対的に大きくなっている。高齢者は若年者以上に，金銭的な吝嗇的行動をすると仮定して考えるべきであろう。高齢者の金銭的な吝嗇性に関するもう一つの説明は，彼らにとってそれはゲームであるとする解釈である(いくら節約できるかを賭ける)。このゲームによる娯楽的価値は，加齢現象によって他の娯楽機会が失われた人びとにとって重要な価値を持っている。彼らにとってこのゲームは，精神的な明敏さを維持しているか否かを証明する機会も提供している。

37　Robert Travis, "Suicide in Cross-Cultural Perspective," 31 *International Journal of Comparative Sociology* 237, 241, 244 (1990) (tabs. 1,2).この統計データは，1986年のアメリカのデータである。
38　高齢者の消費および貯蓄行動については，すでに第4章で議論している。

経済学は，合理的な個人を想定して経済現象を考察している。この経済学の思考方法を前提として考えると，高齢者である自己は，若年者の自己よりも同一の1ドルの金銭からより多くの効用を引き出すことができるという想定には異論があるかもしれない。この想定は，若年者の自己が貯蓄した金銭を高齢者の自己に再配分することを通じて，限界的な1ドルの効用を彼の全生涯にわたって等しく配分することを想定している。合理的な個人は，全生涯を通じてその効用を最大化するという想定である。この想定は，若年者である自己が自身の全生涯を通じてその所得配分をコントロールできることを前提としている(高齢者の自己は，若年者の自己による所得や消費について全く抑制することができない)。また，若年者の自己は，高齢者の自己の便益を彼自身のそれと等しく取り扱うと想定している。しかし，彼がそのように行動するという想定は自明なことではない。なお，この多元的自己をめぐる問題については，第4章において議論しているのでここでは省略する。

5 性的活動

有名なキンゼイ報告(Kinsey reports)によれば，男性の性的活動は30歳ころから，また女性のそれは40歳ころから次第に減退すると報告されている[39]。最近の調査データでは，性的活動の減退開始の年齢を判断する際に，前年度において性的活動が不活性であった人びとの比率を最低限の判断基準として用いている。これによると，男性の場合には50歳代であるが，女性の場合には20歳代であると報告されている。しかし，女性の性的活動の減退比率は50歳代までは20％以下であって，50歳代後半になってようやく40％を超えるに過ぎない。これに対して，男性の性的活動の減退比率は，50歳代までは16％である。男女ともに高齢者の性的行動は活発で，その中には相当の高齢者でもなかなか健在な人びともいる。65歳から69歳の年齢集団では，男性のほとんど80％と女性の約40％がそれぞれ性的に活動的とされている。また，80歳から84歳の年齢集団でも，男性の40％以上が現役であるが，女性の場合にはその比率は10％以下に低下している[40]。加齢現象の一部として

---

[39] Alfred C. Kinsey, Wardell B. Pomeroy, and Clyde E. Martin, *Sexual Behavior in the Human Male* 220-221 (1948) (tab. 44 and fig. 34); Kinsey et al., *Sexual Behavior in the Human Female* 548 (1953) (tab. 153). しかし，キンゼイ報告における高齢者の男性のサンプルは少数であり，また高齢者の女性のそれも極めて少数に過ぎない。

[40] Edward O. Laumann et al., *The Social Organization of Sexuality: Sexual Practices in the United*

性的活動を考えるならば，性的欲望の減退は両性ともに見受けられるが，高齢者となってもゼロにまで減退するには至らない[41]。加齢とともに性的活動のオーガスムに至る能力は減退するが，女性よりも男性の方がその能力維持のレベルは高い。男性の性的活動能力は，女性のそれよりも高い理由はなぜだろうか。その理由として，以下の二つの理由が考えられる。まず，女性の生殖能力は男性と比較するとより早い年齢で終息するという，人間の生殖に関する遺伝的特質が考えられる。平均的に見ると(生体的な要件として)，高齢者の女性は全ての年齢層の男性に対して魅力を喪失するが，高齢者の男性は全ての年齢層の女性に対して魅力を維持する確率が高くなっている[42]。また，高齢者の人口比率でも，男性よりも女性の方が多いという理由もある。現代社会では，女性の平均寿命の方が男性のそれよりも相当に長いからである。

高齢者の性的活動に関するこれら二つの要素(相対的な魅力度と人口対比)は，「性的活動の有効比率(effective sex ratio)」として構成することができる。この比率は，性的能力の利用可能な比率を示している。つまり，高齢者の中で性的関係の活用を期待される男性と女性の比率であるが，女性の場合にはその比率が極めて小さくなっている。若年者の間での低い性的有効比率は，

States 80, 90, 92-93 (1994) (tab.3, 4 and fig. 3.1). なお，この資料の60歳以上のデータの出所は，前述の一般社会調査(G.S.S.)である。See note 18 above. また，60歳以下のデータは，シカゴ大学が実施した全国健康社会生活調査(N.H.S.L.S.)からの抽出データである。不幸なことに，この調査は，これまでに実施された調査ではアメリカ国民の性的活動に関する包括的な抽出調査ではあるが，対象年齢が18歳から59歳までの人びとに限定されている。なお，その他の高齢者の性的活動レベルに関する推測資料については，以下参照。Ananias C. Diokno, Morton B. Brown, and A. Regula Herzog, "Sexual Function in the Elderly," 150 *Archives of Internal Medicine* 197 (1990); Judy G. Bretschneider and Norma L. McCoy, "Sexual Interest and Behavior in Healthy 80-to 102-Year-Olds," 17 *Archives of Sexual Behavior* 109 (1988); Edward M. Brecher et al., *Love, Sex, and Aging: A Consumers Union Report* (1984); John W. Lorton and Eveleen L. Lorton, *Human Development through the Lifespan* 497-499 (1984).

41　For good discussions, see Arshag D. Mooradian and Vicki Greiff, "Sexuality in Older Women," 150 *Archives of Internal Medicine* 1033 (1990); David L. Rowland et al., "Aging and Sexual Function in Men," 22 *Archives of Sexual Behavior* 545 (1993).

42　See, for example, Mary B. Harris, "Growing Old Gracefully: Age Concealment and Gender," 49 *Journal of Gerontology* p. 149, p. 156 (1994). Of course, there are exceptions. See Lois W. Banner, *In Full Flower: Aging Women, Power, and Sexuality: A History* (1992). ここでは，私は，単なる統計的データを一般化して示しているに過ぎない。

男性の場合には，性的関係の乱交状態や低レベルではあるがレイプや児童に対する性的虐待(性的関係を好む成人女性の供給が少ないわけではない)なども反映している。これに対して，女性の場合には，低い婚姻率や婚姻関係にない非嫡出子の高い出生率などが反映されている[43]。高齢者の間における性的有効比率の低さは，若年者のそれとは別の影響を考えるべきだろう。この性的有効比率は，加齢による性的欲望とその行動様式および生殖能力などによって変化するからである。のみならず，高齢者の間で性的関係を持つ機会は，彼らが若年の時に選択した側の性の関数によって影響を受ける。高齢期において新しい性的関係を形成することは，その費用は便益と相関関係があるから，とくに高齢女性の性的活動は婚姻関係と高い相関関係にあると想定できる(現に実証されている)[44]。この相関関係は，高齢女性にとっては望ましくない関係である。高齢女性の多くは，男性と比較すると死別や離婚によって配偶者がいない場合が多いからである。1989年度の統計データによれば，65歳から74歳の男性の78.4％は婚姻して配偶者と一緒に生活している。けれども，この年齢集団の女性では，その比率は51.4％に過ぎない。さらに，85歳以上の年齢集団で比較すると，その格差は一層大きくなっており，男性の48.2％に対して女性のそれは9.1％に過ぎない[45]。老年学の研究者たちの何人かは，男性の過小供給を緩和する方策として，高齢者には一夫多妻制を認める必要があると真面目に提案している[46]。高齢女性の性行動については，男性の過小供給のために同性愛関係への転換(「機会主義的な同性愛」)が生じているとか，マスタベーションの頻度が高くなっているという証拠も示されている[47]。これらの性的代用品の利用を考慮に入れても，若年者と比較すると，高齢者の間では男性の性的活動比率は女性のそれよりも相当

---

43 Richard A. Posner, *Sex and Reason* 136-141 (1992).

44 Stephen J. Weiler, "Aging and Sexuality and the Myth of Decline," in *Aging: Stability and Change in the Family* 317 (Robert W. Fogel et al., eds., 1981); Bretschneider and McCoy, note 40 above, at 126-127.

45 U.S. Senate Special Committee on Aging et al., note 28 above, at 184 (tab. 6-1). For more detailed statistics, see Jacob S. Siegel, *A Generation of Change: A Profile of America's Older Population* 300-311 (1993).

46 Diana K. Harris and William E. Cole, *Sociology of Aging* 234-235 (1980).

47 See Brecher et al., note 40 above, at 215 ; Catherine G. Adams and Barbara F. Turner, "Reported Change in Sexuality from Young Adulthood to Old Age," 21 *Journal of Sex Research* 126, 133-134, 139 (1985).

に高いことは明らかである[48]。

　高齢男性の異性愛からその同性愛へとその視点を転換すると，別の状況が見えてくる。伝統的な見解によれば，若者の同性愛はサブ・カルチャーとして流行しているが，高齢男性の同性愛は哀れな存在であると言われている[49]。しかし，この見解は，最近の研究によって批判的な挑戦を受けている[50]。同性愛の男性は，異性愛の男性と同様であるが（彼らは性的な指向性以外ではほぼ同じである），女性たちの関係では見られない現象として若年者に大きなプレミアムを感じている[51]。その原因の一つは，同性愛の高齢男性は，異性愛の高齢男性よりも無償の性的な接触機会が少ないという理由がある[52]。別の説明としては，同性愛の高齢男性は，異性愛の高齢男性と比較すると単独で生活している比率が高いという特徴が挙げられる[53]。

48　Lorton and Lorton, note 40 above, at 499 ; Maj-Briht Bergström-Walan and Helle H. Nielsen, "Sexual Expression among 60-80 Years Old Men and Women : A Sample from Sweden," 27 *Journal of Sex Research* 289, 291 (1990); see also Adams and Turner, note 47 above. これらは，とくに高齢者の年齢集団では事実として確認されている。ここでは，80歳から84歳の年齢集団における男性と女性の性的活動の統計データと相関比率を思い出してほしい。

49　See, for example, John H. Gagnon and William Simon, *Sexual Conduct: The Social Sources of Human Sexuality* 149-151 (1973).

50　See, for example, Mary Riege Laner, "Growing Older Male: Heterosexual and Homosexual," 18 *Gerontologist* 496 (1978); Heather Gray and Paula Dressel, "Alternative Interpretation of Aging among Gay Males," 25 *Gerontologist* 83 (1985).

51　See, for example, Gray and Dressel, note 50 above, at 84-85; John Alan Lee, "What Can Homosexual Aging Studies Contribute to Theories of Aging ?" 13 *Journal of Homosexuality* 43, 62 (1987).

52　Cf. Brecher et al., note 40 above, at 225; Douglas C. Kimmel, "Life-History Interviews of Aging Gay Men," 10 *International Journal of Aging and Human Development* 239, 245 (1979); Raymond M. Berger, *Gay and Gray: The Older Homosexual Man* 159-160, 164, 185 (1982). この文献は，同性愛の高齢者男性（40歳以上）は若年者の男性との社会的接触機会が少ないと指摘している。

53　Compare Jean K. Quam and Gary S. Whitford, "Adaptation and Age-Related Expectations of Older Gay and Lesbian Adults," 32 *Gerontologist* 367, 370 (1992) この文献では，男性と女性の50歳から73歳までの同性愛者のサンプルにおいて，男性同性愛者の63％以上が単独居住者となっている。D. C. Kimmel, note 52 above, at 242. ここでは，55歳から81歳までの男性の同性愛者14人の中で10人が単独居住である。この文献中の図表では，65歳から74歳の男性のうち78.4％が配偶者と同居している。これは，高齢者の集団（ほとんどが異性愛と推定される）の21.6％が単独居住であると推定できる (See also A. J. Lucco, "Planned Retirement Housing Preferences of Older Homosexuals," 14 *Journal of Homosexualitiy* 35, 50 [1987]。なお，実際の統計データでは，これらの男性は配偶者以外の人と居住している

高齢者になってから新しい人間関係を創りだす費用は，その性的活動にさまざまな影響を及ぼすことになる。この影響は，すでに指摘したように，高齢者は性的犯罪の代わりに児童に対する性的虐待を行う傾向があり，また性的関係の代替手段としてマスタベーションを採用する傾向が現れる[54]。より広い視点から考えれば，未婚の高齢者の間では，性的「市場」における「一時的」ないし「関係的」な契約を通じてその代替的機能を実現させる傾向が成立していると考えるべきだろう。高齢者にとって，新しい人間関係を形成するには高い費用負担が必要だからである。

6　労働と余暇

　労働生活からの引退の時期を決定する要素については，すでに第4章で議論したけれども，その検討のプロセスは充分なものではなかった。そこで検討されなかった要素には，引退に関連する社会的給付の構造が含まれる。アメリカの連邦政府が所管する社会保障制度では，満額の老齢年金の受給要件である70歳に達する以前から早期減額年金の受給が認められている。しかし，早期老齢年金の受給資格要件は，労働によって充分な就労所得が得られないことを前提条件としている。その給付の前提条件設定の効果は，引退から70歳に達するまでの期間，早期老齢年金の受給資格が認められる人びととの所得には重い所得税が課されることにある。社会保障給付に対する所得税は，他の「就業所得」に対する課税よりも軽減されているし，また社会保障給付に対する課税が免除される場合もある。たとえば，ある個人が引退する時点で3万ドルの就業所得を得ている場合，引退後に社会保障給付として2万ドルを受給するならば，彼は就業所得の3分の2の所得税を支払っていると認められる。社会保障給付の受給資格は，比較的若い年齢段階で認められると給付の効果は大きくなり，結果的には早期引退に向けての刺激的効果

ために，21.6％より低い数値になっている。しかし，女性の同性愛のサンプルでは，単独居住者は41％である。これは，65歳から74歳の年齢集団の女性で，結婚していないが配偶者と居住している比率(48.6％)よりも低い数値である。多くの人びとは単独居住を好んでいないから，この数値は他の証拠が示すデータと整合的である(たとえば，Posner, note 43 above, at 306-307)。また，女性の同性愛者は，男性の同性愛者と比較すると幸福と感じる比率が高い。しかし，高齢女性の同性愛者に関する別の研究は，現在でも「性的関係がある」とする回答者は18％に過ぎない。Monika Kehoe, "Lesbians over 65 : A Triply Invisible Minority," *Journal of Homosexuality*, May 1986, p.139.

54　Simone de Beauvoir, *Old Age* 322-323 (1972); Lorton and Lorton, note 40 above, at 498-499.

も大きくなる。人びとが65歳に達した後に引退するならば、その5年後に労働市場に再度参入することは予測できないから、社会保障給付の全額を受給することが認められる[55]。彼らの労働に関する人的資本である熟練技能は、結果的には完全に放擲されることになる。

　この社会保障による公的年金給付プログラムの効果は、高齢者の労働参加率に対する影響に関する限り、民間の企業年金プラン(private pension plans)による退職給付の効果によって浸食されている。企業年金プランは、一般的には65歳以前もしくはより早期での退職給付を認める基本的な制度設計となっているからである[56]。この企業年金プラン(連邦の社会保障制度での給付以外の他の年金給付として、軍人年金・公立学校教員年金や警察官・裁判官その他の公務員に対する年金給付も含まれる)は、社会保障給付とは異なり、全ての労働関係からの離脱を支給要件とはしていない。この企業年金プランは、その支給対象として企業のフルタイムとしての業務停止のみを給付条件としている。結果的に見れば、退職した人びとの中には第二の職業生活を目指す人もいると推測できる。彼らは、とくに社会保障給付の受給資格が認められる前に退職した場合にはその傾向が強く現れる。しかし、この第二の職業は、ほとんどが「行きづまり型」の労働職種である[57]。その理由は、すでに前述の各章で明らかなように、高齢者は加齢による流動的知能の減退によって新しい技能習得には高い費用負担を余儀なくされるからである。結果的に、新しい人的資本投資の回収期間は短縮されざるを得ないから、新しい職業からの便益も縮減される(この場合に「行きづまり労働」という比喩はとくに適切だろう)。行きづまり労働は、そのほとんどが低賃金職種であるから、彼の企業年金の受給資格が新しい職業選択への課税に影響を及ぼさないとしても(社会保障給付には影響する)、高齢者の多くは引退後の労働よりも余暇を選択すると予測できる。

　この年金給付に関する議論は、高齢労働者の雇用保障についてさまざまな

55　See generally William J. Wiatrowski, "Factors Affecting Retirement Income," *Monthly Labor Review*, March 1993, p. 25.

56　Laurence J. Kotlikoff and David A. Wise, *The Wage Carrot and the Pension Sick: Retirement Benefits and Labor Force Participation* (1989). なお、早期引退を奨励する制度については、第13章で検討する。

57　Robert L. Kaufman and Seymour Spilerman, "The Age Structure of Occupations and Jobs," 87 *American Journal of Sociology* 827, 839 (1982).

影響を与えることになる。たとえば，ある労働者がその雇用される企業に特有の人的資本を保持して，賃金水準はその人的資本投資を反映する水準であると仮定してみよう。彼の賃金水準は，彼が解雇されたならば市場を通じて獲得できる賃金水準を大幅に超過すると予測できる。彼の賃金水準は，他の企業においても同様に，彼の人的資本投資の効果を反映するとは想定できないからである。この人的資本と賃金の関係は，中年の労働者の場合にその乖離現象が極めて大きくなる。彼らの賃金水準は，人的資本の投資を継続する効果として，毎年の経験に基づいて持続的に上昇するからである[58]。この労働者の企業内で蓄積された経験は，別の企業の使用者に譲渡することは不可能である。労働者が形成し更新し続けている人的資本は，企業特殊的な人的資本だからである。この人的資本の性質は，置換されると急激にその価値が減少するから，人的資本は企業にとって置換不能な価値があるというべきだろう。この人的資本の特質こそ，熟練労働者が他の職種への転換を拒否して，高い賃金水準を要求し続けることができる理由の一つである。別のもう一つの理由は，労働者の加齢に伴う能力減退により，新たな企業特殊的な人的資本を形成する能力や意欲を喪失した場合に見受けられる。このような労働者は，企業から自発的に退職することはほとんど期待できず，彼が退職する場合には企業も投資した人的資本を完全に放棄する結果となる。労働者は，引退の時期に依然として時間的余裕がある場合でも，企業にとって人的資本の価値がないと判断される場合もある。彼は，その企業以外にはどこにも雇用機会がない状況に陥る結果になる。この高齢労働者の不安定な立場は，労働組合による組織化が若年者よりも高齢者に魅力的だと信じられる理由を説明する(第3章参照)。この状況はまた，雇用における差別禁止法の背後に存在する問題を明らかにするが，詳細は第13章で検討する。

　労働者の平均的な引退年齢は，職種によってさまざまである。労働者の引退年齢は，異なる職種の異なる年齢プロファイルごとにその判断要素が決定される[59]。たとえば，ストレスの多い危険な職種では，人的資本の最適投資比率が小さいために早期の引退年齢が一般的になる。この職種の特徴は，軍隊の職務履歴によっても説明できる。軍隊での階級が低位の兵士は，高位の

58　Donald P. Schwab and Herbert G. Heneman III, "Effects of Age and Experience on Productivity," 4 *Industrial Gerontology* 113 (1977).

59　以下の文献は，興味深い議論とともに，関連する統計データを提示している。Kaufman and Spilerman, note 57 above.

階級である士官と比較すると，早期に引退することが慣例となっている。軍隊における前者の典型である一般兵士は，ほとんどの仕事がストレスの多い危険な職務である。彼らは，戦闘によって死亡・負傷する可能性も高いから，多くの人的資本の投資を必要としない職種とされ，その職業的価値は短期間の経験で充分に達成できるレベルに設定されている。これと対照的に軍隊の上級将校は，ストレスや危険の多い任務とは言えず，年齢的な能力減退カーブもその傾斜がきついというわけではない。彼らの職務は，複雑な技能を身に付ける必要があるから，人的資本のピークに達する前に膨大な投資が必要とされる。軍隊の雇用形態は，時間的な経過とともに，民間企業の雇用形態に次第に類似するようになっている（この傾向は誇張された表現であるが「押しボタン型福祉（push-button welfare）」と表現されている）。結果的に，軍隊での伝統的な引退制度（20年勤続で半額の退職金を支払う慣行[60]）は，次第に疑問視されるようになっている[61]。

　連邦政府の社会保障庁（Social Security Administration）が利用している情報処理のアルゴリズムは，障害者年金給付の申請者が完全な障害状態にあるか否かを判定している。この判定基準は，高齢労働者が限定された教育しか受けていない場合には，深刻な機能障害（impairment）に陥ったならば完全な障害状態にあると判定する。他方で，申請者が若年者の場合には，障害状態に関する追加的証拠の提出が要求され，その重度証明が不可欠とされている。この実務的処理には，非常に重要な意味がある。高齢労働者は，限定された人的資本しか保有していなければ（この限定には公的教育の欠如を代理変数として用いている），新たな雇用機会を確保できる見通しは極めて制限される。彼の人的資本のほとんどが限定的な人的資本であるために持ち運びができない。また，彼の年齢では，新しい企業で新たな人的資本投資を通じて新しい技能を獲得するには遅すぎるのである。

　自営業者の人びとは，その引退時期が一般の雇用労働者よりも遅くなる傾向がある。タクシー運転手や洋服仕立て職人などはその例外であるが，たとえば弁護士や医師などの専門職がその代表例となる人びとの引退時期は相対

60　See Headquarters, Department of Army, "Handbook on Retirement and Services for Army Personnel and Their Families" 5-1 (Pamphlet No. 600-5, Aug. 1, 1982).

61　See, for example, "Military Retirement: The Administration's Plan and Related Proposals" (American Enterprise Institute Legislative Analysis, 1980).

的に遅くなる[62]。自営業者は，フルタイム勤務か引退かという二者択一の選択肢しか持っていないからである。彼らは，労働時間の総量を次第に減少させることで，完全な引退を先延ばしにすることはできる。自営業者のなかには例外として（第13章参照），固定年齢による定年退職で引退する場合もある。これらの人びとは，職場から強制的に追い出されるわけではなく，働かなくなることで生活が改善できると考えて引退するわけである。彼らの引退という意思決定は，自営業であるかそれとも誰かに雇われているかという問題とは直接的に関係なく行われるのである。

　自営業者の引退が遅くなる理由に関する別の説明は，自営業者はリスクをとる行為に魅力を感じており，確定給付型の企業年金などの引退に伴う普遍的な給付を好まないという説明である。この確定給付型の企業年金は，全ての投資に関するリスクを使用者が負担している企業年金である（第12章参照）。一般の労働者でも，金融資産を確定給付型プラン以外のリスクが多い投資方法での運用を好むならば，望ましいリスク選択が現実的には可能である。彼は，通常では考えられないような巨額資金を金融機関から借り入れて投資することも，自分の貯蓄金を魅力的なリスク商品に投資することもできるからである。

　引退時期が遅くなる理由は，たとえば自営業者的な労働者（self-employed workers）に関する説明として，労働者（または彼の使用者）が労働時間を抑制することに費用をほとんど必要としないという説明もある。この労働者の働き方は，豪華な執務室や高価な機材あるいは労働時間とは独立に計算される付加給付を享受していなければ，この説明によって容易に理解することができる。彼の報酬は，付加給付の費用が低ければ労働時間に対応する費用も少なくなるから，労働時間の減少に応じて生産性が上昇するように設定されているからである。たとえば，以前にも引用した以下の事例を想定してみよう。この労働者は，週40時間の労働として時間当たり10ドルの報酬を受け取っている。彼の使用する執務室などの施設関連費用は，使用者が週200ドルの費用負担で賄っている。この労働者を雇用する使用者が負担する費用は，時間当たりで15ドル（10ドル＋200ドル／40時間）に相当する。この事例においては，彼が週20時間に労働を抑制したならば，時間賃金を変更せず代替労働者も雇用しないと仮定すれば，彼の時間当たりの雇用に伴う使用者

62　Kaufman and Spilerman, note 57 above, at 837-838.

の費用負担は20ドル(10ドル＋200ドル/20時間)に上昇する。

これに対して専門職の自営業者の場合，たとえば医師や弁護士などがその例であるが，しばしば高額な施設や設備を利用しているが，その費用は労働時間とは無関係に設定されている。このため，彼らのネットでの所得は，労働時間の抑制によって不均衡に減少するという特徴を示すことになる。先ほどの例を利用すると，専門職である自営業者の粗収入が時間当たり15ドル(うち5ドルは施設の原価償却費)であると仮定とすると，彼がその労働時間を半分に抑制すると粗収入は時間当たり7.5ドルとなるが，彼の施設費用は影響を受けないからネットの所得は75％の減少になる(10ドルから2.5ドルに減少する)。労働時間と時間当たり賃金との正の相関関係は，すでに第4章で論じているので省略する。専門職の施設費用は，たとえ高額でもそれを購入しているならばその売却価値はほとんど期待できない。また，購入時に全額支払済みであるとしても，労働時間の抑制で費用負担を増加させることはない。多くの医師や弁護士は，有能な実務家という外見を維持するために，書籍や器具の購入を含めて標準装備を継続しなけなければならない。

この分析は，専門職の自営業者たちは，仕事がそれほど苛酷ではないにも拘わらず平均的に早い時期に引退する理由について説明できる。他の自営業者たちは，たとえば洋服仕立て職人や理髪職人あるいはタクシー運転手などであるが，実質的には時間当たり収入を減少させることなく労働時間を抑制することができる。別の説明としては，専門職の自営業者たちは，相対的に高い所得水準を維持する必要があるのかもしれない。この専門職集団に属する裁判官は，アメリカで最も重篤な老人病(geriatric)に罹患した職業を構成している。この問題については，第8章で詳細に検討することになる。

7　住居

公的年金制度や企業年金制度が存在しなかったならば，引退した高齢者の多くは全く所得がなくなるため，その子供やその他の家族メンバーとともに居住することを余儀なくされる。この高齢者の「同居型住宅」というパターンは，現代では劇的と言えるまで減少した。引退した高齢者は，彼ら夫婦のみで単独居住するか老人看護ケア施設で過ごしている。また，その中間的施設(引退者用の住宅で居宅介護サービスが利用可能なもの)も次第に増加する傾向にある。高齢者たちによる家族とともに居住する同居型住宅から夫婦単位の別居型住宅への変化は，彼らが悲惨で孤独な高齢期を迎えるとともに，

彼らの知恵を若年者が学ぶ場を喪失させる原因であるとたびたび非難されてきた。けれども，高齢者にとって，自立して生活するか施設で生活するかを選択することは非常に重要なことである。高齢者が自立生活を目指す傾向は，子供たちと両親の間の任意の共同意思決定を通じて，自立生活によって施設収容を回避する手段として社会的に承認される傾向が生じている。これに対して，高齢者にとって同居型住宅の費用負担はいくつかの理由によって上昇している。まず，高齢者たちの寿命が延びて長生きするようになった。結果的に，子供たちが彼らに住居・食糧・介護その他の財やサービスを提供する費用も，より長期にわたって負担する必要性が生じている。さらに，家族の規模の縮小とともに，高齢になった両親の面倒をみる子供たちの数も減少したため，その固定的(増加する)費用を分担する人びとの負担割合も増加した。また，女性の労働に関する機会が増加することにより，家庭内での家事労働に関する機会費用も非常に上昇した。これらの機会費用には，高齢になった親族のケアを含めた時間集約的な活動費用の上昇が含まれている[63]。これと同時に，家族との同居型住宅に伴う便益は，その家族内の若年者と高齢者の双方にとって減少する結果となった。現代社会における大衆教育の普及と社会変化や技術革新の影響は，若年者が高齢者の親族からの知恵を学習する価値を大幅に減少させているのである。

現代では，高齢者の所得が急速に増大したため，彼らがその子供たちと同居することを望んだ場合にはその生活費用の全てを支出することも可能である。彼らがその費用負担をできない場合でも子供たちと同居する必要はなく，子供たちもまた同居するか別居するかを自由に選択することができる。ここで若干のコメントをすると，急速に変化する現代社会では，さまざまな年齢の人びとの間での交際に由来する便益は減少する傾向にある。彼らにとって，過去の経験を社会的に共有する必要が少なくなったからである。加えて，プライバシーの価値は，価格超越的な財であるという考え方が支配的になっているという証拠も存在する[64]。高齢者の所得が上昇すると，より多くのプライバシーを要求するため同居型住宅の価値は減少する[65]。しかし，

---

63 Cf. Kiyoshi Hiroshima, "The Living Arrangements and Familial Contacts of the Elderly in Japan," in *The Elderly Population in Developed and Developing World* 68, 75 (P. Krishnan and K. Mahadevan, eds., 1992).

64 See my book *Overcoming Law*, ch. 25 (1995).

65 実証的な証拠については，以下参照。Robert T. Michael, Victor R. Fuchs, and Sharon R.

虚弱な高齢者が増加したために，プライバシーの保護がほとんど期待できない老人看護ケア施設への入所者も急増している。虚弱で移動困難になった高齢者は，同居者を認めるかプライバシーを重視するかの選択を余儀なくされている。高齢者は，第5章で論じたようにプライバシーの価値を高く評価するけれども，若年者が評価するほどその評価は高くはない。個人にとって(隠遁したい人以外)のプライバシーの価値は，その人の市場での取引活動と正の相関関係にあるからである。

「高齢者は，住宅の所有者または賃借人であっても，住居を移動することに抵抗感を持っている」から，その必要度と比べてしばしば「大きすぎる家に」居住しつつ，相対的に治安の悪い地域に定住し続けている[66]。この高齢者の居住特性は，経済学的に見れば良い意味での合理的選択と考えるべきである。住居の移動は，新しい環境に対する適応能力を要求する。その適応のための費用は，若年者よりも高齢者の方が負担は大きくなる。少し不明確な点は，高齢者は住居の移動に伴ってその便益が低下するか否かである。この住居の移転に伴う便益があるならば，移転費用も高額でなければ短期間で償却することも可能だろう。けれども，住居の移転費用は高齢者の場合には高くつくことになる。

私は，高齢者が老人看護ケア施設に入所する場合，プライバシー保護への期待は喪失せざるを得ない事実をすでに指摘した。施設入所に伴うもう一つの費用負担は，「雰囲気的」な変化である。虚弱な高齢者が集中的に居住する施設では，認知症の高齢者の比率が大きくなる。この施設での雰囲気は，どのように努力を尽くしても陰気になりやすく，認知症の高齢者はしばしば

Scott, "Changes in the Propensity to Live Alone: 1950-1976," 17 *Demography* 39 (1980); Saul Schwartz, Sheldon Danziger, and Eugene Smolensky, "The Choice of Living Arrangements by the Elderly," in *Retirement and Economic Behavior* 229, 243 (Henry J. Aaron and Gary Burtless, eds., 1984); Jeffery A. Burr and Jan E. Mutchler, "Nativity, Acculturation, and Economic Status: Explanations of Asian American Living Arrangements in Later Life," 48 *Journal of Gerontology* S55 (1993); but see Fred C. Pampel, "Changes in the Propensity to Live Alone: Evidence from Consecutive Cross-Sectional Surveys, 1960-1976," 20 *Demography* 433 (1983), esp. p. 445. なお，同居型住宅の減少に関する別の理由については，第9章で検討する。

66 Siegel, note 45 above at 574. なお，高齢者の居住環境に関する慣習的特徴を強調する文献として，以下参照。Axel H. Börsch-Supan, "A Dynamic Analysis of Household Dissolution and Living Arrangement Transitions by Elderly Americans," in *Issues in the Economics of Aging* 89 (David A. Wise, ed., 1990).

隔離された状況で処遇されることになる。高齢者の所得水準の上昇も、老人看護ケア施設への入居に対して強い否定的な影響を及ぼすことは驚くに値しない。ある研究者は、高齢者が老人看護ケア施設に入所することは、自立生活と比較すると強い劣等感を持たざるを得ないと指摘している[67]。この研究者は、他の要因を補正した上で、老人看護ケア施設への入所確率は年齢と正の相関関係がある（もちろん）だけではなく、所得水準や子供の数および結婚経験の有無と負の相関関係にあると指摘している。この研究者はまた、これらの要因をそれぞれ独立変数として分析した結果、それぞれの要因が施設への入所確率を高める効果を示すという結論を示している。高齢者の期待生存年数が延伸して、家族数の減少や婚姻率が低下する社会背景の下で、時間の経過とともに老人看護ケア施設の入所者数が増加している。この傾向はまた、家族メンバーが高齢者の介護ケアに対する忌避感情を抱く比率が増加している事実を反映している[68]。われわれは、高齢者の引退後の所得が実質的に増加（インフレ調整後）しなければ、老人看護ケア施設に入居する高齢者の比率は今後とも増加し続けると予測できる。高齢者の間では、老人看護ケア施設での生活は人気がないことは確かである。われわれは、高齢者がそのような運命に陥る確率を抑制するために、人びとは自分の老後のための貯蓄に励むだろうと予測している。われわれは、人びとが将来の高齢者である虚弱な自己自身に対して利他的ではないと仮定しているが、これは間違いかもしれない。この点についての詳細は、第11章で検討する。

　老人看護ケア施設の費用について議論する際に、最も重要な費用である膨大な職員人件費について概観しておく必要がある。また、老人看護ケア施設への入所費用は、健康で自立した生活を送っている高齢者の居宅生活を支援する費用と比較してみる必要がある。高齢者の自立性の程度は、自分で車を運転して老人看護ケア施設に通うこと（自身のデイケアや家族の見舞いなど）ができる程度であるとする。高齢者の身体的・精神的な状況が安定しているならば、施設入所による生活維持の費用は自宅での自律的生活費用よりも明らかに低くなるだろう。施設入所には、規模の経済性の効果が働くからである。実際に規模の経済性が機能しないのであれば、極端に虚弱な人以外は誰も老人看護ケア施設に入所しないだろう。老人看護ケア施設への入所には、

67　Börsch-Supan, note 66 above at 102.
68　この事実は、同居型住宅が減少していることと理由を同じくしている。

プライバシーの喪失という費用に加えて「雰囲気」の費用も負担しなければならないからである。この議論については，詳細は第11章で議論するが，前提的な理解のためにここではその重要性を強調しておく必要がある。高齢者の住居に関する問題の焦点は，人口高齢化によって生み出される最も重要で長期的な検討を必要とする課題，すなわち在宅介護ケアの費用に関する問題である。高齢者に対する在宅介護ケアの費用は，規模の経済性の効果が失われるために，施設入所ケアの費用よりもずっと高額になるからである。

8 投票行動と陪審参加

高齢者にとって，選挙における投票行動は重要な社会的活動である。＜表6.1＞から＜表6.4＞は，高齢者の投票行動が若年者のそれと比較すると極めて重要な特性を持っていることを明らかにしている[69]。

＜表6.1＞ 大統領選挙で投票した各年齢集団の投票率(1964-1992年)

	選挙年	1964	1968	1972	1976	1980	1984	1988	1992
年齢	18 − 24	50.9	50.4	49.6	42.2	39.9	40.8	36.2	42.8
	25 − 44	69.0	66.6	62.7	58.7	58.7	58.4	54.0	58.3
	45 − 64	75.9	74.9	70.8	68.7	69.3	69.8	67.9	70.0
	65 +	66.3	65.8	63.5	62.2	65.1	67.7	68.8	70.1

＜表6.2＞ 大統領選挙のない年の連邦議会選挙における各年齢集団の投票率(1966-1990年)

	選挙年	1966	1970	1974	1978	1982	1986	1990
年齢	18 − 24	44.1	40.9	41.3	40.5	42.4	42.0	39.9
	25 − 44	67.6	65.0	59.9	60.2	61.5	61.1	58.4
	45 − 64	78.9	77.5	73.6	74.3	75.6	74.8	71.4
	65 +	73.5	73.7	70.2	72.8	75.2	76.9	76.5

この二つの表で1986年以降の年齢別の投票率を見ると，65歳以上の高齢者が最も高い投票率を示す年齢集団を形成している。彼らの投票率は，その虚弱性や施設入所の多さにも拘わらず，その投票率は1970年代初めから一

---

69 ＜表6.1＞から＜表6.4＞で示されている統計データは，以下の二つの文献から引用している。Jerry T. Jennings: "Voting and Registration in the Election of November 1992" (Current Population Reports, Population Characteristics, Series P20-466, 1993) (tab. A, p.v, and app. A. pp. A1-A7), and "Voting and Registration in the Election of November 1990" (Current Population Reports, Population Characteristics, Series P20-453, 1991) (tab. B, p.2, and app. A, pp. 77-82).

貫して上昇する傾向にある。これに対して，他の年齢集団の投票率の変化はそれほど大きくはなく，むしろ低下する傾向すら示している。この年齢集団による不均衡な投票行動は，大統領選挙のない連邦議会中間選挙の年度での投票行動（＜表6.2＞）でとくに顕著に表れている。すなわち，1990年の選挙では高齢者の76.5％が投票しており，投票資格のある最も若い年齢集団の39.9％と比較するとその投票率の高さは際立っている。この高齢者の投票行動に関する特性は，他の人口学的な変数に対する影響を補正した上でも極めて持続的な特徴を示すものである。高齢者の投票行動について多変量解析を行った研究では，「投票者の年齢は，それ自体が投票率の低下ではなくその上昇を表現する変数である」と結論している。年齢集団ごとの投票率は，55歳ころから上昇を開始してその後も上昇傾向を示しつつ，そのペースは遅くなるがその傾向は70歳代を通じて一貫して維持されている[70]。

　われわれは，この事実をどのように解釈すべきだろうか。政治的に重要な影響を及ぼす大きな選挙では，個人の投票行動によって選挙結果が左右される確率は限りなくゼロに近い。この高齢者の選挙での投票行動による現実的機能は，経済活動である投資行動と考えられる余地はなく，明らかに消費活動と解釈すべきであろう[71]。この場合の消費活動とは，人びとの喝采を受けるようなさまざまな活動，たとえば演説会や競技会で他人のパフォーマンス表現から効用を得るような活動である[72]。この消費活動としての政治参加には，その費用負担が予定されていないという特徴がある。私は，高齢者が投票行動に数多く参加するという特徴は謎であると考えている[73]。高齢者の投

70　Raymond E. Wolfinger and Steven J. Rosenstone, *Who Votes ?* 47 (1980) (emphasis in original); see also G. Bingham Powell, Jr., "American Voter Turnout in Comparative Perspective," in *Controversies in Voting Behavior* 56, 67-73 (Richard G. Niemi and Herbert F. Weisberg, eds., 1993).

71　See, for example, Anthony J. Nownes, "Primaries, General Elections, and Voter Turnout: A Multinominal Logit Model of Decision to Vote," 20 *American Politics Quarterly* 205 (1992).

72　*Overcoming Law*, note 64 above ch. 3. なお，投票者の投票行動に関する拡張的な分析については，以下参照。Steven J. Rosenstone and John Mark Hansen, *Mobilization, Participation, and Democracy in America* (1993); *Controversies in Voting Behavior*, note 70 above, pt. 1; Jan E. Leighley and Jonathan Nagler, "Individual and Systemic Influences on Turnout: Who Votes ? 1984," 54 *Journal of Politics* 718 (1992); *Political Participation and American Democracy* (William Crotty, ed., 1991); and references in note 75 below.

73　Wolfinger and Rosenstone, note 70 above at 60. この文献は，高齢者の高い投票行動に関する別の解釈として，人びとは投票において「政治家の生活とりわけその政治生活を暴露すること」に興味を増大させている，という事実を指摘している。

票行動に必要とされる費用負担は，ほとんど控えめなものであることは確かである。たとえば，投票所に行くための時間や候補者についての最低限の情報取得（最後は拍手喝采で終わるパフォーマンスを見る時間に相当する）などがその費用に相当する。しかし，この情報費用の問題は無視できるものではない。候補者が無名で政治活動歴のない人の場合は，投票行動のための情報取得は不可欠となる。この投票行動での情報費用は，選挙においてしばしば投票率が低くなる理由を説明する。また，全国レベルの選挙よりも，投票による現実的価値が高いとみられる地域レベルの選挙で投票率が低くなる理由も，この情報費用の存在によって理解可能となる。

投票行動における情報費用と時間消費が相互に関係している問題は，高齢者の投票率が若年者のそれよりも高いという理由について，経済学的な説明が可能である。この説明は，連邦レベルの選挙の投票行動において，大統領選挙よりも連邦議会の中間選挙で年齢別の投票率格差が大きくなる理由を明らかにする。また，年齢別の投票率格差が年を追って拡大してゆく理由についても，それなりに適切な解答が可能となる。この経済学的な説明は，高齢者にとって時間の機会費用が相対的に低いことがその基礎となっている。彼らの投票行動は，物理的な移動に伴う制約要因があるために，時間単位で計算できる機会費用以外に必要な費用負担は若年者よりも高いかもしれない[74]。連邦レベルのみならず地域レベルの選挙でも，政党は高齢者が投票所へ行くための無料の交通手段を提供する相互競争を繰り返している。近年では高齢者の投票行動を促進するために，投票所を老人看護ケア施設や引退者住宅の近辺に設置するようにさえなっている。

高齢者と若年者の間での投票率の格差は，それぞれの機会費用の相違が極めて大きな比重を占めている。この年齢別の投票率の格差は，選挙における争点として大きく取り上げられることもなく，政治的には放置されてきた問題である。その背景には，選挙制度がそれ自体として，候補者に関する情報や知見の提供を中心に運営されてきたという事情がある。この選挙制度の構造分析を通じて，連邦レベルの選挙でも，大統領選挙の方が議会選挙よりも高齢者の投票率が高くなる理由についての説明が可能となる[75]。

74　これらの費用負担の一つは，時間費用である。たとえば，身体的に虚弱な高齢者が投票所に行くために時間がかかるとすれば，たとえ彼のそれの時間費用が若年者の時間当たりの費用よりも少ないとしても，彼の時間費用は若年者よりも大きくなる。

75　政治的に注目される選挙で投票のための費用が低下するということは，このような選

高齢者にとって選挙での投票行動は，若年者よりも機会費用が低いのみならずより価値ある行動である。その理由は，高齢者が政治的意思決定からより多くの利益を得ているという理由ではないし，個人としての高齢者が投票所に行く理由でもない。その理由は，高齢者である個人の投票が選挙の行方を左右するわけではないからである。むしろ，高齢者にとって，選挙以外の選択すべき活動メニューが制限されているという理由があるに過ぎない。彼らのほとんどは，労働機会がないばかりではなく，余暇活動も実質的には持続可能な状況にはない。彼らにとっての選挙は，毎年ないし2年ごとで数時間の安価な機会費用で実現可能な社会活動であるという意味でもない。問題の本質は，高齢者のある活動に由来する便益がその他の手段によるそれよりも価値が大きいことを意味している。高齢者の投票行動は，彼らの金銭的な吝嗇性と同様に暇つぶしの他の選択肢がないために，投票行動が興奮に値する暇つぶしの余暇活動になっているのである。

　高齢者にとっての投票行動は，興味深い余暇活動になっているために，彼らの投票行動に関する時間の機会費用は低くなっている。これに加えて，彼ら自身による特定利害に密接に関連する政治的争点にその関心が限定されるから，彼らの政治的な問題関心の広がりが制約される傾向もある（第3章で検討したように，利他主義が問題関心を広げる側面もある）。このような高齢者の特性は，彼らの投票行動が他の年齢集団のそれとは異なり，いくつかの関連する政治的争点に関心が集中するブロック投票的な行動を示すという特徴がある。高齢者のこのような投票行動は，政治家に彼らの利害を守り実現する公約を掲げることが必要なことを確信させる影響力を持つことになる。アメリカでの高齢者人口の増加は，高齢者の経済的厚生を増大させる政策に方向づけているとまでは言えないとしても，アメリカの政治システムに大きな影響力を及ぼしていることは確かである[76]。

　以上の説明は，高齢者の投票率が若年者のそれと比較して上昇する傾向について，その全ての理由を説明できるわけではない。今後の予測可能性とし

挙では投票率が高くなるという事実によって説明される。John H. Aldrich, "Rational Choice and Turnout," 37 *American Journal of Political Science* 246, 266-268 (1993); Gary W. Cox and Michael C. Munger, "Closeness, Expenditures, and Turnout in the 1982 U.S. House Elections," 83 *American Political Science Review* 217 (1989).

76　John B. Williamson and Fred C. Pampel, *Old-Age Security in Comparative Perspective* 116, 196, 220 (1993).

て指摘するならば，高齢者人口の中でも引退者の構成比率が高まっていくことから，高齢者の時間に関する機会費用は持続的に減少してゆくことだけは確かである。

アメリカの人口構成での65歳以上の高齢者比率の上昇は，その年齢集団の投票行動における比率の上昇にも連動している。高齢者の投票率の上昇は，どのような統計指標における実績よりも急速である。この事実は，以下の二つの表で示されている。

アメリカにおける65歳以上の高齢者人口は，1992年には総人口の12.6％を占めていた。これらの高齢者たちは，大統領選挙では，総人口対比での平均投票率より50％以上も多くの人びとが投票を行った（1990年の連邦議会選挙での比率は3分の2近くに達している）。この＜表6.3＞と＜表6.4＞で示されている数値は，彼らの年齢集団による人口構成比と比較すると，投票率が不均衡なほどに小さく表現される結果となっている。未成年者の両親は，子供たちの利益の適切な代表者であると言えるかもしれない。けれども，高齢者はほとんど未成年の子供を持っていないから，この投票データの調整は事実関係を不明確にする可能性がある。この問題については，第11章で再度検討する予定である。

高齢者と若年者の投票行動における比較は，年齢コーホートの影響を受けている可能性があるから慎重に解釈しなければならない。たとえば，1992年の選挙における18歳の投票行動と65歳のそれの比較は，サンプルが同一の年齢集団からランダムに抽出されていなければ年齢集団で比較する意味は

＜表6.3＞ 投票総数に占める65歳以上人口の投票数：
大統領選挙で総人口に占める投票年齢人口の割合（1964-1992年）

1964	1968	1972	1976	1980	1984	1988	1992
14.9	15.4	14.9	15.8	16.8	17.7	19.4	19.0
(14.8)	(14.8)	(15.0)	(15.3)	(15.7)	(16.1)	(16.6)	(17.0)

（カッコ内は，総人口に占める投票年齢人口の割合）

＜表6.4＞ 投票総数に占める65歳以上人口の投票数：
連邦議会選挙で総人口に占める投票年齢人口の割合（1966-1990年）

1966	1970	1974	1978	1982	1986	1990
16.0	16.6	17.0	18.5	19.1	21.1	22.0
(14.8)	(14.9)	(15.1)	(15.5)	(15.9)	(16.4)	(16.9)

（カッコ内は，総人口に占める投票年齢人口の割合）

ない。彼らのサンプルは，それぞれ特定の年代層(vintage)として位置づけられる必要がある。たとえば，1974年生まれの集団(この年に生まれた18歳人口)とか1927年生まれの集団などである。彼らは，それぞれ別個の社会的経験を持つ集団を意味するからである。このような投票率の比較は，高齢者の投票は若年のそれと比較すると「保守的」であるという，一般的に受け入れられている見解の評価を困難にしている。これらの問題については，後の各章で再度検討する。

　ここまでは，高齢者の高い投票率を時間の機会費用が低いことと「楽しみ」が他に多くないことという仮説的な理由によって説明してきた。しかし，この仮説は，他の要素を考慮して補正した場合，たとえば失業者の投票率が低いというデータとは矛盾する[77]。失業者は，一見したところ時間的余裕は充分にあり娯楽を楽しむ機会も少ないように思われる。けれども，この観察は間違っている。一般的に言えば「失業者」という定義は，この分野の研究では仕事を探している人びとを意味しており，労働力から脱落した人びとを意味するわけではない。仕事を探している人びとは，仕事を探すことでむしろ多忙である。彼らは，政治的領域とはかけ離れた利害関心で就職活動に専念しているのである[78]。

　陪審サービスとは，陪審員として裁判に参加することを意味するが，これは選挙とは別の政治過程に対する市民参加の形態である。この陪審サービスは，時間集約的なサービスであり，高齢者は若年者よりも時間の機会費用が低いことは確かである。このため，われわれは，陪審サービスには高齢者が多く参加していると予測できる。このため，陪審員に関する一般的な理解は，引退した高齢者によって支配されている領域であると広く信じられている。しかし，事実はこれと反対で，高齢引退者の陪審サービス参加率はむしろ低い水準にある。アメリカの人口構成では，70歳以上の高齢者の占める比率は12％である。ある研究は，8つの都市での連邦・州裁判所の管轄領域における調査では，70歳以上の陪審員はわずか全体の4％に過ぎないと

---

[77] Rosenstone and Hansen, note 72 above, at 273, (tab. D-1), (tab.D-5); Wolfinger and Rosenstone, note 70 above, at 29. But see Wilma Smeenk, "Non-Voting in the Netherlands and the United States" 10 (uupublished, Nijimegen University [Netherlands], Dept. of Sociology, n.d.) . この文献では，他の要素を補正した上で，失業は投票率に影響しないとするデータを示している。

[78] See Rosenstone and Hansen, note 72 above, at 81-82, 135.

報告している[79]。陪審サービスは，投票行動と比較するとより多くの移動が必要であり，精神的および肉体的な意味でも完全な陪審員としての適格性が要求される。結果的に，陪審サービスへの高齢者の参加は，投票行動と比較するとその比率が極めて低いことも驚くに値しない。もう一つの理由は，多くの労働者は，陪審サービス期間中には(適切な期間であれば)使用者によって通常の賃金が支払われている。結果的に，陪審サービスに対する時間的費用は，若年者(高齢者と比べると働いている確率が高い)にとっても抑制される効果が働いているのである。

この調査によれば，60歳以上の高齢者の陪審サービス参加率は17.8％である。この数値は，70歳以上の陪審サービス参加率と比較すると，まだ低い傾向であるものの人口構成に占める彼らの構成比(23％)に近い数値となっている。これらの陪審サービスに関する証拠は，本書で一貫して強調する問題であるが，身体的および(あるいは)精神的能力が加齢に伴って明らかに減退することを示唆している。

本章では，その全てではないがその大部分を費やして，高齢者特有の金銭的な各嗇性や饒舌性などの特徴を含めて，彼らの極めて複雑な心理現象を説明することを試みてきた。これまでの各章では，高齢者の態度・性質・精神状態における逆説的な関係，たとえば死の恐怖と生存に関する期待効用の間の負の相関関係などに焦点を合わせて検討してきた。これに対して，本章では，高齢者の社会的行動における特徴に焦点を移行させている。ここでも，高齢者に関する逆説的な関係はさまざまな側面において見受けられる。その中でも，高齢の被害者と加害者の両者を含む高い自動車事故率と彼らの高い自殺率(加害者と被害者とが共存するような暴力的な活動形態)の関係は，高齢者の低い犯罪行為率とその低い被害率とが共存している関係としても注目に値する。また，高齢者の性的活動についても，男性の性的活動は女性のそれと比較すると興味深い特徴が見出せる。男性と女性の性的活動を比較すると，女性の性的活動は加齢に伴って急速に低下するけれども，男性の性的活動は加齢に伴って相対的には上昇する。さらに，高所得の高齢者は，その子供たちとの同居を好まない傾向がある。また，高齢者の政治行動では，高い投票率と低い陪審サービス参加率が共存するという，高齢者に特有の社会的

---

79 Computed from Washington Project Office, "The Relationship of Juror Fees and Terms of Service to Jury System Performance" D-1 (National Center for State Courts, March 1991).

現象が見出されるのである。

　高齢者の高い交通事故率を理解する鍵となるのは，加齢に伴う視力・聴力・反射神経その他の神経作動的な能力減退である。私は，高齢者の安全運転に関する動作能力の減退は，その潜在能力の減退ほど急速に進むわけではないと思っている。高齢者は，運転に際して注意力を集中することや運転回数を少なくするなどの方法によって，潜在能力の減退を合理的費用で補うことが可能だからである。高齢者にとっては，その危険性にも拘わらず，自動車を運転することに由来する価値が極めて大きいこと（選択的な効果）を考慮に入れて考える必要がある。高齢者のために，「歩行者専用」道路の設置レベルまで道路交通を制約することもかえって費用が高くなる可能性がある。このような事情は，自動車の所有者の死亡率と比較すると，交通事故による歩行者の死亡率が年齢とともに上昇する理由を説明する[80]。この事実は，高齢者が交通事故の犠牲者になる確率を低くすることは，高齢者が犯罪被害者となる確率を低くすることと比較しても，多少とも費用がかかる点ではそれほどの相違はない。これはまた，高齢者が犯罪被害者となる確率が極端に低いことを説明する証拠にもなる。私は，高齢者の低い犯罪率については，直観的には逆説的関係で説明できると考えていた。高齢者は，長期に及ぶ懲役刑による収監によっても，その期待不効用は縮減できると考えたからである。けれども，高齢者の低犯罪率の主たる理由は，彼らの虚弱性ゆえではなく彼らの犯罪行為への低い参入率と高い退出率によることは明らかである。高齢者は，合法的な活動領域から犯罪的な「労働市場」への参入を回避する傾向がある。これと同じ理由で，彼らは，新しい人的資本を獲得する費用が加齢によって増大することから，新しい職種への転換も回避する傾向が顕著に現れている。とくに犯罪活動は，常習的犯罪者に対する重い刑罰が予定されているから，加齢に伴う能力減退は急激な下降カーブをたどる結果となる。ここでは，選択的なバイアスも同時に機能する。経験豊かな常習的な高齢犯罪者は，逮捕を免れている可能性があるからである。なお，さまざまな年齢集団での犯罪率は，統計的データとしては主に逮捕者数を基礎として推計されている。

　高齢者の行動特性は，リスクや危険を回避するその性向にある。しかし，事故や犯罪に関連するこの特性は，高齢者の高い自殺率とは両立しない。衝

80　See note 9 above.

動的自殺は，若年者の自殺に共通しているが，高齢者の自殺は深慮の上で実行される場合が多い[81]。若年者の自殺は，リスクのある社会行動の範囲内にあるが，高齢者の自殺は期待効用の減少に伴う直線的な対応を示している。高齢者の自殺は，かつては「抑うつ症状」に関連する循環論的な解釈に過ぎなかったが，現在では高齢者の高い自殺率の説明では否定的に解釈されている。

高齢者の性的行動での男女間の相違は，性的有効比率の概念がその理解の鍵となる。この比率は，性的に有能で願望のある男性に対する性的に有能かつ願望のある女性の比率である。この比率は，加齢に伴って男女ともに低下する。その理由は，男性の死亡率は女性のそれよりも高く，男性の女性に対する性的魅力は女性の男性に対する性的魅力よりも加齢に伴う減退が遅くなるからである。私は，高齢期での新しい友人関係を形成する費用が上昇する(第3章で議論した)結果，未婚・非婚の高齢者たちは，「臨時的」ないし「関係的」という代替的な性的契約を締結するようになると考えている。

高齢者の現実社会での所得は，若年者のそれよりも相対的に増加している。その結果，高齢者と子供たちとの「同居的居住」(異なる世代が同一の屋根の下で居住する)は減少するよりも，むしろ増加する可能性があると考えることができる。高齢者は，その子供たちや若年の親族に対して，居住のために必要な付加的な空間やサービス費用を負担するために，相対的に有利な立場に立つ可能性があるからである。しかし，彼らはこれらの負担において有利な立場に立つにも拘わらず，それを負担しないという選択をする可能性もある。高齢者たちは，プライバシーが最優先の価値であると考えるならば，同居型居住に対する要望は彼らによって退けられるかもしれない。ここ数十年の間で見ると，同居型居住の費用が上昇し続けた背景には別の理由もある。労働市場における女性労働に対する雇用機会が改善した結果，高齢の親族をケアする女性たちの機会費用が上昇したのである。多くの高齢者が合理的に考えるならば，「彼らの住処としては大きすぎる」住居に居住し続ける傾向にはその経済学的な理由があると私は考えている。

高齢者の政治活動についての逆説的関係は，投票行動ではその人口構成比に対する不均衡なまでの影響力を示しているが，(通説とは逆に)陪審サービ

---

81 For evidence, see Kalle Achié, "Suicidal Tendencies in the Elderly," 18 *Suicide and Life-Threatening Behavior* 55 (1988).

スでは過小な参加率にとどまっている点に見受けられる。この事実は，これら二つの市民レベルの政治参加活動において，高齢者はそれぞれ異なる費用負担に従って行動していることが明らかになる。陪審サービスは，投票行動と比較すると多くの移動を伴うことに加えて，身体的な適応力のみならずより多くの精神的な適応力を要求される。また，陪審サービスの際には，現役の労働者はその費用を使用者が負担する場合が多い。これに対して，引退後の高齢者にはそのような費用負担の仕組みがないため，高齢者の多くが陪審参加をためらっているように思われる[82]。さらに，高齢者の投票率が上昇しているという事実は，長期的視点で見ると高齢者の労働参加率の減少傾向を反映している。この労働参加率の減少傾向は，高齢者の投票行動それ自体に伴う費用のみならず，候補者や政治的争点に関する情報を収集するための準備費用をも含めて時間に関する機会費用を抑制する効果を伴っている[83]。

　本章では，これまでの各章で考察してきた要素に加えて(とくに第4章)，高齢者の引退後の社会行動について重ねて検討してきた。この結果，さまざまなタイプの自営業的な労働者の引退年齢に関する相違に加えて，軍隊の階層構造に対応する引退年齢の違いについても経済学的な説明が可能であることを明らかにした。また，本章では，高齢者の引退年齢と関連して，公的な社会保障年金と私的な企業年金という高齢者の所得保障に関する両者の性格とその影響力の相違についても検討を加えてきた。

---

[82] 陪審サービスへの参加は，市民の義務として強制的な性格を持っている。しかし，裁判所による陪審員としての召喚に対応できない場合(多くの裁判所の管轄領域では，陪審員の召喚に対する執行状況はまちまちである)，あるいは陪審員に対する質問状に回答しない場合，もしくは陪審員予定者に対する予備尋問に適切な対応がなされない場合には，裁判官ないし弁護士の判断によって，予審の入口段階で彼らが資格要件を充たさないという理由で候補者から除外する判断を行っている。

[83] この分析は，高齢者の陪審サービスへの参加についても適用可能である。しかし，私は，年齢集団ごとの陪審サービス参加率に関する時系列的な統計データを持っていない。

第 7 章
加齢現象と創造力およびアウトプット

　個人にとって労働生活からの引退は，最もドラマティックな加齢に伴う生活上での変化であるが，その変化はいまだ純然たる量的な変化に留まっている。本章では，労働に関連するその他の加齢に伴う変化について考察する。最初に，引退に伴う労働から余暇へという社会生活上の変化ではなく，ある職種の労働から他の職種の労働への移行に伴う変化について検討する。次に，個人の労働生活に関連して，ライフ・サイクルをめぐる労働の量的・質的変化について考察する。この第二の変化は，個人の労働生活からの引退に関連する変化でもある。この変化は，使用者による労働者の能力評価に影響を及ぼす変化であり，労働者の引退時期を決定する重要な契機となる変化である。この労働能力変化は，労働者の引退時期より相当以前から生じているが，そこには肯定的側面と否定的側面の両面がある。本章では，この二つの側面について，すなわち労働の種類・職種に関する変化とともに，同一職種の労働をめぐる質的・量的変化について検討を進めてゆく。私はまた，さまざまな領域での生産性のピーク年齢の相違についても分析を加えるつもりである。

1　生産性と年齢──創造力と指導力の関係

　最初に，ある職種の労働から他の職種のそれへ移行する際に体験する，加齢に伴う変化の具体例から検討したい。研究型大学における高齢研究者たちは，学術研究分野での研究教育業務から大学の管理運営分野の支援業務へと多くの時間を再配分することを余儀なくされる。このような職種の変化は，加齢に伴う「創造的」活動から「指導的」活動への転換とも呼ばれる変化でもある。これと正反対の職種の変化である，大学の研究者が管理運営業務で

重い責任を担った後に学術研究者に職種転換するパターンは，ほとんどの大学では全く見受けられない。つまり，加齢に伴う職種転換として，指導的活動から創造的活動への転換がありえないという事実は，ある種の定型化された職種選択の手順であるように思われる。ここでは，ある人が大学の研究者として出発したと仮定して，彼が学術研究者として適性があるか管理業務に向いているか誰も判断できない場合を想定してみよう。この状況では，彼の職種選択としては，数年の観察期間を経過した後にどちらの職務に向いているか決定することになる。この想定の場合には，現状とは全く逆に，研究者が管理業務から出発した後に学術研究者の職務に転換するケースが続出する可能性もある。

　加齢に伴ってある職種から他の職種へ転換するという問題を理解する鍵は，さまざまな職種にはそれに対応する生産性の年齢プロファイルがあるという事実である。大学における研究教育職から管理運営職への転換は，研究者のライフ・サイクルに伴う人的資本の減価から派生する，創造的なアウトプットの減退を反映しているという厳しい見解もある[1]。しかし，このような見解は完全な説明になっているとは言えない。単純なライフ・サイクル理論では，「指導的」な人的資本投資のプロファイルが「創造的」な人的資本のそれと異なっているという根拠を説明できないからである。社会学や心理学における研究では，特定分野での創造力に関するピーク年齢をめぐる研究が行われている[2]。これらの研究成果によれば，数学や理論物理学などの研究

---

[1] Arthur M. Diamond, Jr., "The Life-Cycle Research Productivity of Mathematicians and Scientists," 41 *Journal of Gerontology* 520 (1986); Sharon G. Levine and Paula E. Stephan, "Research Productivity over the Life Cycle: Evidence for Academic Scientists," 81 *American Economic Review* 114 (1991); Daniel L. Rubenson and Mark A. Runco, "The Psychoeconomic Approach to Creativity," 10 *New Ideas in Psychology* 131 (1992). See also John M. McDowell, "Obsolescence of Knowledge and Career Publication Profiles: Some Evidence of Differences among Fields in Costs of Interrupted Careers," 72 *American Economic Review* 752 (1982).

[2] 創造力をめぐる年齢別のプロファイルに関する主要な研究としては，以下参照。Harvey C. Lehman, *Age and Achievement* (1953). なお，最近のこの分野における重要な文献として，Dean Keith Simontonの一連の著作がある。その中でも重要な文献として，以下参照。*Genius, Creativity, and Leadership: Historiometric Inquiries*, ch. 6 (1984) ("Age and Achievement"); "Age and Outstanding Achievement: What Do We Know after a Century of Research?" 104 *Psychological Bulletin* 251 (1988); *Scientific Genius: A Psychology of Science* 66-68 (1988); and "Age and Creative Productivity: Nonlinear Estimation of an Information-Processing Model," 29 *International Journal of Aging and Human Development* 23 (1989). See also Jock Abra,

分野での平均的なピーク年齢は極端に低くなっている(30歳代もしくは20歳代の場合もある)。これらの創造力に関するピーク年齢が低い研究分野では，人的資本に対する投資の減少は研究者生命の終焉をもたらすと説明されることもある。単純なライフ・サイクル理論のように加齢に伴う能力減退を無視するならば，われわれは35歳の素粒子物理学者による人的資本投資には40年間の期待収益期間を保障すべきだろう。この期待収益期間を前提とするならば，彼が45歳に達しても30年以上の収益保障期間が残存している[3]。通常の民間年金保険の割引率で考えれば，30年の個人年金と40年のそれの現在価値の相違は比較的小さい(25歳の物理学者と35歳のそれに対する人的資源投資を比較するならば，40年の個人年金と50年のそれの現在価値の比較になる)。この年金保険の受給権者に対しては，各年度の利回りに対応する同一の年金所得を保障することになる。この場合，割引率を10%と仮定すれば，30年の年金の現在価値は40年の年金のそれの約96.4%に相当する。ここでは，その割引率を5%と仮定すると，30年の年金の現在価値は40年の年金のそれの約89.6%に相当する[4]。

　加齢に伴う能力減退は，知的熟練職種での技能を開発・維持する潜在能力に影響を与えることは確かである。個人の人的資本投資に関する機会費用は，彼の時間当たりの所得に比例するとともに，その時点での彼の実年齢に

　"Changes in Creativity with Age: Data, Explanations, and Further Predictions," 28 *International Journal of Aging and Human Development* 105 (1989); Michael D. Mumford, Kimberly A. Olsen, and Lawrence R. James, "Age-Related Changes in the Likelihood of Major Contributions," 29 *International Journal of Aging and Human Development* 171 (1989); Simone de Beauvoir, *Old Age* 384-444 (1972); Wayne Dennis, "Creative Productivity between the Ages of 20 and 80 Years," 21 *Journal of Gerontology* 1 (1966); Evelyn Raskin, "Comparison of Scientific and Literary Ability : A Biographical Study of Eminent Scientists and Men of Letters of the Nineteenth Century," 31 *Journal of Abnormal and Social Psychology* 20 (1936). 以下の文献は，金融学の教授たちの生産性(査読付きの専門誌への掲載論文を代理変数として用いている)についての注意深い研究成果を示している。なお，この分野の研究者たちは，30歳代後半でピーク年齢に達し，50歳代までにその約半数は下降線をたどると言われている。Robert M. Soldofsky, "Age and Productivity of University Faculties: A Case Study," 3 *Economics of Education Review* 289 (1984).

3　この場合，実際の年齢と加齢に伴う生存期待値での残存年数の合計を意味している。彼がその年に生きていれば，その年の生存期待値が生存確定値に変換されることになる。

4　高い割引率は，現実的であると思われる。人的資本に対する投資は，リスクが大きいからである。なお，低い割引率は，第4章で議論したようにリスクのない場合に適用される。

も比例して上昇する。人的資本に対する投資は，その多くが時間集中的な活動だからである。それゆえ，人的資本投資の機会費用は，35歳である人の場合には20歳の人のそれよりも相対的に高くなる。けれども，若年期にピーク年齢が訪れる職種では，業務遂行に必要とされる最適な投資費用はおそらく適切な費用負担の範囲内に収まると思われる。しかし，人的資本投資へのインセンティブの縮小は，機会費用の上昇による場合でも投資の期待回収期間の短縮効果がもたらされる場合でも，ピーク年齢からの能力減退によって説明することはできない。たとえば，医師という職業分野について考えるならば，彼らは30歳に達する前に完全な専門職としての教育訓練を終了できない。彼らの稼得に関するピーク年齢は，おそらく相当な年齢水準にまで上昇することになる。これに対して，若年期にその稼得のピーク年齢に達する職種分野は，医師などの職業分野とは異なり，比較的少ない期間の教育訓練によって容易にピーク年齢に到達できる例外的な職種である。たとえば，幼児期から訓練が開始される音楽演奏家やフィギュア・スケートとかテニスの選手などがその具体例になる。しかし，この人的資本投資の必要性が少ない(生得的能力に依存する)分野は，特定の職業分野にその範囲が限定される。人的資本投資に関する費用が低下すれば，加齢に伴う再投資の必要性も減少する。結果的に，投資に対する期待収益率は死に向かって漸近線を描くことになる。たとえば，80歳代の高齢者はポーカーやビンゴで遊ぶために必要な知識に投資するとしても，その投資に対する費用回収はほとんど期待できない。

　労働者の生産性に関するピーク年齢の相違について説明しようと思うならば，年齢に相関して作用する指導力と創造力の相違について説明する必要がある。この指導力と創造力の相違を理解するためには，一般分野における相違と特定分野のそれを区別して分析する必要がある。また，この問題を分析するためには，詳細は他の章で記述するが，単純なライフ・サイクル理論を超えた新しい経済学的な分析アプローチを示す必要がある。ここでは，生産性に関するピーク年齢という概念について，全ての職種におけるピーク年齢は鋭角的なカーブを描くという想定が間違っていることを強調しておきたい。また，さまざまな職種の中には，ピーク年齢が早いものもあれば遅いものもある。これらの職種の中には，ピーク年齢いかんに関わらず，その能力のピーク状態は減退せずに実質的には死ぬまで持続する職種もある。われわれは，このような職種を「ピーク維持型(sustained peak)」と呼んで，「初期

ピーク型(early peak)」や「後期ピーク型(late peak)」から明確に区別すべきだと考えている。さらに，このピーク維持型の職種も，「初期ピーク維持型」と「後期ピーク維持型」に区分できる。結果的に，能力に関するピーク年齢を以下の四種類に区分できる。すなわち，①初期ピーク＝非維持型，②初期ピーク＝維持型，③後期ピーク＝非維持型，④後期ピーク＝維持型がそれである。最初のカテゴリーである「初期ピーク＝非維持型」の具体例は，多くのプロ・スポーツ選手に代表される職種[5]，数学・理論物理学に関連する職種[6]，チェス選手[7]，苛酷な肉体労働者や(第6章で分析対象とした)職業的な犯罪者などもここに含まれる。なお，苛酷な身体活動が必要な職業分野では，負傷するリスクがその能力ピーク維持に大きな役割を演じている。具体的に言えば，フットボール選手は，ダンスの選手よりもそのピーク能力の維持が困難である。

第二のカテゴリーである「初期ピーク＝維持型」の具体例は，文学や経済学(厳密な数学的方法による以外の)，音楽の作曲(ダンスの振り付けを含めて)，絵画や彫刻(ミケランジェロ，ティツィアーノ，ピカソ，オキーフを考えてみよう)，音楽の演奏などがその具体例となる。第三のカテゴリーである「後期ピーク＝非維持型」の代表例は，大企業の上級管理職である。そのピーク年齢は，しばしば50歳代後半になるが，その後は60歳代前半で引

---

[5] See, for example, Neil Charness and Elizabeth A. Bosman, "Expertise and Aging: Life in the Lab," in *Aging and Cognition: Knowledge Organization and Utilization* 343, 369-374 (Thomas M. Hess, ed., 1990). なお，プロ野球選手に関する詳細な研究では，彼らのピーク年齢は27歳とされているが，30歳までにその技能レベルはピーク時から22〜24％，36歳までに84％，40歳までにはその99.5％まで低下するとされている。Bill James, *The Bill James Baseball Abstract 1982* 196 (1982).

[6] 一般的な自然科学分野は，初期ピーク型に分類される。なお，公表された統計数値では，ノーベル賞の受賞者である科学者は，その受賞理由とされた研究業績を実際に行った時期の平均年齢は37.5歳である。また，その受賞理由となった研究業績を実際に行った時期が50歳を超えている受賞者は，その全体のわずか5.6％に過ぎない。Paula E. Stephan and Sharon G. Levin, *Striking the Mother Lode in Science: The Importance of Age, Place, and Time* 55 (1992) (tab. 4-2). なお，数学者について言えば，優れた数学者の定義として，G. H. ハーディは次のように表現している。「数学は，他の芸術や科学とは異なり，若者のゲームである。比較的に謙虚なレベルで簡単に表現をするならば，王立協会(Royal Society)に選出される会員の平均年齢では，数学者が最も低年齢である」。Hardy, *A Mathematician's Apology* 70-71 (1940).

[7] Charness and Bosman, above note 5 at 352-360.

退するまで持続する[8]。おそらく，指導力に関する多くの特徴は，このカテゴリーに求められることになるだろう。第四のカテゴリーである「後期ピーク＝維持型」は，裁判官を具体例とすることで説明できるが，その詳細については第8章の記述に委ねることにする。なお，歴史学・宗教学・文芸批評・文学研究・哲学などの分野は，「初期ピーク＝維持型」と「後期ピーク＝維持型」という両者のカテゴリーにまたがる領域となるように思われる。なお，この四類型のマトリックスは，いくつかの具体例とともに，＜表7.1＞として表示できる。

より複雑な分析方法は，さまざまな職業分野を区分して分析するのみならず，特定職種のさまざまな活動についても区分して考える方法である。たとえば，プロ・スポーツの職種を例に挙げれば，選手のパフォーマンスでみれば初期ピーク型であるが選手を育てるコーチという職種はそうではない。これに類似する例は，大学の学術研究でも近似性が見受けられる。大学における研究職は，一般的には教育職よりも初期ピーク型であるが，そのピーク能力からの低下率は教育職よりも早い。この例と異なるパターンを考えるならば，もっと洗練された区分方法も開発できる。たとえば，大学の教育職を例に挙げれば，高度な主題についての専門教育と一般教養教育とでは異なっている。教育職の中核的領域では，その周辺領域での新規分野と比較すると変化は緩やかであるため，中核的領域での教育は人的資本形成のための新規投資はそれほど必要ではない。それゆえ，高齢研究者は先進的な主題よりも基礎的な主題の教育に向いている。この教育領域で共通する問題ではあるが，高齢研究者と若年研究者による相互協力が必要である。若年研究者は，数学

＜表7.1＞　さまざまな専門職の年齢別のプロファイル

	初期ピーク型	後期ピーク型
非維持型	数学者 バスケット・ボール選手	企業経営者
維持型	画家 音楽の作曲家	裁判官

---

[8] アメリカの大企業における平均的な上級執行役員の年齢は，56歳から58歳であり，おおむね64歳で引退する計画になっている。Sunita Wadekar Bhargava, "Portrait of a CEO: What's the Typical Boss Like ? Here Are the Vital Statistics," *Business Week*, Oct. 11, 1993, p.64; Michael J. McCarthy, "A CEO's Life: Money, Security and Meeting," *Wall Street Journal* (midwest ed.), July 7, 1987, p.27.

その他の技術的科目の教育に向いているが，高齢研究者は経験に基づいた人間の内面教育に向いている。この両者の協力関係は，流動的知能と結晶的知能の結合という性格を持っている。

　われわれは，初期ピーク型について正確に理解するために，第4章における＜図4.1＞を思い出してみよう。そこでは，職業的な業務遂行に関連する精神的・肉体的な能力は，加齢現象と相関している事実を説明した。このピーク年齢の右側の部分(図ではm)，すなわち年齢(d)に相関して能力が下方に屈曲する部分では，これらの要素が相互に負の相関関係にあることを示している。伝統的な意味での人的資本の概念は，生得的能力から分離できる後天的能力として，この能力カーブの位置や形状に影響を及ぼす要素を位置づけてきた。この人的資本の概念は，プロのバスケット・ボール選手のような初期ピーク型の活動を考える場合に極めて明瞭になる。バスケット・ボール選手の場合には，その能力のピーク年齢は極めて低くなる。彼の能力を維持するための人的資本投資(重要な人的資本として経験を含む)は，その投資が少額で早期の集中投資であったとしても，その技能熟達のピークに到達するためには絶対に必要とされている。彼のバスケット・ボール活動に必要な能力は，純粋な生物学的な理由によって加齢に伴って急速に減退する場合もある。また，彼の保有する最小限の潜在能力がピーク時の能力に非常に近接している場合もありうる。別の例として，チェス選手について考えてみよう。優秀なチェス選手たちは，一般的には10歳になる以前からチェス・プレイに必要な技能開発に取り組み始める。彼らの熟達スピード(チェス・トーナメントで重要な要素には指し手の選択に時間制限がある)は，20歳代から早くも減退を開始するが，初期段階での能力減退は経験の蓄積によって補充できる。彼らは，30歳代初めにピーク能力に達して，ほとんどの人がトーナメント参加を取りやめることになる60歳代までその能力を維持する。彼らの実戦的な能力減退は，経験による能力補充で遅らせることができるのである[9]。

　＜図7.1＞は，初期ピーク型の活動プロファイルを表示している。この図におけるr(最低限の能力水準)からm(ピーク時の能力水準)に近接する部分は，仮説的な活動能力であるエリート的な能力プロファイルを示している。このエリート的な能力プロファイルは挑戦的な活動水準となる。彼らの活動

9　Charness and Bosman, note 5 above, at 354-360.

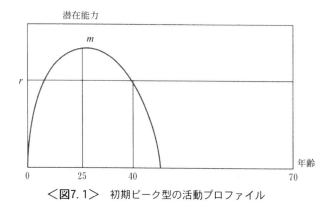
<図7.1> 初期ピーク型の活動プロファイル

は，通常の人びとの活動とは異なり，個人としての能力を最大限に引き出すように努力する必要がある。エリート的な活動が多くの人的資本投資を必要としなければ，あるいは生物的な生得的能力がその初期ピーク能力をもたらす原因であるとするならば，多くのスポーツ選手がそうであるようにピーク能力からの減退は急激なものとなる。この条件を充足する職業の具体例として，学術研究分野について検討してみよう。ここでは，大学の学術研究者がその初期段階で，代替的な業務である管理運営業務に携わる場合を想定してみよう。大学の管理運営業務は，学術研究者としての業務と同じ年齢別のプロファイルを示すわけではない。この事実については，異論の余地はないと思われる。ハーベイ・レーマンは，指導者的な地位を分類した職業領域（政治家や裁判官などを含む）で，指導者としてのピーク能力には非常に遅くなってから到達すると指摘している[10]。非エリート的な活動領域でも，そのピーク能力が非常に遅くなってから現れる場合もある。ここでは，＜図7.1＞ではrがmよりずっと下方に位置していて，年齢による下降カーブが急速に加速するような場合である。労働者が急速に疲労するような，苛酷な肉体労働に該当する職業分野などがこれに該当する。

　ここで問題となるのは，指導力を必要とする職業は，創造力を必要とするそれと比較するとなぜピーク年齢が遅くなるのかというその理由である。ここでは，五つの相互換的な可能性を指摘できる。第一に，流動的知能と結晶的知能の比率が重要であり，前者の比率が高い場合には創造的な業務に向

10　Lehman, note 2 above, at 286 (tab. 50).

いている。われわれは，流動的知能は結晶的知能と比較するとより急激に老化することを知っている。指導力は，ある種の問題解決能力を要求することは確かである。その指導力の構成要素の多くは(マックス・ウェーバーがカリスマ的と概念化した指導力と通常の経営的能力とは明確に区別できる)，他の人びとに対する評価力・調整力・動機付与力などで構成されている。これらの能力は，人間関係的な熟練の成果であって問題解決能力とは必ずしも相関する能力ではない。これらの能力は，ある場合には問題解決能力とは負の相関関係を示す場合もある。しかし，優秀な問題解決能力は，指導者と追随者の間で相互理解を遅らせる溝が形成されている場合には，効果的な指導力を発揮するためにはむしろ障害となる可能性がある[11]。

第二に，効果的な指導力を持った個人とは，しばしば幅広い知人たちのネットワークを持っていることが要求される。この幅広いネットワークに結合している知人たちは，彼の支援者ないし同盟者として信頼できる人びとでなければならない。この個人的なネットワークは，第3章で議論したように，関係的な人的資本の重要な形態である。この関係的な人的資本のネットワークは加齢に伴って増大する傾向があり，多くの人びとの引退直前までほとんど減退することがない。

第三に，個人の指導力に関する要素は，経験がその主要部分を構成している。この経験によって形成される指導力は，読書や研究に依存するのではなく生活や労働の中で獲得された知識を基礎として，加齢に伴ってある種の活動に必要な水準まで上昇する。この指導力は，生活や労働を通じて経験が一定水準に到達した後は，靴ひもを結ぶとか組立工程でボルトを締めるなどの作業に必要な一般的能力のように向上する可能性はない。この指導力は，創造力と比較すると経験の価値が非常に大きいことが理解できるならば，指導者のピーク年齢が科学者や詩人のそれよりも後になる理由を理解することも容易であろう。

第四に，多くの人びとは加齢に伴って成熟するけれども，その成熟度のピークは一定水準までである。ここでは，個人による経験の蓄積とは異なる

11　Dean Keith Simonton, "Land Battle, Generals, and Armies: Individual and Situational Determinants of Victory and Casualties," 38 *Journal of Personality and Social Psychology* 110, 112 (1980); Ralph M. Stogdill, *Handbook of Leadership: A Suevey of Theory and Research* 43-45 (1974). これは，フェリックス・フランクファーター判事が期待を裏切って，最高裁判所での効果的な指導力を発揮できなかった一つの理由となっている。

その成熟のプロセスについて検討してみよう。個人の成熟は，認知的能力と同様に感情的能力の成熟を意味する。この感情的能力の成熟は，ほとんどの人は中年の入り口で完成して，高齢期には逆に後退する（2度目の子供時代と言われる）。多くの高齢者は，老人性認知症でない人も情緒不安定になり，自己中心的かつ頑固で思考パターンが単純化する。この感情的な成熟化プロセスは，子供時代の特性から脱皮する以上の意味を含んでいる。この子供時代の特性とは，自己中心的かつ頑固で伝統的な習慣を無視するとか，「成人になったら通常は人に聞くのをやめるような質問を連発する」などの性向である[12]。この特性は，指導力を必要とする個人には不利に働くが，芸術や科学分野では創造力を育成する役割を果たすことがある[13]。

第五に，指導力は，通常は責任を内包している。たとえば，ある大学の学術研究者が教育者あるいは研究者として何か失敗をして解雇され，また使用者に多少の損害を発生させたと仮定してみよう。この場合，彼は終身在職権を保持していないと仮定しているが，終身在職権を保持しているため解雇されなかったとしても，能力不足であれば使用者に多少の損害を発生させる可能性がある。これに対して，ある組織の指導者が失敗を犯した場合には，多くの人びとに重大な損害を及ぼす可能性がある。たとえば，その能力に問題がある悪い指導者は，良好な状態で運営されてきた組織を完全に破滅させてしまうかもしれない。それゆえ，組織の指導者は，自らの能力を事前に示すために，管理運営のため重要なステップの低い段階で成功を示しておく必要がある。この組織の指導者が階段を昇るプロセスは，上級の指導者には成熟した年齢であることが相応しいという証拠を示す必要がある。これを別の表現で言えば，指導力の欠陥によって失われる費用は，創造力の欠陥で失われるそれよりも大きくなるという事実である。結果的に，組織における指導者の選抜には，創造力のある労働者を選任する場合とは違って，より注意深く選抜する必要があることを示唆している。この注意深さの程度は，不適切な評価によって反対の帰結が生じる可能性を最小限に抑止する程度を意味している。たとえば，最上位の指導者の候補者となる人の場合には，梯子の最下

12　Howard Gardner, "The Creator's Patterns," in *Changing the World: A Framework for the Study of Creativity* 69, 76 (David Henry Feldman, Mihaly Csikszentimihalyi, and Howard Gardner, eds., 1994); see also Gardner, *Creating Minds: An Anatomy of Creativity Seen through the Lives of Freud, Einstein, Picasso, Stravinsky, Eliot, Graham, and Gandhi* 365-366 (1993).
13　前掲注12に引用した，ガードナーの研究で議論されている。

段での実績を基礎として選抜するのではなく，より責任ある職責を少しずつ順番に果たすことを要求する手順が必要である。このように指導者の注意深い選抜には，結果的には長い期間が必要になる場合が多い。

　この指導者の選抜手順は，創造力を持った労働者の選任手順に伴うリスクとは根本的な相違があるという指摘には誇張された部分がある。たとえば，創造力のない高齢の学術研究者は，その研究分野に参入しようと考えている将来性に富んだ若い研究者に挫折感や失望感を味あわせる可能性はある。彼はまた，能力に秀でた他の研究者の昇進を阻害している可能性もある。さらに，彼がいなければその職務に採用された可能性がある，創造力にあふれた若手研究者の前途を閉ざしている可能性もある。最初の二つの可能性は，創造力のない研究者や同レベルの人びとが有能な同僚の数を上回る場合には，その重要性は限定的な意味でしか議論の対象にならない。最後の創造力ある研究者の締め出し効果の問題は，以下のように考えるべきだろう。若い研究者は，彼が本当に有能であればおそらく別の職務を見つけて，締め出された職務以上の大きな社会的貢献を果たしたと推測できる。これに対して，能力に欠陥のある指導者が選抜された場合は，単に若手研究者が締め出された場合よりも優秀な指導者が出現する機会を阻害する可能性が大きいと考えるべきだろう。

　ここでも，まだ疑問が残っている。学習することに多少は時間がかかるとしても，学習することよりも実践することによって学ぶことが多いとはどういう意味なのだろうか。たとえば，「体育訓練」の宿題（言葉を緩やかな意味で使用している）として自転車に乗る場合，あるいは心理学と精神科学の混合的課題として自動車を運転する場合，あるいは「純粋に」学習レベルの宿題として外国語を話すために勉強する場合などについて考えてみよう。これらの宿題や課題に対する対処法は，その宿題・課題に真面目に取り組むとすれば，日常的な練習課題を解決するための刺激に反応する時間消費が必要であるに過ぎない。これらの日常的な課題は，哲学者たちが「暗黙知（"tacit" knowledge）」と呼ぶ領域に属している。この暗黙知は，そのほとんどが無自覚的かつ不明確で他者に伝達不可能な知識を含んでいる。この暗黙知は，知識に関するルールやアルゴリズムなどの論理命題とは明確に区別できる，ものごとを実行する方法（生産技術や言語理解の方法などを含む）を意味している。この暗黙知が機能する領域では，言語的な指示はほとんど役に立たない。この暗黙知の訓練を受ける個人は，課題達成のために利用できる指示を

定型的文書であらかじめ事前に受け取ることはできない。たとえば，本棚を組み立てる作業のために，その組み立て方法を定型的文書として書かれた指示を利用できないことを意味している。

多くの指導者的な地位は，迅速な意思決定を必要とする。迅速な意思決定は，その人の精神状態を素早く形成することが必要であるがそれは充分条件とは言えない。確かに，それも意思決定を遅らせる理由の一つであり，また指導力の欠陥に内在する普遍的な原因の一つでもある。新しい事態に素早く対応する指導者の能力は，通常は経験のみに依存している。しかし，これは指導力に関するパズルを解決する完全な解答とは言えない。たとえば，理論物理学者のピーク年齢が早く訪れる理由は，彼らが基礎的知識なしに専門的思考ができることを意味してはいない。彼らは，すでに重要な基礎的知識を比較的短い手順で読解・実証・理解することで吸収しているのである[14]。同じことは，社会科学の領域ではなぜ妥当しないのだろうか。たとえば，政治学や経営学の研究者あるいは心理学者・政治家・企業経営者などの場合について考えてみよう。彼らが書いた著作を注意深く研究することで，指導者のあるべき理念的目標を学生たちに知らせる教科書を作成することは不可能なのだろうか。それが可能であれば，学生たちは著名な政治家や経営者たちが知っている全ての知識を短期間で習得できる。ここでは，教育水準はそれぞれの分野ごとで教育内容が異なっていると言うのは不完全な解答であろう[15]。これは，特定の教育機関(大学，民間企業，国家その他のいかなる機関であれ)において，将来の職業として指導者を目指す学生たちの学習用ハンドブックとして，指導者に関する原則を教える一般的コースの教材作成を意味している。このハンドブックをひとたび学習するならば，たとえ青二才の指導者でも信頼できる決断を迅速に行うことが可能というわけである。

14　Cf. Harriet Zuckerman and Robert K. Merton, "Age, Aging, and Age Structure in Science," in *Aging and Society*, vol. 3: *A Sociology of Age Stratification* 292, 302-306 (Matilda White Riley, ed., 1972). この研究は，さまざまな科学領域が「体系化されている」程度に応じて，細分化されている事情を明らかにしている。ここでは，「体系化は，実証的な知識を簡潔で相互依存的な理論的定式に置き換えて，それを強固にすることと定義される」。そして，「経験は，体系化されていない領域でこそ重要視されるべきである」と指摘している。Id. at 303. 法律学は，詳細は第8章で検討するが，このような体系化が困難な領域の一つである。それは，理論化が不完全な領域であると言うこともできる。

15　これは，第5章で参照したアリストテレスのいう，実践的な知恵は特定された知識に依存しているという指摘である。

この指導力に関する教育の構想は，なぜ空想的な構想に過ぎないと批判できるのだろうか。ある人の経験は，他の人に文章を通じて「移転」することは不可能なことは確かである。なぜなら，ある人の経験はその人自身に起こったこととして定義されるからである。その人の生涯にわたる経験は，書物を通じて物語として要約することは可能であるとしても，他の人に対して人生の初期段階での有益なガイダンスとなりうる手法を通じての提供は不可能である。このように，経験の伝達にはとてつもない非効率が発生する理由はなぜだろうか。ある種の知識は，先人の経験に基づく知識というよりも，自身の経験に依存する性質があるのはなぜだろうか。これらの疑問は，芸術的な知恵が時おりその霧を晴らすことがあるが，通常は深い神秘的な謎に包まれたままである。指導力の問題は，一般的な法則を引き出すことが困難な活動領域であるという指摘も，この疑問に対する充分な解答とは言えない。指導力の問題は，過去の経験を類推適用する方法を利用しつつ最善の方向で手探りする努力を尽くすべきである。指導力の問題は，その全部ではないが少なくともその重要部分について，類推適用に依拠して一般化することは不可能なのだろうか。あるいは，経験の少ない若者の指導者が困難に直面した場合に，直接その困難な課題を紐解いて解決を示す一冊の書物を手際よくまとめることは不可能なのだろうか。

　ここで私は，この問題に関するいくつかの示唆を提示したい。これらの示唆は，その中心的な神秘の謎を晴らすものではなく，その他の神秘的な現象が目に見えるように努力することに過ぎない。第一に，人びとが指導力に関する対処法を書籍から効果的に学習することは困難であり，また指導力の本質を人びとが理解することも困難であるその理由を考察することが必要である。第二に，特定の集団における(国家，企業，大学その他どのような組織であれ)効果的な指導力は，指導者が特定の集団に属する人びとを充分に知っていることが求められ，それには相対的に長い時間が必要であるという事実である。この事実は，(第3章で議論した)関係的人的資本の問題に戻る必要があることを明らかにする。ここでは，関係的人的資本はその本質において，他人に譲渡したり移転したりすることができないという事実を強調しておきたい。しかし，私は，この問題をこれ以上は強調しない。指導者の多くは，彼らが指導対象とする集団の構成員から選出されるのではなく，他の機関から直接的に任命されることがしばしば発生するからである。

　第三に，指導力は戦争における戦略的行動と同様に，しばしばゲーム理論

的な意味での戦略的活動の必要性を内包している。指導者は，全ての戦略的な選択肢について，相手方の対抗手段を考慮した上で選択しなければならない。指導者が以前の指導者の行動を踏襲するに過ぎなければ，それを戦略的に見越した相手方の戦略によって簡単に阻止されてしまうだろう。第四に，指導者は，これは指導力の問題を超える主題を含んでいるが，状況に対応する選択肢の配列の中から，適切な類推に基づく意思決定を行う能力を備えていなければならない。この意思決定は，ある種のアルゴリズムによる類推的選択を完全に習得することではなく，ある程度の経験に基づく「決断」能力を必要とする（この点については，第5章で見たような疑問も残っているが本章の後半で再度検討する）。第五に，遺伝学的な理由も検討する必要がある。指導者の適性に関連するさまざまな要素として，たとえば最適な家族構成や年齢段階，人間としての発達に関する進化のレベル（第9章参照）などがその検討対象となる。この問題は，若者たちが年上の世代に理想的な指導者像を求めることが「自然である」理由についてさらなる検討が必要なことを意味している。

　私は，この問題をことさらに誇張しようと思っているわけではない。経営学的な組織運営技法としてすでに指摘されているように，全ての努力が無駄になることはないという示唆が重要である。歴史上の偉大な指導者は，その全てが経験豊富な高齢者だったわけではない。たとえば，アレクサンダー大王やナポレオン・ボナパルトは顕著なその例外でもあるが，彼らの例外的な出現の背景について説明することは簡単ではない。この二人の例外的な出現の時期は，時代的に見れば，大胆かつ適切な軍事的指導者が勝利のために必要とされた時期であった。この二人はともに，平時における軍事指導者の選抜システムが機能不全の状況にあって，最高権力者の地位に昇り詰めた人物でもあった。アレクサンダー大王は，国王の息子であったがゆえにマケドニアの王となった。ナポレオンは，フランス革命によって通常の昇進システムが中断したときに将軍となった。両者とも，いわゆるカリスマ的な指導者であった。ナポレオンはカリスマ的であったことは確かであるが，アレクサンダー大王にはカリスマ性に欠けているように見えるが，両者ともに軍事的のみならず経営的な手腕をも備えていた。ある組織の経営者として成功するためには，通常は忍耐や自己制御が必要とされるし，また愚か者には容赦しない厳しい態度をとることも必要とされる。これらの資質は，若者というよりも中年の人びとの間に共通する資質である。なぜなら，中年という年齢の効

果には激越な感情を抑制する機能が伴うからである。けれども，高齢者の場合にも，適切な組織の指導者としての資質が期待できるとは言えない。その理由は，これらの組織の指導者に有用な資質は自己抑制能力をも要求するからである。

2　職業分野とその相互間におけるピーク年齢の相違

われわれは，これまで創造的な職業分野では（広い定義として科学者と技術者を含んでいる），生産性に関する年齢別プロファイルに大きな相違があることを見てきた。これらの分野での生産性の相違のいくつかは，加齢に伴う流動的知能と結晶的知能が減退する比率の違いや，必要とされる人的資本への投資レベルの相違によって説明できる。たとえば，数学や物理学（とくに理論物理学）は，流動的知能と結晶的知能がともに高いレベルで必要とされるが，そのために必要とされる人的資本投資は低いレベルで充足できる。彼らは，書籍や教育を通じて知識のストックを経済効率的に吸収できるし，実験を通じて学習する必要性も相対的に少ないからである。陳腐な表現であるが，科学者はそれぞれの世代における「巨人の肩の上に立っている」から，その父祖の過去の姿を見ることができる[16]。これらの領域では，極めて早期に能力のピークが訪れるが，そのピーク能力は持続的ではないことは驚くに値しない。また実験的な科学者は，理論的な科学者よりもピーク年齢が遅いことも驚くべきではない。彼らに要求される流動的知能のレベルは，理論科学者のそれよりも相対的に低い水準であるけれども，実験はチームワークを要求するから広い意味での熟練や指導力が必要となる。現代の経済学者の多くは，流動的知能に大きな比重を置く定型的な熟練モデルを分析道具として用いている。けれども，彼らにとって社会生活の経験は極めて重要であるし，その社会的経験の効果は加齢に伴って増加する。結果的に，最先端の熟練レベルに達しない経済学者でも最先端の仕事ができるわけである。たとえば，ロナルド・コースやトマス・シェリングに代表される経済学者の何人かは，この定型化されたモデルを全く利用することなしに重要な経済学レベルでの貢献を果たしている。結論的に言えば，経済学という研究領域も早期のピーク型であるように見えるが，そのピーク能力は持続的に維持すること

16　Michael D. Mumford, "Age and Outstanding Achievement: Lehman Revisited," 25 *Journal of Vocational Behavior* 225, 231 (1984).

が可能な分野である。

　建築学や工学分野での職業的な能力は，空間的な関係における目的物の視覚化という能力が必要であるが，これは非常に高度な熟練技能を伴う能力である。この能力は，流動的知能の一つの要素であるが，加齢に伴うその減退が著しい能力でもある[17]。それゆえ，建築学や工学では，数学的領域にそれほど近接していない早期ピーク型であるがピーク維持型ではない領域であることも驚くに値しない[18]。しかし，工業的な発明者（工学に関係する）は，驚くべきことに後期ピーク型であるように見える[19]。この事実は，人口高齢化の影響が企業における研究開発活動を減少させるとか，あるいは経済発展を阻害するというリスクを緩和する効果があると思われる。このリスクは，研究開発活動に携わる「年齢要件」に該当する人口構成の変化というよりも，研究開発に実際に従事する人びとの年齢構成の比率いかんに依存する。現在では，研究開発活動に携わる人びとの年齢は，人口自体の増加に対応して上昇しているから，実質的にはほとんど影響のないレベルの問題であろう。

　歴史学と文芸批評の領域は，伝統的に大きな人的資本投資が必要とされてきた領域である。この分野での実務的研究者たちは，膨大な文献資料その他の情報を読みこなすとともに，さまざまな原則を修正せずに遵守することが要求される。この分野における結晶的知能という視点からのアプローチは，とりわけ詳細な解説技法の熟達という観点から言えば，この領域では大きな役割を果たすことになる。これは歴史学や文芸批評の分野は，流動的知能との比較で言えば，他の自然科学や社会科学領域よりも結晶的知能が重要な役割を果たすことを示唆している。解説技法の熟練とは，狭い意味での表現上の習熟のみならず，研究論文以外の解説書などを編集する際に要求される組織的な運営技法をめぐる熟練技術も含まれる。この解説技法の熟練は，長年にわたる経験によって改善されるが，その後は後退することなくピーク時の

17　Timothy A. Salthouse, "Age and Experience Effects on the Interpretation of Orthographic Drawings of Three Dimensional Objects," 6 *Psychology and Aging* 426 (1991).

18　Paul R. Sparrow and D. R. Davies, "Effects of Age, Tenure, Training, and Job Complexity on Technical Performance," 3 *Psychology and Aging* 307 (1988); Dennis, note 2 above, at 2-4.

19　Id. at 3 (tab. 2). See also Naomi Stewart and William J. Sparks, "Patent Productivity of Research Chemists as Related to Age and Experiences," *Personnel and Guidance Journal*, Sept. 1966, p. 28. しかし，別の研究では，この領域における若年の成人人口と特許の承認件数は，極めて強い正の相関関係にあると指摘している。Mumford, Olsen, and James, note 2 above.

能力が持続される傾向がある。

　抒情的な詩人に必要とされる能力については，レーマンは早期ピーク型になると主張している。この主張は，少し驚かされるかもしれない。もちろん，抒情詩という文芸作品では，学術研究や長編叙事詩あるいは小説（長編と短編を含む）などと比較すると，組織的能力や経験蓄積の必要性が低いことは確かである。なぜなら，抒情詩はその文章構造の単位が極めて小さいからである。抒情詩人的な能力は，早期ピーク型であることを証明する一つの証拠として，その資質がある種の精神疾患と正の相関関係にあり，これが相対的に早い段階で詩的創作を不能にする要因になると考えられている[20]。けれども，多くの抒情詩人たちは加齢による創作能力の減退を経験していないことも確かである（有名な例としては，イエーツ，スティーブンス，ホイットマン，フロストなどがある）。これらの具体例は，おそらくこの分野の能力は，早期ピーク型であるとしてもその持続型として分類すべきことを示唆している。この早期ピーク型で持続型という分類は，詩人の中核的な表現能力が創作能力に関する熟練と矛盾せず，また詩の創作には実質的な人生経験を必要としないことを示唆している。これは，能力ピークの時期が相対的に遅く現れるが長く持続する，小説による文章表現能力と明確に区別される特質であると思われる。

　音楽的な創造力は，作曲と実演の両者を含めて考えると，早期ピーク型で維持型という点では詩作の場合に類似していると考えられる。しかし，音楽の演奏の場合にも同様であると言えるか否かは明らかではない。たとえば，コンサートでのピアノ奏者やバイオリン奏者の多くは，演奏に必要とされる潜在能力がピーク時に近接する早期段階で英才教育を受けて活動している。この種の潜在能力は，身体的な側面での能力であると考えられる。それゆえ，必要とされる身体的な熟練度が加齢に伴って減退する程度が少ない場合でも，高齢の演奏者は同じ能力を持った若い演奏者に短期間で代替される可能性が高くなる。しかし，ピアニストやバイオリニストなどのソリストや指揮者には，数えきれないほどの例外がある。とくに指揮者の場合には，極めて高齢になってもその技量が維持され人気が衰えない人びともいる（代表例として，ホロビッツ，ハイフェッツ，カザルス，トスカニーニなどを思い出してほしい）。彼らの場合には，その経験が身体的な能力減退を補完する

20　Dennis, note 2 above, Raskin, note 2 above, at 29-30.

役割を果たしているのであろう。また音楽は，豊かな感情表現活動であるため，加齢とともにその感情表現のレパートリーが変化するのかもしれない。

さらに検討すべき問題として，すでに名声を得た演奏家の潜在能力に関しては，彼らの現在の状態とは無関係に人びとの関心の対象となるという事実がある。これは，著名な高齢演奏家による演奏の質的評価というよりも，その人気の継続性の根拠に関わる問題である。人びとは，この演奏家の演奏を聴きに行くというよりも，むしろ彼の姿を見にゆくという傾向がある。この事実は，その情報費用が個人的であるか慣習的であるかを問わず，彼がよい評判を得た演奏の頻度を反映している可能性がある。彼の演奏の特質が実質的に消滅した後でも，名声のみが持続するという情報費用の特性を証明している。ある演奏者がひとたび名声を得て有名な賞を受賞した場合，それが個人であれ団体であれ，その受賞したという記憶は人びとの間で持続する。人びとは，老いぼれたウィンストン・チャーチルでも会いたいと思うし，ナポレオンの墓を訪問したいと思うのである。

哲学分野におけるピーク能力の維持は，謎に充ちているのかもしれない。哲学者の知的活動における流動的知能から結晶的知能への移動は，極めて高い移動比率であるように思われる。そのピーク年齢は極めて早く，また科学や数学との境界領域で活動する場合には，そのピーク能力は持続的なものではない(バートランド・ラッセルがその例となる)。しかし，ウィトゲンシュタインは，彼の20歳代でピーク年齢を迎え(論理学を指向していた時代)，その能力は50歳代まで持続している。哲学者の中には，60歳代もしくはその後においても高い創造力を維持している人びとも多い。たとえば，プラトン，カント，デューイ，サルトルがその例である。現存の哲学者でも，ウィラード・クィン，ドナルド・デイヴィッドソン，ジョン・ロールズ，ヒラリー・パットナム，スタンレー・カベル，ネルソン・グッドマン，ジュディス・ジャービス・トムソン，バーナード・ウィリアムス，リチャード・ローティ，その他にも数多くの人びとがいる。問題をより複雑化しているのは，著名な哲学者たちの多くは，早期ピーク型とは明確に区別できる後期ピーク型で持続型に分類できる点にある。その具体例は，カント，ロールズ，グッドマンなどである。

ここでは，数学的ないし論理学的な思考方法に依存しない哲学者たちに対しては，加齢現象があまり重要な影響を及ぼしていないという事実について，以下のような二つの説明が可能であることを示唆したいと思う。第

一に，数学的な方法を使用しない哲学者にとって，文章表現による熟練が極めて重要な役割を果たしている。多くの哲学者たち，たとえばプラトン，ウィトゲンシュタイン，ニーチェ，ジェームス，クィンおよびローティなどは，文章表現レベルでの熟練度がその重要な構成要素を占めている。たとえば，隠喩的表現（具体例を挙げると，「言語ゲーム」，「無知のヴェール」，「現金価値」，「意識的経験の審判」など）や衝撃的な概念の転換（クーンの「通常科学」や「パラダイム」など），新しい概念の創造（「怪物」）や比喩的表現（プラトンの洞窟，ノイラートの潜水艦，「海亀たちは時間をかけてはるばるとやって来たのだ」），あるいは対話的手法（再度のプラトン）などがその代表例である。のみならず，哲学者たちは，詩の一篇でさえも（ルクレティウス，ニーチェなど）哲学の衝撃的な言語効果のために利用している。

　私は，このような状況について，単純に考えているわけではない。たとえば，隠喩は，類推と同様に言葉的技術と考えられてきた[21]。また類推という方法は，自然科学の発見においても重要な役割を果たしている[22]。それゆえ，この類似性の中に異質性を発見する類推的思考の威力は，流動的知能の働きによるものと考えられる[23]。しかし，自然科学的な推論は，科学者にとって発見のための道具であり，類推的思考の活用を含めた抽象的な推論の具体例である。この抽象的な推論は，普遍的な法則の探求における特殊的な方法から演繹的に抽象化されたものである。これは，少なくとも文学的な表現からはかけ離れた認知能力による思考形態である。これに対して隠喩は，通常は文学的表現を具象化するための説明として，あるいはその表現を典型化する

21　See, for example, D. A. Boswell, "Metaphoric Proceeding in the Mature Years," 22 *Human Development* 373, 382 (1979). なお，有名な文芸批評では，「詩の本質は隠喩であり，隠喩は論理的表現というよりも類推的表現である」としている。Cleanth Brooks, *The Well Wrought Urn: Studies in the Structure of Poetry* 248 (1947).

22　See, for example, John H. Holland et al., *Induction: Processes of Inference, Learning, and Discovery* 289-295 (1986); Mark T. Keane, *Analogical Problem Solving* 11-18 (1988); Brenda E. F. Beck, "Metaphors, Cognition, and Artificial Intelligence," in *Cognition and Symbolic Structures: The Psychology of Metaphoric Transformation* 9, 15 (Robert E. Haskell, ed., 1987). なお，ベックは，類推を隠喩の一形態として扱っている。

23　類推的な論理構成における熟練は，加齢に伴う顕著な減退が見受けられる知的な潜在能力の一つである，とする証拠が提示されている。See Douglas H. Powell (in collaboration with Dean K. Whitla), *Profiles in Cognitive Aging*, ch. 4 (1994).

ために用いられている[24]。それゆえ,隠喩と類推は,相互に類似的でありながら本質において類似的ではない。この両者の相違は,たとえば年齢に相関して隠喩を使用するか,それとも科学的類推を使用するかという相違が生じるという説明が可能かもしれない。両者の道具としての利用方法は,ともに流動的知能に由来することで説明できる。しかし隠喩は,言語的な現象であり熟練に伴って深化するが,加齢に伴って減退する場合もあるし時にはそれが改善されることもある。

　第二に,高度の数理科学的な手法を利用しない哲学者たちのピークが持続する原因として,この領域における発展が自然科学領域におけるそれよりも遅いという理由が存在する。哲学者たちが注目する問題やそれを解決するための分析道具は,物理学や数学における問題やその分析道具と比較すると時間的にその開発が遅れる傾向がある。結果的に,哲学者の人的資本の減価は自然科学者のそれよりも遅いから,その維持のための新規投資はそれほど多く必要としない。また,哲学者たちの流動的知能の減退は,彼らが新しい課題に取り組むことなく旧来のそれにこだわり続けるならば,それほど大きな阻害要因とはならない。この領域で使用される流動的知能に対する結晶的知能の比率は,新たな課題に取り組む人びとにとってのみ,より高い比率を維持する必要があるからである。

　われわれは,これらの事実から,＜数式7.1＞で表示するような一般的なモデルを形成することができる。まず,年齢 a における能力による生産量であるアウトプットを (O_a) として,そのピーク年齢のアウトプットの関数を (O_p) とする。そのアウトプットがピークから減退する比率を (d) として,そのピーク年齢から下降する経過年数を $(a-p)$ とすると,＜数式7.1＞で示すようにモデル化することができる[25]。

＜数式7.1＞　　　　$O_a = O_p [(1-d)^{a-p}]$

　たとえば,ある個人がその能力のピーク年齢である25歳に到達したときのアウトプットがわれわれの判断基準では30歳のレベルと判断できるならば(結果的に, $a-p=5$),彼のアウトプットは年2％の比率で下降してい

24　See, for example, W. K. Wimsatt, Jr., *The Verbal Icon: Studies in the Meaning of Poetry* 79-80 (1954).
25　ここでは,単純化のために恒常的な減退率を用いている。より現実的な仮定として考えるならば,この減退率は加齢に伴って相対的には上昇する。

て$(1-d\ .98)$，現在のアウトプットはピーク時の約90％に相当すると判断できる。

また，その個人のアウトプットが$a=p$であると仮定すれば，彼のピーク年齢でのアウトプットを評価すると，＜数式7.1＞では$O_a=O_p$となる。また，$p>a$であると仮定すれば，この個人はいまだピーク年齢に達していないことを意味しており，そのアウトプットの減少率はマイナスとなる。結果的に，この等式は$O_a=O_p[(1+d)^{a-p}]$となる。同様に，$a-p<0$であるならば，この等式は$O_a/O_p=1/(1+d)^{p-a}$となる。この等式の右辺は，ゼロより大きいが1より小さい。これは，ピーク能力年齢の以前でのアウトプットは，ピーク能力年齢以降のそれと同じく，ピーク年齢のアウトプットより低くなることを意味している。

この数式とは，別の数式で説明することもできる。たとえば，第3章での時間に対する稼得（あるいはアウトプット）の等式を基礎とすれば，$E(t)=a+b_1t-b_2t^2$＜数式3.1＞となる。かりに，t^*がピーク年齢を意味し，yがある個人のピーク年齢を意味するとしよう。結果的に，彼のピーク年齢におけるアウトプットの総計は，現在のアウトプットを超える水準として，以下の＜数式7.2＞によって近似的に表現することができる。

＜数式7.2＞ $$E=y[(2t^*+y)b_2-b_1]$$

この数式では，b_2はその潜在能力をめぐる価値の低下（ここでは加齢に伴う能力減退）を意味し，b_1は人的資本投資（ここでは経験）を意味している。加齢に伴う能力減退が大きくて蓄積された経験の価値が小さくなれば，現在のアウトプットはピーク年齢を過ぎてからの時間経過に伴って減退することを意味している。また経験の価値が大きくない場合には，その個人のアウトプットは加齢に伴って減退率が高くなることを示唆している[26]。

個人のアウトプットは，以下の三つの能力的要素によるインプットを必要としている（時間と努力は無視している）。この三つのインプットの要素とは，問題解決能力，言語表現能力，および情報と技術の「記憶装置」であ

---

26 ＜数式7.2＞は，奇妙な含意を示唆していることは明らかである。つまり，Eの計算結果では，ピーク年齢を超えた年齢（t^*）である高齢者の生産力も高くなる。その理由は，このモデルでは，この等式での稼得の上昇は，ピーク時の稼得に到達するまでの経験蓄積年数ごとに同一の上昇率を適用しているからである。結果的に，ピーク年齢に達するまでの期間が長くなれば，ピーク時の稼得水準も現在の水準との相関を維持することになる。

る。ここで，d（＜数式7.1＞における）あるいはb_2（＜数式7.2＞）が，これらの要素のインプットでの平均的な減退率ないし減価率を表現していると仮定してみよう。これら要素の減退率ないし減価率は，生産関数における相対的な重要度によって重みがつけられている。ここでは，1単位の問題解決能力とともに1単位の知識ベースの記憶が固定比率で結合している（文章表現力をほとんど持っていない）平均的な科学者を想定してみよう。この二つの能力要素は（新規の人的資源投資がないために），非常に高い減退率を示しているとする。その原因は，問題解決能力は流動的知能に由来するし，また知識ベースの記憶は科学的知識の習得によって生じるからである。この平均的な科学者とは対照的な人物として，ある平均的な哲学者を想定してみよう。彼は，1単位の問題解決能力を持っているが，それは科学者と同一の減価率で減退していくのに対して，彼が保有する1単位の文章表現能力は全く減退することがない。彼が保有する1単位の知識ベース記憶の減退率は極めて緩慢であるが，それは哲学者が関心を向けている主題が不変であることに加えて，哲学の主題をめぐる研究業績の体系化が極めて緩やかに進行するからである。結果的に，哲学者の加齢に伴うアウトプットの減退率は，科学者のそれと比較すると低率になる。その哲学者の潜在能力の減退率は，彼が加齢とともに文章表現能力を高めた場合や，人的資本の要素である経験に基盤を置く哲学研究に取り組んでいる場合には，その減退率は極めて緩慢になると想定できる。とくに，彼の研究が理論化の不完全な（論理学と比較して）分野である政治哲学や倫理哲学であれば，減退率はむしろ加齢現象と負の相関関係を示す可能性もある。この分析に関する帰結として，この哲学者のアウトプットに経験や文章表現能力が重要であるならば，彼の創造力のピーク年齢は相当に延伸できる。この事実は，他の要因が等しいならば，現在のピーク能力でのアウトプットの比率は，その個人がもはや重要な貢献が期待できない水準に落ち込むまで，そのピーク年齢を延伸できることを示唆している。この仮定を前提とすれば，この哲学者はずいぶん長期間にわたってその生産性を維持できることを示唆している。

　創造力を持った労働者は，現在のアウトプットがピーク時のそれと比較して低下するならば，現時点で直面している選択の組み合わせを変更する必要がある。ある科学分野での最良の雑誌が，平均的な科学実験者たちのピーク年齢での潜在能力の90％以下の論文を掲載しないと決定した場合に，Y博士がその平均的な対象者の一人であったと想定してみよう。Y博士は，彼の潜

在能力がそのピーク時の90％以下に落ち込んだ場合，もはやこの雑誌に論文を掲載することができなくなる。彼は，その場合の対応策として，より低水準の雑誌への掲載に選択肢を変更するかもしれない[27]。ここでは，学術論文における量と質の間にある程度の置換性が存在している。Y博士は，最良の学術雑誌ではたとえ低い掲載率であるとしても，論文を掲載する充分な能力を持っていないと仮定している。このため彼は，これまで執筆してきた最良の雑誌よりもいくぶん低いレベルの雑誌に，より多くの論文を投稿し続けるかもしれない[28]。あるいは，彼は哲学者の著書からその発想を借りて，新しい主題ではなく古い主題にその研究努力を集中するかもしれない。あるいは，彼は科学的な創造者としてではなく，一般人に対する普及教育活動としてのそれに専念するかもしれない。あるいは，彼は若い研究者と協力して共同研究することを決断する可能性もある。彼は，このいずれの選択肢を選択するにせよ，流動的知能に依存する比率は減少することになる[29]。

　高齢科学者が保守的な研究主題を選択するもう一つの理由は，彼が新鮮かつ大胆な研究主題を選択することは，彼が若いころに評価を確立した過去の研究成果の有効性に疑問を呼び起こすと指摘されている[30]。若年科学者は，挑戦的な主題の研究を通じて他の科学者の評価を脅かすような知恵を獲得してゆくが，彼自身はいまだ無名であるから自分の評価を気にする必要はない。これに対して，高齢科学者にとって過去の評価は重大な関心事かもしれ

27　彼は，この時点で，最初の職業からの「引退」を考えるかもしれない。そして，第2の職業選択として，達成目標の要求水準が相対的に低い職業への転換を図る可能性もある。

28　Arthur M. Diamond, Jr., " An Economic Model of the Life-Cycle Research Productivity of Scientists," 6 *Scientometrics* 189, 194 (1984).

29　A. M. Diamond, Jr., "Age and the Acceptance of Cliometrics," 40 *Journal of Economic History* 838, 839 (1980). A・ダイアモンドは，加齢現象に対するこれらの適応現象によって，高齢科学者が若年科学者と比較すると新しい理論の採用が遅くなる理由を説明できると主張している。しかし，彼自身の研究では，新しい科学理論の受け入れに関する加齢に伴う負の効果が誇張されている部分もある。Id. at 839, 841; Arthur M. Diamond, Jr., "The Polywater Episode and the Appraisal of Theories," in *Scrutinizing Science* 181（A. Donovan et al., eds., 1988); David L. Hull, Peter D. Tessner, and Arthur M. Diamond, "Planck's Principle: Do Young Scientists Accept New Scientific Ideas with Greater Alacrity than Older Scientists ?" 202 *Science* 717 (1978). われわれは，この驚くべき事実について可能な説明をするために，本章の最後の部分で再度検討する。

30　See, for example, Rubenson and Runco, note 1 above, at 141.

ない。しかし，高齢科学者のこの懸念が彼の研究に重要な影響を及ぼしているという指摘には，私なりの疑問を持っている。ある研究者の若い頃の研究が不適切であったとすれば，遅かれ早かれそれが指摘されることは不可避である。その事実を指摘する人物が彼自身であれば，彼はその知性に加えてその勇気をもって社会的信頼を得ることができる。彼の若い頃の研究業績で獲得した名声を守る試みは，加齢に伴う流動的知能の減退や人的資本の新規投資の失敗に起因する新しい研究に対する抵抗とは区別すべきであろう。

高齢科学者が古い主題に固執するインセンティブは，若年科学者が新しい主題に固執するそれと同様の関係にある。この事実は，若年科学者が新しい研究主題(あるいは古い主題を新しい方法で研究すること)に取り組むときに，優れた能力を発揮できることまで保証されているわけではない。彼らは，現代的に進化した研究技法を習得しており，また流動的知能は減退することなく維持されている。若年科学者は，古い世代が開発した研究手法を遵守する場合に派生する相対的な不利益を自覚している。つまり，すでに使い古された技術で，相対的に認知度の高い問題を新たに取り扱うという不利益である。彼らは，高齢科学者のような経験を積んでいるわけでもない。若年科学者は，高齢科学者たちの経験が資産として評価されないような新しい研究主題や方法を利用するのである。結果的に，同じ研究分野でも，彼らの研究主題や方法には世代による分断が存在している。この事実は，世代を超えて実施される共同研究の重要性を証明しているように思われる。

私は，高齢科学者たちに，彼らの研究や執筆のための時間を管理運営のために充てる方向に転換すべきことを示唆している[31]。私はまた，彼らの蓄積した経験が管理運営業務での高額な給与に見合わないならば，彼らが科学研究の進歩から取り残される傾向はさらに加速すると予測している。高齢科学者は，この職種転換(管理運営職への)による潜在的な稼得の上昇によって，彼らが研究職に留まるための機会費用を上昇させている。彼らの機会費用を上昇させる別の具体例は，研究者としての過去の成功体験である。科学者としての成功体験は，他の創造的な職種のそれと同様に，時には迷惑な状況に陥るほどさまざまな招待を受ける機会をもたらす。たとえば，その名声による講演依頼や名誉を伴う称号授与，審議会・委員会の構成員への委嘱もしく

---

31 For evidence, see Soldofsky, note 2 above, at 296; Zuckerman and Merton, note 14 above, at 318-321.

は相談・助言・執筆の依頼，さらに記念講演やテレビ出演ないし推薦状の依頼など，さまざまな種類の名誉や依頼が舞い込むようになる。彼は，これらの依頼が増加すればその対応の程度に応じて(この活動は心理的満足とともに金銭的所得効果をも生み出す)，研究に費やす時間がますます減少してゆく結果になる。この過去の成功体験を相殺する効果として，有名になった人物は他の人びとからの批判の標的となる。彼らの成功や評判は，世間による批判的なゴシップの対象となる。彼らは，これら世間の批判から学ぶべきでそれらを嫉妬の産物として見過ごすべきではない。けれども，彼らは世間の批判をしばしば見過ごす傾向がある。創造力のある人びとは，人生を通じて最後まで無名のままに過ごす場合が多く，人生で成功した人びとと比較すると遅れた時期に創造力のピークに達することもある(その帰結は偶然が左右する。その才能が遅咲きであったために人生を通じて無名のままに終わることも多い)。

　同じような推論から，人びとは応用経済学者は数理経済学者よりもそのピーク年齢が早期になると予測するかもしれない。けれども応用経済学者は，コンサルタント的な活動が多く，加齢とともにその機会は多くなる(学術研究者の場合はコンサルタントとしての能力を「現金化」する前に研究者としての評価を得ておく必要がある)。結果的にはこの推論と矛盾するが，応用経済学者は数理経済学者よりもその業務に多くの経験を必要とするが，流動的知能の活用の程度は相対的に低い。この事実に基づいて，応用経済学者の能力ピークは数理経済学者のそれよりも遅くなるけれど，その減退率も相対的には低いという推論が可能である。応用経済学者にとってピーク時の能力からの減退率が低い理由は，彼の知識ベースの減価率が数学理論の発展に比べると相対的に低いという説明が可能である。これ以外の推論を全て捨象して考えれば，応用経済学者の獲得した経験は管理運営業務でも活用可能である。

　最後に検討すべき課題は，高齢者の熟練技能の陳腐化を誇張するために用いられるさまざまな理由についての考察である。たとえば，ある人が旧来型の熟練技能を習得しているが新しい技能がそれに代替する可能性がある場合，新たな技能を習得する費用がその便益を超えることもありうる。しかし，新技術が古い技術を改善する効果があるならば，それを習得する費用負担があるとしてもそれは大きな問題ではない。この事実は，前述の高齢経済学者を例にして考えても同様である。たとえば，ある数理経済学者がある問

題について，従来よりも簡潔でエレガントに定式化できる新しい方法を開発した場合を想定してみよう。この新しい思考方法の開発は，どの分野でも日常的に発生する事態であるが，旧来型の思考方法も依然として適切に機能する場合もある。若い経済学者たちは，新しい方法を習得する訓練を受けているが，高齢経済学者たちは必ずしも新しい方法を習得する価値があるとは考えていない。彼らは，古い思考方式も依然として有効であるから，新たな技能習得がもたらす便益はほんのわずかに過ぎないと考えているからである。このため，高齢経済学者は旧来型の思考方法を継続するが，若い経済学者はそれを時代遅れだと批判することになる。現実的に考えると，旧来型の思考方法が本当に時代に適合しているならば，高齢経済学者の能力も若い世代のそれに充分に対抗できるため，彼らが新たな思考方法の習得を拒否しても実害は発生しないかもしれない。たしかに，加齢に伴う能力減退は，本書における重要な主題である。けれども，経済学的な分析アプローチは，この事例のように加齢に伴う能力減退が実際に発生しない領域を特定するためにも役立つのである。

3　創造的労働の性格と加齢変化

　われわれは，創造力を必要とする労働の質的変化を示す加齢に伴う能力減退の問題に加えて，創造的労働に伴う質的変化とは無関係な加齢現象についても検討する必要がある。この創造的労働に関する領域には，たとえば絵画・彫刻・音楽の作曲などに加えて法律学という学問領域がある。これらの領域では，加齢に伴う労働の質的な能力減退がほとんど見られないだけではなく，逆に加齢に伴う能力の負の減退すなわち能力の増殖傾向すら見受けられる。同じ例として，例外的な詩人を挙げるならば，たとえばイエーツは死の直前まで旺盛な詩作活動を展開しており，加齢に伴う能力変化は全く見うけられなかった。この加齢に伴う能力減退を示さない人びとの中には，大胆かつ明晰で直接性や不器用さを併せ持つ「晩年期スタイル(Altersstil)」と呼ばれるような，高齢期に至ってから芸術的能力が開花する例も見受けられる。ディーン・サイモントンは，高齢期における作曲家について多くのサンプル調査を通じて，彼らの晩年期スタイルの特徴を「簡潔な率直さ」という表現で要約している[32]。また，マーチン・リンダワーは，「晩年期スタイルの

32　Dean Keith Simonton, "The Swan-Song Phenomenon: Last-Works Effects for 172 Classical

作品は，包括的な視野に立った広汎で荒削りな筆致ではあるが，些細なことにこだわらない描写力が特徴である」と表現している[33]。さらに，ある16世紀の中国人研究者は，初期の中国人芸術家のニィ・ツァンについて「彼はその晩年でも，彼自身のアイデアに沈潜して思索を続けながら，あたかも老いたライオンのように一人の同伴者もなしに独力で歩き続けた」と評している[34]。さらに，さまざまな領域における晩年期スタイルを表現する人びとの代表例を挙げれば，ソフォクレス，イエーツ，ヴェルディ，ストラビンスキー，リヒャルト・シュトラウス，レオナルド・ダ・ヴィンチ，ミケランジェロ，ティツィアーノ，ベルニーニ，マチス，オリバー・ウェンデル・ホームズ・Jr.など[35]も挙げることができる。

　もちろん「晩年期スタイル」については，数多くの懐疑的な議論も示されている[36]。私は，特徴的な晩年期スタイルが存在している事実は認めるけれど，その存在を証明するために必要かつ充分な証拠は示されていないと考えている。経済学は，このような晩年期スタイルが成立するための証拠として，以下の二つの可能性を示唆している。第一に，露骨な表現をすれば，人生の終わりに近づいて観客の期待するような激情を表現する費用が低下するため，市場取引の価値それ自体も縮減するという可能性である。この可能性

Composers," 4 *Psychology and Aging* 42, 45 (1989); Simonton, *Greatness: Who Makes History and Why* 208-209 (1995).

33　Martin S. Lindauer, "Creativity in Aging Artists: Contribution from the Humanities to the Psychology of Old Age," 5 *Creativity Research Journal* 211, 223 (1992); see also id. at 216.

34　Quoted in Jerome Silbergeld, "Chinese Concepts of Old Age and Their Role in Chinese Painting, Theory , and Criticism," *Art Journal,* Summer 1987, pp. 103, 105. なお，晩年期スタイルに関する他の文献については，以下参照。Beauvoire, note 2 above, at 404-406; David Gutman, "Age and Leadership: Cross-Cultural Observations," in *Age and Political Leadership* 89, 93-94 (Angus McIntyre, ed., 1988); *Symposium on" Old-Age-Style," Art Journal,* Summer 1987, p.91.

35　法律学における他の代表例として，ラーニッド・ハンド判事を挙げることができる。彼の伝記作家は，権利章典に関する講演に際してハンド判事は「極めて厳しい見解」を主張したと表現している。彼がこの問題について論文を書き講演したのは86歳の時であったが，「彼が初期段階で示していた見解よりも極端に厳しい主張をしていた」と述べている。Gerald Gunther, *Learned Hand: The Man and the Judge* 665 (1994). なお，ハンド判事については，次章でも検討する。

36　See, for example, Catherine M. Soussloff, "Old-Age Style in the 'Lives' of Artists: Gianlorenzo Bernini," *Art Journal,* Summer 1987, pp. 115, 119; Julius S. Held, "Commentary," *Art Journal,* Summer 1987, pp. 127, 129; Avis Berman, " When Artists Grow Old: Secure in the Mastery of Their Craft, They Can't Stop 'Looking for a Breakthrough,'" *Art News,* Dec. 1983, pp.76, 81.

は，第5章で論じた，高齢者の饒舌という性向と表面的には矛盾するように見える。高齢者のあからさまな物言いや饒舌は，聴衆の期待に反する会話の単なる例示ではない。高齢者の無分別なコミュニケーションは，若年者に典型的に見受けられる抑制的で控えめな言動と比較すると，発話者の感情をより直截に表現する効果がある。若年者の言動は，彼らの市場取引での効用を最大化するための戦略と関連している。これに対して，高齢者のあからさまで高飛車な物言いや文章表現は，これは社会的な産物ではあるとしても，「終末期」の問題（第3章で議論した）とは別の問題が存在することを示唆している。次章では，この問題に関する別の議論について検証する。

　第二に，社会的な名声は，ある種の免許状を与えるような効果をもたらす可能性がある。ある人がこれまでに価値ある仕事を成し遂げてきた場合，現在の仕事も価値があると判断される蓋然性が高くなる。観客もまた，彼の仕事による価値の信頼性への疑いを打ち消すように行動する。このため彼は，このような観客に対して精神的な余裕をもって対処することができる[37]。この社会的名声の効果は，アリストテレスが論じた高齢者の「恥知らず」に関する別の側面を示すことになる。ピーター・メッセーリは，「高齢科学者は，若年科学者と比較すると，公衆に不人気な見解を主張する場合にもその批判的な試練によく耐えることができる」と論じている。このような社会的名声の効果は，高齢科学者は新しい理論の基礎が実際には脆弱な場合でも，これに抵抗する理由があることを証明できる[38]。ここでは，ケネス・ドヴァーによる高齢者への消極的な評価を思い出してみよう（第5章）。彼は，以下のように示唆している。「流行とは無関係の自己満足以外には，高齢者の頑迷な態度を説明できるいかなる理由も存在しない。高齢者は新規雇用や昇進を求めてはおらず，社会的な恐れの感情すら持っていないのだから[39]」。

　この問題は，学術雑誌における匿名の査読手続の採用が間違った政策であったことを示唆している。この査読手続は，査読者たちに学術的な伝統に沿わない論文を拒否する権限を与えている。この査読者たちは，論文の著者たちが未熟だとか異例であるという疑問を晴らした場合にのみ，掲載許可と

37　See Beauvoire, note 2 above at 488-492.

38　Peter Messeri, "Age Differences in the Reception of New Scientfic Theories: The Case of Plate Tectonics Theory," 18 *Social Studies of Science* 91, 96 (1988).

39　Kenneth Dover, *Marginal Comment: A Memoir* 243 (1994).しかし，なぜこれが自己満足なのだろうか。

いう便益を与える権限を持っているのである[40]。

最後に，流動的知能の減退に連動して，高齢者たちは仕事の複雑性に由来する費用負担は上昇する[41]。この高齢者たちは，創造的な仕事に従事する場合には，あまり複雑でない創作や表現でそれを代替する傾向がある[42]。彼らの単純化された仕事に創造的価値が認められるならば，若年の創造的労働者もまた，複雑な仕事ができるとしても単純な作品を生産するようになる。けれども，創造的な労働者たちにとって，高い質的評価を伴う単純化された作品を創作することは困難である。このため，創造的な労働者たちは，複雑な労働による仕事を経済的に合理化するために可能な限りの努力をする。

イエーツは，『時間とともに知恵がやってくる』という詩の中で，極めて重要な表現を示している。この詩は，以下のようなフレーズで終了する。「若い頃の偽りの日々を通して／私は多くの葉や花を太陽に向けて捧げてい

---

40 私は，匿名の査読手続に関する研究によって，この仮説が裏付けられているという自信を持っているわけではない。多くの研究では，私が関心を向けている匿名の査読手続の効果(技術的な意味で「二重の匿名」あるいは「単一の匿名」という問題もあるが，論文の著者には査読者を特定できる情報は全く伝えられていない)にほとんど触れていない。Rebecca M. Blank, "The Effects of Double-Blind versus Single-blind Reviewing: Experimental Evidence from *The American Economic Review*," 81 *American Economic Review* 1041 (1991).

41 「年齢の相違に由来する認知的なパフォーマンスの変化は，業務の複雑性に伴って上昇する傾向がある」という事実は，これまでに充分に証明されている。Timothy A. Salthouse, *Theoretical Perspectives on Cognitive Aging* 308 (1991); see also D.B. Bromley, "Aspects of Written Language Production over Adult Life," 6 *Psychology and Aging* 296, 306-307 (1991); Leah L. Light, "Interactions between Memory and Language in Old Age," in *Handbook of the Psychology of Aging* 275, 285 (James E. Birren and K. Warner Schaie, eds., 1990); James E. Birren, Anita M. Woods, and M. Virtrue Williams, "Behavioral Slowing with Age: Causes, Organization, and Consequences," in *Aging in the 1980s: Psychological Issues* 293, 303 (Leonard W. Poon, ed., 1980); Patricia K. Alpaugh and James E. Birren, "Variables Affecting Creative Contributions across the Adult Life Span," 20 *Human Development* 240 (1977).

42 極端な例外は，老人性認知症になったウィリアム・クーニングが描いた，「困惑しない復元」という絵画である。彼のこのスタイルは，ある批評家の皮肉ではない表現によれば，「老人性認知症の傑作」である。Quoted in David Rosand, "Editor's Statement: Style and the Aging Artist," *Art Journal*, Summer 1987, pp. 91, 92. また，マチスの晩年の作品については，「彼の70歳代および80歳代の作品は，彼の両手が絵筆に括り付けられた時期のものであるが，彼は紙切り細工で素晴らしいコラージュを制作しており，簡潔で過剰な部分を全てそぎ落とした傑作である」と評価されている。Hugo Munsterberg, "The Critic at Seventy-Five," *Art Journal*, Spring 1994, p. 64.

た／いまや私は，真実の中で枯れしぼんでいる」。イエーツによる晩年の詩は，率直で飾り気がないが，猥褻かつ執着的でときには暴力的でもある。彼は，実際に暴力を賞賛するような表現もしばしば採用している。このような表現は，全ての出来事の中心にある心臓部に向けられている（正しいか否かはともかく彼はそれを目指している）。老いた男の「欲望と怒り」は，それに愕然とするかもしれない読者への心理的配慮は一切なされていない[43]。このイエーツの詩は，単純化が常に公衆の人気に連動するわけではないことを示している。人工的な衣装や装飾をそぎ落とすと，この衣装や装飾に慣れ親しんできた公衆はショックを受けるのである。

　イエーツは，抒情的な詩人の中では特別のケースかもしれない。彼は，若い頃から偉大な詩人であると評価されていた。多くの批評家たちも，彼の詩は少なくとも50歳代のある時期までは持続的によくなってきたと認めている（『1916年のイースター』は彼が51歳であった1916年に書かれているが，彼のいかなる詩よりも優れている）。彼が到達したその才能のピーク状態は，彼の臨終のときまで持続的に保たれている。彼の60歳代後半から70歳代における詩の特徴は，初期の詩のそれとは異なっているがその出来は決して劣っていない。彼は，その詩の特徴を部分的には高齢期まで持ち越して，高齢期を主題とした多くの詩を書いている。われわれは，若い人びとが老人の感情やその内面について書くことができることを知っている。しかし，高齢者がこのような主題について書くことは，加齢に伴う能力減退を迎える前であれば，若年者のそれよりも相対的に有利であることは確かである。別の例としては，ソフォクレスによる偉大な演劇で，高齢期を主題とした『コロヌスのオイディプス』があるが，彼の死の直前である90歳の時に書かれている[44]。この例のように，加齢に伴う精神的荒廃に抵抗する老人を主題とすることは，全ての分野で適用可能な選択肢であるとは言えない。けれども，サイモントンは，興味深いある化学者の例を取り上げている。彼は，90歳代

43　See generally, *Yeats: Last Poems: A Casebook* (John Stallworthy, ed., 1968); also Douglas Archibald, *Yeats* 233-235 (1983).

44　この事実は充分に証明されているわけではないが，ソフォクレスの息子が裁判所に対して，彼の父がすでに能力を失っているという宣言を求めた。しかし，ソフォクレスはこの申し立てを拒否して，直前に書いた「コロヌスのオイディプス」の上演を強行したという物語があると言われている。Cicero, *De Senectute*, ch. VII, §§22-23; F. J. H. Letters, *The Life and Work of Sophocles* 53-54 (1953).

でその専門的な研究領域を化学から老年学の領域に転換して，102歳でその最後の論文を発表しているのである[45]。

　私は，「高齢期」や「晩年の生活」スタイルが芸術家やその他の創造的労働者にとって最盛期のスタイルとして特徴づけられると主張しているわけでもないし，そのような事実を信じてもいない。この問題は，ある種の創造的な人びとは加齢に伴って活動を継続できるけれど他の人びとは引退する（E・M・フォースターがその代表例である）という，その相違は何ゆえに生じるのかという疑問を提示しているのである。その理由の一部には，人びとの加齢に伴う能力減退の比率がそれぞれ異なっているという単純な理由もある。その加齢に伴う能力減退の進行が緩やかな人びとでも，その能力が最低レベル以下に落ち込むまでに長い時間がかかると想像することはできる。これらの人びとにとって，その仕事を継続するための費用は，仕事を継続することによって生み出される便益を超える可能性がある。創造的な労働をする人びとは，自分の死後に大きな名声を遺すことを期待するという，ある種の心理的所得という願望を持った人びとである可能性が高い。ある人びとは，高齢期にも創造的労働による成果を挙げられるが，能力減退や質的評価の低下の結果として，従来の仕事に対する社会的評価に悪影響を及ぼす可能性もある。この場合には，消費を諦めた余暇の費用と同時に，加齢に伴う効果である生産費用の上昇も考慮に入れなければならない。創造的労働に従事する人びとの中には，高齢期になっても働くことに固執する人びとが多い。彼らには，引退後の所得が制限されている人や，社会的評価とは無関係に精神的所得を労働に求めて余暇に価値を見出さない人びともいる。彼らの中には，加齢現象の進行が非常に緩やかで高いピーク状態を持続できる人（彼らの残存能力は極めて高水準にあると想像できる）が含まれている可能性がある。

　私は，余暇に価値を認めない人びとに興味を持っている。ここでは，二人の具体例を示すことにしよう。一人目は，ホームズ判事である。彼は，その90回目の誕生日の折にラジオ放送で次のように述べている。

　「競馬の騎手たちは，ゴールに到着する前に途中でレースをやめたりはしない。彼らは，完全にレースを休止する前にその馬に少し駆け足をさせる。時には，友人たちの親切な声や自分自身の声による『仕事はもう終わったん

45　Dean Keith Simonton, "Creativity in the Later Years: Optimistic Prospects for Achievement," 30 *Gerontologist* 626, 627 (1990).

だよ』というささやきが聞こえることもある。しかし，かつて誰かが言っていたように，次のような答えが返ってくる。『レースは終わった。しかし，働く力が残っている限り，なすべき仕事は終わっていない』。完全に休止する前の駆け足は，君が休息をとるためだけに必要なわけではない。君が生きている間は，やめるわけにはいかないのだ。生きることは，社会的に機能することなのだ。これが生きていることの全てだよ[46]」。

これは，純粋なカルヴァン主義者であったホームズ判事の基本的な考え方である(生きていることの全てが義務の遂行である)が，もちろん彼だけの特徴というわけではない。私は，彼のラジオ放送の原稿を引用しながら，ほとんど同じ言い回しをテニソンの『ユリシーズ』での以下の表現を思い起こしていた。「人生を休止することや終わりにすることは，なんて退屈なことだろう／磨かれてないものを錆びつかせて，太陽の下では使わない／呼吸することだけが，生きている証拠であるかのように／」。

本章での私の基本的な主張は，以下のように要約することができる。人間の努力が求められる領域では，詩人の創作活動から押込み強盗まで，あるいは理論物理学から軍隊の将軍に至るまで，その生産性のピーク年齢はその潜在能力のピーク年齢からの生産性の減退率によって四種類に分類することができる。すなわち，「早期ピーク＝非維持型」，「早期ピーク＝維持型」，「後期ピーク＝非維持型」，「後期ピーク＝維持型」である。私は，これまでの各章において(とくに第4章において)，経済学的な分析モデルを利用してきた。このモデルは，ライフ・サイクルに関する経済学的モデルの基本的特徴に従って，加齢に伴う能力減退に力点を置いて分析するために構築されている。私は，このモデルに従って，数多くの職業的分野を四つのマトリックス上に位置づけた上で，それぞれの領域における特徴的な業務を転換することの効果について説明してきた。たとえば，大学での学術的な研究教育業務から管理運営業務への転換などがこの例である。同じ領域でも，それぞれの能力ピークは異なっている(同じような実務的な仕事でも職務範囲が明確なものと不明確なものではピーク年齢が異なるし，理論経済学者と応用経済学者でもその能力ピーク年齢は違う)。私は，学術研究分野での職務転換の例と

46　Holmes, "Radio Address (1931)," in *The Essential Holmes: Selections from the Letters, Speeches, Judicial Opinions, and Other Writings of Oliver Wendell Holmes, Jr.* 20-21 (Richard A. Posner, ed., 1992).

して，創造的な職務から管理運営的なそれへの転換を挙げて，指導力と創造力の間には年齢によるプロファイルの相違があることを強調した。このような相違は，人生経験の違いによる神秘的でコミュニケーション不能な，人間に内在する潜在能力の質的変化に由来すると考えられる。最後に，経済学的な分析モデルは，さまざまな領域における加齢に伴う潜在能力の相違のみならず，ある種の芸術家に見られる明瞭な「晩年期スタイル」という特徴を説明することを可能とする。この晩年期スタイルという特徴は，人生の終末期における「無責任性」（いい意味での）とともに，流動的知能の減退についても説明することが可能となる具体例である。

第8章
裁判官の高齢化とその影響

　裁判所は，アメリカ国民にとって最も重要な国家組織の一つであるが，裁判官には高齢者が多いという特徴がある。この裁判官の高齢化という現実は，法律関係の他の職業資格をめぐる社会的な問題状況と切り離して考えることはできない。この法律関係の職業資格における専門分野は，それぞれ相互依存的な関係にあるからである。裁判官という職務の創造力や業務遂行力のピーク年齢は，法律学の学術研究者である大学教授の場合よりも相当に遅い年齢になる。法律学における教授の創造力に関するピーク年齢も，彼らの職務内容が裁判官のそれに近接するレベルで決定されていると予測できる。これに対して，法律学以外の学術研究分野での教授のそれは，おそらく相当に異なる年齢レベルで決定されると推測できる。最近では，エリート型のロー・スクールのみならず法律学の学位取得者の間には，裁判官ではなく学術研究者を目指すという職業選択のモデル転換が明確に現れている。この事実は，法律学という分野での学術研究者のピーク年齢が早期化していることを意味している。別の見方をすれば，法律学の学位取得者にとって，管理運営的な職務の準備段階である裁判官というモデル・コースは，学術研究者のそれよりも適切なコースとなりうることを示唆している。たとえば，多くの大学の学長や副学長は，その前職が法律学の教授である例が多い。彼らの多くは，大学での管理運営の経験・知識習得の必要性から，かなり早い段階で学術研究職務から離れて管理運営のそれへ移行している。おそらく，法律学分野での創造力のピーク年齢が実際に低下しているとしても，ピーク年齢からの能力減退率もまた低下していると思われる。少数の学術研究分野の職務は，将来の管理運営業務への参入者たちによって占められているからである。

法律学の実務は，一般的には「後期ピーク＝維持型」の活動である。けれども，訴訟事件のような裁判実務はストレスの多い業務であるから，後期ピーク＝非維持型の活動になりやすい。裁判所における訴訟審理では，陪審員は一般的に若い弁護士に好感を抱くから，彼らは陪審審理事件では成功する確率が高くなる。しかし，法律学の実務は理論化が不完全に留まるという特性があるから，法廷での弁論活動では経験の価値が理論的な推論よりも重要性が高くなる。裁判実務に関するある調査研究では，高齢の弁護士や裁判官の多くは，加齢に伴う抽象的な理論構成力の減退は自らの職務にとってむしろ「望ましい」と考えていると指摘している。また，D・B・ブロムリーは，以下のように記述している。「高齢の弁護士や裁判官たちは，裁判実務では現実的かつ具体的に考える傾向があり，その証言や証拠についても明確で直接的な印象を重視する傾向がある。彼らは，訴訟事件の審理では，具体的な事実関係から切り離して一般的な判断枠組みや法原則に依拠して考える方法を回避する。彼らは，個別具体的な事実関係から切り離して，法理論的な一般原則に基づいて抽象的に判断することも回避する[1]」。弁護士たちの実務能力は，世慣れているはずの法人企業の依頼人でも，長年にわたって蓄積された彼らの経験や評判という社会的資産を評価することは困難である。しかし，上訴審である控訴裁判所での彼らの弁論活動は，事実審での実務手続や当事者間の交渉や助言相談活動と比較すると相対的に法理論的な活動が中心となる。このため控訴審での弁論活動は，平均的に見れば他の年齢層よりも（私の観察によれば）若い弁護士の活動に期待すべき状況である。

1　高齢裁判官の生産性評価

　合衆国憲法の第3条は，連邦裁判所の裁判官に対する強制的な引退措置を禁止することを明記している。この条項の存在は，アメリカにおける裁判官の平均年齢が他の専門職種と比較して相当に高齢であることについて，その合理性を説明する唯一の証拠としては不充分なことは確かである。合衆国憲法の起草者たちは，裁判官の年齢上限を規定することはできたがそれをしなかった。合衆国議会は，裁判官たちが引退するに当たって彼らに寛大な恩典を与えることで早期退職を誘引する方法を採用したのである。この早期退職

---

[1]　D. B. Bromley, *The Psychology of Human Aging* 189 (1974), quoted in Timothy A. Salthouse, *Theoretical Perspectives on Cognitive Aging* 276 (1991).

促進という方法は，民間企業が法律によって労働者に対する強制的な定年退職による「差別的取扱」を禁止される場合にしばしば利用する一般的な実務的解決手段である。われわれは，これらの民間企業の問題については第13章で詳細に検討する。全ての使用者は，労働者を退職させるために金銭的代価を支払うことが法的に認められている。各州政府もまた，州裁判所の裁判官について強制的な退職年齢を法律で規定することが認められている。しかし，各州の裁判官も，全てが若い裁判官によって構成されているわけではない[2]。

　裁判官について注目すべき事実は，彼らが相当な高齢になるまで在職する事実ではなく，高齢になってもその職務を立派に遂行できるし，時には卓越した成果を挙げているという事実である。これらの事実は，裁判所におけるゴースト・ライターの存在，つまり判決文の原案作成をロー・クラーク(law clerk)に実質的に委任するという事実は覆い隠されている。このゴースト・ライターの存在は，少数ではあるが老人性認知症の症状を呈している裁判官の在職を可能とするとともに，いまだ老人性認知症には至っていないが(単なる老化症状のみ)過去の栄光によってその在職期間を継続する，相当多数に及ぶ高齢裁判官の在職を可能としている。しかし，裁判所においてロー・クラークが重要な役割を演じる以前でも，たとえばホームズ，ブランダイス，ヒューズ，ラーニッド・ハンドなどに代表される裁判官たちが，80歳代でも重要な成果を挙げてきたという事実がある。また，裁判所がロー・クラークを活用し始めて以降でも，たとえばフェリックス・フランクファーターやヘンリー・フレンドリーなど，70歳代後半でも重要な成果を挙げた人びとがいる。とくにフレンドリーの場合には，80歳代前半でも括目すべき実績を挙げている。これまで裁判所の実務に携わったことがない法律家にとって，その60歳代前半で連邦控訴裁判所の裁判官に任命されることは極めて例外的であった(グィド・カラブレイジは最近におけるその事例である)。これらの例外的な処遇を受けた人びとでも，新しい職務では少なくとも15年間の経験を積まなければ明確な実績を挙げることは期待できない。このことは，ロー・クラークの活躍や老齢裁判官の増加現象が問題化する以前でも実質的に言えば同様の状況にあった。ホームズやカルドーゾが最高裁

---

[2] See, for an admittedly unusual example, Roger M. Grace, "Court of Appeal Presiding Justice Lester Wm. Roth, 96, to Retire Oct. 15," *Metropolitan News-Enterprise* (Los Angeles), Oct. 4, 1991, p.1.

判事に任命されたのは，両者ともに裁判官としての経歴はあったものの，実際には60歳を超えてからのことであった。カルドーゾの場合は，彼の病気がちであるという健康状態もあって，最高裁判事の職にとどまったのはわずか数年間に過ぎなかった。これに対してホームズの場合は，最後の数年間は少し色褪せたけれども，任命後ほとんど30年間にわたって偉大な業績を挙げ続けた。その他の少数の判事たちもまた，後に見るように，通常の引退年齢を超えて充分に生産的な業績を維持している。最後に，判決文の起草をロー・クラークに委託する最近の傾向を問題とする価値は充分に存在する。加齢に伴う裁判官の能力減退を補填する方策は，部分的にであっても緊急に解決すべき課題である。サイモントンは，絵画や科学を含む数多くの分野において，早期ピーク型の創造的労働者たちが「賢明なやり方で弟子たちを利用する方法（加齢に伴う情報処理の効率低下を抑制する方法）で加齢に伴う影響を調整してきた」と指摘している[3]。このような方法は，なぜ裁判官の場合には適用できないのだろうか。

　私の印象では，裁判官による司法判断の質的評価は，年齢とそれほど密接に関連しているとは言えない。この私の印象は，数多くの具体的な事例での見聞を基礎としている。しかし，ここでは裁判官の判決理由に関する平均的な引用数を参照しつつ，これを司法判断の質的評価に関する代理変数として利用することでその評価を論理的に表現することを試みる。この代理変数を用いる方法は，さまざまな欠陥を伴っているが，同一の時代状況・同一の裁判システムでの判決を相互比較する場合，ここで用いる目的との関連で言えば充分に有効であると思われる[4]。＜表8.1＞は，連邦控訴裁判所における，長期にわたり公表された判決に関する判事の年齢コーホート別の平均的な引用回数を表示している。

　ここで用いている，引用された訴訟事件判決の母集団は，連邦控訴審判事たちの意見が署名入りで公表されている判決のサンプルで構成されている。これらの判事たちは，1993年現在の在職者のうち，1955年から1984年まで

3　Dean Keith Simonton, "Creativity in the Later Years: Optimistic Prospects for Achievement," 30 *Gerontologist* 626, 627 (1990).

4　裁判所の司法判断を評価するための手段として，判決の引用回数を代理変数として用いる場合の証拠と議論については，以下参照。Richard A. Posner, *Cardozo: A Study in Reputation*, ch. 5 (1990).

<表8.1> 連邦控訴審判事の意見に対する年齢コーホート別の平均的な引用回数

引用回数の期間	コーホート					
	1955-59 (n=6)	1960-64 (n=5)	1965-69 (n=19)	1970-74 (n=21)	1975-79 (n=29)	1980-84 (n=60)
1960-64	2.693	3.005				
1965-69	4.780	4.263	4.736			
1970-74	6.865	3.969	6.406	5.322		
1975-79	7.446	5.284	7.825	7.187	7.835	
1980-84	6.212	3.681	7.172	7.044	7.811	6.922
1985-89	5.346	4.000	6.041	6.582	6.666	7.565

の間に任命された者を対象としている[5]。彼らが連邦控訴審判事に任命されたときの平均年齢は、この時期の全体を通じてほとんど変化していないが、その年齢50歳から54歳の間で時系列的変化は見られない。なお、異なる任命時期のコーホート(1955年から1984年の間における5年ごとの周期)は、異なる年齢集団にほぼ対応している。

この<表8.1>で用いている統計データは、それぞれの開始時期から8年間に公表された判決に関する意見の引用回数のみに限定している。すなわち、この表における最初のセルに示される2.693という数字は、1955年から1959年の間に任命された判事による1960年から1964年までに書かれた意見を対象として、その意見が公表された1960年から1964年までに引用された件数が平均2.693件であることを意味している。結果的に、この表に示された全データは、同一時期におけるさまざまな年齢コーホートの判事によって下された判決の質的評価に関するある種のインデックスを提供することができる。われわれは、これらの連邦控訴審判事に関する年齢別および経験年数別の効果として、それぞれの判事の質的評価データを確認することが可能となる。また、これら二つの効果の確認のみならず(この表のセルを縦・横の両面から観察することにより)、その両者の効果を区別することもできる。

---

[5] 連邦控訴審判事で、この間に任命されかつ1993年時点で在職している判事は、全てこのサンプルに含まれている。このサンプルは、本書の出版とは無関係に企画された、シカゴ大学におけるウィリアム・ランデスとローレンス・レッシグを代表者とする調査研究チームによって作成されている。ここで用いている、相互比較のための<表8.1>と<表8.2>は、このサンプル・データから作成されている。また、合衆国裁判所の管理運営局の統計部から私に提供されたデータによれば、1993年度における連邦控訴審判事の平均年齢は58.9歳であり、連邦控訴審判事としての平均勤続年数は9.2年である。

ここでは，最も高齢で経験年数の長い判事が左側に，そして最も若年で経験年数の短い判事が右側に並んでいる。この表を上から下へ移動させると，経験年数の長い判事は一段と高齢化していることが理解できる。裁判所判事の職務が他のそれと同じであるならば，最初に経験による効果が加齢による効果に優越するから，高齢判事の引用回数は若年判事のそれを上回ると予測できる。しかし，その結果を見ると，加齢による効果が経験による効果を凌駕しており，最も高齢判事のそれは最も若年判事のそれと同様に，中間の判事の引用回数より少ないことが示されている。

　この表では，判事たちの加齢効果と経験効果が持続的に観察できるわけではない（この「持続的に」という表現の重要性とその意味は少しあとで説明する）。たとえば，1955年から1959年の間に任命された判事は，1960年から1964年の間では，その期間に任命された判事よりも多くの経験を蓄積している。後者の判事は，裁判官の標準年齢を基礎として考えれば（50歳代後半から60歳代前半）いまだ相対的に若年である。しかし，これらの若年判事の意見は，経験を積んだ判事のそれと比較するとより多く引用されている（3.005件と2.693件）。この表における最後の2行を見ると，最年長の判事たちは，すでに充分に高齢になっている。けれども，彼らの意見を1960年から1965年に任命された若年判事たちのそれと比較すると，彼らもまた充分な経験を積んでいるものの，高齢判事たちの意見は現在でも数多く引用されているのである。

　私は，ここでは加齢現象に伴う効果にとくに大きな関心を向けている。しかし，この表では，最後の二つの期間を除くと，その全てのデータが利用可能というわけではない。まず，1955年から1964年までに任命された判事のサンプルは11名である（最初の二つのカラム）が，1980年代の半ばまでの期間にその全てが80歳代に達している。彼らが1985年から1989年の期間に書いた判決意見に関する引用回数は，その期間でのより若年の判事たちの引用回数よりも少ない。けれども，これらの引用回数を判断尺度として用いて考えると，判事たちの加齢に伴う効果がいかに少ないかが明らかになる。

　ここでは，以下の二つの補正条件の設定が必要となる。第一に，判決中の意見に対する引用回数が時系列的に見て上昇傾向にあるならば，その影響が加齢効果を抑制している可能性がある。裁判所による判決自体が急速に増加するならば，それ以前の判決に対する引用への「需要」も上昇するからである。再び＜表8.1＞について，左から右へ向かってななめに見ていこう。こ

こでは，ほぼ同一年齢のコーホートごとに(たとえば第1のコーホートの10年後，第2のコーホートの10年後，第3のコーホートの10年後などのように)，判決に対する平均引用回数を比較することができる。この比較によって，引用回数が一般的に上昇する傾向があることが示される[6]。この事実は，それぞれのカラムにおける傾向に多くの意味付けを与えるものではなく，それぞれの年齢コーホートに関する引用回数の傾向性を示すに過ぎないことを明らかにする。これに対して，この表における各行を超えて比較すると，同一の時期におけるさまざまな年齢コーホートに関する引用回数の比較は，引用についての時系列的な変動要因を除去することになる。

より重要な補正条件の設定は，直接的には加齢効果の量的側面における効果と，間接的には質的評価(正確に言えば「質的評価」をどのように定義するかに依存する)に関する効果を区別することにある。これらの効果の区別については，＜表8.2＞のデータによって明らかにすることができる。この表は，長期にわたるそれぞれの年齢コーホートごとの判事が書いた意見の年間平均件数を示している。

判事たちの各年齢コーホートでの最初の時期における意見数は，人為的に抑制されている可能性がある。その理由は，判事たちの任命の時期が異なるために，その中には5年という期間終了の間近になって任命される場合もあって，結果的に5年間の意見の全てを反映させる機会がなかった判事がいるからである。このため最初の時期を無視した上で，各カラムを上から下に

＜表8.2＞ 連邦控訴審判事が提出した意見の年間平均件数
(年齢コーホート別)

意見を提出した期間	コーホート					
	1955-59 (n=6)	1960-64 (n=5)	1965-69 (n=19)	1970-74 (n=21)	1975-79 (n=29)	1980-84 (n=60)
1955-59	28.6					
1960-64	34.1	16.6				
1965-69	27.8	24.3	14.7			
1970-74	23.2	21.8	28.1	16.4		
1975-79	17.1	17.5	26.7	29.3	11.9	
1980-84	15.3	17.6	24.3	28.3	33.6	20.2
1985-89	11.3	6.9	21.0	21.4	32.9	28.6

---

6 最後の行の落ち込みは，誤解を招く恐れがあるので事前に説明しておく。この行の引用回数は1993年で終わることになっているが，1985年から1989年の間に下された判決は，その8年間の引用期間をいまだ充足していない。

見てゆくと，判事たちの意見数は加齢に伴って減少する傾向がある。また，左から右へと対角線上で見てゆくと，この意見の減少傾向は，判事一人当たりの担当事件数が減少した結果ではないことが明らかになる。この対角線上のデータ観察は，ほぼ同一年齢に属するさまざまな年齢コーホートでの意見のアウトプットを比較することになる。たとえば，この表での第3期の第3コーホートの判事たちは，平均すると26.7件の意見を書いている。これに対して，同じ第3期の第4コーホートのそれは28.3件，第5コーホートのそれは32.9件となる。この傾向は，連邦控訴裁判所の判事一人当たりの担当事件数は，この表が対象とする全期間を通じて増加している事実を反映している。

この年齢別コーホートの第1と第2コーホートは，第1コーホートでは任命後の第3期および第2コーホートではその第4期において，意見のアウトプットの合計が実質的に減少している。また，第3コーホートの場合は，第4期に至るまでごくわずかの減少しか観察できないが，この時期には彼らの多くは70歳代前半からその半ばに達している。

加齢に伴う意見のアウトプットの評価には，「先任資格(senior status)」と呼ばれる興味深い制度が関係している。連邦裁判所の判事は，一定の条件を満たす場合，通常の賃金額を年金としての受給が保障されて引退するか，それとも先任資格を取得するか(担当事件数は減少するが賃金全額が保障される)という選択肢が与えられる。この場合の条件とは，少なくとも彼らが実年齢で65歳に達していて，その実年齢と勤務年数の合計が少なくとも80年に達している，という二つの条件を充たす場合である。だから68歳の判事の場合を考えれば，連邦裁判所判事として12年の勤務年数という条件を充足すれば，満額年金付きの引退か先任資格の取得かのどちらかの選択が可能となる。この条件の提示は，実質的な選択肢の付与とは言えない。この条件を充足した場合でも，能力喪失という理由以外で引退を選択する人はほとんど存在しないからである。先任資格に移行せずに引退した場合には，連邦裁判所判事としてのこれまでの活動制限は全て解除される。彼らは，自身で希望するならば弁護士として実務活動をすることはできるが，連邦裁判所判事としての活動は一切認められない。この引退を選択した判事たちは，先任資格を取得した判事とは異なり，連邦裁判所判事であれば終身にわたって認められる報酬額の増額は保障されない。けれども，引退した判事たちにも，物価調整(cost of living)手当の引き上げは例外的に認められる。連邦裁

判所判事たちは，先任資格が取得できる場合には，最初に可能となった時点で先任資格に移行する強い金銭的動機によって誘引されている。先任資格の判事の報酬は，社会保障法との関連では「不稼働所得(unearned)」として扱われる。結果的に，先任資格に移行した判事たちは，判事としての報酬から社会保障税を支払う義務を負担しないことが法的に認められている。のみならず，彼の判事としての報酬は，70歳に達するまで稼働所得とはみなされず，社会保障の受給資格には全く影響を与えない（先任資格を保有する全ての判事は，一般の人びとの場合には在職中には障害年金の受給資格しか認められないが，彼らは在職中でも65歳からの年金受給資格が認められている。先任資格の取得は，最速の場合でも65歳からだからである）。連邦裁判所の判事たちは，65歳に到達してから先任資格に移行するならば，社会保障による年金給付は少なくとも10万ドルに相当する。それにも拘わらず，資格要件を充足して先任資格に移行した判事は371人の中でわずか16％に過ぎない[7]。この事実は，連邦裁判所判事の職務は，実質的には非金銭的便益に由来するという強い証拠を示唆している。連邦裁判所判事が先任資格を取得する平均年齢は，最近では67歳から69歳までの間で変動している。この年齢は，労働者の平均引退年齢を上回っているが，先任資格への移行は引退を意味してはいない。連邦裁判所判事の多くは，80歳に達する前に引退することはないし，80歳代の後半までの職務継続が一般的である。

　連邦地区裁判所の判事（事実審の裁判官）の業務は，法廷での審理事件数がより多くなるために，連邦控訴裁判所の判事（控訴審の裁判官）のそれよりも苛酷である。結果的に，1991年から1993年の間に，最も早い取得機会で先任資格に移行した連邦裁判所判事は21人であったが，1人を除くその全てが連邦地区裁判所の判事であった。連邦地区裁判所の判事の場合，最も早い時期に先任資格に移行した判事の在職年数は13.4年であるが，連邦控訴裁判所の判事の平均在職年数である17.0年よりも相対的に短くなっている。しかし，連邦控訴裁判所判事の「サンプル」は1名に過ぎず，あまりに少なすぎて比較は有意味とは言えない。前述の期間において先任資格を取得した連邦裁判所判事の人数は，連邦控訴裁判所の判事17人に対して，連邦地区裁判

---

[7] この部分および以降に利用する統計データは，アメリカ合衆国連邦裁判所の管理運営局の統計部から提供されたものである。なお，このデータの母数である371名は，連邦控訴裁判所と連邦地区裁判所の判事および先任資格判事が含まれている。

所の判事82名である。平均勤続年数を考慮した場合でも，その先任資格へ移行した人数が極めて不均衡であることは理解できるだろう。なお，連邦控訴裁判所の判事の平均在職年数は20.2年であるが，連邦地区裁判所の判事のそれは15年に過ぎない。しかし，連邦地区裁判所の判事でも，極端な高齢に至るまで先任資格に移行せず通常業務を継続する場合もある。たとえば，エドワード・ワインフェルド判事は，ニューヨーク南地区の連邦裁判所判事であったが，彼は86歳で死亡するまで在職して活動していた。

　前掲の＜表8.2＞は，連邦控訴裁判所判事に対して訴訟担当件数を抑制するために先任資格取得を奨励した時期以降の，加齢に伴う業務への量的抑制効果がどのような影響を及ぼしたのかを説明するデータである。連邦控訴裁判所では，高齢の判事たちによる意見の提出量は抑制される傾向があったことは確かである。しかし，彼らの意見に対する質的な抑制効果は必ずしも明らかではない。彼らの意見に対する平均引用回数を代理変数としてみる限り，彼らは他分野の専門職と比較して，少なくとも遜色のない業務を遂行していると言えるだろう。けれども，ここでサンプル対象としている連邦裁判所判事の多くは，その加齢に伴う業務負担の苛酷さによって引退への誘引が強められている。連邦裁判所判事は，ひとたび先任資格を取得したならば，彼の所属する裁判所の首席判事や巡回裁判所の司法評議会(judicial council)によって，判事としての職務遂行が疑わしい状態か否かを判断するための監視対象とされる。この先任資格の判事たちを選択的な監視対象とする政策は，すでに第4章で指摘したように，加齢現象は労働者の能力に関する質的評価に影響を与えないという研究成果を裏付ける(その政策的な信頼性を損ねる)結果を導いている。＜表8.2＞における高齢判事の年齢コーホートのデータは，他の雇用分野の高齢労働者たちと同様に，加齢による能力減退が見受けられるごく少数の例外を除けば，連邦控訴裁判所の判事として重要な役割を充分に果たしていることを示している。＜表8.2＞のサンプルの中で，1975年以前に任命された51人の判事の多くは，現在でも連邦控訴裁判所の判事たちの4分の1以上を構成している。彼らは，1985年から1989年の間に通常の引退年齢に達しているが，担当事件数を相当に抑制しているもののまだ誰も引退していない。

　しかし，加齢に伴う能力減退という理由をめぐる選択的バイアスは，これらの判事の場合と同じような状況で，実際には他の労働者たちの場合にも同様に機能している。たとえば，50歳以上で新しい仕事に雇用された人びと

は，彼らの年齢コーホートから無作為に選択された人びとではなく，彼らの健康状態や熱意などの評価によって選択された結果を示すものである。彼らは，その年齢コーホートの平均的なメンバーよりも少し若いかもしれないし，平均的な高齢者よりも生産性が高かった可能性もある。ホームズ判事は，彼が61歳の時にすでに足腰が弱っていたが，いまだ最高裁の判事には任命されていなかったのである。これらの具体的な事例を一般化すると，以下のように整理できる。たとえば，高齢労働者が雇われたとき，最初に「若々しくなる」のは彼の同僚たちとの関係でそうなるのである。高齢判事たちが他の同僚と同レベルで業務遂行できることは驚くべきではないが，この事例を高齢者の職業的な潜在能力評価に一般化できないことも示唆している。

　私は，連邦裁判所の判事の業務遂行能力について，加齢に伴う減退効果は極めてわずかであると結論している。この結論に対する最も有力な反論は，問題となっている職業的性質の「質的評価」と「量的評価」の区分に対応して派生する議論である。たとえば，自動車製造業における高齢労働者は，その労働が緩慢なために一日の割当目標が10台であるのに実際には2台しか組み立てられないと仮定してみよう。この場合，彼の組み立てた自動車が若手労働者の組み立てたそれよりも頑丈であったと仮定しても，彼の労働に対する「質的評価」として考慮することはできないだろう。彼の労働生産性は，若年の同僚たちのそれのわずか20％に過ぎないからである。高齢の連邦裁判所判事たちも，彼らの意見が若い同僚たちのそれよりも少なければ，これは誰も指摘していないことだが，彼の意見が同僚たちのそれよりも質的に良いものでなければ生産性が低いと評価されてもやむを得ない。おそらく高齢判事たちは，その意見提出のアウトプットの減少にも拘わらず(質的にではなく量的に評価したと仮定して)，合衆国憲法第3条がその身分保障を規定していることから，彼らの地位は剥奪されないと考えているかもしれない。連邦裁判所の判事は，この憲法条項の存在によって，市場の競争原理に晒されることも生産性を最大化するように強制されることもない。彼らの引退率の上昇は，社会的費用を発生(短期的に見た場合)させるからである。けれども，高齢労働者は多くの時間をかけることが認められたとしても，若年労働者と同じ労働生産性を上げることができない場合も存在する。連邦裁判所の判事たちもまた，広い概念的な定義で考えるならば，この高齢労働者の生産性の問題と区別して考えられるべき理由は存在しない。しかし，この問

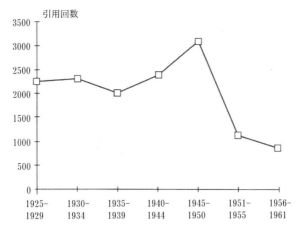

<図8.1> ラーニッド・ハンド判事の意見に対する引用回数の推移

題は加齢に伴う効果とは区別して考えるべきであるから，私の結論に重大な影響を及ぼす問題ではない。

ここでは，連邦裁判所判事の加齢に伴う能力減退の問題と，その減退効果は相当な高齢に至るまで影響を及ぼさないという二つの側面から，新たな分析視点を提示する。＜図8.1＞は，ラーニッド・ハンド判事の38年間に及ぶ連邦控訴裁判所判事としての活動について，彼が1961年に89歳で死亡するまでの間に提出した意見に対する引用回数を表示したものである[8]。

ハンド判事は，79歳になった1951年に先任資格を取得している。また，＜表8.3＞は，ハンド判事のみならず彼の同僚たちの意見に対する引用回数のデータも加えて，それぞれ5年から6年ごとの間隔で表示している[9]。

この表では，各判事のそれぞれの時期における意見の引用回数は，全ての年度（1992年まで）で各判事が5年間に書いた署名入りの個別意見と多数意見をデータの基礎として，その平均的引用回数ではなく引用回数の合計を表記している[10]。結果的に，このデータは，判事たちの意見の質的評価（各意見

---

[8] この＜表8.3＞の資料データは，私の以下の論文に記載されている。"The Learned Hand Biography and the Question of Judicial Greatness," 104 *Yale Law Journal* 511, 536-539（1994）(tab. 1).

[9] この表において6年間隔のデータが2回出現する理由は，ハンド判事が先任資格を取得した時期と，通常勤務の時期との重複を回避するために調整しているからである。

[10] この引用回数に関する母集団は，前述の各図表と同じく，連邦控訴裁判所の判事の意

<表8.3> ラーニド・ハンドとその同僚判事たちの時期別の引用回数

1925-1929

判事名	意見数	引用数	意見に対する引用回数	1988-1992期間の平均引用数
ハンド	244	2269	9.3	46
マントン	291	1560	5.4	11
スワン	121	790	6.5	7
ヒュウ	141	680	4.8	8
ロジャーズ	66	660	10.0	19
A.ハンド	85	417	4.9	4
チェイス	17	77	4.5	3

1930-1934

判事名	意見数	引用数	意見に対する引用回数	1988-1992期間の平均引用数
ハンド	257	2300	8.9	72
スワン	245	1529	6.2	15
マントン	306	1251	4.1	9
A.ハンド	216	1071	5.0	14
チェイス	223	916	4.1	4

1935-1939

判事名	意見数	引用数	意見に対する引用回数	1988-1992期間の平均引用数
ハンド	244	2025	8.3	81
スワン	236	1250	5.3	18
マントン	268	1213	4.5	21
A.ハンド	216	1043	4.8	21
チェイス	209	830	4.0	9
クラーク	21	192	9.1	4
パターソン	25	152	6.1	6

1940-1944

判事名	意見数	引用数	意見に対する引用回数	1988-1992期間の平均引用数
ハンド	215	2436	11.3	39
クラーク	193	2287	11.8	49
フランク	140	1822	13.0	39
スワン	211	1430	6.8	27
A.ハンド	191	1180	6.2	16
チェイス	183	948	5.2	13
パターソン	33	178	5.4	3

1945-1950

判事名	意見数	引用数	意見に対する引用回数	1988-1992期間の平均引用数
ハンド	224	3149	14.1	119
フランク	191	1624	8.5	52
クラーク	198	1595	8.1	23
スワン	202	1372	6.8	16
チェイス	179	1164	6.5	22
A.ハンド	144	808	5.6	12

1951-1955

判事名	意見数	引用数	意見に対する引用回数	1988-1992期間の平均引用数
フランク	147	1535	10.4	50
クラーク	167	1415	8.5	27
スワン	113	1188	10.5	20
ハンド	82	1049	12.8	42
A.ハンド	74	731	9.9	22
チェイス	102	714	7.0	22
メディナ	54	500	9.3	27
ハーラン	23	252	11.0	17
ウォーターマン	3	22	7.3	0
ヒンクス	32	0	0.0	0

1956-1961

判事名	意見数	引用数	意見に対する引用回数	1988-1992期間の平均引用数
フレンドリー	91	1825	20.1	107
ウォーターマン	155	1642	10.6	61
クラーク	169	1454	8.6	64
メディナ	127	1283	10.1	62
ハンド	84	645	7.7	41
スワン	70	562	8.0	22
ムーア	68	399	5.9	23
スミス	28	356	12.7	12
ヒンクス	95	304	3.2	7
フランク	35	265	7.6	2

に対する引用回数)ではなく，量的評価(意見の提出数)を重視している。し

見に対する引用に限定されている。

かし，このデータでは各判事の意見に対する平均的引用回数とともにその引用の「重複度」も示している。現在では，連邦控訴裁判所の判事の意見の引用回数は，直近の5年間（1988年から1992年まで）のデータまで利用可能である。

　ハンド判事は，少なくとも引用回数を代理変数として分析するならば，その業績評価は際立っている。けれども，彼には加齢に伴う顕著な効果もまた見受けられる。ハンド判事は，彼が先任資格を取得するまでの全ての期間にわたって，彼の意見に対する引用回数の合計は他の同僚たちのそれを圧している。しかし，彼の最後の5年間に関する限り，彼の意見に対する引用回数はその例外となっている。また，引用の平均値を見ると，彼の現役期間中では首位の地位を3回ほど他の同僚に譲っている。けれども，そのうちの2回は，首位となった判事の意見がそれほど多いわけではなく，彼らのハンド判事に対する勝利は有意味であったとは言えない。これらの引用回数の合計は，すでに示唆したように，判事の意見に対する量的評価ではなく質的評価を表現するものである。結果的に見れば，判事たちのアウトプットの価値を評価する基準としては，引用回数の合計はその平均値よりも有意義である。ハンド判事は，彼が先任資格を取得して以降でも，その前半の期間では顕著な実績を挙げている。彼は，最後の5年間を除いて，引用回数の平均値でも他の同僚をリードしている。けれども，彼が意見を書いた件数は次第に減少して，最後の5年間では引用回数の合計でも首位の座を明け渡している（後者の数値は平均値ではなく合計である）。ハンド判事の最後の在職時期は，84歳から89歳までの時期であるが，各年度のアウトプットである意見数は減少している[11]。この期間における彼の意見への引用回数も大きく落ち込んでおり，＜図8.1＞で見られるように，引用回数の合計でも実質的に下降している（質的評価でなく量的評価として）。けれども，ハンド判事の連邦控訴裁判所判事としての職歴で最も生産性の高かった時期は，彼が先任資格を取得する直前のフルタイム判事として過ごした，1945年から1950年までの73歳から78歳の頃であった[12]。

11　彼は，この最後の5年間に84件の意見を書いている。その前の時期は82件であるが，最後の時期は少し期間が長くなっている。その理由は，彼の先任資格が合計11年になっているためである。

12　この時期は，もう一つの「長期の」時期に該当する。しかし，図表における期間としては，通常の5年間として表示されているために結論は変化していない。なお，この時期

このハンド判事の意見の引用回数という統計データは，連邦裁判所の判事のアウトプットに関する代理変数として利用しているが，以下の二つの補正手法を用いることによってもその機能は変化することはない。その補正手法の一つは，判事たち自身による引用を控除して計算する手法である。他の一つは，ハンド判事の所属する裁判所以外の他の控訴裁判所による引用に限定して計算する手法である。なお，彼自身が所属する控訴裁判所の意見を引用する場合には，先例としての拘束力を持たないことに注意する必要がある（ハンド判事は，ニューヨーク・コネチカット・ヴァーモントの各州を管轄する第2巡回控訴裁判所の判事であった）。この自己引用を除外して補正した場合の唯一の変化は，1940年から1944年の時期の平均引用回数で，ハンド判事の順位が第3位から第2位へと上昇する変化のみである。また第2巡回控訴裁判所の内部引用を除外して再計算した場合でも，ハンド判事の順位はむしろ一般的に上昇する傾向を示すことになる。この場合，その意見が先例拘束性の対象とされない意見の引用がサンプル集計の対象となるため，判事たちには最適な意見を引用対象として選択する自由が保障されている。このような補正手法を用いて再計算しても，ハンド判事は先任資格を取得するまでの全期間において，引用回数の合計のみならずその平均値でも首位の地位を保持する結果となっている。けれども，彼の場合でも，加齢に伴う能力減退という効果が消去されることはない。

2 高齢裁判官の生産性とその根拠

高齢になった裁判官の生産性について，これを分析し評価することは非常に困難である。レーマンは，指導者としての職業リストに裁判官の職務を挙げているが，多数の高齢裁判官がそこに記載されていることは驚くに値しない[13]。けれども，この事実が適切であるとは思われない。主席裁判官（Chief Judges）とりわけ合衆国最高裁判所の主席裁判官は，司法分野において指導者的役割を果たしていることは確かである。また，上訴裁判所でも主席裁判官は，合議制という制度的特質に由来する意思決定の際に，判事たちとの関係を処理する熟練した指導者としての役割を果たすことも事実である。けれども，これらの主席裁判官の指導者としての評価は，少数の「偉大な」判事

は，彼の生産性が最も高かった時期に該当する。
13 Harvey C. Lehman, *Age and Achievement* 286 (1953) (tab. 50).

たちにのみ与えられるべき呼称である。アメリカの裁判所職員は，現在の段階では比較的少数であるが，彼らの人数が拡大してゆくとすれば，主席裁判官の組織指導者としての役割は極めて重要になるだろう。この裁判所組織の指導者としての主席裁判官の役割は，多くの職員からさまざまな業務支援を得るために極めて重要な役割となる。高齢判事たちの指導者としての間接的な役割も，成熟した指導者としての技量によって訴訟審理を指揮する重要な役割となるだろう。しかし，これは将来の予測可能な事態であるに過ぎない。これまで高い評価を受けてきた全ての高齢判事たちは，指導者としての役割に名声の根拠があったわけではない。数少ない例外として，合衆国最高裁判所の主席裁判官であったジョン・マーシャル，ウィリアム・ハワード・タフト，チャールズ・エバンズ・ヒューズ，およびアーサー・ヴァンダービルト(ニュージャージー州上級裁判所の主席裁判官)が挙げられるに過ぎない。

　アメリカの連邦裁判所の判事たちは，とくにコモン・ローにおける判決理由を記述する際に，実務的推論として伝統的に採用されてきた類推という推論手法に大きく依存してきた。結果的に，判事たちは正確な論理的推論のために必要とされる流動的知能に依存する度合いは少なかった。われわれは，前章ですでに議論したように，この類推という推論手法に依存するのは不充分なことを認める必要がある。なぜなら，この類推という推論手法は，流動的知能に依存するので加齢に伴う能力減退を回避できないからである。

　裁判実務では，良い判事は良い判断ができる人であることが必要であるし，良い判断は年齢と経験の関数であるから，多くの人びとは高齢判事が信頼に値する良い判事であると考えるかもしれない。人びとは，判事たちは「賢い人びと(wise men)」であって，賢い知恵を蓄積するには年月が必要であるから，長く生きてきた人びとの知恵を経験の産物と考えるのである。けれども，経験の蓄積が良い判断の基礎となるという根拠について適切な証拠を見出すのは困難である。確かに，裁判所の判事にとって，社会的に困難な訴訟事件で適切な判決を下すことは，斡旋や調停などの手続でのそれとは全く異なる判断である。とくに，合衆国最高裁判所を含む上訴裁判所での法的判断には，的確で賢明な判断が必要とされることは確かである(前述した顕著な業績を挙げた高齢判事たちは，エドワード・ワインフェルド判事を除いて全てが上訴裁判所の判事であった)。彼らの役割は，現実の社会的事実に法的ルールを適用することを通じて，限定的ではあるが法的なルールを創造

している側面がある。けれども，法律専門職としての裁判官の長期にわたる経験は，彼らの法的判断における質的評価の基礎である事実が証明されているわけではない。人びとの高齢判事たちに対する信頼には，その背後に内在する問題に思考が及んでいないとしても，それなりに価値が認められるべきだろう。上訴裁判所での司法倫理的な配慮に基づくルールと法的手続という特性は，訴訟事件で提出される書面や証拠に関する事実関係をめぐる紛争を遮断する効果がある。とくに，具体的な訴訟事件をめぐる事実関係は，特定の法的侵害事実に関する行為態様によってその様相はさまざまで，また上訴裁判所では事件が移送された経緯によってその事実関係も変形されている。このため代理人である弁護士たちは，訴訟事件に内包されている紛争の社会的性格や事実関係の背景をめぐって，裁判所に理解を求めるために大変な苦労を強いられる。上訴裁判所の判事たちもまた，審理対象である訴訟事件での当事者の行動をめぐる社会的背景や事実関係を理解するために，手短に言えば相当の社会的な「経験」が必要とされている[14]。この問題は，裁判官の社会的経験が必要であるというよりも，裁判官に任命される最適な年齢という問題にも深く関係している。この問題については，後でさらに詳細に検討する。

　高齢判事にとって経験に加えてもう一つの重要な資産は，直接的な利害関係のない公正で中立的な判断基準を維持できるという特質にある。高齢判事たちは，将来における自身の立身出世の機会を最大化するという目的で，具体的な訴訟事件で利己的な判断を下すことはほとんどありえない。彼らは，将来に残された自分の持ち時間は少ないから，具体的事件でも公正で中立的な判断を下すように努力している[15]。われわれ裁判官は，自分の職務を立身出世のための踏み台と考えることはほとんどなく，最後まで勤め上げる終身職として自らの決断で判決を下している。この事実は，裁判所判事としての任命時期は，他の専門職種への転換がありえない年齢に達してから任命され

14　生きた経験を代替できる効果は，「読書を通じての学習」では限界があることは確かである。しかし，われわれのような学術研究分野から任命される判事は，実務分野から任命される人びとの場合よりもある程度は若いことが必要である。

15　Cf. David Gutmann, "Age and Leadership: Cross-Cultural Observations," in *Aging and Political Leadership* 89, 95-96 (Angus McIntyre, ed., 1988). この論文は，高齢な弁護士に期待されている公正な判断というその役割について議論している。その上で，ジョセフ・マッカーシー元上院議員とニクソン元大統領を手酷く批判している。

るべきことを示唆している。この判事の任命時期に関する実現可能性は，連邦裁判所判事の年金制度における「断絶型」の制度設計を通じてその基盤が補強されている。連邦裁判所判事の最も早期の引退年齢は65歳であって，それ以前に年金受給権が付与されない事実を前提として，その引退の際に割引費用が急激に上昇する年齢制限的なアプローチが採用されている。この引退に関する費用の割引率は，最終的に年金受給権が付与される時点で費用が急激にゼロないしマイナスに転化することを意味している。連邦裁判所判事にとって65歳という年齢は，本書において繰り返し指摘してきたように，加齢に伴う能力減退カーブを考えれば新たな職種転換がほとんどありえない限界的年齢を意味している。弁護士などの実務活動は，多くの判事たちが裁判官に任命される以前に取り組んでいた職務であるから全く新しい職種というわけではない。高齢判事たちは，年金受給権が付与される65歳まで在職していた場合，先任資格の取得という選択肢と比べて考えれば，引退後に苛酷で危険な弁護士活動に再び復帰するほど不安定な立場に置かれているわけではない[16]。裁判所判事に任命された年齢が比較的若い場合には，自発的に辞職したならば年金受給権を喪失するという予測に従って，判事の職にとどまる選択を行う可能性も低いかもしれない。

　高齢判事たちの豊富な経験と公平な判断基準は，彼らの保有する「知恵」の重要な源泉であるが，これらの基準は不幸なことに実際には極めて曖昧である[17]。アンソニー・クロンマンは，彼らの知恵を定義する際に，最良の判事たちを含む「法律家または政治家」というカテゴリーで特徴づけている[18]。彼によると，これらの人びとの知恵に関する定義は，認知的熟練

---

[16] 1990年から1992年までの間に，合計すると113人の連邦裁判所判事が先任資格を取得するかまたは引退を選択している。その中で7人（もちろんその全員が引退を選択した人びと）は，民間の弁護士事務所に再就職している。Emily Field Van Tassel, *Why Judges Resign: Influences on Federal Judicial Service, 1789 to 1992* 40 (Federal Judicial Center 1993). なお，1950年以降では，連邦裁判所判事の職を自発的に辞任した判事の平均年齢は58歳である。また，辞任理由が健康状態の悪化もしくは犯罪によって有罪判決を受けた場合には，その平均年齢は52歳である。Computed from id. at 126-127.

[17] Cf. Douglas H. Powell (with the collaboration of Dean K. Whitla), *Profiles in Cognitive Aging*, ch. 9 (1994).

[18] Anthony T. Kronman, *The Lost Lawyer: Failing Ideals of the Legal Profession* (1993). 本書では，知恵に関する問題点を網羅的に扱っており，あえて特定のページに言及する必要はない。クロンマンは，彼の意味する知恵を特定の年齢に関連づけてはいない。彼は，専

と感情的熟練の複合的要素として観念されている。けれども，これら二つの複合的要素は常に区別して認識できるわけではない(たとえば「感情移入(empathy)」というのはどちらの概念だろうか)。高齢判事たちの知恵は，他の人びとが構想している計画やプロジェクトを理解した上で，別のアプローチを採用した場合の効果や確率およびそのアウトカムを想定する潜在的能力などの要素が含まれている。彼らの知恵にはまた，法律専門職に共通する実務的習慣や言語的理解さらには慎重な思考態度や思弁的能力，また具体的な訴訟事件での争点整理や当事者の感情的動揺を抑制する能力などが含まれる。高齢判事たちは，これらの知恵に内包される潜在能力を高めることを通じて，具体的な訴訟事件での解決への道筋を展望し，個人的利害や職業的関心から離れた公正な判断を下す能力を身に付けている。手短に言えば，最良の知恵がある判事という概念の中核には，成熟した専門職としての判断能力が位置している。この知恵ある判事として必要とされる知性的で慎重な判断能力は，ある年齢に至るまで一貫して上昇してピークに達した後に相当な老齢に至るまで持続すると推測できる。このような知恵と年齢とを結合させる伝統的な評価方法は，高齢判事たちの判断能力を理解するためには最も適切なモデルと考えられる。私は，高齢判事たちの保有する個々の才能を見過ごしているわけではない。偉大な高齢判事たちの輝かしい才能は，すでに見てきたホームズ，ハンド，カルドーゾがその代表であるが，偉大な科学者たちの才能とは異なることを強調する必要がある。

　判事たちの加齢に伴う能力評価に関するもう一つの問題は，司法判断において過去を振り返るという特性に由来する。ここでは，アリストテレスの時間に関する考え方を再び思い出してみよう。彼の考え方によれば，われわれの加齢に伴う思考の焦点は，将来について想像することから過去について回想することへと変化する。司法判断に必要不可欠な要素があるとすれば，それは過去に関する情報や記憶を持続的に保持するための思考態度である。このような思考態度には，法律専門職に共通する言語的理解や伝統的な権利概念の理解に加えて，合衆国憲法の成立に典型的に見られるような古典的合意に基づく当事者間の紛争解決を模索する努力が含まれる。このような思考態度は，認知的な方向性が将来よりも過去に向けられているという特性を保持

門職を初心者や期間限定的な職務と区別すべきだと論じているが，専門職の能力に関する現実的な年齢プロファイルについて調査しているわけではない。

する，高齢判事が社会的に有益な役割を担うことを示唆している。この過去を振り返る思考を重視する司法判断という特性は，裁判所の判決はこれまでの先例を尊重すべきであるという，先例拘束性の原理(principle of stare decisis)に要約されている。われわれは，司法における先例拘束性の原理の重要性を強調するならば，その重要性の程度に応じて判事たちの平均年齢も次第に高齢になると予測すべきであろう。英米法系の司法制度の下では，判事たちの平均年齢は大陸法系のそれよりも相当に高齢である(大陸法系の裁判所判事たちはロー・スクール卒業直後から裁判官としての職歴をたどり始める)。この高齢判事の存在が必要とされる背景として，英米法における先例拘束性の原理を説明することが可能であろう。この先例拘束性の原理は，英米法系の司法制度では最も重要な原則の一つである。けれども，この示唆のみで高齢判事の重要性について完全に納得できる説明を見出すことはできない。英米法系の法制度で裁判所の判例が先例としての拘束性を持つという事実は，将来に発生する可能性がある全ての訴訟事件に影響を及ぼすことを予測して，判事たちに具体的事件について判断すべきことを義務付けている。このような背景の下で，判事たちは将来を展望しつつ過去を振り返らなければならない。その因果関係を考えれば，具体的訴訟事件での判断が判事の年齢によって影響を及ぼすというよりも，判事の年齢が具体的訴訟事件の判断に影響を与えるという因果関係が成立する蓋然性が高くなる。英米法系の法制度は，将来を見据えた政策形成的判断というよりも，先例尊重を強調する意味では過去を振り返る判断という特性を持っている。その背景には，判事たちの年齢構成が過去を振り返る法的アプローチを採用するという，法制度を管理運営するための特性がこの傾向を助長している可能性がある。

高齢判事たちの役割は，この司法制度のバランスを維持する駆動輪として，公共政策の振幅を抑制する適切な役割と言えるだろう。一般的に言えば，高齢者は若年者と比較すると政治的には保守的であると信じられているが，年齢コーホートで統計データを補正した後でもそれが事実であることを示す証拠が存在する[19]。これに対して，加齢現象の特質を強調する考え方であるが，高齢者の保守主義に関する顕著な別の側面として，新しい時代の社会思想に同調するために必要な加齢に伴う費用負担という問題がある。これ

---

19 Anne Foner, "The Polity," in *Aging and Society,* vol. 3: *A Sociology of Age Stratification* 115, 132-136 (Matilda White Riley, ed., 1972).

は,「高齢者たちは,彼らの人生の若い時代に経験した政治思想やその思考の方向性をその後も保持する傾向がある[20]」ことを意味している。この高齢者の保守主義的な思想傾向は,選挙民におけるその傾向と同様に,判事たちも共有している思想傾向である。判事たちは,自分たちの若いころに社会思想が左翼的な傾向を帯びていたならば,彼らは右翼的な方向に社会思想を押し戻したいと思う。逆に,彼らが若いころに社会思想が右翼的な雰囲気に染まっていたならば,彼らは左翼的な方向に社会思想を修正するように試みるだろう。このような司法による社会思想への調整的対応の効果として,現実の社会における政治的安定性は維持されるのである。われわれは,たとえば通貨の固定相場制から変動相場制への移行をめぐる経済効果を比較する場合と同様に,社会の短期的安定性のみならず長期的安定性をも考慮に入れて判断しなければならない。このような社会変動の効果は,全く正反対の方向に社会を動かす可能性がある。高齢判事たちは,社会的変化をめぐる思想潮流に抵抗を試みるならば,その時代的奔流に押し流されてしまう。たとえば,ニュー・ディール政策の時代に最高裁判所の高齢判事たちが直面した状況は,この時代的奔流によって法の解釈自体が大きな変動を経験した事例の一つであった。また,アール・ウォーレンが主席裁判官であった時代の最高裁判所は,これと全く逆のドラマティックな冒険主義的な挑戦の具体例であった。この「ウォーレン・コート(Warren Court)」の自由主義的な判事たちは,ニュー・ディール時代の社会思想に共感していたが,彼らの若い時代に経験した社会的価値の再現を試みたのかもしれない。また,第三帝国時代の価値を肯定したドイツの判事たちが保有していた思想的憎悪もまた,彼らの若い時代の保守的価値とこの時代の価値の間における思想的調和を試みたのかもしれない[21]。このウォーレン・コートやナチス帝国時代の判事たちは,ともに社会革命の動向を抑制するために努力したのではなく,むしろそれを増幅するような社会的影響をもたらしたのである。

20　John B. Williamson, Linda Evans, and Lawrence A. Powell, *The Politics of Aging: Power and Policy* 106 (1982). For evidence, see Duane F. Alwin, Ronald L. Cohen, and Theodore M. Newcomb, *Political Attitudes over the Life Span: The Bennington Women after Fifty Years* 90-96 (1991), and other studies cited there; also M. Kent Jennings, " Residues of a Movement: The Aging of the American Protest Generation," 81 *American Political Science Review* 367 (1987).

21　See Ingo Müller, *Hitler's Justice: The Courts of the Third Reich* (Deborah Lucas Schneider, trans., 1990); Richard A. Posner, *Overcoming Law*, ch. 4 (1985).

高齢判事たちの生産性の持続的特質について，その日常的レベルにおける最も重要な観察結果は，彼らが実際には倦怠感に耐えているに過ぎないという視点からの観察である。アメリカの多くの判事たちは，実質的には50歳代になってから初めて新しい職種である裁判官に任命された人びとである。われわれは，同一職種で30年間働いた後に労働に伴う費用として倦怠感が生じると仮定すれば，高齢判事たちの多くが早い機会に引退することを期待できるかもしれない。あるいは，彼らが早い年齢段階で引退可能年齢に達する以前から，その業務遂行の質的レベルを実質的に引き下げるように行動する可能性もある。

　これまでの高齢者の加齢に伴う判断能力の減退に関する議論は，人間の終末期に関する議論を見過ごしてきたかもしれない。高齢判事たちは，彼らの生存をめぐる最後の時間を迎える段階でも，裁判所での重要な業務を充分にこなして行けるのだろうか。この疑問は，終末期の問題（おそらくこの呼称も間違っている）について，これまでの誤解を明らかにするためにも極めて重要である。人間の終末期というのは，本当の意味での生命の最後の瞬間ではないから，時間的に見れば数多くの瞬間で構成されている時間の一つである。最後の瞬間とは，ある個人が自らの動機付けに関する特定のセットの一つに従わなければならない瞬間である。たとえば，ある労働者が仕事を怠けて会社の金を横領している場合には，使用者が彼に適用できる制裁は彼を解雇することである。この労働者は，とにかく会社を辞めたいと思っているならば，会社を辞めた後の生活を維持するために不正行為を犯す動機を持っているかもしれない。しかし，彼はこの仕事が彼の生命が存続する最後の瞬間の仕事である事実を知っているならば，不正行為を犯すという動機自体を喪失するだろう。この例に従って考えるならば，判事の仕事が文字通りに最後のそれに近似しているならば，判事たちの不正行為に加担する動機は完全に消失する。高齢判事たちは，具体的な訴訟事件をどのように処理したとしても失うものは全くないし，またそこから得られる特別の利益も持っていない。彼らに対するわれわれの期待は，通常の意味での自己利益とは無関係に

行動することで[22]，彼らが純粋に公共的利益に寄与するだろうという期待である。高齢判事たちは，他の条件が同一であると仮定すれば，この希望を現実化できる立場にある。けれども，われわれの期待は単なる希望や願望に過ぎないことも確かである。高齢判事たちの判断は，たとえ自己利益とは全く関係がないとしても，彼らの非常識な判断や不公正な判断に対する社会的制裁がその報酬制度から完全に除去されているからである。高齢判事たちの公共的利益への寄与という期待は，それが誇張された表現であるとしても，彼らが死後の評判を気にしていることで保障されているのかもしれない。

　私は，ここまで裁判官の潜在能力としての知恵の在り方について分析を加えた上で，この知恵は加齢に伴って減退しないと主張してきた。われわれは，ラーニッド・ハンド判事の職務履歴で見てきたように，この主張は相当に誇張されていることは確かである。ここでは，より注意深く検討を進める必要がある。判事たちが訴訟事件を通じて初めて法律実務に関わるという経験は，任命された瞬間からその世界を退場するまでの間でその成長を停止する。この事実は，判事の専門職としての人的資源は，その職務を開始した瞬間からネットでの減価償却が開始されることを意味している。けれども，裁判所での実務的経験の蓄積は，判事たちの司法的な意味での人的資源を創出する効果を通じて，人的資源の減価償却という効果は相殺されることになる。判事たちは，彼らの判決における質的なアウトプット評価を高めるとともに，時間経過と引き換えのように加齢現象として精神的な活力や思考の鋭敏性を喪失してゆく。判事としての職務遂行は，「習うより慣れよ」というタイプの仕事である。彼らは，証拠書類を読み弁論を聞く経験を通じて，弁護士たちが提出する準備書面や弁論から具体的な訴訟事件に関する法的争点を抽出する判断が速くなる。この法的争点に関する判断速度は，彼らの業務遂行の際に発揮される重要な要素である。判事たちが指導力を必要とする能力要件は（詳細は第7章），限られた時間内で多くの意思決定を行うことを通じて形成される。判事たちの司法的な意思決定の判断速度と自己確信という能力は，裁判所における彼らの経験の関数である。

22　若干の判事たちに関する重要な資格要件は，彼らの政治的信条を推進するために，裁判所での彼らのオフィスを使用することから満足を引き出す人びとである。しかし，最高裁判所から下のレベルの裁判所では彼らは少数派である。See Richard A. Posner, "What Do Judges and Justices Maximize？(The Same Thing Everybody Else Does)," 3 *Supreme Court Economic Review* 1 (1994), reprinted in *Overcoming Law*, note 21 above, ch. 3.

判事たちは，具体的事件の審理の準備を進めるとともにその事件に対する意見を書くという作業を通じて（彼が合議パネルの判決を書く役割を担う判事であれば），関連する法律分野のみならずさまざまな分野の知識や情報について学ぶことができる。結果的に，同じような分野の訴訟事件に再度直面した場合には，彼らは法的争点についてより素早く理解して対応することが可能となる。多くの判事たちは，裁判官に任命される以前は限定された法領域での実務的業務に従事しており，このような実務的経験の蓄積が極めて重要であることが示唆される。アメリカにおける判事たちの多くは，幅広い分野を取り扱うジェネラリストであるが，弁護士やロー・スクールの教授たちは特定分野に通暁するスペシャリストとしての性格が強く現れる。裁判所の判事たちは，これらの他の法律専門職と比較すると，裁判官として必要な幅広い知識や情報を獲得しなければならない。

　裁判所判事たちは，その職務遂行に際して新たな人的資本を獲得するならば，彼らの潜在能力は加齢に伴って減少するのではなく，その能力は量的のみならず質的にも増加すると予測すべきかもしれない。けれども，判事に任命される以前の彼らの経験は，たとえ判事としての経験がその経験に加算されるとしても，人的資本蓄積の効果はその職業的活力とともに加齢に伴って減退している可能性がある。彼らの流動的知能もまた，加齢に伴って同様に減退していくだろう。この高齢判事たちの人的資本の減退ないし減衰は，加齢に伴って増加する関数でもある。判事としての経験を獲得するための費用は，他の人的資本の獲得と同様に，高齢判事にとって若年判事よりもその費用は高くなる。結果的に，若年時代に任命された判事の質的評価に関するアウトプットは，その任命直後から増加した後に安定化するが，最終的には減退してゆくという軌跡をたどることになる。これに対して高齢期になってから任命された判事のアウトプットは，任命後も比較的に安定状態で推移した後に，最終的に減退するまで長期間にわたって持続するという特徴がある。しかし，＜表8.1＞と＜表8.2＞に示されている判事としてのアウトプットは，その経験年数とは全く相関関係がないことを明らかにしている。この事実を理解するためには，連邦裁判官の雇用システムの特殊な性格を説明する必要があるだろう。たとえば，労働者の生産性が経験に相関して上昇する理由は，使用者が彼のアウトプットの増加を期待して報酬を引き上げるとか，あるいはアウトプットが減少した場合には彼を解雇することができるからである。これに対して，連邦裁判所判事の場合には，このような一般労働者に

適用される使用者による賞罰という効果は利用できない。彼らは，その全てが同額の報酬を支給され(同一のランクの場合)，重大な不正行為を犯した場合以外には更迭されることがない。連邦裁判所の判事に対しては，経験の増加によって上昇した生産性を余暇として消費せずに業務に振り向けるように動機付ける仕組みは介在していない。これらの判事たちは，アウトプットが同一水準に保持できるならばその生産に必要な時間は減少するから，その余剰時間を余暇に振り向けることは当然に可能である。このような説明は，前述した二つの表におけるデータの解釈と整合的である。私は，平均的な連邦裁判所判事の効用関数として，余暇の活用は極めて重要であると主張している[23]。この解釈は，判事たちが追加的なアウトプットから追加的な効用を導き出す場合にはその弱点を示すことになる。そのような判事がいる可能性もあるが，多くの判事たちはそうではない。彼らは，「判事としての業務」から効用を引き出しているが，現在のレベル以上に多くの仕事をしたいと考えているわけではないからである。

　連邦裁判所判事の低い能力減退率を説明するもう一つの要因(主な要因は判事としての人的資本の蓄積効果である)は，裁判官としての業務の特徴でもあるが，彼らの文章表現能力の重要性である。この文章表現能力は，極端に高齢であるにも拘わらず例外的に高い質的生産性を維持した判事に関しては決定的ともいうべき説明要因となるだろう。これらの偉大な判事たちの明確な特徴は，正確には「輝かしい」と表現すべき特徴であるが，類まれなる分析能力というよりもその例外的ともいうべき修辞的な文章表現能力という特徴にある[24]。多くの訴訟事件における裁判過程は，大量に提出される文書と証拠の多様性に加えて，事実の時系列的な発生経過の複雑性や裁判の審理過程における合議という性格，そして司法機能としては法創造的というよりも法解釈的な性質という基本的特質を持っている。この基本的特質は，たとえ有能とは言え高齢判事たちにとって，裁判における彼らの意思決定は高度に知的創造性を発揮できる場面とは言い難い。具体的訴訟事件の判決で表現される判事たちの意見は，その多くは外部からもたらされた思考やアイデアを反映するものである。それらの意見には，弁護士，立法議会，法律学の研究者などによる意見が含まれる。また，その他の研究領域からの影響として

23　See id.
24　Posner, note 4 above, at 133-137.

は，経済学，政治学，哲学などの研究者からの意見も反映されることもある。さらに，ホームズ判事，ブランダイス判事，フランクファーター判事の意見には，彼らが判事に任命される以前に研究した思考やアイデアが反映されている。これらの判事たちの意見がありきたりの表現ではなく，また彼らがコントロールできない歴史的事件に関する記述とは明確に異なる，それ自体が価値ある表現として評価される理由はなぜだろうか。その回答はおそらく，彼らの表現する論理的展開の鮮明さや簡潔さ，手短に表現すればその記憶に残るような文章表現の迫力にある。ここではその「創造性」を示す代表例として，有名なラーニッド・ハンド判事の不法行為に関する過失責任の定式 (formula for negligence) について検証してみよう[25]。このハンド判事の提示した定式は，法の経済分析という研究領域を発展させる出発点にある画期的業績と評価されている。この定式の特徴は，不法行為法における過失責任に関する伝統的な判断基準について，代数学を使用した数式モデルで表現したことにとどまらない。この数式の意味するところは，法的判断基準として数学的な分析手法を採用したことではなく，数式をメタファーとして用いたことに意味がある。

最良の判事たちは，法律用語を用いた文章としてその文章能力を適切に表現できるが，この能力は結晶的知能の一つの側面であり，少なくとも老衰状態に陥るまで減退しないままに持続すると思われる。創造的な文芸作家たちは，しばしば作品を創作できなくなるという現象に見舞われるが，これは多くの作家たちの能力が早期ピーク型に該当する場合である[26]。この状況は，これまで述べてきたとおり全ての場合に該当するわけではない。判事たちは，具体的な訴訟事件が新鮮なトピックスを含んでいるために，新しい思

---

25 事故の発生を回避するための責任 (費用負担) を B，また B に関する予告がなければ生じる事故の発生確率を P，さらに事故が発生した場合の損失 (費用) を L とする。この場合，$B < PL$ であることを前提として，事故発生を回避する注意義務を負担する当事者の責任に関する法的ルールを提示した。この定式は，United States v. Carroll Towing Co., 159 F.2d 169, 173 (2d Cir. 1947) 事件の判決で，ハンド判事の意見として提示された。

26 Dean Keith Simonton, "Age and Creative Productivity: Nonlinear Estimation of an Information-Processing Model," 29 *International Journal of Aging and Human Development* 23 (1989). この論文は，ある人が研究者を志す場合の例として，一定の創造的な潜在能力を発揮できる領域から出発して，その能力を専門的なキャリア形成の過程を通じて方向づけてゆくモデルを提示している。See also Simonton, *Genius, Creativity, and Leadership: Historiometric Inquiries* 109-112 (1984).

想を表明する必要はほとんどなく，自身の内部に蓄積された考え方を自然に表現するだけで充分なのである。文章表現のスタイル（知的な創作物以外の）は，同一人物の異なる年齢段階を比較すると，高齢に至るまで安定的に進化してそのピークは死の直前まで持続する。ホームズ判事の最も感銘を与えた意見は，言論の自由に関するエーブラムス事件[27]であるが，彼が70歳代後半に至って書いた意見でもある。また，ハンド判事の有名な「ハンドの定式」も彼の70歳代半ばのものである。

　法律学を学習している学生諸君には，私の司法制度の特徴に関する分析に対して，その全てには同意できないという意見も多いと予測できる。私の結論は，判事たちの職務遂行において加齢に伴う能力減退が存在することは確かであるが，その進行は相当な高齢に至るまで抑制されるという分析結果にある。しかし，この結論は私の分析にとって決定的に重要であるというわけではない。フレンドリー判事は，私との会話の中で，「傑出した判事としての質的特徴」として，以下の四つの要素を強調した。すなわち，「分析的な能力」，「法的知識の集積」，「一般的な文化的素養」，および「優雅で力強い英語的な文章表現能力」がそれである[28]。これらの中では最初のもの，つまり分析的能力のみが加齢に伴って減退する可能性があると思われる。

3　裁判官の高齢化とその影響

　高齢判事たちの際立った職務遂行の実例やその理由の説明にも拘わらず，連邦裁判所判事の高齢化の持続的傾向をめぐって，その業務遂行に対する否定的影響に対する懸念が広がっている。この懸念は，現在では連邦裁判所判事の引退年齢に関するルール変更を求める声にまで拡大している。連邦裁判所判事の加齢に伴う能力減退は，その減退カーブが緩やかなものであったとしても，彼らの業務遂行能力が突発的に下降する恐れがないわけではない。彼らの能力減退は，ある判事たちでは急激に発生する可能性もあるが，その他の判事たちでは緩慢な進行をたどるかもしれない。判事たちの高齢化の進行に対応して，高齢判事たちの比率が極端なレベルに上昇するならば，司法判断でのアウトプットに悪い影響を及ぼす恐れがある。判事たちの加齢に伴

27　Abrams v. United States, 250 U.S. 616, 624 (1919).
28　Henry J. Friendly, Book Review (of *Learned Hand's Court*, by Marvin Schick), 86 *Political Science Quarterly* 470, 471 (1971).

う能力減退を抑制できなければ，彼らの高齢化に伴う影響を回避することは不可能かもしれない。現代社会での急激な変化が継続するならば，判事たちの高齢化の進行に伴う司法上の悪影響を回避することも不可能であろう。これらの現代社会の急激な変化は，当然のことながら，迅速な司法的解決を求める新たな法的紛争を派生させるからである。このような社会的変化は，連邦裁判所判事の加齢に伴う司法的パフォーマンスの減退効果を促進するかもしれない。この司法機能の減退効果を部分的に調整する方策の一つとして，裁判所の補助的職員を増加させる対策が考えられる。この方策の採用により，高齢判事たちの何人かは，業務量の量的抑制を可能とするとともに質的にも高いアウトプットの維持が可能となる。連邦裁判所判事の平均引退年齢の上昇という問題は，判事たちの平均任命年齢の上昇が伴っていなければ，判事たちの回転率を低下させる効果となって現れる。この社会的な効果は，法的安定性に高い価値を認めるならば，司法機能を改善する方向として評価することができる。

　連邦裁判所判事の高齢化による業務遂行に対する影響は，判事の平均引退年齢が上昇しなければ，ほとんど実質的な影響を及ぼさないかもしれない。けれども，判事たちの平均引退年齢は実際には上昇する可能性がある。連邦裁判所判事に任命されることは，実質的には非金銭的費用によって相殺されない心理的な意味での実質的な所得効果をもたらすからである[29]。この実質的な所得効果は，高齢判事たちがその社会的地位に見合う最低限度のレベルでの業務遂行ができなくなるまで相殺されることはない。別言すれば，多くの判事たちにとって，前掲の<数式4.2>におけるI_oの効果は，強い非金銭的な正の所得効果として保障されているのである。連邦裁判所判事としての地位は，その引退年齢が厳密な意味での自発的判断にゆだねられているから，早期の引退機会に実際に引退する可能性を減少させている。最近では，高齢判事による業務遂行のために努力を必要とする費用は，彼らの健康状態の改善と裁判所の補助職員の増加によって相当程度にまで抑制されている。この高齢判事たちによる職務遂行の改善効果は，彼らの生産性の維持・改善に貢献していると思われる。高齢判事たちに対して，現在の引退時期よりも早い時点で引退したいと希望するように仕向けるならば，彼らの引退条件を現在より魅力的にする必要がある。このような引退促進政策は，後述するよ

29　See Posner, note 22 above.

うに，特定年齢で労働者を強制退職させることが法律で禁止されている民間労働市場において実施されている政策でもある。

この連邦裁判所判事の高齢化という問題(もし問題があるとすれば)に関するもう一つの選択肢は，アメリカにおける一般裁判所で全ての訴訟事件を管轄するという司法制度の特徴を変更して，それぞれの分野における特別裁判所での訴訟事件処理に置換するという方法である。一般的な表現に置き換えるならば，専門職化した労働者たちは，彼らの業務遂行に対する信頼性を確保するために必要な新しい人的資本投資を相対的に抑制することが可能だからである。新しい人的資本投資は，加齢に伴う流動的知能の減退により，高齢労働者にとってその費用負担が大きくなる。連邦裁判所判事の職務は，ジェネラリストとして位置づけられているから，その職務範囲に属する新たな法領域での紛争が発展すれば新たな人的資本投資が必要不可欠となる。判事たちにとって，加齢に伴う倦怠感が発生すると想定するならば，業務をより専門職化して対応することが不可避となる。けれども，特定領域ごとに専門化した特別裁判所制度を導入することは，連邦裁判所判事の高齢化によって派生する問題の調整策として最善の方策とは言えないかもしれない。

この議論をより明確にするためには，裁判所判事による業務遂行をめぐる年齢別プロファイルの分析に加えて，その年齢別プロファイルが裁判所制度の構造を決定する主要な要因であることを理解する必要がある。これらの年齢別プロファイルをめぐる要因については，第13章でより詳細に検討する。ここでは，その前提となる基本的なポイントを整理しておくことにする。第一に，判事の意見に対する引用回数の分析は，裁判所判事という業務が後期ピーク型で持続型の活動であるとする評価に関する問題である。第二に，もしこの評価が支持されるならば，その根拠を明らかにする必要がある。この判事の意見に対する引用回数の分析は，連邦控訴裁判所判事という役割が予測可能な特性を持っていることを明らかにしている。けれども，この判事の意見に対する引用回数の分析はまた，判事たちの業務遂行には加齢に伴う減退効果があることも明らかにする。たとえば，ラーニッド・ハンド判事のような優秀で長寿を全うした判事でも，引用回数の合計を代理変数としてその量的評価と質的評価を比較衡量するならば，加齢に伴うアウトプットの減退を明らかに経験している。判事たちの加齢に伴う能力減退の年齢別プロファイルは，その主要な影響が法的推論の方法に明確に現れることを示唆している。この高齢判事たちの特徴は，実務的推論の強調として現れるけれども，

これは結晶的知能の特徴を表現していることは確かである。この判事の意見に対する引用回数分析の結果は，高齢判事たちの実務的推論方法の特性を明らかにしているが，実務的な推論こそが法的推論の生命線であるという私の主張を支持する根拠をも明らかにしている。驚くべきことに，多くの判事のみならず法律学の研究者たちも，論理的または抽象的推論こそが判決理由の生命線だと考えている。判事たちの年齢別プロファイルの要素はまた，英米法系の裁判制度に固有の特徴である先例拘束性の原理を重視する政策によっても影響を受けている。この原理は，判事たちに社会的・政治的な状況を変革する方向にではなく安定化させる方向に誘導している。このような社会的安定化という方向性は，判事たちの高齢化という現象のみならず，社会における政治的無関心の増大に加えて，判事たちの任命時期の高齢化・晩期化と正の相関関係がある。これら全ての現象は，判事たちの虚脱感の増加による引退の促進効果や平均年齢コーホートでのより若い年齢での判事への任命効果を推進するのではなく，むしろそれを抑制するような効果をもたらしている可能性がある。

第9章
高齢者の社会的地位と組織の老化現象

　ここまでは，高齢者に関するさまざまな問題について社会や家族からの視点というよりも，高齢者自身あるいは彼らを雇用する使用者からの視点に焦点を合わせて考察してきた。これに対して，家族その他の社会メンバーの視点から高齢者の問題に対処する方法を考えることは，高齢者をめぐる実証的分析のみならず規範的分析でも極めて重要なアプローチとなる。この高齢者の問題にアプローチする類似の方法には，たとえば子供に対する社会的価値を評価するという極めて示唆的なアプローチがある。子供たちは，大人に依存する関係にあるから，その社会的地位をめぐる議論は成人の利害関係を直接的に反映している。子供の社会的地位は，その社会が子供の人数をどのように調節するかという問題のみならず，その社会が子供という人的資本にどのような投資を行うかという選択によっても決定される。現代のアメリカ社会のように，子供を育てる養育費が高額となって両親による育児サービスが困難になれば家族規模は縮小する。これに対して，伝統的な農業社会のように，子育ての費用が低廉で両親の育児サービスが行き届く社会ではその家族規模は大きくなる[1]。家族に依存する高齢者の地位もまた，この子供たちと家族の関係とほぼパラレルな性格を持っている。高齢者たちは，彼ら自身の成人になった子供たちを含む，社会の支配的な年齢集団の意思決定による統制のもとに置かれているのである。

　本章では，高齢者が社会から受ける処遇をめぐる合理的選択(rational-choice)という視点から，高齢者に関するいくつかの問題を考慮してみたい。

---

[1] 家族に関する経済学については，以下参照。Gary S. Becker, *A Treatise on the Family* (enlarged ed. 1991).

この合理的選択という視点は、若年者や子供たちにというよりも、むしろ高齢者に対する社会的処遇を考える際に適切な視点でもある。人びとは、遺伝子レベルでは子供たちに保護的な感情を持つようにプログラムされている。われわれは、人間の子供たちのみならず動物の子供たちも「可愛い」とか愛しいという感情を抱くのが通常である[2]。これに対して、高齢者たちに保護的な感情を抱くような遺伝子プログラムが組み込まれているようには思われない。けれども、多くの子供たちは両親が年をとったならば、その程度は異なるとしても愛情を保持し続けるのが一般的である。人びとによる子供と高齢者に関するこの非対称的な感情は、生物学的な意味を持っている可能性がある。生物学的な意味での適者生存原理は、それが現実的であれ潜在的であれ（子供の場合）、生殖可能な年齢や生産活動に適した年齢を過ぎた人びとの生存のために、多大な資源投入を促進する遺伝子プログラムが組み込まれているわけではない。生殖可能年齢を過ぎた人びとも、子供たちの生存のために貢献できる限りで社会的な存在として評価される。このような理由によって、高齢者とりわけ自分の両親や祖父母に対する尊崇の念は、人間としての本能的な側面を持っているのかもしれない。この高齢者に対する人びとの感情は、子供たちに対する感情と比較するとその強度は相当に低いように見える。その理由は、生物学的に見ると、高齢者は適者生存に貢献する度合いが少ないからである。社会からの高齢者に対する配慮は、支配的な年齢集団からの政策的配慮として期待できるのみになる。彼らは、高齢者に配慮を行うように遺伝子プログラムが組み込まれてはいないが、彼ら自身の両親や祖父母には配慮できる立場にあるからである。われわれは、高齢者自身がその遺伝子配列によって、自身の家族内の若年メンバーに役立つように利他的に行動する傾向があることを知っている。高齢者は、彼ら自身の費用負担によって、若年者の利益を促進する政策にある程度の協力的な態度をとる（後に見るように状況依存的ではあるが）ことも確かである。

　高齢者の社会的地位は、職場におけるオフィス占有率や経済的な富の支配力および社会的尊敬度などを指標とした場合、それぞれの社会ごとにその地

---

[2] このような子供に関する特徴は、児童虐待、妊娠中絶、育児放棄などをめぐる社会問題の広汎なテーマと必ずしも矛盾しない。Richard A. Posner, *Sex and Reason* 143-144 (1992). また、子供の数の最適値と最大値は必ずしも同一ではないし、子供の人数が多ければその生存可能な人数も抑制される傾向がある。この事実は、第1章で論じたように、女性の閉経に関する説明をも可能としている。

位は非常に異なっている³。高齢者に対する社会的処遇もまた,後述するような現代社会も含めて,それぞれの社会内部でも時代ごとにその在り方は異なっている。ある種の古代社会や未開社会では,その社会の若年世代が高齢世代を意図的に殺害している例もある⁴。このような社会では,自然死は死後の救済を妨げるという都合の良い理屈によって,高齢者の殺害を正当化する場合すらある⁵。ある社会では,高齢者を社会的に遺棄する場合や,高齢者の立場を若年者のそれと逆転させる場合もある。また,現代のアメリカ社会のように,「高齢者差別」の告発手段によって,政治的代弁者やある種の過激な平等主義者(彼らはどこにでも差別を発見する)の活動を通じて高齢者への平等処遇が主張される場合もある。歴史的に考えれば,現代のアメリカ社会のように,高齢者が総体として政治的影響力を行使して物質的に満足できる水準を維持して,それなりに幸福感を共有している社会が常に存在していたわけではない。けれども,現代のアメリカ社会では,高齢者たちが社会的に尊敬されていないことは確かである。アメリカの高齢者は,その人口比率の

---

3 適切な要約として,以下参照。John B. Williamson, Linda Evans, and Lawrence A. Powell, *The Politics of Aging: Power and Policy*, pt. 1 (1982). 実証研究は数多くあるが,代表的な論文集として,以下参照。*Aging in Cross-Cultural Perspective: Africa and the Americas* (Enid Gort, ed., 1988). 少し古い研究であるが,高齢期に関する文化人類学的な研究として,比類のない活力ある概要を記述する文献として,以下参照。Simone de Beauvoir, *Old Age*, ch. 2 (1972); また,その他の優れた文献として,以下参照。Jack Goody, "Aging in Nonindustrial Societies," in *Handbook of Aging and Social Sciences* 117 (Robert H. Binstock and Ethel Shanas, eds., 1976); また,未開社会における高齢者の地位についての詳細なデータを紹介するものとして,以下参照。Leo W. Simmons, *The Role of the Aged in Primitive Society* (1945).

4 未開社会においては,Human Relations Area Files のデータに基づく二つの研究調査によれば,その20%がその例に該当すると指摘されている。Jennie Keith, "Age in Social and Cultural Context: Anthropological Perspectives," in *Handbook of Aging and Social Sciences* 91, 92 (Robert H. Binstock and Linda K. George, eds., 3d ed. 1990). See also Steven M. Albert and Maria G. Cattell, *Old Age in Global Perspective: Cross-Cultural and Cross-National Views* 224-228 (1994). 一つの調査研究では,サンプルとされた調査対象社会の59%において,高齢者は「見捨てられ」,「遺棄され」,「殺害され」ている。Anthony P. Glascock and Susan L. Feinman, "A Holocultural Analysis of Old Age," 3 *Comparative Social Research* 311, 323 (1980) (tab. 7). 嬰児殺しは,子供に対する本能的な愛着と矛盾しないだけではなく,高齢者殺しもまた本能的な親孝行と矛盾しないことは明らかであろう。なお,前掲の注2の文献を参照。

5 See, for example, James George Frazer, *The Dying God* (part 3 of *The Golden Bough*) 10-14 (1913).

増大や経済的な富の配分の影響のもとに，彼らの健康増進や長寿維持のために膨大な医療資源を消費しており，政府部門のみならず民間企業や非営利部門でも重要な立場をほぼ占有している。われわれは，これまでの各章でも，連邦裁判所判事という職業で高齢者が多数を占めることの是非を考えてきた。アメリカ社会の高齢者は，他の諸国と比較すると，法律家という職業とりわけ裁判所判事たちのそれでは大きな権力を保有している。それぞれの社会が，高齢者の社会的地位をめぐる大きな差異を内包しているのである。最も重要な挑戦的課題は，この高齢者の社会的地位に関する差異が何故に生じているのかという理由である。私は，高齢者の「社会的地位」という概念をここまでは曖昧なままに用いている。本章では，この概念をさらに深く検討することで，その概念の内包部分を明確にしたいと考えている。

1 未開社会および農業社会

(1) 高齢者の社会的地位の判断基準

ここでは，高齢者の社会的地位に関するいくつかの決定要因について検討する。私は，「未開(primitive)」社会についてさまざまに言及するが，読者の中にはこの概念の使用について危惧の念を感じる人がいるかもしれない。ここでは，あらかじめこの概念を私がどのように考えているかを説明した上で，それが軽蔑的もしくは品位を落としめるような意味合いで使用していないことを明らかにしたい。19世紀の探検家や民俗学者・文化人類学者たちは，世界中に散在する数多くの無文字文化によって形成される社会集団を発見した。彼らは，西欧的な基準からすれば極端に貧しくて，基本的には石器時代の技術レベルで生活を営んでおり，産業化された人びととはほとんど接触を持っていなかった。彼らの文化(現在では技術進歩を遂げた文化との接触で「汚染され」始めている)については，多くの実証的な研究調査を通じてさまざまなデータや資料が蓄積されつつある。その結果，本章の後半で明らかにするように，非常に困難な作業ではあるがある種の時系列的な比較調査の研究成果が報告されるようになっている。私は，「未開」社会については，「モーゼスおばあちゃん(Grandma Moses)」の素朴な絵画に言及するときのように，基本的には技術的概念として理解してほしいと思っている。

このような無文字社会では，当然のことながら，高齢者の正確な暦年齢を知ることは困難である(第2章で見たように，現代のアメリカですら非常に

高齢な人びとの人口を正確に知ることは困難である)。高齢者の年齢や人口分布を正確に把握することは，高齢者の社会的地位について理解する上でどのような重要性を持っているのだろうか。この問題は，以下の二つの点で重要性を持っている。第一に，この暦年齢による年齢把握では，特定の業務を遂行する能力の代理変数として年齢を利用することが困難である。具体的に言えば，「強制的な引退」制度は，高齢者の年齢コーホートでの平均的な潜在能力を基礎として，いまだ能力を維持している高齢者を社会的引退に追い込むことを意味している。このような暦年齢による年齢区分は，実務的には適切とは言い難い側面がある。統計的なデータに基づく年齢差別は（詳細は第13章で検討する），その統計データ自体が存在しなければ実際には実現不可能である。第二に，暦年齢を正確に知ることが不可能であるならば，人びとは外形的な特性に依拠して「高齢者」を分類することになる。たとえば，彼らの髪の毛に生えている白髪の量とか，その肌に刻まれている皺の数などがその具体例となる。これらの指標は，暦年齢であれ生理的な意味での年齢であれ，大まかな意味で年齢的な属性との間で相互関連性が認められる。同様の文脈で言えば，外見的に若く見える人びとは，実際には生理的ないし暦年齢で高齢者であったとしても，社会的には若年者に分類されることになる。彼らは，年齢に関する記録が存在しないことによって利益を得ることになる。高齢者の社会的位置づけが困難であることは，このような問題についての理論的解明が不分明な状態にあることを意味している。

　極端に貧しい社会では，高齢者が自立的に自らの生活を維持できなければ，彼らの扶養は社会的に法外な費用負担と考えられる。このような社会で高齢者に対する現実の財やサービスを提供する費用は，金銭的な負担と区別して考えるならば，その社会で消費を諦めた費用として負担されていることを意味する。これは，第5章ですでに見たように，高齢者が自らの生存期間を延伸するために，多くの費用を喜んで支出する理由を説明する。その社会が何を犠牲として諦めるかは，その諦める財やサービスの希少さの程度に依存する。その社会が貧しくて食糧が希少であれば，高齢者を養うための食糧提供の費用は若年者を飢餓状態に陥れるかもしれない。そのような社会では，高齢者を餓死させるとか公然と殺害することを許容する事態も起こりうる。文化人類学における未開社会の調査研究では，このような社会での高齢者は，老人殺しの社会規範を素直に受け入れて時には喜んで死に赴く事例も

報告されている[6]。このような事実の存在は，本能的な死の恐怖を強い意志によって克服した，現代における人類の社会化を通じての成果と考えるべきだろうか。この推測は妥当かもしれないが，別の仮説も成立しうる。この仮説は，過去に生殖能力を持っていた人とその子孫で潜在的な生殖能力を持っている人との間での，それぞれの生存を賭けた合理的選択の結果であるという仮説である。この仮説に従えば，高齢者である家族メンバーが若年者のために自己を犠牲に供する道を選択するという，遺伝子レベルでプログラムされた自然選択の合理的帰結であるという説明が可能となる。

この分析に従えば，他の要因が等しければ，相対的に貧しい社会では高齢者である社会メンバーを殺害しあるいは自殺に追いこむ事態が発生する可能性が高いという推定が成立する。けれども，他の要因が等しいという前提は，どのような社会でも常に成立するわけではない。この場合における重要な変数は，その社会の労働人口に対する非労働力人口である高齢者の社会的依存比率である（および児童その他の非労働力人口の比率であるが，私は単純化のためにこの比率を省略している）。この高齢者の社会的依存比率が低ければ，個人としての生産的労働者が高齢者を支援するために彼の生産したアウトプットから拠出する必要量が少なくなる。さらに，高齢者に対する社会的な遺棄や虐待を防止する要素として，高齢者をめぐる終末期の問題を考える必要がある。ある個人が高齢期に達するとすぐに死ななければならないことを知っているならば，彼の若年期の社会的な活動意欲に影響を与えると予測できる。たとえば，彼はその若年の時期において，一生懸命に働いて他の人びとを支援するとか真面目な生活態度を維持するという適切な社会的対応をしなくなる可能性がある。このような社会では，彼の行動に対する懲罰や報酬を与えるための社会的影響力は，その効果が著しく減殺される結果となる。人びとの努力や正直さに対する監視が困難な社会であれば，高齢者の生存をとりあえず維持する理由を見出す必要性がある。この問題は，「賃金の結合」理論（第3章で紹介した）で議論したように，労働者の怠惰や不誠実な業務遂行に対する制裁費用の予測が困難である場合に，報酬の後払いの制度を設ける必要があることと同様の問題である。

高齢者による過去の記憶の蓄積は，加齢に伴ってその記憶に障害が発生するとしても，無文字社会では潜在的に大きな価値を持つと考えられている。

---

6 See, for example, Simmons, note 3 above, at 236-238; Lucy Mair, *African Societies* 197 (1974).

無文字社会では，その社会メンバーの記憶内容を収録した「記録」しか残されていないからである[7]。このような高齢者の記憶の価値を正当に評価するためには，産業技術や社会慣習が非常に緩慢にしか進展しない静態的社会と，現代のアメリカのような動態的社会とを正確に区分して考える必要がある。その社会が静態的社会であるならば，未開社会の多くがそうであるが，長期にわたる記憶はほとんど効用を持たない場合もある。高齢者は，過去の同じ事柄を思い出して繰り返し語り続けるが，若年者は現在の社会的生活を経験するのに一生懸命だからである。けれども，その社会が動態的社会であれば（現実にはありえない未開であるが折衷的社会を想定して），高齢者が過去の日々の記憶を保持しているとしても，時代的な環境変化に挑戦している若年者世代にはほとんど役に立たない場合もありうる。この事実は，現代の動態的社会では，若年者が高齢者にほとんど敬意を表わさない理由を説明することができる。けれども，この事実のみによって，高齢者の社会的地位に関する全てを説明できるわけではない。現代のような急速に進展する動態的社会では，おそらく郷愁を込めて時には英雄化されて思い起こされるはるか遠くにある過去において（「あの戦争」とか「あの50年代」とか），生きたまま凍結されている高齢者の記憶を人びとは想起するかもしれない。高齢者の記憶という価値は，若年者からその記憶が消えてゆくのみならず，動態的社会の進展による別の不利益な効果も受けている。高齢者たちは，加齢に伴う流動的知能の減退に加えて人的資本投資の期待回収率が低下する結果，労働能力を新しい仕事に転換することが困難である。高齢者の多くは，彼らに対する社会的需要が急激に減少するならば，自分たちが社会的に無用であることを自覚させられる可能性が増加するのである。

　高齢者の長期にわたる記憶が社会的資産として価値がないという分析結果は，静態的社会ではなく動態的社会についての指摘であるとすれば，かなりの説得力があると認められるべきだろう。静態的な社会では，それほど頻繁ではないが，何らかの衝撃的事件によってその社会全体が深刻な影響を受け

7　For example, see Austin J. Shelton, "The Aged and Eldership among the Igbo," in *Aging and Modernization* 31, 45 (Donald O. Cowgill and Lowell D. Holmes, eds., 1972)．また，ここでは第2章で引用した，老人の死は図書館の焼失と同じであるという，アフリカの格言を思い起こしてほしい。彼らの記憶が加齢に伴って減退しているとしても，高齢者という資格要件はそれほど重要ではない。未開社会では，高齢者の人数は少ないし，加齢に伴う重大な認知障害に陥っていることも充分にありうるからである。

る事態が発生する。このような社会では，衝撃的事件は実際にはかなり多く発生しており，その影響の及ぶ範囲も極めて広範囲であったかもしれない。未開社会では，天候不順による飢饉や他民族の侵入さらには皆既日食や月食などの天変地異，伝染病の蔓延・河川の氾濫や水不足・旱害，あるいはカリスマ的な人物の出現や双子・三つ子・奇形児の大量出生など，衝撃的ないし試練的な出来事が相当な頻度で発生した。未開社会では，このような事態に直面したとき，高齢者のみが過去に起きた同じような事態を思い出して対処できる。未開社会では，若年者たちは太陽が皆既日食によって隠れるという経験を味わっていないが，高齢者たちはこれが初めて起きた現象ではなく，前回の同じ出来事で予想外の事態は全く生じなかったと説得できる。このような未開社会での文字の開発や教育の普及という社会進歩は，過去の出来事を記録する高齢者の記憶の価値を著しく減少させた可能性がある[8]。

　静態的社会では，高齢者の記憶は大きな役割を果たすと予測できる。ある社会が静態的な状態にとどまる原因は，現実の日常的慣習に重きを置いて新しい解決法を求めないという，挑戦的志向を抑制する「伝統的」な人びとによる戦略的態度に由来する。この背景には，この社会における人びとの知識の一般的な不足に加えて，問題を解決する技能が充分に発展していない点にその原因が求められる。われわれは，ある社会的活動の基礎となるルールが理解できなければ，必要とするルール自体を変更する戦略を考え出すことができる。この場合，社会的によく機能する戦略的方法が開発されるならば，人びとはその社会的ルールが生み出す環境から逸脱することが困難となる。たとえば，ある人がコンピュータの原理を理解できない場合には，日常的に使いなれた利用方法を変えたくはないので，その利用方法がコンピュータの作動しない原因であるとは考えなくなるのである。未開社会では，「進歩」に関する従来の方法が試行錯誤的であるならば，ある戦略的方法によって開発された最初の成功モデルに執着することが慣習になるだろう。そこには，問題解決のための新たな技能開発を求める志向性はほとんど含まれていない。また未開社会では，若年者に固有の属性である柔軟性や想像力，問題解決の能力や知的な迅速性あるいは新しい観念の受容性や短期記憶の強靭性

8　For example, see Maria G. Cattell, "Knowledge and Social Change in Samia, Western Kenya," in *The Elderly Population in Developed and Developing World* 121, 139 (P. Krishnan and K. Mahadevan, eds., 1992); Charles Edward Fuller, "Aging among Southern African Bantu," in *Aging and Modernization*, note 7 above, at 51, 60.

などは，社会的便益の源泉として活用できないために高い価値が認められない。このような社会では，若者たちは社会的にはむしろ危険な存在と認識されている可能性がある。

　未開社会において高齢者が保有する知識の価値を高めていると予測できるもう一つの理由は，第1章で見たように，彼らの平均寿命が極めて短かったというものである。未開社会における「高齢者」の多くは，現代の基準では中年者とみられる年齢層であったから，結果的には成人の若年者から見ると一世代しか離れていない。この「高齢者」たちは，若年者に対して一般的な「知恵」を伝達するというよりも，成人としての仕事のやり方について具体的な助言を行う役割を担っていたように思われる。

　無文字社会では，現代のような文字化された社会とは異なり，日常的な仕事や社会的役割は年齢を規準として配分されていたと推測される(これは「年齢別配分」規準として知られている)[9]。このような推測は，文字による記録が存在せず正確な年齢を知ることができない社会でも，未開社会と同様に当てはまるように思われる。無文字社会は，労働者と仕事を組み合わせる場合の費用を含めて，情報費用が極めて高い社会であったと想定できる[10]。規模の小さい社会では，誰もが他の人びとを見知っているが，日常とは異なる形態での限界生産性を評価することは困難である。とくに，ある種の形態における特殊業務の遂行に際しては(たとえば戦争や魔術など)，その業務自体は間欠的に必要であって個別評価が困難な場合も多い。このような状況では，特定の業務を遂行する潜在能力を判断するために，年齢とか親の職業のように，かなり粗っぽい代理変数を利用するのが自然の成り行きである。たとえば，若年者は全て戦士として，中年者の多くは指導者として，王の息子は王としてそれぞれ取り扱われることになる。高齢者の多くは，裁判官や聖職者その他の助言者的な役割を担当するという慣習も驚くべき現象ではない[11]。これらの代理変数は，その類型化がかなり荒っぽいとしても，加齢に

---

[9] See, for example, Keith, note 4 above, at 101-102; Nancy Foner, *Ages in Conflict: A Cross-Cultural Perspective on Inequality between Old and Young* 17-24 (1984); Bernardo Bernardi, *Age Class Systems: Social Institutions and Polities Based on Age* (1985).

[10] As emphasized in my book *The Economics of Justice*, ch. 6 (1981) (リチャード・A・ポズナー『正義の経済学―規範的法律学への挑戦―』馬場幸一・國武輝久監訳，木鐸社，1991年) ("A Theory of Primitive Society").

[11] See, for example, Walter H. Sangree, "Age and Power: Life-Course Trajectories and Age Structur-

伴う経験や知恵が指導的影響力や知的判断力と相関関係にあることを考えれば適切な判断基準と言えるかもしれない。このような社会的慣習の下で高齢者は，若年者と競争する立場に立つことはなく，彼らに相応しい社会的地位が保障される。このような社会の高齢男性は，第5章で議論したように「女性化」傾向があるから，高齢者と若年者の社会的地位をめぐる競争は抑制される結果となる。また，高齢女性の「男性化」傾向を考慮に入れれば，彼女たちは加齢に伴って自分の子供たちに対する責任から解放され，拡大家族における指導者としての役割を果たすようになったであろうと推測できる[12]。

高齢者などの社会的弱者が比較的に少数である社会では，彼らの生存確保のために法的・政治的な権利に依存することが可能であり，また社会的強者の善意に働きかけることを通じて相対的に多くの資源を確保することも可能となる。それゆえ，未開社会での親世代は，現代社会での親世代と比較すると，子供たちに親孝行や高齢者への敬意を教えるためにより多くの時間を費やすであろうと予測できる[13]。このような高齢者を敬う態度は，いわゆる「親孝行(filiality)」という概念を通じて理解することができる[14]。未開社会に

---

ing of Power Relations in East and West Africa," in *Age Structuring in Comparative Perspective* 23, 28 (David I. Kertzer and K. Warner Schaie, eds., 1989); Albert and Cattell, note 4 above, at 70.

12　未開社会では，高齢男性と高齢女性がそれぞれの価値ある地位を保持するために，「性的役割の転換」がなされる。その重要性について検討した文献として，以下参照。David Gutmann, *Reclaimed Powers: Toward a New Psychology of Men and Women in Later Life* (1987).

13　親世代は，「高齢や病気になった時に面倒をみてもらうことを期待しているかもしれない。しかし，その必要が生じたときには，その子供たちと接触できなくなっている可能性がある。けれども，彼らは子供たちが任意に助力してくれる機会を高めるために，子供たちをその好みに合わせて教育しようと努力している」。Gary S. Becker, "Habits, Addictions, and Traditiona," 45 *Kyklos* 327, 336 (1992). See also Jeffrey B. Nugent, "The Old-Age Security Motive for Fertility," 11 *Population and Development Review* 75, 78-79 (1985). この論文では，婚姻を仲介する文化は，両親の意向によって息子がその配偶者に影響される事態を避けるために，親孝行を奨励する傾向があることを紹介している。Id. at 91 n. 16. また実際に，親孝行を教え込む証拠を提示するものとして，以下参照。Les Whitbeck, Danny R. Hoyt, and Shirley M. Huck, "Early Family Relationships, Intergenerational Solidarity, and Support Provided to Parents by Their Adult Children," 49 *Journal of Gerontology* S85 (1994).

14　これは，儒教的な考え方である。See Benjamin I. Schwartz, *The World of Thought in Ancient China* 71, 100-101 (1985); "Editor's Preface," in *The Hsiao Ching v* (Paul K. T. Sih, ed., 1961); cf. Kyu-Taik Sung, "Motivations for Parent Care: The Case of Filial Children in Korea," 34 *International Journal of Aging and Human Development* 109 (1992). なお，明確な表現ではあるが，あまり信頼できない日本の親孝行の描写として，以下参照。Ruth Benedict, *The Chrysanthemum and*

おける親孝行は，世代間の黙示的な相互扶助を保障する契約として，法的に執行可能な位置づけが与えられる。この契約に基づいて，両親はその若い時代に子供に対する支援を行うが，その見返りとして高齢者になってからは子供たちに支援してもらう関係が黙示的に成立している[15]。また，高齢者が子供に親孝行を教える努力に対応して，その努力を行わない社会よりも高齢者が社会的尊敬を受ける比率は高くなる。

　人間の寿命は，他の要因が一定であると仮定すれば，外生的な文化的要因によっても延伸するという現象は，常識的な人びとには奇妙に思われるかもしれない。この文化的要因による寿命の延伸は，両親がその子供たちに親孝行を教え込む刺激剤となり，子供の数を増やす効果を生じる可能性がある。結果的に，両親の世代はその寿命の延伸によって子供たちに依存する期間が長くなる[16]。成人を養子とする慣習は，古代社会から現代の日本社会に至るまで広汎に広がっている。この慣習は，高齢者を扶養する子供の役割を代替させるための保障(情緒的扶養に代わる契約的扶養)と位置づけられている[17]。アメリカでも19世紀に入ってから，子供のいない高齢者たちは介護その他のサービス提供契約を締結して，その見返りとして財産をサービス提

---

the Sword: Patterns of Japanese Culture 51-52, 101-102, 121 (1946).

15　See, for example, Laura J. Zimmer, "Who Will Bury Me ?: The Plight of Childless Elderly among the Gende," 2 *Journal of Cross-Cultural Gerontology* 61 (1987), esp. pp. 76-77. 貧しい社会で両親を支える資源としての子供の重要性を指摘して，その詳細な時系列的な調査を記載した文献としては，以下参照。Daniel C. Clay and Jane E. vander Haar, "Patterns of Intergenerational Support and Childbearing in the Third World," 47 *Population Studies* 67 (1993). 子供たちがその両親によって実際によく面倒をみてもらった文化の中では，その両親は子供たちを老後の支えと考えている証拠を示すものとして，以下参照。Margaret F. Brinig, "Finite Horizons: The American Family," 2 *International Journal of Children's Rights* 293 (1994). 家族的な利他主義が「双方向」である場合，その程度に対応して，子供たちはその両親に利他的になる(生物学的に適合的であると私は主張している)。また，その利害関係は相互的になるため，両親は子供たちにより寛大になる。その理由は，老後に見返りを期待できるからである。See Peter Rangazas, "Human Capital Investment in Wealth-Constrained Families with Two-Sided Altruism," 35 *Economics Letters* 137 (1991).

16　Issac Ehrlich and Francis T. Lui, "Intergenerational Trade, Longevity, and Economic Growth," 99 *Journal of Political Economy* 1029, 1046 (1991). この論文は，寿命の延伸効果は，単純に成人に達するまで生存することができる子供の人数を増加させる結果とはならず，その代わりに自身が高齢期まで生き残る可能性や，その高齢期の長さを延ばすだけに過ぎないという仮定に立っている。

17　Richard A. Posner, *Sex and Reason* 405-406 (1992), and references cited above.

者に譲渡する契約が普及・定着している[18]。

　ある社会が静態的社会から動態的社会へ変化する過程は，高齢者の社会的地位に関する外生的要因を決定する全ての条件ではない。ここでは，高齢者が支配的な影響力を行使している社会，たとえば清朝時代の中国を想像してみよう。このような社会では，政治的な支配集団がその社会を静態的なままに維持したいと「望んでいる」。このような静態的社会は，強力な裁判所がその法的な理由づけや論理を利用して，その社会の保守的な特徴を維持するために環境変化を抑制している状況と類似している。この社会では，高齢者たちによる政治的・社会的地位の独占によって，その社会構造を維持している場合と同じ状況である。この状況は，現代におけるローマ・カトリック教会やモルモン教会のような，老人支配の構造に見られる特徴であることは疑問の余地はない。

　若年者に対する高齢者の人口比率が低い社会は，すでに指摘したように，高齢者を扶養するための人口一人当たりの費用を抑制できる社会を意味している。さらに重要な点は，高齢期まで生き残る人びとの総人口に占める比率が小さいことは，その社会がその生き残った人びとにより多くの権力を帰属させている可能性がある。高齢期まで生き残るために超えなければならない障害物が大きいほど，そこに到達した高齢者はより健康でたくましいことを意味している。極端な高齢期まで生き残った人びとは，その生存は自然選択の結果と評価され，例外的ともいうべき大きな生命力を持っているという印象を強めることになる。しかし，若年者と高齢者の人口比率に影響を与える外生的要因と内生的要因を区別する必要がある。たとえば，高齢者がとくに脆弱であったために流行性疾病の影響によって[19]，あるいは高齢者を社会的に支援しないという政治的決定によって，その社会における高齢者の人口比率が極端に低下することもありうる。かりに，高齢者の人口比率が後者のような理由で低くなっていれば，その社会は高齢者に対する配慮がなされない社会であることを示唆している。そうでなければ，ある種の未開社会で実際に見られるように，高齢者は若年者のために喜んで自分たちを犠牲に供したと考える以外にないだろう。

18　See, for example, Slater v. Estate of Cook, 67 N.W. 15 (Wis. 1896); Brady v. Smith, 28 N.Y. Supp. 776 (Super. Ct. 1894); Stockley v. Goodwin, 78 Ⅲ. 127 (1875).

19　これとは反対に，第2章で見たように，中世ヨーロッパでは黒死病が高齢者の人口比率を抑制するとともに，彼らの社会的依存度を上昇させる結果をもたらした。

(2) 農業社会の高齢者

　高齢者の社会的地位は，それぞれの社会における固有の経済的状況によって影響を受けていると想定できる。歴史的に見ると，狩猟漁労の社会から農業社会への転換に伴って，高齢者の地位は相対的に上昇した[20]。農業社会では，飢饉の時期以外には（高齢者の暮らしぶりは非常に貧しかった），人口当たりの食糧生産力のアウトプットは比較的大きくなっていた。結果的に，高齢者人口を維持するための費用も，人びとの消費を抑制することを通じて負担可能であった[21]。農業社会の経済規模が充分な生産力を維持できるならば，高齢者たちもまた，自らの若年時代に高齢期に備えて消費を抑制することで充分な貯蓄を準備できた。農業社会の高齢者は，このような状況の下で，他の社会メンバーに負担をかけることなくその生活水準を維持できた可能性がある。この場合には，高齢者以外の社会メンバーが，高齢者による貯蓄の没収を魅力的だと考えないことを前提としているが，これは後述する終末期の問題に関連している。

　農業社会での生産力のアウトプットは，生産者の最低限の生活水準を充たすレベルに過ぎなかったが，その社会活動に対しては専門職による支援を受けることが可能であった。これらの専門職の役割は，紛争の仲裁的解決や宗教的儀礼あるいは魔術的祈祷などがその代表例である。これらの専門職の業務遂行能力は，高齢者の潜在能力に含まれる種類の活動能力でもあった。農業社会は，遊牧型の狩猟漁労社会とは異なる定着型の生活形態であるため，高齢者の移動機会の縮小は若年者にとってもその負担を軽減する効果をもたらした。彼らは，もはや野営地から別の野営地へと家族単位で移動する必要はなくなったからである。加えて，農業社会では，高齢者の労働力は相対的に価値が高くなった。狩猟漁労社会では軽作業がほとんど存在しないのに対して，農業社会では軽作業（たとえば羊の世話など）が多くなる結果，高齢者はこれらの軽作業を引き受けることができたからである。現代社会では，多くの高齢者が庭園の作業や園芸作物の育成を愛しているが，これは広い意味

20　For evidence, see Gordon E. Finley, "Modernization and Ageing," in *The Elderly Population in Developed and Developing World*, note 8 above, at 87. 未開社会であっても，狩猟漁労時代の経済環境は，農業時代のそれよりも老人殺しの慣行はより一般的な形態であった。Albert and Cattell, note 4 above, at 225.

21　しかし，マルサスが議論しているように，余剰食糧生産の増加は一人当たりの富を実質的に増加させることなく，より多くの人口を支えることに貢献したかもしれない。

での農業社会の軽作業に類似する活動である[22]。

　農業社会の経済活動は，高齢者による消費のための余剰を生み出すと同時に彼らへの雇用機会も提供するが，これらを超えた高齢者の社会的地位をめぐる重要な変化をもたらした。農業社会の経済は，耐久的な資産の貯蔵をめぐる循環システムを生み出した。結果的に，耕作可能な土地その他の耐久的資産の管理や委託など，政治的安定性や経済的効率性の視点から見ると，社会的に解決困難で複雑な問題を生み出すことになる。シェイクスピアが描くリア王の物語は，極めて示唆的なその例でもある。リア王は，高齢になってから彼の王国を手放すことを決心した（彼は「安心して死に向かうために心の重荷を下ろす」決心をした）。リア王は，彼自身の老後生活に必要な権利を確保しつつ，3人の娘に彼の王国を分割することを提案した。けれども，彼の王国分割案は，その後に派生する内戦の原因となり，リア王は痛切な悔恨のうちにその過ちを学習する結果となった（大きな土地の小さな土地への細分化は非効率という隠喩を見ることができる）。また，彼が期待した老後の生活支援の権利は，執行力の確保が困難である事実も明らかになった。

　農業社会では，当事者間の契約に法的執行力を付与することが困難である。農業用の資産は，完全な形で継承できる権利を確保するためには，同一世代の内部移転でもまた世代を超えた相続の場合でも，その所有権の単純な継承関係を認めるための法制度が必要となる。たとえば，年長の男性承継者が全てを所有することを前提に，定型化された資産継承のルール設定などがその具体例である。結果的に，農地所有者が死亡した場合には，その財産は彼の最年長の息子が包括的に相続することになる（世襲的な君主制は明らかにこの類似例である）。この世襲的ルールは，高齢者にとって，その資産所有権を自身の手元に最後まで保有しておく意味で好ましい制度である。けれども，農業社会から産業社会へ移行すると，土地の賃貸収入が所得の大きな部分を占めるために，資産所有者は高齢になっても所得減少を経験しない結

22　現代でも，農業中心の社会では，高齢者の労働参加率は比較的高い水準にある。農業は他の産業活動とは異なり，高齢者に対する雇用機会をより多く提供しているからである。Robert L. Clark and Richard Anker, "Cross-National Analysis of Labor Force Participation of Older Men and Women," 41 *Economic Development and Cultural Change* 489（1993）. アメリカでは，高齢男性が農民ないし農業労働者として雇用されている比率は不均衡と言えるほどに少ない。Herbert S. Parnes and David G. Sommers, "Shunning Retirement: Work Experience of Men in Their Seventies and Early Eighties," 49 *Journal of Gerontology* S117, S122（1994）.

果となる。現代の経済社会では，多くの人びとにとってその最も価値ある資本的財産は，加齢に伴ってその価値が減価する多様な形態による人的資本である。農業社会での経済的条件では，家父長的なルールは不可避的とまでは言わないとしても極めて自然な社会的ルールであった。農業社会では，社会の特性として取引費用が極めて高くなっている。この社会では，商業レベルで洗練された法制度が確立されておらず，資産の所有と譲渡に適用される法制度が未発達だからである。

農業社会や無文字社会(静態的で商業レベルの洗練された法制度が確立していない社会)では，高齢者は相対的に高い社会的地位を確保するための最適条件を維持している。このような社会では，高齢者の社会的地位が加齢に伴って単線的に上昇すると仮定すれば，超越的な生存を維持した高齢者の地位とその役割の重要性の間には正の相関関係があると考えて，先祖崇拝の思想を体現する社会となると推測できる。われわれの先祖は，「非常に」古い時代の人びとであるが，われわれ人類の共通の祖先でもある。この祖先たちは，静態的社会では非常に深く尊崇された。高齢者たちの貢献は，社会的に忘れ去られることはありえなかった。静態的社会では，高齢者は彼らの象徴的代表である祖先とともに，時の流れによって色あせない貢献を行った先祖の一員として尊崇の対象となったのである。

近代以前の社会での高齢者の社会的地位は，私は適切な地位と表現しているが，その結論を導く前に検討しておくべき状況がある。この社会は，現代社会と比べると全ての人びとが押しなべて貧しい状態にあるが，高齢者の間でも経済的な富と社会的地位に関する深刻な格差が存在していた。この社会は，土地所有が集中的であれば家父長的な性格を維持しており，支配的な地位も相対的に少数の高齢者が独占していた。結果的に，高齢者の大多数は，社会的に排斥されて非常に貧困な状態に陥っていただろう。家父長的に富と権力を独占する支配階級の高齢者に対しては，人びとの憤りの感情を醸成する危険があり(一夫多妻制の社会では金持ちの男性が好まれるからこの感情が醸成されやすい)，この憤りの感情は最も弱い立場にある一般高齢者に向けられた可能性がある。

これまで暗黙裡に前提としてきたが，ある社会に便益をもたらす政策はその社会によって採用されるメカニズムが内在するという，私の仮説について説明する必要がある。民主主義的な社会では，利益集団の圧力によってゆがめられる可能性があるけれども，このようなメカニズムが確実に機能してい

ると推測できる。付け加えて言えば，非民主主義的な社会でも同様であり，そのメカニズムの機能は政府によって供給されることになる。このメカニズムに関する議論の焦点は，歴史的に見て政府という社会的な制度機構が定着しておらず，政治的機構が未整備な社会について考慮する場合にも極めて重要な論点を提示する。このような社会では，高齢者が世代を超えて有用な知識を伝達する役割を担うために，どのような政策的対応がありうるのだろうか。これらの社会では，高齢者たちがその役割を果たすことができないほど高齢になった時に，彼らが飢餓に陥らないように支援するにはどのような方策がありうるだろうか。私は，これらの疑問に対する適切な回答を持っていない。しかし，本書における私の目的に関連して言えば，このような前政治的な社会においても，明らかに法律の役割に類似する社会的便益を維持し機能させる社会的慣習が保持されてきたと指摘するだけで充分であろう。この社会慣習的な機能が維持されてきたその歴史的起源は，深い秘密のヴェールに覆われている。この慣習の起源は，その社会における他の慣習と関連するというよりも，高齢者に対する社会的処遇に内在する慣習の問題として考える方が重要であるように思われる。

(3)　実証的研究

　われわれは，未開社会あるいは原初的社会での高齢者の社会的地位を分析するために適切な，経済学的なモデルについて検証する必要がある。ここでは，レオ・シモンズが取材した文化人類学および民族学に関する資料の要約版である『地域の人間関係ファイル』に記載されている，合計で71の未開社会に関するデータの助けを借りて系統的にこれを検証する[23]。シモンズは，合計では100以上の変数に基づくデータの分析結果について報告している。彼の報告には，さまざまな人口的・政治的・経済的な変数が含まれているが，男性高齢者の社会的地位に関してもいくつかの判断指標や代理変数が含まれている（シモンズの調査では，女性高齢者の社会的地位に関するデータは不充分である）。シモンズは，これらの統計的に有意なカテゴリーを変数として用いて対象集団を分析した上で，彼らの中にある社会関係を図表に

---

[23] See Simmons, note 3 above. シモンズの参考文献の一覧では，彼の原資料データでは合計336の資料と記録によって構成されている。Id. at 294-308. 私がここで要約するこの実証研究は，私の指示のもとに研究助手であるマーク・フィッシャーの手によってなされている。彼は，この研究に内在する価値について信頼すべき重要な貢献を行っている。

<表9.1> 生産システムの関数としての男性高齢者の地位

単位：(%) カッコ内はサンプル数

	AGR型	混合型	HUNT型
高い	40 (8)	43 (9)	38 (8)
普通	35 (7)	33 (7)	24 (5)
低い	25 (5)	24 (5)	38 (8)

よって示そうと試みている。

ここでは，彼の調査データに関する全ての図表を提示することはできない。彼の分析結果によれば，一方では狩猟・採集・漁労を主とする社会(HUNT型)と，他方では農業・牧畜を主とする社会(AGR型)に生産様式が区別されており，それぞれのデータには高齢者の地位との強い正の相関関係が存在することが示されている。これらの相関関係は，相対的に有力な二つの極を持つ生産様式に従って社会構造を分類できることを示している。＜表9.1＞は，彼の調査データに基づく，高齢者の地位と社会的な生産様式の相関関係を示している。

ここでは，その社会における生産様式を，基本的にAGR型(主として農業・牧畜とその混合型)とHUNT型(主として狩猟・漁労・採集とその混合型)に分類している。この表における中間の列および行は，それぞれの生産様式の中間に該当する混合型のカテゴリーを示している。また，この表における数値は，その社会の特定の区分(生産様式で分類)における，高齢者の社会的地位を構成比によって表示している(カッコ内の数字は標本としての社会のサンプル数であるが不明データがあるため合計では71とはならない)。この表では，狩猟・漁労・採集が支配的な社会と比較すると，農業・牧畜が比較的優越的な社会(行の1段目と2段目)では，高齢者の地位は相対的に高くなっている。たとえば，高齢者の地位が低いのは，農業的な社会では25％に過ぎないのに対して，狩猟的な社会では38％を占めている。しかし，その相関関係はそれほど強くはない。

次の二つの表は，社会システムの類型に対応する高齢者の地位の相関関係を示している。＜表9.2＞では，INDIV型は個人を重視する社会，COMM型はコミュニティを重視する社会を示している。また，＜表9.3＞では，資源配分における市場的手法による場合をMKT型として表示し，非市場的手法による場合をNONMKT型で示している。

＜表9.2＞ 社会システムの関数としての男性高齢者の地位

単位：(%) カッコ内はサンプル数

	INDIV型	混合型	COMM型
高い	38 (6)	35 (11)	50 (8)
普通	25 (4)	39 (12)	25 (4)
低い	38 (6)	26 (8)	25 (4)

これらの表で明らかなように，コ

ミュニティの価値を重視する社会では，高齢者の地位は比較的高くなる傾向がある。このような社会では，家族が強力な社会的基盤であると考えられているからである。また，資源配分に際して市場を活用する社会よりも非市場的な活動を重視する社会の方が，高齢者の地位を相対的に高く評価する傾向が示されていることは驚くべき事実ではない。市場による資源配分を重視する社会は，人びとが資産を蓄積して高齢期まで保有できる点で，財産権の保障への期待が大きいと予測されるからである。市場経済の顕著な特徴は，所有権を自由かつ簡便に譲渡できるシステムが成立していることが前提となる。けれども，家父長的な土地所有制度は，すでに示唆したように，農業社会での重要資産である土地所有権についてのみ効率的な配分システムを体現するに過ぎない。この私の仮説に反する要素の評価について，今後の実証研究の成果を待たなければならない。

<表9.3> 経済システムの関数としての男性高齢者の地位

単位：(%) カッコ内はサンプル数

	MKT型	混合型	NONMKT型
高い	25 (5)	50 (8)	41 (9)
普通	25 (5)	44 (7)	32 (7)
低い	50 (10)	6 (1)	27 (6)

これらの表に示される全ての相関関係に内在する問題は，もし独立変数（生産様式，社会システム，経済制度など）が相互に相関しているならば，高齢者の地位に対するそれぞれの独立変数の効果を分離することが困難になる。たとえば，農業社会がコミュニティの価値を重視すると仮定してみよう。この場合，高齢者の地位を一方に置いて，その社会的背景である農業やコミュニティが支配的価値を持つという特徴を他方に置いて考えると，これらの間に正の相関関係が存在する。しかし，このような相関関係の存在は，それが農業やコミュニティの価値に由来すると考えるべきか否かは明確にできない。つまり，農業やコミュニティの価値は，高齢者の地位に由来する可能性があるからである。そうであると仮定すれば，本質的な原因は高齢者の地位が高いことに求められる。実際には，<表9.4>と<表9.5>で示すように，一方では生産様式を他方では社会・経済システムの関係を考えると，その間には強い正の相関関係が示されるのである。ここでは，農業と牧

<表9.4> 社会システムの関数としての生産様式

単位：(%) カッコ内はサンプル数

	INDIV型	混合型	COMM型
AGR型	50 (9)	33 (11)	19 (3)
混合型	28 (5)	33 (11)	38 (6)
HUNT型	22 (4)	33 (11)	44 (7)

<表9.5> 経済システムの関数としての生産様式

単位：(%) カッコ内はサンプル数

	MKT型	混合型	NONMKT型
AGR型	58 (14)	30 (6)	14 (3)
混合型	25 (6)	55 (11)	29 (6)
HUNT型	17 (4)	15 (3)	58 (12)

畜の生産様式は個人と市場の価値を重視する傾向と相関関係があり，狩猟と漁労・採集の生産様式はコミュニティと非市場の価値を重視する傾向と相関関係があることが明らかである。また，農業的な生産様式は，コミュニティと非市場的価値の両者と負の相関関係があるが，高齢者の地位との関係では正の相関関係を見出すことができる。結果的に，高齢者の地位と正の相関関係をもたらす原因は，農業社会に由来する何らかの価値ではなく，その社会が生み出す余剰が高齢者を支える一人当たりの費用を縮減する効果にあると推論できる。つまり，人びとの生活スタイルが遊牧社会から農業社会へ移行することによって，高齢者の移動に関する費用負担が少なくなったために高齢者の生産的な活用が可能となったという説明が可能となる。

　高齢者の地位は，平和な社会よりも戦争の多い社会の方が高いと推測することも可能である。高齢者は，現実の戦闘行為では価値が少ないというのは真実であるが，戦争では弱い兵士から排除されてゆくから，高齢期まで生き残った男性は兵士として成功した人びとである可能性が高い。彼らは，名誉ある生存者であり，彼らの功績は賞賛の対象である（たとえばシェイクスピアの「オセロ」の例）。彼らによる若い時代の戦争の記憶は，新たな軍隊経験に挑戦する若年者にとって価値ある重要な情報源となる（「ユリシーズ」におけるネストールの例）。彼らの経験と成熟という戦闘体験効果は，政治的指導者や統治者としての価値をも創出する（再度のネストールの例）。<表9.6>は，戦争という出来事と高齢者の地位について，極めて希薄ではあるがある程度の相関関係が存在することを示している。高齢者の地位は，戦争が多い社会ではより良い待遇を受ける可能性があるという意味では，この事実は私の仮説を支持する証拠を示している。

<表9.6> 戦争の発生率の関数としての高齢男性の地位

単位：(%) カッコ内はサンプル数

	高い発生率	中位の発生率	低い発生率
高い地位	43 (13)	29 (5)	46 (6)
中位の地位	33 (10)	35 (6)	23 (3)
低い地位	23 (7)	35 (6)	31 (4)

　<表9.6>では，戦争の発生率と高齢者の地位の相関関係は弱いのみならず，そこには戦争の発生率と農業の発展の間には正の相関関係が存在

する事実が示唆されている。また，＜表9.7＞は，生産様式の関数としての戦争の発生率を表示している。ここでは，農業型社会の発展に伴って収益の移転が生じており，その余剰の多くが戦士たちの支援のために支出されていることを示している。すでに見てきたように，高齢者の地位は，非農業型社会よりも農業型社会の方が高くなっている。すでに議論したこれらの分析結果に加えて，農業型社会は戦争の発生率が高くなった社会という性格があり，このような戦争の発生率が高齢者の地位を強めたもう一つの要因として考えられる。

＜表9.7＞ 生産様式の関数としての戦争の発生率

単位：(％) カッコ内はサンプル数

	高い発生率	中位の発生率	低い発生率
農業型社会	74 (26)	42 (8)	33 (4)
非農業型社会	26 (9)	58 (11)	66 (8)

最後に示す＜表9.8＞は，高齢者の地位と一夫多妻制度の普及度との間における相関関係に関するデータである。この表における統計データは，非線形的なパターンを示している。ここでは，一夫多妻の普及度が高い社会と一夫多妻が見られない社会の両者において，高齢男性の地位は相対的に高くなっているからである。これに対して，一夫多妻が若干存在するがそれほど多くない社会では，高齢男性の地位は相対的に低くなっている。一夫多妻制度は，高齢男性の地位を高める効果があることは確かである。彼らが集積した資源を利用して，若い女性を獲得するために若い男性との競争条件で優位に立てるからである[24]。このような高齢男性の地位の優位性は，若い男性たちの怒りを買う結果となる。一夫多妻が一般化した社会ならば，この若者の怒りの感情は一層増加すると予測できる。この一夫多妻が一般化した社会では，高齢男性はその社会での指導者的な立場に立っており，高齢男性の地位はすでに極めて高いという事実がある。これに対して，一夫多妻が存在しない社会では，この種の若者の怒りは解消されることになる。その一方で，一夫多妻が多少とも

＜表9.8＞ 一夫多妻の普及度の関数としての高齢男性

単位：(％) カッコ内はサンプル数

	頻繁な 一夫多妻	時に 一夫多妻	一夫多妻 でない
高い地位	46 (12)	18 (3)	50 (9)
中位の地位	38 (10)	35 (6)	22 (4)
低い地位	15 (4)	47 (8)	28 (5)

---

24 男性が高齢になった場合，この男性を支える役割については，以下参照。Nugent, note 13 above, at 80-81.

存在する社会では，高齢男性は社会的な支配権力を保有できず，若者の侮蔑の対象となる。＜表9.8＞は，このような社会では，高齢男性の地位は最底辺に位置することを示唆している。

本章で提示した実証研究は，極めて示唆的ではあるが，その分析結果の評価は限定的である。なぜなら，その基礎となるデータのサンプル数が非常に少ない上に，データの多くは信頼性が充分にあるとは言えないからである。またデータの分析結果も，評価や分類が困難な場合が多い（社会における一夫多妻の「頻度」とか，「若干の」一夫多妻の存在など）。けれども，このような実証研究は，未開社会で一般的に適用可能な人間行動に関する合理的モデルを考察するとともに，高齢者の社会的処遇やその地位について考える共通の基礎的理解のための素材を提供しているように思われる[25]。

2　現代社会における高齢者の象徴的地位

現代社会での混合経済体制への移行は，公共教育の普及によって，高齢者の社会的価値が低下するという効果が導かれた部分もある。とりわけ，公共教育の普及による社会的影響は，高齢者の記憶している情報の社会的価値を低下させる効果を導いている。また，現代の産業社会における労働条件は，高齢者には適応困難な身体的・精神的能力を求める傾向がある。さらに，現代社会での医療・栄養・衛生の改善は，高齢者の生存期間を延伸させるとともに，彼らの社会的依存比率を上昇させる効果をもたらした。また，現代社会における経済動態の変化は，加齢に伴う流動的知能の減退や人的資本投資の減少の結果として，高齢者の労働生産性にも不利益な効果を及ぼしている。現代社会での公共教育による言語的知識の開発・普及は，高齢者が保有する知識・経験を若年者が学校教育の過程で学習できる結果，世代間での相互理解の困難性という問題が克服されたことも事実である。けれども，現代

---

[25] 未開社会における合理的選択モデルの適用例として，具体的な実例を紹介する文献として，以下参照。Gary S. Becker and Richard A. Posner, "Cross-Cultural Differences in Family and Sexual Life: An Economic Analysis," 5 *Rationality and Society* 421 (1993), and references cited there; Bruce L. Benson, "Legal Evolution in Primitive Societies," 144 *Journal of Institutional and Theoretical Economics* 772 (1988); Vernon L. Smith, "The Primitive Hunter Culture, Pleistocene Extinction, and the Rise of Agriculture," 83 *Journal of Political Economy* 727 (1975). なお，静態的な農業社会における高齢者の高い地位については，インドの農村部における慎重な実証研究として，以下参照。Mark K. Rosenzweig, "Risk, Implicit Contracts and the Family in Rural Areas of Low-Income Countries," 98 *Economic Journal* 1148, 1168 (1988).

社会が今後とも急激に変化し続けるならば、合理的な若年者は高齢者が知っている知識・経験に関心を示さなくなるかもしれない。このような社会的な環境変化の進展は、知識・経験の価値を急速に減価させる可能性があるからである。現代のポスト産業社会の経済では、産業化の結果として生まれた肉体的に苛酷で危険性のある仕事(たとえば鉄道工事や工場労働など)を軽易なサービス労働に転換するとともに、高齢者にも新たな労働機会を拡大する社会的効果をもたらしている。サービス労働に必要とされる人的資本は、加齢に伴う労働能力の減耗率が他の人的資本よりも緩慢であるから、高齢者が保有する関係的人的資本の付加価値を増加させる効果を伴っている。けれども、この効果は、ポスト産業社会での経済活動に密接に連動する技術革新の進行によってその効果が減殺される側面もある。この社会・経済的発展の結果として、高齢労働者にとって新たな技術革新に対応する人的資本形成がこれまで以上に困難になっているのである。

現代社会では、皮肉なことではあるが、従来の職業資格による区分に代えて、社会的な意味での年齢階層による区分を再び顕在化させつつある。家父長的な家族構成では、近代的な修正を受けた19世紀でさえも(たとえばトーマス・マンのブッデンブローグの人びとや、ジョン・ゴールズワージーのフォーサイトの家族など)、世代を超えた交流として高齢者と同居するのが常態であった。現代における家族構成の変化は、急激な文化的・技術的な変化と歩調を合わせつつ、世代ごとに異なる効果としてその影響を及ぼしている。結果的に、現代における家族構成の変化は、それぞれの年齢階層で構成されるコミュニティ内部の高齢者集団にさまざまな影響を及ぼしている[26]。

現代社会での高齢者の地位に関する評価は、これまでに検討してきた分析結果では極めて不充分である。現代社会における高齢者の地位に影響を及ぼす重大な要素は、社会的・経済的な制度基盤の上で展開される巨大な生産性の上昇を支えるその要素にある。現代社会の社会・経済システムは、とりわけ大衆教育の普及や技術革新の進展を通じて巨大な生産力の上昇を実現させた。この巨大な生産性の上昇は、非生産的人口による消費を支えるために必要な財・サービスの供給体制を整備する効果をもたらした。個人は、若年期

---

[26] 以下の文献は、アメリカにおける高齢者に関する優れた社会学的なフィールド調査を行っている。Arlie Russell Hochschild, *The Unexpected Community* (1973), esp. ch. 4. See also, Howard P. Chudacoff, *How Old Are You? Age Consciousness in American Culture* (1989).

から高齢期まで大きな負担なしに消費支出を再配分することも可能となった。現代社会では，個人の消費レベルは従来と比較すると極めて高くなっているのである。

　現代社会の政治システムもまた，高齢者にとって有利に機能する役割を果たしている。政治的民主主義という特質は，現代社会でも決して普遍的な体制であるとは言えない。政治的民主主義は，経済学的に見れば安上がりな統治機構と言われる場合もあれば，単に政治的権力の文明化された形態として評価される場合もある。この安上がりで文明化された政治制度である民主主義は，政治的権力を行使する場合があるとしても，暴力的な剛腕で統治権力を行使している事実について実際には弁明する必要がないのである。これは，オリバー・ウェンデル・ホームズ判事とジェームス・フィッツジェームス・ステファンによって示された見解である[27]。このような見解は，政治的民主主義を単純化しすぎているように思われるかもしれない。成人に対する普通選挙や秘密投票を保障する制度は，自然のままで放置すれば弱小な社会的集団に対して，政治的権力とともに社会的・経済的権力をも合わせて付与する効果をもたらした。この民主主義に由来する政治的効果は，社会集団を構成するメンバーが充分な教育を受けた上で投票行動を行う動機付けが与えられ，また社会的に有効な政治ブロックを形成する周到な合意がなされていることが必要となる。このような状況は，現代社会における高齢者の政治的立場について言うならば，経済的に豊かなヨーロッパと北米諸国についてのみ当てはまるに過ぎない。これらの諸国の高齢者たちによる政治的影響力についても，その全てが選挙を通じた権力行使として説明できるわけではない。しかし，彼らの充分に高い人口比率と教育効果は，政府による幅広い支援や保護を獲得するに充分な政治力を持っている事実を示している[28]。高齢者は，自然状態における国家や民主主義とは異なる独裁体制の国家の下では，政治的権力をほとんど行使することができない。アメリカにおける産業化時代の歴史を振り返ってみると，高齢者たちが政治的に迫力ある集団を形

27　Holmes, "The Gas-Stokers' Strike," 7 *American Law Review* 582 (1973), reprinted in *The Essential Holmes: Selections from the Letters, Speeches, Judicial Opinions, and Other Writings of Oliver Wendell Holmes, Jr.* 120 (Richard A. Posner, ed., 1992); Stephen, *Liberty, Equality, Fraternity* 70 (1967 [1873]).

28　われわれは，これらの諸国の高齢者たちが政府から「あまりに多くの」支援や保護を受けているとみなすべきか否か，第11章でさらに検討する。

成する以前でも，家族的レベルでの経済的価値の増殖が彼らを貧困から脱却させる効果を生み出していた。アメリカ社会では，「高齢者の多数派は，過去および現在の研究者の共通理解には反するが，貧困の極みに陥ったとか孤立状態にあったという事実はほとんどなかった[29]」のである。

われわれは，高齢者の「地位(status)」というあいまいな概念について，もう少し深く掘り下げて考えてみる必要がある。そのためには，高齢者に関する社会的側面として，金銭的所得や政治的権力あるいは健康状態や平均寿命などを区別して考える必要がある。これとは別の社会的な側面として，高齢者に対する愛情や尊敬あるいは崇拝などの感情的な側面での特殊性についても区別して考える必要がある。これらの高齢者の社会的地位に関する二つの側面は，物質的な側面と象徴的な側面と言い換えることもできる。この二つの側面は，現代社会における高齢者の地位について言えば，実際には相互に否定的な負の相関関係を示している[30]。その理由は，すでに検討してきたように，親孝行を教え込むことと深く関係している。具体的に言えば，高齢者は若年者に依存する状態から解放されて政治的権力を獲得すると，子供たちに親孝行を教え込んだことの成果が少なくなるという逆説的関係が生まれるのである。このような社会的発展の結果として，高齢者に対する子供たちの親孝行の感情は弱くなる。また，高齢者の所得が増加することによって，子供たちの彼らに対する同情心も少なくなる。同時に，高齢者は子供たちの不人情な態度に憤慨することはあっても，経済的な負担をかけるという負い目は少なくなる。また，若年者の経済状態が改善されるに伴って，高齢者は子供たちのために自らを犠牲にする必要も少なくなる。その結果，若年者は高齢者に対する感謝の気持ちを持たなくなるのである。

現代社会のように，高齢期になった両親が子供たちからの支援を期待しなくなった場合，親孝行を奨励することによる便益が減少する効果が生じるだけではない。子供を持つことに由来する便益自体が減少するのである。その結果，高齢者となった両親を親孝行で支えるために必要となる，家族構成員

---

[29] Carole Haber and Brian Gratton, *Old Age and the Search for Security: An American Social History* 172 (1994). この著書(とくにその第2章)では，この結論を導くに際して有力な文献的資料を提示している。この点については，第11章で再度検討する。

[30] Cf. Aaron Lipman, "Prestige of the Aged in Portugal: Realistic Appraisal and Ritualistic Deference," 1 *Aging and Human Development* 127 (1970).

の人数自体が小さくなると予測できる[31]。この家族規模の縮小に伴って,子供たちが高齢の両親のケアを行う場合には,彼ら相互間での費用負担の配分が問題となる。子供たちの人数が少なくなれば,その費用は彼ら少数の子供たちの間で分担しなければならない。このために,高齢者を支えるための国家と家族による負担の均衡は,極めて不安定な状況に陥る恐れがある。たとえば,国家による財政支援が子供の少ない小規模家族の支援に向けられるならば,高齢の家族を自ら支える子供の多い家族の負担割合は増大する。さらに考慮すべき重要な問題として,女性の労働参加率の上昇傾向という問題がある。この傾向と家族規模の縮小との関係について言えば,その効果と原因という両者が密接に関係している。多くの社会では,高齢者に対する介護ケアを提供する家族は,彼らの娘ないし息子の嫁である[32]。この理由は,労働市場における限定的な雇用機会という結果から考えると,彼女らの時間単位の機会費用は男性の家族構成員のそれよりも相対的に低いからである。しかし,これらの女性による高齢家族に対する介護ケア提供の機会費用は,市場での介護ケア・サービスの需要増加に伴って上昇する。このような需要の増加は,子供を持つための機会費用も増加させる。結果的に,この機会費用の増加は,家族規模の縮小傾向をさらに加速する。最終的には,子供たちが高齢の両親に介護ケアを提供する場合,それぞれの子供たちの費用負担を増加させる結果を導くのである[33]。

　大規模家族は,一般的には小規模家族よりも「暖かくて」人間関係も細やかであり,高齢者の家族構成員にとって便益があると考えられている。しかし,大規模家族の暖かさは,子供たちに家族の義務として多くのことを求めないという事情に由来するのかもしれない。大規模家族の義務は,通常の家族のそれよりも少し拡大された広範囲の人びとによって担われている。また

31　For evidence, see, for example, Alice Munnings, "Intergenerational Interdependence: A Cross-Cultural Study of the Care of Elderly Parents," in *Heterogeneity in Cross-Cultural Psychology* 561, 572 (Daphne M. Keats, Donald Munro, and Leon Mann, eds., 1988).

32　See, for example, Rhonda J. V. Montgomery and Yoshinoro Kamo, "Parent Care by Sons and Daughters," in *Aging Parents and Aging Children* 213, 216-217 (Jay A. Mancini, ed., 1989); Hal L. Kendig and Don T. Rowland, "Family Support of the Australian Aged: A Comparison with the United States," 23 *Gerontologist* 643, 647 (1983).

33　これらの要因によって,親孝行という義務の観念が衰退する証拠を示すものとして,以下参照。Nancy J. Finley, M. Diane Roberts, and Benjamin F. Banahan, III, "Motivators and Inhibitors of Attitudes of Filial Obligation toward Aging Parents," 28 *Gerontologist* 73, 74, 77 (1988).

大規模家族は，ある環境に自覚的に統合されているために，家族内部の緊密性に高い価値が置かれている。この因果関係は，大規模家族が暖かさを創り出しているのではなく，暖かさが大規模家族を維持している関係とみるべきかもしれない。

現代社会では，高齢者を家族関係の内部で保護するために，親孝行という家族的義務に依存することはもはや不可能である。多くの国では，子供たちに困窮した両親を支援する（彼らにそれが可能な場合）ことを法律で義務付けているという事実もその証拠となる[34]。このような法律は，歴史的には16世紀のイギリスにまで遡ることができる。この時代のイギリスでは，最初の貧困者に対する支援法である救貧法が成立している。しかし，当時の社会的状態は，可能な限り家族メンバーに対して老親扶養を義務付けることが極めて自然であった。現在のイギリスでは，その後の社会保障や社会福祉に関する政策の発展を考慮に入れれば，救貧法はもはや重要な役割を終えている。われわれは，第11章において，家族がそのメンバーである高齢者を支える責任の一部を他の納税者に転化することを許容する正義の在り方について議論する。私の親孝行に関する議論が正しければ，子供たちに老親扶養を義務付ける法律は，寛大な社会保障プログラムが存在しないと仮定すれば，16世紀というより現在でも極めて重要かつ必要な法律となるだろう。

現代社会における高齢者は，とくにその若年の親族たちから見ると，少なくとも好かれたり尊敬されたりする存在であることは少なくなっている。高齢者たちは，その人口に占める比率は大きいが，かつてのように社会的に魅力ある役割モデルとみなされる機会は少なくなっている[35]。近代以前の社会では，80歳代の人びとはその希少性によって賞賛されることが常であった。そのような社会では，それが誰であれ長生きした人は特別に祝福される存在とみなされていた。現在の高齢者は，社会的にはごくありふれた価値のない存在であり，少なくとも魅力ある存在とはみなされていない。ここでは，私がすでに示唆したような選択的バイアスが働いている。個人はそれぞれの人生において，障害物が大きければ大きいほど，それを乗り越えた勝者に賞賛

---

34 Marvin B. Sussman, "Law and Legal Systems," in *Family and Support Systems across the Life Span* 11, 26-28 (Suzanne K. Steinmetz, ed., 1988).

35 以下の文献では，高齢者の希少性は，彼らが社会的に受けてきた名誉ある地位に貢献する重要な要素であったことを強調している。David Hackett Fischer, *Growing Old in America* 29, 33 (1977).

の言葉が与えられる。この事実は，その存在の希少性によって説明することが可能かもしれない。たとえば，平均的に見ると，黒人社会では白人社会と比較すると高齢者が尊敬される比率が高い[36]。黒人社会では，白人社会と比較すると平均的に医療ケアが貧困であるために（他にも複数の理由が介在している），高齢期まで生き残る人びとの比率が少数に過ぎないからである[37]。それゆえ，黒人高齢者は白人高齢者と比較すると希少かつ頑健であって[38]，結果的に強い印象を与える存在として評価される。しかし，ここでの議論の本質は人種に関する問題ではない。エドマンド・ウイルソンは，かつてのアメリカ国民がホームズ判事に委ねたのは，「神聖で権威ある役割」であったと指摘している。つまり，ホームズ判事が体現している「彼の長寿による威信は，古代人が保有していたような特殊能力の源泉[39]」であると主張しているのである。

現代の動態的な社会では，労働者の労働能力は，従来よりも若年のころから陳腐化する可能性がある。この事実は，労働者の引退年齢が早くなる要因の一つを示している。また高齢者の政治的権力は，現代社会における彼らの社会的影響力の大きさを示す要素の一つであるが，若年者による社会的な憤

36　See, for example, Finley, Roberts, and Banahan, note 33 above, at 77; Elizabeth Mutran, "Intergenerational Family Support among Blacks and Whites: Response to Culture or to Socio-economic Differences," 40 *Journal of Gerontology* 382, 388 (1985); cf. Amasa B. Ford et al., "Race-Related Differences among Elderly Urban Residents: A Cohort Study, 1975-1984," 45 *Journal of Gerontology* S163, S169 (1990); Colleen L. Johnson and Barbara M. Barer, "Families and Networks among Older Inner-City Blacks," 30 *Gerontologist* 726 (1990).

37　18歳以上の成人人口において，白人では65歳以上の比率は18.0％，85歳以上の比率は1.8％である。これに対して，黒人の同じ比率は前者が12.1％，後者は1.1％であるに過ぎない。U.S. Bureau of the Census, *Current Population Reports*, ser. P-25, p.2 (1991) (tab.1).See also Jacquelyne Johnson Jackson, *Minorities and Aging*, ch. 4 (1980).

38　Donald S. Shepard and Richard J. Zeckhauser, "The Choice of Health Policies with Heterogeneous Populations," in *Economic Aspects of Health* 255, 308 (Victor R. Fuchs, ed., 1982). 高齢者である黒人は，現実には白人の高齢者よりも，生存期待値は長くて良い健康状態にあると想定される。Rose C. Gibson, "The Age-by-Race Gap in Health and Mortality in the Older Population : A Social Science Research Agenda," 34 *Gerontologist* 454 (1994); Bert Kestenbaum, "A Description of the Extreme Aged Population Based on Improved Medicare Enrollment Data," 29 *Demography* 565, 572 (1992); Ford et al., note 36 above, at S167-S168. なおこの資料は，黒人の「頑健さ」仮説を支持している。

39　"Justice Oliver Wendell Holmes," in Edmund Wilson, *Patriotic Gore: Studies in the Literature of the American Civil War* 743, 795 (1962).

憤の原因の一つを創りだしている。若年者のこの社会的憤懣は，労働市場での女性の雇用機会が進展したことによって一層拡大する傾向がある。女性の雇用機会の増大は，すでに述べたように，女性による高齢の家族的メンバーに対する介護ケアの機会費用を増加させる効果を伴っている。総人口に占める高齢者比率の上昇は，医学的な知識や技術の向上によって自覚的にコントロールされてきたように見える。しかし，結果的に虚弱な高齢者が増加したことは，不可避的な現象というよりもむしろ罪深い帰結であるようにも見える。われわれは，老衰状態に陥った高齢者に対して，このように考える傾向が次第に定着している。その理由は，われわれが衰弱した高齢者に対して，健康な生活スタイルを維持するために医師や栄養士の助言に従わなかった必然的帰結と考えるからである。現代社会における高齢者の象徴的で名誉ある社会的地位の低下は，彼らの物質的地位の改善によって支払わなければならない代価でもあると考えられる。

　私は，このような高齢者の地位の低下現象は，現代社会における経済活動の進展に伴う帰結であることを強調し過ぎないように慎重に配慮してきたつもりである。現代社会では，多くの労働分野が専門化しており，高齢者が新規分野の生産的労働に寄与する機会が減少していることは否定できない。これらの新規分野では，市場における需要と供給をめぐる条件が変化した結果，高齢者が培ってきた企業特殊的技能は市場から排除される傾向がある。このような分析に対する反論として，本章の前半で指摘したように，高齢者にとっての企業特殊的な分野での労働形態は，一般的分野での労働形態よりも生産性上昇に寄与する可能性があるとする考え方もある。高齢者の一般的技能分野での労働形態は，環境変化に伴う業務遂行条件の変化に適切に順応してゆく必要がある。これに対して，企業特殊的分野における労働形態は，一般分野のそれと比較すると倦怠感に陥りやすいけれども，これまで慣れ親しんだ経験に従って業務を遂行する必要があるに過ぎない。

　現代社会における環境変化は，高齢者の階層ごとでの所得や経済的な富の分配にどのような影響を及ぼしているのだろうか。また，その影響の程度は，高齢者と若年者の階層ごとで相互間に相違があるのだろうか。すでに指摘したように，植民地時代のアメリカのような農業社会では，大土地所有者である男性高齢者は裕福で権力も持っていたが他の人びとはそうではなかった[40]。

40　For evidence, see Fischer, note 35 above, ch. 1, esp. pp.58-66.

高齢者の平均的な所得は，中年者や若年者と比較すると，植民地時代から現在に至るまでずっと増加を続けてきた。しかし，最も裕福な高齢者の立場は，最も裕福な中年者のそれと比較するとおそらく低下していると思われる。この社会的変化の原因は，その少なくとも一部は，資産相続税の問題に起因すると考えるべきだろう。この資産相続税は，裕福な人びとが死亡する前にその資産の大部分を相続人たちに事前に分配するインセンティブを創り出している。また，この社会的な変化の一部は，資産としての土地所有の重要性が低下したことにも起因する。確かに，人的資本の価値は所有者の加齢に伴って減価するけれども，資産としての土地はその所有者の加齢に伴って減価する性質のものではない。経済的な富の源泉は，歴史的に振り返ってみると，土地その他の物的資本の形態から人的資本の形態へと変化してきた。さらに，高齢者になった両親による，遺産分配という刺激的効果によって子供たちからの支援を惹きつけるインセンティブも弱まっている[41]。人的資本の特質は，物的資本とは異なって遺産として相続や譲渡ができない資本である。現代社会の資本構成は，偶然の結果とは言え，相続対象から特定個人を排除するという威嚇が利用できないレベルまで変質を遂げてしまっている。英米法系のイギリスやアメリカでは，人びとはその相続対象から特定の個人を排除する自由がある。しかし，大陸法系のフランスではこのような自由は認められない。高齢者が大きな影響力を持っている社会とは，彼らが遺産動機を利用して若年者からサービスを引き出す手段を持っている社会と考えることができる。逆に言えば，高齢者の住みにくい社会とは，彼らが遺産相続から特定個人を排除する力を喪失した社会であると考えられる。

3　イデオロギーの影響

ここまでは高齢者の社会的地位について，その物質的地位および象徴的地位の両者に影響を与える経済的要因を中心に検討してきた。けれども，高齢者の社会的地位に影響を及ぼす経済的要因とは異なる他の要因についても検討する必要がある。たとえば，古代ギリシャと初期キリスト教の時代におけ

41　Paul H. Rubin, James B. Kau, and Edward F. Meeker, "Forms of Wealth and Parent-Offspring Conflict," 2 *Journal of Social and Biological Structure* 53 (1979). なお，被相続人は，彼の相続人から特定の個人を排除できるだけではない。彼は，すでに指摘したように，高齢期における支援サービス契約に対する法的執行力を確保するために，その遺産を相続人から第三者に移転する法的執行力ある契約を締結することも可能である。

る高齢者の地位に関する研究では，経済的な要因よりもむしろ宗教的な要因を重視してきた。この時代における基本的な宗教観の相違は，戦士と市民の間の思考様式に重要な相違として存在していた可能性がある。古代ギリシャ時代には，男性の強壮な体格に高い価値を置くという思考様式が現れていた。古代ギリシャ人は，全般的に見れば，初期キリスト教徒が持っていたような精神と肉体または魂と肉体という二元論的な思考様式を持っていなかった。彼らは，肉体が滅んでも魂は生き残ると考えていたのである。彼らは，とくにホメロスや古代ギリシャの悲劇作家たちだけではなく，死者の国に適合する魂は弱くて哀れで無名の霊魂だけであると考えていた。これに対して，初期キリスト教における魂の概念（古代ギリシャとりわけプラトンに大きな影響を受けていた）は，古代ギリシャにおけるよりも魂に大きな威厳を付与していた。この両者の相違によって，古代ギリシャでは肉体の美しさを賞賛したけれども，初期キリスト教の芸術（ルネサンスに至るまで）では肉体を罪悪の対象とみなしていたのである。つまり，初期キリスト教の芸術では，肉体はその形態を覆い隠す衣服の下で生気のない存在として表現されていた。彼らは，キリストの復活という教義にも拘わらず，摂食とか性交などの肉体的機能もこれを弁明や謝罪の対象としていた。一般的に言えば，人間の肉体的な側面が賞賛されればされるほど，高齢者は軽蔑や嫌悪の対象とされやすくなる。このような感情は，生存維持機能のためにのみ摂食する人びとの貧しい食事内容は，美食家に苦痛を感じさせるという事情とまさに同様の問題である。結果的に，人間の肉体に対する賞賛が否定されれば，高齢者に対する敬意は相対的に増加する傾向が現れる。この宗教的視点の変化は，人間が他の動物と同じ偶発的で恥ずべき属性を持つ存在であることを前提に，神の出現によって魂が清められるためにこれらの属性から離脱するという，まさにその宗教的移行の過程に対応しているように見える。

　しかし，高齢者の社会的地位の変化を考える際に，宗教的な要素の重要性をそれほど強調すべきではない。中世のキリスト教は，ある種の高齢者が修道院に入ることで彼に名誉ある引退の場を提供した。しかし，普通の高齢者たちは，とくに都市に居住し子供と共同生活をしていない高齢者（中世では若年死亡率が高かったからこのような高齢者は相当多く存在した）は，通常は幸福な生活を送ることはできなかった。この時代の社会もまた，高齢者の生存のために充分な資源を提供する準備はできていなかった。この時代の風潮は，婚姻をめぐるお祭り騒ぎに特徴があり，この風習は広く行われてい

た。このような場で，若い独身男性たちは未亡人に手を出して彼らは再婚した。この風潮は，裕福な高齢男性が婚姻可能な女性を独占する傾向に対する抗議の意思表示でもあった[42]。

ダーウィンの進化論は，キリスト教の影響よりも，高齢者の地位に大きな影響を及ぼした可能性がある。ダーウィンの進化論の出現以前の世界では，人類は進歩する方向へというよりも，むしろ後退し堕落する方向に進んでいるという考え方が支配的であった。この当時の人びとは，時代は遠い過去における「黄金時代」から衰退する方向に進んでいると考えていた。人間以外の霊長類は，人間の祖先とは考えられておらず，人類から退化した種族と考えられていた。これらの霊長類の外見は，実際に典型的な高齢者の外貌に近似しているために，世界は破局に向かって進んでいると感じられたのである（第5章参照）。このような中世的な社会では，高齢者の処遇もその外見に相応する環境を用意することになる。これに対して，現代社会では，多くの人びとが将来の進歩を予測しているために，前向きで楽観的な若者に相応しい環境を形成しているのである。

ディヴィッド・フィッシャーは，アメリカの高齢者に対する社会的対応の変化に関する包括的研究において，1770年から1820年までの時期を決定的な転換期と位置づけている[43]。彼によれば，この時期より以前のアメリカ人は，高齢者に敬意を表現する態度を維持していた。当時のアメリカでの男性高齢者は，彼らの年齢を誇張して実際の年齢よりも老けた服装を好んで着用していた。これに対して，この時期以降は若年者が賞賛の対象となったために，人びとは実際の年齢よりも若作りの服装を好むようになったという。また，この時代には，（連邦以外の）各州の裁判官に対しても強制的な引退制度が設けられた。さらに，高齢者を「爺さん(gaffer)」と呼ぶような風潮も出現し，高齢者に対する敬意を込めた表現から軽蔑を込めた表現へとその呼称も変化した。この時期のアメリカでは，年齢に関する社会的態度について経済学的な説明を可能とするような一連の変化が生まれた。この時期のアメリ

---

[42] See, for example, Natalie Zemon Davis, "The Reasons of Misrule: Youth Groups and Charivaris in Sixteenth-Century France," 50 *Past and Present* 41 (1971). なお，中世における女性の妊娠・出産期での死亡率は極めて高かった。このため，裕福な男たちは，離婚の禁止ルールにも拘わらず，さまざまな形態での一夫多妻を実践していた。

[43] Fischer, note 35 above, ch.2. なお，彼の論文に批判がないわけではない。これらの批判の要約として，以下参照。Haber and Gratton, note 29 above, at 5-8.

力は，農業的な社会から産業社会に移行しつつあり，高齢者も次第に裕福になっていた。しかし，フィッシャーは，高齢者に対する社会的態度の逆転は極めて急激に起こったために，これらの緩慢な経済的変化や人口動態の変化によって説明することは不可能であると論じている。彼は，これらの高齢者に対する態度の逆転現象は，アメリカとフランスにおける革命的な思想転換に連動して，自由主義的および平等主義的な観念の転換があったことにその原因を求めている[44]。彼によれば，アメリカ人はこの時期には伝統的な身分的階級制度に対する反抗思想を身に付けており，その思想には年齢に関する思想も含まれていた。この彼の推測を裏付けるような，別の研究者による主張も見受けられる。たとえば，儒教的な中国での極端な親孝行を推奨した背景には，高齢者への家庭での敬意と服従が政治的な態度や行動に反映するという期待にその理由を求める見解がある[45]。

現代社会では，その考察対象を裕福な先進諸国に限定した場合でも，高齢者の社会的地位はそれぞれの国ごとに異なっている。このため，本章における高齢者の社会的地位をめぐる分析は，いくつかの説明可能な要因を指摘するにとどまらざるを得ない。さまざまな諸国での高齢者の社会的地位やその影響力に関する比較研究は，そもそも実証的な研究方法として実現可能性があるのだろうか。私の判断では，このような研究はおそらく実現可能である。われわれは，他の要因が等しいと仮定するならば，「若年者の自己利益」を中心とする社会では，高齢者の自己による選好はほとんど無視されると予測できる。この若年者の自己利益を中心とする社会では，高齢者の自己が若年者の自己と同等かまたはより多くの比重で考慮される社会と比較すると，高齢者による選好の社会的割引率はより高くなると予測できる。これに対して，高齢者の自己利益を中心とする社会では，競合する利害関係集団によって政策的方向が拡散している社会と比較すると，公共政策が統合的な方向に導かれる程度に応じて，後年度に支払猶予される政策プロジェクトの社会的割引率は低くなると予測できる。たとえば，ある種の環境保護に関する政策的なプロジェクトなどがその具体例となる。けれども，ここでは重要な前提として，潜在的な問題として検討されるべき対象範囲を限定する必要がある。「高齢者の自己利益」を中心とする社会では，高齢者たちの将来を展望

44　Fischer, note 35 above, at 108-112.
45　See, Schwartz, note 14 above, at 100-101.

する視野が限定的なために,現在の若年者が高齢者になるまで実現しない公共政策に由来する便益は,異常なほど大きく割り引かれる可能性がある。その将来の便益は,政策決定に関与する現在の高齢者世代はほとんど死に絶えているからである。われわれは,「高齢者の自己利益」を中心とする社会では,「若年者の自己利益」を中心とする社会と比べると,公共政策に関する社会的割引率が低くなると予測できる。しかし,公共政策に対する割引率のギャップが縮小するに従って(この場合の割引率は相互に交差するかもしれない),遠い将来では大きく割り引かれる可能性がある。

4　制度化された組織のライフ・サイクル

フィッシャーの研究は,年齢に関する社会制度化された人びとの態度の変化をめぐる分析的アプローチと考えることができる。この社会制度化された年齢について考えるならば,「若い」国家と同様にさまざまな「若い」社会的組織でも,高齢者よりも若年者に高い価値を置く傾向があると推測できる。この社会的組織の年齢とその指導者の年齢の間の関係は,極めて強い正の相関関係にあるからである。このような推測は,非常に理解しやすい推測かもしれない。革命的な政治指導者は,他の平時の指導者と比較すると,一般的にはかなり若い世代の指導者である[46]。アメリカ合衆国の「建国の父たち」という名称は,彼らの成熟した知恵に対する敬意を表現しているが,彼らのほとんどは相対的には若年者と考えられる年齢の人びとであった。個人の年齢と制度や組織の年齢に関する別の例として,たとえばコンピュータ・ソフトの企業のように,若い産業分野における若い企業には若い指導者が多いという例を挙げることができる。これに対して,アメリカの労働組合のように,斜陽産業分野では高齢の指導者が多いことも特徴的である。また,既存の宗教的宗派であるユダヤ正教やローマ・カトリック教会などにも高齢の指導者が多い。これに対して,新しい宗教的な宗派では若い指導者が多いこともその特徴となっている。

　新しい組織における若い指導者という特徴は,若者がリスクを回避しないという特性を持っていることを反映している。若い組織は,近代医学が成立する以前の乳児死亡率と同じように,その死亡率が極めて高いという特徴も

---

[46] Dean Keith Simonton, *Genius, Creativity, and Leadership: Historiometric Inquiries* 102-103 (1984).

併せ持っている[47]。高齢者は，若年者と比較すると，新しい仕事を探すためには困難が伴うのが一般的である。高齢者は，現在の仕事を辞めるとすれば，費用負担が大きくなるから新規の仕事を探すリスクも高くなる。この結果を考慮に入れると，新しく創設された企業は，高齢者よりも若年者にとって魅力的になると予測できる。これと同様に，組織のライフ・サイクルに関連して，以下のような二つの特徴が考えられる。第一に，新しい組織は，新しい技術や新しいアイデアを必要とする傾向があるが，これらは若者に特有の属性である。第二に，新しい企業は，適切に成長できる環境条件に適合する場合でも[48]，その新規参入の段階では成熟した規模に達することはほとんど期待できない。新しい成長企業は，成熟ないし衰退する傾向にある企業と比較すると，その人材は若年者を中心に構成されている。このような成長企業は，多くの新しい労働者を採用するが，そのほとんどが若年者となると予測できる。高齢労働者の多くは，企業特殊的な人的資本を保有しているけれども，新しい職種に転換する場合にはその全てを喪失する可能性があるからである。結果的に，新しい企業は成長軌道に乗る確率が高くなるが，古い企業は停滞する確率が高くなる。古い企業は，さらなる成長を遂げるためには，規模の不経済に陥るような一定の規模にすでに到達しているからである。これに対して，新しい企業は若年者の構成比率が高いために，若年労働者と高齢労働者の能力や行動特性の相違について配慮する必要がない。このような因果関係を考慮に入れると，企業の発展の方向性は，以下の二つの方向に分かれるように思われる。つまり，ある企業が成長するか否かは，その人材が若い年齢構成であるために成長軌道に乗るか，それとも人材が高齢者中心であるために停滞するという二つの方向である。

　個人のライフ・サイクルと制度や組織のライフ・サイクルは，相互に類似性があるけれどそれをあまり強調すべきではない。企業のライフ・サイクル

47　Boyan Jovanovic, "Selection and Evolution of Industry," 50 *Econometrica* 649 (1982); Howard Aldrich and Ellen R. Auster, " Even Dwarfs Started Small: Liabilities of Age and Size and Their Strategic Implications," 8 *Research in Organizational Behavior* 165, 177 (1986) (tab.1); Michael T. Hannan and John Freeman, "The Ecology of Organizational Mortality: American Labor Unions, 1836-1985," 94 *American Journal of Sociology* 25, 32-33, 42 (1988).

48　若い企業は，古い企業よりも早く成長するという証拠に関しては，以下参照。David S. Evans, "Tests of Alternative Theories of Firm Growth," 95 *Journal of Political Economy* 657 (1987). See also Jovanovic, note 47 above.

に関する理論は，マイケル・スペンスをはじめとする経済学者によって提唱されてきた。この理論は，若い企業は既存企業や新規参入企業との市場競争での費用や需要に関する比較優位を確保するために，その収益や潜在能力を最大化するように努力すると想定している[49]。この理論では，ここで検討している高齢者に関する経済分析には有益な効果を期待できない。また，「実践こそ最良の学習」という格言は，個人に適用される場合と集団に適用される場合では異なる効果をもたらす。たとえば，スポーツ競技における長年にわたる記録の更新は，個々の選手による個人記録の継続的な更新なしには実現できない[50]。さらに，現実の人間における成長過程としての「誕生」期や「成長」期そして「最盛」期などは，組織の成長過程におけるそれぞれの対応過程とみることは可能かもしれない。しかし，このライフ・サイクルによる類推は，「高齢化」した組織を考察する場合には完全な失敗を経験することになる。あらゆる組織は，その実践的な目的の全てを永続的なものとすることはできないという原則に理由は存在しない。たとえば，現在ではその存続期間が2000年に及ぼうとする，ローマ・カトリック教会の事例について考えてみよう。特定の組織は，それが大きく成長すると環境変化に適合できなくなるのが一般的である。情報伝達のための指揮命令系統は，情報刺激によって接続に必要とされる応答時間が長くなるからである[51]。このような組織の規模拡大とその生存期間に対するマイナス効果は，大きな組織にとって克服することが極めて困難になる。その原因の一部は，小規模な組織と比較すると，その多様な構成要素を受容するために組織が保有する優れた包容力

---

49 See, for example, Joseph H. Anthony and K. Ramesh, "Association between Accounting Performance Measures and Stock Prices: A Test of the Life Cycle Hypothesis," 15 *Journal of Accounting and Economics* 203 (1992). なお，この論文の引用文献を参照。また，企業のライフ・サイクル理論については，一般的には以下の文献参照。Douglas D. Baker and John B. Cullen, "Administrative Reorganization and Configurational Context: The Contingent Effects of Age, Size, and Change in Size," 36 *Academy of Management Journal* 1251 (1993); Herbert Kaufman, *Time, Chance, and Organizations: Natural Selection in a Perilous Environment* (1985), esp. ch. 4.

50 See William Fellner, "Specific Interpretations of Learning by Doing," 1 *Journal of Economic Theory* 119 (1969).

51 Michael T. Hannan and John Freeman, "Structural Inertia and Organizational Change," 49 *American Sociological Journal* 149, 163 (1984); Aldrich and Auster, note 47 above, at 169. See generally Jitendra V. Singh and Charles J. Lumsden, "Theory and Research in Organizational Ecology," 16 *Annual Review of Sociology* 161, 168-169, 180-182 (1990).

それ自体に求められる。いずれにせよ，私の問題関心は，組織の規模に相関する生存期間に由来する効果ではなく，その生存のために必要とされる純粋な生存期間という効果である。この組織の存続年数は，個人の状況とは全く類似性が認められないとしても，その効果は明確に正の相関関係がある。老舗と言われる企業は，高齢者とは異なり，若い企業よりも継続的な生存確率は高くなっている[52]。この事実は，高齢労働者がこれらの企業に対して魅力を感じる理由を説明することができる。

われわれは，労働者（一般労働者から中堅管理職までの人びと）と指導者とを区別しなければならない。衰退期にある老舗企業（新規採用者はほとんどいない）は，高齢労働者が多いけれども，時にはその指導者として若年の経営者が現れる場合がある。衰退する老舗企業では，経営方針を完全に新しい方向へ転換しなければ，企業業績を回復できない場合があることを示唆している。これが事実だとすれば，このような衰退企業には「革命」が必要である。そのためには革命的な指導者が必要であり，彼らはすでに見てきたように若者である場合が多い。また，ある企業が何らかの事情で破綻する可能性があるとすれば，無能な経営者への期待費用は有能な経営者への期待便益よりも相当に高くつくことになる。この場合に，高齢の経営者を採用することはベストな選択とは言えない。この高齢経営者は，その企業での職務階梯の責任ある業務を順調にこなして，将来の経営後継者として慎重に選抜されてきた場合でも結果は同様である。この選抜方法は，安定的に成功している企業では，経営者として適性のない候補者や企業に重大な損失をもたらす候補者を排除するために開発された戦略である。この戦略は，企業経営の危機に際して，斬新な発想で大胆な挑戦が必要な場面での指導者を選抜する方法として適切なものとは言えない。

これまで検討してきたように，個人や組織が高齢化するならば，学術研究や芸術創作の分野における高齢化の影響はどのように理解すべきなのだろうか。トマス・S・クーンは，革命的な科学と通常の科学を区別することが重

---

52 Michael T. Hannan and John Freeman, *Organizational Ecology*, ch. 10 (1989); David S. Evans, "The Relationship between Firm Growth, Size, and Age: Estimates for 100 Manufacturing Industries," 35 *Journal of Industrial Economics* 567 (1987). 多くの社会において，乳幼児死亡率が高かったことは事実である。しかし，ここで引用した論文における比較研究は，乳幼児と成人の比較ではなく，年をとった企業と若い企業の比較である。

要であると主張している[53]。これは，前者はパラダイム・シフトを含んでいるのに対して，後者は同一のパラダイムの中での研究であるという理由による。ここでは，クーンの主張を加齢現象に関連して検討してみる必要がある。新しいパラダイムが出現したとき（たとえばコペルニクス，ニュートン，アインシュタインによる宇宙物理学の発展過程を考えてみよう），その学問分野はまだ若くて発展したばかりで活気がある状態にある。しかし，その学問分野が中年に差し掛かった段階では，研究者たちは新しい挑戦を受ける前のパラダイムの枠内で少しずつ研究を進めている。その学問分野が高齢期に至れば，そのパラダイムの枠内では説明できない異常事態が蓄積され，やがてそのパラダイム自体が放擲される。われわれは，ある科学分野が革命的な局面を迎える場合には，若い研究者たちを惹きつけるだろうと予測できる。高齢の研究者たちは，新しいパラダイムを開発・順応するための費用負担に耐えられないからである。結果的に，高齢研究者は従来の研究分野に留まり，彼らの蓄積した知識はそのパラダイムの枠内での問題処理に利用されることになる。

この学術研究でのパラダイム・シフトは，さまざまな方向に影響を及ぼすことは確かである。実際に若者を惹きつける科学分野では，パラダイム・シフトを経験する確率が高くなる。しかし，全ての科学分野において，あるいは全ての研究者による努力の成果として，パラダイム・シフトによる転機が生じるわけではない。現実には，既存の研究資源（資金や技術など）や自然現象ないし社会現象との関係から派生する制約条件によって，特定分野で特定時期にパラダイム・シフトが出現しない理由を説明できることがしばしばある。われわれは，学術研究における特定分野での特定時期に，冒険心や創造力に富んだ若者を惹きつけることができない理由を考慮すべきであろう。このような若者に魅力のない研究分野では，少しでも人材を確保しようと考えるならば，多少は創造力に欠ける応募者をも受け入れる覚悟が必要だろう。

本章においては，高齢者の社会的地位に焦点を合わせて，その物質的基盤と社会的尊敬という二つの要素について検討してきた。そこでは，高齢者に関するこれまでの先行研究の成果を参照しつつ，この二つの要素は必ずしも一致する必要がないことが明らかになった。けれども，未開社会では，この高齢者に関する二つの要素は一致する傾向を示している。未開社会での高齢

53　See Thomas S. Kuhn, *The Structure of Scientific Revolution* (2d. ed. 1970).

者の地位は，非常に高い場合と非常に低い場合に加えて，その中間の場合のいずれかに分類することができる。この未開社会での高齢者の地位についての研究は，これらを相互に比較検討すると極めて不確実な帰結が提示されることになる。たとえば，多くの未開社会では，高齢者が殺害または虐待される場合もあれば，ときには遺棄される場合もある。私は，近代以前の農業を社会的基盤とする社会では，高齢者に対する権力や尊敬に関連する重要な変数を説明するための若干の証拠を提示した。そこでは，同じような発展段階における他の社会と比較すると，農業社会での高齢者の社会的価値が相対的に高く評価される理由があることが示されている。

現代社会における高齢者の社会的地位は，代表的な例はアメリカであるが，物質的および精神的意味の両者において分裂する傾向にある。アメリカにおける高齢者の物質的地位のレベルは，過去の歴史では経験したことがなかったほどに，絶対的な意味でも相対的な意味でも極めて高いレベルにある。その理由の一部は，「自然状態では」極めて脆弱な高齢者という社会集団がその権力を増幅させることができるという，民主主義的な政治制度にその原因が帰せられるべきだろう。しかし，アメリカにおける高齢者の精神的地位は，合衆国が建国された時代と比較すると，現代における高齢者の地位は相対的に低いレベルになっている。この理由に関する説明としては，さまざまな要因を提示することが可能である。その要因の一つは，社会的・技術的な意味における変化の急激な増加傾向である。この変化は，高齢者に固有の特質に由来する新規なものへの抵抗によって，世代間の精神的地位をめぐる格差を増幅させている。これ以外の要因を挙げるならば，親世代による子供世代に対する親孝行という，教育によるインセンティブを付与する努力の減少傾向がある(親世代が高齢期に達しても，その福祉的環境は子供世代に依存するほど悲惨な状況にはない)。また追加的な要因として，人口構成に占める高齢者人口の顕著な増加傾向も指摘されるべきだろう。加えて，高齢者における家族との同居関係の減少や，家族メンバーの規模の縮小傾向も介在している。とくに家族規模の縮小傾向は，高齢者人口の増加とともに労働市場における女性の雇用機会の拡大によって，若年者の家族による高齢者への対人ケア・サービスの費用を増大させている。若年者にとって，高齢者である家族メンバーとの緊密な関係維持は精神的負担となっている。これ以外の要因を除外すれば，現代の高齢者世代は経済的には非常に裕福である。結果的に，彼らは若年世代に金銭的負担をかけることは少なくなり，若年世代

に遺産その他の贈与を行う機会が増加している。

　最後に，社会的な制度や組織の高齢化に関する問題について，簡単に振り返っておくことにする。社会的制度や社会的組織の高齢化という問題は，そのライフ・サイクルから考えると必ずしも明確な概念とはいえない。また，これらの制度や組織にとって若年という概念もまた不明瞭である。さらに，経済学的な視点から考えれば，社会的制度や組織の高齢化は，その人材の年齢構成と密接な相関関係にある。それゆえ，社会的制度や組織の高齢化という問題は，それを支える個人の高齢化の問題でもあるという，相互に密接な関連性を持つ二つの方向から考える必要があると思われる。

第 3 部
規範的な論点

第10章
安楽死と高齢者の自殺

　これまでの各章では，高齢者と加齢現象をめぐるさまざまな社会現象に焦点を合わせて，これまでの学術研究の成果について議論を対象にその分析と評価を試みてきた。私は，このような議論の分析と評価を通じて，高齢者と加齢現象をめぐる社会科学的な意味での新たな理論構築を目指している。本章では，高齢者に関する現在および将来の公共政策のあり方について，その適切な評価視点を構築するための分析に踏み込むつもりである。本章およびその後の各章での分析は，その境界領域は必ずしも明確ではないが，主として道徳的・政治的な文脈での法的論点について政策的な分析・評価を行うことを目的としている。具体的な論点をめぐる主題を挙げるならば，たとえば第三者による自殺幇助という行為は，多くの諸国で刑法上の犯罪行為として処罰の対象とされている。また，医師幇助自殺(physician-assisted suicide)は，本章の主題でもあるが，多くの諸国で法的に禁止対象とされている行為である。

1　定義

　医師幇助自殺は，安楽死という法的主題をめぐる非常に大きな争点の一つを形成している。安楽死の問題に直接的に取り組むことは，技術的にも極めて複雑で錯綜した領域にあえて踏み込むことを意味している。安楽死は，広い意味での自殺の形態として考えるならば，個人がその自発的意思によって実行することも可能である。これに対して，非自発的な安楽死は，現実にはナチスが実行したようなやり方でもあるが，これまでの各章で見てきたように未開社会では極めて普遍的に実行されてきた社会的行為でもある。私は，個人が植物状態に陥った場合や自発的意思によって死に同意を与えることが

不可能になった場合を除いて,非自発的な安楽死の問題にあえて踏み込むことを意図していない。けれども,極度の高齢期に達した個人は,最終的には重度の認知症に陥る可能性が高い。私は,高齢者の安楽死をめぐる問題は高齢者自殺に密接に関連する主題であるから,この非自発的な安楽死の問題も回避できないと考えている。私は,ここでは「安楽死(euthanasia)」の概念を「自発的安楽死」と「医師幇助自殺」を含めて,相互に変換可能な概念として用いることにする。しかし,自発的安楽死と非自発的なそれの区別を無視する場合もある。のみならず,医師が患者を殺す目的で薬剤を処方するという狭い意味での安楽死と,医師が患者の自殺に助力するという狭い意味での医師幇助自殺の区別を無視することもありうる。私は,この両者の相違については,単に医師幇助自殺(あるいは安楽死ないし自発的安楽死)の異なる様式として取り扱うからである。

さらに問題を複雑にするのは,私が定義する安楽死の概念は,単なる医療的行為(あるいは行為とさえ言えない出来事)の部分集合であり,医療的に必然とみなされる死よりもその死を幾分か早める効果を伴う行為に過ぎないものも含めている。また,安楽死に類似する部分集合には,患者の生存を延長する効果が期待できない場合における,何らかの医療的措置を手控える行為やそれを抑制する行為なども含まれる。たとえば,鎮痛剤を処方する行為も患者の生存期間を短縮する効果をもたらす場合がある。また,患者が自らの意思により,これ以上の医療的措置を拒否する場合や食物や水分補給を拒否する場合に,その患者の意思を尊重する行為もこれに含まれる[1]。つまり,「終末期における医療上の意思決定(以下ではMDEL (medical decisions at end of life)と省略)」と名付けられる全ての行為がそこに含まれる。オランダでは,私はその法的定義の詳細を熟知しているわけではないが,安楽死とそれに類似する行為としての医師幇助自殺は,適切なガイドラインを遵守する限り刑事責任を問われないことになっている。けれども,そのオランダでさえも,医師幇助自殺はMDELとして処理される死亡件数では極めて少数しか記録されていない[2]。アメリカでは,この問題に関する信頼できる推定データも存在しない。人びとは,アメリカでも医師幇助自殺とみなされる以外のMDEL

---

[1] この問題に関する優れた議論を展開する論文として,以下参照。G. K. Kimsma and E. van Leeuwen, "Dutch Euthanasia: Background, Practice, and Present Justifications," 2 *Cambridge Quarterly of Healthcare Ethics* 19 (1993).

[2] Id. at 27-28.

は，むしろ医療現場では(医療の代替効果として)普遍的になっていると想像するかもしれない。あるいは，アメリカでは医師幇助自殺に対する抵抗感が強いために，延命措置に費用を惜しまない人びとの期待と願望を反映して，このような行為への抑制が定着していると想像するかもしれない。けれども，アメリカ社会の現実は，人びとの生前の意思(living will)の尊重や医療費抑制をめぐる弁護士の訴訟活動の結果，実際にはMDELはむしろ促進されていると考えるべきだろう。

　医師幇助自殺の問題は，高齢者をめぐる議論を超えた争点を含んでいる。高齢者は，若年者と比較すると終末期以前でも重度の疾病状態に陥る可能性があるから，この問題については大きな関心を持っている[3]。この事実は，高齢者の健康状態が安定している(基本的な要件である)場合でも，医師幇助自殺が高い比率を占めていることを示唆するわけではない。実際には，おそらくその比率は相当に低いだろうと予測できる[4]。その理由は，いくつか考えられる。まず，極度に高齢な人びとの場合には，法的に認められるべき同意を与える能力自体を喪失している可能性が高い。これらの高齢者は，極めて虚弱であるために，鎮痛剤の投与(オランダでの安楽死の大部分は癌患者である)は彼らの死期を早めてしまう可能性がある。これらの高齢者は，死亡時期に近接した「自然的な」年齢であるから，医師はその死を安楽死として報告する必要があると考えていない可能性もある。これらに加えて，彼らには選択的バイアスが働いている可能性がある。たとえば，高齢者の中には，生存願望が極めて強い人びとが不均衡な比率で含まれているかもしれない。この高齢者の選択的バイアスに関連して，高齢者の中には生存に関する効用を極端に引き下げることで環境変化に対応している人びともいる。これらの高齢者は，終末期を予測してその生命の効用を一段と引き下げているならば，若年者が同様の予測で対応している場合のような生命力を示さないからであ

3　ここでは，「老人の自殺」という概念は，以下の文献における概念を利用している。Stephan G. Post, "Infanticide and Geronticide," 10 *Aging and Society* 317 (1990). また，第6章で検討したように，高齢者の自殺率は極めて高い事実を思い出す必要がある。オランダでは，MDELの38％は65歳から79歳までの高齢者で占められている。Kimsma and van Leeuwen, note 1 above, at 27. けれども，私は，オランダにおける安楽死に関するデータについては正確な情報を得ていない。

4　この推測に関する若干の証拠として，安楽死は75歳以上とりわけ85歳以上ではほとんど稀であると指摘されている。Gerrit van der Wal and Robert J. M. Dillman, "Euthanasia in the Netherlands," 308 *British Medical Journal* 1346, 1347 (1994).

る。

　私は，自殺類型を以下の二つの類型に区別しようと思っている。一つの類型は，自殺の意思が形成されてから間もなく実行される自殺である。他の一つは，自殺の意思形成後に相当期間を経過してから実行される自殺である（Aは，t時点で自殺の意思決定をするがその実行は$t+k$時点とする。kは多くの年月を意味する場合もある）。この前者の自殺類型では，第三者の関与がある場合と第三者の関与がない場合に区分できる。私の関心の対象は，第三者の関与がある場合の自殺である。第三者の関与なしに自分で人生を終了させることが可能ならば，刑事責任の問題は発生せず自殺幇助をめぐる権利の問題は，全く問題がないとは言えないが実質的には重要性を持たなくなるからである。ここでは，この問題を考察するために，医師以外の第三者が関与する自殺を除外して考えることにする。

　オレゴン州は，1994年11月の州民投票によって，アメリカで最初の医師幇助自殺を合法化する州法を成立させた（この法律は1995年1月1日に施行予定であったが，本書の執筆時点では訴訟提起によってその施行が延期されている）。この法律では，詳細に規定された安全管理ルールを遵守するならば，医師は生存の期待余命が6ヵ月以内の患者に対して「自殺用ピル」を処方することが認められる。この場合，生存の期待余命6ヵ月という条件は，さまざまな議論の対象となっている。問題は，瀕死の状態にある個人の期待余命がどのくらいかという判断が不安定な推測であり，その診断が間違っている可能性があるだけではない。これまで報告されたケースでは，合理的な自殺と推定できる患者の中には，生存の期待余命が不確定でも脳性麻痺に陥る場合や耐えられない苦痛に襲われる場合など，患者にとって耐えがたい症状を呈する可能性があるからである。オレゴン州の新しい法律は，このような患者の症状を判断する場合に，医師幇助自殺をめぐる法的評価で決定的な判断基準を提示する可能性がある。この間に，オレゴン州以外の州でもさまざまな論議が展開されている。法の経済分析によるアプローチは，この問題について重要かつ未解明な問題解決に多くの寄与を果たすことが期待できる。

2　医師幇助自殺の経済学的分析──身体的な機能停止状態の場合

(1)　便益と費用

　ここでは，疾病の終末期に限定することなく，患者が重度の障害状態や機

能不全状態に陥った場合の医師幇助自殺に焦点を合わせて議論を進めることにする[5]。この場合には，患者が自らの意思で自殺を実行する能力を失った状態にあり，少なくとも患者に重大な苦痛や恐怖を経験させない方法によることが前提となる。この前提は，結果的に医師幇助自殺に対する条件設定では最も重要な要素である。この条件設定は，医師にとっても，人びとが自殺を実行する際にそれを手助けする気持ちになれる唯一の条件でもある。なお，自殺に対する宗教的な反対論についてはここでは言及しない。その理由は，この問題について解答不能という理由ではない[6]。この問題は，社会政策に委ねるべき性質の問題ではなく，個人の選択に委ねるべき問題だからである。私は，法的規制に際して適切と判断できる適用範囲は，ジョン・スチュアート・ミルと同様に次のように考えている。すなわち，意思能力を備えた成人による自発的な自殺行為に政府が適切に介入できる範囲は，以下の状況に限定されるべきである。この政府介入が認められる条件は，単なる社会的非難や感情的嫌悪とは明確に区別できる，疑問の余地のない害悪発生を抑制する場合のみである。具体的に言えば，XがYの助力で自殺する場合，Zが宗教的な信念でこれに反対したとしても，法がこれを理由として自殺幇助を禁止する理由となしえないことを意味している。

　宗教的な理由以外の自殺に対する「一般的な」反対論については，その対処方法は相対的に容易である。これらの議論の対象には，たとえば自殺用のピルやキットの販売を許可すべきか否か，また瀕死状態や重度障害状態に陥った患者の自殺に医師が助力することを認めるべきかなどの論点がこれに該当する。多くの自殺は衝動的なものであるから，うつ病の発作や極度の悲嘆・羞恥・悪い結果を知らせる通知（たとえばロミオとジュリエットの例）その他の短期的原因に由来する問題は，影響を受ける個人が事前にそれを予防することが可能である。この自殺を抑止する努力は，自殺を幇助する人びとを処罰するよりも，自殺行為それ自体への費用負担を増加させることで対処

---

[5] オランダにおける安楽死は，ほぼその4分の3が癌患者のケースである。また，その83％の患者は，1ヵ月以内の期待余命しか残されていなかった場合である。Van der Wal and Dillman, note 4 above, at 1347. オランダでは，すでに指摘したように，医師幇助自殺を許容する条件として，死期の切迫が前提となっているか否かは疑問の余地がある。

[6] See David Hume, "Of Suicide," in Hume, *Essay: Moral, Political, and Literary* 577 (Eugene F. Miller, ed., rev. ed. 1987). この問題に関する賛否両論の議論については，以下参照。*Suicide: Right or Wrong?* (John Donnelly, ed., 1990).

することが望ましい。たとえば，この対処方法と恐喝行為(「金を出さなければ，お前を殺す」という脅し)の禁止方法とを比較すれば，その緩やかな類推適用が可能となる。恐喝による取引行為は，短期的に獲得物を入手することが可能であるから(恐喝者に金銭を与えることで自分の生命を購う)，法的制裁は否定されるべきであろう。圧倒的多数の人びとは，このような取引が実際に必要となることはありえないと想定していても，彼ら自身はこの取引行為が当然だと考えているからである。この自殺幇助の禁止は，ある人が自分の人生を終わりにしたいと思っても自分自身でそれが実行できない場合，この自発的意思それ自体を禁止する説得的な理由は見出しがたい。この医師幇助自殺に関する条件設定は，個人が自身の生命を終了させることが実行できない場合，自殺に対する合理的な動機付けを提供することが可能となる[7]。最近の連邦地区裁判所での判決は，医師幇助自殺を犯罪として処罰する州法について，合衆国憲法第14条修正の適正手続条項によって保護される自由の一方的剝奪として無効であると判示している[8]。この判決の法的効力の問題はさておき(控訴審では破棄されている)，本件における3人の終末期患者である原告(2人は高齢者)の状態をめぐる裁判所による悲惨な描写場面から目をそらすことは不可能だろう。人びとが一般的に信じている状況とは異なり，アメリカ社会では瀕死の患者たちは極度の苦痛その他の不快な症状を経験している[9]。ヴィクトリア時代の小説で祝っていた「平和的」な死の瞬間

---

[7] 「年老いたプリニウスは，…苦しみの多い人生を過ごした男に対して，自殺は最良の贈り物であると考えていた」。Miriam Griffin, "Philosophy, Cato, and Roman Suicide: 2," 33 *Greece and Rome* 192, 193 (1986).「毎日のように，合理的な人びとは世界全体に向けて，死を許容するように嘆願していた」。Ronald Dworkin, *Life's Dominion: An Argument about Abortion, Euthanasia, and Individual Freedom* 179 (1993).私は，第6章で示唆したように，高齢者の自殺は若年者のそれと比較すると衝動的な事例は少ないと考えている。なお，本章の後半でも検討を続ける。

[8] Compassion in Dying v. Washington, 850 F. Supp. 1454 (W.D. Wash. 1994), rev'd 49 F.3d. 586 (9th Cir. 1995). なお，合衆国最高裁判所は，以前の判決において，個人はたとえ結果的に死に至る場合であっても，医療的な治療行為を拒否する憲法上の権利を保持していると判示している。Cruzan v. Director, Missouri Dept. of Health, 497 U.S. 261, 278-279 (1990).

[9] Robert Kastenbaum and Claude Normand, "Deathbed Scenes as Imagined by the Young and Experienced by the Old," 14 *Death Studies* 201, 212 (1990). 医師たちは，このような状況を熟知している。よく知られている事実であるが，医師の多くは致死量の薬剤を自分の手元に隠匿しており，自らが疾病によって終末期になったと判断した場合，これを使用して自殺することができる。最近の終末期の患者に関する調査では，飲食を一切拒否した

は,現在では実現不能で少なくとも考慮の対象とされていない。人間にとって,何らかの事情で瀕死状態に陥って残り少ない人生での極端な苦痛や悩みが予測されるならば,彼の人生の期待効用はすでにマイナスであると考えられる[10]。われわれは,瀕死のリア王に生命の兆候が見受けられたとき,ケントが言った次の言葉を思い起こすべきだろう。「彼の怒りは,幻影ではない,ああ/彼を往かせなければ/彼は,自分自身を憎んでいる/彼の怒りは,この煉獄のような世界の拷問台に乗せられている/彼の手足を,もっと伸ばしてやらなければ/[11]」。

個人が自殺を実行するときに他人に助力を求める権利は,たとえ彼がそれを行使しないとしても,この権利の保持者にとっては価値がある権利である。人間が自殺する権利は,一つの自己選択権である[12]。この自己選択権は,それを行使する価値とは別個の独立した価値を持つ権利である。この権利は,人びとにとって保険と同じであり,保険者に保険給付を請求する事態が発生しない場合でもその権利を保有すること自体に価値がある。たとえば,ある個人が生存に耐え難くなった場合,彼がその生存状態を自ら絶つことが可能であれば,心理的な平和を回復できるし人生を耐えやすくする効果もある。医師幇助自殺を許容することは,その費用と便益の分析においても重要な意味を持っている。安楽死を実際に実行する人は,たとえ比較的に見れば少数であるとしても,その便益はこれらの人びとに限定されないことが重要である。安楽死の便益が少数の人びとに限定されない事実は,安楽死に伴う費用も限定されないことを意味している。人びとのなかには,医師幇助自殺

結果として脱水症状や飢餓によって死亡した患者のうち,13%のみが死に至る期間に不快な症状を経験したと報告している。この間になされた介助の努力は,その多くが成功したと評価しているが,その行為は口の渇きを癒やす行為やその他の死に至る過程で派生する症状への対応のみであった。Robert M. McCann, William J. Hall, and Annmarie Groth-Juncker, "Comfort Care for Terminally Ill Patients: The Appropriate Use of Nutrition and Hydration," 272 *JAMA* (*Journal of the American Medical Association*) 1263, 1265 (1994).

10 「ある人が生存に関する恐怖が死の恐怖を凌駕するに至った場合,彼は自らの人生を終わらせることを決断するという事実は,一般的によく知られている事実である」。Schopenhauer, "On Suicide," in *Essays of Arthur Schopenhauer*, 399, 403 (T. Bailey Saunders, trans., 1902).

11 *King Lear*, act V, sc. iii, II . 314-316.

12 この議論は,少なくとも古代ローマ時代のセネカの議論にまで遡ることができるが,現代の議論については以下参照。C. G. Prado, *The Last Choice: Preemptive Suicide in Advanced Age*, ch. 7 (1990).

を認めることは，たとえ一定の条件の下に制約されるとしても，一般的に自殺を促進する可能性があるという懸念が表明されている。その法的影響には，殺人のように人の生命の価値を貶める効果を発生させるという懸念もある。私は，この懸念がいずれも誇張されている事実を示唆するために，以下においてその理由とデータを示すことにする。

　医師幇助自殺を合法化するためには，一方において，第三者効果という主題を検討する必要がある。たとえば，ある個人が実際にそして本音で死にたいと思っていたとしても，彼の家族は死なせたくないと思っているかもしれない。それゆえに，彼の死は第三者にとって補償されるべき費用が発生するという議論がありうる。この種の議論は，愛し合っている家族を結合させる利他主義との関連でもとりわけ注意深い考察が必要である。個人が本当に死にたいと思っているならば，その個人の意思決定は，彼の死が家族メンバーに及ぼす影響も考慮に入れた上で判断していると予測できる。彼の家族メンバーも，彼がその意思決定を受け入れるときの心の状態を判断する際に，彼の生命を生きながらえさせた場合に彼が負担する精神的費用を考慮に入れているだろう。このような推測に基づいて考えれば，彼の意思決定は家族全体の効用を最大化させると考えることができる。

　ある人びとは，「年齢を理由に人生を儚んで実行する自殺は，個人が自身の将来を予測できるし，どのような予期しない人生が待ち構えているか知ることもできるという間違った信念に由来している[13]」と主張する。われわれは，未来を知りえないことは確かであるが，人間としての選択(human choices)という極めて有益な観念を持っている。この人間としての選択は，後戻りできない性質があるとしても，人間は確実性よりも蓋然性を基礎として決断する場合が多い。ここでは，この不確実性の存在に焦点を合わせて，医師幇助自殺に関連する法的権利の問題を中心に検討してゆくことにする。

　ある論者は，高齢者の多くは「感情的ないし心理的な疾病」によって自殺を実行するのだから，彼らの自殺という意思決定は非合理的で尊重されるべきではないと主張している[14]。彼らが例として挙げている主要な疾病は，うつ病(depression)である。自殺するという意思決定をした個人は，それが誰

---

[13] Harry R. Moody, "'Rational Suicide' on Grounds of Old Age?" 24 *Journal of Geriatric Psychiatry* 261, 274 (1991).

[14] Thomas J. Marzen, "'Out, Out Brief Candle': Constitutionally Prescribed Suicide for the Terminally Ill," 21 *Hastings Constitutional Law Quarterly* 799, 811-812 (1994).

であれ自らの生命を抑圧しなければならない。この主張は，自殺を実行した人は抑圧された状態であるから，その自殺は非合理的であるという主張である。この主張は，自らの議論を正当化するために，自殺を非合理的であると主張しているのである[15]。この主張は，循環論法的な議論を展開しているに過ぎない。

　医師による患者の自殺幇助に反対する別の議論は，これは妊娠中絶に反対する議論と共通しているが，医師が人の生命を救うのではなく殺すためにその技術を利用するのは社会的害悪として認められないという主張がある。このような医師の行為は，その使命を汚すもので治療行為に該当しないという主張である。しかし，医師による治療行為は，しばしば人びとを恐ろしい苦痛や無力状態に陥らせて絶望的に死を願望する状態に導くことがある。医師たちは，治療行為を通じてしばしばこの相反する心理的な葛藤に直面するのである。このような議論は，刑罰としての死刑制度に反対する議論にも連動する性格を持っている。すなわち，人間の生命を終了させるいかなる法的制裁も，人間の生命を尊重すべきであるという思慮深い公共政策を無効にする悪行であるという主張である。この主張は，死刑廃止論にまで言及される場合には，とりわけその法的根拠が不明確なものとなる。この主張は，死刑の適用を殺人に限定して考えた場合でも，殺された被害者の生命の尊重と両立しうる議論である証拠を提示しなければならない。この「生命は救済されるべきである」という主張は，彼らには想像を絶することかもしれないが，安楽死を擁護する理論的根拠としても利用可能である。この生命の尊重という適切な主張も，生命の質の尊重との間で生じる緊張関係を見過ごしている限り安楽死の議論とは両立しない。生命の尊重という議論は，完全な形而上学的な意味ではないとしても，その生命の価値の認識にある程度は関連する「何事か」を意味している。たとえば，虚弱で認知症を発症している多くの高齢者が収容されている老人看護ケア施設の光景を考えてみよう。あるいは，瀕死の患者たちが入院している病棟で，彼らが知覚を維持できる程度の鎮静剤を投与されて苦痛に耐えている光景を想像してみよう。このような光景は，人間の掛け替えのない生命を実感させるより，むしろその価値を貶めている光景のように思われる。人間にとって生命の質を改善するためには，生命の維持を通じて知覚できる価値を高める必要がある。医師や看護師は，

15　ここでは，第6章における，自殺とうつ病の循環の議論を思い起こしてほしい。

病棟の回診行為を「野菜に水をやる(watering the vegetables)」と表現することがあるが，これは患者たちに配慮した言動とは言えない。彼らの医療行為は，生命の質を犠牲にする治療行為として患者の意思と無関係に延命措置を採用している可能性がある。

オランダでは，患者の自発的意思による安楽死は，1970年代から合法的に実施されてきた[16]。けれども，オランダ国民の態度は，他のヨーロッパ諸国と比べて，安楽死に激情的に反対したり冷静に受け入れるように変化したりした様子はない。むしろ，最近では，この問題についてはアメリカで議論が盛り上がっている。ここでは，比較のための統計データを紹介しておこう。殺人の統計データでは，オランダの殺人件数はアメリカのそれの10%程度で，EUの平均データと比較しても低い数値である[17]。オランダでの安楽死合法化の結果として，詳細は後に検討するが，自殺率を上昇させるような統計データは存在しない。

カルロス・ゴメスは，オランダでの安楽死に関する26件の実態調査研究を通じて，安楽死が自発的意思に基づくことを保証する実務的手続の整備が不充分であると批判している[18]。彼の調査対象のうちの1件(彼が23件の中で「問題があった」と指摘した3件の1件[19])は，ほとんど問題の重要性が認められないケースである。このケースでは，白血病の若い女性患者が，相対的に痛みの少ない化学療法という代替的治療の存在を告げられることなく死亡した事件である[20]。けれども，彼女が代替治療の存在を告知されていたかもしれないという事実をゴメスは確認していない。彼女は，発病から1年間の

---

16 オランダにおける安楽死に関する詳細な文献として，以下参照。Kimsma and van Leeuwen, note 1 above; van der Wal and Dillmann, note 4 above; John Griffiths, "Recent Developments in the Netherlands concerning Euthanasia and Other Medical Behavior That Shortens Life," 1 *Medical Law International* 347 (1995); G. van der Wal et al., " Euthanasia and Assisted Suicide, 1, How Often Is It Practiced by Family Doctors in the Netherland?" 9 *Family Practice* 130 (1992); Paul J. van der Maas et al., "Euthanasia and Other Medical Decisions concerning the End of Life," 338 *Lancet* 669 (1991); M.A.M. de Wachter, "Active Euthanasia in the Netherlands," 262 *JAMA* (*Journal of the American Medical Association*) 3316 (1989).

17 United Nation Development Programme, *Human Development Report* 1994 186 (1994) (tab. 30). なお，この殺人に関する統計データは男性に関するデータのみである。もっとも，殺人者は圧倒的に男性が多いことも事実である。

18 Carlos F. Gomez, *Regulating Death: Euthanasia and the Case of the Netherlands* 64-89 (1991).

19 Id. at 111.

20 Id. at 112.

寛解期間に，その夫とともに安楽死について家庭医と何回も話し合いを行っている[21]。ゴメスは，全ての代替治療に関する詳細な知識を持っていなかった可能性がある。

　ゴメスは，医師たちが患者にその死を強制するという危惧を指摘しているが[22]，その危惧が実証されてはいないし[23]，現実的にそのような事態が発生する恐れがあるとは思われない。このような医師の行為は，治療に強い思い入れのある医療専門職としての職業倫理に反するのみならず，彼らがそれを実行する現実的危険があるとは思えないからである。この医師に関する想定は，医療専門職としての経済的な自己利益からみても，また医療サービスの経済的対価があると仮定しても合理的想定とは考えられない。医師の報酬は，その医療サービスに応じて出来高で支払われるならば，これはアメリカでも共通する支払方法であるが，そのインセンティブは患者に対する治療を過小にするよりも過大にするように機能する（医師に患者への自殺関与を禁止するならば，医師に対するインセンティブを変更する必要があるが，オランダではこのような特別措置は実施されていない）。アメリカでも多くの患者たちは，医師による医療サービスごとの出来高払いの報酬で治療を受けている。これは，民間保険組織（HMO）に登録している人びとのみならず，他の勤務医による医療サービスを受けている退役軍人をはじめとする人びとでも同様である。アメリカの民間医療保険では，終末期における高額な治療行為を回避する金銭的インセンティブが働いており，安楽死はその安上がりな代替的手段として扱われている可能性がある。

　ゴメスのように医師が患者に死を押し付ける危険性を考える場合，安楽死とは最も対極的な関係にある，ホスピス運動の問題を考える必要がある。人間として終末期を迎えるに当たって，自殺によって死を早める必要はないとしても終末期が苦痛に満ちた耐えがたいものであってはならないという主張は，人びとによって一般的に広く受け入れられている。ホスピス施設は，自殺を考慮せざるを得ない瀕死の患者たちに，その代替的な手段を提供する終

21　Id. at 79.
22　これは，ウォーの安楽死に関する喜劇を見るような感じである。Evelyn Waugh, *Love Among the Ruins: A Romance of the Near Future*, ch. 2 (1953).
23　オランダにおける安楽死に関する別の調査報告では，重大な濫用問題は生じていないと報告している。G. van der Wal et al., "Euthanasia and Assisted Suicide, 2 , Do Dutch Family Doctors Act Prudently?" 9 *Family Practice* 135 (1992).

末期ケア施設である。このホスピス施設は，患者が自殺を実行する際に助力する医師たちとの関係で見れば，競争的な代替的サービスの提供者という立場にある。

　ゴメスが恐れている医師による制度濫用という危険は，比較的単純な規制によって最小化することができる。安楽死に対する患者の同意を担保するための規制として，たとえば証人の立会や文書の作成を義務付けるとか，安楽死に関与した医師に対して全てのケースについて病院の管理委員会に報告書を提出させるとか，医師に安楽死に関与する前に患者の終末期に対処する資格が認められている倫理専門職との協議を義務付けるなどの方法である[24]。この規則制定によるコントロールの可能性に加えて医療専門職としての倫理的特性が存在するという事実は，医師幇助自殺と一般人による自殺幇助を区別するに当たって，極めて重要な相違が存在する理由を説明できる。いわゆる「慈悲殺人("mercy" killing)」は，安楽死と同様に扱われる恐れがあるが，これは医師幇助自殺と同じ問題ではない。この慈悲殺人は，個人を死に追いやる行為に際して，合理的に推定されるべき明示的または黙示的な本人の同意を欠落させた行為を意味している。医師以外の一般人が慈悲殺人を実行する場合には，医師が関与していないという問題のみならず，殺される患者自身の関与も前提とされていないという重大な問題が存在している。

　最も問題があるのは，ゴメスの研究で取り上げられている，以下のようなケースを想定した場合である。このケースは，オランダのある医師が中年女性の自殺に関与したとして刑事告発されたが，結果的には裁判で無罪となった事件である。この女性は，肉体的にも精神的にも全く疾病症状はなかったが，真剣に死にたいと思っていて過去に何度も自殺を試みていた。その医師は，彼女に自殺を思いとどまるように説得していたが，最後に彼女の思いを聞き届けその自殺行為を幇助した[25]。この事件は，安楽死の合法化に関する議論としては，私の支持する議論の範囲を超えた問題を含んでいる。すなわ

24　See Franklin G. Miller et al., "Regulating Physician-Assisted Death," 331 *New England Journal of Medicine* 119 (1994).

25　*Office of Public Prosecutions v. Chabot*, translated and analyzed in John Griffiths, "Assisted suicide in the Netherlands: The *Chabot Case*," 58 *Modern Law Review* 232 (1995). オランダの最高裁は，原審の無罪判決を破棄している。その理由は，彼女が別の医師による診断を受けていなかったという理由のみであり，最終的には裁判所の判決はこの医師に対する刑罰を免除している。

ち、この事件の基本的性格は、疾病の終末期に患者の依頼によって医師が助力を与えるという性格の問題ではない。また、彼女が人生に耐えがたくなって自殺を決断したのは、彼女の身体能力が次第に衰弱して重度の障害状態に陥ったわけでもない。私の安楽死に関する議論は、身体的に無能力状態に陥った場合にのみ医師の関与する自殺を合法化すべきであるという主張であるが、その理由はこのようなオランダの事件があったからという理由ではない。アメリカにおける医師幇助自殺は、無秩序で規制が行われないままに進行している現状に対して、私なりに何らかの限定的規制が必要であると考えているのである。

(2) **自殺の減少と自殺の遅延効果**

　私は、医師幇助自殺に対する反対論は、その便益を過小評価するとともにその費用を過大に誇張していると示唆しているに過ぎない。アメリカでは、高齢者の自殺件数は今後とも上昇すると予測されているが、加齢に伴う生存期間のネットでの価値も低下すると予測できる。けれども、医師幇助自殺を合法化した場合の効果は、前述のJ・S・ミルの分析視点から評価するためにはその証拠が不充分である。ここでは、医師幇助自殺の合法化の効果として（適切な安全審査基準が適用できる件数を前提として）、結果的に自殺者数が増加すると仮定してみよう。この仮定は、多くの人びとがその死に至る生存期間の延命効果に対して、否定的価値しか見出さなかったという事実を超える仮定ではない。しかし、医師幇助自殺の合法化による影響は、自殺率を全体として上昇させる効果をもたらすか否か、J・S・ミルの分析視点からも追跡する必要がある。この自殺率の上昇という効果があれば、実際に利己的な親族や冷血な医師たちの圧力によって人びとが自身の死を早める行為を惹起している可能性がないとは言えないからである。けれども、このような事実が証明されているわけではない。それゆえ、医師幇助自殺の合法化の議論は、私が身体的に無能力状態と呼ぶような条件に限定された場合に、現実に自殺者数が「減少する」とか自殺を実行するまでの期間が「延期される」効果をもたらすか否かが重要な論点となる。ゴメスは、医師幇助自殺の合法化は、患者がその死に関して充分な情報が与えられた上で選択した場合よりも、患者の死亡率を上昇させると主張している。これに対して、私が展開する主張は、医師幇助自殺の合法化は、非合法化されている現在の状況よりも死亡率を減少させる（あるいは死亡時期も遅らせる）効果があるという主張で

ある。

　私の主張が正しいと仮定すれば，医療に必要とされる費用総額は上昇する可能性がある。重症の疾病患者たちがその生命を早期に終了させないことを決断すれば，その決断の効果として実質的な医療費用が増加するからである。この医療費用の増加分は，その意思決定をした患者本人ではなく第三者が負担しなければならない。これは，アメリカにおける現在の医療システムに内在する特質に由来する事実である。このアメリカの医療に内在する問題は，医師幇助自殺の合法化が社会的な費用抑制手段として正当化できるか否かという問題の解決を困難にする要素となっている。前述したJ・S・ミルによる分析的アプローチは，嫌悪すべき自殺を目撃するという第三者の不効用を排除するアプローチである(厳密な意味では経済学的ないし功利主義的な分析ではない)。しかし，このアプローチによっても，人びとが租税・医療保険の掛金・医師に対する診療報酬などの形態によって，他の人びとの医療費用負担を強制されるという事実を無視することは不可能である。私は，ここでは予測される費用負担の総額を試算するつもりはない。その限りでは，本章で提示している分析は，私の仮説的な試論というべき段階にある。

　ここでは仮説的モデルとして，ある進行性の難病に罹患している患者を想定してみよう。この難病は，彼がこのまま生きているよりも死んだ方がましだと考えるほどに，彼の健康状態を悪化させている。彼は，この状態で生き続けても疾病が回復するとか病状が改善するという見込みはなく，彼の効用は減少し続けるという救いのない深刻な苦悩に直面している。彼は，この難病がある地点まで進行すると，自殺することすら不可能な無能力状態に陥ることを自覚している。このような状態の自覚は，高齢者の自殺の試みが若年者のそれと比べると，ピストル自殺などの致命的な手段を利用することで成功確率が高くなる理由かもしれない[26]。高齢者は，自殺の試みが失敗することを恐れている。彼は，そのような試みを再び繰り返すことは不可能だと思っているから，失敗の費用は高くつくと考えている。別の視点からの高齢者自殺に関する説明は，第6章で議論したように，彼らは若年者よりも慎重に自殺を試みるという説明である。この高齢者の慎重な自殺の試みは，若年

26　John L. McIntosh and John F. Santos, "Methods of Suicide by Ages: Sex and Race Differences among the Young and Old," 22 *International Journal of Aging and Human Development* 123 (1986); Ellen Mellick, Kathleen C. Buckwalter, and Jacqueline M. Stolley, "Suicide among Elderly White Men: Development of a Profile," *Journal of Psychosocial Nursing*, no. 2, 1992, p. 29.

者に多い衝動的な自殺の試みとは明確に区別できるもので，結果的に効果的な実行手段を採用する傾向がある。この説明の方が，高齢者の自殺の説明としてフェアかもしれない。しかし，高齢者の自殺は，若年者のそれと比較すると合理的に考慮された結果であるという趣旨は，医師幇助自殺の合法化を支持する追加的な理由を提供する可能性がある。

　この推測を現実的に検証するために，仮説的モデルとして取り上げた難病患者の例に再び戻って検討を続けてみよう。現在の状態での彼の疾病症状は，死を希求するほどの進行状態には陥っていないけれども，彼はそのような進行段階に至った場合に第三者の助力なしに自殺することが不可能な状態に陥ることを自覚している。彼は，この難病から回復する可能性は全くなかったし，少なくとも彼が生きることに喜びを感じるほどに回復する可能性や，最低限でも彼が予測する苛酷な状況を改善できる可能性もなかった。簡潔に言えば，この難病と闘う彼の将来には，苦悩の中での死を迎えるという可能性しか残されていない。彼の状態は，私が以前に示唆したように，患者が死を自発的に選択する普遍的な状態であるが，安易な自殺を肯定する主張に反対する論者が想定する典型的な状況でもある。しかし，驚くべきことに，多くの人びとが終末期の疾病に罹患しているという誤った告知を医師から伝達されたという経験をしているのである[27]。

　われわれは，この難病患者に関する仮説的モデルに沿って，医師幇助自殺についての政策的な選択肢を考えてみよう。最初に，医師幇助自殺が禁止されている現状について検討することから始めよう。個人は，将来の明白な死という運命に直面した場合，二つの行動様式のどちらかを選択しなければならない。一つの選択肢は，費用として c を負担して（死の恐怖や苦痛あるいは良心の呵責その他の何であれ），現時点での自殺を実行するという選択である。他の一つの選択肢は，自殺するという意思決定を将来のある時点まで先延ばしにする選択である。この後者の場合には，彼がその将来の時点に到達して自殺したいと思ったとしても，それを実行することが不可能な病状に

---

[27] 私の祖父の一人は，彼が40歳のころに，著名な専門医から彼は致命的な腎臓疾患に冒されているが，肉食を断念すれば1年か2年は生きられると告げられた。しかし，彼は肉食を断念することなく，腎臓病とは無関係な慢性疾患により死亡するまで，85歳という長寿を全うしている。この事例は，確かにずいぶんと昔の話であるが，現在でもなお持続している問題でもある。医師たちは，他の専門職も同様であるが，事実としての証拠が示している以上のことを，時には自信を持って吹聴するきらいがあるのである。

陥っているかもしれない。彼にとって，どちらの選択肢がより大きな効用をもたらすのだろうか。彼が前者の選択をして自殺する場合，彼の効用は$-c$に相当する。この場合には，彼は死ぬわけであるから，その生命から正の効用ないしその期待効用を経験することはない。しかし，彼が生きている状態で負担していた費用は，死んだ状態によって回避することが可能になる。また，彼が自殺を延期する第二の選択をした場合には，cという費用負担を回避するとともに，彼が生命を維持することに伴う正または負の効用を得ることになる。この効用は，その実現が不確実であるから期待効用ということになる。この期待効用は，彼が不運な状況に陥った場合の負の効用に伴う平均値で重みづけたU_dに等しい。このU_dは，彼の症状が本当の終末期に至るとか酷い苦痛や障害状態に陥った場合に，彼が被る全ての不効用の期待値を意味する。これに対して，彼の正の期待効用は，彼が生きたいと思えるレベルまで健康状態が回復するか，少なくとも健康の改善された状態をU_hで示すことができる。

　個人の期待効用は，彼が不運のうちに死亡するか健康状態を回復するか，という蓋然的な確率（pまたは$1-p$で表示する）で重みがつけられている。仮説的モデルの彼は，合理的には前者に属すると予測されるがそれは確実とは言えない。この状態は，$1>p>(1-p)$として表現できる。彼のさまざまな効用の合計は，$p(-U_d)+(1-p)U_h$として表示できるが，彼が自殺を実行する場合の効用（$-c$）と比較しなければならない。私は，$U_d>c$と仮定しているが，この仮定は後に若干緩めるが，極めて重要な仮定である[28]。

　これらの仮定を基礎として，仮説的モデルの彼が自殺する場合，以下の＜数式10.1＞が設定する条件に従うと想定することになる。

＜数式10.1＞　　　$pU_d > (1-p)U_h + c$

この数式を言語にすると，以下のように表現することができる。彼の現時点での自殺の期待効用は，現時点での自殺によって回避できる不効用と言い換えることもできるが，生存に由来する期待効用と自殺のための費用を加算した合計を上回ることを意味している。この自殺によって喪失する期待不効用

---

[28] 効用cは，通常は極めて高いと想定されるが，その場合でもしばしば$U_d>c$と想定される。この結果，自殺は勇敢であると評価される場合と卑怯であると非難される場合の両者の可能性がある。この点に関する興味深い議論として，以下参照。Miriam Griffin, "Roman Suicide," in *Medicine and Moral Reasoning* 106, 122-123 (K. W. M. Fulford, Grant R. Gillet, and Janet Martin Soskice, eds., 1994).

と自殺の費用の合計は，現時点で自殺の実行によって派生する費用を意味している[29]。かりに，$c = 0$であると仮定すれば，彼は$pU_d > (1-p)U_h$の条件が満たされる場合に自殺を実行することになる。すなわち，生存に伴う期待不効用(確率で重みづけられた)は，私が不運な状態と呼ぶ状態であるが，生存に伴う健康状態での期待効用レベルを超えている場合に相当する。

この彼の不運な状態は，$p > (1-p)$であれば，彼はそれに陥りやすい状態になる。この予測される不運な状態は，彼が合理的な意思決定として自殺するためには，予測できる回復(健康な)状態の効用を大きく上回る必要はない。実際には，もしpの確率が相当に高ければ，不運な状態での生存に伴う不効用は，合理的な意思決定による自殺の必要がない健康状態への回復による生存に伴う効用より少ない場合がありうる。しかし，これはcの費用の規模いかんに依存する。彼が自殺を実行する費用が充分に大きければ，たとえ彼が生きているよりも死んだ方がましだと思っていたとしても，自殺を実行することを思いとどまるだろう。結果的に，彼にとってのcは取引費用の一種として，忘却の彼方へ移動するための片道切符の費用を意味している。

ある個人が現時点での自殺を実行する場合の費用をcとして，自殺の実行を延期した後に医師幇助自殺で実行する場合の費用を同額のcとすると，極めて対称的な状況が浮かび上がってくる。ここには，真の意味での個人の選択という問題が存在する。ある個人は，医師幇助自殺の可能性があるか(合法化される場合を想定する)否かによって，自殺の実行を延期できるか否かを決定することができるからである[30]。ここでは，耐えがたい苦痛が単純に不運な状況での不効用を意味する$-U_d$を生むと仮定してみよう。その個人が将来のある時点で，自分の症状が健康状態における効用であるU_hに回復することはありえない事実を理解できたと仮定してみよう。この場合，彼にとって自殺の実行費用cの負担で延期できるならば，＜数式10.1＞の不等式でのU_dをcに置換できることを意味している。この事実は，不運な状態に陥ることを知った個人は，彼の不効用を減少させる置換手段である(不運な状態によって他人の関与なしに自殺を実行できない無能力状態と仮定し

---

29 私は，これらの将来の価値を現在の割引価値として示すことは，この分析では重要ではないと考えて無視している。

30 前述のカルロス・ゴメスの事例調査で引用されているある医師は，「安楽死が適用できるか否かは，その女性(彼の患者)が少なくとも化学療法を1ラウンド試した後でしか充分に責任を持った回答ができない」と述べている。Gomez, note 18 above, at 111.

て医師幇助自殺を想定している)，自殺を実行する費用を負担する決断をするだろう。

われわれがモデルとして仮定する難病患者は，＜数式10.1＞での効用の置換手段を考慮に入れた上で，＜数式10.2＞に表示する以下の条件を充足する場合にのみ，自殺の実行を延期することなく現時点での自殺を実行することになる。

＜数式10.2＞　　　　　$pc > (1-p)U_h + c$

あるいは同様に，もし $U_h > c$ であれば，U_h と c はともに正の数値であるから，彼は現時点での自殺を実行しないことは明らかである。この場合に，絶対確実である確率1で自殺を実行する費用は，その割引現在価値を無視したとしても，生存し続けることによって正の効用が生まれる健康状態に回復する期待と1以下の生存確率を掛けた積を超える必要がある。現時点で実際に自殺を実行する費用は，たとえ生存によって生じる期待効用を無視したとしても，後の時期に自殺するための「期待」費用を超過しなければならない(なぜなら c は定額で pc を超える額と想定されているからである)。

この分析は，ある人が身体的に無能力状態に陥った場合には，医師幇助自殺が許容されることを前提としている。私がモデルとしている難病患者のケースでは，自殺件数は $1-p$ の確率で減少することが示される。このケースにおける自殺の減少率は，自殺を考慮していた人が自分の将来の疾病状態の予測や，その生存への希望に与える効果について間違っていた場合などを含むからである。さらに，実際に自殺が実行されたケース(p)でも，医師幇助自殺が禁止されている場合と比較すると，その自殺の実行時期は遅れることになる。この場合，その遅れが週単位ないし月単位あるいは年単位でも，その正の効用を伴う生存状態が確保される可能性がある結果となる。

このような結果を生み出す背景は，直観的に見ても明白である。たとえば，選択肢が現時点での自殺かそれとも苦痛のうちに生き延びるかの二者択一しかないならば，その個人は現時点での自殺を選択する可能性が大きくなる。これに対して，現時点の自殺と後の時点での自殺費用が等しいという両者の選択肢があれば，彼らは後者を選択する確率が高くなる。彼らは，生存を継続することを通じて，耐え難い苦痛や無能力状態になると信じることが誤りであると自覚できる機会が生まれるからである。彼らは，現時点での自殺を実行する場合には，このような機会に接する期待を諦めざるを得ない。このように医師幇助自殺の可能性が生まれることは，彼らが生きるべきか死

ぬべきかを決定する前に、より多くの情報が得られるまで待機する手段を保障することを意味する。これを別の言葉で言い換えるならば、医師幇助自殺の利用可能性は、生存を継続するオプション価値を増加させるのである。第6章で検討したように、加齢に伴う生命の価値の減少は、高齢者の高い自殺率に寄与する重要な要素の一つだからである。

これを一般化して表現するならば、あるサービスが利用可能になることは、人びとの予測するようにサービスが活用されるのではなく、実際にはそのサービス活用の度合いが減少する傾向を示すことを意味している。この傾向は、不快な選択肢に直面した人びとの合理的な行動という仮定とは矛盾しないし、また自殺に関連する問題に限定されるわけでもない。たとえば、あなたが金曜日の午後に下腹部に痛みを感じたと仮定してみよう。あなたの家庭医のオフィスが週末には閉まっているならば、週末に症状が悪化することを懸念してあなたは金曜日のうちにそこに駆け込む必要がある。けれども、週末でも家庭医のオフィスが開いているならば、あなたはその意思決定を留保してその痛みが改善するか悪くなるかを見守ることができる。このようなケースでは、多くの場合に症状は改善する可能性がある。結果的に、この例で典型的に見られるケースでは、家庭医の開業日が拡大すれば人びとの受診回数はかえって減少する可能性がある。

医師幇助自殺の効果は、以下の条件を充足できるならば、実際に自殺数を減少させる効果がある。自殺を考えている人びとにとって、医師幇助自殺はその幇助がない自殺よりも、私が想定している費用と比較して相当にその費用が安いことが条件となる。この費用の相違は、自殺を考えている人がその実行を延期するインセンティブを増加させる。私の分析では、医師幇助自殺を合法化する条件は、その患者が自分で生命を処理できない状態であることを前提としているからである。結果的に、逆説的ではあるが、自殺の費用が安くなることは自殺を減少させる効果がある。その前提として、前述の難病患者のモデルで仮定している $c < U_d$、つまり自殺の費用が瀕死状態の生存での効用よりも少ないという条件が必要となる。たとえば、自殺を自力で実行する費用 (c_u) は相当に高くつくことを考えてみよう (自殺する手段の選択や苦痛あるいは失敗に対する恐れや失敗で予測される結果など)。多くの人びとは、その人生が悲惨の極みに陥る確率を予測できる場合でも、医師幇助自殺が認められない限り、決して自殺の実行を試みないであろう (これが $c_u > U_d$ であることを意味する)。そこで、医師幇助自殺 (c_a) が充分に低い費

用で利用できる，つまり$c_a < U_d$であると仮定してみよう。この場合，その患者は自身の病状が悲惨な状態に陥った時に，医師幇助自殺が合法化されているならば，あくまでもこれは仮定の話であるが，彼は自分の人生を自らの意思で最終的に終わらせることができる。自殺の費用の問題は，特に高齢者の場合では自殺率に影響を及ぼす重要な要素である。この事実は，イギリスで都市ガスが無毒化されたときに，高齢者の自殺率が落ち込んだことにも示されている。この時代の中年者や高齢者の自殺は，ガス・オーブンの中に頭を入れて中毒死する自殺(安上がりの方法として)が流行していたのである[31]。

ここでは，人びとが不運な結果に陥る確率やその苛酷さを楽観的に過小評価しているために，彼らがそのような状況に陥ったことを初めて学習するときには自殺を実行しないと想定してみよう。この場合には，たとえ自殺者の総数が減少するとしても，医師幇助自殺の希望者はかえって増加するかもしれない。しかし，彼らは医師幇助自殺が合法化されていないことに気が付いたとしても，その時にはすでに手遅れである。このような馬鹿げた楽観主義は，第5章での分析が正しいとすれば，高齢者の場合には若年者と比較するとそれほど深刻な問題とはならないかもしれない。

たとえば，$c_u > U_d > c_a$の場合には，自殺率が高くなる可能性を比較すると，医師幇助自殺が許容される可能性は低くなる。自殺を考えている人びとは，医師幇助自殺の費用が他の場合と比較して低くなれば，医師幇助自殺を選択する確率が高くなるだろう。この事実は，人びとが自殺を実行する前に医師と相談することを示唆している。この事前に医師と相談することを義務化するならば，この時間的な遅延効果は衝動的な自殺件数を減少させる効果をもたらすと予測できる。くわえて，医師がこの相談に際して精神的な疾患の治療を行う可能性もあるから，この衝動的自殺を減少させる効果も期待できる。高齢者の自殺と精神疾患に関する診断の関連性は，その判断が非常に困難であるとしばしば指摘されてきた[32]。この高齢者の自殺と精神疾患の関

---

31 Dan G. Blazer, "The Epidemiology of Psychiatric Disorders in Late Life," in *Geriatric Psychiatry* 235, 251 (Ewald W. Buse and Dan G. Blazer, eds., 1989); see also George Winokur and Donald W. Black, " Suicide –What Can Be Done?" 327 *New England Journal of Medicine* 490 (1992); Bijou Yang and David Lester, "The Effect of Gun Availability on Suicide Rates," 19 *Atlantic Economic Journal* 74 (1991).

32 See Carmelita R. Tobias, Raymond Pary, and Steven Lippmann, "Preventing Suicide in Older People," 45 *American Family Physician* 1707 (1992); Yeates Conwell and Eric D. Caine, " Rational

連性については，患者たちに自らの疾患について情報開示するインセンティブを与えることで，医師の診断方法を改善することが期待できる。これらの高齢患者は，自殺を実行する際に何らかの助力を第三者に求めているからである。医師幇助自殺は，自殺の費用を抑制するのみならず，自殺を回避するために医師の関与機会を増加させる効果を持っている。この効果は，患者が身体的に無能力状態になったケースのみならず，医師幇助自殺を広範囲に合法化することを正当化する充分な根拠を示している。私は，シャボット事件のように典型的ではないケースに対して，この分析結果を適用すべきだと考えているわけではない[33]。むしろ，医師幇助自殺に関する一般的権利の承認は，慎重に考えた末での自殺のみならず衝動的な自殺の費用を抑制する効果も伴っている（すでに示唆したように必然的という意味ではない）。私は，幾度も指摘したように，人びとが衝動的な自殺の実行を容易にすることを望んでいるわけではない。

　このような私の分析に対して，経済学者たちは「需要法則」に反するという全面的な反論をする可能性がある。すなわち，財やサービスの価格の低下は，ここでは自殺をめぐる財・サービスということになるが，その需要を減少させるよりそれを増加させる効果があるという反論である。このような反論は，この問題に関する判断枠組みを構成するための適切な方法ではない。われわれが対象としている財は，一つではなく二つの財である。すなわち，他人の関与を全く受けない自殺と医師幇助自殺という二つの選択肢がそれである。この二つの財は，代替財とみるべきである。それゆえ，第二の財の価格が低下すれば（合法化によって），第一の財への需要は減少する。結果的に，第一の財の需要の減少が第二の財に対する需要の上昇によって完全に代替されるというのは，経済学の教科書が教えていることではない。たとえば，10回の髭剃りに耐える安全カミソリは，1回の髭剃りに耐えるカミソリの代替財ではある。けれども，前者のカミソリが市場を完全に支配すれば，たとえこの長持ちするカミソリが他のものよりも価格が高くない場合でも，安全カミソリの生産・販売の総量は減少することになる。

　私は，医師が自殺の費用を抑制する役割があることを強調してきたけれど

Suicide and the Right to Die: Reality and Myth," 325 *New England Journal of Medicine* 1100, 1101-1102 (1991).

33　前掲注25とそこでの本文を参照のこと。

も，医師は自殺に伴う便益を抑制する重要な役割も果たしている。とくに，医師が鎮痛剤を効果的に使用するという意味では，自殺の抑制と同様にU_dを抑制する重要な役割を果たしている。この医師の二つの役割は，潜在的には致死量に達する恐れもある鎮痛剤を処方するに際にはその役割は統合される結果となる。この場合，患者の痛みを除去する可能性とともに患者を殺してしまう可能性もあるという意味では，患者のU_dは排除されることになる。

最後に，私の分析が適切であると仮定した場合でも，以下の事実についてさらに検討する必要がある。医師に対する出来高払いによる報酬は，アメリカでは一般的な報酬制度であるが，医師幇助自殺を合法化する法律の制定に当たっては変更されるべきである。この法律の制定とそれに伴う報酬制度の変更は，医療サービスに対する需要を直接的および間接的に増加させる効果がある。この法律の制定による直接的効果としては，重度の疾病患者や高齢者の自殺率を減少させるとともに自殺の実行を延期させる効果が期待できる。また間接的効果としては，重大な疾病を抱えた人びとの生存期間が長くなる結果，終末期における高額な医療費負担の問題に注目が集まるという効果が生まれる可能性がある。

(3) 証拠

医師幇助自殺は，患者が身体的に無能力状態になった場合に許容されると仮定すれば，それが自殺率にどのような影響を及ぼすか実証的に検証されるべきである。＜表10.1＞は，アメリカでの各州の自殺率に関する統計データの回帰分析結果を，一人当たりの収入と黒人の人口比率(黒人の自殺率は白人のそれよりも相当に低い)，および以下のダミー変数で示している。このダミー変数は，ある州が医師幇助自殺を犯罪として処罰する立法を制定している場合を1，この立法を制定していない場合を0としている[34]。

ここでは，一人当たりの収入と黒人の人口比率の間には，統計的には有意な共変関係は存在しないことを示している。また，これら二つの変数は，各

---

34 アメリカでは，半数以上の州がこのような立法を制定している。なお，自殺率と一人当たり所得のデータは，アメリカ統計要覧の1993年版から引用している。また，人種データは，以下の文献からの引用である。Kathleen O'Leary-Morgan et al., *1991 State Rankings: A Statistical View of the 50 United States* (1991). また，医師の関与する自殺に関する立法データは，以下参照。Julia Pugliese, "Don't Ask – Don't Tell: The Secret Practice of Physician Assisted Suicide," 44 *Hastings Law Journal* 1291, 1295 n. 20 (1993).

<表10.1> 医師幇助自殺立法とその他の変数による
自殺率の回帰分析(かっこ内はt値)

一人当たり収入	黒人の人口比率	自殺幇助法制定の有無	R^2
−.0005	−.1287	−.7601	.31
(−3.388)	(−2.999)	(−0.951)	

州での自殺率に極めて大きな分散があることも示唆している。医師幇助自殺に関する立法の存否は，他の変数との間に共変関係はないが，医師幇助自殺を禁止する州の自殺率はそれを禁止していない州よりも低いことを示している。しかし，このデータの分析結果は統計的には有意とは言えない。このデータ結果に示されている自殺の多くは，終末期その他の重度の疾病症状にある人びとが実行したものではなく，私の仮説の範囲に該当する自殺はほとんどが含まれていないからである。この結果は，医師幇助自殺の禁止立法を制定している州での立法の廃止は，自殺率を低下させる手段として適切であることを意味するわけではない。けれども，私が疑問を提示したように，自殺を許容にする立法が自殺率を増加させるという直観的な想定には相当に疑問があることを示唆している。

私は，ここで「若干の」疑問を提示しておく。第三者の関与する自殺を禁止する州の立法は，医師に適用されなければ，この立法はほとんどその抑止的効果を持たないだろう(この立法は完全に遵守され法的に執行する必要がないという反対の仮説は信頼に値しない。アメリカで医師幇助自殺が稀有ではない事実は，相当に説得力ある逸話的・実証的証拠によって示されている[35])。この医師幇助自殺の禁止立法を持つ各州は，その法を適切に執行していると仮定するならば，同様の立法を持たない州は，医師幇助自殺を通常殺人(homicide)として処罰していると仮定できる[36]。この州立法による法的取扱の差異は，各州の刑事裁判で陪審員が医師幇助自殺には有罪評決を出すが殺人には有罪評決を出さないという判断が定着していない限り，この立法の存否が医師幇助自殺の法的取り扱いに差異をもたらす原因であると判断することはできない。

---

35 See id. at 1305-1306.

36 See David R. Schanker, "Of Suicide Machines, Euthanasia Legislation, and the Health Care Crisis," 68 *Indiana Law Journal* 977, 985-992 (1993).

実際には，どのような立法を制定している州でも，医師が患者の自殺を幇助した場合に実際に処罰される確率は極めて低いと思われる。私は，このような事実関係が問題となった訴訟では，1950年以降の事件では3件しか発見していないが，その全てがジャック・ケヴォーキアン博士に関する事件[37]である。これらの事件では，博士が医療行為に関する意思決定を公表した上で，実際に公衆の注目を集める中でその医療行為を実施したという特殊な性格を持った事件である。私は，ケヴォーキアン博士に関連するこれらの判決以外にも，他に4件の類似する訴訟事件を発見している。これら全ての事件は，患者の自殺に医師が何らかの幇助をしたという理由で，その医師が起訴された刑事事件である[38]。これらの類似事件は，もっと多く存在することに疑問の余地はないが，全てを合計しても医師幇助自殺の総数から見ると極めて少数に過ぎないだろう。この事実は，医師幇助自殺を犯罪として処罰する立法が実際に自殺率を増加させると考えられない証拠となると思われる。けれども，これらの分析結果は，医師幇助自殺の禁止立法を評価する統計的データが存在しない事実を説明する役割も果たしえない。また，この禁止立法が実際には執行されていないと仮定しても，その原因がこの立法の存在自体にあるのかそれとも殺人を禁止する一般法の存在にあるのかという事実関係も明らかにはできない。結果的に見れば，医療現場での法的規制ないし倫理的規範の設定がなされているか否か，またその法的規制に制限があることが自殺率を上昇させる原因となっているか否かも明らかではない。

　これらとは異なる証拠として，＜図10.1＞は，医師幇助自殺を禁止する立法が自殺率に影響を与える効果に関する国際比較データを示している。この図は，オランダその他のヨーロッパ諸国における，全ての男性自殺者に占め

37　People v. Kevorkian, 527 N.W. 2d 714 (Mich. 1994); People v. Kevorkian, 517 N.W. 2d 293 (Mich. Ct. App. 1994); Hobbins v. Attorney General, 518 N.W. 2d 487 (Mich. Ct. App. 1994).

38　See H. Tristam Englehardt, Jr., and Michelle Malloy, "Suicide and Assisting Suicide: A Critique of Legal Sanctions," 36 *Southwestern Law Journal* 1003, 1029 (1982); Michael Winerip, "Prosecutor Ponders Mercy for a Mercy-Killing Doctor," *New York Times* (national ed.), Nov. 25, 1986, p. B4; Lawrence K. Altman, "Jury Decisions to Indict a Doctor Who Said He Aided in a Suicide," *New York Times* (national ed.), July 27, 1991, p.1. なお，これら四つの事件の中で，ただ1件のみが有罪判決を受けている。この事件では，被告人は故殺(manslaughter)として有罪という答弁をしている。また，自殺幇助の事件では，幇助した第三者が医師以外の場合にはほとんど起訴されていない。Catherine D. Shaffer, Note, "Criminal Liability for Assisting Suicide," 86 *Columbia Law Review* 348, 369-371 (1986).

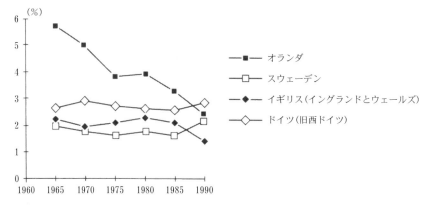

<図10.1> 高齢男性の自殺率の国際比較-男性全体の自殺率との対比

る高齢男性(75歳以上)の自殺率を示している。この図では、オランダで安楽死が一般化する1970年代初め以前では自殺率が極めて高かったが、その後に急速に下降したことが示されている。オランダの統計データでは、一般男性のみならず高齢男性の自殺率でも、他の諸国と比較すると絶対的および相対的に有意な差異が見受けられる[39]。

オランダでは、医師幇助自殺を含む安楽死による死亡者数は、公式統計では自殺者数に算入されていない。ある論文は、この事実を認めた上で、次のように説明している。たとえば、治療不能な疾病に罹患した高齢患者が「安楽死または医師幇助自殺」を要望した場合、彼らの要望が受け入れられればその死は自殺として処理されると説明している[40]。この説明は、相当に信じがたい(そして実際には間違いである)。なぜなら、オランダの公式統計での自殺者総計は2,000人以下に過ぎないが、安楽死による年間の死亡者数はこれを凌駕しているからである(安楽死者の数は2,700人でそのうち400人が医師幇助自殺とされている)[41]。オランダの自殺に関する統計処理は、人びとが

---

[39] <図10.1>のデータの出所は、以下参照。World Health Organization, *World Health Statistics Annual*, various years. なお、女性の自殺に関するデータは、最近のオランダの自殺率では若干の上昇傾向がみられるが、基本的には男性のそれと類似している。

[40] A. J. F. M. Kerkhof et al., " The Prevention of Suicide among Older People in the Netherlands: Interventions in Community Mental Health Care," 12 *Crisis* 59, 63 (1991).

[41] See id. at 59; Kimsma and van Leeuwen, note 1 above, at 27-28; Netherlands Central Bureau of Statistics, *Statistical Yearbook 1993 of the Netherlands* 418 (1993) (tab. 43). なお、オランダ中央

自発的に死を求めて熟慮の上で実行した数値のみを自殺として処理している。われわれは，オランダの安楽死に関する時系列的な統計データを持っていないために，高齢の自殺者総数が安楽死とどのような関係にあるのか，＜図10.1＞の数値データからでは推測できない。けれども，オランダでは安楽死が相当に普及していると推測できる。私の分析手法に従って考えるならば，伝統的な自殺の代替手段としてオランダでは安楽死が普及したと考えられる。

安楽死を合法化すべきであるという主張は，すでに見てきたように，安楽死を認めることは自殺を奨励する行為（殺人と同じ行為）と同じで，全ての年齢を通じて生命に内在する人間の尊厳さを毀損する行為であると批判されてきた。このような批判を認めるとしても，オランダでは1970年代初頭から自殺率が上昇したことは周知の事実である。オランダの自殺率は，1974年から1988年の間で25％も上昇している。けれども，ヨーロッパ共同体の12ヵ国の自殺率は，この間の平均上昇率は36.25％に達している。オランダの自殺率の上昇は，12ヵ国のうち下から4番目であるに過ぎない[42]。

3 自発的な安楽死とその実行の延期

ここでは，死の意思決定とその実行の延期による時間的な間隔という，重要な問題に立ち戻って考えることにする。私は，この問題を検証するために，二つの仮説的なモデル事例を取り上げて検討する。第一の事例は，*A*氏の事例であるが，彼は高齢者になったことを自覚している。彼は，加齢により身体的な老衰状態になることを恐れているが，自身がその状態になった時に考えが変わるかもしれないと危惧している。現在の時点では，彼は極度な加齢現象の末に老衰状態となる閾値は75歳ころであり，その時点で自発的な死を選択したいと考えている。第二の事例は*B*氏のケースで，彼は自分の

統計局に電話で確認したところ，オランダの自殺統計には安楽死は全く含まれていないとの回答があった。

42 Computed from Colin Pritchard, "Is There a Link between Suicide in Young Men and Employment? A Comparison of the UK with Other European Community Countries," 160 *British Journal of Psychiatry* 750, 753 (1992) (tab. 3). 私が入手した統計データでは，スコットランドと北アイルランドはイングランド・ウェールズと区別されている。私は，ここではスコットランドの数値を含めているが，北アイルランドのそれは除外している。その理由は，その自殺率の増加が206％という著しい外れ値を示しているからである。

高齢期について心配してはいないが，生きたまま死んだような老衰状態に陥ることを懸念している。彼は，自分が老衰状態に陥った時に，自分の意思で生命を終わらせるには時期として遅すぎると考えている。彼もA氏と同様に，老衰状態になった時に自発的な死を迎えたいと思っているが，その年齢について限定して考えてはいない。B氏の老衰状態への恐怖について，これを神経症であるとか不合理だと考えることはできない。老衰によって認知障害が発生するというのは，高齢者に特有の症状だからである。この症状は，第1章で見たように，人間にとって深刻でその尊厳を脅かす認知障害を引き起こす傾向がある。高齢者の深刻な認知障害は，とくに80歳代から90歳代の人びとにとって恐怖の的となっているのである。

(1) 身体的な虚弱の場合

　A氏の事例について経済学的に議論すべき主題は，人びとが自らの意思によって将来の自己自身の生存を終局的に選択する意思決定について，われわれがそれを許容すべきか否かという論点である。この議論に対する一つの解答は，若者は医師になりたいという現実的な願望は諦めて，メディカル・スクールではなくロー・スクールに進学すべきだという議論である。もう一つの解答は，現実的な選択として医師としての本分に戻って考えた上で，たとえ回復不能な老衰状態に陥ったとしても人間としての長寿を全うさせるべきだという解答もある。自殺に関する問題は，この人間の本質的な自己選択に関する照明の下で考察すべき主題である。けれども，これらの解答とは別の議論として，人間が自殺するという意思決定の時点とそれを実際に実行する時点との間には，相当の年月にあたる時間的な経過が必要であるという議論もある。この議論は，第4章で見たように，t時点での自己と$t+k$時点での自己は，実際には異なる別個の人格であるという主張がその根拠になっている。たとえば，A氏の場合，A_tとA_{t+k}は，少なくともkが実数であると仮定すれば別人格でありうる。この仮定に従って考えると，A_tとA_{t+k}は，生きるべきか死ぬべきかという基本的な課題について異なる選好を持っている可能性がある。若年者の自己は，高齢者の自己をある程度はコントロールできるが，高齢者の自己は若年者の自己を全くコントロールできない。時間は前に進むけれど，後戻りはできないという単純な事実がその背景にあるからである。実際問題として，A_tがA_{t+k}の意思決定に関する受託者として行動する

ことは不可能である[43]。法の役割は，若年者の自己が高齢者の自己に対して，人生を破滅的な方向に導くことに積極的に助力すべきであるという趣旨ではない。たとえば，A氏とある第三者が契約を締結して，A氏を$t+k$の時点で殺害する契約に執行力を付与する場合である。若年者の自己は，高齢者の自己と比較して真正の自己とみなされる根拠は存在するのだろうか。真正の自己の存否の問題は，多元的自己をめぐる分析の出発点である[44]。ゲーム理論の専門家は，現在の自己と将来の自己の間での交渉をモデル化することでこの問題が解決可能と主張するかもしれない。しかし，彼らからも，この時間的に継承される自己の相互間での紛争を調整する課題について満足できる解答は示されていない。プラドは，高齢期には「われわれ自身という人格」の存在を停止して，「数ヵ月前には耐えられないと拒否した自身の人格を受け入れるべき」であるとして，「先制的な(preemptive)」自殺を支持している[45]。けれども，私には，彼の主張が極端であるように思われる。

彼の分析は，自殺予防が可能であれば常に自殺は予防すべきであるという，強い信念を支持する見解であると思われる。たとえば，A_tの立場で考えるならば，彼自身を殺すことはA_{t+k}をも殺すことを意味している。この場合のA_tは，生きることからプラスの効用を得ることができる全ての将来の自己を殺すことになる。A_tが全ての時点でのAである自己を公平に殺すという意味は容易に想像することができる。Aは，将来の自己がその生存からプラスの効用を得ることを知っていても（$UA_{t+k}>0$という意味），現在と将来の自己の効用の総計がマイナスとなる（$-UA_t+UA_{t+k}<0$）と考えるならば，彼は自己を殺すだろうと予測できる。A_tの生存に由来する不効用（彼がナチスの強制収容所に等しい老人看護ケア施設[46]で終末期を迎える恐怖に直面するよ

---

43 これに例外があることは，以下で議論する。その前に，類似的なケースとして，ある妊娠した女性が適切な注意を払わなかったために胎児を危険にさらした場合，その罪を問われるべきか否かという問題もあることに注意してほしい。

44 See, for example, Thomas C. Schelling, *Choice and Consequence: Perspectives of an Errant Economist* 67-68, 152-156 (1984).

45 Prado, note 12 above, at 119, see also, id. at 124-125.

46 一般的な印象とは異なるかもしれないが，多くの老人看護ケア施設に入所する高齢者の入所期間は比較的に短期である。その理由は，彼らがそこで死亡するか非入所型の施設に移動するかのいずれかで終了するからである。「老人看護ケア施設に入所した全ての女性のおよそ25％は，そこで約3年間を過ごしている」と報告されている。Andrew Dick, Alan M. Garber, and Thomas A. MaCurdy, "Forecasting Nursing Home Utilization of Elderly

うな場合)は，A_{t+k} の生存に由来する効用を超過することを意味するからである。この場合，現在の自己が将来の自己の効用を自身のそれと考えたとしても，彼の自殺は自身の総効用を最大化する行為と考えることを意味している。

多元的自己の分析アプローチは，全ての自殺行為を一方的に非難する主張ではない。人びとの多くが功利主義者であると仮定すれば，この議論を受け入れることが困難であるとしても，その趣旨は理解できるであろうと予想している。けれども，人びとが功利主義者であったとしても，自分の「人格」としての人生を第三者のそれと置換して考えることに躊躇を覚えるかもしれない。功利主義に内在する個人の自由な選択への政府介入を許容するアプローチは，われわれ自身の自由が制約される可能性があるという違和感を持つからである。将来の自己による主張は，現在の自己によるそれと比較すれば考慮すべき重大な主張ではないとしても，将来の自己があたかも胎児(潜在的には別個の人格)のような重大な倫理的主張を持っていると仮定してみよう。この仮定を受け入れるならば，妊娠した女性の喫煙を禁止すべきであるという主張は，瀕死の人びとの喫煙はその例外として，全ての人びとの喫煙を禁止すべきだという主張を認めることを意味している。

自殺の実行行為を禁止する主張は，家父長的な保護主義として即座に拒絶すべき主張ではない。とくに，意思能力のある成人の選択でなされる自殺行為への政府介入は，これを家父長主義であると非難する人でも，全ての自殺行為の禁止を家父長的として一蹴することはできないだろう[47]。ある人の将来の自己が現在の自己とは異なる人格であると仮定すれば，彼の自殺行為は彼自身のためだけの選択とは言えない。けれども，この主張に実質的な意味で反対するとすれば，人格的自由への政府の家父長主義的な介入に反対することと同じ主張となる。とくに，若年の自己が高齢の自己に対する完全な代理人ではありえないと仮定すれば，国家がより良い代理人であると想定できる理由は他にあるのだろうか。より正確に表現すれば，二人の異なる自己の利害を調整しうる代理人は，自己以外に誰か存在しうるのだろうか。まさに同様の問題であるが，両親は彼らの子供たちの完全な代理人と評価できるの

Americans," in *Studies in the Economics of Aging* 365, 392 (David A. Wise, ed., 1994).
47　家父長主義の擁護論と多元的自己の概念に関する議論の相違については，次章における社会保障の強制加入的な性格に関する議論を参照。

だろうか。われわれが子供に対する育児放棄とか虐待と呼んでいる極端な場合でも，彼らの親は国家よりもましな代理人ではないだろうか。われわれは，自らの高齢期や不確実な状況に陥る可能性を持つ自己のために，人びとがさまざまな事前準備をしていることを知っている。彼らは，交通事故に遭遇した後に障害者となった自己に対して，その情報を伝言するゲームをしているのではなく，たとえば障害保険を事前に購入するなどの対応でその準備をしている。彼らは，将来の自己に対して全く無責任なままでいるわけではない。問題は，彼らが全ての費用負担を含めて政府の介入を是認するほどに，将来の自己に対して無責任かつ怠惰であるか否かである。

(2) 老衰状態の場合

次に，モデル事例のBの場合を考えてみよう。Bの若年者の自己は，高齢者の自己が重篤な老衰状態に陥ったならば彼を殺してほしいと思っている。Bの事例がAと異なっているのは，B_{t+k}が独立した人格を持っているか否かという問題である。B_{t+k}が人格を持っていなければ，B_tから分離して保護されるべき「別個の」人格という問題は生じない。人としての人格的同一性の問題は，独立した人格を保有するという問題とは明確に異なる問題である[48]。B_{t+k}は，B_tの名称とともに人格的同一性を保持する証拠を持っている。独立した人格という概念は，ある程度の精神的機能[49]を持っていて単なる脳の血流機能がある状態ではないとすれば，B_{t+k}は独立した人格として法的保護を受ける資格を持っていない。

私は，このような議論に際して必ずしも心地よい状態でいるわけではない[50]。ダン・ブロックは，「幼児殺害(infanticide)は，幼児はいかなる意味でも

---

48 See, for example, Dan W. Brock, *Life and Death : Philosophical Essays in Biomedical Ethics*, ch. 12 (1993).

49 基本的には信号的機能として，自己が誰であり誰であったかという「自伝的な記憶」を持っていることを意味する。See D. B. Bromley, *Behavioural Gerontology : Central Isuues in the Psychology of Ageing* 231 (1990). この点については，第5章の記述を思い出してほしい。この事実は，高齢者がたとえ短期間でも自己の死を先延ばししたいと願望する，その理由に関係しているからである。

50 Dworkin, note 7 above, at 232. ドゥオーキンは，認知症になった個人がその状態にも拘わらず幸福であるように見える場合について，彼自身にも心理的な葛藤があることを表明している。さらに問題となるのは，ここでは私は取り上げないが，成人後見制度の利用に関する問題がある。成人後見の手続きは，実際には意思能力を失ったわけではない

殺されないという道徳的権利を持っていないから，人間の人格という視点から言えば倫理的に罪悪だとは言えない[51]」，という見解を表明した人物として知られている。このブロックの見解は，アメリカにおける道徳的引力の及ぶ範囲を超越する地点にまで言及している。われわれにとって，幼児殺害の非倫理性は，たとえ彼らに意思能力が認められないとしても，法的に許容されないことは再考する余地もないことである。この幼児殺害は，自殺に関する契約に類似する問題として考えるべきではない。自殺に関する契約は，意思能力のある個人の締結した契約として法的執行力が認められるし，その契約を締結した個人の意思に反して死を導くことも可能である。彼は，過去においてその契約に署名した事実があるし，現在ではその契約を否認する意思能力を喪失した状態にあるからである。彼は，違約金の没収その他の金銭的制裁によって契約の効力を停止させる意思能力も失っている。われわれは，幼児殺害の非道徳性と自殺契約に対する執行力の相違について考える場合，道徳的な直観のみでは心理的に動揺することは確かである。この道徳的直観は，人間の人格に関する哲学的分析に従って知覚されるのではなく，哲学的分析に先立って知覚されるものである。ある人が老人性認知症になって死ぬ前に，自分の身の振り方について一定の処理をすることを法的に許容する場合を想定してみよう。彼は，幼児殺害がそうであるように，あるいは猿やコンピュータが人間以上だとみなされるように，自身が深刻な認知障害ないし知的発達障害の状態に陥ることを恐れている。われわれは，人間のこの深刻な認知障害に対処すべき方法については，現在でも科学的に見れば全く進歩していない。われわれ人間は，動物や機械に優越する存在であるという固定観念から簡単には抜け出せないからである[52]。私は，道徳的直観が普遍的である事実について，人びとが動揺することを意図しているわけではない[53]。このような道徳的直観は，われわれ人間社会が永続的かつ不滅であることを

高齢者の老人看護ケア施設への入所その他の自己決定権を侵害する，非自発的な民事的意思決定のために利用されている。この成人後見手続きは，単にその高齢者の親族による不便さの解消のために利用されているに過ぎない。See George J. Alexander, "Age and the Law," in *Perspectives on Aging: Exploding the Myths* 45, 54-66 (Priscilla W. Johnston, ed., 1981).

51　Brock, note 48 above, at 385 n. 14.
52　この道徳的判断に関する分析での直観の優越性については，私の以下の著書を参照。R. A. Posner, *The Problems of Jurisprudence* 76-77, 339-340 (1990).
53　たとえば，高齢者が深い尊敬の対象であるにも拘わらず，幼児殺害を許容するような社会が存在している(具体的な事例として，近代以前の日本社会など)。cf. chapter 9.

示唆するわけでもない。この道徳的直観の多くの部分は，実際には地域限定的かつ流動的な実態にあるかのように見える。この道徳的直観は，人間の理性によって変更できるものではない。この道徳的直観の一部は，理性に根差すものではないからである。この道徳的直観は，われわれの遺伝子プログラムに由来する。この道徳的直観は，これまでの各章で議論してきたように，人間社会の物質的条件にも由来する。われわれは，ここまでは老人性認知症に罹患した個人の問題よりも，幼児殺害の問題により大きな関心を向けてきた。ここでは，幼児殺害の問題と老人性認知症の問題を分離して考えるために，充分に「理性的」とは言えないとしても相当な根拠を示すことができた。けれども，これらの根拠は，自殺に関する契約への執行力の問題を解決するために充分な根拠を示したものとは言えない。

　この道徳的直観を動揺させる全ての議論は，本章の最後に言及するが，J・S・ミルによる制限的政府論に関する私の議論と矛盾するように思われるかもしれない。けれども，多元的自己に関する理解を前提とすれば，そこには全く矛盾する余地は存在しない。つまり，ある人の身体の現時点での占有主体(occupant)が将来のその占有主体を殺害するという意思決定は，ミルの主張する「他者への費用転嫁」すなわちその費用負担に同意していない占有主体に費用転嫁することを意味している。この問題は，身体的に無能力状態になった人の場合には，それほど重大な問題にはならないように思われる。私は，この問題から考察を始めたいと思う。オランダの安楽死に関する大多数の事例は，生存余命が1ヵ月以下の人びとの事例であったことを思い出してほしい。彼らは，それほど遠い将来の自己に関する意思決定をしているわけではない。彼らは，全く異なる価値や嗜好を持った異なる人格とみなしうる自己を処分したわけではないのである。

　幼児殺害と老人殺害をめぐる問題は，哲学的な意味とは言えない実務的レベルでは，限定的ではあるけれどある程度は切り離して考えられてきた。自殺幇助に関する契約は，現行法の実務レベルでは執行力は与えられない。けれども，人びとは生前の意思(living will)という手段を通じて，限定的ではあるがその法的執行力を認める役割を果たしてきた。とくに，高齢者の医療ケアをめぐる弁護士による支援活動は，人びとが深刻な認知症状に陥ったままで長く生存したくないという願望を実現させるための努力を続けてき

た[54]。しかし、ここでは「限定的」という表現を強調せざるを得ない。それは、ごく最近の1989年に至るまで、高齢者人口の4分の1以下しか生前の意思を示していなかったし、高齢者が医療ケアをめぐる弁護士による継続的支援を受けられる人びととの比率はもっと少ないという理由だけではない[55]。現在では、この比率は上昇していることは疑いがないが、私は統計的な数値データを持っていない。たとえば、生前の意思表示を必要としている人びととの比率は、瀕死状態にある人びととの概数さえもわかっていないが、おそらく相当の人数に達していると推測すべきであろう。最も基本的な問題は、生前の意思表示に関する法的有効要件が「延命措置を除外した上で死期が迫っている」ことを前提として構成されている点にある（私はイリノイ州で認められている要件を引用している）。この要件を充足できる時点は、認知症の進行との関係で言えば、おそらく相当に遅れた時点に至るまで到達できないだろう。また、弁護士の支援活動に関する委任権限の付与の要件も、その規制対象が相当な広範囲に及んでいる。たとえば、その委任権限の付与に関する正当な受任者は、（再びイリノイ州の要件を引用すると）「医療ケアの種類を選択しかつ終了させるために、食事や水分の補給を含む全ての決定権限が付与される必要がある」。しかも、弁護士に対する委任権限の付与は、生前の意思表示と同様に、委任者が意思能力を維持している限り何時でも取り消しできる条件が保障されなければならない。この場合、認知症の進行に合わせて考えると、何時の時点でその要件が充足できるのかという論点を含めて、その要件充足に関する判断は極めて困難である。認知症の患者が植物状態に陥る時点まで、委任権限が付与された受託者の権限行使も慎重に行われる必要がある。結果的に、飢餓症状や脱水症状による死のケースを含めて、これらの死因は相対的には苦痛が少ないと思われているとしても、受託者には非常に困難な判断が押し付けられる結果になる[56]。

---

54 生前の意思に関する問題の社会的背景と、弁護士による継続的な活動成果については、以下参照。Barry R. Furrow et al., *Bioethics: Health Care Law and Ethics* 263-279 (1991); Peter J. Strauss, Robert Wolf, and Dana Shilling, *Aging and the Law*, ch. 22 (1990), and Supplement thereto, ch. 10 (1991). また、この主題に関する最近の考察を反映するモデル制定法については、以下参照。National Conference of Commissioners on Uniform State Laws, "Uniform Health-Care Decisions Act" (1993).

55 Wayne Moore, "Improving the Delivery of Legal Services for the Elderly : A Comprehensive Approach," 41 *Emory Law Journal* 805, 812-813 (1992).

56 See McCann, Hall, and Groth-Juncker, note 9 above.

現代のアメリカ社会では，多くの州において「遺言意思の検証に関する法律（surrogate decision-making statutes）」が制定されている。これらの法律の制定によって，治療行為の停止を含む医療上の意思決定は，遺言検証人（surrogate）により実施することが可能となった。この遺言検証人は，患者の近い親族が指定されるのが通常であるが，患者が昏睡状態その他の意思決定が不可能な状態に陥っており，また生前の意思表示が存在せずまた医療ケアに関する弁護士への委任もない状況を前提として選任されている[57]。この結果，遺言検証人に関する法律は，生前の意思表示と弁護士への委任の法的効果とが相まって，昏睡状態に陥った患者の生存延期に関する多くの問題をある程度は解決できるレベルにまで到達している。私は，この問題についてこれ以上言及しない。けれども，深刻な認知障害に陥った患者の生命を終結させる手段は，この患者が昏睡状態で耐えがたい苦痛に陥っていると思われない状態の場合には深刻な判定問題が相変わらず残っている。
　安楽死以外のMDELを促進することは，本章の初めに指摘したように，医師幇助自殺の代替的手段となりうる。すなわち，生前の意思表示や医療ケアに関する弁護士への授権また遺言検証人による意思決定などの手段は，その全てが医師幇助自殺の合法化に向けた代替的手段ないしその中間的手段と位置づけることができる。ここでは，生前の意思表示について具体的に考えてみよう。たとえば，医師が患者の脱水症状による自発的な死を幇助する場合，その医師が自殺を幇助する行為とは何かを判断することは極めて困難である。具体的に言えば，脱水症状によって派生する唇のひび割れや不快な症状を除去するための緩和剤を塗布すべきであろうか。オランダの経験では，医師幇助自殺以外のMDELは医師幇助自殺の完全な代替手段とはなりえない事実を示唆している。これが事実だとすれば，医師幇助自殺を合法化するために他の方法を模索する必要があるのかもしれない。
　医師幇助自殺に関する契約を合法化して法的執行力を付与する方法は，その契約を締結した本人が心変わりした場合には，社会的な道徳感情と矛盾するのみならずJ・S・ミルのような自由主義者の主張にも合致しない。けれども，この契約に対する法的執行力を否定した場合，自殺者を増加させる可

---

[57] Strauss, Wolf, and Shilling, note 54 above, at 607-614; Supplement, note 54 above, at 234-238. See generally James Lindgren, "Death by Default," *Law and Contemporary Problems*, Summer 1993, p. 185.

能性がある。私は，この自由主義者の主張と同じであるが，医師幇助自殺の合法化は自殺者の平均年齢を低下させる効果もあると考えている。老人性認知症に陥った人びとは，その初期の段階でも，彼らがそのような疾病に罹患して回復の見通しも暗いことに気づいている。これらの人びとは，彼らが死んだ方がましだと考える時点まで認知症が進行する以前に，かなり良好な意識状態で数年間を過ごすこともある。けれども，彼らは，この死んだ方がましだと感じるようなクロス・オーバー地点に立ち至るまでに，自らの死に向かって進行する「計画表」を知ることができない。彼らは，この地点に到達したときにはすでに意思能力を喪失しているために，自殺する手段も残されていないことを恐れて，この時点に至る前の段階で自身の死に関する意思決定をしたいと考えている[58]。彼らは，生存の期待効用を調整する機会に恵まれないままに，人生の最後の価値ある数年を過ごすこととなる。彼らは，苦痛なしに死に至る契約に執行力が付与されるならば，最後の数年は安心できる心境で過ごすことができる。この契約は，彼らの生命の質が生存期待値（合理的判断が可能ならばその意思決定ができる）のレベル以下に落ち込んだならば，遺言検証人の責任ある判断で執行可能とされるべきだろう。

　本章の結論は，以下のように要約することができる。人びとは，疾病による終末期において，しばしば苦痛に悩まされまた重大な機能障害で苦しめられている。彼らは，すでに自殺を実行することは不可能であるか，あるいは近いうちに不可能になると予測している。自由主義者であるJ・S・ミルは，政府の介入権限にある種の制限を課すことを前提として，医師幇助自殺を法的権利として承認すべきことを示唆している（詳細に議論していないけれども，適切な安全保護ルールを設定しその実施手順や方法などのガイドライン設定が前提となる[59]）。この主張は，当然のことながら，医師幇助自殺を禁

58　このような状況について，現実的なケースを検討する文献として，以下参照。Christine K. Cassel and Diane E. Meier, "Morals and Moralism in the Debate over Euthanasia and Assisted Suicide," 323 *New England Journal of Medicine* 750 (1990).

59　医師幇助自殺が合法化されるならば，その実施のためのガイドラインの詳細なルール設定が不可欠である。しかし，具体的な事実関係における医師幇助自殺であるか否かの判定は，生命保険約款における「自殺」の定義との関係でも，その適用が認められるのか否かという実務的問題が残ることになる。しかし，この保険約款における定義では，被保険者自身によって実施される自殺を例外として取り扱っている（この例外適用は限定的で，この契約締結後の最初の2年間に制限されている）。Cf. Robert J. Kovacs, "Insurance Issues in Physician-Assisted Suicide," *New Jersey Lawyers*, Sept. 26, 1994, p. 15. なお，生前の意

止する現行法を廃止することを示唆するものである。けれども、この権利はいまだその存在が法的に承認されているわけではない。この状況において、医師が患者に対してその意思に反して死を強要する恐れがあるとの主張は、極めて非現実的かつ誇張された主張である。すでに説明したオランダの立法例を考慮に入れれば、医師幇助自殺を合法化することで自殺率は実際には減少することが示唆されている。私の議論は、医師幇助自殺の権利を幅広く認めるべきだと主張しているわけではない。たとえば、ある人が老人性認知症になった場合に、その死に関する契約に執行力を認める限定的な合法化を主張しているに過ぎない。この自己選択の権利は、多元的自己の概念をこの分析に用いるならば、前述のJ・S・ミルによる制限的政府論によってこれを正当化することができる。

　私は、医師幇助自殺を合法化するための前提となる、その実施に関する詳細なルールについて説明して本章の結論を示したいと思う。この医師幇助自殺の実施に関するルール設定は、立法的解決が必要であるという意味では、立法議会を通じた政治的な意思決定の問題である。私は、このような立法的解決は、連邦レベルではなく州レベルでなされるべきだと考えている。その理由は、現代のアメリカ社会は、他の諸国に類例を見ないほど道徳的にも異質な構成要素を統合した社会になっているからである。結果的に、人びとの道徳的規範の境界は、州の境界にある程度は近似的であると考えられる。たとえば、中西部や最西部の諸州では、主として北ヨーロッパからの移民を起源とする人びとによって構成されている。彼らは、アメリカの南部の諸州の人びとと比較すると、生命や死の問題を含む宗教的ないし情緒的な問題を過剰に含む争点について相互に異なる道徳的世界に所属している[60]。合衆国憲法の解釈については、各州に適用される憲法条項の法的性格をめぐって、連邦議会や裁判所による解釈を通じてさまざまな議論が行われてきた。この問題に関する多数派の見解(政治的・知的エリートとりわけ連邦裁判所における判事たちの多数派の見解)は、医師幇助自殺のような重大な問題は合衆国全体を代表する連邦レベルで判断すべきであると主張している。けれども、

　思表示を認める州法の多くは、死者の生前の意思を尊重する結果としての死を自殺としては取り扱っていない。See Legal Counsel for the Elderly, *Decision-Making, Incapacity, and the Elderly* 24 (1987).

60　ここでは、ドゥオーキンの著書における、妊娠中絶と安楽死に関する議論に注目してほしい。See Dworkin, *Life's Dominion*, note 7 above.

私は合衆国憲法の解釈として、彼らがそのような判断を採用するその法的根拠を知らない。本章の最初に説明したように、オレゴン州は、アメリカで最初に医師幇助自殺を合法化する州となった。同様の法律は、コネチカット州議会でも審議対象となっている[61]。また、他の諸州でも同様の立法活動が期待されているが、その状況は流動的であってあまり期待できる状況にあるとは思われない。このような各州における立法動向は、おおむね空騒ぎの論争に終始しているが、それも予想通りと言うべきであろう。この問題の解決は、各州議会での立法的解決にその決定がゆだねられるべきである。結果的に、連邦議会における立法的議論は、いまだ未成熟であるために回避されるべきであるというのが私の結論である。

61　1994 Conn. Sen. Bill No. 361.

第11章
社会保障と医療ケア制度

　本章では，高齢者に関するさまざまな公共政策をめぐる争点について，その問題解決に役立つような倫理学的および経済学的アプローチについて検討する。疾病に苦しんでいる高齢者に対して，その生命の終末期にいかなる公共政策的な対応がなされるべきであろうか。この公共政策でも最も重要な主題は，ここで私が取り上げる主題でもあるが，高齢者に対する退職年金給付 (retirement benefits) と医療ケア (health care) をめぐる（後者では研究開発と医療ケアの両者に関する財政支出を含む）公的給付を保障するための社会保障プログラムである。

1　社会保障の強制的性格

　ここでは，第10章で安楽死に関連して議論した，多元的自己という概念と密接に連動する主題から議論を始めたいと思う。この多元的自己の概念は，その外見から判断する限りでは，安楽死という主題からも相当にかけ離れているように見える。けれども，この多元的自己の概念は，連邦政府の社会保障プログラムにおける退職給付に内在する，労働者への強制加入という特徴を浮き彫りにする効果を伴っている。全ての労働者は，社会保障プログラムの適用される使用者（自営業者を含むほぼ全ての使用者がその適用対象である）に雇用されているならば，社会保障プログラムにより加入と保険料拠出が強制されている。この強制加入という趣旨は，労働者が使用者との個別労働契約や労働組合による団体交渉を通じて，高賃金と引き換えに社会保障プログラムへの労使双方の拠出を行わないという裏取引が許されないことを意味している。この労使による裏取引を認めるならば，労働者は引退年齢に達しても社会保障プログラムによる退職給付の受給資格が発生しないこと

になるからである。この社会保障の強制的な性格を特徴づける理由は，労働者に社会保障給付の受給資格を保障するための財政基盤を確保することにあると説明されている。けれども，その実質的な理由は，人びとに高齢期に備えた事前貯蓄を強制する目的にある。連邦政府による社会保障政策への批判論者(少なくともその多数派)は，人びとはその高齢期に備えるために民間の年金制度への加入が強制されるべきであり，公的社会保障給付は民間システムによって代替可能であると主張してきた。同様の議論は，社会保障プログラムの一環と位置づけられているメディケア(高齢者医療制度)に対しても行われてきた。メディケアに対する批判の多くは，人びとが高齢期に備える社会保障の代替機能として民間医療保険の購入強制で充分に対応可能であると主張してきたのである。

　社会保障プログラムは，その強制適用という特徴を説明するために，主として以下の二つの根拠が用いられてきた。第一は，政府による家父長的な保護主義が必要であるという根拠である。人びとの多くは，近視眼的で遠い将来の老後の準備ができるような自律的主体ではないから，政府による保護が必要であるとする主張である。この主張は，人びとが自身の期待生存率を低く見積もり，自身の高齢期の消費水準を確保するために(医療サービスの消費を含む)事前の金銭貯蓄をしないならば，政府が貯蓄を強制する充分な理由となりうるという主張である。けれども，実際の証拠はこれとは逆であって，人びとは充分な老後に備える準備をしている[1]。第二の根拠は，「現実政治的」な理由である。現実の社会では，自身で事前貯蓄をしなかった人びとを餓死させるとか医療ケアの費用を支払えない人びとを放置するわけにはいかないから，彼らを公的扶助によるフリー・ライダー(ただ乗り)にするという理由である[2]。この理由は，ある程度は支持されるべき根拠となりうる。実際に社会保障プログラムに拠出しなかった人びとでも，政府による何らかの公的給付の受給資格が認められるからである。また，低所得者に対しては，メディケアやメディケイドの導入以前でも，慈善的ベースでの医療ケアが認められてきたという歴史的背景もある。

　けれども，多元的自己をめぐる経済学的アプローチによれば，これらの根

---

[1] See Daniel S. Hamermesh, "Expectation, Life Expectancy, and Economic Behavior," 100 *Quarterly Journal of Economics* 389 (1985).

[2] See, for example, Laurence J. Kotlikoff, Avia Spivak, and Lawrence H. Summers, "The Adequacy of Saving," 72 *American Economic Review* 1056 (1982).

拠とは異なる説明が可能となる。たとえば，Aという個人にとって，若年の労働可能年齢であるA_wと引退年齢に達したA_rとは別の人格であると仮定してみよう。A_wは，自身の生存を支えることができない貧困状態にあるA_rに対して，自己責任であると非難していかなる援助も拒否することは許されない。この見解に従えば，A_wはA_rによる信託を受けたある種の受託者であって，A_wとA_rの身体や生命は時系列的な共同所有の関係にある。強制加入の年金制度は，自殺幇助契約に対する執行力の付与に関する議論と同様に，若年者の自己に高齢者の自己への限定的な受託者責任を課すものである。多くの法律家は，この受託者責任に関する法理論として，期間の定めのない土地の使用貸借契約での借地人の義務を類推適用している。この場合の借地人は，その土地に内在する資産的価値を損ねないように，残余権者が保有する継続的利益に配慮する義務を負担している。たとえば，その土地に植栽されている樹木が生育する前に伐採しない行為などがこれに該当する。この類推的アナロジーは，社会保障における強制適用に関連して，多元的自己の議論を展開するうえでも有効である。この多元的自己の議論は，人びとが無知であることを理由とする家父長的な保護主義とは異なり，政府が彼らの最善の利益を知悉しているという考え方に依存する必要はない。

多元的自己による分析アプローチは，残念ながら，さまざまな多元的自己の選好について優先順位を与える判断基準を設定する適切な方法を開発してはいない。たとえば，高齢者の自己による要求を明確に制限する目的で，若年者の自己が自らの利益のために高齢者の自己による要求を犠牲にする場合がある。このような若年者の行動は，必ずしも若年者の自己による利己主義的な行動とは言えない。ここでは，進化生物学で議論されている，生物の生存可能年齢と生殖能力の間での互換関係を考える必要がある。われわれは，若年者の自己がその保有する資源を高齢者の自己のためではなく子供たちの生産のために振り向けたとしても，高齢者の自己からの苦情を聞く必要はないのかもしれない。これは，若年者の自己による利己的な費用支出とは言えないからである。われわれは，詳細は本章の最後で検討するが，将来の自己をめぐる相互間の競合的な利益紛争を仲裁できる政治的プロセスを開発していない。この政治的プロセスでは，一般的な理解とは逆になるが，若年者の自己の利益が高齢者の自己のそれに完全に従属する必要はないと考えるべきである。

2 高齢者および男女間における医療ケア資源の配分

前章で議論した高齢者自殺の問題は，本章で議論する深刻な認知症に陥った高齢者に対する(緩和ケア以外の)医療ケアを提供する社会的責任という主題と密接な関係がある。この主題は，高齢者の医療ニーズに対して，医療ケア資源をどの程度どのような方法で割り当てるかという広汎な問題に連動している。この場合，その資源配分の対象となるのは，あけすけに言えば，もうすぐ死を迎えるだろうと思われる高齢者である。この問題は，生命医療に関する倫理学の論文では，注釈付きで「治療の優先順位(triage)[3]」と記述されるような，治療が必要とされる競合的な患者に対して希少な医療資源を選択的に配分するという，重大であるがいまだ結論が出ていない論争的な主題に連動している。私の経済学による分析的アプローチは，医療ケア資源の配分における治療の優先順位という一般的主題についても，また高齢者に対する医療ケアという特殊な主題の解決のためにも，これらの分析に伴う不確実性を減少させる効果があると確信している。

(1) 私的支出

われわれは，個人とその家族に医療ケアの費用負担を課すことと，納税者に強制的にその費用負担を転嫁することを厳密に区別しなければならない。前者は消極的自由の問題であるが，後者は積極的自由の問題として議論されている。前者の場合には，たとえ消極的自由であっても問題がないわけではない。高齢者による私的な医療ケアの費用負担も，メディケアその他の公的

---

[3] See, for example, Robert T. Francoeur, *Biomedical Ethics: A Guide to Decision Making*, ch. 5 (1983); Robert W. Derlet and Denyse A. Nishino, "Refusing Care to Patients Who Present to an Emergency Department," 19 *Annals of Emergency Medicine* 262 (1990); また，この主題に関する基本的な論議を展開する論文として，以下参照。John F. Kilner, *Who Lives? Who Dies? Ethical Criteria in Patient Selection* (1990), and Gerald R. Winslow, *Triage and Justice* (1982). なお，「治療の優先順位」という概念(原語はフランス語で「選別する」ことを意味する)は，戦場における死傷者の医療行為の緊急度を判定する生命価値の標準化を意味する指標として，極めて限定的な意味で用いられるのが通例である。たとえば，負傷した兵士を応急的治療せずとも生き残れるグループと，たとえ応急治療をしても死ぬ確率が高いグループ，あるいは応急治療を受けた場合にのみ結果的に生存可能なグループとに区別する場合に用いられている。この場合，先着順に応急治療をする方法とは明確に区別される手順として，第3のグループにのみ優先的な応急的治療が認められることになる。

プログラムによる費用を超える部分の（メディケアによる費用の全額償還を意味しない）私的費用負担に過ぎないからである。メディケアの公的費用負担は，高齢者以外の人びとへの医療ケア費用にも影響を及ぼすほどに膨大な金額となっている。アメリカの65歳以上の高齢者の総数は総人口の約13％を占めているが，第2章で指摘したように，高齢者への医療ケア費用支出は全体の費用総額のおよそ3分の1を占めている。これら高齢者に対する支払請求額のおよそ3分の2は，メディケアその他の公的プログラムによる財政負担で支払われている[4]。この事実は，アメリカの医療ケアの費用負担をめぐる支出総額のおよそ11％のみが，高齢者自身による私的費用負担に過ぎないことを意味している。経済学的に考えると，ある種類のサービス価格が平均的な費用の上昇に連動した価格で提供されるならば，そのサービスの需要は市場価格の上昇によって制約を受ける。結果的に，その市場でサービスを購入する全ての人は，以前より高い価格でそれを購入する必要がある。けれども，医療ケアの市場では，一般市場での需給調整ルールが実現されているか否かは必ずしも明確ではない。医療ケア市場の場合には，供給サイドのサービス価格が弾力的である場合でも，市場による需給調整が機能しているとは必ずしも言えない。この市場での需給調整ルールが機能していると仮定するならば，高齢者の医療ケアに対する巨大な需要増加は，高齢者以外の医療ケアに消費者が支払うべき価格を急上昇させると予測できる。この高齢者の医療ケアの需要増加による他の消費者への影響は，純粋な金銭的な意味における経済的な外部効果を意味している。この外部効果は，医療ケアの提供者側の収入増加によって調整されることになる。結果的に，個人や集団の相互間での所得配分はその影響を受けるかもしれないが，社会全体の富の総額は全く変化しない。結果的には，経済的な不平等化が促進されるのか否かは必ずしも明らかではない。全ての医療サービス提供者の富が増大するわけではないし，医療ケアを提供する労働者の賃金水準が低下する可能性もあるからである。

(2) 公的支出

医療ケアに関する公的支出の分析も，私的支出の場合の分析と同じであ

---

[4] U.S. Senate Special Committee on Aging et al., *Aging America : Trends and Projections* 133 (1991 ed.)

る。ここでは，高齢者が自らの医療ケア費用を負担する代わりに，若年者である自己が高齢になった自己の医療ケア費用の支払いを保障するために医療保険に加入すると想定してみよう（これは言うのは易しいが，実施するのは現実的に難しい。将来の医療費負担を事前に予測することは困難だからである。これは別個に検討すべき課題であるが，その課題の一つについては後述する）。この若年者の自己による医療保険への加入は，高齢者の医療ケアに対する政府の財政補助があると仮定すれば，この想定は何も目新しいことを意味しない。現在の高齢者に対するメディケアによる医療ケアの費用負担は，連邦レベルの租税負担者によってその多くが賄われているからである[5]。現代のアメリカ社会では，医療ケアに対する公的財政支出が測定不能なほどに過少であるために，医療ケアによるサービス拡大がその価格上昇を招いているという指摘も事実である。けれども，医療ケアに関する平均費用を長期的な視点で考えるならば，高齢者が自分たちの私的費用でその負担を賄うとしても，同様の事態が発生することは容易に理解できるだろう。この医療ケアに対する公的負担と私的負担による相違は，医療ケアへの公的財政支出の場合には，財やサービスに関する経済的なアウトプットを抑制する効果があることを示唆している。つまり，高齢者に医療ケアが適切な市場価値で提供されるならば，彼らはより価値のある財やサービスにその支出を振り向ける可能性がある。たとえば，政府によるメディケアへの財政支出総額がその受給資格が認められる人びとに現金で給付されたとしても[6]，彼らがその現金を全て医療ケアの支出に振り向けるとは考えられない。これを具体的に考えるならば，ある高齢者が社会保障の退職年金給付として年間で2万ドルを受け取っていると仮定してみよう。この場合に，彼はこの年金給付に加えて，任意に利用可能な追加的な1万ドルが受給可能であると仮定する。彼は，病気になっても医療保険を利用できず公的扶助や慈善的な医療ケアも利用できないとしても，全ての追加的な受給金額を医療保険購入のために使うであろうか。高齢者の多くは，自身の選択に加えて医師や病院の勧奨に応じて，最低

---

[5] メディケアに対する財政負担は，1991年度で1,020億ドルに達している。高齢者に対する医療ケアに関連する連邦政府プログラム全体の財政負担を考慮に入れると，その総額は1,260億ドルに相当する。その主要な付加的部分は，貧困な高齢者に対するメディケイドによる医療ケア支出によって構成されている。Id. at 239 (tab. 8-1).

[6] メディケアへの公的支出は，社会保障プログラムの年金給付総額のおよそ50％に相当すると見積もられている。See id. at 239 (tab. 8-1).

限の医療ケア費用による治療方針を選択する場合が多い。その理由は，私的な費用負担（彼らが支払うべき金額）によれば，社会的な費用負担（社会が支払うべき金額）と比較すると格段に安くサービスを購入できるからである。この結果から判断すると，経済効率性の観点から言えば，メディケアは社会的に非効率な資源配分をもたらしている可能性がある。

このメディケアにおける資源配分の非効率性は，社会的に見ると重大なものだろうか。私は，この疑問に対する正確な解答を持っていない。メディケアは，高齢者の支払意欲を超える医療ケアの機会を付与している点では，経済的な意味であまりに寛大であると批判されている。けれども，高齢者による医療ケアの選択が競争的市場での他の財やサービス選択を歪めているとしても，その市場における歪みがどの程度に重大であるかは誰も判断できないだろう[7]。ロナルド・ドゥオーキンはこの見解に反対しているけれども[8]，メディケアはそれほど寛大な給付プログラムとは言えないかもしれない。現在の高齢者たちは，若年者であった時代の自己が合意した医療ケア保険をめぐる政策的合意を超えた医療サービスを受け取っているに過ぎないからである。ドゥオーキンは，若年者の多くがこの医療ケア保険に関する政策をもはや支持していないと指摘しているが，この指摘が正しいことに疑問の余地はない。現在の医療保険制度では，終末期における数週間ないし数ヵ月にわたるほとんど無益な医療的介入行為のために，極めて割高な保険料を支払うことを余儀なくされている。しかし，ドゥオーキンの見解にはさまざまな疑問の余地がある。彼の医療保険をめぐる政策批判は，政府による政策実施に関して多くの情報開示が必要であり，人びとは生涯にわたる医療保険の実質価格を知りえないという根本問題があると主張している。彼の批判はまた，若年者が高齢者の生と死の問題について意思決定をするという問題にも向け

---

[7] See generally Jerry L. Mashaw and Theodore R. Marmor, "Conceptualizing, Estimating, and Reforming Fraud, Waste, and Abuse in Healthcare Spending," 11 *Yale Journal on Regulation* 455 (1994).

[8] Dworkin, "Will Clinton's Plan Be Fair ?" *New York Review of Books*, Jan. 13, 1994, p. 20. なお，同様の議論を展開するものとして，以下参照。Dan W. Brock, *Life and Death: Philosophical Essays in Biomedical Ethics* 358-360 (1993) ("prudential allocator" approach). また，メディケアに関する研究・調査と証拠については，以下参照。James Lindgren, "Death by Default," *Law and Contemporary Problems*, Summer 1993, p. 185. この文献は，ドゥオーキンがその主張の前提としている，人びとは終末期における生命維持の延長を「望んで」はいないという見解を支持している。

られている。けれども，彼の議論は人びとが単一の人格であることを前提としており，若年者の自己が同一の個人である高齢者の自己という他者に対して，その共有すべき資源(彼らの肉体)に不当なコントロールを及ぼしている点に向けられてはいない[9]。

このドゥオーキンの見解は，驚くべきことであるが，加齢現象をめぐる哲学的分析に共通する一般的な誤解に基づいている。彼の「脱構築された(deconstructing)」自己という概念は，哲学者が考えそうな概念であることは確かである。これに関連して，ノーマン・ダニエルズは，世代間における正義の問題について議論している。彼は，若年者と高齢者は人生における異なる段階に過ぎないから，彼らに対して異なる取り扱いをすることには，「いかなる意味でも不平等な取り扱いは存在しない。…時代を超えて安定的に推移してきた社会制度や慣習を考えれば，人びとが年齢によって異なる取り扱いを受けるのは生涯を通じた予算配分に過ぎない[10]」と主張している。しかし高齢者にとって，これまでの各章で見てきたように，生命を延伸するために医療ケアに強く依存することは極めて合理的な選択である。高齢者には，希少資源を適切に利用するための別の選択肢が存在しないからである。若年者の自己の場合には，将来の自己の生命を延伸させることに由来する便益は僅少であるかもしれない。それは，若年者の自己が近視眼的で自己統制力がないという理由ではなく，彼らの選好に基づく自己選択の結果に他ならない。

この論点は，医療経済学者たちが見過ごしてきた問題である。シャーウィン・ローゼンは，以下のように指摘している。「生活経験をめぐる仮説的なライフ・サイクルに関する調査において，調査のサンプル対象となった人びとは以下のように回答している。20歳代の人びとは，自らの70歳代については言うまでもなく，50歳代や60歳代の健康状態にも全く関心を示さない

9　彼は，この問題について，以下の著書の脚注の中で言及している。Dworkin, *Life's Dominion: An Argument about Abortion, Euthanasia, and Individual Freedom* 257 n. 12 (1993).ここでは，彼による未公表の論文に言及している。しかし，ここでの脚注と未公表論文では，われわれは将来の認知症になった自己を拘束するような意思決定をなすべきか否かという，特殊な争点(私が前の各章で議論した)に限定して論じているに過ぎない。

10　Norman Daniels, "Justice and Transfer between Generations," in *Workers versus Pensioners: Intergenerational Justice in an Ageing World* 57, 61, 63 (Paul Johnson, Christoph Conrad, and David Thompson, eds., 1989). See also Margaret P. Battin, "Age Rationing and the Just Distribution of Health Care : Is There a Duty to Die?" 97 *Ethics* 317 (1987).

という事実がデータによって明らかにされている[11]」。しかし，ローゼンは，若年者たちが正確な情報を持っていないことを考慮に入れるならば，彼らの行動に関する調査結果が新たな規範的課題を提示している事実に全く気付いていない[12]。

　ドゥオーキンは，政府による完全な情報提供と適切な富の配分がなされることを前提として，高齢者に対する医療ケアの利用可能なサービス総量を若年者が支払意欲を示す限度まで制限すべきであると提案している。この提案は，多元的自己に関する分析アプローチから考えるとさまざまな問題を内包している。このドゥオーキンの提案は，ブロックによる類似的な提案と同様に，倫理的な意味において受け入れることが不可能である。ブロックは，前章で議論したように，高齢者が深刻な認知症に陥った場合についてドゥオーキンと同様の提案を示している。ここでは，再度にわたって，私の個人的体験に立ち戻って考えてみたいと思う。私の母親は，87歳となった1987年に腰骨を骨折した。彼女は，この事故の折にはすでに衰弱して痩せ衰えた状態で，中程度の老人性認知症の症状を示していた。彼女は，時おり方向感覚を見失って精神的な混乱状態に陥り，また短期記憶を喪失することもあって会話も極端に繰り返しが多くなった。しかし，彼女の理性的な精神的基盤は無傷のまま保たれていて，私の父親とともに自宅で過ごしていた。最近の数十年間での医療技術が進歩する以前では，私の母親のように腰骨を骨折した場合の高齢者の帰結は死に至るのみであった。彼女もまた，長寿の自然的帰結である終着駅に到達したかと思われた。けれども，彼女の腰骨は医療技術の成果によって回復したため，彼女はその後も生き続けることとなった。けれども，彼女は二度と自分で歩くことはできなくなり，老人看護ケア施設への入所を余儀なくされて認知症状もますます悪化していった。彼女は，次第に両手の動きがきかなくなり，言語能力も失い，最後には誰のこともわからなくなった。彼女は，最終的には急性肺炎で90歳で死亡したが，その状態は完全に理性を喪失した亡霊(「理性を失えば，われわれは絵画か単なる生き物に過ぎない[13]」)のような姿であった。

11　Sherwin Rosen, "The Quantity and Quality of Life: A Conceptual Framework," in *Valuing Health for Policy: An Economic Approach* 221, 247 (George Tolley, Donald Kenkel, and Robert Fabian, eds., 1994).
12　Id. at 244, 246.
13　*Hamlet*, act Ⅳ, sc. ⅴ, 1. 86.

私の義父は，1992年に75歳で亡くなった。彼は，外見的には良好な健康状態にあったが，非常に有名な医療センターの医師たちによって治療不能の癌に冒されており余命3ヵ月と診断された。彼は，この診断結果を受けて帰宅したが，その3ヵ月後に呼吸器疾患を発症して，放射線医師から化学療法を受けなければ2週間以内に死に至ると告げられた。しかし，この放射線医師は，彼が化学療法を受けなければどのような病状に至るかは説明しなかった。彼は，この医師の治療方針に従って化学療法を受け入れたが，結果的には不快な症状に耐えつつ遂に3週間後に亡くなった。彼の医療費総額は，この最後の3週間の治療のために3万ドルに達していた（全てがメディケアによって賄われた）。

　私は，母の最期の3年の生存および義父の最後の1週間の生存のための医療ケア支出は全くの浪費であると考えている。私の母と義父の若年の自己は，この点では私の見解に同意するとともに，最終的には治療放棄契約に喜んで署名するであろうと推測できる。しかし，この治療放棄契約に法的執行力を付与するためには，高齢者からその治療方法の選択肢を隠蔽する以外に手段は存在しない。ドゥオーキンは，この治療の選択肢の隠蔽という手段を容認するとは考えられない。現代社会では，高齢者の生存期間を延伸させる医療技術は存在するけれども，彼らに対して費用が便益を超過するからその技術利用は手控えられるべきであると告知する勇気を持つ人はいないだろう。本書の読者である人びとも，ドゥオーキンには失礼ではあるが，若年者たちが高齢者の終末期医療への高額な費用支出を支持しないと仮定しても，高齢者にこの事実を告げる勇気を持ちえないだろう。私の義父の担当医であった放射線医師は，化学療法を受けても効果がない場合や副作用が激しいことを告げなかった過失がある。しかし，この事前告知があったとしても，化学療法を受けるという彼の決断は変化しなかったと推測できる。多くのアメリカ人は，運命論者ではなく，最後まで自ら戦う戦闘者であることを望むからである。

　社会的な視点から考えると，高齢者の生命維持を拒否できない限界点があることは当然である。非常に貧しい社会では，第9章ですでに見たように，相当に早い年齢段階でその限界点に達する可能性がある。アメリカのような裕福な社会でも，高齢者に対する医療ケア財源の抑制政策が試みられている。高齢者たちは，医療ケア予算で賄われている枠組みを超えるレベルまで，多くの医療ケア資源を消費している可能性があるからである。私の義父

は充分に裕福であったし,化学療法の費用も自身の資産からの支出は充分に可能であった。私の母の場合にも,彼女の延伸された生存期間での老人看護ケア施設の費用はそのほとんどがメディケアで賄われ,その費用について償還を求められることはなかった。高齢者たちに対して,公的支援の受給資格を申請する前にその資産を全て「使い尽くす」ように強制することは適正な公共政策である。けれども,この公共政策は,ドゥオーキンの見解とは異なり,現代の道徳的規範が次の時代のそれに移行するための要請には合致しない。この政策は,若年者の自己が高齢者の自己のための貯蓄に合意した限界を超えるような,全ての公的支援(私的な支援も?)を否定する趣旨と評価されるからである。

若年者の自己は,高齢者の自己を完全にコントロールすることは許されないだろう。若年者の自己と高齢者の自己の間での利益調整のために,人びとが充分に受け入れ可能な分析枠組みは存在しない。現在の高齢者は,現在の若年者の自己が将来の高齢者となった時の自己の代理人として,現代の若年者と相互にそれぞれのライフ・サイクルでの消費配分をめぐる政治的市場で相争う結果となる。高齢者の終末期における医療ケアや健康改善のための財政的支出は,世代間の利害対立をめぐる政治的な緊張関係を増加させている。メディケアの病院治療信託基金(hospital trust fund)は,2001年までに枯渇すると予測されている[14]。この時点に至るまでに,社会保障税の引上げや給付抑制その他の財政的収支を回復させる政策的措置が必要である。現在の高齢者である自己は,今後に予想される医療ケアに関する費用支出の上昇は,現在の若年者である自己からの資源再配分によって保障されるべきであると主張している。高齢者たちにとって,現在の限界的な1ドルの市場価値は,若年者の自己のそれよりも多くの効用をもたらすからである。けれども,現在の若年者である自己は,現在の高齢者である自己によるこのような主張に同意することは不可能だろう。

(3) 医学的研究に関する優先順位

高齢者の医療ケアに対する別の形態による財政補助として,疾病に対する医学研究への連邦政府による助成制度がある。たとえば,高齢者ほど罹りや

---

14 Robert Pear, "Benefit Funds May Run Out of Cash Soon, Reports Warn," *New York Times* (national ed.), April 12, 1994, p. A12.

すい疾病である心疾患や癌などに対する研究助成がそれである。しかし，全ての重大な疾病がこの類型に該当するわけではない。たとえば，喘息や偏頭痛またはある種の癌やエイズもそうであるが，高齢者より若年者に多い疾病も数多く存在する。心疾患の罹患率は，65歳から74歳の男性高齢者では45歳以下の男性のそれの10倍以上になるし，75歳以上の男性高齢者の場合にはその比率は15倍以上になる[15]。アメリカ連邦政府の公衆衛生局（PHS）は，年間の研究助成予算の大部分を高齢者特有の疾病に対する研究助成に充てている（残りのほとんどはエイズ研究助成である[16]）。この連邦政府の財政支出の限界的便益は，「生命の価値」という視点から離れて考えると支出が過小であるのかもしれない。多くの高齢者は，さまざまな致死的ないし重症疾病に罹患しやすい特質を持っている。これらの疾病の多くは，高齢者を死亡または重度の障害状態に陥らせるからである。高齢者たちは，これらの疾病の一つか二つを治療したとしても，他の疾病を治療できなければ重大な疾病症状に陥る恐れがある。たとえば，高齢患者に対する心疾患の治療によって癌から防御できるわけではないし，心疾患と癌の両者の治療に成功しても腎炎・眼疾患・アルツハイマー病を予防できるわけではない。医学的な研究助成によって特定疾病を治療できるという「便益」が生まれるとしても，それ以外の疾病が医療技術進歩の便益を享受した脆弱な人体組織に対する攻撃力をさらに高める可能性がある。現代における医療技術の進歩は，次なる順番を待っている重大疾病にその標的を絞る役割を果たしているに過ぎないのかもしれない[17]。

　このような問題は，素朴なタイプの費用便益分析を挫折させる効果を伴っている。たとえば，高齢者の事故による死傷者数の減少という指標による費用便益分析は，事故によって負傷した高齢者の治療のために支出された医療

15　See U.S. Bureau of the Census, *Statistical Abstract of the United States 1993* 135（113th ed.）(ser. 206).

16　William Winkenwerder, Austin R. Kessler, and Rhonda M. Stolec, "Federal Spending for Illness Caused by the Human Immunodeficiency Virus," 320 *New England Journal of Medicine* 1598, 1602（1989）(tab. 4).

17　See Donald S. Shepard and Richard J. Zeckhauser, " The Choice of Health Policies with Heterogeneous Populations," in *Economic Aspects of Health* 255, 268（Victor R. Fuchs, ed., 1992）. なお，年齢と人種による生存期間の延伸に関する「交差現象」については第9章で論じたが，こでもその影響を見ることができる。

費の減少分に等しいという仮定による分析などがそれである[18]。この仮定は，高齢者がこのような事故を回避するための費用として，別途に同額かそれ以上の医療ケア費用が必要となるという事実を無視している。このような事故の回避費用は，直接的な事故に由来する費用に対する追加的費用として，その費用支出が正当化できるか否かが問われなければならない。

　この事実は，高齢者の健康状態を改善するという便益がゼロであることを意味するわけではない。高齢者の生存期間の延伸は，その所得と密接に関係しているが，高齢者の所得の上昇傾向は最近では顕著になっている。けれども，高齢者の生存期間の延伸効果（および障害を持った高齢者比率の減少効果）は，その所得の上昇によって説明できるレベルをはるかに超える水準に達している[19]。確かに，癌疾患や心疾患に罹患している高齢者を「救命する」ことは，彼らに追加的な数年の生存期間を与えることを意味している。同様に，さまざまな医療行為は，高齢者の生存期間の延伸効果を生み出している。われわれは，高齢者の追加的な生存期間の延伸によって得られるのは，生命の価値をめぐる重要な変数ではないとしても，彼らにさまざまな私的な便益を付与していることを知っている。高齢者の良好な健康状態での生存期間の延伸は，その社会的依存比率の上昇が誇張されているとしても，社会的には不合理な帰結に連動する事実も知るべきである。

　若年者と高齢者は，死の切迫という事態の予測に際して，同じような恐怖の感情を持っているわけではない。結果的に，彼らに対する治療行為によって生存期間が相当長期に延伸するという救命効果は，短期間の救命効果よりもその効用が大きいとは必ずしも言えない。これは，事前の効用と事後の効用がそれぞれの選択と密接に関係しているケースである。事前の効用とは，その選択によって悪い結果がもたらされたとしても，その選択の時点では賢明な判断であったと思われる場合である。たとえば，公正なギャンブルに参加した人でも，負けた場合にはその賭け金を取り戻したいと思う。この事後

18　As in Amy B. Bernstein and Claudia L. Schur, "Expenditures for Unintentional Injuries among the Elderly," 2 *Journal of Aging and Health* 157 (1990).
19　高齢者に特有の疾病に対する治療方法の改善効果に関する証拠は，最近における高齢者の生存期間の延伸に関するほとんどの原因について説明することができる。See George C. Myers and Kenneth G. Manton, "The Rate of Population Aging: New Views of Epidemiologic Transitions," in *Aging: The Universal Human Experience* 263 (George L. Maddox and E. W. Busse, eds., 1987).

の効用から，事前の選択を遡及的に無効にするような方法は，自由な選択が適用される範囲を著しく制約する結果となる。事後の効用は長期的に見れば，事前の効用と同様な意味での効用であるが，その効用の持続期間が縮減する傾向を示す。若年者と高齢者の死に対する恐怖が同等であると仮定すれば，彼らの間での相違は選択におけるバイアスの相違のみである。ある人が治療行為を選択する場合，若年者は救命されれば高齢者よりも生存期間の延伸効果が大きくなるという意味では，年齢による事後の効用に相違が発生する結果になる。

　この議論について，社会的投資の効果という観点から考慮してみよう。たとえば，高齢者に便益をもたらす医療研究は，中年者に便益をもたらす医療研究よりも非効率であるという考え方は，表面的にはもっともらしいが確実である証拠は存在しない[20]。ここでは，その費用が同額で治療の成功確率も同じような，医療研究の投資に関する二つの選択肢を考えてみよう。この仮説の条件は極めて重要で，議論の全体を通じて考え続けてほしい。医療研究プログラムのネットの便益は，研究が成功する場合のみならず他の疾病研究への波及効果も含めて考える必要があるが，その研究プログラムの費用と成功確率も考慮に入れる必要もある。たとえば，ある研究投資の効果は，80歳の人の生命を85歳まで延命させるが，他の研究投資は60歳の人を80歳まで延命させると仮定してみよう。厳密に財政的効果として考えるならば，前者の投資は相対的に良い投資（正しい投資とは言わないとしても）と評価することも可能である。前者の投資は，高齢者に対して「5年間」の追加的な生存を保障するからである。これに対して後者は，5年間の生産活動可能な生存期間（65歳で引退すると仮定する）に加えて，15年間にわたる社会保障の退職年金と医療ケアによる財政補助を受ける生存期間への投資として評価可能である[21]。この後者への投資費用は，この個人が生体細胞レベルで虚弱で

20　Cf. Tomas J. Philipson and Richard A. Posner, *Private Choices and Public Health: An Economic Perspective on the AIDS Epidemic* 120-125 (1993). なお，若年者の死傷率が高い疾病治療による財政的な効果についての議論は，本書とその引用文献を参照。

21　Thomas Schelling, "Value of Life," in *The New Palgrave Social Economics* 269, 270 (John Eatwel, Murray Milgate, and Peter Newman, eds., 1989). この文脈において，「喫煙者は社会保障の財政において数兆ドルの規模での貢献をしてきた」という主張がなされることもある。John B. Shoven, Jeffrey O. Sundberg, and John P. Bunker, "The Social Security Cost of Smoking," in *The Economics of Aging* 231, 244 (David A. Wise, ed., 1989); see also W. G. Manning et al., "The Taxes of Sin: Do Smokers and Drinkers Pay Their Way," 261 *JAMA* (*Journal of American*

あったならば，技術革新の成果がなければ彼は60歳で死亡するはずだったから，結果的に社会的な費用負担が増加したと考えることもできる。

　国家による医療ケアへの財政負担の問題は，公的な財政投資の効果に関連する問題のみにとどまらない。若年者を死亡させる疾病との戦いに勝利することも，高齢者特有の疾病に対するそれ以上に大きな非財政的な効用を生み出す可能性がある。これは，多くの人びとの生存期間が長期化して，その生存に由来する効用が上昇するという理由のみではない。健康な若年者の生存期間は，疾病を抱えた虚弱な高齢者の生存期間よりもその効用が大きいという理由によるものでもない。その理由は，高齢者はその家族メンバーが少なくなればなるほど，彼の死を悲しむ人びとの数が減少するからである（人の死亡に伴う費用は死者のみが負担するわけではない[22]）。私は，若年者の生命を脅かす疾病研究に優先的順位を付与しない政策は，医療研究での非効率な資源配分を意味すると考えている。ただし，高齢者たちが税を財源とする政府によるサービス助成において，他の人びとと異なる不当な取り扱いを受けないことに加えて，高齢者特有の疾病に関する医療研究がその財政負担と比べて多くの生命救済効果を生むことがその前提として必要である。

　これらの条件は，非常に重要な医療研究に関する資源配分のための前提となる必須要件である。これに加えてもう一つの重要な条件は，高齢者の生存期間を無理やり引き延ばした末に死をもたらすような疾病治療の研究に対する資源配分である。たとえば，心疾患や癌などがその例である。この場合でも，若年者に影響を与える疾病分類の研究と高齢者に影響を及ぼすそれとを区分することが有益である。癌の発症件数は，年齢グループに対応して劇的に変動する。たとえば悪性リンパ腫の患者数は，85歳以上の年齢層と比較すると20歳から24歳までの年齢層で多くなっている。これに対して前立腺癌は，若年者では10万人対比で0.0であるが，高齢者では10万人対比で

Medical Association）1604 (1989).

22　ここで，血縁関係の近接性を基準として，家族構成員の人数を比較してみよう。長寿を全うした人びとは，その生存期間に対応して数多くの孫やその他の遠縁の親族の人数が増えることは確かである。しかし，これらの遠縁の親族は，配偶者や両親あるいは若い子供たちのように彼の死を深く嘆き悲しむという保証はない。この比較でのもう一つの重要な要素は，後にも記述するが，若年者に保障される追加的な生存期間の「質」と，高齢者に保障されるそれの違いに関連している。

328.8に達している[23]。

　さらに複雑な問題は，若年者は高齢者と比較すると，生活スタイルの変化によって疾病予防の効果が高くなる傾向がある。たとえば，禁煙・体重の減量・肥満予防・アルコール抑制などの行為がそれに該当する。高齢者の多くは，これらの生活スタイルの変化はすでに経験済みである。しかし，若年者の疾病に対する治療方法の改善は，彼らを健康に良くない習慣に逆戻りさせる可能性がある。この生活習慣の費用は，それによって増加する疾病の期待費用よりも安いからである。この悪習の復活は，人びとの肥満率の上昇によって説明することができる[24]。この肥満傾向は，若年者の効用を実質的に上昇させる可能性もあるが，若年者の疾病に関する医療研究の有効性を減少させている可能性もある。

　この分析結果は，他の要素を等しいと仮定すると，厳密な意味での医療資源の配分に関する財政的評価から新たな分析的アプローチへの転換の必要性を示唆している。すなわち，医療研究資源の配分は，身体的な疾病の予防や治療への投資よりも，精神的な疾病のそれへと政策視点を転換すべきだという示唆にある。精神的疾病は，人びとの生命を短縮せずにその障害状態を悪化させる可能性が高いから，精神疾患に対する治療効果は生命の延伸ではなくその生活における障害状態の除去に向けられている。人びとが生存期間を延伸させることなく生産的な労働者として活動することは，生産人口への彼らの依存率を減少させる効果がある。それゆえ，医療ケアの研究治療に関する財政支出を精神的疾病分野に再配分することは，集団としての高齢者の利益にも合致するものと思われる。

(4) 性別に関する資源配分問題

　これまで見過ごされてきた微妙な問題として，男女間の性別をめぐる医療資源の配分に関する問題がある。見過ごされてきた原因は，この問題があまりに微妙な社会的反応を惹き起こす背景があるからである。この問題の焦点は，男性高齢者の疾病と女性高齢者の疾病の研究に関する公的財源の配分に関する相違にある。われわれは，第2章で見たように，アメリカでの女性の

23　U.S. Dept. of Health and Human Services, National Cancer Institute, "Annual Cancer Statistics Review, Including Cancer Trends: 1950-1985," Ⅲ. B. 30 (Jan. 1988).

24　Marian Burros, "Despite Awareness of Risks, More in U.S. Are Getting Fat," *New York Times* (national ed.), July 17, 1991, p.1.

生存期待値は男性のそれを大きく凌駕しており，この相違は高齢者集団での女性比率の圧倒的優位と読み替えることもできる。それゆえ，高齢者の疾病に関する医療研究も，男女の性別による疾病分類が当たり前であるように思われてきた。たとえば，前立腺癌・心臓冠動脈疾患のように男性高齢者の死亡率を高めるが(心臓冠動脈疾患のようにすぐに死に至らない疾病もある)，女性高齢者には該当しない疾病もある[25]。このような結果に対してフェミニストは，女性の男性に対する「先天的な」生存での優越性を理由に，何らかの不利益を受けるのは許されないと主張するかもしれない。しかし，この反論は，疾病研究以外の領域での政策選択においてフェミニストによって拒絶されている，生物学的本質主義(biological essentialism)に基づく主張である。たとえば，出産休暇・妊娠給付・妊娠中絶などの権利がこれに該当する。この議論の要点は，女性の生存期間が長いことは，出産期での高死亡率という医療的治療によって排除できないリスクを抱える女性の高い死亡率を補償しているという主張にある。しかし，歴史的に見ても，出産期に死んだ昔の女性のリスクを現代女性の長い生存期間によって補償できるわけではない。

　ここでは，男性と女性の間の生存期待年数の均衡化に反対する議論として，決定的とは言えないがよりましな議論について検討してみよう。第一の議論は，政府はフェミニストの生物学的本質論の主張に対して拒否する必要はないが，性に基づく自然的な差異を調整するように努力すべきだという考え方である。その理由は，政府は女性の自然的利益を調整するための努力をほとんど行ってこなかったからである(たとえば，徴兵制度の廃止は伝統的に女性の利益を「排除して」実施されてきた)。第二の議論は，女性は自身の生存期待期間を短縮化して，その配偶者のそれを長期化するように努力すべきだという考え方である。第三の議論は，女性の生存期待期間が長いという自然的利益は，ある部分においては錯覚に過ぎないという考え方である。たとえば，ある種の職業分野のプロファイルでは，男女の生存期間は均衡点に向けて収斂する傾向にあり，彼らの死亡年齢の平均データもこれを裏付け

25　1990年のデータでは，前立腺を含む生殖器の癌による死亡者は，78歳から84歳の間の男性では10万人対比で356.5となっている。これに対して，女性のそれの場合には10万人対比で95.3に過ぎず，およそ4対1の性別による相違が生じている。U. S. Bureau of the National Census, note 15 above, at 97 (ser. 133). また，心臓疾患の全類型によるこの年齢集団の死亡者数も，10万人対比で男性は2,968.2であるのに対して，女性のそれは1,893.8に過ぎない。Id. at 96 (ser. 132).

ている。ロバート・アーキングは,「性別による死亡率の差異のおよそ18％は, 心臓血管システムへの性特有ホルモンの影響で説明できる。この結果は, 人体固有のシステムとりわけ男性特有のそれのリスクを表現している」と推測している。その一方で彼は, 喫煙のような職業生活その他の社会的要因に影響を及ぼす行動を挙げて,「少なくとも性による死亡率の差異の55％は, 自己破壊的な行動にその原因があると考えられる[26]」と述べている。特定の職業分野でのプロファイルにおいて, 女性が男性と同じような自己破壊的な行動をとらないと仮定すれば, 性別による生存期間にはそれぞれの「自由意志による」選択結果が今後とも継続することになる。結果的に, 社会的行動の変化によって回避しうる疾病に研究助成をすることは, この行動を変化させるインセンティブを減少させるため, 性別による生存期間の差異にはほとんど影響を及ぼさないかもしれない。

　第四の議論は, 男性は女性と比較すると生物学的に脆弱であるから, 男性に特有の疾病に関する研究に対する財政補助は, 生命の救済に対応する年数に見合った成果を挙げることができないという主張である。その理由として, 男性は女性と比較すると, 疾病相互間の「競争」で死亡率が高くなっていると説明されている。たとえば, 女性特有の疾病治療方法の開発に1億ドルを投資した効果は, 女性の生存期間を1ヵ月延長できると仮定してみよう。これは, 同じ金額を男性特有の疾病に投資した場合, 治療法の有効性は男性の生存期間を3週間しか延長する効果が期待できないことを意味している。

　結果的に, 女性特有の疾病に関する研究に対する財政支出は, 実質的にいまだ開発されていない成果がありうることを示唆している。たとえば, 現在の疾病に対する研究開発への財政支出が男性特有の疾病に優先的に配分されていればこの可能性が証明できる。しかし＜表11.1＞で明らかなように, このような事実は存在しない[27]。

　ここでは, 乳癌や子宮頚管部癌(女性特有の疾病)による死亡率対比での政府による研究助成は, 心臓疾患・肺癌・前立腺癌(主として男性特有の疾病)と比較しても相対的に多くの金額になっている。エイズは男性に発症する比

26　Robert Arking, *Biology of Aging: Observations and Principles* 223 (1991); see also William R. Hazzard, "Why Do Women Live Longer Than Men? Biologic Differences That Influence Longevity," 85 *Postgraduate Medicine* 271 (1989).

27　この＜表11.1＞のデータの出所は, 以下の文献である。"Sickness and Politics: The Influence of Disease Advocates: Cancer vs. AIDS," *Cancer Weekly*, June 8, 1992.

<表11.1> 疾病ごとの死亡率対比での政府による
財政支援額

疾　病	死亡率対比での政府支援額（ドル）
エイズ	79,000
子宮頚管部の癌	7,300
糖尿病	6,300
腎臓病	5,100
乳癌	2,800
心臓疾患	1,100
前立腺癌	800
肺癌	600
脳卒中	600

率が高い疾病であるが，政府による財政的な助成に関する限りでは他の疾病を圧倒的に凌駕する金額が投じられている。しかし，エイズは「高齢者」である男性に特有の疾病ではない。アメリカにおける1994年6月までの全てのエイズの死亡例において，60歳から64歳の男性の診断結果としては2％に過ぎず，また65歳以上の男性のそれは1％に過ぎない[28]。

このように男性高齢者に特有の疾病は，医療研究の対象として政府の財政支援をそれほど多く受けていないことは確かである。結果的に，女性特有の疾病を対象とする1ドルの研究支援は，男性特有の疾病に対するそれと比較すると，その生存期間をより延長させる効果を生み出している。この事実は，高齢女性から高齢男性に対して医療資源を再配分すべきであるという，経済学的な議論に対する反対論に根拠を与えているように見える。女性特有の疾病を治療することに由来する限界的な便益は，男性特有の疾病を治療することに由来するそれを上回っている事実が証明されるからである。けれども，この事実は，このような結論を導き出す証拠とは言えない。確かに，効用と生存期間は相関関係にあるが，それが相互補完関係にあるわけではないからである。この両者の相互関係は，以下の<数式11.1>によって簡単に示すことができる。

28　U.S. Department of Health and Human Services, Center for Disease Control and Prevention, *HIV/AIDS surveillance Report*, Mid-Year Edition, 1994, p. 13 (tab. 8). 女性に関するこの比率は，1％(60歳〜64歳)および2％(65歳以上)である。しかし，60歳以上の全ての診断結果を比較すると，女性の比率は20％低くなっている。Id. at 13 (tab. 8).

<数式11.1>　　　　　$U = N \cdot Y \cdot V(R)$

Uは,男性であれ女性であれ,その生存期間を短縮する可能性がある疾病に関連する,医療研究に対する追加的な1ドルの支援によって生み出される効用を示している。Nは,男性高齢者であれ女性高齢者であれ,その対象となる人数を示している。Yは,医療研究に投資される追加的な1ドルによってもたらされる,性別による個人単位の平均的な生存期間を示している。Vは,平均的な個人のYの各単位における価値を示しており,男性高齢者に対する女性高齢者の比率である$R(= N_m / N_w)$の関数として表示されている。

この等式において,男性の生存期間(Y)の短縮とその人数(N)の減少は,追加的な生存期間の単位当たりの価値(V)の上昇で相殺することが可能である。男性高齢者と女性高齢者の人数の不均衡を前提に考えれば,女性高齢者の1ヵ月の追加的な生存は,男性高齢者の1ヵ月の追加的生存と同一の価値を持っているとは言えない(功利主義的な意味で,財政効果という意味ではない)。この必然的帰結として,V_wはV_mよりも価値は低いし,Y_mよりも高いY_wの生存期間の効果は結果的に相殺されることを示している。ここでは,男性と女性のそれぞれの人数を示す,Nが内包する二重の重要性に注目してほしい。他の条件を等しいと仮定すれば,女性の人数が増加すればするほど,女性の生存期間を延長する医療研究の財政支援が増加してその総効用が増大する。けれども,女性の人数が男性のそれよりも増加すると(別言すれば,Rの値が小さくなると),男性高齢者の生存期間の延長による価値は,女性高齢者の生存期間の延長による価値の総量を同じ分だけ上回ることになる($dV_W(R)/_d R > 0, dV_m(R)/_d R < 0$)。男性高齢者の相対的な希少性は,男性の生存期間の延長を期待する女性の需要が増加するからである。

このような効用の価値に関する相殺効果は,<数式11.1>を以下のような二つの数式に置換することで明示することができる。一つは男性に関する効用であるが,他の一つは女性に関するそれである。

<数式11.2>　　　　　$U_m = N_m \cdot Y_m \cdot V_m(R)$
<数式11.3>　　　　　$U_W = N_W \cdot Y_W \cdot V_W(R)$

また,Rに替えてN_m/N_wとすることも可能である。結果的に,以下の<数式11.4>が成立するならば,U_mはU_Wを上回ることが容易に示される。

<数式11.4>　　　$Y_m/Y_W \cdot V_m(N_m/N_W)/V_W(N_m/N_W) \cdot N_m/N_W > 1$

すなわち,男性特有の疾病への政府の財政支出は,総効用を増大させることを意味している。私は,この数式での左辺の第1項は1より小さいと想定し

ている。つまり，女性特有の疾病の研究支援の1ドルは，男性特有のそれの1ドルよりも，生存期間を延長する効果がある。第3項はまた，女性高齢者は男性高齢者よりも人数が多いと想定している。それでは，第2項は何を意味しているのだろうか。第2項が意味するところは，男性高齢者の女性高齢者に対する人口比率の低下により，男性高齢者の生存期間の延伸効果が女性高齢者のそれのとの比較で相対的価値が上昇する結果，その価値が1を超えることを示唆している。この不等式が成立するのは，男女間での人数の不均衡が存在することだけで充分である。もちろん，男性が女性の超過人数から便益を受ける程度に応じて，女性に対する男性の比率の上昇は，男性にとって生存期間が延伸する価値は減少することになる。しかし私は，このような相殺効果は僅少であると考えている。

　私が展開してきたこの議論は，たとえ性差別主義的ではないとしても，少なくとも女性の利益に反する考え方であると批判されるかもしれない。けれども，私の主張は性差別主義的な考えに立っているわけではない。集団としての女性は，男性高齢者と女性高齢者の人口比率をできるだけ均衡化する政策，たとえば女性の寿命を追加的に1年延伸させるとともに男性のそれを2年延伸させる政策によって便益を得る可能性がある。このような政策は，女性高齢者が男性高齢者の伴侶を獲得する機会を拡大し，結果的に彼らに多くの価値をもたらす可能性があるからである[29]。けれども，急進的なフェミニストは，これらの女性たちは間違った選択をしているだけであると批判するかもしれない。われわれは，第6章で見てきたように，女性高齢者における性的活動の継続性はその婚姻関係に大きく依存している[30]。確かに，女性がより長く労働することを通じて，より多くの年金受給権を獲得してきた。けれども，婚姻した女性は独身で過ごした女性よりも，経済的にはより恵まれた老後を過ごしている[31]。65歳以上の男性は，同じ年齢層の女性よりも婚姻している比率は相当に高くなっており，その比率は年齢集団が上昇するに

29　これらの証拠については，以下参照。Jane Traupmann, Elaine Eckels, and Elaine Hatfield, "Intimacy in Older Women's Lives," 22 *Gerontologist* 493 (1982).

30　女性高齢者にとって，婚姻関係の持つ重要性に関する別の証拠については，以下参照。Id; and Timothy H. Brubaker, "Families in Later Life: A Burgeoning Research Area," 52 *Journal of Marriage and the Family* 959, 965-966 (1990).

31　F.N. Schwenk, "Women 65 Years or Older: A Comparison of Economic Well-Being by Living Arrangement," 4 *Family Economics Review*, no. 3, 1991, p. 2.

比例して高くなっている。男女間での婚姻後のやもめ状態は、驚くべき比率になっている。65歳から69歳の年齢集団では、男性は7.3％に過ぎないが女性は33.8％に達している。また80歳から84歳の年齢層では、その比率は男性では27.3％であるが、女性では72.3％に及んでいる[32]。この不均衡は、男性が女性と同じように長生きできれば縮小すると予測できる。

　経済学の用語法では、男性の寿命は女性のそれと「相補的な(complementary)」関係にある。結果的に、男性の寿命が上昇すれば、女性にもその便益が及ぶことになる。女性特有の疾病の予防・治療から男性特有のそれへと医療研究資源の再配分を行うことは、女性にとって費用を喜んで負担すべき政策であるかもしれない。このような示唆は、外見的には奇妙な政策に見えるかもしれない。この問題は、高齢者特有の疾病から若年者のそれに医療資源の再配分を行うことと関連させて考えるならば理解可能であろう。かりに65歳の高齢者に1年間の追加的寿命を与えることは、75歳の高齢者に対するそれより大きな効用があると仮定すれば、男性高齢者の1年間の追加的寿命は女性高齢者のそれよりも大きな効用をもたらす。この効果は、男女間での人数の不均衡という問題を切り離しても理解できると思われる。男性高齢者の平均年齢は、女性高齢者のそれよりも相当に若いからである。この分析は、たとえば白人に特有な疾病から黒人に特有な疾病に医療研究の資源の再配分を考える際にも、黒人の寿命は白人のそれよりも短いことを考慮すれば極めて重要な意味を持っている。医療研究資源を女性から男性にシフトすることは、性別と無関係にそれらを白人から黒人へとか高齢者から若年者へとかにシフトすることと比較すると、現実には大きな影響を持っている。その理由は、再度にわたって強調するならば、選択的なバイアスの問題があるからである。たとえば、75歳の高齢者の追加的な1年間の寿命は、65歳の高齢者のそれよりも健康状態が悪くなっている可能性が高い。高齢者は、単純に生存期間が長くなることで、その加齢現象の進行は遅くなる可能性がある。しかし、性別による医療資源の再配分政策は、女性と比較すると短い男性の寿命を1年間延ばす便益は、彼自身のみならず彼の配偶者にも便益をもたらす効果がある。彼の配偶者の寡婦としての生存期間も短縮されるからである。この場合、彼女の寡婦としての生活は、このような医療資源のシフト

32　Jacob S. Siegel, *A Generation of Change: A Profile of America's Older Population* 364-365 (1993) (tab. 6A. 1).

効果としてその夫の生存期間の延伸に役立つならば，彼女の人生の終了(彼女の死)までの費用もその人生に役立つ可能性がある。

　ここで私は，女性特有の疾病から男性のそれへ医療資源を再配分すべきだと「主張している」のではない。私は，経済学的な分析結果から，そのような政策が適切な効果を生み出すか否かについて議論しているつもりである。私が試みてきた議論の方向性は，私が提示したいくつかの数式にさまざまな変数を組み入れて検討した結果である。そこでは，今後とも検討すべき課題を示唆したに過ぎない。読者には，この試論を提示する努力に対して困難で手に余るとして簡単に見過ごさないように期待している。

(5)　生命の質および量

　年齢という要素は，医療ケア研究をめぐる財政支援についての判断要素であるのみならず，治療行為をめぐる意思決定に関する重要な判断要素でもある。医療資源の供給が極端に少ない場合には，治療の優先順位が問題となった古典的な状況に見られるように，そのサービス価格は市場によって明示的に決定することはできない。この場合でも年齢という要素は，治療の優先順位の決定の際にその重要な判断基準となりうるだろうか。この問題は，高齢者に不利益を及ぼす判断基準としてしばしば議論の対象とされてきた。たとえばイギリスでは，医師は腎臓病患者から「高齢者」(55歳以上)を人工透析の対象としないことになっている。アメリカでは，医師たちは集中治療室の空きベッドの利用や心臓移植手術の対象資格を決定するに際して年齢基準を採用している[33]。この年齢に基づく判断基準は，しばしば厳密な意味での「医療的な」理由によって擁護されてきた。たとえば，高齢患者は若年患者と比較すると，長生きする可能性が低くその治療によって得られる便益も少ないという理由である。しかし，この理由が常に妥当するわけではない。それでは，この年齢基準と治療の優先順位という問題にどのように対処すべきなのだろうか。

　ここでは，治療の優先順位が本当に問題になる場合を考えてみよう。この場合，どのような社会集団に対してどの程度の医療資源が配分されるべきか

---

[33] Kilner, note 3 above, at 77-78. なお，このような年齢基準に対する批判として，以下参照。Nancy S. Jecker and Lawrence J. Schneiderman, "Is Dying Young Worse Than Dying Old ?" 70 *Gerontologist* 66, 70 (1994).

という問題ではなく，治療がなされなければ誰が死亡するのかという問題である。それゆえ，年齢による判断基準は相対的に見れば議論の余地が少ない。たとえば，若年者の治療を優先すれば救われる生命の量は最大化するし，量よりも質を考慮した場合でもその結論には相対的に妥当性がある。なぜなら，生命の効用は加齢とともに減少するからである。この場合，高齢者と若年者の間での死の恐怖の問題は捨象され，効用の相対比較のみが判断の対象となる。

　われわれは，治療の優先順位をめぐる状況を「創りだす」資源配分を決定する際に，外見上では合理的に見える年齢基準を利用することに無批判に追従すべきではない。たとえば，集中治療室の空きベッドの数は，その管理者が最後のベッドを若年者か高齢者のどちらに割り振るべきかの選択の際にしばしば直面する問題状況である。われわれは，その国家が充分な集中治療室への患者収容力を持っているか否かを考える必要がある。たとえば，集中治療室の収容力が少ないことは，若年者と高齢者のどちらを救命するかを「選択」すべき状況を創りだし，高齢者に治療の選択肢を提示しない行為を惹き起こす。

　このように，年齢を基準とする医療資源の配分は微妙な意思決定の問題を含んでいる。しかし，この年齢による判断基準の採用に反対する議論もまた，その主張する根拠が貧弱である。たとえば，高齢者を殺した場合と若年者を殺した場合，その殺人犯に対する刑罰は同じであるべきだという考えも矛盾している。社会政策的な目的を考えれば，高齢者に対する殺人を軽い刑罰に処するという政策に根拠がないことは明らかである。多くの刑罰法規は，刑事司法制度によって犯罪予防の限界的効果を確保するとともに社会的費用を抑制するという，その目的達成の範囲内で刑罰の重さを衡量しているからである[34]。この刑罰における制約要因は，いずれも高齢者に対する殺人行為への刑罰を「割り引く」理由とはなりえない。実際には，高齢者に対する「慈悲的な殺人（安楽死）」に対する刑罰は，他の殺人と比較すると軽くなることは確かである。また多くの安楽死は，第三者の幇助する自殺に類似する行為ないしは同等の行為として，道義的な意味で殺人とは異なる刑罰が適用されるべきだろう。前章で検討した議論は，「医師の幇助する」自殺の問

34　Richard A. Posner, "An Economic Theory of the Criminal Law," 85 *Columbia Law Review* 1193 (1985).

題であるから,本章における議論の決定的な結論を示すものとは言えない。いかなる形態であれ安楽死の合法化に反対する人びとも,安楽死に他の故意による殺人と同様に重罰を科すべきであるとは主張しないだろう。彼らも,若年者の救命と高齢者のそれを選択する場合には,他の場合に無視した年齢基準をここで採用するとは思えないからである。

　私はここまで,人間の寿命と生命の質の関係あるいは生活の量や質の関係を明確化するための判断基準について検討してきた。ここからは,これらの問題についてもう少し詳細に検討してみたい。われわれは,高齢者の行動を理解するとか高齢者をめぐる規範的な問題を評価するという争点について,彼らの期待効用の見通しが制約されている事実を考慮に入れて検討してきた。ここでは,生命の質とその量についての争点を対比的に考えることが有益であると思われる[35]。いささか粗っぽいが有益な方法は(割引率のような複雑な議論を捨象して),人びとは生命の量にその質を掛けた積である効用の最大化を期待していると想定する方法である。たとえば,10年間の生存期間で毎年の効用が100単位であると仮定すると,8年間の生存に由来するその期待効用が150単位であれば,後者の生存期間の短い期待効用の方が望ましいという結果となる。私は,女性たちが高齢になっても男性の伴侶との生活を続けられるならば,その生命の期待効用が増加する結果として,現在よりも少し短い期待生存期間も現実には受け入れ可能であると考えている。彼女たちの期待効用は,結果的に増加すると予測できるからである。この問題は,社会が医療的資源の配分に関する意思決定の際に検討すべき唯一の問題ではなく,数多くの問題の中の一例に過ぎない。

　医療資源の配分に関する問題は,致死率の高い疾病と致死率の低い疾病に対する研究支援のあり方として,たとえば心臓疾患と聴力疾患に対する研究支援にも影響を及ぼす可能性がある。高齢者にとって,たとえば視力や聴力などの障害によってもその生活の効用は大きく減退する。とくに,この二つの障害が相次いで発生した場合,高齢者はその人生から疎外されて社会活動が著しく困難になったと感じる。けれども,視覚や聴覚の障害は,その期待

---

[35] 期待効用アプローチを用いて,医療ケアに関する経済学の規範的争点にこれを適用する研究として,以下の資料が有益である。See George Tolley et al., "The Use of Health Values in Policy," in *Valuing Health for Policy: An Economic Approach*, note 11 above, at 345. なお,この論文は,老人性認知症の治療によって生じる便益について,興味深い議論を展開している。Id. at 368-375.

生存期間にほとんど影響を及ぼさない。これらの障害は、生活の量的側面ではなく質的側面に否定的効果を及ぼすに過ぎないからである。高齢者の期待効用が生活の質と量の両者に依存している事実を認識すれば、高齢者の疾病に関する医療研究の資源配分が歪んでいる事実が明らかになる。現在の資源配分は、致死的な疾病にのみ比重を置くような歪みを伴っている。たとえば、高齢者に蔓延している視力障害を2％改善することは、高齢者の生存期間の2％という延長よりも彼らの生活での期待効用を大きく改善する効果がある。また、白内障手術の進歩も、高齢者の生活の質を大幅に改善する可能性がある。

　このような分析は、残念なことに、高齢者の健康の維持・改善のための社会的資源の支出量をめぐる政策的意思決定について、何らかの明確な方向性を提示するには役に立たない。人びとは、自らの高齢期での医療資源への支出を含めてそれぞれの消費水準に応じて、自分の懐から支出できる消費水準を調整している（税による財政支援がない場合でも、他の納税者に依存せずに直接的・間接的に自腹を切る場合を想定する）。人びとは、私がこれまで説明してきたように、若年ないし中年時代での生活水準の低下を受け入れることを通じて、高齢期での潤沢な医療支出に備える準備をすべきなのである。判断が困難な問題は、人びとが公的な財政支出をどこまで期待しているのかという問題である。多元的自己の分析アプローチは、規範的な意味でトラブルをもたらす要因ではあるが、この問題がいかに解決困難であるかを示すことができる。現在の段階では、高齢者が他の年齢集団からどの程度の財政移転を受けているのか（税制優遇や財政補助を通じて）を明らかにする実証研究により、この問題に何らかの方向性を与えることができるかもしれない。高齢者が将来にわたってより多くの財政移転を望むならば、政治的な世代間調整システムを整備する必要がある。これらの争点に関する議論は、本章の後半部分でさらに検討する。

3　社会保障と所得再配分

　ある個人の人生の目的が若年者の自己と高齢者の自己でそれぞれ異なるとしたら、異なる目的を持ったそれぞれの自己は同一の人格と言えるだろうか。われわれは、将来の自己を殺したいとは思わないし、その寿命を短縮するような行為を犯すつもりはないかもしれない。その理由は、われわれ自身が同一の身体の共同所有者であるという意味だけではなく、将来の高齢者に

なった自己も自分自身だと考えるからである。多元的自己をめぐる争点は，若年者の自己が高齢者である自己を見捨てるような例外的な状況でのみ問題となるわけではない。たとえば，社会保障法が制定される以前では，「アメリカ人の圧倒的多数は，経済的な動機のみによって生活していた[36]」というのはほとんど作り話である。ここで引用したディヴィッド・フィッシャーの見解は，「マサチューセッツ州における高齢者の経済的地位に関する最初の政策評価がなされた1910年では，彼らの経済状況に関する評価は極めて厳しいものであった。すなわち，高齢者(65歳以上)のほとんど4分の1が何らかの福祉的給付(dole)に依存していた」という記述で補強されている[37]。けれども，彼自身が示している図表でも，これらの福祉的給付を受けている高齢者の大多数は，南北戦争に従軍した軍人年金の受給者であった。この年金の平均的な受給金額と当時の平均賃金とを比較すると，現在の社会保障での退職年金給付と平均賃金の対比よりも若干低い比率である[38]。フィッシャーの調査での対象高齢者は，その7.6％の人びとが慈善的ないし救貧的な給付を受けていたに過ぎない[39]。これ以外の人びとは(刑務所に収監されている者を除いて)，その全てが「経済的自立(not dependent)」または連邦政府の年金受給者というカテゴリーのどちらかに分類されているのである[40]。

通常のケースで考えるならば，人びとは将来の自己に充分に配慮して，少なくともその高齢期のために必要とされる最小限の準備をしていると予測できる。このため，若年者から高齢者への富の再配分や若年者から高齢者への財政補助の必要性を強調することは，極めて大きな論争を惹き起こす可能性がある。そのような状況にあって，公的年金への強制拠出や社会保障給付の

---

36 David Hackett Fischer, *Growing Old in America* 164 (1977).
37 Id. at 161.
38 Judith Treas, "The Historical Decline in Late-Life Labor Force Participation in the United States," in *Age, Health, and Employment* 158, 164-165 (James E. Birren, Pauline K. Robinson, and Judy E. Livingston, eds., 1986).
39 Computed from Fischer, note 36 above, at 161 n.5.
40 社会保障法の導入以前でも，高齢者である人びとがたとえ充分とは言えないとしても適切な処遇を受けていたことについては，以下参照。Carole Haber and Brian Gratton, *Old Age and the Search for Security: An American Social History* (1994), esp. ch.2; Carolyn L. Weaver, "On the Lack of a Political Market for Compulsory Old-Age Insurance prior to the Great Depression: Insights from Economic Theories of Government," 20 *Explorations in Economic History* 294, 302-316 (1983).

受給権を保障する法律は，自立的かつ健康な高齢期を過ごしている個人に対しても，政府がそのライフ・コースでの望ましい消費パターンを設計すべく政策介入を行っているように見える。政府の社会保障政策は，彼らはその生涯における消費配分を高齢期に多く充てるように配慮していないと判断して，法律によってそれを強制しているように見えるからである。人びとは，法律によって高齢者の自己への所得移転を強制されるならば，高齢期になってからでは若年者の自己に富を再配分できないから，現在の自分たちの生活水準に引き上げるだろう(そうでなければ彼らは強い遺産動機を持つことになる)。けれども，人びとは高齢者となってからでさえ，生涯の所得の多くを若年者であった時代に消費できなかったことを後悔しているのである。

　これは，信じがたいシナリオであるけれども真実である。政府が人びとに社会保障プログラムに対する拠出や租税による負担を強制することは，個人の所得をある時点から他の時点に再配分する政策と考える限りでは適切かもしれない。人びとは，その稼得能力の時間的変化のプロファイルに応じて，それぞれのライフ・コースでの消費レベルを望ましい配分に調整できるからである。たとえば，引退後の年金給付を減額することで現在の所得を増加させるとか，若年期に融資を多く受けることで消費レベルを手厚くして将来のそれを縮小する(その融資の返済を行う)という対応が可能となる。これらの対応の可能性は，将来の高齢者の自己にほとんど配慮しない現在の若年者である人びとに対して，高齢者の自己が貧困にあえぐことがないように促すという範囲内に社会保障の効果を限定する役割を果たすのかもしれない。けれども，現在の社会保障政策はそのようなプログラムとして設計されてはいない。アメリカの社会保障プログラムは，多元的自己をめぐる政策的争点とは無関係に，人びとの生活に重要な影響を及ぼす所得再配分効果を生み出している。つまり，現在の社会保障プログラムは多元的自己をめぐる政策視点からではなく，異なる個人間での富の再配分を目的としているのである。ここでは，二種類の再配分効果を区別する必要がある。第一は，同一の世代内での再配分効果である。これは，同一の時期に出生した人びとの間での相対的な格差是正のための所得再配分を意味している。第二は，異なる世代間での再配分効果である。これは，異なる世代として出生した人びとの間での相対的な格差是正のための所得再配分である[41]。社会保障プログラムの給付水準

41　この問題に関する慎重な分析と関連文献を紹介するものとして，以下参照。Nancy Wolff,

は，その財源である社会保障税のように急速に引き上げられることはない。それゆえ，社会保障プログラムは，同じ年齢コーホートの中で裕福な人びとからそうでない人びとへと所得を再配分する効果を生みだす。この所得再配分は，人びとの所得と生存期間との間に強い相関関係があるから，その効果が減少することはあっても排除されることはありえない。結果的に，長期的に見れば裕福な人ほど社会保障の給付水準が高くなる傾向が現れる[42]。

よりドラマティックな所得の再分配効果は，世代間の所得再配分効果である。社会保障プログラムが1935年に導入された当時の人びとは，社会保障税を支払っていなくても即時に退職年金給付の受給資格が認められるという恩恵に浴した(高齢者はその30年後のメディケアの創設でも同様の恩恵を得ることができた)。これらの社会保障給付は，社会保障税を支払っている現役世代から高齢者世代への直接的な所得移転である。これらの納税者の中には，社会保障プログラムからの給付が期待できる退職年齢に近い人びとも含まれていたが，ほとんどは若年の納税者たちによって負担されていた。時は流れて，社会保障プログラムの受給者たちが雇用され社会保障税を負担している期間が長くなり，世代間の所得再配分効果は減少する傾向が明確になってきた。その結果，1960年代以降に出生した人びとは(彼らが極めて貧困ではないと仮定すれば)，社会保障プログラムから期待できる給付はマイナスの再配分効果が生じると予測されるようになっている[43]。

社会保障プログラムの世代間での所得の再配分効果は，「賦課方式(pay as you go)」がもたらす論理的には必然的帰結である。かりに積立方式による確定拠出型の社会保障プログラムが採用されるならば，この所得再配分効果は排除されることになる。特定の個人は，社会保障税の支払い額で購入できる年金保険(annuity)の給付額に等しい，それ以上でもそれ以下でもない社会保障の受給権が認められるに過ぎない。若い世代の納税者が退職者を支える

Income Redistribution and the Social Security Program (1987).

42 Id. at 124-125.

43 Michael J. Boskin et al., "Social Security: A Financial Appraisal across and within Generations," 40 *National Tax Journal* 19, 23 (1987). なお，「世代間会計」については，以下参照。Alan J. Auerbach, Jagadeesh Gokhale, and Laurence J. Kotlikoff, "Generational Accounting: A Meaningful Way to Evaluate Fiscal Policy," *Journal of Economic Perspective*, Winter 1994, p. 73; なお，その批判的議論は，以下参照。Robert Haveman, "Should Generational Accounts Replace Public Budgets and Deficits ?" in id. at 95.

制度設計は、退職者自身がその消費を遅らせることで自らを支える制度設計と比較すると、高齢者世代がその政治的な影響力を行使して若年者の世代からその所得を収奪する性格を強める結果となる。このような制度設計は、労働力人口に占める非労働者人口が増加するにつれて、政治的にも極めて厳しい世代間対立を描き出すことになる。この賦課方式による社会保障の制度設計は、出生率や移民による人口動態、退職年齢や女性の労働力参加率、失業率や高齢者の生存率など、その予測が困難な社会的動態変化によって影響を受けることになる。たとえば、21世紀初頭に予測される世代間の社会的扶養比率の上昇は(第2章参照)、社会保障の給付水準を維持するためには社会保障税の急激な上昇を余儀なくされる。この賦課方式による単純なモデルを用いて、社会保障プログラムの将来予測を検討してみよう。ここでは、社会保障プログラムでの退職所得(r)の財源は、労働者の賃金(w)に課税される定率 t の社会保障税として、Wを労働者数とした上でRを退職した高齢者として考えてみよう。

<数式11.5>　　　　　　　$rR = twW$

この数式は、これを変形した等式として以下のように表現することもできる。

<数式11.6>　　　　　$t = (R/W)(r/w)$

もし社会的依存比率である R/W が20％上昇すると、現在の退職者比率と労働者の所得水準が等しいことを前提とすれば、社会保障税も同様に20％引き上げなければならない。

　高齢者の増加に伴う社会的依存比率の上昇は、彼らの退職に関連する全ての費用に影響を及ぼす結果になる。とくにアメリカでは、医療ケアに関する構成要素であるメディケアにその影響が及んで、高齢者の生存期間の上昇に伴う医療支出の拡大をもたらす可能性がある。高齢者の一人当たりでの病院入院ケアに必要とされる費用は、65歳から74歳までの高齢者では平均的な費用の2.1倍に達しているが、75歳以上ではその比率は4.0倍にまで上昇している[44]。高齢者の生存期間の上昇は、退職した高齢者が社会保障給付を受給する年数を増加させるだけではなく、企業年金受給に伴うパッケージに医療給付が含まれている場合には、その年間の給付総額を上昇させる効果をもたらす。諸外国の中では、たとえばチリやシンガポールのように、社会保障

44　U.S. Bureau of the Census, note 15 above, at 125 (ser. 185). なお、これらの資料は1991年度のものである。

財源を年齢コーホートごとに退職までの個人貯蓄によって調達する積立方式に移行する国も現れている[45]。

ゲリー・ベッカーは，賦課方式に基づく社会保障プログラムに対する批判に対して，若年者と高齢者の間での公正な社会契約と考えることが可能であると反論している[46]。労働可能年齢に達した成人は，公的な学校制度を支えるために税金を支払っているが，これは若年者に投資する人的資本を将来時点で購入するために彼らに融資することと同じ効果を持っている。この若年者たちは，労働可能年齢に達したときに租税負担によってその借金を返済することになるからである。これらの若年者たちは，彼らの公教育のために融資してくれた世代が退職年齢に達したときに，社会保障税によって高齢者の生計費用や医療ケア費用を負担してくれるという説明になる[47]。このような分析視点は，すでに説明したように，若年者の自己は高齢期にならなければ投票権を行使できないが，現在の高齢者が若年世代の高齢者の自己の代理人として行動しているという説明を可能とする。この分析視点は，社会保障の所得再配分に関する通常の分析では見逃されてきた視点である。通常の社会保障プログラムの分析では，若年者に対する公教育をめぐる税負担を視野に入れることなく，社会保障税の負担のみを考察の対象として，社会保障の受給者たちが労働していた時代に支払った税と受給権との関係について論じているからである。

賦課方式に関するもう一つの議論は，社会保障プログラムはその外見とは異なり，社会保障の受給者のみならず現役の勤労世代にも受給権を付与して

45　Gary S. Becker and Issac Ehrlich, "Social Security: Foreign Lessons," *Wall Street Journal* (midwest ed.), March 30, 1994, p. A18.

46　See id.

47　Gary S. Becker, *A Treatise on the Family* 369-374 (enlarged ed. 1991). この公的年金における賦課方式の理念は，その現実の制度設計とは区別して考える必要がある。つまり，現実の制度は実務的ないし政治的な思惑によって，さまざまな修正を受けて成立しているからである。See, for example, Jonathan Barry Forman, "Promoting Fairness in the Social Security Retirement Program: Partial Integration and a Credit for Dual-Earner Couples," 45 *Tax Lawyer* 915, 926-948 (1992). ベッカーは，異なる世代間に公正な社会契約が成立するための政治的なメカニズムについては説明していない。たとえば，一方では公教育に必要な財源と他方では社会保障税やその給付のための財源は，それぞれ州政府や地方自治体あるいは連邦政府の所管部局など，異なる政府部門で処理されている。それゆえ，ベッカーが示唆するこの種の公正な社会契約は，どのような政治的意思決定から生み出されるべきか必ずしも明確にされているわけではない。

いる。社会保障プログラムが存在しなければ，高齢者の生活を維持する責任の多くはその家族である若年者たちの負担となる。アメリカでは，社会保障制度を成立させる政治的な契機となった世界恐慌が発生した時代には，多くの高齢者が失業するとともに彼らの大部分が貯蓄や資産を失ったため，社会保障プログラムは若年者や中年者の世代にその負担を転嫁する目的で制度化されている[48]。現在の社会保障プログラムの性格は，当初ほど露骨な高齢者保護という政策目的を表現しているわけではない。現在の高齢者たちは，社会保障プログラムによる給付のみではなく，企業年金や個人年金なども生計を支える財源としているからである。けれども，現在でもなお数百万人の高齢者たちは，その生活水準を維持するための主要な財源として社会保障プログラムである公的年金給付に依存している。これらの高齢者の多くは，自分の若年期に充分な貯蓄ができなかったと推測される人びとであり，社会保障プログラムが存在しなければその生計を維持できない人びとである。

　社会保障プログラムが整備された現在でも，高齢者の生計維持のための相当の負担がその成人となった子供たち（とりわけ女性たち）に残っていることも確かである[49]。この背景の一つには，高齢者が必要とする医療以外の社会的サービスの利用に対してメディケアが適用されないという理由がある。もう一つの背景には，高齢者の老人看護ケア施設への入所などの長期介護ケアについて，私的保険市場で魅力的な保険商品が提供されていないという理由もある[50]。この市場による失敗の原因には，将来の高齢者ケアに必要とされる費用をめぐる不確実性という根本的な問題が存在する。この高齢者ケアに関する費用負担は，市場におけるサービス価格の変動とともに，将来における高齢者の生存期間をめぐる関数にも依存して変動するからである。興味深

48　Brian Gratton, "The Creation of Retirement Families, Individuals, and Social Security Movement," in *Social Impact on Aging: Historical Perspectives* 45, 61-68 (K. Warner Schaie and W. Andrew Achenbaum, eds., 1993).

49　Roxanne Jamshidi et al., "Aging in America: Limits to Life Span and Elderly Care Option," 2 *Population Research and Policy Review* 169, 174-176 (1992); Barbara Adolf, "How to Minimize Disruption Caused by Employees Taking Care of Elderly Relative," 3 *Journal of Compensation and Benefits* 291 (1988).

50　See Jane G. Gavelle and Jack Tayler, "Financing Long-Term Care for the Elderly," 42 *National Tax Journal* 219 (1989); Joseph . Newhouse, "Comment for Predicting Nursing Home Utilization among the High-Risk Elderly," in *Issue in the Economics of Aging* 200, 202-203 (David A. Wise, ed., 1990).

い事実は，高齢者の長期介護ケアをめぐる民間保険に対する需要が少ないのは，主として相続人による遺産の保全という動機に由来するという示唆もある。実際には，高齢者たちは彼らの資産を使い尽くした場合にのみ，老人看護ケア施設への入所サービスを無料で受けるメディケイドによる資格が認められるからである[51]。多元的自己による分析アプローチは，人びとは将来に予測される高齢かつ病弱でおそらく認知症を患っている自己に所得移転をしたいと考えていないから，このような保険商品の購入意欲を持っていないことを示唆している。この事実は，長期介護ケアは不健康な高齢者に対するサービスだから，人びとは高齢者の自己が健康であればその消費のための所得移転を好まないと考えている可能性と矛盾しない。けれども，これは完全な解答とは言えない。たとえば，高齢者の自己に対して利他的ではない人びとも，自分の子供たちには利他的に振る舞う可能性がある。彼らは，子供たちに彼らの高齢期の介護ケアで負担を掛けることを恐れている。この人びとは，相続財産の保全を心がけて子供たちに遺産としてそれを残す希望を持っているわけではない。しかし，彼らは，彼らの老後の面倒をみてもらうという「負の遺産」を子供たちに残したいとは考えていないのである。

　この子供たちに想定されている義務としての「負担」について語ることは，それが任意的でしぶしぶ履行される義務であったとしても，経済学における伝統的アプローチとかけ離れていることは確かである。第9章で議論したように，困窮した両親を支援する義務としての子供たちの負担は，法的義務としてはほとんど退化してしまっている。このような法的義務は，アメリカ国民に対して孤独で困窮した両親の面倒をみるように義務づける根拠として「期待すべき」だと仮定しても，それを強制する法的根拠として重要な役割は果たしえない。アメリカでも成人に達した子供たちの多くは，高齢になった両親を無視するとか遺棄するのではなく，金銭や時間のみならず苛立ちや焦燥あるいは嫌悪の感情にも耐えて，両親を実質的に支える費用を喜んで負担したいと考えている。その一方で彼らは，両親の介護ケアをする負担の一部を第三者の手にゆだねたいと本心から考えている。この高齢者に対する介護ケアは，人びとに喜びをもたらす消費活動ではないことは確かである。親孝行の義務という観念は，その他の道徳的観念と同様に，それを考え

51　Mark V. Pauly, "The Rational Nonpurchase of Long-Term-Care Insurance," 98 *Journal of Political Economy* 153 (1990).

る個人にとってはある種の費用負担と感じられることはさまざまな証拠によって示唆されている[52]。社会保障プログラムは，配分的な衡平性という観点から見ると，（私がそのような考え方に強く反対しているとしても）全ての現役世代における高齢者ケアの費用について少なくとも金銭的な負担部分を分散する制度として弁護することができる。社会保障プログラムによる給付は，規模が縮小した現代家族にとって大きな支えである。たった一人の子供で年老いた両親の面倒をみることは，多くの兄弟姉妹がその負担を分担することよりも大変なことは言うまでもない。大規模な家族であれば，公教育に関する課税額は納税者の子供の数によって変化することはないから，多くの子供たちが受ける学校教育から大きな便益を受けることができる[53]。結果的に，現代の小規模家族が社会保障プログラムからより多くの便益を享受することは，現実的な選択としては正義にかなっているのかもしれない。

高齢者に対するその家族による「任意の」介護ケア負担は，若年者から高齢者へ富を移転するある種の「税」であると想定してみよう。この形態による税は，次第にその負担比率を増大させていることは確かである。その理由は，高齢者への介護ケアに必要とされる若年者と中年者の人口比率と比較すると高齢者のそれが上昇していることに加えて，市場における女性の時間当たりの機会費用が上昇しているという社会的背景がある。

社会保障プログラムは，世代間の社会契約としての側面があることは確かであるが，政府による若年者から高齢者への所得移転は，その規模や程度をめぐる適切な評価が困難である。連邦政府の歳出に占める高齢者への財政的給付は，1991年度では総額3870億ドルに達している[54]。けれども，この数字は，高齢者に対するネットでの支出総額とは言えない。高齢者が受給してい

---

52 See, for example, Nancy J. Finley, M. Diane Roberts, and Benjamin F. Banahan, III, "Motivators and Inhibitors of Attitudes of Filial Obligation toward Aging Parents," 28 *Gerontologist* 73 (1988). なお，親孝行で有名な日本でさえも（第9章参照），家族の規模が小さくなっている。その結果，高齢者になった親族をケアする負担は，若年の家族構成員の責任として重くなっているため，高齢者に対する公的なサービス提供の範囲の拡大が議論されている。Daisaku Maeda, "Family Care of Impaired Elderly in Japan," in *Aging: The Universal Human Experience* 493, 497 (George L. Maddox and E. W. Busse, eds., 1987).

53 これは，これらの子供たちが成長して労働することを通じて税金を払うことになる，という事実を少なくとも無視した上での議論である。David Friedman, "Laissez-Faire in Population: The Least Bad Solution," 13 (Population Council 1972).

54 U.S. Senate Special Committee on Aging et al., note 4 above, at 239 (tab. 8-1).

る社会保障給付のある部分は，彼らが現役で働いていたころに支払っていた保険料拠出や社会保障税に対応する給付としての性格があるからである。この政府による財政的な支出金額は，世代間の所得移転というよりも，民間の年金保険による給付としての性格を持っていると見るべきかもしれない。結果的に，ネットでの所得移転は個人ごとに大きく異なっている。具体的に言えば，それぞれの個人の所得・家族的状況，彼が働いていた期間の長さ，および（社会保障税の課税額や退職給付額は変動するから）彼が所属する年齢コーホートごとに異なっている[55]。高齢者たちはまた，所得税その他の税負担を通じて数十億ドルの財政負担を行っている[56]。これらの税負担に対応して，高齢者は何らかの給付やサービスを政府から受けている部分があることも確かである。かりに，彼らが他の年齢集団と比較して，政府から相対的に少ないサービスを受けているならば（たとえば公教育をめぐる税負担が明快な例である），彼らの税負担はその受給している社会保障給付で調整されていると想定することもできる。もっと複雑な問題は，社会保障プログラムが高齢者に通常より早期の退職を促進する効果をもたらす場合には，高齢者の負担する所得税総額を抑制する効果を伴うことにある。さらに，家族による高齢者に対する介護ケアという実質的な「税」負担が増大するならば問題の複雑性はさらに拡大する。

　社会保障プログラムにおける世代間の社会契約という側面を通じて，高齢者による税負担と社会保障給付の調整メカニズムがどのように実現されているのかは明らかではない。この調整メカニズムでも，社会保障における民間年金保険に類似するという側面からの分析も必要不可欠である。かりに世代間の社会契約というアプローチが適切であるとするならば，現役の労働者た

55　1970年代の初期に退職した年齢コーホートでは，社会保障プログラムの退職給付における所得移転効果は77％から89％のレベルと推計されている。Wolff, note 41 above, at 43; Richard V. Burkhauser and Jennifer L. Warlock, "Disentangling the Annuity from the Redistribution Aspects of Social Security in the United States," 27 *Review of Income and Wealth* 401, 407 (1981). なお，1980年代半ばに退職した年齢コーホートでは，所得移転効果は67％に下降していると推計されている。Michael J. Boskin et al., note 43 above, at 20.

56　Barry Windheim and Charles Crossed, "Salaries and Wages Reported on Income Tax Returns, by Marital Status and Age, 1983," *Statistics of Income Bulletin*, Winter 1987-1988, pp. 65, 73-75 (tab. 6-9); Sheldon Danziger et al., "Income Transfer and the Economic Status of the Elderly," in *Economic Transfers in the United States* 239, 256 (Marilin Moon, ed., 1984). なお，私は，これに関連する最新のデータは入手していない。

ちが支払う社会保障税という負担は，彼ら自身の年金への拠出ではなく，彼らに教育機会を付与してくれたその両親の世代によって生み出された費用を弁済するための拠出という説明になるだろう。

4　高齢者と民主主義の理論

　われわれは，若年者から高齢者へのネットでの所得移転の総額を把握することはできない。この世代間の所得移転総額は，マイナスではなくプラスで，しかも相当額の超過移転になっている可能性がある[57]。この世代間の所得移転は，若年者側から高齢者への自発的な利他的動機による移転であれば問題とする余地はない。けれども，この説明は第9章で論じたように，ほとんど根拠がないことも明らかである。人びとの利他主義的な感情は，高齢者の置かれている状態と強い相関関係にあると推定される。人びとは，高齢者たちが貧困や健康状態の悪化に苦しんでいる（現在では後者の比率が高い）ならば，彼らに対する自然な反応として利他主義的な感情を示すことは確かである。けれども，自然な感情としての利他主義は，集団としての高齢者に寛大な補助金をばらまくのではなく，個別的な高齢者の困難な状況を改善するための政策対応でなされるべきだろう。高齢者への所得移転は，道徳的ないし経済理論として正義にかなうか否かはともかく[58]，彼らの政治的影響力を除外して考えることはできない。この高齢者の政治的影響力は，第6章で説明したように，以下の事実に由来する偶発的な結果に過ぎない。この事実には，高齢者の時間的費用が低い上に利害関係が均質であることに加えて，高齢者に有利な政策実現に向けた政治的圧力の抑制が有効に機能する子供たちに選挙権を与えていない状況などが含まれる。

　政治理論や道徳理論では，ある社会集団がその時間的費用が安価で利害関係が比較的均質であるため，その人口構成比率と比べて投票率が高いことに何らかの意味付けを与える理論は存在しない。これらの社会集団がその特性に適合する政治的権力を行使することは「道徳的に」承認される結果にな

57　See Danziger et al., note 56 above, at 264.
58　Becker, note 47 above, at 370-373. ベッカーは，高齢者が若年者の教育に財政支援した「融資」額と比較すると，相当に多額の返金を受けているわけではないという若干の証拠を提示している。けれども，現在の高齢者は，将来における高齢者の自己が現在の政策決定に影響力を行使できると仮定した場合に，合法的に要求できるレベルと比べて相当に多額の所得移転を受けているという確実な証拠を示しているとは言えない。

る。高齢者が自分たちの利害関係から離れて公正な投票行動をすると期待できるならば，彼らの政治的な影響力にそれほど思い煩う必要はない。けれども，高齢者たちがその期待に沿うような投票行動をする可能性はほとんどない。彼らは，自分たちに富の再配分を行う政策に強い関心を持っているからである。高齢者のこのような利害関心は，彼らの子供や孫たちに対する利他的な感情によって大きく緩和されるという保証もない。利他的な高齢者は，彼らが望むなら公的な所得移転の成果を私的贈与ないし遺産として子孫に引き渡すことも可能だからである。このような高齢者の行動は，彼らにとってその影響力を最大化する可能性があるから，所得移転の機会を喪失するよりも望ましい選択である。高齢者たちは，若年者たちと比較すると，私的利害から離れた投票行動者となる可能性があることも確かである。高齢者たちは，彼らが特定の政策的決定から期待できる利益や損失が自らの死によって消滅することを知っているからである。けれども，これらの事実はそのいずれも重要な判断要素とは言えない。多くの高齢者たちは，相対的には長い期待生存期間を維持しているし，また終末期に近い高齢者たちは投票に行かない確率が高いからである。

　私は，高齢者が投票結果に影響を与える唯一の要素が年齢であることを示唆しているわけではない。たとえば，高等教育を受けた高齢者は学齢期の子供がいなくても教育の価値を評価しているから，公立学校のための債券発行を支持するという投票行動をするかもしれない[59]。けれども，高齢者を集団として考えるならば，彼らはその人口比率以上に投票行動での大きな影響力を持っている。とくに，高齢者とは対極的な年齢集団である子供たちが投票権を剥奪されている事実と比較すると，この影響力は無視しえない大きさである。この状況を解決する極端なユートピア的な方法は，子供たちにも投票権を与えてその半分をそれぞれの両親に投票させるという方法である。しかし，この方法は，実現不能なほど複雑で実務的にもその実施が困難であるかもしれない。けれども，この方法は所得税の扶養者控除よりも虚偽申請の恐れが大きくはないし，虚偽申請で獲得できる成果も少ないから制度濫用が頻発する恐れも少ない。この子供たちに比重を置いた投票方法は，政治的な影響力の不均衡を是正する手段として検討する価値はある。この政治的影響力

---

[59] For evidence, see James W. Button and Walter A. Rosenbaum, "Seeing Gray: School Bond Issues and the Aging in Florida," 11 *Research on Aging* 158 (1989).

の不均衡は，人生の終わりに近づいた高齢者に有利で，将来の人生への期待値が大きい子供たちに不利益な方向に政治的な影響力の歪みを生じさせているように見えるからである。

　私は，高齢者の投票行動によって，政治的な歪みが生じているように「見える」と言っているに過ぎない。高齢者の人口比率と比べて投票による影響力の強さの結果として，高齢者に過大な所得再配分が行われているという指摘は誇張されている可能性がある。たとえば，高齢者には公的な所得移転によってもたらされた富を贈与や遺産として，彼らの子供たちの世代に「埋め合わせ」をしている人びとも存在する。また，若年者(または中年者)から高齢者への富の再配分をめぐる政治的圧力には限界があることも確かである。国民の人口構成における高齢者比率が上昇すると，必然的に社会的依存比率も上昇する。結果的に，若年者である賃金稼得者から高齢者への再配分のためには，たとえ高齢者への平均的な給付額が上昇しない場合でも，若年者一人ひとりの負担額は上昇する可能性がある。この若年者の負担額の上昇は，高齢者へのいかなる給付の増額にも反対する若年者の意識を強化する可能性がある。かりに，高齢世代が若年世代よりも組織化されて効果的な政治的圧力集団として機能しているならば，若年世代から高齢世代への富の再配分は，若年世代の政治的組織が抵抗できる程度にまで抑制されることになる。この抵抗レベルの程度は，社会的依存比率の上昇する時間的速度に応じて調整される。このような若年者の自己と高齢者の自己の間での政治的な抗争は，それが最適なレベルとは言えないとしても，時間経過による自然的な均衡状態によって収束させることが可能である。

　この問題は，社会保障税の「制度的な埋め込み」現象によってある程度は緩和されている[60]。たとえば，ある個人がいまだ退職せずに働いているが，社会保障による給付プログラムは高齢者を優遇しすぎていると考えていると仮定してみよう。この場合，彼がこれまでに支払った社会保障税を無視した上で，つまり回収不能な必要経費であると想定した上で，彼自身がこの社会保障プログラムから受給できる便益を評価することを考えてみよう。彼が退職に近い年齢であれば，全ての社会保障プログラムへの支出は過去のもので，給付される全ての便益が将来の問題である。結果的に，彼の利害関心は，給付の減額による社会保障税の抑制を支持するのではなく，給付の減額

60　Boskin et al., note 43 above, at 30-31.

に抵抗する政治勢力を支持する方向に進むだろう．結果的に，高齢者と彼らに近い世代の間では自然的な同盟関係が成立する．その必然的帰結として，高齢者の政治的影響力は彼ら自身の人口比率や投票行動による影響力を超える水準にまで拡大する可能性がある．

若年者が自己利益のために行使する政治的影響力は，政府による高齢者への富の再分配政策を抑制するために，アメリカのような高齢者に対する尊崇の念が少ない社会では大きな役割を発揮すると期待できるかもしれない．けれども，この若年者の政治的影響力について，高齢者に対する尊崇の念が高い(公的に言われるよりは低いと仮定しても)日本と比較して検証することは実際には困難である．日本では，アメリカと比較すると高齢者の貯蓄率が相当に高い．アメリカでは，日本の高齢者は子供たちの扶養義務に「ただ乗り(free ride)」していると人びとは信じているから，日本の高齢者の貯蓄率は低いと予測するかもしれない[61]．私は，その因果関係は社会的な背景にあると考えている．日本における高齢者の社会的地位の高さは，彼らが労働していた期間に貯蓄した金額が多いことに由来している可能性があるからである．つまり，日本の高齢者はその年齢ゆえにではなく，富を増加させた結果としての高い貯蓄率ゆえに尊敬されるようになった可能性がある．

高齢者に過剰な所得再配分がなされることを危惧する第二の理由は，他の利益集団によってなされる再配分政策と比較すると，その政治的費用が低いことが確認できるからである．高齢者人口の増加率は，相当以前から予測可能であるが(医療技術の進歩がこの予測を次第に不確実にしている)，今後10年ないし20年間に高齢者人口の追加的な増加分は減少すると予測できる[62]．この結果，将来の高齢者に対する再配分を抑制する立法を現時点で制定することを通じて，その現在価値を将来費用で割り引くという戦略を採用することで対処可能である．また，将来の政策効果を現在に引き戻す効果を

---

61 Edward P. Lazear, "Some Thoughts on Savings," in *Studies in the Economics of Aging* 143, 162 (David A. Wise, ed., 1994).
62 ある意味では，彼らは「短期滞在者」であるため，われわれは彼らを政治形態での「永続的」なメンバーよりも政治的影響力が少ないと予測している．しかし，このような対称性は誇張されていることも確かである．誰でも永久に生存できるわけではないからである．また，高齢者に近い年齢の人びとも高齢者として認識される傾向があるし，結果的に高齢者人口が増加することを通じて(機能的に)彼らの政治的影響力は持続するだろう．

もたらすこの法律の効力が廃止されないように保障する手段として（法律はたとえ政治的バランスが立法者に不利に変化しても簡単には廃止できない），政治的な政策決定の慣性を利用することも可能である。たとえば，社会保障プログラムの退職老齢年金の受給開始年齢を2023年までに65歳から67歳に引き上げることを決定した，連邦政府による1983年の立法の効果（社会保障プログラムによる退職年金の早期減額受給は，62歳以降では20％から30％への割引率の引き上げも決定されている）について考えてみよう[63]。この法律と言えども，社会保障プログラムの退職年金の受給者は，彼らはすでに受給資格を得ているから既得権を侵害することは許されない。この法律によって受給権を侵害されるのは，受給資格を得るために今後とも長く働かなければならない現在の労働世代である。彼らは，社会保障プログラムの給付額として考えれば，将来に減額が想定される現在価値で割り引いて評価する必要がある。この損失額は，現在価値の割引率としてそれほど大きな打撃とは言えないだろう[64]。しかも，この比較的小さい損失も，将来の給付原資として必要とされる高額の社会保障税を支払わなくて済むという代償によって相殺可能である。この損失の代償作用をより正確に言うならば，現在の高齢世代の子供やその他の家族メンバーが受け取る将来世代の便益としても説明できる。この将来世代の便益は，大きすぎるというわけではない。たとえば，現在の高齢世代が若年者たちに高い社会保障税を負担させているように，将来の高齢世代も同様の政治的影響力を持つ可能性が存在する。また退職年齢の上昇は，社会保障における「障害」年金の受給申請を増加させる可能性もある[65]。社会保障プログラムは，実際に労働不能であると証明できる全ての労

63　実際には，この受給開始年齢は，2000年から1年経過ごとに1月ずつ引き上げられることになっている。

64　割引率が3％であると仮定すると，40年後に受給する1ドルの現在価値は（2023年から1983年を引いた場合）31セントに相当する。この将来世代の給付額は，より効率的な政策によってさらに割り引かれるか否かは必ずしも明らかではない。この社会的な割引率は，私は疑問を持っているけれども，ゼロである可能性がある（詳細は次章参照）。しかし，人びとの政治的な行動は，社会的な便益や費用というよりも，主として私的な便益や費用によって導かれると考えられる。この場合，適切な社会的割引率の問題は，将来世代の受給資格を制限する立法の政治的な実現可能性とは別の問題であることが明らかになる。

65　Thomas N. Chirikos and Gilbert Nestel, "Occupational Differences in the Ability of Men to Delay Retirement," 26 *Journal of Human Resources* 1 (1991).

働者の退職年金給付を促進するからである。

　ここでは，ある政策的な提案が行われた場合に，その政策がもたらす利益や損失が政治的影響力を持つ集団にとって相対的に小さい場合を想定してみよう(現在価値の割引率を根拠に仮定する)。この政策に必要とされる費用や便益は，一般の消費者や納税者に拡散されるから公共利益への配慮の必要性は極めて大きく，政策形成の際に決定的な役割を果たすこともある。このように考えなければ，犯罪者を処罰する法律を制定・執行する意思決定過程を理解するのは困難である。この法律の受益者は(弁護士や法の執行者を除外して)，全ての善良で正直な公衆という拡散的な集団と想定されるからである。

　高齢者の生存期待値の上昇は，健康状態が改善され外見的にも良好となる効果を伴うと仮定してみよう。この場合でも，高齢者という年齢区分も上昇するから，労働生活からの退職年齢も自動的かつ追加的費用を伴うことなく上昇する。私は，この考え方は大筋では適切であると考えている(第2章参照)。この場合でも，これまでの各章で見てきたように，労働に伴う倦怠感という要素を見過ごすことはできないからである。かりに労働者の年齢ではなく労働期間の関数として不効用が増加すると仮定すれば，人びとの労働生活が長くなるに伴って不効用も増大する。彼らの健康状態・労働能力・賃金水準などの改善効果は，新たな退職年齢に変更しても減退しないからである。けれども，この想定は，高齢者の健康寿命が上昇した効果として彼らの労働期間が延長されることを意味するが，そこには別の効果も存在する。たとえば，大学院レベルの教育は労働市場参入を遅らせる効果があるが，現代では魅力的な選択肢になりつつある。また，軍隊での勤務経験も，兵役終了後の職業転換の契機になるから，次第に魅力的な選択肢になりつつある。より重要な事実は，人びとの労働期間が長くなることから，新たな人的資本増強のための再投資の価値が増加して，結果的に職業転換が促進される効果が生まれることにある。

　社会保障給付には，周知のように，インフレーション対策として過剰なまでの物価調整規定が組み込まれている。この物価調整規定に関するルールが変更されるならば(新たな立法措置なしに)，実質的な賃金上昇(すでにインフレ調整済みである)に連動しなくなるから，社会保障プログラムの給付水準は相対的に緩やかな上昇に転じるだろう。

　高齢者の投票による政治的影響力を懸念する考え方に対して，有力な反論として高齢者の投票行動は政治的安定性を強める効果があるという議論があ

る。高齢者の投票行動は,すでに第8章で指摘したが,新規の公共政策に抵抗するという意味で保守主義的な傾向がある。高齢者が新規のアイデアに抵抗する傾向は,加齢に伴う流動的知能の減退というその特性に対応している。けれども,良いアイデアと悪いそれを区別するための客観的な評価基準が必要な科学研究分野では,流動的知能は必ずしも必要不可欠な資質とはいえない。これに対して,政治的意思決定の分野では,科学分野におけるような客観的な評価基準は存在しない(少なくとも非常に緩慢に作用するに過ぎない)。結果的に,高齢者の保守主義的な政治姿勢によって,かつてのファシズムやコミュニズムがその例であるが,悪質な新規アイデアはそれが深く根付く前に除去することができる。すなわち,膨大な高齢者による投票行動は,新規の政治的アイデアの採用を遅延させる効果を通じて,政治システムに内在する危険を減少させる効果がある。新規のアイデアは,政治分野では「印象的」であるとして国民に受け入れられる傾向がある。われわれは,この印象的な新規アイデアによって影響を受ける有権者に大きな期待は持てないかもしれない。高齢者は若年者から所得移転を受けるのみならず,投票者として政治的安定性を求める高齢者の行動を通じて若年者も結果的に便益を受ける政治的代償を享受している可能性がある。

この高齢者の投票行動に関する考察は,これは常に起こりうると想定すべきであるが,古典的なアイデアが新しい急進的なそれとセットで登場したときには高齢者の投票行動の評価は疑わしいものとなる。高齢者である投票者は,ヒトラーが権力への階段を昇り詰める過程の選挙では,明らかに不均衡と言えるほど多くの支持票を投じたからである[66]。

最後に,多元的自己の概念に立ち戻って,高齢者の投票による政治的影響力を懸念する議論について検討してみよう。全ての若年者や中年者は,おそらくは自己自身とは言えない自己であるような,完全に信頼できるとは言えない受託者として将来の高齢者の自己を持っている。この関係は,あたかも両親がその子供たちに対する信頼できる受託者と言えないことと同様の関係である。両親と子供たちの利益も,常に一致するとは限らないからである。実際問題として考えるならば,現在の高齢者は彼ら自身の利益のみならず,現在の若年者である人びとの将来の高齢者になった自己の利益をも代表している可能性がある。ここでは,私が以前に提示した,政治的な意思決定にお

66　See Richard F. Hamilton, *Who Voted for Hitler?* 61-62, 512 n. 46 (1982).

いて両親に子供たちの利益で重みを付けた追加的な投票権を与えるという議論を思い出してみよう。この議論は，高齢者の投票行動による「過剰な」影響力をめぐる分析にも耐えられる性質を持っている。現在の高齢者の投票行動は，将来いずれは高齢者となる現在の若年者の自己の利益にも適切な比重を置いた政治的意思決定を行っているとみなすことが可能だからである。

　この多元的自己に関するさまざまな側面について均衡状態を維持するために，二つの対抗的な制約要素を考慮に入れる必要がある。その一つは，世代ごとに水平的に分断された側面である。他の一つは，いわゆる「ただ乗り」に伴う側面である。前者について言えば，現在の高齢者は将来における高齢者(現在の若年者や中年者である将来の自己)の意思決定に関する代理変数として考えることができる。しかし，この想定はその見返りとしての便益が長期にわたって繰り延べられるならば，実際には機能しない可能性もある。たとえば，癌治療の研究成果としての治療効果は，2020年までには期待できないと予測されている。現在の高齢者は，実現が予測される以前に死亡しているだろう。この研究プロジェクトに関心を寄せるのは，現在の若年者である将来の高齢者たちなのである。

　第二のただ乗りの問題は，将来の社会保障プログラムによる給付やメディケアを抑制する政策で実現可能であるように見える。また，高齢者への医療ケア費用の抑制という手段ではなく，日常生活レベルで支援を必要とする高齢者の在宅ケアに対する財政負担を抑制することでも実現できるように見える。しかし，高齢者に対する医療ケアの費用負担を拒否することも(すでにドゥオーキンの提案に関する議論で見たように)，また高齢者の在宅ケアに対する費用負担を抑制することも，政治的には実現することは困難である。前者に関する費用負担は，高齢者がメディケアや民間保険での給付を利用しつくした場合には，全てメディケイドによる財政負担とならざるを得ない。後者に関する費用負担も，家族や友人およびソーシャル・ワーカーに全ての責任を押し付けることは現実に許されない[67]。これらの事実は，人びとが自らの高齢期のために貯蓄努力をしなければ，どのような方法によっても社会がその費用負担をせざるを得ないことを示唆している。この社会的な費用負

67　私は，施設ケアよりも在宅ケアの方が重視されるべきだと思っている。なぜならば，第6章で議論したように，高齢者たちが在宅ケアにより多くの期待を持っているからである。

担は，高齢者人口の増大に伴って増加することは避けられない。現代のアメリカ社会では，人口構成の高齢化が進展する結果として，重度の疾病や障害による高齢者の医療ケアや在宅ケアの費用負担が増大することも避けられない。これは非現実的な想定であるが，医療ケアや在宅ケアの費用負担が現在の水準より上昇しないと仮定しても，高齢者人口の増加による費用負担の上昇は回避不能だからである。この費用負担を高齢者自身から納税者や家族メンバーへの転嫁を抑制するような，何らかの公的・私的な方策が存在するとは思われない。これらの方策の中には，個人による私的貯蓄で高齢期のために自ら準備するという方策は含まれてはいない。なぜならば，私は本書を通じて強調しているように，若年者の自己と高齢者の自己との間には深刻な利害対立が存在しているからである。

　この社会保障給付を抑制するための議論は，高齢者たちの致死的な疾病からその身体的・精神的な障害状態を改善する方向へと医療研究のための財政支出配分を転換するという，別の合理的な選択肢が存在することを示唆している。すなわち，メディケアやメディケイドその他の公的給付に関する制度改革は，単なる予算措置としての帳簿の付け替えではなく，納税者その他の費用負担者の間での負担割合を適切に計算した上で，高齢者に必要な費用に対応して適切に配分すべきことを示唆している。この社会保障プログラムの費用負担の抑制に関する主張は，もちろん誇張されていることは確かである。けれども，すでにメディケアに関して指摘したように，公的プログラムの構造に経済的なインセンティブを組み込むように変更することは可能である。この制度変更によって，メディケアの受給資格に伴う期待的価値を他の用途にも利用できるように現金化することを認めるならば，高齢者にも相対的には適切な生活改善効果をもたらすと予測できる。このような効果は，全てのアメリカ国民に対して，適切な医療費抑制に向けた波及的効果をもたらす可能性がある。さらに，民間の慈善的医療ケアによるサービスは，公的な医療ケアによるそれと比較すると貧弱であることは確かである。かりに，公的医療ケアの費用抑制が実現されたとしても，アメリカでは団塊世代の高齢者が登場するに伴って，彼らに対する医療ケアその他の費用が劇的に縮減できる可能性はありえないことは確かである。

　われわれは，将来を見通すためには注意深く考察しなければならない。別の言い方をすれば，全ての便益を全ての費用と同じように正確に予測しなければならない。現在の中年の人びとは，高齢な両親を在宅でケアするために

重い負担に耐えなければならないが，彼らも将来は（将来の自己が）高齢者になって同じ家族ケアを必要とするかもしれない。彼らにとって，高齢者である両親の在宅ケアという重い負担は，医療ケアや介護ケアの知識を事前に習得することで回避することは不可能である。けれども，彼らによる事前の知識習得は，自身の健康な中年期を拡大して高齢期への移行を遅らせる効果とともに，高齢者に対する医療ケアの費用負担が世代間の支えあいであることを認識する効果を生むことが期待できる。彼らにとって最大の効果は，不健康な高齢者になることは，自身や家族にとって耐えがたいという情緒的な通行料金を負担させる効果であるかもしれない。

　本章では，世代間における富の移転に焦点を合わせてさまざまな検討を重ねてきた。この富の移転には，金銭的な富のみならず非金銭的なそれも含まれている。ここには，実証された富の移転のみならず推測によるその移転に関する議論も含まれている。社会保障プログラムは，退職者への年金給付のみならずメディケアその他の高齢者に適用される公的財政支援プログラムが含まれているが，その他の多くの給付プログラムについてここでは言及できなかった。また，疾病に関する医療研究では，高齢者に特有の疾病に対して不均衡ともいうべき財政補助が与えられていることを明らかにした。さらに，希少な医療資源の配分に際しても，治療の優先順位の決定に年齢基準が採用されていない結果として，若年者から高齢者への膨大な資源再配分が行われている。けれども，世代間におけるネットでの富や所得の再配分効果は，これとは別の問題として検証する必要がある。世代間のネットでの再配分効果は，社会保障プログラムが高齢者に対する最大の公的財政移転であるとしても，その再配分効果は思ったよりも小さいのかもしれない。あるいは，これは奇妙な帰結でもあるが，社会保障プログラムによる退職年金の受給者が現役であった労働期間に支払った社会保障税の民間保険としての価値をその給付額から控除すると，実質的にはマイナスになると考えることもできる。この事実は，社会保障給付の受給者である高齢者世代は，社会保障税の大部分を負担している現役世代の人的資本形成のために，公教育のための税負担を担っていた事実を考慮する必要があることを示唆している。この結果として，現役世代はその負担の見返りとして，社会保障プログラムの退職年金費用を負担している。加えて，社会保障プログラムの効果は，子供たちの世代が両親や祖父母の医療・介護ケアの費用負担を肩代わりしている事実も考慮に入れる必要がある。

アメリカの高齢者向けの公共政策プログラムは，その外見からは偏見で見られるような特徴を持っているが，より注意深く分析すると外見よりも有益な役割を果たしている。たとえば，社会保障プログラムの強制加入という特徴は，多元的自己という概念を通じてその積極的役割を評価することが可能となる。若年者である自己は，意図的な結果としての近視眼というよりもむしろ純粋な無関心の結果として，彼らの将来における高齢者としての自己を見捨てているのかもしれない。彼らに対して退職後の生活に備えた貯蓄を強制することは，自殺に関する契約に執行力を与えないことや危険な薬物中毒に陥らないように忠告することと同様の意味を持っている。つまり，社会はその全ての政策目的に従って，現在の自己がその身体の賃借人に過ぎないとみなして，現在の彼自身のみを「所有者」として処遇しないという態度を表明していると考えることができる。多元的自己という分析視点は，メディケアが高齢者に対して過剰なまでに寛大であるという批判に対する防御手段としても機能する。若年者の多くは，彼らに多くの政治的な選択肢を与えるならば，高齢者の医療ケアに「豪勢な」サービスを提供することには不同意であると表明する可能性がある。この事実は，若年者の自己は，彼自身の効用を高齢者の自己のそれよりも重要であると考える具体例だろう。厳密な意味での財政政策として考えるならば，高齢者特有の疾病に医療資源を多く配分する政策を擁護することは容易である。若年者に対して自分の高齢期のための貯蓄を奨励することは，すでに高齢者となっている人びとの生存期間の延伸効果と比較して，彼らのネットでの期待生存期間よりも多くの医療ケア費用を追加的に負担させる結果になるからである。人びとの効用評価を広い視点から考えれば，若年者特有の疾病研究に対して，現在よりも多くの医療資源を集中的に投入することが適切な選択であることに疑問の余地はない。
　私は，医療の研究領域での公的資源配分は，精神疾患分野にある程度の重心移動が行われるべきだと考えている。実質的な精神疾患の治療や改善効果は，他の疾患での患者の単なる「救命」とは少し異なる状況にあるからである。私は，最も議論が対立する分野であるが，医療研究における公的資源配分において女性特有の疾病よりも男性特有のそれに重点化すべきであると考えている。その理由は，高齢者人口に占める男性と女性の比率が極端なまでに「女性に優位」な不均衡状況が出現してしかもそれが拡大しているからである。結果的に，高齢者の女性の婚姻ないし性的関係を持つ機会の減少については，以下のような政策的対応が望ましい(強い政策的意図としてではな

く，私の示唆する文脈で理解されることを期待する)。私の示唆するところは，医療研究での公的資源配分を少なくとも一時的に女性の寿命よりも男性のそれを延伸するように配分するならば，高齢女性にとっても福祉の増進に寄与する効果が生まれるという意味である。この示唆に含まれる一般的な論点は，人びとの生命の質的評価はその量的評価と同様に，医療資源の配分決定に際して人びとの期待効用を最大化することを考慮に入れる必要があるという論点である。

アメリカの高齢者をめぐる政策的プログラムに関する議論には，さまざまな個別領域ごとに論点があるが，その中には極めて重要な論点も含まれている[68]。ここでは，これらのプログラムの最適アプローチを示唆するとか，これらのプログラムには若年者から高齢者への巨額かつ不当な所得移転が含まれていると示唆することは，無謀な主張として非難されるべきかもしれない。若年者と高齢者の間には，その投票を通じた政治的影響力の行使に関して極めて大きな不均衡が存在する。たとえば，子供たちには全く投票権が与えられていないし，高齢者はその投票権行使によって人口比からは不均衡とも言うべき影響力を行使している。このような状況は，アメリカでの高齢者をめぐる公共政策プログラムの論議を複雑化させていることは確かである。けれども，高齢者の投票による政治的影響力によって生み出される危険については，これを制約するようないくつかの要因が見過ごされている。とりわけ重要な要素は，高齢者の「保守主義」という問題である。これは，高齢者である投票者の性格が健全な政治的安定にとって不可欠とは言えないとしても常識的な判断を示すという意味では，政治的傾向として単なる保守主義と言うよりも新規な政策的提案に抵抗力を示すことが重要である。若年者から高齢者への富の移転が大きくなれば，この富の移転に歯止めをかける若年者の政治的組織化の運動も容易になる。アメリカでは，ひとたび連邦レベルで立法化された法律を廃止することは極めて困難である。この立法的な慣性を考慮に入れるならば，将来の特定時点における高齢者人口について(いささかでも)展望する能力があれば[69]，高齢者に対する社会保障の給付抑制が将来

---

68 Raymond G. Batina, "On the Time Consistency of the Government's Social Security Benefit Policy," 29 *Journal of Monetary Economics* 475 (1992).

69 この点について強調しない文献として，以下参照。Kenneth G. Manton, Eric Stallard, and Burton H. Singer, "Methods for Projecting the Future Size and Health Status of the U.S. Elderly Population," in *Studies in the Economics of Aging*, note 61 above, at 41.

的に促進されると考えられる。このような立法に伴う費用負担は，減税による便益は現在の世代がすぐに確保できる一方で，その費用負担は将来の高齢者世代が担うことになる。この場合，たとえ高齢者の投票行動による「過剰な」影響力が行使されるとしても，それは将来における高齢者の自己に対する代理人としての現在の高齢者がその役割を果たしていると考えられる。

　私は，この分析がかなり静態的な分析であることを自覚している。アメリカでは，高齢者の人口比率の上昇に対応して医療ケアと在宅ケアの費用は上昇するが，それも極めて急激な上昇となる可能性が大きい[70]。高齢者が必要とするこれらのケア費用の負担を彼ら自身が拒否するとは想定できないとしても，その費用は誰かが負担しなければならない。この「誰か」とは，若年者の自己と高齢者の自己の利害衝突という現実を前提とすれば，現在ではまだ若年である将来の高齢者を意味するとは考えられない。ここには，真実の意味での政治的なディレンマが存在しており，手軽な解決方法は容易に見出せない。けれども，高齢者の寿命の伸長を支える医療技術的な研究成果から生み出される高齢者の生活の質の改善効果を強調することは，少なくとも部分的な解決策となりうる可能性がある。この可能性がたとえ否定された場合にも，高齢者ケアの重い費用負担を支える人びとにとって，現代における医療と科学技術の進歩による高齢期を（延伸させる一方で）その延伸に伴う便益で相殺可能と考えることができる。そこでは，人びとにとって健康な中年時代が拡張される効果が生まれる。人びとは，その中年期において高齢者のための費用を担わなければならないという負担の重さは確かにあるとしても，自らの高齢期もまた必然的に延伸されることになると考えるべきである。

70　しかし，第2章で事前に注意したように，高齢者人口の上昇に伴う社会的費用の増加に対する医療的ケアの費用上昇の影響は誇張されていることを思い出すべきである。

第12章
加齢現象と高齢者をめぐる法的諸問題

　アメリカの社会保障法は，高齢者に関する最も重要な法律の一つであることは確かである。しかし，この社会保障法における実際の運用は，本書で議論の対象とする加齢現象や高齢者をめぐる問題を理解する際に，その解釈や適用について知的刺激をもたらすような興味深い論点を提示する法律ではない。私の問題関心の対象となる論点は，社会保障法が適用対象とする領域以外にも数多く存在する。これらの中でも興味深い法的領域は，雇用分野における年齢を理由とする差別を禁止する連邦法である。この連邦法に関する論点は，主として第13章で論じる予定である。本章では，その前段として，高齢者を対象とするさまざまな法的領域をめぐる論点を取り扱う。具体的に言えば，企業年金をはじめとする（社会保障法で給付される年金以外の）私的年金を規制する連邦法，高齢者が加害者や被害者となった場合に適用される不法行為法，高齢犯罪者に対する刑罰や若年者であった頃の犯罪を理由に終身刑を宣告され仮釈放以外に社会復帰の可能性のない高齢犯罪者の処遇に関する刑事政策，および高齢者の老人性認知症と権利能力や責任能力，などに関する論点が含まれる。これ以外の論点では，高齢者の自殺幇助・生前の意思表示・終末期の医療ケアをめぐる意思決定（MDELS）などは，すでに第10章で検討している。

　本章で検討する法的主題は，加齢現象と高齢者をめぐる法的論点のわずかな例に過ぎない。これ以外の論点としては，高齢者が破産した場合の財産保護をめぐる法的手続，子供に対する祖父母の法的な権利，認知症患者の医療上の治験に対する本人の同意取得方法，本人の意思に反して老人看護ケア施設に収容された高齢者の権利保護などの論点が含まれる。最後の問題については，高齢者の老人看護ケア施設への収容に関する公的な保護命令の効力

や，患者を収容する際の物理的執行力いかんなども検討する必要がある[1]。

1 企業年金法

アメリカの連邦議会は，1974年に労働者退職所得保障法（Employees Retirement Income Security Act, 以下ではERISAと略称）を制定した[2]。この複雑な連邦法は，連邦裁判所の訴訟事件における主要な紛争原因の一つとなっている。けれども，これらの訴訟事件の多くは，本書の対象とする主題とは直接的な関連性がない。この法律は，その名称にも拘わらず，企業がその労働者に提供する年金給付のみならず医療的給付や福祉的給付もその規制対象としている。この法律はまた，企業年金プランその他の給付に関する制度運用をめぐる連邦裁判所での紛争処理手続も規制している。この法律による重要な規制は，企業年金における確定給付型と確定拠出型という給付モデルの選択権を使用者に認めた上で，その規制対象を主として前者の限定給付型プランに置いている点にある[3]。

---

1 この論点については，以下参照。Daniel L. Skoler, "The Elderly and Bankruptcy Relief: Problems, Protection, and Realities," 6 *Bankruptcy Developments Journal* 121 (1989); Madeline Marzano-Lesnevich, "Grandparents' Rights," *New Jersey Lawyer*, Jan./Feb. 1991, p.46; Robert L. Schwartz, "Informed Consent to Participation in Medical Research Employing Elderly Human Subjects," 1 *Journal of Contemporary Health Law and Policy* 115 (1985); Carthrael Razin, Comment, "'Nowhere to Go and Chose to Stay': Using the Tort of False Imprisonment to Redress Involuntary Confinement of the Elderly in Nursing Homes and Hospitals," 137 *University of Pennsylvania Law Review* 903 (1989). なお，高齢者に関する一般的な法的問題については，以下参照。Peter J. Strauss, Robert Wolf, and Dana Shilling, *Aging and the Law* (1990); Joan M. Krauskopf et al., *Elderlaw: Advocacy for the Aging* (2d ed. 1993) (2 vols.).

2 29 U.S.C. §§ 1001 et seq. なお，ERISAの年金給付に関する有益な経済学的分析を提示する文献として，以下参照。Jeremy I. Bulow, Myron S. Scholes, and Peter Menell, "Economic Implications of ERISA," in *Financial Aspects of the United States Pension System* 37 (Zvi Bodie and John B. Shoven, eds., 1983); Laurence J. Kotlikoff and David A. Wise, "Pension Backloading, Wage Taxes, and Work Disincentives," in *Tax Policy and the Economy*, vol. 2, p. 161 (Lawrence H. Summers, ed., 1988).

3 この二つの給付プランの相違については，以下参照。Zvi Bodie, Alan J. Marcus, and Robert C. Merton, "Defined Benefit versus Defined Contribution Plans: What Are the Real Trade-Offs?" in *Pensions in the U.S. Economy* 139 (Zvi Bodie, John B. Shoven, and David A. Wise, eds., 1988). なお，確定拠出型プランの設立件数は多いけれども，確定給付型プランの方がその資産規模は大きくなっている。See Pension and Welfare Benefita Administration, "Abstract of 1990 Form 5500 Annual Reports," *Private Pension Plan Bulletin*, Summer 1993. なお，以下の注10と

確定給付型プラン（defined-benefit plan）は，労働者に対してその勤続年数に応じて，その勤務における最後の年ないし最後の数年の平均賃金を基礎とする定額年金を給付するプランである。このプランでは，労働者の最終賃金が高くて勤続年数が長ければ，彼が受け取る年金の受給額が相対的に多くなる。たとえば，労働者の最終賃金の１％掛ける彼の勤続年数に相当する年金所得を保障するプランを想定してみよう。結果的に，労働者がその企業に30年間勤続した場合，彼の最終賃金の30％に等しい金額の年金受給資格が認められる。確定給付型のプランでは，使用者のプランへの拠出金額や投資実績とは無関係に労働者の年金受給額が決定されることになる。

　これに対して確定拠出型プラン（defined-contribution plan）では，使用者と労働者の双方がプランに保険料を拠出して，適用対象とされる労働者ごとに別個の勘定に積み立てる方式である[4]。労働者が退職した場合，彼の勘定に貯蓄された金額は，彼とその使用者が拠出した総額に加えて拠出金を投資した成果である金利その他の運用実績によって付加された金額の総計となる。この拠出金額は，通常は民間の保険年金商品の購入に充てられ，彼とその配偶者の退職後の生計を保障する手段と位置づけられている（年金プランによっては年金ではなく一時金での受給も認められる）。結果的に見れば，確定給付型プランでは投資リスクは使用者ないしプラン（もしくはプランの保証会社）が負担することになる。これに対して，確定拠出型プランでは投資リスクは労働者が負担する。けれども，この確定拠出型プランでは，労働者は拠出金を多様な有価証券ポートフォリオに分散投資することによってリスクを減少させることができる。

　この二つの企業年金プランでは，労働者の退職後に発生するインフレーション・リスクへの対応も全く異なるものとなる。確定給付型プランでの年金給付は，通常の約款に規定されている条件で給付される（労働者が死亡するまでの年金給付額は約定の通りである）。これに対して，確定拠出型プランによる給付では労働者の退職時に受給権が発生するが，彼はそれをインフレーション調整可能な金融商品に投資することができる。私は，確定給付型

　その記述内容を参照。
4　ある種の確定拠出型プランでは，労働者の拠出のみでなされる場合もある。しかし，これは経済学的にはそれほどの意味はない。なぜならば，次章で見るように，たとえ使用者が名目的な拠出者である場合でも，労働者は相対的に低い賃金を受け取ることによって，実質的にその年金給付の原資を負担しているからである。

プランでインフレーション調整ができない合理的な説明を聞いてはいない。

確定給付型プランは，使用者が雇用する労働者の年齢プロファイルによって大きな影響を受ける。使用者は，連邦法であるERISAと雇用における年齢差別禁止法による規制の範囲内で，労働者への年金受給権付与に関する一定のルールを採用することができる。この法的ルールは，たとえば55歳とか60歳あるいは65歳などの特定された年齢到達の以前に労働者が退職する場合や退職しない場合，労働者の年金受給権の行使に一定の不利益を発生させる条件設定も許容している。これに対して，確定拠出型プランでは，使用者は退職年金の拠出総額に影響力行使は可能であるが，労働者の受給権には影響力を及ぼしえない。結果的に，このプランでは労働条件によって受給権を使用者が操作することは不可能である。

確定給付型プランでの年金給付水準は，労働者の退職時における賃金水準に連動している。それゆえ，この企業年金プランは，完全とは言えないが労働者の賃金所得を代替する（充分な金額ではないとしても）安定的な保障手段を提供している。この年金受給権は，労働者の退職後に多少は変動するとしても，従来の生活水準を一定レベルで支える役割を果たすものである。これに対して，確定拠出型プランでの給付水準は，その拠出金の総額とともに拠出金の運用実績に大きく依存することになる。

使用者のリスク選好が高い場合には，確定給付型プランは，確定拠出型よりも労働者にとっては魅力あるものとなるだろう。しかし，受給権付与に関するルールの違いや，インフレーション・リスクの有無などを考慮に入れると，使用者にとってこのプラン選択は極めて複雑な判断を必要とする。確定給付型プランは，後述のように，使用者にとって最適な人的資源投資を促進する効果がある。また，そのプランの資産総額が年金給付の法的責任を上回る超過積立になった場合には，使用者に税制上の優遇措置が与えられる。またプラン資産の運用収益は，その全てが使用者の年金支給責任の範囲に含まれるわけではないから，使用者の利用可能な収益として機能する余地がある。加えて，年金プランには企業とは別個の非課税の法人格が付与されているから，その収益を非課税で積立資産に組み込むことができる。結果的に見れば，確定給付型プランは，実際には非課税措置によって使用者に超過積立のインセンティブを与えているのである。

確定給付型プランでは，使用者に年金プランの積立不足を促進するようなインセンティブは働かないのだろうか。ERISAの制定以前には，確定給付型

プランでの年金支給責任は，使用者の責任というよりも年金プランの責任として別個に認識されてきた。たとえば，使用者による拠出金の積立不足や資産の投資運用での失敗あるいは年金数理上での予測の不正確性や企業経営上の予期せぬ損失発生などによって，年金プランの資産に積立不足が発生した場合を想定してみよう。この場合には，投資リスクの一定部分については使用者側の負担として処理する必要性が発生する。しかし，年金プランの資産が超過積立である場合には，労働者の年金受給資格は優先弁済の対象とされるが，使用者である企業の株主をはじめとする一般債権者はその残余財産に対する配分を請求できるに過ぎない。

　確定給付型プランで労働者が実際に受給可能な年金は，それぞれのプランが採用する受給権付与ルールや勤務年数の受給権換算ルールによって変動する。たとえば，通常の退職年齢以前に退職する労働者は，彼の拠出した金額よりも相当少ない年金しか受給できない場合もあるし，全く年金の受給権が発生しない場合もありうる。結果的に，労働者には，退職年齢に到達するまでその企業に留まり続ける強いインセンティブが付与されている。このインセンティブは，労働者の労働移動を抑制するとともに，企業特殊的な人的資本を活用する使用者の支配的影響力を増大させる効果を伴っている。この使用者の支配的影響力は，労働者が企業の評価する彼らの価値に見合った賃金水準に抵抗する場合には，彼らの年金受給権が発生する以前に彼らを解雇するという無言の威嚇効果をもたらしている。実際には，人的資本に関する考察を別にしても，使用者は労働者の賃金水準の設定に際して，労働者の賃金と年金受給権の合計額がその最適な労働成果を少し上回るレベルに設定すると想像することは容易である。これは，労働者が退職して年金受給権が付与されるその年度に，彼の賃金水準がゼロまたはマイナスになるように設定することを意味している。労働者は，彼の年金受給資格が発生するに充分な勤続年数に達するまで，その勤務継続を許容するレベルの賃金が支払われているに過ぎない。

　企業年金の実態は，ERISAの制定以前では労働者に対する支配的な搾取手段であったと結論する前に，労働者の一般的な労働条件について振り返ってみる必要がある。労働者の年金受給権を含む退職に関する条件は，使用者による一方的な意思表示による決定事項ではなく，使用者と雇用予定者である労働者の間における労働契約交渉によって決定されるべき事項である。たとえば，これは通常の出来事ではあるが，使用者が個別の労働者との間での

契約交渉を拒否して、使用者側の提示する雇用条件を受け入れるか拒否するかの選択肢しか労働者に認めない場合を仮定してみよう。雇用予定者である労働者は、彼が労働組合に非加入でかつ組合に代表権を付与していなければ（この場合には使用者は合法的に交渉を拒否することは許されない）、使用者間の競争によって生み出されるさまざまな賃金と付加給付のパッケージの中から特定の労働条件を選択することになる。ある使用者が提示する労働条件のパッケージは、相対的に低い賃金の見返りとして良好な退職条件その他の付加給付が組み合わされている場合もある。また、他の使用者が提示するパッケージは、高い賃金を強調する代償として退職条件その他の付加給付を犠牲にするものもある。結果的に、労働者たちはそのライフ・サイクルに対応するリスクや消費配分に関するそれぞれの選好に従って労働条件を選択することになる。

　ある使用者が企業年金の受給資格に一定の条件を付けたとしても、それは詐欺的行為であるとか最適な労働力移動を妨害する行為であるとして法的に非難することはできない。使用者にとって、労働者の勤続年数とその業務遂行実績に対応して年金受給権の発生を不確実とすることは、その雇用する労働者に対する企業特殊的な人的資本投資の回収を容易にするための制度設計である。これはまた、人間の終末期に関する問題解決のヒントをも含んでいる。確定給付型プランでの年金受給権ルールは、労働者の雇用関係における最後の年度の賃金水準と深く結合している。それゆえこのルールは、労働者に対する鞭である（年金受給権が付与される前に解雇される脅威がある）と同時にニンジンとしての役割も果たしている。企業年金の受給権付与に伴うルールの不確実性は、使用者がその雇用する労働者を公正に取り扱うという労働契約上の義務に違背する権利濫用の恐れを内在させていることは確かである。しかし、この使用者側の権利濫用を抑制するインセンティブは、公正な取引慣行を遵守するという社会的評判を維持する（社会的評判を失った使用者は新規採用の労働者に高い賃金を払うことを余儀なくされる）ことに加えて、労働者の企業特殊的な人的資本という交渉力によって担保されている。労働者が年金受給権を侵害されたことで怒りや嫌悪の感情を抱いて退職ないし解雇されるならば、その企業はその労働者に代る新規採用労働者に新たな職業訓練のための投資的負担を余儀なくされることになる[5]。

5　Cf. Donald P. Schwab and Herbert H. Heneman Ⅲ, "Effects of Age and Experience on Productiv-

使用者による労働者の搾取の有無をチェックする市場機能は，その期待される役割を完全に果たすことはできない。とくに，使用者の経営する企業が破綻の危機に瀕しているような終末期では，この市場機能はほとんど期待できない[6]。使用者による企業年金制度の濫用は，連邦法による複雑な規制を正当化するほどに広汎に及んでいるという証拠があるわけではない。その反対に，注意深い実証研究は，ERISAの制定以前では企業年金が適用されるような労働者に対する恣意的な解雇はほとんど見受けられないと指摘している。結果的に，ERISA制定の効果として，企業年金が適用される労働者の解雇を抑制する効果が生じたとは証明されていないと示唆している[7]。

　ERISAの主要な法的役割は，労働者に対する年金給付との直接的な関係に限定すれば(ERISAは医療保険その他の付加給付についても規制している)，確定給付型プランにおける労働者の年金受給権を保障することにある。その規制ルールは，労働者が5年以上プランに加入した場合に年金受給権を付与することを義務づけるとともに，この年金受給権の「退職時精算ルール(back-loading)」を禁止している。この規制ルールは，労働者が年金受給権を取得した後にその行使を一定の退職年齢に達するまで制限することで，労働者の年金受給権の価値を抑制することを禁止する趣旨である。この法律の企業年金に関連するもう一つの立法目的は，年金プランの参加者とその受益者のために，年金プランに受託者責任(fiduciary obligation)を課してその違反に連邦裁判所による救済手続きを導入することにあった。この立法目的に従って，企業による年金プランの積立不足を抑制するとともに，この法律で

---

ity," 4 *Industrial Gerontology* 113 (1977). なお，企業年金に関する契約をめぐる現代的な経済学理論についての優れた考察文献として，以下参照。Richard A. Ippolito, "The Implicit Pension Contract: Developments and New Directions," 22 *Journal of Human Resources* 441 (1987). また，より詳細な検証や説明を行う文献は，枚挙にいとまがない程に存在するが，とりあえず以下の文献を参照。The essays in *Pensions, Labor, and Individual Choice* (David A. Wise, ed., 1985). なお，現代の企業年金に関する理論は，年金契約を労働者に適切なインセンティブを与えることを阻害する方策として考察している。これに対して，従来の年金理論は，税制優遇措置によってインセンティブが与えられた単なる私的貯蓄の一形態とみなしている。

6　See, for example, Daniel Fischel and John H. Langbein, "ERISA's Fundamental Contradiction: The Exclusive Benefit Rule," 55 *University of Chicago Law Review* 1105, 1132 (1988).

7　Christopher Cornwell, Stuart Dorsey, and Nasser Mehrzad, "Opportunistic Behavior by Firms in Implicit Pension Contracts," 26 *Journal of Human Resources* 704 (1991); Richard Ippolito, "A Study of the Regulatory Impact of ERISA," 31 *Journal of Law and Economics* 85, 91-102 (1988).

設立された公法人である「年金給付保証公社(PBGC)」にその保証責任を課している。この年金給付保証公社は、企業年金の積立不足の結果として派生する、労働者の年金受給権に関する不安定性を連邦政府が最終的に保証することを目的としている。これら二つの目的は、相互に矛盾する関係にある。労働者の年金受給権を保証する目的は、企業による積立不足を市場がチェックする立法目的を阻害する。労働者や労働組合も、政府の後ろ盾があることを理解すれば、彼らの年金受給権が適切な資産形成を通じて積み立てられているか否かを熱心にチェックしなくなる。このような事態が発生する可能性は、連邦政府の預金保険機構の創設によって金融機関が市場でのリスクある貸付金を審査するインセンティブを減少させたことの類推でも明らかである。このERISAの規定する連邦政府の保証制度は、実務的な視点からも不適切である。企業年金に内在する積立不足と監視体制の不備がもたらす危険は、1980年代の金融機関による無責任な貯蓄金の投資や貸付による市場価値の暴落の再来という恐れを充分に含んでいる[8]。

　ERISAにおける年金受給権の退職時精算ルールに対する規制も、実際にはほとんど効果がないように思われる。確定給付型プランの多くは、現在でもその年金受給権を労働者の退職時に付与するルールを維持している[9]。しかし、ERISAは確定給付型プランを設置する使用者の費用負担を増加させる（給付額1ドル当たりの費用）とともに、労働者の年金受給権に対する保護を強化している。けれども、この費用負担と年金受給権保護の両者ともに強化することで、企業年金プランに対するERISAの実質的な影響を評価することは困難になっている。ERISAの立法目的による法的規制は、実務的にはほとんど影響を及ぼしていないのかもしれない。市場金利は、ERISAが制定された1974年以降では、それ以前よりも一般的に高くなっている。結果的に、企業による過剰積立による節税効果は（法人税率にも依存している）上昇する傾向にある。ERISAは、企業による年金プランの超過積立を禁止してはいな

---

[8] See Carolyn L. Weaver, "Government Guarantees of Private Pension Benefits: Current Problems and Market-Based Solutions," (unpublished, American Enterprise Institute, Aug. 1994, forthcoming in *Public Policy toward Pensions* [John B. Shoven and Sylvester J. Schieber, eds.], Twentieth Century Fund).

[9] Laurence J. Kotlikoff and David A. Wise, *The Wage Carrot and the Pension Stick: Retirement Benefits and Labor Force Participation* (1989); cf. Bodie, Marcus, and Merton, note 3 above, at 143.

い。企業の株主にとって，年金プランの超過積立を把握することは困難であるから，それを配当として回収することも困難である。結果的に，年金プランの超過積立で節税効果を拡大できるという使用者側の確定給付型プランの魅力は，ERISAの規制によって阻害される効果がもたらされている。このため，多くの企業年金プランは，1970年代後半から急速に確定拠出型プラン（とくに労働者の退職勘定への拠出金に課税繰延措置が適用される401(k)プラン）に移行する傾向が生じたのである[10]。しかし，この傾向は，ERISAによる規制の効力がどの程度の機能を果たしたかを明らかにするわけではない。

ERISAは，使用者による年金受給権の不完全付与を制限するために，一定の勤続年数に達した労働者に対する受給権は付与済みであるという理由で，使用者の年金受給権に対するコントロール力を抑制した。使用者は，年金受給権に対するコントロール力の喪失により，労働者への企業特殊的な人的資本投資を抑制する方向に誘導された。使用者は，労働者に対する雇用保障の前提となる人的資本投資を抑制する結果，労働者もまた業務遂行に対するインセンティブを喪失する（労働者は解雇されれば年金受給権を失うから一生懸命に働くというわけではない）。結果的に，使用者は企業内での労働規律を維持するために，明示的・黙示的に解雇という威嚇手段に訴える傾向を強めることになる。この解雇という威嚇効果は，現実に労働者にどの程度の影響を及ぼしたのかは明らかではない。

ERISAに対する最も重要な批判は，私的年金市場での受給権付与のルールが1974年以前には適切に機能しなかった理由について，理論的・実証的な分析に基づく説得力ある議論が展開されてこなかった点にある。ERISAの立法をめぐる連邦議会の議論では，労働組合との交渉を通じて運営されてきた複数使用者単位の企業年金プランでの制度濫用問題が議論の対象であった。これらの労働協約に基づく複数使用者単位の年金プランは，自由な労働市場が機能する典型的な企業年金プランにはほとんど見受けられない。しかし，社会保障法が制定されていなかったら，全ての退職老齢年金制度が私的企業年金となっていたと予測できる。このような状況では，若年者に高齢期のための事前の貯蓄を強制することは，多元的自己モデルの観点からすれば望ましいことかもしれない。この状況で制定が予測される企業年金規制立法は，

10　John R. Woods, "Pension Coverage among Private Wage and Salary Workers: Preliminary Findings from the 1988 Survey of Employee Benefits," *Social Security Bulletin*, Oct. 1989, p.2.

最低限の年金支給水準の設定や積立基準の遵守ルール，さらには年金受給権の譲渡・担保設定の禁止ルールなどの採用が必要となるだろう。加えて，使用者と労働者の間の契約交渉に際して，賃金上昇の見返りに年金受給権を引き下げる集団的取引を防止する規制ルールの採用も必要だろう。このようなルールの強制によって，若年労働者たちは，彼らの高齢者の自己が貧困状態に陥って私的な慈善的救済や公的扶助に依存することを事前に防止可能となる。けれども，社会保障プログラムによる公的年金給付が国民に充分な所得保障の機能を担っているならば，別途にERISAを必要とする理由は存在しない。現在の状況でも，人びとが自らの高齢期に備えるべく事前準備をすべきだという理由で社会保障プログラムが廃止されると仮定すれば，ERISAに類似する新規立法は単なる政治的ジェスチャー以上に必要とされるだろう。

　この将来の仮定的状況の下で制定されるERISAに相当する法律は，労働者に確定拠出型プランに一定の拠出を義務付ける性格の立法となると想定できる。しかし，この「仮定」は，確定拠出型プランへの加入を労働者に強制することを通じて，確定給付型プランを実質的に制限する立法となることを意味している。かりに，確定給付型プランが年金給付の効率性という観点で正当化できるならば（この問題点は検討済みである），政府による強制的な代替的立法は，将来的に新たな社会的費用を発生させる立法となるだろう。

2　不法行為の加害者および被害者としての高齢者

　ここで議論するいくつかの論点は極めて難解ではあるが，高齢者をめぐる法的ルールやその実務的取扱を理解する際に，経済学的アプローチの価値を証明するための重要な論点を構成する。最初の論点は，高齢者と若年者を同一の判断基準で法律を適用すべきか否かについて，高齢者に対する不法行為法上の注意義務を若年者よりも低い水準に設定すべきか否かという争点に焦点を合わせて議論する。不法行為法は，この問題に関連して，子供と視覚障害者については一定の配慮をするルールを採用している。子供と視覚障害者に例外を認める理由は，成人の健常者は合理的な費用で不法行為を回避できると想定しているからである。子供や視覚障害者は，彼らが惹き起こす事故の発生確率を減少させる注意義務の費用が相対的に高くつくために，事故発生を合理的費用によって回避できないという理由である。結果的に，彼らに

よって惹起された事故に由来する費用は被害者から加害者に転嫁される[11]。私は，ここでは誇張した表現を採用していることは確かである。第6章で高齢者の自動車運転に関連して検討したように，事故は注意力の集中によって回避できるだけではなく，事故を発生させる社会活動を抑制・禁止することでも達成可能である。高齢者の場合には，自動車の運転回数を減少させることで事故を回避できる。結果的に，自動車運転の期待効用が事故による被害者への損害賠償の期待費用を上回るならば，高齢者は運転を自発的に抑制することが期待できる。同様な状況では，視覚障害者が自発的に外出機会を減少させ，あるいは両親が子供たちの外出機会を抑制することが期待できる。

高齢者グループと子供や視覚障害者グループの間では，不法行為法での取扱いをめぐるルールに差異があることも確かである。不法行為法は，高齢者の注意義務を子供や視覚障害者のそれと比べてより「現実的な」な基準に設定している。不法行為法は，高齢者の不慮の事故による加害行為を回避する費用を子供や視覚障害者のそれよりも低いとみなしている。高齢運転者は，若年運転者と比較すると，その視野を広げるとか反射神経を高めるためにより多くの時間を費やす必要がある。また，高齢運転者の多くは，すでに引退していて通勤者ではないから運転に由来する価値も減少している。結果的に，彼らの運転する機会に由来する事故回避の費用も縮減するから，彼らの活動低下を通じて注意力の不可避的な欠陥を補うことができる。ここでは，高齢者の不法行為に関する責任の判断基準は，彼らの平均的な身体能力に対応して決定されるべきだと仮定してみよう。この仮定に従えば，高齢者が事故発生を回避する注意力と社会活動に由来する責任能力レベルは，社会的影響とは無関係に相対的に減少する結果となる。

平均的な高齢者の自動車運転に由来する効用は平均的な若年者のそれよりも少ないという仮定は，高齢者にも若年者と同一の注意義務を負担させる根拠として重要な意味がある。しかし，この仮定は，高齢者に若年者よりも高レベルの注意義務を負担させる根拠とはなりえない。高齢者の不法行為法上の加害者としての責任は，すでに第6章で議論したように，不法行為の被害者とならない自己防衛のための配慮義務と相互に関連している。高齢者に対する不法行為責任の厳格化は，高齢者の自動車運転のための機会を縮小した上に，彼らの自動車運転に由来する便益の平均価値を低下させる。結果的に

---

11 William M. Landes and Richard A. Posner, *The Economic Structure of Tort Law* 123-131 (1987).

見れば，彼らに残された運転機会の総量が彼らに与えられた実質的な便益であるとみなすことになる。

　高齢者は，しばしば事故の被害者となり，結果的に死亡事故の犠牲者となることも多い。アメリカの65歳以上の高齢者は，1990年の統計では2万6,213人が事故で死亡しているが，その30％は交通事故の被害者である[12]。これらの事故のいくつかは不法行為訴訟で争われているが，その損害賠償の算定に際して高齢者の生命の価値をどのように評価するか議論されている。高齢者の生命の価値は，純粋に財産的な損失として考えるならば，若年者の死亡事故と比べてその算定が困難であるとは言えない。高齢者の場合には，その労働能力の喪失を考慮するならば将来の労働期間は短いから，その損害額の算定は若年者と比較すると低水準になりやすい。しかし，生存期間が長くない高齢者の場合，健康状態の悪化に由来する生命の非金銭的価値や，残された限定的な時間的効用をどのように考慮すべきなのだろうか。直観的にいえば，平均的な高齢者の生命の価値は，平均的な若年者のそれと大きな違いはないと判断すべきであろう。けれども，第5章で考察した高齢者の「死に対する恐怖」の問題は，われわれを困難な課題に直面させる。

　W・ランデスと私は，不法行為における損害賠償額を算定する際に，生命の価値を適切に評価する方法について新たな問題提起を行っている[13]。われわれは，人びとが自身を交通事故から防御するシートベルトその他の手段をどの程度まで利用するか，また加害者が自らの不法行為によって派生させる事故リスクを回避するために負担すべき損害賠償額はどの程度か，また被害者と加害者がそれぞれリスクに対応して負担する責任範囲のレベルなどをめぐる比較衡量論について検討した。そこでは，加害者が0.000001％の確率で死亡事故を発生させるとして，被害者がそのリスクに対応して1ドルの損害賠償を請求できると仮定した場合，そのリスクが現実化して被害者が死亡した場合には損害賠償総額は100万ドルに相当すると見積っている。この推計は，人びとの危険な行為に関する期待費用（1ドル）に対応する潜在的な被害の程度を想定するものであるから，損害賠償額の算定方式としては適切な評

12　U.S. Bureau of Census, *Statistical Abstract of the United States 1993* 93 (113th ed.) (ser. 128); National Safety Council, *Accident Facts* 12 (1993 ed.).

13　Landes and Posner, note 11 above, at 187-189; see also Erin Ann O'Hara, "Hedonic Damages for Wrongful Death: Are Tortfeasors Getting Away with Murder?" 78 *Georgetown Law Journal* 1687, 1697-1700 (1990).

価方法であると思われる。ここでは，人びとが事故を回避するために必要な費用のレベル以下でしか責任を負担しなければ，経済学的な意味のみならず法学的にもそれに近似する意味で，彼らに過失があったと認定することが可能となる。

これまで「生命の価値」（おそらく誤解される名称であるが）について，さまざまな方法で多くの研究がなされてきた。その中にあってランデスと私の研究は，個人の死亡事故をめぐる損害賠償訴訟での賠償額を計測するという方法的な特徴がある[14]。私は，事故による被害者が請求した損害賠償訴訟において，年齢に由来する医療ケアに伴う賠償額への影響を分析した研究成果をいまだに発見していない。しかし，第5章の分析が正しいとすれば，高齢者はその期待生存年数が若年者よりも少ないと仮定しても，若年者と同等かそれ以上の医療ケア費用の請求が認められるべきであろう。この結果は，ランデスと私の研究によれば，高齢者は不法行為で死亡した若年者が請求できる非金銭的価値の損失とほぼ同等の損害賠償金額を請求できることを意味している。高齢者は若年者と比較して，同等もしくはそれ以上の損害賠償請求が可能であるという主張は，65歳以上の高齢者は若年者と比べて正規シートベルトの着用率が高いという証拠によっても補強できる[15]。この主張は，高齢者が傷害や死亡事故のリスクを抑制するために同等の注意を払っている，若年者以上の損害賠償額を請求できると主張しているわけではない。高齢者の年齢という要素は，シートベルトの着用について考える際には小さな問題であるとしても，高齢者の時間的費用は若年者のそれよりも相対的に低いことは確かである。しかし，交通事故による傷害や死亡リスクを考慮した場合，高齢者の損害賠償額をめぐる評価で年齢という要素は若年者のそれよりも大きな問題となる。高齢者のリスクが若年者のそれの2倍であると仮定すれば，たとえ高齢者の生存期間の効用が若年者のそれの半分であるとしても，若年者と同等の医療ケアの費用請求が認められるという主張の適切な根拠となる。

14　See references in Marvin Frankel and Charles M. Linke, "The Value of Life and Hedonic Damages: Some Unresolved Issues," 5 *Journal of Forensic Economics* 233, 237-243 (1992). なお，これに関連して興味深い議論を展開する文献として，以下参照。Sherwin Rosen, "The Value of Changes in Life Expectancy," 1 *Journal of Risk and Uncertainty* 285 (1988).

15　Issac Ehrlich and Hiroyuki Chuma, "A Model of the Demand for Longevity and the Value of Life Extension," 98 *Journal of Political Economy* 761, 781 (1990) (tab. 5).

多くの高齢者は，彼らに残された人生が短いという理由のみで，その残りの人生の価値が無視されてもいいと考えてはいない。高齢者の死亡事故をめぐる多くの不法行為訴訟では，高齢者にも適切な損害賠償額が認められるべきである。不法行為による死亡事件の損害賠償額は，その上限を遺族の生活維持のための金銭的損失に限定しない州での訴訟事件では，この主張は適切なそれとして認められるべきだろう。不法行為法における損害賠償額の上限を認める州法は，不法行為法と高齢者をめぐる争点において極めて重要な意味を持っている。この法的な上限規制を認める州では，不法行為による死亡事件の場合には，現実的な逸失利益についてのみ損害賠償請求を認めるからである。歴史的に振り返ってみると，コモン・ローは不法行為による死亡事件での損害賠償請求を認めていなかった。それゆえ，初期の不法行為による死亡事件をめぐる各州の制定法は，このコモン・ローを修正するために制定されたが，死者である被害者によって生活が支えられている遺族に対する救済のみを認めるものに過ぎなかった。この制定法のルールは，現在でもいくつかの州では残っている。厳密に解釈するならば，このルールの趣旨は遺族が被った金銭的損失を填補するに過ぎず，被害者がすでに引退している場合には軽微な金額の損害賠償しか認められないのが通例であった（被害者の死亡で遺産相続が開始される結果その損失填補がマイナスと評価される場合もある）。けれども，最近の不法行為による死亡事件の訴訟では，たとえば配偶者の喪失などその根拠は何であれ，非金銭的損失に対する損害賠償が次第に認められるようになった[16]。現在では，多くの州が遺族に対する損害賠償のみならず，死者である被害者本人の損失填補のための損害賠償を認めるように変化してきている。たとえば，ミズーリ州の制定法は，老人看護ケア施設での不法行為による死亡事故の際に，施設の設置主体に対する訴訟を維持する根拠として被害者本人の財産権侵害を認めている。この制定法の目的は，老人看護ケア施設の入居者への介護サービス提供責任を全ての入居者にも等しく適用する趣旨を表現している[17]。また，特別法を制定しているコネチカット州の裁判所に加えて，連邦裁判所も最近の公民権法をめぐる不法行為訴訟では，極めて積極的な判断基準である「快楽主義的(hedonic)」損

16　See Dan B. Dobbs, *Law of Remedies : Damages –Equity – Restitution*, vol. 2, § 8.3 (5) (2d ed. 1993). この研究では，以下の判例で高齢者である原告に焦点を合わせた分析が行われている。Borer v. American Airlines, Inc., 563 P.2d 858 (Cal. 1977).

17　See Stiffelman v. Abrams, 655 S.W.2d 522 (Mo. 1983).

害賠償という概念を認めて，生命の享受(効用)に対する損失を根拠とする損害賠償請求を認容している[18]。これ以外の州でも，不法行為法に関する民事陪審訴訟では，陪審員は被害者の稼得喪失や彼の自覚的な痛みや死の直前の苦悩を評価する手法によって損害賠償額を暗黙裡に加算する態度を示している。

　これらの連邦裁判所と一部の州裁判所は，不法行為による死亡事件における非金銭的な価値に関する損害賠償を許容しつつ，金銭的な価値の回復を図るための損害賠償も併せて認める傾向を示している。しかし，不法行為による死亡事件で高齢者が犠牲者になった場合には，現在でも若年者のそれと比較すると平均的な損害賠償額は相対的に低いと予測できる。より正確に表現するならば，不法行為による死亡事件での若年者に対する損害賠償額と高齢者のそれの相対的な比率は1よりも大きい。けれども，この二つの年齢集団での実際の財産的損失の比率は1よりも小さいと予測できる。

　このような予測を検証するために，1992年と1993年の不法行為による死亡事件での陪審評決に関する統計データを分析してみよう。この統計データによる73件の陪審評決事件では，65歳から85歳までの高齢犠牲者の損害賠償額の平均は120万ドルで，25歳から45歳の犠牲者のそれの平均金額である170万ドルの約73％であった[19]。また，航空機の死亡事故による不法行為の損害賠償に関する別の研究では，犠牲者が40歳から49歳の年齢集団に対する賠償額(賠償を受けたピークの年齢集団)と70歳以上の年齢集団のそれの相対比率は7.17倍であった。これに対して，同じ年齢集団での実際の財産的損失(予測可能な将来の稼得喪失と退職後所得の喪失の合計)の相対比率は8.49倍であった[20]。この二つの統計データでの年齢に由来する差異は注目に値する。航空機事故のデータのサンプルには相対的に若年者が多いことは確か

18　O'Hara, note 13 above, at 1692 n. 26; see also Dobbs, note 16 above, § 8.3 (5), p.443; Andrew Jay McClurg, "It's a Wonderful Life: The Case for Hedonic Damages in Wrongful Death Cases," 66 *Notre Dame Law Review* 57, 62-66, 90-97 (1990), esp. 65 n. 33; cf. Annotation, "Excessiveness or Adequacy of Damages Awarded for Personal Injuries Resulting in Death of Retired Persons," 48 A.L.R. 4th 229 (1986).

19　これらのデータは，ウエスト出版社の「ウエスト・ロー(Westlaw)」の判例検索システムによって作成された陪審評決に関するデータ・ベースで検索可能である。

20　以下の資料から，コンピュータにより集計した結果である。Elizabeth M. King and James P. Smith, *Economic Loss and Compensation in Aviation Accidents* 35, 48 (RAND Institute for Civil Justice R-3551-ICJ 1988) (tabs. 4.4, 5.7).

である。この航空機事故のサンプルと比較すると，前掲のデータである陪審評決のそれでは，若年者の死亡者比率は高齢者のそれよりも相当に高い比率になっている。結果的に，この二つのサンプルでは，多くの裁判所での不法行為をめぐる損害賠償訴訟で金銭的損失のみに比重を置く伝統的傾向は，次第に弱まっているという推測にはいまだ制約があると考えるべきだろう。

　私は，アメリカ国内では最大の不法行為による死亡事故に関する統計データである，1959年から1979年までの間のイリノイ州のクック郡裁判所における，合計224件の陪審評決データを入手することができた[21]。このサンプルでは，死亡した原告のピーク年齢は46歳から50歳である。この年齢集団の17人の原告は，陪審評決で平均して29万4,682ドルの損害賠償が認容されている。これに対して，最も高齢である61歳から70歳の年齢集団に属する24名の原告は，陪審評決では平均して14万5,861ドルの損害賠償が認容されている。この金額は，平均ピーク年齢集団のそれと比較すると49.5％に相当する。これらの年齢集団の相対的な損害賠償金額は，最近のサンプルでも結果には大きな差異はない。しかし，61歳から70歳の年齢集団では，年齢が上昇するにつれて損害賠償額の平均が急激に低下する傾向がある。たとえば，66歳から70歳の集団では，平均損害賠償額は4万498ドルに過ぎない。けれども，このサブ・サンプルの標本数は10件と極めて少ない。

　不法行為による高齢者に対する陪審評決での賠償額の比率は，死亡事件以外の不法行為訴訟では，若年者のそれよりも相対的に高くなると予測できる。不法行為訴訟における非死亡事件では，高齢被害者の方がより重症である確率が高くなるからである。この予測について，前述と同じクック郡のデータで確認してみよう。このデータでは，交通事故による非死亡事件での不法行為訴訟（歩行者として事故に巻き込まれた事件も含む）の被害者が原告となった陪審評決では，そのピーク年齢は46歳から50歳であり（サンプル数は349人），平均の損害賠償の評決額は4万3,034ドルであった。これに対して，61歳から90歳までの年齢集団（サンプル数は383人）の損害賠償評決額は平均で2万8,159ドルであった。これらの非死亡事故での高齢者の平均的な損害賠償額は若年者のそれの65.4％であるが，死亡事故での損害賠償額の相対比である49.5％と比較するとかなり上昇している。しかし，高齢者に対

21　この統計データのサンプルは，クック郡の不法行為訴訟を研究対象として調査している，イエール大学のG・L・プリースト教授から手に入れることができた。

する損害賠償額の平均が若年者のそれの平均を上回ることがないというのは，高齢者には相対的に死亡・重症者が多いことを考慮に入れて考えると奇妙な現象である。実際には，交通事故による高齢者の傷害の程度が若年者よりも重症であると予測できるから，実際には彼らの遵守比率が高いことは確かであるが，高齢者にはシートベルトの着用などによる重症化を回避する一層の努力が求められる。また，非死亡事故での損害賠償額も，死亡事故でのそれと同様に稼得喪失に伴うその損害填補を含んでいる。結果的に，実際に労働している人びとの場合には，退職した人びとのそれよりもその稼得喪失の金額は大きくなる。また，退職後の年金などの所得は，後遺傷害の程度に拘わらず全く減額されることはない。このため，比較対象としている若年者の年齢集団は，不法行為による非死亡事故の高齢者への損害賠償額と同等以上の損害賠償額を受け取っている可能性があるし，他のより若年の年齢集団のそれを著しく凌駕する損害賠償額である可能性がある。若年者の中でもより若い年齢の被害者は，稼得水準が低いことに加えて傷害の程度も軽度である確率が高いからである。結果的に，非死亡事件の損害賠償評決額のデータは，以上のような示唆と整合的な帰結を示している。すなわち，61歳から90歳の高齢者の平均的な損害賠償額（2万8,159ドル）は，若年である26歳から40歳の年齢集団の平均的なそれ（2万590ドル，サンプル数は1,150人）の136.8％に相当する。

　加齢に伴う生命の価値をめぐる研究を評価する際に，以下のような考慮が必要不可欠である。ある研究では，危険な労働に対する割増賃金について考慮する場合，若年労働者は将来の傷害や死亡事故の発生確率を過小評価する傾向があると指摘している[22]。この研究は，若年者は職業選択の際に，将来の傷害や死亡事故の発生確率を深刻に考慮すべきことを示唆している。けれども，この示唆は多元的自己の問題を無視している。若年者である自己が高齢者である自己にほとんど配慮していない事実は，若年者の自己が高齢者の自己に関する権利のあり方を決定していることを意味しない。高齢者が自らの生命の安全に配慮して行動している事実は，若年者の自己が設定した割引価値で自らの生命の価値を評価しているわけではないからである。若年者による同様の行動は，第4章で指摘したように，高齢者になってからの医療そ

22　W. Kip Viscusi, "The Value of Risks to Life and Health," 31 *Journal of Economic Literature* 1912, 1921 (1993).

の他のサービスに必要な民間保険購入に消極的である事実にも表れている。けれども，この事実は高齢者が不慮の事故に遭遇した場合に，不法行為法に基づく完全な損害賠償が認められるべきだという説得力ある根拠を示してはいない。

3 高齢犯罪者および受刑者

　高齢者である犯罪者は，第6章で議論したように，懲役刑という刑罰を受けた場合には，刑罰としての犯罪抑制効果が減殺されるという潜在的な問題がある。この問題は，高齢者に対する刑罰として懲役刑に代えて罰金刑を課すことで，問題が解決できるとは言えないとしても問題を軽減できる可能性がある。現在のアメリカでは，この罰金刑という懲役刑の代替的手段は採用されてはいない。連邦政府の刑罰に関するガイドラインは，「被告人が高齢で虚弱であり，また刑罰形態が自宅監視でも収監状態と同様に効率的で費用も掛からない場合には，刑罰ガイドラインの適用対象外のケースでも，年齢的要因によってこれを適用することが可能である」と記載している[23]。しかし，ここでも罰金刑への転換という刑罰手段への言及は一切なされていない。このガイドラインが高齢である受刑者について指摘している唯一のポイントは，彼らが衰弱して逃亡する恐れがないという状態に向けられている。結果的に，緩やかな監視状態の方が刑務所における収監よりも効率的である（とともに費用が安い）と判断されているのみである。これは，高齢犯罪者の処遇を考えるうえで適切とは言えない。「懲役刑」で収監されている高齢犯罪者に対して，身体的・精神的な虚弱性の程度に対応して在宅監視に切り替えることは，もはや刑罰としての法的効果をほとんど失っている。実際に，自宅監視の適用例は極めて少数でおそらくほとんど適用されていないと推測できる。この問題の解決には，高齢者に対する自宅監視を拡大する以外にはありえない。高齢犯罪者への懲役刑による収監継続は，適切な解決策ではあ

---

[23] United States Sentencing Commission, *Guidelines Manual* § 5H1.1, p. 303 (Nov. 1994). なお，暴力的犯罪の規制と法執行に関する法律 (The Violent Crime Control and Law Enforcement Act of 1994, § 70002, 18 U.S.C. § 3582 (c) (1) (A)) は，三件以上の暴力的重罪を犯したことを理由に連邦法上の刑罰として終身刑で収監されている受刑者は，30年以上の在監歴があれば70歳に達したことを条件に釈放することが認められている。ただし，受刑者の釈放の前提条件として，彼が第三者ないしコミュニティの安全を侵害する現在の危険がないことが前提とされている。

りえないから，彼らに対する罰金刑の適用は充分に検討されるべき方策である。

　この高齢者に対する罰金刑の導入への反対論は，犯罪者の大部分は若年者も含めて破産状態にある多重債務者であるから，罰金刑は現実的には機能しないという主張である。けれども，若年者に対するその適用と比較すれば，高齢者に対する犯罪抑制策としての罰金刑はそれほど大きな障害とはならない。高齢犯罪者の多くは，社会保障給付その他の退職所得を得ている可能性がある。結果的に，罰金刑を分割払いにすれば，彼の残りの人生での生活レベルを切り下げれば支払うことができる。高齢犯罪者が多くの不動産を所有しているならば（高齢犯罪者は若年犯罪者と比較するとその確率は高い），その不動産に依存している可能性が高いから（強い遺産動機を持っているかもしれない），多額の罰金刑で効用を妨げられる可能性も高い。高齢犯罪者が不動産を所有している場合には，退職所得の分割払いによる懲役刑の代替手段と比較すると，期待効用の悪化という意味では刑罰効果が高くなる。しかし，高齢期の生活水準悪化という効果が期待できないという重大な問題があるとしても（なぜ重大と言えるのだろうか）その制裁費用は低廉であるから，高齢犯罪者に対する罰金刑は懲役刑と比べれば優れた刑罰であると言えよう。

　高齢者への刑事罰に関するさらに重大な問題は，若年犯罪者の増加がその主たる原因ではあるが，仮釈放の適用されない終身刑の著しい増加傾向にある。前述した刑罰ガイドラインの根拠規定となる連邦法は，このガイドラインに基づいて懲役刑を科された犯罪者の仮釈放に関する適用ルールを廃止した。多くの州法も，この連邦法と同一の方向性を示しているが，いまだ検討中のいくつかの州も含まれている。この連邦法による刑事処遇改革は，仮釈放廃止が高齢収監者の構成比を実質的に上昇させる極めて危険な方策であると思われる。連邦政府の刑務所管理局（U.S. Bureau of Prisons）が作成した1994年3月17日付の統計データによれば，連邦刑務所における高齢収監者の比率は以下のとおりである。ここでは，収監者の年齢構成は51歳から55歳の比率が5％，56歳から60歳までが3％，61歳から65歳までが2％，および65歳以上が1％（総人口に占める65歳以上の高齢者の比率は13％）となっている。この統計データは，懲役刑の長期化や仮釈放の廃止などによっ

て高齢収監者が増加しているという定説とは異なっているかもしれない[24]。結果的に，連邦刑務所での50歳以上の収監者比率は1994年度では11％で，直近5年間での50歳以上の収監者比率の12％と比べても大きな変化はない[25]。この連邦政府による刑事処遇改革の影響評価には，少なくとも今後10年は必要である。とくに高齢犯罪者に対する仮釈放の適用除外の影響評価には，さらに20～30年の時間経過が必要かもしれない。

　われわれは，以上の状況に鑑みて，刑務所内で老人性疾患を抱えた高齢収監者がこれ以上増加する方向に進むべきか否か，今後とも慎重に検討を重ねる必要がある。私は，高齢犯罪者の刑事処遇は，そのような方向に進むべきではないと考えている。高齢収監者は，彼が若年者であったころに重大な犯罪を実行したとしても，年老いた現在では社会的に無害な一般的高齢者と同様の存在になっている。刑事罰という犯罪抑制機能は，犯罪者を刑務所に閉じ込めることでその機能が維持できるわけではない。重大な暴力的犯罪の多くは，比較的若い人びとによって行われる。彼らの多くが刑務所内で時間が経過して高齢者となった頃には，彼が犯した犯罪行為も世間ではほとんど忘れられて，刑罰を持続させる社会的な応報感情も減少している可能性がある。確かに，彼の犯罪が極悪非道な場合には応報感情の低下という可能性は低くなるとしても，現在ではさしあたり幸運なことに凶悪犯罪行為は相対的に少数であるに過ぎない。この刑罰による犯罪予防効果は，その将来費用が現在価値で割り引かれるために，あるいは演劇的表現をすれば若年者の自己が高齢者の自己に対して伝言メッセージを書き送るがゆえに，刑事政策的には大きな役割を果たしえない可能性がある。たとえば，20歳の殺人犯が仮釈放のない終身刑を宣告された場合を想定してみよう。彼が20歳の時点での期待生存期間は，75歳までの55年間であると推定できる。彼が刑務所に収監されている間の犯罪抑制効果について，彼が70歳に到達した時点で考えてみよう。この間での割引率を10％と仮定すれば，1ドルの費用を50年かけて支払う場合の現在価値は0.0085ドルとなるから1セント以下の価値に過ぎない。とくに，彼の50歳から55歳までの間の割引価値は5セント以下

24　Gary Marx, "Some Would Free Inmates Held in Chains of Age," *Chicago Tribune*, June 13, 1994, p.1.
25　Peter C. Kratcoski and George A. Pownall, "Federal Bureau of Prisons Programming for Older Inmates," *Federal Probation: A Journal of Correctional Philosophy and Practice*, June 1989, pp. 28, 30.

である。これらの価値の評価基準は，金銭的費用に換算して割り引かれた現在価値である。多元的自己による分析アプローチを採用した場合，多くの人びとにとって非金銭的な費用や便益も，同様な方法で割り引かれる結果となる。犯罪者の費用は，平均的に見れば相当に高い割引率に相当するだろう。人びとが犯罪者となる一つの理由は，合法的な稼得機会が不充分なことにある。その理由の一部には，彼らが自身の人的資本に充分な投資をしてこなかったことに原因がある。われわれは，現在価値の割引率が高い人ほど，自らの人的資本への投資が低い人びとであることを知っている。人的資本への投資は，若年期に必要とされるが便益は将来にしか発生しないからである。しかし，このような考察に大きな比重を置くべきではないかもしれない。個人が人的資本投資を重視しないもう一つの理由に，期待収益がそれほど大きく見込めない場合もある。たとえば，学校教育や職業訓練で充分な便益を享受できる知的水準に達しない場合や，貧困・差別の結果として教育や訓練機会に恵まれなかった場合もありうる。この状況を考慮に入れても，多くの犯罪者が高い割引率の適用を受けることは避けられない。この状況を考慮すれば，若年のころに犯した犯罪の抑制効果がすでに失われている場合に，高齢犯罪者を刑務所に長く収監し続けることの正当な根拠は見出せない。

　犯罪に対する刑罰の適用をめぐる有力な理論によれば，若年犯罪者を刑務所に収監することによる犯罪予防という社会的便益は極めて大きいと考えられている。けれども，彼らが高齢者になった場合には，凶悪犯罪者を除けばその必要性はほとんどないように思われる。この犯罪予防という視点から考えれば，詳細は後述するが，死刑は極めて魅力的な懲役刑に代替する刑罰となりうる。若年犯罪者を刑務所に収監する費用の現在価値は，長年にわたる収監後に高齢者になった時点での割引現在価値と同じく小さい可能性がある。けれども，それは事実とは相違するかもしれない。公的な財政支出に適用される費用の割引率(刑務所の建物やその維持管理経費がそれにあたる)は，平均的な犯罪者に適用される民間市場での割引率よりも低くなると予測できる。実際には，公的財政支出に適用される割引率はゼロかもしれない[26]。公的財政支出に適用される割引率が民間のそれよりも低くてゼロであ

26　See, for example, Derek Parfit, *Reasons and Persons* 480-486（1984）; Tyler Cowan and Derek Parfit, "Against the Social Discount Rate," in *Justice between Age Groups and Generations* 144（Peter Laslett and James S. Fishkin, eds., 1992）.

る可能性もあるという議論は，多元的自己のアイデアから導かれるものである。将来世代が負担すべき費用に割引率を適用することは，現在世代の人びとと全く異なる人格である人生段階での将来の人びとに影響を及ぼすことを意味している。より率直な表現をするならば，われわれが将来の自己を差別することが悪いとだとすれば，その権利をコントロールできない将来の人びとを差別するのも悪いことになる。

　この分析を前提とすれば，経済的な富の割引率に関する議論よりも，効用の割引率に関する議論が大きな力を発揮することが理解できる。たとえば，現在の所得(物価調整済みの)が上昇する場合に，所得の上昇に伴って限界効用が逓減すると仮定してみよう。将来の所得としての１ドルの価値は，現在の１ドルと比べると将来の効用は減少する。この場合，１ドルの価値に関する個人の選好は等しいことを前提としている[27]。しかし，私の主張する社会的割引率がゼロかもしれないという議論は，若年犯罪者を刑務所に収監し続ける費用は，彼が高齢者になった時の便益がゼロに収斂する可能性があるという意味ではない。

　私のこの分析アプローチは，高齢収監者の医療ケア支出の増加という問題については考察の対象としていない。高齢収監者は，若年収監者と比較すると，刑務所内部の秩序に関する深刻な問題を惹き起こす恐れが少ないから，潜在的には管理費用を抑制できるという効果がある。高齢収監者は，釈放された場合でも医療ケアの費用は必要であるから，メディケアやメディケイドを通じて政府がその費用を負担することになる。実際に高齢収監者は，刑務所の中にいる方が健康に配慮されている。彼らにとっては，釈放されない方が医療ケアの費用が安くなる。結果的に，刑務所に収監されている期間が長くなれば，その生涯にわたる医療ケアに対する費用の総額は高くなるのである。

　刑務所の収監者は，彼が犯罪を実行した時に高齢であればあるほど，刑務所に収監されている最適期間を決定する割引率は小さくなる。結果的に，全ての犯罪者が一般的な退職年齢に達したときに自動的に釈放するという政策は，刑事政策的に見れば賢明な選択であるように思われる。この刑事政策的

27　Gordon Tullock, "The Social Rate of Discount and the Optimal Rate of Investment : Comment," 78 *Quarterly Journal of Economics* 331 (1964); William J. Baumol, "On the Social Rate of Discount," 58 *American Economic Review* 788, 800-801 (1968).

な妥当性は，彼らが釈放されてから再度の犯罪を実行したとしても変わらないだろう。この政策以外には，高齢者としての退職年齢に達してから犯罪を実行する人びとに対する効果的な刑罰は存在しない。私は，全ての懲役刑の上限を40年ないし50年に制限するか，少なくとも高齢に達した場合には仮釈放を適用すべきであると考えている[28]。凶悪犯の場合には，この刑務所への収監期間の短縮では手ぬるいと思われるならば，刑務所の収監費用を抑制するのではなく，無価値な刑罰を継続させないために死刑を選択する方が妥当であると思われる。

　これまでの各章と本章における，高齢者をめぐる法的諸問題についての分析結果を整理してみよう。高齢者に関するさまざまな問題の法的解決を考える場合，犯罪に対する刑事政策よりも不法行為に関する政策の方が（充分とは言えないとしても）適切な対応が可能である。この事実は，とくに目新しいことではない。これまでの研究成果も，さまざまな証拠とともにその理論的根拠を示してきた。これらの研究によれば，コモン・ローによる法的規制は，制定法による規制よりも経済学的な視点から考えればより効果的であるという結論になる[29]。しかし，近代における刑事法領域では，コモン・ローよりも制定法がその役割を増大させている。われわれは，次の第13章において，高齢者の法的問題をめぐるコモン・ローの重要性についてより多くの追加的な証拠を検討する。

4　老人性認知症と行為能力

　老人性認知症と行為能力の関係は，意思表示や契約締結さらには証人としての証言や法的責任など，さまざまな状況において法的な判断能力の審査が必要となる。この問題は，特に刑事法の領域では，分析的な意味のみならず実務的な意味でも極めて重要な論点を示している。老人性認知症という症状は，加齢に伴って顕著に現れる症状ではあるが，進行が比較的遅い穏やかな認知機能の障害状態として認識できる[30]。それゆえ，ある人が方向感覚や

28　法的に仮釈放が認められていない場合でも，連邦法上の犯罪の場合には大統領の行政命令により，コモン・ローでの一般犯罪の場合には州知事の職権により，高齢の刑務所収監者に対する恩赦の権限を行使することは可能である。
29　See, Richard A. Posner, *Economic Analysis of Law* (4th ed. 1992), esp. pt.2.
30　第1章を参照。なお，法はこの老人性認知症について，比較的早くから問題を認識していた。See, for example, In re Will of Wicker, 112 N.W.2d 137, 140-141 (Wis. 1961).

短期記憶を失うなどの老人性認知症の初期症状を呈しているという理由のみで，行為無能力を宣告するという態度は回避されるべきである。このような症状を理由として，高齢者による意思表示の変更や賃貸借契約に対する署名の効果あるいは裁判所での証言能力や犯罪行為に対する刑罰効果を否定する態度は，高齢者に対する極めて無理解かつ馬鹿げた態度と考えるべきである。また，家族メンバーさえも認識できないような老人性認知症に陥った人びとに，行為能力や責任能力を帰属させることも同様に馬鹿げた行為である。しかし，加齢に伴う連続的な能力減退現象である行為能力に関して，両極端なケースの間のどこで明確な判断基準を設定すべきであろうか。老人性認知症が増加する状況にあって，この問題は緊急に対処すべき法的課題となっている[31]。

逆説的であるが，老人性認知症の緩慢な進行という特徴は，特定の状況では法的問題を回避することが可能である。その理由は，ある個人が t という時点で老人性認知症のために行為無能力と判断されたとしても，それ以前の時期には充分な行為能力を持っていた可能性があるからである[32]。たとえば，ある犯罪の被疑者について，刑事裁判で起訴するに充分な行為能力があるか否かを判断する場合を考えてみよう。彼は，起訴された犯罪を実行する際に，$t-n$ という時点までは充分な行為能力を具備していたと仮定しよう。この仮定は，特定の犯罪行為を実行する能力判定において，刑事裁判の起訴手続での弁護士選任のために必要とされる起訴陪審段階での要件と比較して，厳格な精神的能力に関する判断が要求されるわけではないことを前提としている[33]。

老人性認知症に関する法的な行為能力評価の問題は，注目すべき重要な検討課題を含んでいる。人間の社会的行為に必要とされる精神作用の類型とその程度は，法の概念が内包するさまざまな行為の重要性に対応してそれぞれ異なっている。この法的な概念は，人間が保有する精神的な意思能力の判断基準に関する重要なポイントである。この問題は，意思能力の問題というよ

---

31 See Edward Felsenthal, "Judges Find Themselves Acting as Doctors in Alzheimer's Cases," *Wall Street Journal* (midwest ed.), May 20, 1994, p.B1.
32 老人性認知症の人びとの意識は，一日ごとに明滅を繰り返す傾向にある。結果的に，その個人の t という時点における平均的な精神的能力に関する信頼できる判定は，実質的に延長可能であることが重要である。
33 See, for example, United States v. Rainone, 32 F.3d 1203, 1208 (7th Cir. 1994).

りも，むしろ責任能力の問題として考える場合により明確となる。われわれは，人びとに法遵守を義務付ける手段として，刑事制裁その他の法的な制裁手段を用意している。法の遵守という規範的要請は，少なくとも法的制裁の主要な目標でもある。犯罪予防という視点から考えれば，問題の本質は被疑者の精神状態や知的能力レベルの判断にあるのではなく，彼の精神内部における犯罪抑止力いかんにある。われわれは，知的障害者や精神障害者でも，商品価格が上昇すれば買い物を控えるとか明白な危険を事前に察知して回避するなど，自らのインセンティブに従って行動できることを知っている。彼らは，保護施設や収容施設に入所させなくても，自分たちで自律的に生活することが充分に可能である。彼らは，社会的にはあたかも犯罪予備軍であるかのように，刑罰の威嚇や（その可能性は少なくなるが）不法行為責任の対象として取り扱われる理由が他にあるのだろうか。彼らは，法的な責任能力に関する精神的・心理的欠陥を理由として，その犯罪行為や不法行為から社会を防御するという一般命題は存在しない。被疑者とされた人びとは，法的な責任能力を回避するために，社会的行為の結果について法の「指示」を理解し対応できない精神的状態について証明責任が課せられるのみである。

　老人性認知症についても，これと同じことがいえる。たとえば，ピータソン遺産関係事件（In re Estate of Peterson）[34]での裁判所の判断は，結果的に言えばその判断は適切であったと思われる。この事件では，視覚障害があって（少なくともある程度の）老人性認知症も患っている83歳の男性の行為能力が問題となった。彼は，自分で摂食することも衣服の着脱もできなかった。彼は，「小さな仔馬たちが部屋中を駆け回ってその鼻に皺を寄せて近づいてくるたびに，仔馬たちを追い払うために唾を吐きかける行為を繰り返さなければならない」という幻覚症状に悩まされる状態にあった。裁判所は，彼がこのような状態であったにも拘わらず，彼の行為能力が過去の遺言を破棄して新たな遺言を作成する能力を喪失した状態にあるとは認めなかった[35]。こ

34　360 P.2d 259, 267 (Nev. 1961). 同様の事件として，See In re Will of Wicker, note 30 above; Wright v. Kenney, 746S.W.2d 626 (Mo. Ct. App. 1988). なお，遺言者の老人性認知症が進行して，彼が意思表示を行うことができないほど能力が低下していたと認定した事件の判決もある。Creason v. Creason, 392 S.W. 2d 69 (Ky. 1965).

35　同様の事件で，単なる遺言状ではなく捺印証書（deeds）の効力が問題となった場合でも，同様の結論が導かれた例がある。O'Brien v. Belsma, 816 P.2d 665 (Ore. Ct.App. 1991); Feiden v. Feiden, 542 N.Y.S.2d 860 (App.Div. 1989), and Weir v. Ciao, 528 A.2d 616 (Pa. Super.

の事件では，彼は自分の意思を第三者に伝えるために必要とされる程度に明晰な会話をしたと証言されていた。ある人は，彼の古い遺言によって相当額の贈与を受ける受益者であると告知されていたが，別の受益者に対しても彼が新たな遺言をする適切な理由が存在した。この状況にあって，彼が古い遺言で指定した受益者が小さな仔馬の一頭であったとかあるいはその受益者が彼を苦しめる原因の一つであったとしたら，この裁判所の結論は変わっていたかもしれない。

　老人性認知症の症状を呈した個人による重要な意思決定について，法がそれに関与することを拒否する別の説明も考えられる。老人性認知症は，個人の合理的な意思決定に関する能力に影響を及ぼすが，その影響はこの疾病の進行段階によるのではなく，疾病が発症した当初から彼の精神的能力に影響を及ぼしているという考え方もある。たとえば，個人Aが老人性認知症の初期症状を呈したときにIQが100であったが，時間の経過によって彼のIQが80に下降したと仮定してみよう。彼のこの知的水準は，若い男性で軽度の知的障害を持つ個人BのIQである80（人口の90％がこれ以上の水準）と同じ知的水準とみなされる。ここでの問題は，以下のように設定できる。このIQが80という人びとは，意思能力を充分に持っていると言えるのだろうか（私の回答はイエスである）。

　このような方法的アプローチは，少し単純化しすぎていることは確かである。老人性認知症による知的な状態は，たとえIQが「最低水準」のラインにあったとしても，他の知的障害がもたらす状態と同一とは言えないからである。とくに短期記憶の喪失という症状は，老人性認知症の顕著な症状である。けれども，複雑な文章を読むことができないBの知的能力水準と比較すると，Aの知的水準は相当に高い水準を維持しているかもしれない。あるいは，Aの知的水準の落ち込みは，Bのそれと比較すると相対的に軽いのかもしれない。裁判所は，合衆国対マノッキオ事件 (State v. Manocchio)[36] において，証人が喪失した短期記憶を引き出そうと試みた反対尋問によって，彼の記憶は15年前と同等かそれよりも悪化したという間違った判断を示している。けれども，この裁判所の判決における老人性認知症についての考え方の

Ct. 1987). なお，これらの三件の判決は，いずれも「正常な時期 (lucid interval)」という現象に着目している。See note 32 above.

36　523 A. 2d 872 (R. I. 1987).

原則は間違ってはいない。つまり，法的判断として評価すべき知的能力は，疾病分類上の症状に該当するか否かではなく，彼の本来的に有する知的能力の個別性いかんによって判断されるべきである[37]。

最後に，以上のような分析を通じて，ディヴィス対コックス事件(Davis v. Cox)[38]の判決理由に関する問題点について検討してみよう。この事件では，ある女性がその成人に達した娘に対して，不法行為により彼女の夫(娘の父)を死亡させたとして訴訟を提起した。彼女の夫は，老人性認知症に罹患していた。「彼の疾病状態は，不合理な言動の時期と薬剤による効果で平静な時期の間で揺れていたが，彼の記憶はほぼ完全に喪失している状態にあった[39]」。彼は，彼の娘と同居しており，娘の夫は彼のために寝室を明け渡していた。この寝室には，抽斗のついた箪笥が置かれておりその中には銃弾が込められたピストルが入っていたが，娘は父親を引き取った時にその事実を完全に忘れていた。彼は，ある朝に抽斗をあけてピストルを取り出して自らを射殺したと推定されている。裁判所は，「周期性のある老人性認知症の患者は，銃弾の込められたピストルについて判断できる目撃者となりうる」し，それを見つけた時に「無意識的に自分ないし他人を傷つけるために使用する」ことを，娘として当然に予測できたと判断した[40]。けれども，この父親が「無意識的に」行動したという推定に根拠があるのだろうか。老人性認知症の人びとは，彼らがその疾病にかかっていることをしばしば自覚している。とにかく，彼らは自分にとって何か悪い自体が進行していることに気が付いている。彼らは，自らの価値観や状況に対応する合理的な行動として自殺を実行する可能性があると考えるべきである。このディヴィス事件において，このような事実関係が存在したか否かは明らかではない。また，この父親が自分自身に銃口を向けたのか否かさえ明らかではない。けれども，裁判所の判断が前提としている，老人性認知症の人びとによる行動は全て不合理な動機によるという推定は明らかに間違っている。別の裁判所は，遺言に関する訴訟において遺言者の意思能力を推定する補強証拠の採用に際して，その推定を覆すための立証責任転換という方法で「客観的な」合理性の判断基

---

37 このような認識は，これらの事件の判断に際して明確に認められている。See, for example, Dulnikowski v. Stanziano, 172 A.2d 182, 183-184 (Pa. Super. Ct. 1961).
38 206 S.E.2d 655 (Ga. Ct. App. 1974).
39 Id. at 656.
40 Id. at 657.

準を緩やかに解釈している。ここで，ピータソン事件での裁判所の判断を思い出してみよう。この事件では，すでに表明されていた受益者への遺言の撤回が認められるか否かが争点となったが，古い遺言の撤回と新しい遺言の作成に合理的な動機があると認められた。同じアプローチは，ディヴィス事件でも少なくとも考慮の対象として利用可能であった。しかし，これまでの裁判所の判例では，社会的な非難の声が強いこともあって，高齢者の自殺に関して合理的行動として認める判断を採用した判決例は存在しない。

第13章
雇用における年齢差別禁止法と定年退職制度

　アメリカにおける労働法の歴史を振り返ってみると，労働者退職所得保障法(ERISA)が制定される以前から，使用者はその雇用する労働者に対する規律維持のために解雇という威嚇手段(必要な場合には適切に実行されると信じられている手段)を活用してきた。このような状況において，連邦議会は，1967年に雇用における年齢差別禁止法(Age Discrimination in Employment Act: ADEA)を制定して，高齢労働者の解雇をより困難にする立法政策を採用した[1]。この法律は，その後に数回の改正を経ているが，使用者による40歳以上の労働者に対する年齢を理由とする差別を禁止するという基本的な立法趣旨は変化していない。この法律の制定当初は，法的保護の対象となる年齢集団を40歳から65歳までの年齢としていたから，65歳以上での強制的な定年退職制度は結果的には許容されていた。この年齢上限は，1978年の法改正によって70歳にまで引き上げられ，また1986年の改正では全ての年齢上限が撤廃された。さらに，この法律の制定当初は，小売・卸業など若干の産業分野では，使用者による労働者の年齢を理由とする異なる取り扱いを認める特例措置が認められていた。けれども，現在では，全ての産業分野で強制的

---

[1] 29 U.S.C. §§ 623 *et seq.* この法律については，以下の文献を参照。なお，これらの論文は，両者ともに経済学的な分析に焦点を合わせているがその評価は分かれている。See Richard A. Epstein, *Forbidden Grounds: The Case against Employment Discrimination Laws*, ch. 21 (1992), and Stewart J. Schwab, "Life-Cycle Justice: Accommodating Just Cause and Employment at Will," 92 *Michigan Law Review* 8 (1993). また多くの州も，雇用における年齢差別を禁止する州法を制定している。さらに，連邦政府は，この法律とは別に年齢差別法(Age Discrimination Act, 42 U.S.C. §§ 6101 *et seq.*)という差別禁止立法を制定している。しかし，これらの他の連邦法や州法についてはここでは取り扱わない。

な定年退職制度が一律に禁止対象とされている。私は，この雇用における年齢差別禁止法による規制は，実際にはほとんど法的効力を持っていないし，それが法的効力を持つ場合には高齢者のみならず全ての国民の所得や福祉に等しく悪影響を及ぼすと考えている。結論的に言えば，雇用における年齢差別禁止法は，非効率で法的効果が期待できない典型的な立法であり，高齢者の雇用にとってむしろ有害な立法であると私は考えている。

1　雇用における年齢差別禁止法の法的性格とその評価

(1)　差別の意図

　この雇用における年齢差別禁止法の立法目的は，40歳以上の人びとが「年齢差別(ageism)」という社会的偏見の犠牲になっているという主張にある。この年齢差別という主張は，人種差別(racism)や性差別(sexism)と同じ文脈における主張である。われわれは，年齢差別という概念について，高齢労働者に不利益となる全ての行為が年齢差別である(たとえば老眼も年齢差別となりうる)と考えるような主張と[2]，実質的な意味での年齢差別という主張を区別する必要がある。前者のような年齢差別に関する説得力に欠ける主張は，労働現場における無理解で悪意に満ちた不合理な考え方によって，高齢労働者の価値を著しく貶めるような動機に基づく考え方がその背景にある。この考え方は，時には「意図的な差別(animus discrimination)」と呼ばれることもある。私は，アメリカ社会に高齢者に対する怒りや軽蔑のみならず無理解が存在しており(第9章参照)，これらの感情が高齢者に不利益な作用を及ぼしていることは理解できる。私は，第7章でも，高齢者に対する差別の実例についていくつか取り上げてきた。ここでも再び言及するならば，高齢者は「流行遅れ」の生活スタイルに固執する時代遅れの人びとであるように見えることは確かである。けれども，彼らが「流行遅れ」の生活スタイルを維持するのは，最新の生活スタイルに由来する便益には価値がないと考えているからかもしれない。

　本章における主題は，労働現場での高齢者への差別的取り扱いである。最初に，私的市場における共通の要素である，市場競争による圧力の下での人

---

[2] 年齢差別をこの意味において使用する例は，以下参照。William Graebner, *A History of Retirement: The Meaning and Function of an American Institution, 1885-1978*, ch. 2 (1980).

びとによる合理的な経済行動を別の側面から考えてみよう。民間企業の人事労務政策を担当する人びとは，労働者の採用や解雇について決定権限を行使する役割を担っているが，彼らのほとんどは少なくとも40歳以上の年齢階層に属する人びとである。この事実は，あたかも雇用政策に関する意思決定権限を有する人びとの多数派が黒人であって，連邦政府が立法を通じて白人から黒人に巨額の財政的移転を強制したために，黒人集団がアメリカでの政治的に有力な地位のほとんどを占有しているのと同じ状況であるように見受けられる。この状況では，黒人に対する差別禁止立法が必要だという主張が無意味なことは明らかだろう。アメリカの使用者は，その多くは若いとは言えない人びとであるが，労働者の能力を適切に評価する責任を担っている。この使用者である人びとは，高齢労働者の職業的能力について重大な誤認をしているとか，高齢者への一般的偏見を持っているという可能性はほとんどありえない。

　このことを別の表現にすると，人種的・民族的・性的な差別を助長するような「われわれと奴ら(we-they)」という思考方法は，高齢労働者に対する差別の関係ではそれほど大きな役割を果たしていないことを意味している[3]。その理由は，若年者もいずれは(誰もが)高齢者になるというだけではない。そのような思考方法は，個人としての人格的一体性という視点を極端に重視する，あるいは個人に内在する多元的自己という問題の焦点を希薄にする恐れがあるからである。民間企業で労働者の採用や解雇の権限を持っている人びとは，採用・解雇される側の高齢労働者と同様の年齢レベルであるから，労働者の職業的能力について判断ミスを犯す可能性は少ない。しかし，驚くべきことに，民間企業の使用者は，高齢労働者の能力評価に関する明確な判断基準をほとんど持っていないのである。高齢労働者は，労働市場では新たな高賃金の職場を見つけるのに大変な苦労を味わっている。このような事情は，彼らのこれまでの賃金が企業特殊的な人的資本の価値を反映しているために，彼らが元の職場を離れた時にその価値を喪失することに原因がある。高齢労働者の職務は，新たな技術を習得するために再度の人的資源投資が必要となるから，新規労働者の採用によって簡単に代替することができない。けれども，使用者にとっては，高齢労働者の(自発的な)退職時期が近づくにつれて，彼らに対する新しい技能習得のための人的資本投資の期待収益は次

---

[3]　Cf. John Hart Ely, *Democracy and Distrust: A Theory of Judicial Review* (1990).

第に逓減することになる⁴。

　ある研究者は,「高齢労働者の離職による賃金低下率は,そのほぼ90％が離職者の企業特殊的技能・知識ないし先任権の継承不能性によって説明可能である」と指摘している⁵。この研究では,残りの10％が年齢差別に起因すると示唆しているが,その分析の基礎データを示してはいない。この研究によれば,この10％は単に「他の説明要因を除外した残余部分で⁶」,他の要因では説明不能な部分が年齢に相関する潜在能力低下に起因すると説明している。この研究は,高齢労働者が従来の仕事を失って新たな仕事に就いた後の賃金水準に関する研究であるが,この労働者たちは仕事の実績評価が悪いサンプル集団であることが重要である。別の論文では,同一企業内で雇用される若年労働者と高齢労働者を比較して,この二つの集団の賃金差額の全てが人的資本投資の相違に由来すると説明している⁷。第4章で指摘したように,同一企業内での65歳以上の労働者による業務遂行評価に関する実証研究は,若年労働者のそれと同じく,サンプル対象をめぐる選択的バイアスで歪められている可能性がある。たとえば,業務遂行実績が明らかに劣る高齢労働者は,調査実施時点ではほとんどがすでに解雇・退職に追い込まれている可能性がある。結果的に,高齢労働者でも業務遂行能力で使用者を満足させる人びとは少数派で,他の多くの労働者は不満足な実績であったという推定を裏付ける可能性がある。結果的に,高齢労働者の平均賃金は,差別とは無関係な理由で相対的に低くなっているのかもしれない。

　標準的な高齢労働者がすでに職場から離脱しているならば,現在でも雇用継続されている高齢労働者の平均賃金は,年齢差別が存在しないと仮定すれば若年労働者のそれよりも低くはないと想定できる。けれども,職場をすでに離脱した標準的な高齢労働者のほとんどが使用者を満足させることができない能力であったと仮定しても,彼らが労働力として労働市場から完全に脱

4　Dian E. Herz and Philip L. Rones, "Institutional Barriers to Employment of Older Workers," 112 *Monthly Labor Review*, April 1989, pp. 14, 20.

5　David Shapiro and Steven H. Sandell, "The Reduced Pay of Older Job Losers: Age Discrimination and Other Explanations," in *The Problem Isn't Age: Work and Older Americans* 37, 47 (Steven H. Sandell, ed., 1987).

6　Id. at 48.

7　Paul Andrisani and Thomas Daymont, "Age Changes in Productivity and Earnings among Managers and Professionals," in *The Problem Isn't Age: Work and Older Americans*, note 5 above, at 52.

落しているわけではない。これらの職場から離脱した高齢労働者は，彼らの減退した能力に見合った低賃金の新しい仕事に移動して，高齢労働者の平均賃金を相対的に低下させている可能性がある。

　年齢差別を禁止するという「意図」は，実際にはそれ自体が誤解を含む概念である。たとえば，使用者は高齢労働者の能力減退をめぐる問題状況を熟知しているから，彼らを強制的に定年退職させたいと考えているという主張がそれである[8]。われわれは，以下において，この主張に根拠がないことを見てゆくことにする。

(2) 統計的な差別

　年齢差別(そのように言うならば)という主張は，高齢者に対する差別禁止という趣旨ではなく，ある年齢の平均的な人びとが持つ特性をその年齢の全ての人びとの特性と考えるという趣旨であれば，それなりに説得力があり支持される可能性もある。ここでは，経済学者たちが統計的差別(statistical discrimination)と呼ぶ例と，経済学者以外の人びとが「固定観念(stereotyping)」と呼ぶ例とを比較してみよう。この統計的差別の典型的な例としては，情報費用を節約するという動機によって社会から特定メンバーを排除する目的で，彼らを受け入れることを拒否ないし否認する行為として把握できる。われわれは，年齢を性別と同様な意味において，ある人を識別した上で彼または彼女を特定の「社会的位置」に置くための標識として利用している。われわれはまた，社会行動や職業に組み込まれた年齢階層にそれぞれ相応する，この年齢標識にほとんど無自覚的に反応する強い習性を持っている。われわれの社会は，人生における特定の年齢に対応して特定の態度・行動・地位を決定するという，未開社会で一般的に見受けられる社会行動や職業特性を色濃く残している。「われわれは，何歳の人がいかなる地位に対応していかなる活動をするか，相互にその観念を了解し共有しているのである。たとえば，彼は学生となるには年を取りすぎているとか，教授になるには若すぎるとか，結婚するには年を取っているとか，引退するには若すぎるなどの用例がその具体例である。ある種の人びとは，時にはそのカテゴリーから離脱した対応をすることもあるが，多くの人びとは『その年齢に相応し

8　Erdman B. Palmore, *Ageism: Negative and Positive* 5, (1990).

い』と思われる」，社会的行動に対応する時期を過ごしているのである[9]。

　この年齢標識による年齢と相関する社会的行動は，人びとの合理的な社会的行動のパターンであると認識されている。そうでなければ，本書の主題がそもそも成立しない。たとえば，「65歳の人びと」とか「80歳代の人びと」という表現は，青い目をした人びとや栗色の髪の毛をした人びとの態度や行動についての表現と同じく，政府による公共政策の企画・立案に際しては社会的差別と全く無関係な判断要素である。けれども，特定の年齢集団に属する人びとは，その能力・行動・態度などで多様な相違があることも確かである。その結果として，異なる年齢集団に属する人びとの間でも，非常に多くの重複的で共通の能力・行動・態度が認められる。人びとは，さまざまな潜在能力や心理的発達の段階に対応して加齢を重ねていく。結果的に，使用者に好まれるとか嫌われる属性として年齢が代理変数として使用されるならば，充分な業務遂行能力を備えた高齢者が雇用されないこともあるし，能力で劣る若年者に道を譲るために解雇・退職を強要されることもある。

　このような現象は，雇用分野での年齢差別が必然的に非効率な結果をもたらすことを意味しない。たとえば，雇用以外の分野でも，非効率な活動ルール（たとえば自動車の時速65マイル以上での走行禁止）や活動基準（自動車の走行を制限する具体的条件）の設定を通じて，社会的な義務付けを強制することで非効率な結果をもたらす場合がある。この非効率な結果をもたらす活動ルールの設定は，活動基準の設定と比較すると，実務的運用が単純であるために経費も安くなるという効果がある。その経費節減効果は，特定の社会的行動の判断に際して具体的状況を無視して一定の活動ルールを適用することで，立法趣旨とは無関係に経済的損失を回避できる効果がある。この活動ルールの設定には，高い過失費用に伴う安い運用費用という特質がある。これと対照的に，活動基準の設定には，低い過失費用に伴う高い運用費用という特質が付随している。この社会的活動をめぐる二種類の法的規制に伴う相

---

[9] Arlie Russell Hochschild, *The Unexpected Community* 21 (1973). ある人の特徴を判断するために利用される，年齢による認識に関連する特性については，以下参照。Robert Bornstein, "The Number, Identity, Meaning and Salience of Ascriptive Attributes in Adult Person Perception," 23 *International Journal of Aging and Human Development* 127 (1986). また，統計的差別に関する簡潔で要領を得た説明としては，以下参照。Paula England, "Neoclassical Economists' Theories of Discrimination," in *Equal Employment Opportunity: Labor Market Discrimination and Public Policy* 59, 60-63 (Paul Burstein, ed., 1994).

違は，特定の社会状況での規制手段の効率性をめぐる政策選択という性格を持っている。一般的に言えば，統計的差別は活動ルールに基づく規制手段という性格を持っている。統計的差別は，情報費用を節約するという意味では経済効率的であるから，情報費用が極めて高い現代社会では広汎に活用できる法的規制手段である。年齢に基づく活動ルール（硬直的適用による情報費用節約のルール）の設定は，現代の産業化社会よりも未開社会で広汎に活用されていた事実は驚くに値しない[10]。けれども，現代の産業化社会でも，この活動ルール設定に基づく規制は，活動基準の設定による規制よりも効率的である。結果的に見れば，強制的な定年退職のみならず年齢指標を利用するさまざまな雇用分類手法も，手垢にまみれた古典的手法であるとして一方的に非難される必要はない。けれども，航空機のパイロットや軍隊の士官であれば，個別的な適性検査によらずに年齢のみを理由として退職強制されない規制手法が歓迎されることは確かである[11]。

　年齢を指標とする活動ルールの設定は，統計的差別が特定の年齢集団を社会的に差別するのではなく，むしろ彼らを優遇する手法として機能する場合もある。たとえば，高齢者は，成熟性・知恵・公平性という特性を持っていると仮定することもできる。高齢者に対する優遇をめぐる例として，年齢をめぐる選択的バイアスを理解できる人びとが少ないことも挙げることができる。たとえば，80歳代の裁判官による印象的な業務遂行実績から，多くの他の80歳代の人びとの潜在能力に疑問を持たない場合がある。裁判官が任命される年齢基準の高さは，総人口に占める高齢者比率では不自然なほどの高齢裁判官を生み出している。統計的差別から便益を得ている高齢者は，統計的差別で不利益を受けている高齢者と同様に，他の社会集団と比べて不当な利益を得ているのかもしれない。雇用における年齢差別禁止法は，統計的差別により高齢者が不当に有利な取り扱いを受けているという理由ではなく，高齢者への不利益な統計的差別のみを除去すべきであると主張している。結果的に見れば，他の社会集団と比べると不当な利益を享受している年

10　Richard A. Posner, *The Economics of Justice* 169-170 (1981).
11　雇用における年齢差別禁止法は，航空機パイロットについて60歳での強制退職を許容しているが，パイロット組合はこれに反対している。なお，加齢に伴う能力減退に関する証拠については，以下参照。Joy L. Taylor et al., "The Effects of Information Load and Speech Rate on Younger and Older Aircraft Pilots' Ability to Execute Simulated Air-Traffic Controller Instructions," 49 *Journal of Gerontology* p. 191 (1994).

齢集団が出現している可能性もある。私は，統計的差別をめぐる問題に大きな比重を置くべきではないと考えている。民間企業での使用者の多くは，さまざまな年齢集団の平均的労働者の特性について冷静な判断基準を保持しており，選択的バイアスの悪影響を受けていないと推測できる。

　強制的な定年退職制度は，個人としての労働者による現実的な生産性を考慮することなく，特定年齢に達した労働者の雇用関係を終了させる一律の活動ルールの設定である。この強制的な定年退職制度には，一般的な活動ルール設定という便益に加えて，付加的に三つの便益が存在する。第一に，早い時期から定年退職年齢を知ることにより，労働者が自分の老後生活プランを設計できるという退職促進効果が生まれる。個人は，特定の年齢で退職することを自主的に決定できるが，彼は自分の決心が変化する可能性があることを恐れている。これは，再度にわたって指摘するならば，多元的自己に関する問題である。

　第二に，社会保障プログラムでの老齢年金の満額受給権は65歳以降に保障されるが，受給者が65歳に到達後も働き続けるならば70歳までは受給額が大幅に減額される。高齢労働者は，65歳で退職するという強い経済的インセンティブが付与されている。結果的に見れば，65歳を過ぎても働き続ける高齢労働者は現実には少数に過ぎない。彼らにとって，雇用継続という選択肢を評価する経済的便益が小さいから，高齢労働者による就労継続には相当の費用負担が必要となる。このため，強制的な定年退職制度の廃止という法的ルール設定は，高齢者の労働参加率に大きな影響を及ぼすことはほとんど期待できない。この問題についての詳細は，後の記述で必要な証拠を含めて検討する予定である。

　第三に，高齢労働者の業務遂行能力が65歳以降に急速に落ち込むと予測できるならば，就労継続による便益も短期間であるから，彼らの就労意欲も急速に減退すると予測できる。使用者も，業務遂行能力が減退する年齢に達した高齢労働者を注意深く観察するから，高齢労働者の就労継続に伴う期待費用も急速に上昇すると想定できる。

　高齢労働者に対する強制的な定年退職や年齢差別禁止をめぐる問題関心は，一般的には統計的差別をめぐる事実関係を反映している。統計的差別という概念は，情報費用の関数であるから，人びとの教育水準やIQのレベルに否定的に相関していると推測される。高等教育を受けた知的熟練度の高い人びとは，他の人びとと比較すると多くの情報を吸収して利用することが

可能だからである。心理学者は,「頑固な」人格や「権威主義的な」人格は,差別的性向と正の相関関係があると評価している[12]。経済学的なアプローチによっても,このような差別に関する性向の説明は可能である。たとえば,知的能力や教育水準の低い人びとは,差別的固定観念に類似する粗雑な選別方法を採用する傾向がある。差別のための情報費用は,社会の構成メンバーに等しく情報費用の負担を強いることは確かであるが,統計的差別は知的能力や教育水準の低い人びとの間で支配的な影響力を及ぼすようになる。結果的に,階級的な偏見や差別的な認識は,社会的エリート階層に対する批判を強めるとともに,差別を生み出す社会慣行の是正を求めるという傾向を生み出すことになる。

　私は,この統計的差別をめぐる問題が雇用における年齢差別禁止法にどのようなプロセスを経て結実したのか,その説明のために当惑していることも事実である。この問題の背景には,労働者と独立型契約者(委任ないし請負契約による就労者)の間における契約関係の相違という問題が介在している。この両者の間での契約関係の相違は,以下のように整理することができる。労働者は,独立型契約者のようにその契約の相手方に労働のアウトプットを売却できないので,その代替手段として時間当たりの賃金のみが支払われる。その理由は,労働者によるアウトプットの価値を正確に評価できないことに加えて,労働のアウトプットが個人の成果というよりもチームの成果という側面を有するからである。この労働のアウトプットをめぐる価値評価の困難性は,企業に対する労働者の貢献度は確定的ではなく蓋然的に過ぎないという労働関係をめぐる本質的な問題を反映している。このため使用者は,労働者の特性と業務遂行実績からその貢献度を推測しようと試みることになる。この労働者の特性をめぐる判断要素の一つとして,年齢という要素が存在する。われわれは,年齢はしばしば業務遂行実績に相関することを知っている。また,年齢は直接的に観察できるが業務遂行実績はそうではない。結果的に,賢明な使用者は,前者を後者の代理変数として利用することが合理的であると推論する確率が高くなるのである。

　この使用者の合理的推論は,ある人を個人ではなくある年齢集団のメンバーとして処遇することが不公正と仮定しなければ,社会的な「差別」とし

12　とくに,「年齢差別主義(ageism)」に言及する文献として,以下参照。Palmore, note 8 above, at 53-54.

て非難することに疑問の余地がある。この使用者の態度は，本当に不公正だと言えるのだろうか。われわれは，日頃から年齢を指標とする合理的推論を採用しており，この合理的推論の基礎となる代理変数を利用しなければ社会的行動の評価はほとんど不可能である。われわれは，合理的推論に無自覚なままで，皮膚感覚のみによって「内部の人(inner man)」と感じて処遇する場合もあることは確かである。われわれは，ある個人の全人生について知識を持っている人以外には情け容赦もなく人びとを「分類」した上で，その分類表に従って社会的価値の判断基準を構築している。われわれは，ある人を個人として評価する費用が膨大ならば，民間企業が労働者をチーム単位でアウトプットを評価する場合と同様に，その評価のための情報費用を他の人びとに転嫁する必要がある。民間企業の使用者は，労働者を効率的に評価するために年齢を指標とする代理変数利用が禁止されるならば，その企業の労働費用が全体的に上昇せざるを得ない。使用者は，労働者の賃金や給与税のみならず他の労働費用も上昇するため，その費用上昇分を賃金や付加給付の減額という形で労働者に転嫁することを余儀なくされる[13]。この労働費用の上昇は，使用者に対して課税効果とほぼ同様の作用を及ぼす結果になる。この課税効果は，その税を負担する当事者(使用者や労働者)のみならず，全ての人びとに影響を及ぼす結果になる[14]。使用者は，法律で非効率な高齢労働者の雇用を強制されるならば，彼らが裕福であるか年齢差別の犠牲者であるかを問わず，全ての高齢労働者の便益のために課税されるのと同じ効果が生じることになる。社会集団としての高齢労働者は，社会保障プログラムによる公的給付を通じて相対的に恵まれた立場にあり，抑圧された階級としての差別の被害者という立場にはない(第2章参照)。

　雇用における年齢差別禁止法により，特定の形態(あるいは特定された多くの形態)による差別を違法とする規制ルールによって，労働者を個人として評価するように使用者を強制することは実務的に不可能である。使用者にとって，労働者の個別的な能力評価のために必要な情報費用はあまりにも高

13　See Jonathan Gruber and Alan B. Krueger, "The Incidence of Mandated Employer-Provided Insurance: Lessons from Workers' Compensation Insurance," 5 *Tax Policy and the Economy* 111 (1991), and studies cited in id. at 117-118.

14　See, for example, Joseph A. Pechman, *Federal Tax Policy* 223-224 (5th ed. 1987); Laurence Kotlikoff and Lawrence Summers, "Tax Incidence," in *Handbook of Public Economics* 1043, 1047 (Alan Auerbach and Martin Feldstein, eds., 1987).

過ぎるからである。とくに，高齢労働者の個別的評価に必要となる情報費用は，使用者にとって極めて高額な費用負担となる可能性がある。加齢に伴う労働者の業務遂行能力の変化率は，第1章で指摘したように，年齢コーホートの上昇に対応して次第に大きくなる傾向がある。使用者は，労働者全体に占める年齢に由来する能力変化率が大きくなれば，判断基準として単純化された代理変数を利用しない限り，労働者の雇用継続のための調査期間も長くならざるを得なくなる。結果的に，労働者の業務遂行能力を個別的に評価する情報費用が高くなる。個別労働者の能力に対応する生産性の変化率は，労働者の個別的評価の価値を増加させる可能性はある。けれども，使用者が労働者の個別評価で期待できる便益は，高齢労働者の場合には減少することは避けられない。使用者にとって，高齢労働を雇用継続できる期間はそれほど長くないからである。

　使用者は，年齢指標という代理変数の利用ができなくなると，業務遂行に関する能力評価のために別の代理変数を利用する必要性が大きくなる。使用者は，たとえば業務に関するテスト結果を利用することにより，その代理変数の成績が思わしくない労働者を「差別する」可能性が生じる。たとえば，航空機パイロットをその例に取り上げると，パイロットに対して特定年齢での強制的な定年退職を禁止すれば，使用者は彼らの職業適性に関連する身体的な能力基準を引き上げる可能性がある。その結果として，この職業適性基準の引き上げによって，本来であれば能力的には全く問題のない相対的に若年のパイロットが職場から排除される可能性が生じる。使用者が年齢指標という代理変数を利用できなければ，同年齢の有能な労働者と能力の劣る労働者を平等処遇せざるを得ない結果，能力の劣る労働者が有能な労働者の犠牲によって便益を享受する可能性が生じる。この結果は，まさに統計的差別に関する別の実例を生み出すことになる。この年齢指標とは異なる指標による統計的差別の犠牲者は，同一年齢であるが異なる能力を有する労働者が一律に取り扱われる（法律が推進する統計的差別）ために犠牲者となるならば，年齢が異なる同一能力の労働者が分離された結果として統計的差別の犠牲者となるという，全く異なる二種類の差別類型に分かれることになる。この場合には，両者ともに統計的差別の結果としての犠牲者である事実に変わりはない。雇用における年齢差別禁止法の犠牲者は，この法律が年齢差別と定義する差別による犠牲者とは異なり，平均的な高齢労働者と比較すると近似的でより困窮した人びとがその犠牲となる可能性がある。この推測を支持する証

拠は，雇用における年齢差別事件の裁判での多くの原告が本当の意味での「労働者」ではなく，ほとんどが経営管理者・専門職・執行役員などで構成されている事実でも示されている。

　この議論は，雇用における年齢差別禁止法が経済効率的か否かという疑問を解決するための議論ではなく，この問題を継続的に検討するために前提とされるべき議論である。高齢労働者に対する統計的差別という問題は，他の差別形態と比較すると，外部費用という経済効果を生み出している可能性がある。この外部費用という効果は，特定の使用者とその労働者・求職者の取引とは無関係な第三者にその費用が転嫁されることを意味している。たとえば，高齢者の中には就業意欲のみならず肉体的・精神的能力も若年者と同水準であるが，労働市場では彼の年齢不相当の労働能力が評価対象にならない人びとがいると想定してみよう。使用者の多くは，その労働者を採用する意欲があるとしても，彼の年齢指標の背後にある労働能力を適切に評価する手段を持っていない。使用者の多くは，高齢労働者に対する人的資本投資の回収期間が限られているから，彼らに対する人的資本投資を適切ではないと判断している可能性もある。ここでは，具体的な実例として，ある中年の専門職を取り上げて考えてみよう。彼は，若年者と同様の活力や知的柔軟性を充分に保持しているが，使用者は新たな人的資本投資は彼が70歳に達するまでに償還できないので手控えている。彼は，労働者の年齢コーホートでの平均特性を理由として，使用者によって65歳で定年退職ないし昇進拒否をされたと想定してみよう。彼に対する人的資本の過小投資は，複数の使用者による共同意思決定の産物とみなしうる。全ての使用者は，有能な高齢労働者を雇用するために個別評価という費用負担なしに，年齢指標で人的資本投資を手控えることで利益を得ているからである。この事例は，有能な労働者がその能力評価に懐疑的な使用者に例外的な雇用継続を求める場合，相対的な低賃金を受け入れる可能性を説明する完全な証拠とは言えない。有能な労働者が低賃金を受け入れる可能性は，企業による高齢労働者への人的資本投資の期待収益を減少させるとともに，彼ら自身の人的資本投資への意欲を抑制する可能性がある。雇用における年齢差別禁止法は，実務処理のルール自体が高齢労働者によるこのような取引行為を排除している可能性もある。

　統計的差別の議論は，年齢差別に適用する場合には経済的に非効率的な結果をもたらすという主張にそれほど説得力のあるわけではない。労働者の業

務遂行能力を個別評価する費用は極めて高くつくから，使用者に対して年齢指標を代理変数として利用することを禁止しても，彼らはその代替手段として他の代理変数利用に転換するに過ぎない。結果的に，労働者の人的資本に対する過小投資に由来する費用が第三者に転嫁されるのみで，何ら本質的な解決には結びつかない。新たな代理変数の利用によって「不公正に」利益を侵害されるのが誰であれ，労働者は自らに対する人的資本投資のインセンティブが抑制される可能性がある。新たな代理変数は，彼の能力を正確に評価する手段とはならない可能性があるからである（公的教育の欠陥により筆記テストが苦手であるが，労働者としては優秀である人びとを考えてみよう）。新しい代理変数が年齢によるそれと比較して非効率であるならば，使用者の労働費用は増加するから賃金は相対的に引き下げられ，賃金下落の結果として労働者の人的資本投資のインセンティブはさらに縮小すると予測される。年齢差別禁止法による政府の政策介入がなければ，労働者は従来と同様に取り扱われていたと推測できるから，新たな代理変数の採用による新たな統計的差別が生じる蓋然性は高くなる。

　差別に関する代理変数は，統計的差別のために利用される，新たな差別を正当化する口実に過ぎない側面を持っている。使用者にとって，年齢という代理変数が利用できないとしたら，年齢以外の代理変数利用が可能であるとしても労働者の個別評価という高い費用負担が必要になる。この年齢指標という代理変数の使用禁止ルールは，有能な高齢労働者に対する人的資本の過小投資という問題に対しても，労働者の個別評価導入への防衛策である他の代理変数が利用可能である。けれども，現在の問題状況を前提として考えれば，このような防衛策の利用は実務的にはありえないかもしれない。有能な高齢労働者に対する人的資本の過小投資という問題は，これまで重大な問題となった事例があるかという疑問もある。連邦法による規制を除外して考えれば，全ての使用者が労働者の退職ルールについて統一的な人事政策を採用する可能性は極めて少ない。アメリカの歴史を振り返って見ても，使用者が労働者に対して特定年齢での退職を一律に強制した事実はない。有能な労働者たちは，労働者のほんの一部ではあるが，自らの意思により退職時期の選択を行ってきている。これに対して，一般の多くの労働者は，使用者に自らの退職時期を選択させるか，それとも自営業者として独立するかという選択を行ってきたのである。

2 雇用における年齢差別禁止法の社会的影響

　雇用における年齢差別禁止法については，以上に検討してきたように，この連邦制定法を制定する必要性の有無を含めてさまざまな疑問が残っている。この法律はすでに施行されているから，高齢労働者のみならず他の社会集団も含めて，この法律の社会的な影響について注意深く検証してゆく必要がある。最初に注目すべき事実は，この法律の適用範囲と高齢労働者の利害関心との間に不適合が存在する点にある。この法律による強制的な定年退職の禁止は，65歳以前の労働者による自発的退職は極めて少数であるから，65歳以上の高齢労働者の利害関心に焦点を合わせていることは明らかである。この法律による年齢差別の一律禁止規定は，労働者が40歳に到達した時点から機能し始める。私は，この法律の制定以降に派生したさまざまな法的紛争について，自らの裁判事例を含む裁判所の判例動向を調査してきた。私の調査対象となった裁判事例のサンプルである原告は，彼らが強制退職の効力について争った事件も含めているが，原告が65歳以上の高齢労働者であった比率は10％程度に過ぎない。この数値データは，アメリカの総人口に占める65歳以上の高齢者比率よりも少ない。その主たる理由は明らかである。多くの人びとは，65歳以上になったら任意に退職しているのであって，連邦法である雇用における年齢差別禁止法によって保護された結果ではない。この法律は，高齢者をめぐる深刻な雇用環境を切り札として持ち出すことを通じて，情緒的なレトリックを用いた政治的意図のもとに選挙民に「売られた」立法なのである。アメリカ社会では，この法律が制定された1967年当時の高齢労働者は不利益を受けている社会的集団の一員であるとみなされていた。この法律の目的は，高齢者以外の労働者に主要な関心を向けて立案されたことも事実である。以下では，雇用における年齢差別禁止法が高齢労働者の便益の向上を目的とするよりも，むしろ彼らに害悪を及ぼした事実について検証してゆくことにする。

　高齢者たちの所得は，彼らが元気に働いていた期間の所得に大きく依存することは当然である。雇用における年齢差別禁止法は，このような若年時代の労働期間における労働者の所得増加を高齢者の便益として考えている。多元的自己の問題を無視するとしても(便益を受けた高齢者の自己は，雇用における年齢差別禁止法で便益を受けた若年の自己と同一人格ではないかもしれない)，この法律の受益者である高齢労働者は，事前にその費用を負担し

ているから，平均的に見ればネットで便益を得ているわけではない。なお，多元的自己に関する論点は，本章の後半部分で再び議論の対象とする。

(1) 採用に関する事件

　この法律による規制ルールから離れて考えてみると，周知の事実ではあるが，使用者は高齢労働者の採用には消極的な態度をとっている。高齢労働者への職業訓練費用は，彼らの加齢に伴う流動的知能の減退により，若年者と比較すると相対的に高くなる。その一方で，高齢労働者に期待できる労働期間は相対的に短くなるから，訓練のための人的資本投資の期待回収期間も短くなる[15]。雇用における年齢差別禁止法は，高齢労働者の使用者に対する法的権利を多く付与している。このため，使用者に対して高齢者雇用の費用負担を求める結果，むしろ使用者による高齢労働者の雇用回避を強める効果をもたらしている。この法律は，高齢者雇用を抑制するとともに，有能な高齢労働者への人的資本投資の期待回収期間と投資インセンティブを縮減する効果を生み出しているのである。

　この法律は，高齢労働者に対する年齢を理由とする採用差別のみならず，解雇・降格・賃金その他の労働条件についても差別的取扱を禁止している。高齢者の採用差別に限定して考えてみると，労働者は実質的な損害額の立証が困難であるため，その法的権利をめぐる訴訟はほとんど機能していない。この法律では，法的救済手段として損害賠償請求のみならず差止命令も利用可能である。しかし，求人募集で不合格とされた応募者は，彼を採用するよう使用者に義務付ける差止命令で満足するとは考えられない。この場合には，彼は望まれていない企業で雇用される結果で終わるからである。

　高齢者の採用をめぐる訴訟事件では，労働者が実質的な損害額を証明するのは非常に困難である。裁判における原告は，労働者の採用に関する通常の訴訟事件では，従来の賃金よりも高めの金額を予測可能な賃金として請求できる。しかし，高齢労働者の採用に関する事件では，原告の高齢労働者が応

---

[15] 使用者による高齢労働者の採用行動が消極的であるという実証研究については，以下参照。Robert M. Hutchens, "Do Job Opportunities Decline with Age?" 42 *Industrial and Labor Relations Review* 89 (1988). また，高齢労働者の医療ケアの費用も高額になるけれども，雇用における年齢差別禁止法は，使用者に対してその雇用する労働者の賃金・付加給付のパッケージを策定する際に，この費用を考慮に入れることを年齢差別として禁止してはいない。

募した職務の賃金水準が従前のそれよりも少し高い水準であるならば、自分が求人募集での有資格のベスト候補者であった事実を陪審員に証明するという困難に直面する(彼の求人募集での職務に対する希望賃金が2万ドルであれば、ありえない想定であるが、彼が若ければ被告企業は10万ドルのオファーを提供した可能性があることを証明することになる)。これに対して高齢労働者の解雇に関する訴訟では、金銭的な損害賠償をめぐる争点はより大きくなる。解雇された労働者は、損害賠償として企業特殊的な人的資本の回収費用を含む賃金を請求できるから、彼の請求金額は他企業での再就職で得られる賃金よりもずっと大きな金額となりうるのである。とくに、彼が退職年齢に近い場合や新しい技能習得にいまだ柔軟性を保持している場合は、使用者による企業特殊的な技能習得に向けた新規投資価値を考慮に入れて請求することができる。高齢労働者にとって、解雇される前に支払われていた賃金と新しい職務で期待できる低い賃金の差額は、彼の賃金補償請求での損害賠償金額の基礎を提供することになる。

　雇用における年齢差別禁止法をめぐる数多くの訴訟事件において、労働者の採用をめぐる紛争がほとんど含まれていないことは驚くに値しない。これらの訴訟事件のおよそ3分の2は、労働契約の終了(解雇と自発的退職を含む)に関する事件で、残りの大部分が昇進または降格に関する事件である[16]。最近の研究では、裁判外の雇用機会平等委員会(EEOC)への行政救済申立事件では、年齢差別以外の申立事件を除外すると、その87.9%が契約終了に関する事件である。労働者の採用をめぐる救済申立は、わずか8.6%に過ぎない[17]。

16　Michael Schuster and Christopher S. Miller, "An Empirical Assessment of the Age Discrimination in Employment Act," 38 *Industrial and Labor Relations Review* 64, 71 (1984) (tab.3); see also Michael Schuster, Joan A. Kaspin, and Christopher S. Miller, "The Age Discrimination in Employment Act: An Evaluation of Federal and State Enforcement, Employer Compliance and Employee Characteristics: A Final Report to the NRTA-AARP Andrus Foundation" iv (unpublished, School of Management, Syracuse University, June 30, 1987).

17　George Rutherglen, "From Race to Age: The Expanding Scope of Employment Discrimination Law," tab. 5 (University of Virginia Law School, May 1994; forthcoming in *Journal of Legal Studies*, June 1995). なお、雇用における年齢差別禁止法の下で行政救済が認められる当事者は、EEOCに救済申立を提出することができる。このEEOCは、救済申立を行った当事者の利益のために、訴訟を提起する権限が付与されている連邦行政機関である。EEOCが訴訟提起を行わないと決定した場合には、これが通常のケースではあるが、その当事者は自ら

ここで紹介する，雇用における年齢差別禁止法をめぐる訴訟事件についての私の研究は，1993年1月1日から1994年6月30日までの間に確定判決に至った全ての訴訟事件を対象としている。これらの判例のサンプルは，形式的な手続的判断のみを示す判決を除外しているが，ウエスト出版社のコンピュータでデータ・ベース化されたウエストロー（Westlaw）に登載されている全ての事件を対象としている。＜表13.1＞は，その結果を要約したものである。ここでは，年齢差別として訴訟が提起された全ての事件について，その訴訟原因の類型と訴訟の結果を表示している。

この研究が対象とする判例サンプルは，判例集に登載されている訴訟事件に限定されているが，無作為抽出であって代表的な抽出サンプルではない。なお，EEOCは，1993年9月末日までの1年間で年齢差別に関する1万9,884件の行政救済申立を受理している[18]。けれども，EEOCに提出された行政救済の申立事件では，そのごく少数の事件が裁判に移行したに過ぎない[19]。この少数の行政訴訟事件の中で，裁判外の和解や取り下げられた事件以外でも実体審理が行われて判決がウエストローに登載された場合は，この研究のサン

＜表13.1＞ 年齢差別禁止法に対する裁判所での訴訟類型と判決結果(1993年)

訴訟類型	原告勝訴	被告勝訴	原告の勝訴率(%)	類型の構成比(%)
解雇	27	127	17.5	35.8
擬制解雇①	2	26	7.1	6.5
整理解雇②	4	122	3.2	29.3
定年退職	6	4	60.0	2.3
昇格・降格③	1	27	3.6	6.5
採用	2	43	4.4	10.5
その他の差別	7	32	17.9	9.1
合計	49	381	11.4	100.0

注記
① 使用者が労働条件を引き下げたため，労働者がそれを不満として離職した場合を含む。
② 使用者による強制的な労働力削減を意味するが，詳細は本章の後半で説明する。
③ 労働者が昇格されなかったか降格されたため救済申立をした事件を意味する。

の責任において訴訟を提起することになる。また，彼はEEOCに対する行政救済を申し立てることなく，直接裁判所に民事訴訟を提起することもできる。この場合には，EEOCに直接訴訟提起をする旨を通告することが必要とされている。

18 EEOC News Release, Jan. 12, 1994, p.4 (tab.3).
19 しかしここで思い出してほしいが，裁判になったケースはその全てがEEOCへの救済申立によって開始されたものではない。EEOCへの救済申立は，訴訟提起の前提条件ではないからである。

プル対象となっている。結果的に，行政訴訟事件でも他の法的手続に移行した事件はこのサンプルには含まれていない。

この私の研究では，労働者の採用をめぐる紛争はサンプル総数の10.5％に過ぎないから，極めて例外的な紛争類型という意味では他の研究結果とも一致している。結果的に，圧倒的多数のサンプルは，さまざまな契約関係の終了をめぐる紛争類型である。さらに，労働者の採用をめぐる事件では，原告の勝訴したのはわずか2件でその勝訴確率は4.4％に過ぎない。なお，全てのサンプル合計で見ても，原告の勝訴確率は極めて低くて11.4％に過ぎない。この中でも原告の勝訴した事件は，2件の採用をめぐる事件はその例外であるが，その全てが（その他と混合的分類を除いて）契約関係の終了をめぐる紛争類型である。また原告の昇格・降格をめぐる事件では，金銭的賠償が認められた判決は全く存在しない。

この訴訟事件での原告の低い勝訴確率は，労働者が年齢差別を理由に訴訟を提起しても，そのほとんどが「敗者」となる決定的証拠が存在しているわけではない（勝訴確率はゼロではない）。ここでは，以下の二点が重要である。第一に，低い勝訴確率は，相対的に高い損害賠償金額によって補われている。原告が勝訴した場合には高い賠償金額が得られるということは，たとえ勝訴する確率が低くても原告は裁判で争うという選択肢を採用する確率を高くする効果がある。これは，宝くじに賭ける場合と同じである。掛け金の総額が大きくなれば，宝くじの主催者の賭け率も大きくなりその売上も上昇する。第二に，年齢差別訴訟で勝訴した原告は，被告の損害賠償金額に弁護士費用を上乗せして請求することができる。また，原告が敗訴した場合でも，被告の弁護士費用の負担が必要とされるのはその訴訟提起が不真面目（frivolous）であると判断される場合のみに過ぎない。

私の研究では，原告の勝訴確率が低いというこの二つの理由によって，その結論が大きな影響を受けるものではない。私の研究対象とするサンプルでは，29の訴訟事件での原告は衡平法上の救済またはそれに加えて損害賠償が認められており，その平均的な賠償額は25万7,546ドルに達している。この金額は，原告が勝訴できないリスクが極めて高いことを考慮すれば驚くべき金額と言えないかもしれない。結果的に，この対象サンプルでの被告勝訴のケースを加えても，平均的な損害賠償の認容額は1件当たり2万9,360ドルに過ぎない。この金額は，連邦裁判所で最終的に判決が確定した全ての事件での損害賠償金額が予測できる期待値にほぼ相当する。のみならず，これ

らの事件のサンプルの中には，勝訴確率が極めて低い賭けによる挑戦的なものが多く含まれている可能性がある。一般的に言えば，この賭けによる挑戦的な訴訟は，その手続きの途中で和解や取り下げによる決着がなされるよりも，最終的な判決に至る確率が高い傾向があるからである[20]。

原告の勝訴確率がいかに低くても，裁判所が原告を勝訴させる場合には，原告の弁護士に対する充分な報酬額の加算を認める可能性がある。このような高額の報酬が認められなければ，弁護士はリスクを回避するために，特定事件で敗訴するリスクを織り込むための充分なリスク・プールを用意することができない。この結果，全ての事件において原告の勝訴確率がゼロではない一定の確率に基づいて，その平均的な弁護士報酬額が決定されることになる。しかし，裁判所は，損害賠償額の算定に際してその損失リスクを懲罰的な金額まで増加させることなく，実際に必要とされた弁護士報酬のみの賠償を認めているに過ぎない。私の研究対象としたサンプルでは，裁判所が認定した弁護士費用について全ての資料を持っているわけではないが，実際に弁護士費用が認められた10件の平均金額は9万7,449ドルで損害賠償総額の37.8％に相当する。これを全てのサンプルに適用して考えると，予測できる損害賠償としての認容金額（損害賠償額と弁護士費用の合計）は，2万7,466ドルから4万469ドルにまで上昇する。けれども，この金額でも連邦裁判所での全ての民事訴訟事件での損害賠償金額としては，通常期待される平均的な賠償金額に過ぎない。アメリカでは，周知のように，合計すると1億人以上の人びとが労働者として働いており，その半数以上が40歳以上の人びとである。しかし，ウエストローに登載されている判例の件数にEEOCに救済申立がなされている約2万件を加えても極めて少数に過ぎない。これは，調査データが短い期間に限定されているという事情もある。私が研究対象としたこれらのサンプルのデータ結果は，この問題の背景を検討する際には極めて示唆的である。

労働者の採用に関する損害賠償事件は，労働契約の終了に関するそれと比較すると，その平均賠償額はかなり低額であると予測できる。私のサンプルでの採用に関する事件は1件のみであるが損害賠償認容額は6万3,000ドルで，損害賠償が認容された事件での平均的な賠償額をかなり下回っている。この事件では，原告は2倍の懲罰的な損害賠償を請求していたが，年齢

20　Richard A. Posner, *Economic Analysis of Law* 556 (4th ed. 1992).

差別が意図的であったか否かについて再度判断するために原審に差し戻す旨の判決が下されている。かりに，原告の主張する2倍の損害賠償が認められれば，その賠償額は12万6,000ドルに相当する。また，他の原告が勝訴した採用事件では損害賠償金額は明らかにされていないが，この事件と同じ賠償額が認められていると仮定して，私の研究対象である採用をめぐるサンプルについて比較検討してみよう。この労働者の採用をめぐる訴訟のサンプルでは，43件で原告は敗訴しているから，この訴訟類型における期待的な損害賠償額の平均では5,689ドルに過ぎない。年齢差別禁止をめぐる訴訟では，労働者の採用をめぐる訴訟事件が極めて少数であることは驚くに値しない。私の推測では，原告となった人びとは，経験の少ない弁護士に依頼した可能性が高いように思われる。経験を積んだベテラン弁護士は，勝訴確率が低い事件や勝訴しても高い賠償金額が期待できない事件では，連邦裁判所での訴訟を引き受けることはほとんどありえない。このような訴訟では，必要とされる期待費用が期待便益を上回る可能性があるからである。このような因果関係は，逆転する状況もありうる。つまり，採用をめぐる訴訟の原告が敗訴するのは，彼らが経験の少ない弁護士に依頼したからだという説明になる。しかし，実際にはこのような事実もありえない。経験の豊かな弁護士でも，特定の訴訟で勝訴できるならば，その類型の訴訟を積極的に引き受ける可能性が高いからである。

　労働者の採用に関する事件と比較して労働者の契約関係の終了に関する事件が多いのは，何も年齢差別に関する訴訟のみに特有の現象ではない[21]。労働者の採用に関する事件の潜在的な損害賠償額と雇用事件におけるそれとを区別する決定的な特徴は，企業特殊的な人的資本の存在の有無に深く関係している。この相違は，差別の存否という原告の主張との関係でも本質的には相互関連性はない。けれども，原告が高齢労働者であった場合には，若年者よりも人的資本を多く蓄積しているから，解雇事件での損害賠償金額にはその影響が強く現れる。雇用における年齢差別禁止法を支持する研究者たちが指摘する重要な論点は，差別から保護されるべき高齢者集団のメンバーは，解雇事件の原告にはなるが採用事件の原告となる確率は低いという傾向に批判の目を向けている。彼らは，使用者に高齢労働者を採用するインセンティ

21　John J. Donohue III and Peter Siegelman, "The Changing Nature of Employment Discrimination Litigation," 43 *Stanford Law Review* 983, 1015 (1991).

ブが働いていないと主張しているのである[22]。

(2) 整理解雇(その他の解雇も含む)に関する事件

　雇用における年齢差別事件では，すでに述べたように，労働者が解雇された場合には損害賠償その他の救済措置が受けられる可能性が大きくなる。しかし，労働者の解雇事件の場合でも，その全てにおいて損害賠償が認められるわけではない。私が知っている限りでも，使用者側は必ずしも認めてきたわけではないが，この問題には人的資本理論をめぐる課題が深く関わっている。労働者の賃金水準は，すでに第3章で指摘したように，企業特殊的な人的資本を保有する労働者の業務遂行能力に関する価値を反映しており，その人的資本に対する「使用者の」価値判断によって賃金評価がなされることになる。一般的な人的資本は，他の企業でも利用できる経済的価値を持っているから，使用者による投資のみならず労働者自身も賃金の一部を支出して費用負担することも当然にありうる。使用者は，人的資本を保有する労働者を他の企業に高賃金で引き抜かれる場合には代償を受けとれないから，一般的な人的資本投資の費用を全く負担しないこともありうる。これに対して労働者の企業特殊的な人的資本に対しては，使用者は少なくともその一部または全部の費用負担をすることが多い。労働者にとっては，その定義から当然ではあるが，他の企業からの人的資本投資の費用回収が全く期待できないからである。労働者に対する人的資本投資への使用者の負担が大きくなれば，労働者の転職率は低くなるから(彼らは相対的に高賃金である)，使用者はその投資から生じる便益を享受できる確率が高くなる[23]。

　この分析結果は，年齢差別に関する解雇事件では，使用者が労働者に支払った賃金差額の一部を損害賠償額から控除可能であることを意味している。つまり，労働者が転職する際に最も有利な雇用条件よりも転職先の賃金が低い場合には，その差額が従前の使用者による企業特殊的人的資本の回収費用に相当するという説明になる。使用者は，労働者の退職によって投資した人的資本を失う結果となる。けれども，使用者はその損失を費用として二重に負担する必要はない。使用者の最初の費用負担は，労働者に対する人的

22　Id. at 1024.
23　Gary S. Becker, *Human Capital: A Theoretical and Empirical Analysis, with Specific Reference to Education* 33-49 (3d ed. 1993).

資本投資を損金として会計処理できる。二度目のそれは，その労働者の人的資本損失分を損害賠償として支払うことで，人的資本投資を「買い戻す」ことを強制されるのである。

　この議論は，適切かつ健全なものと解釈できるが，多くの人びとにとっては聞きなれない議論かもしれない。また，この議論を理解するために必要な人的資本の会計処理に関する費用計算も相当に複雑で，裁判所に対して民事訴訟での請求は困難であると主張する人びとがいる可能性もある。しかし，この議論は，雇用における年齢差別禁止法の効果の正確な評価のために極めて重要な論点である。使用者は，法的義務とは無関係に自らのインセンティブとして，代替労働者の採用が可能であっても有能な労働者を年齢のみで解雇したいと思ってはいない。使用者は，労働者の人的資本に投資しているから，その労働者の生産性が維持されている限り費用回収のために雇用継続したいと考えているのである。

　この分析によれば，雇用における年齢差別禁止法が個人としての労働者に対する年齢差別を禁止していると解釈する限りでは，年齢指標で分類された労働者集団に対する差別(詳細は，強制的定年退職による差別について後述する)の問題とは明確に区別できることを示唆している。この法律は，ERISAと同様の意味において，法的影響力をほとんど持ちえないのかもしれない。この法律による高齢労働者への差別禁止ルールは，使用者による権利濫用の抑制を目的としているが，少なくとも私的市場では権利濫用とみなされる差別は極めて稀にしか生じない現象である。その理由は，ERISAと同様に，使用者に対して権利濫用を抑制する市場機能が作用するからである。この場合の「少なくとも私的市場では」という限定は，極めて重要な意味を伴っている前提条件である。雇用における年齢差別禁止法は，政府その他の公的雇用関係のみならず，カレッジ・大学・財団その他の非営利組織の使用者にも適用される。この公的機関や非営利組織の使用者は，以下の二つの理由により，民間営利組織の使用者と比較すると差別的であると推測できる。一つの理由は，彼らが労働費用を最小化する市場の圧力に直面する場面が少ないという理由である。もう一つは，彼らに利益追求の抑制を促す結果として，金銭的所得に替えて非金銭的所得を追求するインセンティブを付与するからである。この非金銭的所得の一部には，好悪の差別感情を含む，望ま

しくない人びととの交際の回避行動が含まれる[24]。私の研究では，この種の訴訟事件の総計は256のサンプルが存在するが，その23％は政府機関に対して，また7.7％は非営利組織に対して訴訟提起されている。この二類型での訴訟提起比率は，その雇用する労働者比率を著しく上回っていることは明らかである。

この問題は，これまでの分析結果を踏まえて，以下のように整理することができる。雇用における年齢差別禁止法は，使用者が企業特殊的な人的資本投資を行ってきた労働者に対する年齢差別訴訟については，少なくとも民間企業に関する限りではほとんど機能しないように思われる。その一方で，民間企業以外の公的部門や非営利組織での労働者に対する年齢差別訴訟に関しては，少なくとも求職活動を行っている高齢労働者の採用差別に関する限りでは，この連邦法によって救済を実現することはほとんど不可能である。これらの原告たちは，裁判所に年齢差別訴訟を提起する実質的な価値を見出せないからである。この法律の非効率な特徴を示す証拠は，＜表13.1＞で示したように，年齢差別に関する訴訟での原告の勝訴確率の異常な低さにある。この低い勝訴確率は，1991年の公民権法改正以前の他の雇用差別禁止類型での原告の勝訴確率と比べても異常ともいうべき低さである。年齢差別訴訟での原告は，事件が陪審審理に付された場合には陪審員になる資格を持っている人びとである。しかし，実際には陪審審理に付された事件はほとんど存在しない。私の調査対象サンプルでは，陪審評決に至った事件は全体の20％であるが，原告が勝訴した事件はその47.7％に過ぎない。また，全体の74.7％の事件は略式手続で訴訟が終結しているが，これは実体審理に付する充分な争点が含まれていないと判断されたことを意味している。結果的に，これらの事件を含めると，原告の勝訴確率はわずか1.6％に過ぎない[25]。

(3) 雇用における年齢差別禁止訴訟で原告が敗訴する理由

雇用における年齢差別禁止法が制定された1967年当時，多くの使用者は無自覚なままに公然と年齢差別(主として統計的差別)を行っていた。実際

---

24 See Armen A. Alchian and Reuben A. Kessel, "Competition, Monopoly, and the Pursuit of Money," in *Aspects of Labor Economics* 157 (National Bureau of Economic Research 1962); Posner, note 20 above at 350, 652-653.

25 ここでは，20％と74.7％を合計しても94.7％にしかならない。残りの事件は，判決手続以外の手続形態で処理されたことを意味している。

に，年齢差別は違法行為であるという認識が浸透したのは，その後しばらく時間が経ってからである。この時期以降，企業で人事管理政策の決定権限を行使する人事担当者は，従来の年齢差別を継続するならばその事実を秘匿する必要があると判断するようになった。彼らは，その後の数年間には，時おり年齢差別に関する「決定的な(smoking gun)」証拠を軽率に示すこともあった。けれども，使用者たちは「年老いた犬に新しい芸を仕込むのは不可能である[26]」という言説に代表される決定的証拠は，現在では人事管理部門からほとんど完全に追放することに成功している[27]。私の調査サンプルでも，年齢差別禁止訴訟では，原告が勝訴することが次第に困難になっている事実を証明することができる。この調査サンプルでは，原告の勝訴確率は11.4%であるが，別のシュスターの研究によるサンプルでは32%と相対的に勝訴確率が高くなっている。彼の調査サンプルは，1968年(雇用における年齢差別禁止法が制定された最初の年)から1986年までの判決から抽出されている[28]。けれども，私のサンプルでの勝訴確率と彼のそれとの間の相違は，少なくとも部分的には両者の研究アプローチ手法の相違を反映しているように思われる。

現在では，訴訟事件において年齢差別に関する決定的証拠が示されなくなっているために，能力的に同等な若年者が有利に扱われているという実質的証拠を原告側が提示することが困難になっている。現代の労働現場では，

---

26 あるいは，「年老いた犬を狩猟に使うな」という表現も，以下の事件における決定的証拠として使用されている。Siegel v. Alpha Wire Corp. 894 F.2d 50, 53 (3d Cir. 1990).

27 「『全ての管理職種の立場に立つ人びとが年齢について言及する場合には，たとえ私的な会話であったとしても，(年齢差別禁止訴訟における)われわれの企業の立場に否定的な影響を及ぼす事実を自覚する』ということが重要である」。Robert A. Snyder and Billie Brandon, "Riding the Third Wave: Staying on Top of ADEA Complaints," *Personnel Administratior*, Feb. 1983, pp. 41, 45 (emphasis in original).

28 前掲の注16を参照。なお，私の調査サンプルにおける原告の勝訴確率は，全ての雇用差別事件(雇用上の年齢差別事件において人種的・民族的・性的差別も合わせて主張された事件を含む)における原告の約半数に過ぎない。See John. J. Donohue Ⅲ and Peter Siegelman, "Law and Macroeconomics: Employment Discrimination Litigation over the Business Cycle," 66 *Southern California Law Review* 709, 756 (1993) (fig. 4); Theodore Eisenberg, "Litigation Models and Trial Outcomes in Civil Rights and Prisoner Cases," 77 *Georgetown Law Journal* 1567, 1578 (1989).これらの研究は，年齢差別に関するシュスターの研究と同様に，私の研究と比較すると早めの時期(1977年から1988年)を対象としているために，厳密な意味での私の研究との比較は困難である。

単純な肉体労働分野を別にすれば，労働者の業務遂行レベルの評価は無形の知的労働価値の評価を意味するから，その証拠を提示すること自体が実際には困難である。また，単純労働分野では，訴訟提起に必要とされる費用と不確実性に見合った高い損害賠償金額を見積もることが困難である。単純労働分野は，一般的なものであれ特殊的なものであれ人的資本投資をほとんど必要としないから，結果的に（おそらく理由の一部はそれである）低賃金の労働分野となっているのである。

民間企業でも，高齢労働者を排除したいと考える場合には，同時に若年労働者も一緒に解雇すれば違法と評価されることなく無事に目的を達成することができる。これは，民間企業が採用する最も普通のやり方である，という噂が聞こえてくるほどに一般化している方法である。この方法は，若年労働者の転職率が高いことに加えて，彼らには企業特殊的な人的資本を多く投資していないから（若年労働者の転職率が高い本質的な理由である），企業にとって最も損失が少ない安易な手法として一般化しているのである。けれども，社会的な評判を気にする民間企業は，このマキャベリ主義的手法は世間体が少し気に掛かるので，多くの有名企業はそのような露骨なやり方を抑制している。これらの企業が採用する「人員整理政策(RIF: reduction in force)」は，この一般的手法に代替する政策である。この人員整理政策の犠牲者は，年齢差別事件でも数多くの救済を申し立てているがその結果はかなり悲惨である。この結果は，＜表13.1＞で見たように，採用差別のケースと比較しても一層みじめな帰結となっている（少し後に詳細に検討する）。

労働者が年齢差別訴訟で勝利することが困難であるもう一つの理由は，高齢労働者が相対的に高額の賃金と付加給付のパッケージを受けているという意味では，企業にとって若年労働者より高い費用負担が必要であるという事情がある。高齢労働者の雇用に高い費用負担が発生することは，彼らの人件費負担とは明確に区別できるような，企業にとって彼らの年齢を理由とする解雇の正当性の立証を困難とする。高齢労働者の相対的に高い賃金は，彼らの職務経験の蓄積ゆえにその生産性が相対的に高いのかもしれない。あるいは，彼らに労働生活の最後の機会を無駄にしないように，あるいは従来の無駄のない仕事ぶりに対する見返りという意味で（第12章で説明した企業年金の契約理論に基づく年金給付に類似している），使用者は彼らに高い賃金を支払っているのかもしれない。彼らの生産性が相対的に高いことが事実ならば，安い賃金で生産性の低い若年労働者と比べて高齢労働者の高賃金を一方

的に非難することはできない。高齢労働者が受取っている賃金が「効率的」な賃金であるならば、労働契約で約定された賃金額による正当な便益を受けているに過ぎないのかもしれない。この効率的な賃金とは、労働者が真面目に仕事をするという約束に従ってその業務遂行を刺激・奨励するために、若年労働者は安い賃金で働いてその見返りとして高齢労働者が報酬増加分を受け取るという、「長期的な債権契約」を黙示的に締結していることを意味している。けれども、多くの裁判所は、高齢労働者が実際に「超過的な」賃金を受け取ってはいないという主張を理解できず、使用者が労働契約に違反していると判断しがちである。裁判所が理解できることは、使用者が高齢労働者を解雇する理由は、年齢とは無関係に彼らの費用負担が相対的に高いという理由のみである。

多くの裁判所は、この問題を処理する際に、年齢と賃金には正の相関関係があるという認識の下で、賃金差額を基礎として年齢指標での「差別」を判断する傾向がある。けれども、企業にとって高齢労働者の費用負担を合理的な理由に基づいて抑制するために、彼らの賃金が市場レベルでの水準を超過している事実のみで証明することは困難である。最高裁判所もまた、このような年齢差別に関する立証アプローチを拒否している[29]。

この問題に関する私の分析アプローチは、原告が年齢差別訴訟に際して、年齢に関する判断基準のみで勝訴する確率を高めることができない理由を示唆することにある。使用者側からみれば、高齢労働者はその年齢が理由ではなく業務遂行能力が低いとか高い費用負担が必要であるという理由で解雇したという、もっともらしい説明を容易に創りだせる存在である。原告である高齢労働者の側から言えば、被告企業での彼の勤務期間の長さは訴訟で勝利する確率を高める判断基準とすることも可能である。この主張は、彼に投資された企業特殊的な人的資本総額をその代理変数として利用する方法である。結果的に、原告である高齢労働者の勤務期間の長さは損害賠償金額に反映され、彼の代理人となる有能な弁護士を惹きつけるに充分な請求金額を期待できる訴訟を実現させる。原告が請求できる損害賠償額が大きくなれば、

---

29 Hazen Paper Co. v. Biggins, 113 S. Ct. 1701 (1993). この判決で採用された法解釈は、その後の下級審においても支持されている。Anderson v. Baxter Healthcare Corp., 13 F. 3d 1120, 1125-26 (7th Cir. 1994) (see also Hamilton v. Grocers Supply Co., 986 F. 2d 97 [5th Cir. 1993]); although Schwab, note 1 above, at 45 and n. 148. しかし、このような解釈が正しいか否かは明確にされているわけではない。

被告である企業側の損失金額も相対的に大きくなる。このため被告企業は，その訴訟での勝敗をめぐる配当金を多くするためにより積極的な訴訟戦略を採用するように変化する。このような年齢差別訴訟には，二重の意味での非対称性が存在する。第一は，潜在的な原告となる労働者が企業に対して訴訟を提起するという威嚇の信頼性を確保するために，訴訟によって獲得できる期待的損害賠償額にはある種の閾値が存在するという事実である。第二のより興味深い問題は，年齢差別訴訟においては，原告が勝訴する以上に被告企業が敗訴することによって失うものが多いという事実がある。なぜなら，原告労働者が裁判で勝訴するならば，被告企業に対する他の労働者による訴訟という誘発効果を惹き起こすからである[30]。この訴訟の勝敗による影響の非対称性が大きくなると，当事者の勝敗をめぐる配当金の金額も非対称的であるから，訴訟での金銭的な賭け金が少ない事件でも訴訟提起がなされる蓋然的確率が大きくなる。結果的に，原告にとって損害賠償金額の少ない訴訟では，それが大きい訴訟と比較すると勝訴確率が低くなる。損害賠償金額の少ない訴訟では，勝訴した場合でも期待できる損害賠償金額が小さいから，原告は優秀な弁護士に依頼することができない。その一方で，被告企業は訴訟で敗訴した場合には同様の訴訟に将来直面する確率が高くなるから，優秀な弁護士に高い報酬を支払って依頼する傾向が現れる。

　この損害賠償訴訟での労働者と使用者の間における非対称的な関係は，他の差別をめぐる訴訟事件と同様に，年齢差別をめぐる事件処理での弁護士費用の「一方通行的」な転嫁（勝訴した原告は弁護士費用を損害賠償金額に上乗せできるが，被告が勝訴した場合には弁護士費用の転嫁を認めない）を正当化する根拠とされている。けれども，裁判所の懲罰的な損害賠償に対する否定的態度を考慮に入れると，弁護士費用の一方通行的な転嫁によって当事者間の非対称性が排除される可能性は少ないように思われる。

　加齢に伴う高齢者の能力減退について考察することは，雇用における年齢差別禁止法と障害を持つアメリカ人法（Americans with Disability Act: ADA）[31]の間での相互関係を考えるためにも重要な意味を持っている。けれども，この問題に関しては，いまだ裁判所での具体的な訴訟事件を通じて判決が下された事例は存在しない。その背景には，障害を持つアメリカ人法が1990年

30　As noted in Rutherglen, note 17 above, at 27-28.
31　42 U.S.C. §§ 12101 *et seq.*

に制定された最近の立法であり、またその雇用に関する規定は1994年7月までその完全施行が猶予されているという事情もある。この法律における高齢者に関する規定の趣旨は明瞭であって、高齢者はその年齢のみによって障害者とみなされないと規定している[32]。けれども、高齢者が加齢に伴って慢性疾患や障害状態に陥るという特徴は、彼らの老衰・認知障害・意欲喪失・視覚障害・聴覚障害などの生理的現象として表れる[33]。このような状況の下で、使用者は、高齢労働者を職場で雇用継続するために、労働者相互間での利害関係の調整を余儀なくされる。使用者は、たとえば脳性麻痺・視覚障害などの従来型の障害に悩む労働者に対処する場合と同様に、高齢労働者にも同様な方法で対処する可能性がある。障害を持つアメリカ人法は、使用者の期待する業務遂行が可能な障害を持つ労働者に対して、単に差別を禁止する立法ではない（結果的に障害の概念や障害に関する定義は明確にされていない）。この法律は、障害を持つ労働者に対して使用者に「合理的措置 (reasonable accommodation)」を義務付けている[34]。このため使用者は、加齢に伴って歩行困難になった高齢労働者に対処する場合でも、軽易・短時間・低位の業務遂行レベルでの合理的措置を義務付けられる可能性がある。この法律は、「合理的措置は、…職務の再編成を含む」と規定しているからである[35]。障害を持つアメリカ人法は、雇用における年齢差別禁止法が機能不全であったのに対して、高齢労働者にも合理的措置としての実質的な支援を提供することに成功する可能性もある。けれども、この法律への期待を語るには、いまだ時期尚早というべきかもしれない。

(4) **早期退職優遇措置**

　雇用における年齢差別禁止法の最も重要な側面は、その外見から評価すると、多くの訴訟を頻発することなしにある程度の機能を果たしてきた点に求

---

[32]　S. Rep. No. 116, 101st Cong., 1st Sess. 22 (1989).
[33]　「障害」という概念は、「個人（障害を持った）の主要な生活レベルの活動を一つまたはそれ以上にわたって実質的に制約する、身体的ないし精神的な機能障害 (impairment)」と広く定義されている。42 U.S.C. § 12102 (2) (A).
[34]　42 U.S.C. § 12112 (b) (5) (A).
[35]　42 U.S.C. § 12111 (9) (B). See generally Daniel B. Frier, Comment, "Age Discrimination and the ADA: How the ADA May Be Used to Arm Older Americans against Age Discrimination by Employers Who Would Otherwise Escape Liability under the ADEA," 66 *Temple Law Review* 173 (1993).

められる。その具体例として，強制的な定年退職制度に対する規制機能がある。強制的な定年退職という慣行の存在は実際に否定できないが，訴訟を通じてこの慣行を根絶できるか否かには疑問の余地がある。前述した私の調査サンプルでは，強制的な定年退職に関する10件の訴訟で原告が勝訴したのは6件であり，他のカテゴリーと比較すると極めて高い勝訴確率となっている。この意味では，この法律は確かに効果的な役割を果たしているように見える。

　しかし，この結論を示すのは早過ぎるかもしれない。使用者は，この法律に違反せずにまた高い費用負担もなしに，労働者に早期退職優遇（early-retirement benefits）プログラムを提供することで企業の労働力構成を操作する人事管理手段を開発しているからである[36]。これらの早期退職優遇プログラムの提供は，二重の意味で費用を抑制する効果がある。第一に，早期退職優遇プログラムは，特定の時期に労働者が権利行使できることは魅力的であるから，賃金や付加的給付に連動する報酬パッケージとして機能する。つまり，早期退職優遇プログラムの価値は，いささか不明瞭ではあるが，企業による付加給付の一種である医療保険や生命保険と同様に評価することができる。また，早期退職優遇プログラムに伴う価値は，労働者の健康や生存期間に強く依存しているから，事前に何らかの方法でその価値を知ることは不可能である。早期退職優遇プログラムの最大の効果は，使用者による賃金その他の付加給付の費用負担を実質的に抑制する効果にある。

　使用者は，労働者に寛大な早期退職優遇プログラムを提供するために，実

36　Michael C. Harper, "Age-Based Exit Incentive, Coercion, and the Perspective Waiver of ADEA Rights: The Failure of the Older Workers Benefit Protection Act," 79 *Virginia Law Review* 1271, 1278-1279 (1993).早期退職優遇プログラムは，労働力の平均年齢を引き下げる効果を持っていることの証拠については，以下参照。Laurence J. Kotlikoff and David A. Wise, *The Wage Carrot and the Pension Stick: Retirement Benefits and Labor Force Participation* (1989); James H. Stock and David A. Wise, "Pensions, the Option Value of Work, and Retirement," 58 *Econometrica* 1151 (1990); Rebecca A. Luzadis and Olivia S. Mitchell, "Explaining Pension Dynamics," 26 *Journal of Human Resources* 679 (1991); Robert M. Lumsdaine, James H. Stock, and David A. Wise, "Pension Plan Provisiona and Retirement Men and Women, Medicare, and Models," in *Studies in the Economics of Aging* 183 (David A. Wise, ed., 1994).また，使用者の早期退職優遇プログラムの提供が強制的な定年退職に対する法的規制を「回避する」という証拠については，以下参照。Edward P. Lazear, "Pensions as Severance Pay," in *Financial Aspects of the United States Pension System* 57, 82-84 (Zvi Bodie and John B. Shoven, eds., 1983).

質的には賃金水準を低下させることで財源を確保しているという指摘は真実である。使用者は，早期退職優遇プログラムの導入により，金銭所得よりも余暇に高い価値を見出す労働者の退職を誘導することができる[37]。使用者は実際には，余暇よりも勤勉な職業倫理を選好する労働者を評価しているのかもしれない。けれども，使用者がこの早期退職優遇プログラムを導入すると，労働者の年齢構成に及ぼすその影響力は低下する可能性がある。

　第二に，使用者による早期退職優遇プログラムの導入は，ネットでの費用負担を抑制する効果として，労働者による早期退職の拒絶というリスクを回避する効果がある。使用者による経費節減のための早期退職優遇プログラムという提案は，大きな反響を呼んで多くの労働者の応募を呼び込む必要はない。使用者による早期退職優遇その他の付加給付のパッケージの提供は，本来の意味での付加給付プログラムではなく，年齢差別禁止という法的規制の回避手段に過ぎないことを証明するのは困難である。年齢差別禁止訴訟でのこのような労働者の主張は，その立証が容易ではないことは確かである。使用者は，早期退職優遇プログラムの提案を拒否した労働者に対しては，その時期より以降に退職する労働者に低い付加給付を提示することでその制裁効果を示すことができる[38]。さらに，使用者は早期退職優遇プログラムの提案の受け入れを拒否した労働者に対して，通常の退職年齢まで雇用を保障する義務はない。この使用者の提案は，それを拒否する労働者の側にも相当に大きなリスクがあることを意味している。早期退職優遇プログラムを提案する使用者は，労働者の人員削減もしくは労働者の平均年齢の抑制という意図を持っている。労働者の多くがこの提案を受け入れない場合，あるいは彼らがそれを受け入れた場合でも，使用者は労働力構成を変更する別の戦略的手段を選択することが可能である。多くの労働者はこの事実をよく知っているから，現時点でこの提案を拒否したとしても，次の機会には解雇ないし

37　その実証的な証拠については，以下参照。Olivia S. Mitchell and Gary S. Fields, "The Economics of Retirement Behavior," 2 *Journal of Labor Economics* 84, 103 (1984).

38　Public Employees Retirement System v. Betts, 492 U.S. 158 (1989). このベッツ事件は，雇用における年齢差別禁止法での真正の付加給付プランへの適用除外に関する条項が問題となった。この条項は，高齢労働者に対する付加給付保護法(Older Workers Benefit Protection Act, Pub. L. No. 101-433, 104 Stat. 978 (1990))によって若干の修正を受けている。しかし，使用者は早期退職優遇プログラムを受け入れない労働者に対しては，その付加給付を支給しないという大きな裁量権を保持しているのである。Harper, note 36 above, at 1309-1321.

レイオフされる可能性があると考える。労働者の多くは，このような状況に陥った場合には，年齢差別を理由に行政救済を求めるとか裁判で損害賠償を請求することは実質的に困難であることも理解している。彼らは，使用者が経営上のやむを得ない必要性による人員整理という抗弁を主張できるからである。この状況において，労働者が同一の賃金水準で新たな企業に転職することも，賃金水準が企業特殊的な人的資本への見返り報酬部分を含んでいる場合には困難である。私は，高齢労働者の求職活動の困難性について繰り返し言及してきた。ここでは，工場の閉鎖・移転によって惹き起こされる状況について，高齢労働者の失業期間が若年労働者のそれよりも長期にわたる証拠の存在を示唆することができる。このような高齢労働者は，とくに企業年金の支給基準として設定されている相対的に高額な指定留保賃金（reservation wage）に達している場合には，その賃金水準に相当する他企業への転職機会はほとんど絶望的な状況にある[39]。

　早期退職優遇プログラムに従って退職した労働者は，求職者市場において手酷い扱いに直面する。一般的に言えば，早期「退職」というのは誤解を与える表現である。早期退職プログラムに伴う付加給付は，退職後に安楽な余生を過ごすに充分な金額とは言えないからである。けれども，使用者の提案を拒否した後に解雇される労働者は，早期退職に伴う優遇プログラムという緩衝材を失うだけではない。この緩衝材は，少なくとも労働者の余暇や求職活動のための財源の一部となりうる。けれども，彼はこの緩衝材を失うことに加えて，労働契約の非自発的な解除という憂き目にあう可能性が増加するのである。

　早期優遇に伴う退職勧告を拒否した労働者が直面するリスクは，弁護士による使用者への以下のような助言活動の実例によって説明することができる。

　「多くの企業は，以下の二つの局面に遭遇したときに，いわゆる『人員整理』を実施する。第一の局面は，労働者に対する任意の退職プログラムの段階である。この局面では，企業は通常の退職年齢に該当しない労働者に対して，早期退職その他の任意的離職を促すインセンティブを提供する。第二の局面は，労働者に対する非任意的な雇用契約を終了させる人員整理計画の実

39　Douglas A. Love and William D. Torrence, "The Impact of Worker Age on Unemployment and Earnings after Plant Closings," 44 *Journal of Gerontology* S190 (1989).

施段階である。この局面では，特定の職種・職務部門の廃止や業務運営の改善あるいはその両者の連携に焦点を合わせて，統一的な人員整理計画を策定しなければならない。そのために企業経営者は，それぞれの局面に適合する企業経営戦略と法の適用関係を詳細に検討するための統括会議を設置しなければならない[40]」。

　この弁護士による助言活動によれば，第一の局面での使用者による勧告に従わずに早期退職を選択しない労働者は，第二の局面での非任意的な雇用契約の終了という人員整理計画の対象者となることを示唆している。この労働者は，これまた当然のことながら，年齢差別という主張の法的根拠を持てないままに，別の使用者の下での仕事探しの旅に放逐される。ここでは，前述の＜表13.1＞を思い出してみよう。この調査サンプルとなった訴訟事件では，人員整理の対象者となった84人の原告の中でわずか2人しか勝訴していない[41]。この人員整理に関する訴訟事件での勝訴確率の低さは，あまりに低すぎるので，前述第4章の＜数式4.2＞では無視できると考えている。ここでは，早期退職を拒否した労働者が労働関係を継続することで得られる年間所得の割引率をI_pとしてみよう。このI_pは，彼が実際に受給できる年間所得に対して，実質的には1よりも低い割引率を掛けたものとなる。彼の年間所得であるI_pは，現在の使用者からであれ将来の使用者からであれ，その退職年齢までの年数を考慮に入れてその所得総額の割引率を推計したものである。この結果，I_pの低下率（現実的に表現すれば，彼が雇用継続される確率をkとして$0<k<1$であればkI_pとなる）が高くなれば，労働者が早期退職を選択するインセンティブは大きくなることを意味している。

　この分析結果によれば，使用者による高齢労働者に対する人事管理政策は，高齢労働者に対する公然たる年齢差別的な政策から彼らに早期退職を選択するインセンティブの増加政策へと，時系列的にその費用負担を変化させてきたことを示唆している。この使用者による年齢差別に類似する早期退職優遇プログラムは，使用者の提案を受け入れる労働者の人数を増加させると

40　Michael R. Zeller and Michael F. Mooney, "Legally Reducing Work Forces in a Recessionary Economy," *Human Resources Professional*, Spring 1992, pp. 14, 15.

41　別の証拠として，人員整理の犠牲者となった原告は，年齢差別に関する訴訟でもほとんど勝訴していない。See Christopher S. Miller, Joan A. Kaspin, and Michael H. Schuster, "The Impact of Performance Appraisal Methods on Discrimination in Employment Act Cases," 43 *Personnel Psychology* 555, 568 (1990).

ともに，少ない費用で早期退職を受け入れる対象労働者数を絞り込む役割も果たしてきた。使用者は，年齢指標を用いた労働者差別による便益と雇用における年齢差別禁止法違反で生じる損害賠償の期待費用を比較衡量するという合理的計算に基づいて対処している。すでに見てきたように，この対処方法には実質的な相違は存在しない。しかし，実質的相違が存在しないと言っても，全ての使用者がこの戦略を採用するわけではない。使用者は，合理的計算で労働者を無慈悲に取り扱うという悪い評判を生む費用負担が生じるから，その戦略的行動を採用しない可能性もある。使用者は，労働者を無慈悲に取り扱うならば，結果的に高い賃金を支払うという負担を余儀なくされるからである。

　使用者が法的規制を回避したいと思っている場合でも，あるいは人員整理での第二の局面（非自発的な契約関係の終了）へ移行する以前の段階でも，労働者は早期退職を拒否することで相当のリスクを負担する。使用者は，早期退職に応じる労働者が少ない場合には，当初の意図に反して強制的な人員整理に踏み切る可能性があるからである。この強制的な人員整理は，高齢労働者のみならず若年労働者にも無差別に適用されるならば，早期退職を拒否した全ての労働者が人員整理の対象となる。高齢労働者は，早期退職を受諾した場合よりも条件が悪化して，新たな転職機会を見出すことも困難となる。この事実を熟知している高齢労働者は，若年労働者と比べると早期退職を受諾するインセンティブが強く働く可能性がある。使用者による高齢労働者の早期退職への誘導戦略は，その効果が不充分であれば人員整理に踏み切ることが前提になっている。この使用者の戦略手順は，企業合併市場での二段階の買収申込の手続に似ている。企業合併をめぐる市場では，合併対象とされた企業の株主は，第一段階での買収者からの比較的寛大な申込を拒絶した場合，第二段階でより厳しい申込条件に変化することを覚悟する必要がある。

　使用者による早期退職優遇プログラムの提案は，労働者の年齢構成を調整するという観点から考えると必ずしも万能薬ではない。使用者は，連邦法による強制的な定年退職制度の禁止という事態を想定していなければ，早期退職優遇プログラムと引き換えにその法的責任を労働者に「転嫁」する（賃金・付加給付を切り下げる）ことが困難になる。使用者はまた，どのような労働者が何人程度まで早期退職プログラムを受け入れるか事前に確認することも困難である。使用者は，労働者の早期退職率を過小評価していた場合や，企業経営に必要不可欠な人材が早期退職に応募した場合には，早期退職

優遇プログラムで退職した労働者の空席を補充する再度の費用負担を覚悟しなければならない[42]。ここでは,「どのような」労働者という問題と,「何人の」という問題とを区別して取り扱う必要がある。使用者による早期退職優遇プログラムが気前の良いものであれば,労働力の質的構成が望ましくない方向に変動する可能性がある。けれども,使用者がこのような事態が派生するか否かを事前に確認することが困難である。この早期退職優遇プログラムに飛びつく労働者の大部分は,優良な転職機会の展望を持っている労働者である確率が高い。彼らは,転職後の新しい職場での仕事で得られる所得は,前の職場で得られた早期退職優遇プログラムの追加的所得に過ぎない。彼らは,その企業での適応力や活力にあふれた最良の労働者である可能性が大きい。使用者には,彼らに再度の職場復帰を懇望する手段も残されている。けれども,この使用者の努力は彼らに自身の価値を再認識させるから,その職場復帰の前提は相対的に高賃金や好条件となるだろう。この早期退職優遇プログラムの対象労働者は,以下の三つの労働者集団で構成されていると想定できる。第一の集団は,早期退職優遇プログラムによる退職を拒否したら,その直後に非自発的な解雇を宣告される可能性がある,一般的に業務遂行能力レベルの低い労働者たちである。第二の集団は,余暇に高い価値を見出す労働者で,使用者である企業に対する忠誠心が相対的に少なく,業務遂行でも熱心とは言えない労働者たちである。第三の集団は,比較的に見ると高齢の労働者たちであるが,解雇される恐れを強く感じてはいないが余暇に対して特別に選好度が高いわけでもなく,雇用継続との関係では早期退職優遇プログラムを好ましい選択肢と考える労働者たちである。これらの労働者たちは,それなりに有能な労働者であるかもしれない。われわれは,使用者は労働者の平均年齢を引き下げるために早期退職優遇プログラムを採用するという仮説を思い出す必要がある。使用者は,高齢労働者から無作為で(労働者の能力と無関係に)一定数の労働者を退職させることで便益を得ると仮定し

---

[42] Frank E. Kuzmits and Lyle Sussman, "Early Retirement or Forced Resignation: Policy Issues for Downsizing Human Resources," *S.A.M. Advanced Management Journal*, Winter 1988, pp. 28, 31; Mark S. Dichter and Mark A. Trank, "Learning to Manage Reduction-in-Force," *Management Review*, March 1991, pp.40, 41; William H. Honan, "New Law against Age Bias on Campus Clogs Academic Pipeline, Critics Say," *New York Times*, June 15, 1994, p. B6; see also Joseph W. Ambash and Thomas Z. Reicher, " Proper Planning Key to Avoiding Discrimination Suits," *Pension World*, May 1991, pp. 14, 15.

第13章　雇用における年齢差別禁止法と定年退職制度　461

てみよう。この使用者の視点から見れば，早期退職優遇プログラムで労働者構成の質的向上が達成される確率は高い。すでに示唆したように，そこに錯覚が存在するという特別な理由は存在しない。

早期退職優遇プログラムは，使用者が労働者の平均年齢の抑制に関心を向けていない状況では，全ての労働者に適用される共通の選択肢であるように見える。使用者にとっては，雇用における年齢差別禁止法の適用とは無関係に，早期退職優遇プログラムが効率的な人事管理の選択肢となっていると仮定できる。この場合の早期退職優遇プログラムは，使用者にとって恐ろしく高い代償が必要な費用負担とは言えないだろう。

早期退職優遇プログラムの代替手段としては，企業年金の受給権をすでに取得している労働者に対処する方法として，年齢とは無関係に業務遂行実績が不良な労働者を特定して解雇する方法がある。この代替的な方法の欠点は，年齢差別訴訟を誘発するだけでなく，個人の業務遂行実績の評価という費用負担が伴うという問題がある。使用者の多くは，労働者の平均年齢が高い場合にはその事実を明確に認識している。使用者は，高齢労働者で業務遂行実績が不良な労働者の（少なくとも事前の）特定は，その費用負担から考えると実質的に困難である。使用者と協調的な労働関係を維持する目的で考えると，早期退職優遇プログラムというニンジンの代わりに非自発的な労働契約の終了というムチを使う選択肢は，年齢差別訴訟を惹起するという意味で慎重な考慮が必要となる。けれども，使用者にとって，年齢差別訴訟の期待費用は比較的少額な負担に過ぎないのかもしれない。

(5)　どのような労働者が年齢差別訴訟を提起するのか

私が裁判官として担当した訴訟事件では，営業職のセールスマンが年齢差別的な理由で解雇されたと主張する多くの事件が審理対象となった。これらの裁判での私の印象は，以下に示す訴訟事件に関する判例データで裏付けることができる。私の判例データをめぐる調査研究で入手できた合計388のサンプルでは，小売業での事務職を除外した営業職のセールスマンによる訴訟事件は38件（9.8％）であった[43]。これらの訴訟事件の中で，私が最初に担当し

43　Graebner, note 2 above, at 44-49. ここでは，1900年から1924年までの期間における，高齢のセールスマンに対するむき出しの社会的敵意という流行現象について，魅力的な議論が紹介されている。この時期には，若さという身体的なエネルギーがセールスマンの職業的成功のカギであると信じられていた。

た事件は驚くべき内容であった。この事件では，セールスマンの報酬のほとんどが出来高払いであるために，彼らの営業活動での生産性が減少するとその報酬が減額される結果，使用者の費用負担が自動的に減少する仕組みになっていた[44]。しかし，ここでは，私が以前に指摘した事実を思い出してほしい。この事件のように，雇用関係に固定費用が伴う場合には，労働者の賃金減額はそのアウトプット減少分を使用者が埋め合わせることを意味しない。これは，パートタイム労働で生じることと同質の問題である。たとえば，セールスマンが排他的に各営業担当地域を特定されている場合には，彼の営業成績が上がらなければ使用者の経営業績も必然的に悪化するのである。

このセールスマンに関する訴訟事件を含めて，訴訟が頻発する事件の特性には，以下の二つの要素が介在している。第一に，営業職のセールスマンは，他のホワイトカラーの職種と比較するとストレスが多いという特性がある[45]。結果的に，彼らは相対的に早期退職する例が多く，退職年齢に到達する前に解雇されるケースも少なくない。第二に，セールスマンは，企業特殊的な人的資本を大量に保持する場合が多い（第3章で論じた「関係的」な人的資本として顧客と接触するネットワーク型の人的資本が重要である）という特性がある。この事実は，彼らが解雇される確率を抑制しているが，解雇されると非常に大きな損失を被る確率も高くなる。彼らの労働市場で選択可能な次の職場の賃金水準は，前の職場で解雇されたときの賃金と比較すると相当に低い水準にまで低下する可能性があるからである。私の調査サンプルの判例では，二番目に巨額の損害賠償が認められたのがセールスマンの解雇に関する事件であった[46]。このセールスマンと対照的なのは，労働者の人的

---

44 Laurence Kotlikoff and Jagadeesh Gokhale, "Estimating a Firm's Age-Productibity Profile Using the Present Value of Workers' Earnings," 107 *Quarterly Journal of Economics* 1215, 1236 (1992).

45 Foe evidence, see Pauline K. Robinson, "Age, Health, and Job Performance," in *Age, Health, and Employment* 63, 69 (James E. Birren, Pauline K. Robinson, and Judy E. Livingston, eds., 1986).

46 この事件は，奇妙な偶然ではあるが，私が所属する裁判所に控訴され，私がこのセールスマンに対する勝訴を認める判決を支持する意見を記述する役割を担った。EEOC v. G-K-G, Inc., 39 F.3d 740 (7th Cir. 1994). 私は，その時点では，この事件が私の調査サンプルの一つになると思ってはいなかった。ここでは，以下の点について整理しておきたい。多くのセールスマンは，顧客との接触ネットワークという利点を持っている。これは，市場特異的な人的資本であるため，彼らはこの資本を現在の使用者から別の競争相手の使用者に持ち運ぶことができる。現在の使用者は，これを阻止するために，そのセール

資本が企業特殊的ではなく，一般的な人的資本に過ぎない普通の労働者の場合である。彼らの労働市場での賃金水準は，解雇された職場での賃金のそれとほとんど変わらない水準である。彼らの賃金水準は，訴訟で逸失利益を計算する際の賃金と費用の算定には困難な要素はなく，原告側が争点として強調することも少ないケースが多くなるのである。

このような年齢差別事件の訴訟は，セールスマンが原告となる事件以外では，高額の報酬を得ている専門職ないし経営管理職の職位にある労働者が訴訟提起するケースが多い。これらの原告は，ほとんどが50歳代で企業特殊的な人的資本を大量に蓄積しているために，結果的には高額の損害賠償訴訟となるケースが多くなる[47]。私の調査サンプルでは，388件のうち234件が専門職や経営管理職ないし営業セールスマンからの訴訟であり，全ての訴訟サンプルの60％以上に相当している。このデータは，＜表13.2＞で示すように，労働人口に占めるカテゴリー階層の比率を著しく凌駕する不均衡なデータを記録している[48]。

＜表13.2＞ 年齢差別禁止法に関する原告のサンプル分布と全労働人口に占める比率

階層分類	サンプルの構成比(％)	全労働人口に占める比率(％)
事務職	22.6	21.7
労務職	16.7	48.6
専門職・経営管理職	50.9	23.4
営業職	9.8	6.3

スマンに競業避止を義務付ける契約約款に署名することを強制している。これについては，第3章で引用したスース事件を参照のこと。See, Paul H. Rubin and Peter Shedd, "Human Capital and Covenants Not to Compete," 10 *Journal of Legal Studies* 93 (1981).

47　この二つの労働者に関する訴訟の類型については，以下参照。Schuster and Miller, note 16 above, at 68 (tab. 1); Schuster, Kaspin, and Miller, note 16 above, at ⅲ. ここでは，59.3％の訴訟が専門職・経営管理職の訴訟事件であるとされている。また，「雇用における年齢差別禁止法は，主として白人男性のホワイトカラー労働者によって利用される苦情処理機構になっている」という指摘もなされている。Christopher S. Miller et al., "State Enforcement of Age Discrimination in Employment Legislation," 18 (unpublished, Syracuse University, School of Management, n.d.).

48　これらの訴訟事件に関するサンプルと労働人口に占める階層比率に関する統計的データの相違は，事務職労働者を除外すれば，5％レベルで統計的に有意である。

このサンプルでの原告たちは，年齢階層では55歳から59歳が最大のグループであり，二番目の年齢階層は50歳から54歳のグループと60歳から64歳のそれである。これに対して，50歳以下の年齢階層の原告はわずか24.3％に過ぎない。若年労働者は，企業特殊的な人的資本を多く蓄積していないから，損害賠償請求額は低くならざるを得ない。また，高齢労働者(65歳以上の比率が8.6％に過ぎない)はすでに退職している人びとが多いから，実質的には保護立法の対象者ではない(そうでなければ非自発的な退職者として原告になっている)。彼らは，退職年齢に近い人びとも含まれているが，若年労働者と同様に期待できる損害賠償の請求額が多額になるとは言えない。

　すでに見てきた私の調査サンプル以外でも，年齢差別訴訟における原告では，黒人と女性の比率が圧倒的に少ないことも事実である[49]。この背景の一つには，黒人と女性は，白人の男性と比較すると，年齢差別に関する訴訟を提起する「必要性」が少ないという説明も可能である。彼らには，公民権法という別の訴訟形態による選択肢があるからである。けれども，彼らも多くの訴訟選択肢を持っているほど有利であるから，これはあまり説得力のある説明とは言えない。より説得力のある説明は，黒人と女性は白人男性と比較すると，企業特殊的な人的資本に対する累積的な投資額が少ないという説明である[50]。この人的資本投資が少なければ，年齢差別訴訟を通じて期待できる損害賠償請求額も少なくなる。

　雇用における年齢差別禁止法は，その原告の属性いかんによって，進歩的な立法として期待される役割を果たしているとは言えない。使用者は，この法律を遵守する(あるいは違反する)ために必要な労働費用のみならず，損害賠償訴訟その他の紛争処理に関する予測費用を含めた全ての費用負担を考慮した上で，その費用に相当するレベルにまで賃金水準を低下させることが可能である。けれども，使用者は年齢差別訴訟を提起して勝訴する可能性があ

49　See, for example, note 47 above, Rutherglen, note 17 above, at 21-22. 私の調査サンプルには，原告の人種別比率のデータはないが，性別による比率のデータは存在している。すなわち，全体の24.9％が女性であるが，これはアメリカの労働力人口全体に占める女性比率の半分を少し上回る比率である。

50　女性に関する証拠として，以下参照。Elizabeth Becker and Cotton M. Lindsay, "Sex Differences in Tenure Profiles: Effects of Shared Firm-Specific Investment," 12 *Journal of Labor Economics* 98, 107-108 (1994); Elizabeth M. Landes, "Sex-Differences in Wage and Employment: A Test of the Specific Capital Hypothesis," 15 *Economic Inquiry* 523 (1977). 私は，黒人の企業特殊的な人的資本に関する証拠は知らない。

る労働者の賃金抑制を試みるとしても、その費用に相当する完全な賃金抑制は困難である。この事実は、この法律に由来する全ての費用は、部分的には平均的労働者たちが負担していることを意味する。この法律の効果は、若年労働者から高齢労働者に対して、その所得を再配分する効果を内在させているのである。この法律の効果は、施行後に相当の年月が経過すれば、同じ労働者の若年の時代から中年の時代のそれへと所得再配分効果が波及的に移動する。その効果は、平均的労働者から専門職・経営管理職の労働者(出来高払いのセールスマンも含む)へと再配分される。後者の労働者階層こそが、この法律による年齢差別訴訟での実際の救済対象とされている労働者階層である。

　この労働者相互間の所得再配分効果は、雇用における年齢差別禁止法やERISAのような法律が、長期的に見れば労働費用を少し増加させる程度の効果しかないとしても、その制定当初の段階でどのような機能を果たすのかを考える手がかりを与えてくれる。これらの効果は、その時代を共有する労働者と使用者の双方に影響を与えるという一時的な効果を有するに過ぎない。ERISAの実質的に予測される所得配分効果は、連邦税の納税者から積立不足のプラン参加者へと移転している。雇用における年齢差別禁止法は、すでに検討してきたように、一定の職業資格を持った多くの労働者(代表的な例として大学教授であるが、詳細は後述する)の雇用保障を強化する役割を果たしている。この法律の制定に由来する費用は、使用者たちが法制定後に相当期間を経て新しい制度に対応するとともに、その時代の労働者の世代が次の世代に移行した後に、ほとんどの費用が将来の労働者世代に再び転嫁される。結果的に、労働者たちは平均的に見れば、年齢階層ごとの現在世代の労働者のほとんどがこの法律に由来する便益を全く享受できない結果となる。

　多元的自己に関する分析アプローチは、若年の自己から高齢の自己への富の再配分される効果が、ある人のズボンの左ポケットから右のそれへと財布を移動させることと同じではないことを示唆している。けれども、この二人の自己が保有する富は相互に密接な連携関係にある。この連携関係は、結婚している男女の富がその消費行動を通じて密接に連携しているという意味とほぼ同じである。高齢者に対して若年者よりも優先的に配慮するという立法政策は、性差別禁止法が男性よりも女性を優位に置くことに努力していることと同様に、実質的な富の再配分効果を持つことはありえない。性差別禁止法が使用者の労働費用を高めるならば、男性労働者の賃金低下はその男性の

配偶者である女性をも苦しめる結果となる[51]。同様に，若年者から高齢者への富の再配分を行う法律は，高齢の自己が若年の自己の富を内部化する程度に応じて高齢者にも害悪を及ぼす可能性がある。ここで問題とする富の再配分は，若年者から高齢者へというよりも，むしろ若年者から中年者への再配分である。多元的自己の分析アプローチによれば，若年者から高齢者への再配分効果は，間接的な影響しか及ぼさないという結論が導かれることになる。

(6) 経済的な効果に関するまとめ

雇用における年齢差別禁止法の立法目的は，少なくともその表面的に掲げられている限りでは，使用者による合理的な利益最大化戦略によって実質的に機能不全に陥っているように見える。しかし，この法律の経済活動に対する影響は，訴訟費用や弁護士費用を無視するとしても，取るに足らない程度（現時点では少額であるけれども）に過ぎないと結論すべきではない。使用者にとっての過渡期の費用は，新しい法律に適応するための準備費用に加えて，労働者の望ましい年齢構成を実現するための雇用条件変更を含めて考えると無視できる程度のものではない[52]。しかし，この過渡的費用は，法律の施行に関する事前通告や猶予措置によって最小化できる。連邦議会は，学術機関である大学には，強制的な定年退職の廃止のために8年間の事前猶予期間を認めている。これらの大学の現状は，詳細は後に検討するが，猶予期間を有効に活用する知恵が充分ではないかもしれない。

この雇用における年齢差別禁止法は，その表面的な立法趣旨としては，労働者の平均的な退職年齢を引き上げることを掲げている。しかし，実質的な目的は，この立法趣旨の実現を通じて社会保障の費用抑制という効果を期待

---

51 Richard A. Posner, "An Economic Analysis of Sex Discrimination Laws," 56 *University of Chicago Law Review* 1311 (1989). ここには，相殺的な関係が成立している。つまり，この法律によって便益を得ている妻の夫は，性差別禁止法に反対するという関係にある可能性がある。しかし，このような相殺関係は，部分的に生じているに過ぎない。なぜなら，男性よりも女性の労働参加率は低いし，働いている女性は働いている男性よりも婚姻率が低くなっているからである。

52 ルイス・カプロウは，過渡的な費用に対する財政補助には極めて批判的ではある（法律の施行の延期を含めて）が，法的対応への調整費用が高くなるならばその補助も効率的な手段となりうると認めている。Kaplow, "An Economic Analysis of Legal Transitions," 99 *Harvard Law Review* 509, 591 n. 251, 592 n. 254 (1986).

しているのである。この法律の実質的効果は，使用者による早期退職優遇プログラムの導入を促進する効果を導いている点にある。現実の効果として見れば，使用者が慰留したい労働者が早期退職プログラムに応募するという想定外の効果や，労働者の退職年齢が早期化するとか労働より余暇を重視する労働者の増加という非効率な効果も生み出している。これらの問題についての証拠は，本章の後半でさらに詳細に検討する。この法律は，使用者が高齢労働者の新規採用を抑制するという，労働市場の歪みをさらに拡大する効果を伴うことに疑問の余地はない。この法律が高齢者に害悪をもたらすもう一つの可能性は，労働者が賃金低下を受け入れた上で労働を継続するという新たな契約締結を阻害する可能性である。高齢労働者は，その加齢に伴う労働能力の低下ゆえに，解雇される代わりに労働条件低下を受け入れる可能性を持っている。このような契約締結は，年齢差別禁止法が存在しない場合でも，一般的に普及している契約形態である。高齢労働者の問題は，第3章と第6章で労働者の引退ないし退職に関連して議論してきたように，その雇用継続に伴う固定費用の増大など様々な考慮すべき問題を含んでいる。年齢差別禁止立法は，この契約締結を禁止しているわけではないが，使用者にとってこの契約締結の魅力が失われる効果をもたらす可能性がある。使用者にとって，労働者の生産性が加齢に伴って減少した場合に解雇することで責任回避する方法は，彼らに低い賃金を提供する代わりに同一の仕事を二人の高齢者に分担させる方法よりも，この法律の制定によってより容易な方法になったからである。

　この法律は，もう一つ別の歪みを伴っている。第9章で指摘したように，新規企業は老舗企業と比較すると労働者の年齢構成は若年者中心である。新規企業は，より多くの人びとを採用するがその多くが若年者になる。高齢労働者は，企業特殊的な人的資本の効果として現在の企業に固定される傾向があり，新しい企業で新しい業務に適応するのは苦手である。この結果，年齢差別禁止法で保護対象となる労働者（その年齢は40歳以降であることを思い出してほしい）の比率が低い新規企業には有利な効果をもたらす。これもすでに指摘したことであるが，この法律は労働者の採用よりもその解雇に際して強い影響力を行使するから，これも新規企業にとって有利な条件となる。しかし，新規企業にとってこれらの効果を相殺する要素は，この複雑な法律を遵守する経済的規模に伴う費用負担という問題である。規模の経済効果は，新規企業は概してその規模が小さいから，老舗企業と比較すると不利に

働く可能性があるからである。

3　強制的な定年退職制度をめぐる経済学

　ここでは，雇用における年齢差別禁止法の1986年改正をめぐって，その高齢者雇用への影響について検討する。この改正法は，全ての職業分野において強制的な定年退職制度を全面的に禁止する規定を導入した。多くの労働者は，普遍的ではあるが重要な願望として，通常の退職年齢に達したら雇用関係を前提とする仕事から退職したいと「望んでいる」。けれども，少数ではあるが相当数の人びとが，それ以降でも雇用関係を継続したいと思っていることも事実である。使用者は，この状況を考えるならば，必ずしも強制的な定年退職制度を採用する必要はない。使用者は，雇用関係を継続したいと思っている人びととの間で，相互に満足できる契約条件について交渉可能だからである[53]。この契約交渉が不可能な場合には，すでに検討してきたように，法律で強制的な定年退職制度が禁止された場合でも，多くの労働者は自発的判断として早期退職優遇プログラムを受け入れるのである。この労働者の態度は，雇用における年齢差別禁止法が1978年に改正されて，強制的な定年退職制度が65歳から70歳に引き上げられたときにも確認されている。この改正法の成立によっても，非自発的な退職に追い込まれた労働者は5％から10％程度存在したと推測されている[54]。この推測データの結果は，おそらく過大であるのかもしれない。この改正法が成立した直後の1年間でも，65歳以上の労働者による労働参加率の緩やかな低下には歯止めがかからなかったからである[55]。使用者は，早期退職優遇プログラムというアメに加えて解雇というムチを利用できる。使用者は，労働者たちにより精力的に労働するよう強制することもできる。労働者たちは，この労働強化に由来する不

53　See generally Robert L. Kaufman and Seymour Spilerman, "The Age Structures of Occupations and Jobs," 87 *American Journal of Sociology* 827 (1982).

54　Philip L. Rones, "The Retirement Decision: A Question of Opportunity?" *Monthly Labor Review*, Nov. 1980, pp. 14, 15; see also Joseph F. Quinn, Richard V. Burkhauser, and Daniel A. Myers, *Passing the Torch: The Influence of Economic Incentives on Work and Retirement* 85-87, 199 (1990).

55　Rones, note 54 above, at 15-16. なお，1978年の法改正により，定年退職制度の上限は70歳に引き上げられた。けれども，その後の調査によれば，この法改正による効果は65歳以上の労働参加率にほとんど影響はなかったことを証明している。Edward F. Lawlor, "The Impact of Age Discrimination Legislation on the Labor Force Participation of Aged Men: A Time-Series Analysis," 10 *Evaluation Review* 794 (1986).

効用が予測できるならば，高齢労働者の「自発的な」退職が誘発されることになる[56]。実務的な問題として考えるならば，この使用者側の採用する戦術に対して，労働者側が雇用における年齢差別禁止法を武器として有効な法的挑戦が可能か否かという課題が残っている。

雇用における年齢差別禁止法の制定およびその改正経過を顧みると，比較的少数の労働者が早期退職優遇プログラムで救済される可能性があるとしても，1986年の法改正がほとんど効果を持たなかった事実は驚くに値しない。けれども，この事実は確かであると断言することはできない。男性高齢者の労働参加率の下降現象は，1985年に最低水準を記録したが，その後は回復して現在では均衡状態をほぼ維持しているからである（前掲の＜図2.7＞を参照）。これに対して，女性の労働参加率は急速に上昇しているが，その意味するところはそれほど大きくない。女性の労働参加率の上昇は，立法改正とは無関係に進展しているから，女性高齢者の労働参加率は立法改正の効果を反映したものとみることはできない。けれども，男性高齢者の労働参加率の回復は，少なくとも部分的には強制的な定年退職制度の禁止という立法効果を反映していると考えられる。この事実の検証は，他の偶発的な判断要素と分離して考察することが必要である。

雇用における年齢差別禁止法の1986年改正は，高齢労働者に対する経済的平等の実現という立法目的とは無関係に，労働市場に歪んだ影響を及ぼした可能性がある。われわれは，すでに第3章で検討したように，教育による人的資源投資の効果は年齢別所得プロファイルに大きな影響を及ぼすという事実を確認できる。人びとが教育機関で学習している間の低所得という効果は，卒業後の高所得で補填されなければならない。結果的に，高学歴労働者の就業所得のピークは人生の後半期に移行するが，その労働意欲は高齢期に至るまで持続するという特徴がある。この事実は，強制的な定年退職制度の廃止に伴う影響が，主として高学歴労働者に便益をもたらす可能性を示唆している。彼らの能力は相対的に見れば高く評価される結果，その人的資本投資に対する補償レベルを上回る高額所得に達する可能性がある。この事実を考えると，雇用における年齢差別禁止法の効果は，実質的な教育投資に伴う効果に深刻な影響を及ぼしている可能性がある[57]。しかし，この教育レベル

56　Rones, note 54 above, at 15.
57　See Edward P. Lazear, "Why Is There Mandatory Retirement?" 87 *Journal of Political Economy*

に由来する所得効果は，短期的な視点からの評価であり，長期的に見ればその影響は中立的である。高学歴労働者も長期的に見れば，若いころ低賃金で働いた可能性のある彼の使用者よりも，彼が長期間にわたって働いた結果としての高所得だからである。

　ここでは，強制的な定年退職制度をめぐる歴史的背景とその理論的な問題点について考えてみよう。強制的な定年退職制度は，第二次世界大戦以降ようやく一般化し始めた制度である[58]。この制度は，大企業における全ての長期勤続労働者に共通して適用される制度として，企業年金制度の仕組みとほぼ同時期に成立した。この企業年金と定年退職の制度的組み合わせは，労働者が高齢期に貧困に陥らないように保護する制度として機能した。この制度的組み合わせは，使用者に対しても，労働者がすでに労働生産性を喪失している場合には，彼らが怠惰な老後を過ごさないための雇用継続や賃金保障という社会的責任から解放する役割を果たした。この制度的組み合わせが存在しない状況では，高齢労働者の生きがい就労に伴う賃金保障や賃金減額をめぐる契約紛争が発生しない場合でも[59]，実務的な意味で使用者に対する法的ルールの適用問題が生じる可能性がある。使用者は，労働者の加齢に伴う労働能力の減退に対応して，彼を代替労働者に置き換えることで労働生産性を改善できる余地があるからである。このような状況では，使用者は，高齢労働者を解雇したり任意退職を強制することも可能である。この強制的な定年退職制度が存在しなければ，使用者は高齢労働者の雇用継続の要望を受け入れて費用負担するか，企業にとって必要な労働生産性を失っている事実を証明して(その労働者に)屈辱を与える道を選択しなければならない。この高齢者の生きがい就労に伴う賃金保障や労働組合による労働者保護，さらには労働者に対する屈辱的な退職勧奨や強制的な定年退職制度の問題は，法的には相互に深く結びついた相互依存関係にある。この問題に内在する相互依存関

1261, 1281-1283 (1979).

58　James H. Schulz, *The Economics of Aging*, ch. 3 (5th ed. 1992).

59　この場合，その労働者が労働協約の適用対象となっている場合には問題となる。労働組合は，労働者を解雇するに際して，使用者にできるだけ裁量権を行使できないように制限を加えている。その結果，この法律の制定によって強制的な定年退職制度が廃止される以前には，労働組合の組織化と強制的な定年退職制度は相互に非常に強い正の相関関係にあった。Duane E. Leigh, "Why Is There Mandatory Retirement ? An Empirical Reexamination," 19 *Journal of Human Resources* 512, 525 (1984).

係は，使用者による労働者の搾取収奪であるとか，心無い年齢差別の証拠であるという主張に根拠がないことは明らかである。この相互依存関係は，高齢労働者に有利に作用する労働条件その他の実務的取り扱いでも，相互依存的な相関関係を作りだしているのである[60]。

　強制的な定年退職制度は，使用者にとって代理人費用(agency costs)に相当する，労働者との契約関係を調整する費用負担を抑制する効果を伴っている。ここでは，使用者が一方的な裁量権限によって労働者に非自発的退職を強制する場合を考えてみよう。この非自発的退職を強制された労働者は，彼が通常の退職年齢まで労働を継続したいと思っていたならば，指揮命令権を行使する管理職との信頼関係は破壊され，その指揮命令を通じてもたらされた相互的な忠誠関係も崩壊する可能性がある。この忠誠心の崩壊に対する恐れは，連邦公務員法の領域では早い段階から強制的な定年退職制度が採用された理由を説明する根拠となっている。この連邦公務員に対する強制的な定年退職制度は，公務部門における猟官制度(spoils system)が公式に廃止されて以降は，連邦公務員の職務関係を支配する「個人的結合と非公式の結束(personal ties and informal bonds)」関係を支える制度基盤を形成してきたのである[61]。

4　裁判官と大学教授の強制的退職制度

　私は，以前は大学教授という職業で勤務していたけれども，現在では連邦裁判所の裁判官という職業にある。ここでは，終身在職権が保障された(tenured)二つの代表的職業での強制的な定年退職制度について，それぞれ別個にその背景について説明する必要がある。私のここでの説明は，必ずしも自己利益に基づく弁明という趣旨ではなく，この争点をより興味深い議論に結び付けるという意図を持っている。

　最初に，連邦裁判所の裁判官という職業で保障されている強制的な定年退職制度を全く適用しないという，極めて異例ともいうべき在職保障制度につ

60　この事実は，単に経済学者が認識しているだけではない。See Carole Haber and Brian Gratton, *Old Age and the Search for Security : An American Social History*, 108-109 (1994). But see Martin Lyon Levine, *Age Discrimination and the Mandatory Retirement Controversy* (1988), この文献では，強制的な定年退職制度に対する法律家による手厳しい批判が行われており，実務における経済学的な理論に対する疑問が提示されている。

61　Graebner, note 2 above, at 87.

いて検証してみよう。連邦裁判官の職務は，実質的な意味での非金銭所得を供与する相対的には軽易な職務(light work)である。この職務内容は，多くの裁判官にとって，前述の<数式4.2>でのI_oと強い正の相関関係にあることを示している。連邦裁判官としての職務からの解任は，連邦裁判所の管理運営に際して極めて困難な手続を採用しているから[62]，その裁判官が高齢になって任務遂行が不可能になった場合でも職務から排除することはできない。連邦裁判所での裁判官の加齢に伴う無能力状態という問題は，現在の段階ではそれほど重大な問題になってはいない。その理由は，第一に，連邦裁判所の裁判官の職務は軽易な職務であるから，極めて優秀な業績レベルではなくてもそれなりに満足できるレベルの判断を下すことが可能である。この意味では，裁判官の老衰による無能力状態というのは，実質的にほとんど瀕死状態にある場合を意味している。別の言い方をすれば，加齢に伴う裁判官としての能力減退は平衡状態の維持を意味するのであって，彼らを非自発的な退職に追い込むことによって社会的に獲得できるものは何も存在しない。第二に，裁判官の先任資格について第8章で説明したように，連邦裁判所の裁判官は軽減された業務に転換した場合でも満額の給与(実際には課税後のネット所得は増加する)が保障されている。この先任資格の取得は任意の取引であるけれども，連邦裁判官のほとんどはその資格に内在する魅力に抵抗することはできない。けれども，この先任資格には落とし穴が存在する。連

---

[62] 合衆国憲法の第3条は，裁判官に対して「職務遂行が良好である間は」その職に留まる資格を保障している。この条項は，裁判官に対する職務保障として重大な犯罪ないし不品行を犯したという理由で弾劾されなければという条件を付していると解釈すれば，その職務権限の根拠を明確に示しているとは言えないだろう。この条項は，このような倫理的な非難の可能性を前提とするものではなく，弾劾によって罷免することが合憲的とされるのみならず，弾劾に至らない手段によっても(結果的に弾劾よりも費用の安い方法で)罷免することが可能であることを意味している。See Melissa H. Maxman, "In Defense of the Constitution's Judicial Impeachment Standard," 86 *Michigan Law Review* 420 (1987). 連邦議会は，連邦裁判所の巡回裁判所区域ごとに司法委員会を設置して，執務不能またはそれ以外の理由でその任命行為を終了させる権限を付与する立法を制定して，この問題を回避することを試みた。28 U.S.C. § 372(c). 確かに，連邦裁判官はその職を解任されないという保障があるので，この手続きは合衆国憲法第3条には違反しないかもしれない。しかし，この問題はいまだ最終的に解決はされていない。連邦裁判官は，極端な高齢になって身体的・精神的に職務執行が不可能になった場合には，通常はさまざまな非公式な圧力で充分に対応できる状況にある。Charles Gardner Geyh, "Informal Methods of Judicial Discipline," 142 *University of Pennsylvania Law Review* 243, 284-285 (1993).

第 13 章　雇用における年齢差別禁止法と定年退職制度　473

邦裁判官がひとたび先任資格を取得した後は，彼の所属する裁判所の司法委員会(judicial council)による監督的な審査手続きに従ってその業務を遂行することになる。この司法委員会は，特定の裁判官がその業務遂行に必要とされる最低限の能力を喪失したと判断した場合，その先任裁判官の担当する訴訟事件を減少させるとか，あるいは全く担当させないという決定をすることができる(もちろん彼の報酬は全く減額されない)。この司法委員会による審査手続きの存在は，連邦裁判官が先任資格を取得できる条件を満たした場合でも，その資格取得直後にはその申請をしない理由を説明する。しかし，多くの連邦裁判官は，遅かれ早かれ先任資格を申請するに至るのである。連邦裁判官に強制的な定年退職制度が存在しない事実は，連邦裁判所での司法判断レベルを実質的に低下させてはいないし，むしろそのレベルを向上させていると考えることもできる。一方では，この制度は活力ある生産的な高齢期を過ごしたいと思っている優秀な弁護士たちを誘引するために，連邦裁判官という職業的地位に伴う魅力を高める効果があるからである。また他方では，連邦裁判官には退職後の雇用機会の問題を考える必要性がなく安心した老後生活を保障している。しかし，先任資格の連邦裁判官という地位は，他のパートタイム労働の場合と同様に，使用者に固定労働費用の回収という困難な課題を提起する。たとえば，先任裁判官の執務室の賃貸料(彼らは先任資格に移行しても執務室を持つことを諦めないしルーム・シェアを認めることもありえない)は，費用としては比較的少額であることは確かである。しかし，連邦裁判官の多くは，単に高価な機械を操作するような働き方をしているわけではない。最後に検討すべき問題は，連邦裁判官が10年の勤続年数を充たすことなく，最低退職年齢である65歳に到達する前に完全に執務能力を失った場合でも，満額報酬付きで退職することが認められている問題である。この高額報酬としてのニンジンの約束は，彼らが執務能力を失った場合に退職強制するムチの行使を不必要にしている可能性がある[63]。

　私は，連邦裁判官に対する先任資格制度が強制的な定年退職制度よりも実際に優れた制度であるという主張に対して，適切な根拠を示してこれを正当化するための論理を整えているわけではない。われわれは，第8章ですでに見たように，先任資格の連邦裁判官による生産性アウトプットは，他の連邦裁判官のそれと比較すると低い水準にあることは確かである。けれども，連

63　See preceding footnote.

邦裁判官の報酬は同額であるから，現実にはそうではないが，彼らの意見の質的価値が平均よりも高くなければ生産性は実質的に低いレベルにあるということになる。しかし，先任資格を持つ裁判官の生産性減退の効果は，強制的な定年退職制度を導入する場合の費用負担と比較しなければならない。その際に，強制的な定年退職制度の導入によって生じる問題として，今後の裁判官採用候補者の質的なレベル低下という問題と，現職である連邦裁判官の定年後の処遇問題を解決しなければならない。この連邦裁判官の処遇問題（連邦裁判官のアウトプットの質的評価の代理変数として意見の引用回数を利用する前提で）は，州ごとに異なる終身在職制度の下に置かれている各州の裁判官のそれと比較して考えてみよう。彼ら州裁判官の処遇制度については，私がその全てを理解しているわけではないが，連邦裁判官の処遇に関する制度的な比較は可能であろう。

　一般的に言えば，連邦裁判官の先任資格制度を強制的な定年退職制度の代替手段と考えている連邦裁判官はいないだろう。連邦裁判所の裁判官に受け入れられている考え方は，先任裁判官はいつでも全額報酬保障で退職できるのだから，「無報酬で」働いている状態（補助職員や執務室の費用は別にして）という考え方である。けれども，合衆国憲法の規定には，連邦裁判官に対して全額報酬保障を義務付ける条文は存在しない。連邦裁判官に対するこの寛大な退職規定は，民間企業での寛大な早期退職優遇制度と同様に，強制的な定年退職制度が認められない状況での退職促進制度と考えることができる[64]。この寛大な退職制度は，強制的な定年退職制度の導入と比較して，適切な制度的選択肢であるか否かは必ずしも明確にされているわけではない（この問題に関する研究者の議論は，合衆国憲法第3条を前提にしている）。

　この寛大な退職制度は，すでに検討したように，その労働力の質に及ぼす

64　連邦裁判官に対する寛大な退職制度が機能的であるという事実は，機能的であるがゆえに寛大であるということを意味するわけではない。連邦裁判官は，ある種の公務員である。しかし，連邦公務員は民間のそれをはるかに凌駕する寛大な退職優遇制度を享受しており，極めて有力な圧力団体である事実を証明している。Ronald N. Johnson and Gary D. Libecap, *The Federal Civil Service System and the Problem of Bureaucracy: The Economics and Politics of Institutional Change* 89-91, 112, ch. 6 (1994). また，公務部門の労働者に対する報酬については，その給与水準の高さに焦点を合わせた社会的な批判がなされている。しかし，情報費用の問題として，彼らに対する報酬パッケージの総額を会計的情報として開示することは困難である。連邦議会は，これらの公務部門の労働者の非賃金的な付加給付や年金給付を含む諸手当について批判的に考える傾向がある。

影響という意味では，連邦裁判官の職務についても極めて深刻な影響を及ぼしている。たとえば，有能な裁判官であれば，民間法律事務所で弁護士として多額の報酬が保障されるならば可能な限り早めに退職したいと考えるかもしれない。これに対して，無能な裁判官の場合には，そのような転職のインセンティブは作用しないから，退職を強制されないままその職に留まることになる。しかし，連邦裁判所の裁判官をめぐる重大な問題は，彼らの早期退職いかんにあるわけではない。彼らの退職年齢は，最も早い年齢は65歳である。しかし，この年齢で退職を考える裁判官はほとんど存在しない。連邦裁判所の裁判官は，前述のように，先任資格に移行すれば業務量を抑制した上に満額報酬でその執務室を維持することもできる。彼らのこの選択肢を考えれば，弁護士として精神的重圧の下に実務的なリスク処理を優先させる生活はほとんどありえない選択肢だろう。この先任資格への移行要件は，連邦裁判所の裁判官にとって重要な意味を持っている。連邦裁判所の裁判官でも，報酬が減額されずにパートタイムで裁判実務を遂行できるならば，65歳で弁護士へ移行する選択を考える裁判官も少数ながら存在するかもしれない。この選択肢が存在するならば，連邦裁判官としての勤務条件と訴訟担当事件の負担軽減という問題もあるが，裁判官による早期退職という選択は大きくなる可能性がある。

　大学の学術研究者に適用される定年退職制度は，いくつかの重要な相違点があるけれども，連邦裁判所の裁判官に関する問題と同じ議論が可能である[65]。大学の学術的な研究教育活動は，他の職業領域での労働と比較すると，非金銭的な便益を付与するという意味では連邦裁判所の裁判官と同じ軽易な労働である。この大学の学術研究者による労働の特質は，連邦裁判所の裁判官のそれと同様に，通常の退職年齢で退職することを好まない傾向を示している。このような傾向は，エリート的な研究型大学で教育的負担が軽い場合により強く現れる。大学研究者の退職年齢に関する多変量解析を行ったある研究は，「科学技術系大学の終身在職権を持った教授たちは，彼らの業務の大部分が研究面にあって教育面では学生たちが優秀で負担も軽易であるか

65　See Epstein, note 1 above, at 459-473. ここでは，大学の学術研究者に対する強制的な定年退職制度の廃止について，極めて批判的な議論が行われている。Also Honan, note 42 above. なお，この文献では，上記の争点についてやや好意的な議論が展開されている。See National Research Council, *Ending Mandatory Retirement for Tenured Faculty : The Consequences for Higher Education* (1991).

ら，彼らの退職時期は遅くなる傾向がある[66]」と分析している。この表現を変えると，労働に伴う非金銭的な便益が大きければ，非金銭的な費用負担は小さくなることを示唆している。学術研究レベルの高い研究型大学では，教授の職務はこの条件を満足する可能性が高くなる。結果的に，大学教授の定年退職制度の廃止は，少数の研究型大学では重要な影響を及ぼす可能性を秘めている[67]。

前述の研究報告では，大学やカレッジが定年退職制度を持っているか否かに関わらず，教授たちの平均的な退職年齢が相対的に高いことに驚きを表明している[68]。しかし，この事実は驚くべきではないだろう。本章の主題は，使用者がその雇用する労働者の望ましい年齢構成を実現するために，労働者に対する早期退職優遇プログラムを導入できるか否かという論点である。強制的な定年退職制度は，この目的を実現するための選択肢の中の一つであるに過ぎない。この研究報告の著者たちが調査サンプルとした私立大学(公立大学と公立・私立のカレッジを除外している)は，その全てが強制的な定年退職制度を保有している。しかし，この事実も驚くには値しない。これらの大学では(エリート型の研究大学はそのほとんどが私立であってカレッジは含まれてない)，通常の退職年齢を超えた労働に由来する非金銭的な便益が次第に大きくなる傾向があるからである。これらの大学では，早期退職優遇プログラムを維持する経費は巨額に達しており，高齢の学術研究者を早期退職させるためにその魅力を一層高める必要が生じている。

もちろん，彼らの学術的業績が加齢とともに減退しなければ，終身在職権を保持する高齢研究者を強制的に退職させる必要はない。また，終身在職権を持った研究者を特定の理由で解雇することが可能であれば，強制的な定年退職制度や早期退職優遇制度を導入する必要性もない。これらの問題の詳細は，その相互関連性を含めて後述する。

終身在職権が保障されている学術研究者であっても，連邦裁判所の裁判官と比較すると，相当の理由がある場合には比較的容易に解職することができる。しかし，この事実は，私の単なる観察結果であるに過ぎない。エリート型の研究大学は，加齢に伴う高齢研究者の能力減退をあまり気にかけてはい

66　Albert Rees and Sharon P. Smith, *Faculty Retirement in the Arts and Sciences* 23 (1991).
67　See, for example, National Research Council, note 65 above, at 38.
68　See Reese and Smith, note 66 above, at 22-23.

ない。著名な学術研究者であっても，加齢に伴う能力減退を免れることはできない。彼らの学術的能力は，他の一般的な人びとと同様に，加齢に伴って減退する傾向を示すことも確かである。しかし，著名な学術研究者の能力は，極めて高度な能力レベルから減退に向かうのであって，通常は70歳でも80歳を超えてもなお一定水準の業務遂行能力を維持している。以前の章の注において，他の条件を等しいと仮定すれば，業務遂行能力のピークが高ければ高いほどその持続力は長くなると指摘した通りである。潜在能力のピーク水準が高ければ，業務に必要とされる潜在能力の最低基準と業務遂行に必要とされる実際の潜在能力との交点までの距離が長くなるからである。エリート大学が高齢の学術研究者に退職してほしいと考えるのは，研究者としてすでにピークを超えている人に代えて，これからピークを迎える優秀な若手研究者を採用したいと考える場合のみである。高齢研究者に代えて若手研究者を採用するという理由は，常識的な理解による非自発的な雇用契約終了に相当する解雇「事由(cause)」を意味するわけではない。大学がこのような解雇事由の存在を示すためには，その学術研究者の能力喪失・不品行・不服従などに関する実質的証拠を示さなければならない[69]。大学の学術研究者に対する終身在職権の保障は，能力の低い研究者が能力の高い研究者を代替することを抑制するために必要な場合もある(現実にはほとんど起こらない)。学術研究者に対する終身在職権の保障は，このような政治的に不人気で稀有の事態に備える目的ではなく，学術研究市場での彼らの価値が若手研究者による代替を必要とする水準にまで下落した場合でも，彼らが解雇されないようにその地位を防御することを目的としている。

　学術研究者は，相当事由がない限り解雇されないという終身在職権が保障されている。この終身在職権は，労働契約レベルで保障された権能であるから，高齢裁判官に対する弾劾手続きという制度的保障よりも手厚いとは言えない。学術研究者にとっての流動的知能の役割は，裁判官の調整的能力と比較すると相対的により重要である。結果的に見れば，研究能力が教育能力よりも重視されるエリート型大学では，学術研究者の加齢に伴う能力減退カーブは裁判官のそれよりも急激に低下するから，彼らに対する終身在職権の保

69　See, for example, Drans v. Providence College, 383 A. 2d 1033, 1039 (R.I. 1978); Robert Charles Ludolph, "Termination of Faculty Tenure Rights Due to Financial Exigency and Program Discontinuance," 63 *University of Detroit Law Review* 609 (1986).

障は重要な課題とならざるを得ない。これらの大学での高齢研究者と若手研究者との関係(エリート型大学に限定されるが)は，連邦裁判所での高齢裁判官と若手裁判官の関係よりも相互により競争的な関係にある。結果的に，高齢学術研究者は競争相手となる若手研究者の採用や昇進を抑制するために精力を使う必要がある。このような背景のもとに，これらの研究型大学では，学術研究者の採用権限を学部機関に委ねることに反対する主張が展開されている。この学部機関に対する採用権限の委譲を制約する議論は，強制的な定年退職制度の廃止をめぐる対応策の一つと考えることができる。

　われわれは，加齢に伴う学術研究者の能力減退がどの程度に急激であるかについて知る必要はない。しかし，これらの研究型大学にとって，強制的な定年退職制度の廃止に伴う費用負担総額を正確に予測することは重要な課題となる。この学術研究者の能力減退に関するプロファイルは，それぞれの研究分野ごとに異なるのはもちろんである。しかし，研究者の能力減退をめぐる年齢別プロファイルは，第7章で議論したように，創造力に関する年齢別プロファイルとほぼ近似的である。先に引用した私立大学に関する多変量解析による研究では，学術研究者の加齢に伴う能力減退は明らかに存在している[70]。この研究によれば，能力減退は35歳ころから始まって少しずつ進行するが，65歳から70歳での減退のレベルは非常にわずかに過ぎない。この研究では，この事実が学術研究者の励みになると主張している。しかし，この主張は間違っている。学術研究者の65歳から70歳までの能力減退が微小であるという事実は，71歳から75歳まであるいは71歳から80歳までの急激な能力減退で補充されるのである。この研究では，70歳以上の高齢学術研究者の研究業績を充分に把握できるサンプル数に達していない。また，この研究は，若手学術研究者の研究業績と高齢学術研究者のそれを比較するという重要な研究課題を回避しているのである。

　大学は，民間企業の使用者たちと同様に，寛大な早期退職優遇制度を提案することを通じて，雇用する学術研究者の好ましい年齢プロファイルを維持することや，少なくともその年齢プロファイルに近似する人員構成を追求することができる。これに対して，連邦裁判所は，その裁判官の年齢プロファ

70　Reese and Smith, note 66 above, at 70 (fig. 4-3). 同様の効果を測定した研究として，以下参照。Alan E. Bayer and Jeffrey E. Dutton, "Career Age and Research-Professional Activities of Academic Scientists: Tests of Alternative Nonlinear Models and Some Implications for Higher Education Faculty Policies," 49 *Journal of Higher Education* 259 (1977).

イルの柔軟性を確保することが困難である。連邦裁判所の裁判官は，先任資格に関するルールに加えて，社会保障をめぐる税制と受給資格に関するルールによって高齢裁判官の退職促進が図られている。大学は，高齢の学術研究者の退職促進のためには，現在のそれ以上の追加的な優遇策を採用する必要がある。大学にとってそのための長期的な費用負担は，寛大な早期退職優遇制度が必要であるとしても，若手研究者の賃金を抑制できるので財政負担はそれほど大きくならないだろう。大学は，強制的な定年退職制度の廃止のために，連邦法によって8年間に及ぶ猶予期間が用意されている。この準備期間の間に，1994年から施行される法的義務付けに対応して，学術研究者に対する雇用継続の選択肢の提示義務に対応しなければならない。この法的義務を履行するために，学術研究者に対する賃金その他の付加給付を減額するという（あるいは終身在職権を有する学術研究者の賃金・付加給付を増額する）政策的対応が必要となる。しかし，私は，実際にこの政策的対応を導入した大学の具体例を聞いていない。大学の若手学術研究者は，連邦法が彼らに価値ある選択肢を提供することを知って（法律の制定時には知っていただろう），応分の負担を求められる可能性があると予期しているだろう[71]。

　大学は，雇用における年齢差別禁止法の制定によって，定年退職制度の廃止に追い込まれた他の使用者と同様に，その準備不足の中で法的義務付けの対応を迫られている。大学での学術研究者たちの賃金・付加給付のパッケージは，それぞれの労働契約の締結時には妥当であったかもしれない。しかし，将来実現される期待的価値との関係で考えると，大学では早期退職優遇制度の導入によって一時的には重大な損失を経験する可能性がある。この大学の経済的損失は，この法律によって幾度となく定年退職の最低年齢の引き上げを経験してきた（最終的には全ての年齢制限が撤廃された）他の多くの民間企業の使用者たちが被った損失よりも大きな金額に相当するかもしれない。大学にとって終身在職権の存在は，学術研究者たちの契約関係を一方的に終了させる強制的な権限行使を困難にしているからである。結果的に，大学における強制的な定年退職制度の廃止は，早期退職優遇制度の導入による費用上昇を抑制するために，学術研究者に対する終身在職権を廃止するとい

71　Honan, note 42 above. ここでは，33歳の歴史学の准教授による「私はこの法律改正を歓迎している。なぜなら，私は自分としては70歳になるまで退職するつもりはないからである」という発言を引用している。

う方向に進まざるを得ないのかもしれない。大学における強制的な定年退職制度の廃止は，その反動的な効果として，エリート型研究大学での学術研究者の質的レベルの低下という影響を及ぼす可能性がある。早期退職優遇プログラムは，最悪の労働者のみならず最良の労働者も真っ先に応募する可能性があることを思い出してみる必要がある。最悪の労働者は，早期退職優遇プログラムを拒否した場合には解雇される恐れを感じているから応募するが，終身在職権を持った大学教授にはこのような威嚇効果は期待できない。大学では，最良の学術研究者である教授たちのみが早期退職優遇プログラムに応募する強いインセンティブを持っている。最良の高齢教授たちは，その研究活動に対する関心を持続させているために，彼らの時間をより多く研究活動に費やす機会として早期退職に応じるのである。彼らは，若手研究者たちの嫉妬の対象ではないし，若手研究者によってその職を代替されることに苦痛も感じていない。また，彼らの性格も誠実かつ自覚的であって，彼らがその職に長く留まり続けることを気にしている場合もある。また，彼らはその職を離れた場合でも，新たな別の魅力的な雇用機会を見出す可能性が高い。これに対して最悪の高齢教授たちは，ほとんど研究には関心を持っていない。彼らは，教育にも熱心でなくむしろその重い負担を嫌っているし，その授業は学生からも嫌悪されている。結果的に，彼らは大学の学部運営に関する陰謀や情報操作のみを楽しみにしている。彼らは，若手研究者との競争にも嫉妬や恐れを感じており，自身の能力減退にも極めて敏感であるが，彼らは他の雇用機会という選択肢を持っていない。学術研究者に対する定年退職制度の廃止は，おそらくエリート型研究大学だけの問題に留まると思われるが，終身在職権が廃止されない限り平均的な質的レベル低下は避けられないだろう。

　連邦裁判所の裁判官に対する定年退職制度の禁止は，大学の学術研究者に対するそれと比較すると，社会的により重要な問題であるとは言えない。それは，連邦裁判所の裁判官は，他の職業分野では極端な高齢と考えられる年齢に至るまで，職業的な任務を充分に果たす能力を維持しているから引退しなくとも良いという理由ではない。連邦裁判官に対する定年退職制度は，裁判官の選任やその職務的インセンティブに悪影響を及ぼすという理由のみならず，高齢裁判官が若手裁判官の昇進を妨害する危険がないという理由も存在する。連邦裁判所の裁判官は，自分の後任者の選任には全く関与しないし，その選任に大きな影響力を行使することもほとんどありえないからである。

最後に,本書のまとめに入るべきであろう。アメリカの高齢者をめぐる議論は,現在では極端に対立的な議論に分かれている。極端な一つの立場は,高齢者という社会階層は,現在のみならず将来でも所得移転や規制プログラムによって保護されるべき抑圧された社会階層であって,黒人・女性・同性愛者などと同質と考えられるべき人びとであるとする立場である。この立場では,高齢者という存在は現在のみならず将来においても,人種差別・性差別・同性愛嫌悪などと同様に残酷で不合理な「年齢差別」の犠牲者であると考えることになる。さらに,高齢者は精神的・身体的能力について間違った定型的認識による犠牲者であり,若者のみならず高齢者自身によっても軽蔑の対象とされ,結果的に労働力として職場から排除されている悲惨な存在として把握されている。これに対してもう一つの極端な立場は,人口高齢化という現実の進行状態を無視するとともに,高齢者は利己的で甘やかされた社会的寄生者であるという考え方に立っている。彼らは,高齢者は不当な政治的影響力を利己的に利用して年金の増額や医療ケア資源の浪費を要求することで社会の富を収奪しており,アメリカを高齢者支配による沈滞した無気力な社会に変化させていると主張している[72]。本書でのまとめの議論としては,これまでの各章の議論と同様であるが,この両極端な立場はどちらも支持し得ないことを示唆することにある。その証拠としては,現実に進行している人口構成の高齢化現象という,その負担率はそれぞれ異なるとしても,全ての人びとに時代ごとに適合した通行料として経済的な負担を強制する社会現象がある。この人口高齢化に伴って,高齢者と若年者の間には,職業的な相互関連性を持った身体的・精神的な意味での社会的相違を生みだしている。この高齢者と若年者の間での社会的相違は,職業的に関連する相違として強調されてきた男性と女性・白人と黒人・性的嗜好性の相違と比較すると,より重要な社会的相違を際立たせている。これに加えて,私がこれまで強調してきたように,高齢者の自己と若年者の自己の間には,それぞれ人生の目的を異にする別個の人格であると考えるべき側面がある。彼らの間に内在する相互に利他的で人格的アイデンティティによる結合関係は,他の社会関係

---

[72] これらの両極端な立場に関するそれぞれの代表的見解は,以下の文献を相互に比較して参照のこと。Compare Howard Eglit, "Health Care Allocation for the Elderly: Age Discrimination by Another Name?" 26 *Houston Law Review* 813 (1989) with Jan Ellen Rein, "Preserving Dignity and Self-Determination of the Elderly in the Face of Competing Interests and Grim Alternatives: A Proposal for Statutory Refocus and Reform," 60 *George Washington Law Review* 1818 (1992).

では差別の問題として議論されてきた支配・従属的な当事者関係と比較すると，その相互的関係性はより密接である。結果的に，若年者と高齢者を「われわれと彼ら」の関係と考えることは，高齢者に対する差別という考え方を説明するためにも利用可能である。また，強制的な定年退職制度のように，高齢者を若年者と比較して異なる表面的な理由から不利益な取り扱いをする（表面的にのみ区分する）政策から差別を推定することも可能である。さまざまな分野において，高齢者が高度に創造的な仕事で成功を収めるためには，流動的知能が結晶的知能よりも一層重要な役割を果たす必要がある。流動的知能は，結晶的知能と比較すると加齢に伴う衰退が極めて急速に進行する。この加齢に伴う流動的知能の減退を否認することは，感傷的な態度であるに過ぎない。また，例外的に活躍する高齢者に関する事例を取り上げた場合でも，これを一般的な現象として考えることも明らかに間違っている。

　加齢現象と高齢者に関する多くの誤解は，高齢者に関する選択的なバイアスと持続的なバイアスを矯正できないという単純な方法論的な誤解から生じている。高齢者は若年者と同様に働くことができると主張する研究者たちは，若年者を高齢者よりも選好する使用者の態度をしばしば「年齢差別」として批判する。しかし，この見解は，使用者がその業務遂行実績が標準レベルに達しない高齢労働者を職場から排除しているに過ぎないという事実を無視するものである。使用者が高齢労働者の雇用を維持したいと考えるのは，彼らの年齢コーホートでの平均的能力を有する高齢者ではない。問題の本質は，選択的バイアスを矯正できないのは，高齢者の潜在能力を誇張するその研究視点にある。結果的に，差別が存在しない場合にも差別を推定することになり，あるいは年齢コーホートにおける例外的な能力を示す高齢者を平均的な人びととの能力であると誤解することにある。

　以上で明らかなように，現代のアメリカでの高齢者は，社会的な差別の犠牲者という階級的分類に位置しているわけではない。歴史的に振り返ってみても，1935年の社会保障法の制定による高齢者に優しい福祉社会の成立以前でも，高齢者は社会的差別の犠牲者であったとは言えない。高齢者への社会的差別のように見える実務的取り扱いも，たとえば強制的な定年退職制度や年金受給開始年齢の引き上げなども，効率的な資源配分という社会的要請に基づくもので正義に反する色彩を帯びたものではない。しかも，これらの社会的な公共政策は，それがほとんど影響力を持たない立法であるとしても，従来のルールを立法レベルで変更したものに過ぎない。現在のアメリカ

社会では，平均的な高齢者たちは極めて安定的に繁栄している存在である。けれども，このような事実の指摘は，高齢者は性的関心を失った存在であるとか道路交通上の邪魔者であるという，高齢者への不名誉で定型的・虚偽的な誹謗中傷による言動の存在まで否定する趣旨ではない。私は，本書の全体を通じて，高齢者に対するこの誹謗中傷的な言動を排除しようと努めてきた。しかし，この高齢者に対する俗説を批判すればするほど，アメリカにおける高齢者はユダヤ人やアジア系の人びとに対するそれと同様な意味での差別政策の犠牲者ではないとしても，少なくとも社会的な差別的態度による犠牲者であるという主張に根拠を与えるように見える。けれども，この高齢者への誤解は社会集団としての高齢者への誤解であり，直接的な接触関係である個人レベルでの高齢者に対する誤解とは言えない。これらの誤解は，高齢者の実際の姿を認識するためには情報費用が必要であり，個人レベルでの高齢者に関する情報取得費用が非常に高くつくことを率直に物語っている。この高齢者に関する誤解がどこでどのように発生するのか，またそれらの誤解が高齢者をどのように傷つけているのか理解することは容易ではない。使用者は，その雇用する高齢労働者や潜在的な高齢求職者を理解するためにもっと真剣に向き合うべきである。アメリカ社会では，高齢者に対する保護立法が制定される以前でも，たとえば企業年金の受給権付与ルールの見直しの際に，使用者が高齢労働者に対して過小評価や不当処遇その他の差別的扱いをしてきたという明確な証拠は存在しない。私の主張は，使用者側の個別的な過失や権利濫用があったことまで否定する趣旨ではない。これまで見過ごされてきた事実は，高齢者に対する情報費用の問題がこれらの誤解を生じる原因であるとともに，高齢者に対する社会的な過小評価を生み出した主要な原因であるという事実である。これに加えて，第9章で議論したように，遺伝学的な理由が存在している可能性もある。人びとは，歴史的に見れば伝統的な社会的背景の下では，高齢者の知恵やその他の善良な性質について誇張して理解してきた。この高齢者に対する理解の裏返しである社会的評価は，善良な特質を保有しない高齢者に焦点を合わせた選択的バイアスを見過ごすことで生み出された統計的差別である[73]。

---

73 アメリカにおける高齢者に対する定型的理解で，彼らに好意的なものとして，以下参照。Mary Lee Hummert et al., "Stereotypes of the Elderly Held by Young, Middle-Aged, and Elderly Adults," 49 *Journal of Gerontology* P240 (1994).

現代のアメリカ社会の高齢者は，かつての高齢者が保有していた社会的な尊敬や愛情を要求してはいない。彼らは，かつての高齢者と比較すると物質的・健康的にも恵まれている。彼らは，もはや慈善や憐憫の対象として注目を集める存在ではなくなっている。より積極的な表現をすれば，現代の高齢者が支払うべき社会的評価の費用は，多くの人びとはおそらく自発的に支払っていると思われるが，彼らの経済的繁栄と政治的影響力の急激な上昇の帰結としてその社会的評価が下降したことを意味している。アメリカ社会での少子高齢化に伴う人口変動は，高齢者の所得上昇に加えて医療技術の進歩に由来するその死亡率減少という社会的な環境変化が関与している。アメリカの高齢者人口は，相対的な比率のみならず絶対的な総数でも急速に上昇する傾向が明らかになっている。その必然的帰結として，アメリカ社会での高齢者は希少な存在ではなくなって社会的評価も落ち込んでいる。その原因として最も重要なのは，大衆教育の普及と社会的・経済的・技術的な環境変化の進展を含む社会変動であった。このアメリカでの社会変動は，結果的に高齢者の記憶・知恵・経験の社会的価値を減少させるという効果をもたらしたのである。
　アメリカの高齢者は，かつてのような社会的価値を失っているとしても，現在では経済的に豊かになっている事実を銘記すべきである。高齢者たちが相対的に貧しかった過去の時代には，彼らは社会的により多くの尊敬や愛情を集めていた。豊かになった現在の社会では，彼らに対する尊敬の感情は急速に減退している。このような状況では，高齢者の経済的豊かさと精神的な満足度はバランスが確保されているのかもしれない。アメリカの高齢者は，現在では虐げられた下層貧民ではないし，過去においても貧しい状況に置かれてはいなかった。けれども，彼らは現在のみならず過去においても，社会的には寄生階層ではないと言えるのだろうか。彼らは，他の社会的階層と比較すると選挙での投票率も高くて，結果的には政治的な影響力を次第に強めている。彼らに対する世代間の所得移転を抑制する公共政策は，長期にわたる猶予期間を前提とすれば不可能なレベルではない。高齢者による社会支援の要求とその要求に応える若年者の自発的意思の間には，最適とは言えない均衡状態が存在するのは当然の帰結と考えるべきである。高齢者に対する所得移転は，連邦政府の予算によって年度ごとに数百億ドルが計上されているが，これらの予算は世代間の所得再配分という旗印によって正当化されてきた。これらの予算での配分金額は，統計的にはネットでの支出合計金額とは

言えない。これらの高齢者への配分金額は，現在の若年者が将来の高齢者の自己に対する退職後の貯蓄増加目的で任意に所得移転している部分も含まれている。その他の予算での支出部分でも，高齢者が自身の子供たちの世代の教育費用に対する支出や，成人となった子供たちの世代が彼らの年老いた親世代を支える重い負担を肩代わりする支出移転も含まれている。現代のアメリカ社会では，若年者の自己と高齢者の自己の間では，政治的には解決不能な緊張関係が存在しているのかもしれない。政府によるこれらの財政移転は，出生率の減少と死亡率の増加という単純な事実を反映しているが，その結合効果として社会的な扶養人口の重心移動を反映している部分もある。アメリカの社会的扶養人口は，現実にはネットでの扶養人口の増減なしに，若年者の扶養人口から高齢者のそれへの重心移動が生じている。この社会的な重心移動による均衡状態は，女性の労働力参加率の上昇によっても生じている。女性の就業率上昇は，その間接的効果である子供の出生数の減少によって社会的均衡が維持されているのである。

　高齢者に対する巨額の医療ケア支出やその平均寿命の上昇を支える医学研究助成の増大は，高齢者の期待生存年数が少ないという理由で社会的浪費と判断されるべきではない。高齢者たちは，若年者たちと同様に死を恐れている。けれども，高齢者へのメディケアを通じて行われている医療ケアへの財政補助は，高齢者が「現実に」期待している以上に消費されていると批判されている。政府による医療ケアのような現物サービスによる財政補助は，金銭的な財政補助と違って，受給者がどのような目的にも使用できるから過剰利用の原因ともなりうる。この具体例として，アメリカの高齢者保護立法が経済に与える影響の深刻さが問題となっている。その深刻さの程度は，実際には検証されていないとしても，私は相当に深刻であると予測している。高齢者に対する保護立法は，その全てが高齢者に役立っているわけではない事実も充分に推測できる。その多くの実例の中でも，連邦レベルの立法である企業年金法(ERISA)は，全体としての立法規制の目的がそれなりに適切であったとしても，その便益がほとんど期待できない些末な問題を考慮して管理費用を負担させる立法であるように見える。雇用における年齢差別禁止法もまた，その目標としてありもしない年齢差別を掲げて間違った方法で差別是正に挑戦する立法である。この立法の問題点は，高齢者の多くが加齢に伴って退職するという事実だけではなく，その結果として彼らの多くが立法の適用外に放置されるという問題を惹起しているからである。この法律

は，長期にわたる影響力をほとんど持続できないと思われる。この法律による規制は，使用者にとって長期的には適切な費用の範囲内で，早期退職優遇制度の採用を通じて回避する準備がすでにできている(他の付加給付と同様に，労働者自身が賃金減額を通じて最終的に負担することで財源の自己調達も可能となる)。この法的規制の回避策は，使用者には若干の法的リスクが残るように見えるが，高齢労働者を積極的には採用しないという選択で対処可能となる。使用者にとってみれば，望ましくない高齢労働者の雇用契約の終了とともに，充分に人的資本を投資していない若年労働者の雇用終了とを組み合わせることによって，この法的負担を回避することが可能となるのである。この事実は，この法律が高齢者にほとんど雇用改善効果をもたらすこともなく(若干の雇用悪化もありうる)，高齢者以外の人びとに若干の害悪をもたらす可能性があることを示唆している。この法的影響に関する例外として，強制的な定年退職制度の廃止は，おそらくエリート型の大学には大きな影響を及ぼすことが予測される。しかし，この例外的な影響は，これらの大学が寛大な施行猶予期間の間にその費用を学術研究者に転嫁する機会を自ら放棄しているのだから，部分的には自己責任の範囲内にあると考えるべきだろう。使用者側から見れば，雇用における年齢差別禁止法による規制を回避するために，労働者に寛大な早期退職優遇制度を提供することは合理的対応と考えられる。長期的に見れば，使用者である企業経営者が若い場合には，自分たち自身がその早期退職優遇制度の受益者となる可能性もある。

　すでに指摘したように，私は，アメリカの高齢者を社会的な犠牲者であるとか収奪者であるとかという両極端の考え方は不正確な理解であると考えている。多元的自己に関する分析アプローチは，これまで強調してきたように，高齢者についての第三の考え方を示すものである。現代における人びとの平均寿命の延伸は，さまざまな社会的圧力のもとに，自己という統一的存在を相互に置換する作用を強めている。人生の最後における追加的な延長期間は，その個人にとって潜在能力が次第に減退してゆく期間でもあり，一般的には健康状態が悪化するとともにその効用が減少してゆく過程でもある。若年者は，この事実を知って高齢期に寛大なサービスや金銭の給付は望ましくないと考えているかもしれない。彼らは，不慮の事故によって自身が重度の障害状態になった場合を類推して，寛大な給付を望ましくないと考える可能性があるからである。しかし，彼らが年をとった時に，彼らの考え方は変化する可能性もある。彼らは(その全てではないが)，自らが生存し続けるこ

とを期待する可能性があるからである。高齢者に対する介護サービスや医療ニーズに対応する費用が高くついたとしても，社会が高齢者を見捨てない理由は，彼らの政治的影響力が大きいという理由ではない。また，それが主要な政策判断の根拠であるとも言えない。高齢者に対するサービス給付の財源調達は，政策的なディレンマがある。若年者は，彼ら自身の高齢者の自己の要求であれ現在の高齢者の要求であれ，その医療ケアを維持する費用が税であれ貯蓄であれ，費用を強制的に徴収されることに抵抗するからである。多元的自己の分析的アプローチは，このディレンマを解決する方法を示唆するものではない。その反対に，この政策的ディレンマの解決がいかに困難であるかを示唆するものである。

　高齢者の延伸された生存期間における効用の減少は，彼らの権利に関する重要な関心事である。功利主義者が多くの哲学者から酷評を受けるのは，平均的な個人のみならず平均以上もしくは哲学者自身でさえも，幸福に内在する重要性が加齢に伴って減退するという効果に向けられている。高齢者が加齢に伴ってより幸福になると仮定すれば，若年者の自己と高齢者のそれとの間での緊張関係は減少するから，高齢者に対する社会的な財政負担も容易になるだろう。われわれは，確実とは言えないとしても，以下のような手段を採用すれば高齢期をより幸福に過ごすことができるかもしれない。たとえば，医療研究の費用を高齢女性の疾病から高齢男性のそれに再配分することに加えて，致死的な疾病から生活習慣病などの非致死的疾病に医療資源の配分を変更することがそこに含まれる。

　われわれは，人生の終末期における追加的な生存期間に必要とされる費用をどのように考えるべきか，という問題から目をそらす危険に直面している。このような終末期の生存期間の延伸効果は，多くの人びとにとって効用の「低い価値」にも拘わらず高い医療費が必要な期間であることを意味している。この終末期の生存期間は，人びとの所得の向上と予防医療の普及および医療技術の改善などの結果もたらされた副産物である。結果的に，われわれの中年期と高齢期の境界線が移動して，中年期が延長されるような効果が生じている。高齢期は，その始まりが遅くなるとともに，その期間が長く継続することになる。この高齢期の「始まりが遅くなる」ということは，生活の質レベルでは低価値で高医療ケアの時期から生活の質レベルでの高価値で低医療費の時期に転換する効果があるけれど，前者の時期が人生の終末期に接合されることを意味している。これらの全ての費用と便益を計算すると，

現在進行している人口高齢化とその将来展望は，人びとの幸福の総量をネットで減少させる効果をもたらすか否か現時点では明確な結論を見出すことはできない。

　最後に，私なりの楽観的な将来見通しを記しておきたいと思う。本書の主要な目的は，社会的な予言能力を示すことではない。私は，人間という生物の加齢現象と高齢者をめぐる現状について，経済学的な理論による分析的アプローチを構築しようと努力してきた。この経済学的な理論は，主として人的資本をめぐる経済理論という画期的なアプローチを基礎としつつ，経済学以外の領域での研究成果からもさまざまな示唆を引き出しつつ考察を重ねてきた。これらの領域には，古代から現代にわたる創造力にあふれる文学や哲学から認知心理学・医学・進化生物学にまで至る幅広い学問分野に及んでいる。このような複合的なアプローチは，加齢現象という概念に焦点を合わせつつ，経済学で使用されてきた人的資本の概念を多面的かつ広汎に拡張している。この人的資本の概念構成は，人びとの加齢に伴うさまざまな態度や行動を理解するための思考枠組みを提供するために，加齢に伴うプロセスを単純化しつつこれを拡張して利用している。このような拡張された人的資本の概念は，われわれが高齢期になって直面すると予測される選択である死の選択を含めて，人間の合理的選択という問題領域にまで拡張して適用している。このような概念の拡張は，私にとっては少なくとも旧来からの強い願望であった。私はもちろん，この主題が果てしない広がりを持っている可能性があり，またこの主題に関連する社会的・経済的・医療的な文脈が急速に変化する過程にあることを自覚している。また，本書で取り上げた主題は，私の知識のみならず技術的ないし時間的な制約によって，私の把握できる範囲をはるかに超えていることも充分に自覚している。けれども，これらが事実であったとしても，本書は私にとっての到達点ではなくてむしろ出発点である。言葉を換えれば，本書は，経済学によって導かれた学際的な調査研究が約束する成果のほんの一部に過ぎないというべきである。本書は，現代における社会科学の発展という挑戦的な課題と出合うために，アメリカにおける高齢者人口の急速な増加現象をその課題として提示しているが，これも読者諸君に対する新たな研究課題に向けての招待状であると表現することもできよう。

訳者あとがき

　本書は，訳者にとって，リチャード・アレン・ポズナー (Richard Allen Posner)による原著書の20数年ぶりでの翻訳書の出版である。それゆえ，ここでは最初に，訳者とポズナーによる著作やアメリカにおける「法と経済学 (Law and Economics)」との関係などについて簡単にその経緯を振り返っておくことにする。なお，本書の著者であるポズナーの略歴は，後述する『正義の経済学』での「訳者あとがき」で比較的詳細に記述しているので，ここではその後の経歴などを簡単に紹介するに留めたい。

　R・A・ポズナーは，1939年1月の生まれで，現在はアメリカ合衆国第7巡回控訴裁判所(United States Court of Appeal for the Seventh Circuit)の裁判官であり，1993年から2000年の間は，その主席裁判官(Chief Judge)を務めている。しかし，彼が1981年に裁判官の職務に転ずる以前には，スタンフォード大学やシカゴ大学のロー・スクールで教鞭をとった学術研究者であったし，現在でもシカゴ大学ロー・スクールでは非常勤の教授としての職務を継続している。これらの経歴については，本書の中で彼自身がその職歴として記述しているので参照されたい。ポズナーは，現在でも「法と経済学」を中心とする多彩な学術研究分野での執筆活動を展開しており，これまでに出版された彼の著書は本書を含めて約40冊に及ぶ。結果的に，ポズナーは，法律学の分野では20世紀における「最も論文引用数の多い研究者」(Shapiro, Fred R. (2000), "The Most-Cited Legal Scholars" *Journal of Legal Studies* 29(1): 409-426)の一人であると評価されている。ここで付言すれば，訳者は1941年生まれでポズナーとは2歳の年齢差であり，それぞれの国籍・職歴などを含む社会的な生息空間は異なるものの，歴史的に見ればほぼ同じ時間軸を共有する同一世代に属している。正直に言えば，訳者は本書の翻訳作業に際して，彼の議論に共感するとともに知的刺激を受ける部分が数多くあったが，その議論の展開に若干の違和感を覚える部分も少なからず存在した。その違和感の生じる部分の多くは，国籍の相違というよりも，むしろその職歴の相違に由来する部分にあったように思われる。これは，ポズナーが42歳で学術研究者から裁判官に転じたのに対して，訳者はほぼ一貫して大学研究者に留まったという社会的な生息空間の相違に由来すると言うべきだろう。しかし，このような違和感は，むしろポズナーという裁判官による議論の特異性を際立たせる特徴と言うべきかもしれない。わが国では，惜しくも

夭折した田辺公二裁判官のような学術的領域でも異彩を放った例外が過去に存在していたとしても，ポズナーほど特異的かつ独創的な思考態度や表現方法を一貫して追究してきた裁判官は，残念ながら，少なくとも現時点では存在しないように思われる。このような日米両国における裁判官という職業特性に由来する相違は，ポズナー自身が指摘するように，法曹一元化がなされている英米法系の司法制度と，法曹分離型の大陸法系をモデルとしたわが国の司法制度という，その歴史的な制度設計の経路依存性に由来する論理的帰結という以外の要素も介在している可能性がある。しかし，この問題について，これ以上言及する余裕はない。

　ここでは，本書の訳者として，ポズナーと「法と経済学」をめぐるこれまでの歴史的経過を振り返っておくことにする。訳者にとって，ポズナー及び「法と経済学」との出合いは，1980年代中頃に馬場孝一教授（当時―新潟大学経済学部）との会話でポズナーの議論の面白さを教えていただいたことに始まっている。訳者は，この馬場教授との会話の直後に，偶然にも法学部資料室でポズナーの論文を初めて目にすることとなった。この論文は，ポズナーがシカゴ大学ロー・スクール学術研究紀要の最新号に寄稿した「労働法に関する若干の経済学的考察」("Some Economics of Labor Law", 51 *Chicago Law Review* 988, 1984) であった。訳者は，大学院入学の直後からアメリカ労働法を研究対象としており，タフト・ハートレー法における労使関係規制にその焦点を合わせていた。このポズナー論文は，アメリカ労使関係分野における法的規制の特徴を労働組合による労働市場独占機能という視点から考察し，アメリカにおける労使関係法領域での独創的かつ説得力ある「法と経済学」による分析アプローチを展開するものであった。訳者は，この論文から極めて大きな知的刺激と学術的示唆を受けた結果，この論文を大学院での教材として活用するとともに，その後に新潟大学法学会の学術研究紀要でこの論文を翻訳資料として公表している（『法政理論』第22巻4号158-177頁，1990年）。また訳者は，これを契機に馬場教授との共同提案によって，1987年に新潟大学の法学部4名と経済学部2名の研究者で構成される「法と経済学研究会」を立ち上げた。この研究会は，とりあえず新潟大学における「法と経済学」研究の出発点として，ポズナーによる主著の一つである『正義の経済学 (*The Economics of Justice*)』の翻訳・出版を目的として掲げていた。この著書の翻訳作業は，その内容が複雑でまた翻訳分担者が多いこともあって難航を極めたが，4年の歳月を経て漸く出版にこぎつけることができた

(リチャード・A・ポズナー著,馬場・國武監訳『正義の経済学―規範的法律学への挑戦―』,1991年,木鐸社)。この「法と経済学研究会」による研究活動は,訳者と馬場教授の共同訳によるロビン・ポール・マーロイ(Robin Paul Malloy)の翻訳書(馬場・國武訳『法に潜む経済イデオロギー,理論と実践のための比較論的アプローチ(*Law And Economics: A Comparative Approach to Theory and Practice*)』,1994年,木鐸社)の出版を最後として,馬場教授の定年退官とともに研究会活動を終了させている。このような事情で,今回のポズナーによる著作の翻訳書の出版は,訳者にとって前回の出版から約20年ぶりの「法と経済学」に対する単独での再挑戦となった次第である。

本書のタイトルは,原著のそれと同じく『加齢現象と高齢者(*Aging and Old Age*)』としているが,読者に対する配慮として「高齢社会をめぐる法と経済学」という副題を付している。なお,本書の基本的な特徴は,以下の4点に整理することができる。

第1の特徴は,本書はその表題が示すように,「加齢現象」と「高齢者」をめぐる主題について,「法と経済学」による分析アプローチを通じてさまざまな議論を提示している点にある。とくに本書の主題について言及するならば,訳者はアメリカでの本書の出版(1995年)とほぼ同時期に,新潟大学法学部と経済学部に所属する研究者の合計8名による4年間に及ぶ共同研究(1994年～1997年)として「高齢化社会への移行に伴う福祉的責任原理に関する学際的実証研究」(科学研究補助金・基盤研究(A)(2)―研究代表・國武輝久)を開始している。この共同研究は,新潟県内の112市町村(当時)・労使団体・健保組合・厚生年金基金・医療法人・社会福祉法人などに対するアンケート調査や訪問・聞き取り調査を通じて,高齢化社会への移行に伴う地域レベルでの政策課題を検証する学際的実証研究と位置づけられていた。この共同研究による成果は,訳者の編書である論文集(國武輝久編著『高齢社会の政策課題』,1998年,同文舘出版)として出版されている。これ以降も,訳者はこの共同研究とほぼ同じメンバーによる4年間に及ぶ後継共同研究(2000年～2003年)として,「介護保険と地方分権型の社会保障制度構築のための学際的実証研究」(新潟大学プロジェクト推進経費―研究代表・國武輝久)を実施・遂行してきた。この研究は,介護保険制度の施行に伴う実態調査研究として位置づけられ,新潟県内の紫雲寺町(当時)・安塚町(当時)・新発田市を対象とするアンケート及び聞き取り調査を中心に実施された。この実態調査は,法学部の二つのゼミ所属学生を調査員として活用する

フィールドワーク型の実証研究として位置づけられ，その調査研究の成果は新潟大学法学会の学術研究紀要に掲載・公表されている(國武輝久・石田千代子「介護保険の利用とその選択基準に関する実証的研究(Ⅰ)」『法政理論』第35巻1号68-130頁(2002年)，國武・石田「同(Ⅱ)」『法政理論』第36巻1号1-98頁(2003年)，國武・石田「同(Ⅲの1)」『法政理論』第37巻2号1-56頁(2004年)，國武・石田「同(Ⅲの2)」『法政理論』第37巻3・4号1-79頁(2005年))。なお訳者は，この二つの共同研究プロジェクトを契機として，研究活動を従来の労働法領域から社会保障法領域へと大きく重心移動させて現在に至っている。訳者にとって，このような研究領域の重心移動は，学生時代にセツルメント活動で体験した問題関心への源流回帰と位置づけることもできる。このような事情もあって，訳者にとって本書の翻訳作業は，日本とアメリカにおいてほぼ同じ時期にほぼ同様の主題に取り組んだ学際的実証研究という意味のみならず，労働法領域と社会保障法領域を中核とする政策課題の日米比較研究という意味でも極めて興味深いものであった。

　本書の第2の特徴は，本書におけるポズナーの分析アプローチは，一般的な理解としての「法と経済学」による分析アプローチというよりも，むしろ文理融合型の学際的・複合的な分析アプローチと評すべき特徴を備えている点にある。本書では，ポズナーによる議論は法律学や経済学のみならず，老年学・進化生物学・認知心理学・社会学・哲学・文学・文化人類学・歴史学など，極めて広汎な学際的研究領域にまたがる多面的・複合的な分析アプローチとして展開されている。とくに，古代ギリシャのアリストテレスによる「多元的自己」の観念に依拠しつつ，若年者の自己と高齢者の自己を別個の人格として考察する分析手法は，ポズナーの学際的・複合的な「法と経済学」による分析アプローチという特徴を際立たせる秀逸な問題提起として評価できる。また，ポズナーの法と経済学による分析アプローチのもう一つの理論的基礎となっているのは，故ゲリー・ベッカー (Gary Becker, 2014年に死去)による「人的資本」理論という分析枠組みにある。ポズナーは，本書でこの人的資本理論を基礎としつつ，これを独自に修正して新たな人的資本に基づくライフ・サイクル・モデルとして展開している。これらの分析枠組みや分析視点を考慮に入れると，われわれ新潟大学における前記の学際的共同研究は，「法と経済学」的な共同研究というよりも，法社会学的ないし政策科学的な共同研究に過ぎなかったように思われる。また，高齢社会をめぐる日米比較研究という視点から考えても，本書でのポズナーによる学際的な

研究視点は，われわれのそれを圧倒的に凌駕する包括的視野に立っていると評価すべきであろう。われわれは，丸山真男が『日本の思想』（岩波新書，1961年）においていみじくも指摘したように，日本における「タコツボ型の雑居文化」にいまだ居住し続けているという反省と遺憾の念にとらわれる次第である。

　第3の特徴を挙げるならば，本書が『正義の経済学』と同じく，法と経済学による分析アプローチに際して，「実証的(positive)」及び「規範的(normative)」方法を駆使してその考察対象を分析・検証している点にある。本書は，全体では3部構成で13章に分かれているが，その第1部と第2部は主として実証的アプローチによる分析部分として位置づけられ，これに対して第3部は，さまざまな法的主題について議論の対象とする規範的アプローチによる分析部分と位置づけられている。これらの記述内容については，本書の「はじめに」で著者自身による簡潔かつ適切な要約がなされているので，ここでの訳者による要約の試みは字義通りの蛇足と言うべきだろう。訳者の感想のみをここに留めるならば，ポズナーによる「法と経済学」の分析アプローチが示す強靭かつ柔軟な思考スタイルに驚嘆しつつ，その翻訳作業に際しても彼の提示する刺激的・挑戦的な議論から生じるさまざまな想念を楽しんだと言えるだろう。わが国では，訳者が法学部の学生であった1960年代には，たとえば川島武宜による『科学としての法律学』（弘文堂，1955年）のように，法律学の本質を「ことば的技術と価値判断」と規定することを通じて，法律学の守備範囲を抑制する指向性が顕著に存在していた。現在でも，訳者にとっては残念なことであるが，この通弊にはいささかの変化も見受けられない。この意味において，本書の翻訳・出版を通じて，わが国における文理融合型の学際的複合科学としての「法と経済学」の発展に何ほどかの寄与ができれば幸いである。

　第4の特徴を指摘するならば，ポズナーは本書における議論の結論として，アメリカにおける人口構成の高齢化に伴う政策的対応は，この問題に「警鐘を鳴らす人びと」が指摘するような危機的状況にはないとする結論を導いている点にある。彼は，この結論を支える根拠として，多元的自己の観念に由来する世代間の利害調整機能に加えて，アメリカの相対的に広い国土と新たな若い移民労働力の流入を挙げている。ひるがえって日本の問題状況を考えるならば，人口構成の少子高齢化をめぐる問題状況は，アメリカのそれとは明らかに異なる進展状況にある。とくに，わが国における国家財政の

累積赤字の増大傾向に加えて，雇用分野のみならず年金・医療・介護などの社会保障分野をめぐる問題状況もアメリカとは異なる事情にあることは，本書の第3部におけるポズナーの規範的分析アプローチの示唆するところからも明らかだろう。わが国における人口構成の少子高齢化に伴う社会的な問題状況は，将来的に見れば，政府の財政構造や社会保障制度の破綻という危機に直面する蓋然的確率が極めて高いと予測すべきだろう。

　本書におけるポズナーによる議論は，以上に整理したように，その出版の時期を考えれば約20年の時間的な経過を経ているものの，わが国における人口構成の少子高齢化とともに「加齢現象」や「高齢者」をめぐる問題状況を比較検証する際にも，いまだ充分に包括的かつ複合的な分析視点に基づく思考枠組みとしての強靭さを秘めているように思われる。訳者としては，本書においてポズナーが提示した議論の現実有効性とその思考枠組みの強靭性はいささかも衰えていないと考えて，本書の翻訳を決意した次第である。ここでは，訳者の長年にわたるご無沙汰にも拘わらず，本書の翻訳出版の依頼に快く応じていただいた上で，懇切な校正・編集作業を引き受けてくださった木鐸社の坂口節子氏には，そのご尽力に対して心からお礼を申し上げたいと思う。また本書は，坂口氏のご好意によって，木鐸社による「法と経済学」叢書の一部に加えるというご配慮もいただいた。本書がこの叢書の一部に加えられることで，わが国における今後の「法と経済学」という研究領域の発展に何ほどかの寄与ができるとすれば，訳者としてもこれに過ぎる光栄はないと考えている次第である。

　最後に，本書の翻訳について，いくつかの補足的説明が必要であろう。本書は，ポズナーによる原著の全訳ではあるが，紙数の関係もあってその索引部分は編集段階で大幅に縮減している。また，日本語への翻訳に際して，同一の英語による言語表現であっても，複数の日本語表現に組み替えて用いている場合が多い。たとえば，本書の主題である「加齢現象(aging)」という訳語は，個人レベルでの生理的変化をめぐる訳語としてのみ用いており，社会的な文脈での人口変動については「高齢化」と訳している。また，「高齢者(old age)」という訳語も，個人の人生におけるステップを表現する場合には「高齢期」という訳語を用いている。さらに，本書で引用されているさまざまな文献，たとえばイエーツやシェイクスピアなどにはすでに多くの専門家による翻訳があることは周知の事実であるが，本書ではあえて訳者による翻訳表現として統一的に処理している。これらの翻訳による言語表現の問題

以外にも，ポズナーによる原著が広汎な学際的複合領域に言及しているために，訳者によるそれぞれの領域での理解や解釈が不充分ないし不適切な部分も多々あるかと思われる。これらの部分については，それぞれの専門分野の研究者の方々からのご指摘をいただければ幸いである。

2014年11月20日

訳者

索 引

ア行

アーキング, ロバート 368
アインシュタイン, アルベルト 310
アリストテレス 27-28, 34, 92, 95, 137-142, 144-146, 148, 153-154, 156-157, 238, 262
アルコール依存症 32
アルツハイマー病(SDAT) 31-32
アレクサンダー大王 224
暗黙知 221
安楽死 116, 127, 314-316, 322-326, 338-339, 349, 351, 374-375
イエーツ, ウィリアム・バトラー 135-136, 155-156, 227, 236-237, 239-240
遺産動機 83, 97, 165, 378
医師幇助自殺 314-321, 325-328, 330-338, 347-350
一夫多妻 293-294
遺伝学 38, 134
遺伝子プログラム 40, 149, 165, 275, 345
移民 47, 49, 60, 94
医療研究 372-373
引退年齢 51-52, 61, 67, 69, 77-78, 112-113, 129-130, 194, 210, 253, 261, 271, 351
隠喩 229-230
引用回数 249-250, 253, 255-258, 272
ヴァンダービルト, アーサー 259
ウィトゲンシュタイン・L. 228-229
ウィリアムズ, バーナード・アーサー・オーウェン 228
ウイルソン, エドマンド 300
ウェーバー, マックス 219
ヴェルディ, ジュゼッペ 237
ウォー, エヴェリン 137, 324
ウォーレン, アール 264
うつ病 184-186, 209, 321-322
エイズ・ウイルス(HIV) 78
エリオット, T・S 135, 137
エルスター, ジョン 116
延命措置 323
オキーフ, ジョージア 215

カ行

臆病 156-157
親孝行 297, 384

解雇 102, 181, 220, 267, 427, 460-463, 467-468, 477, 480
外部費用 438
科学的な推論 34
学術研究者 212, 218, 244, 475-480
確定給付型プラン 196, 400-408
確定拠出型プラン 400-402, 407-408
カザルス, パブロ 227
家事労働 187
カス, レオン 77
家族的な利他主義 162, 183
合衆国議会 245
合衆国対マノッキオ事件 424
活動ルール 432-434
カトー, マルクス・ポリキウス 136
家父長的保護主義 352-353
カベル, スタンレー 228
カラブレイジ, グィド 246
カルドーゾ, ベンジャミン・N 246-247, 262
関係的人的資本 84, 88, 219, 223, 462
カント, イマニュエル 228
キーツ, ジョン 135
機会費用 85, 87, 113, 150, 198, 203-206, 209-210, 213-214, 234, 298
企業特殊的人的資本 72, 102, 307, 451
企業年金(プラン) 67, 193, 197, 210, 399, 470
キケロ, マルクス・テュリウス 136
技術革新 146
期待効用 329-330, 375-376
期待費用 167-168, 173, 179, 181, 331
逆U字カーブ 99, 105, 169
逆転の終末期 87, 89
教育訓練 72
強制的な定年退職制度 454-455, 459, 466 468-471, 473-474, 476, 478-479
居宅介護サービス 197
虚脱感 34, 109-110, 130, 180

キルバーン，レベッカ 182
キンゼイ報告 188
金銭的な呑嗇性 187，207
クィン，ウィラード 228-229
クーン，トマス・S 229，309-310
グッドマン，ネルソン 228
クレマンソー，ジョルジュ 154-156
クロンマン，アンソニー 261
ゲーテ，ヨハン・ヴォルフガング 152
結晶的知能 32，79，92-93，129，217-219，226，272，482
決定的証拠 158，450
健康寿命 391
原告の勝訴確率 444-445
倦怠感 28，34，77，88，109-111，130，272，391
現物給付 72
後期ピーク＝維持型 242，245，272
後期ピーク＝非維持型 242，245
厚生経済学 118，121
控訴裁判所 245-246，250-253
衡平法上の救済 444
功利主義 121，342，487
合理的選択行動 134
高齢者依存比率 55-56，59
コース，ロナルド 225
ゴールズワージー，ジョン 135，295
コールマン，ジェームズ 88
孤独感 86-87
コミュニティ 291-292，295
ゴメス，カルロス 323-326
コモン・ロー 259，412，421
雇用機会平等委員会(EEOC) 442-443
雇用における年齢差別禁止法(ADEA) 105，194，402，427，433，435-438，440，447-450，465-469

サ行

最低賃金法 105
サイモントン，ディーン・キース 247
サルトル，ジャン・ポール 228
産業社会 287
シェイクスピア・W. 149，155，287，292
シェリング，トマス・クロンビー 225
死刑 322
死後の効用 79-80，82，89

自殺 183-187，207-209，317-322，333-342
自然選択 41-43，149
疾病 26-27，29-33
私的年金契約 83-84
死の恐怖 119，148-150，165，183，207
司法委員会 473
司法判断の質的評価 247-248，254
司法判断の量的評価 254
シモンズ，レオ 289-290
社会的依存比率 59-60，64，77，279，380
社会的価値 172，274
社会的地位 274-275，277-278，280，285-286，288-289，291，302
社会的費用 254
社会保障給付 61，192-193
社会保障税 379-381，386，388-390，395
社会保障庁 55
社会保障プログラム 67，299，351，378-380，390-391，393-396
社会保障法 56，399
終身在職権 220，471，474-480
終末期 37，79-82，89，97，147，152，156，181，265，279，315-316，319，324，335-336，341，348，357，360，387，399，404-405，487-488
シュスター，マイケル 450
出生率 46，48，55
障害状態 63-65，454
障害を持つアメリカ人法(ADA) 453-454
情報費用 203，431，436，483
職業訓練 72-73，110
人員整理(RIF) 451，457-459
進化生物学 148，164，353，488
人工関節 64
人種差別 428
身体的・精神的能力減退 27-32，35-36
人的資本(理論) 34，71，267
人的資本投資 58，73-80，85，91，127，177-178，194，212-214，217-218，225，271-272，294，404，419，430，438-439，441，447-449，464
スティーブンス，ウォーレス 227
ストレス 180，195
スペンス，マイケル 308
性差別 428
生存期待値 348，391

静態的社会　280-281，285
世代間の社会契約　384-385
潜在能力　29，35，37，43，77，90，98-102，104，109，129-130，158，208，232，286，430，432
選択的バイアス　30，97，103，110，129，150，172，185-186，208，253，299，316，364，372，433-434，482-483
先任権　103
先任資格　251-252，472-473，475
先例拘束性の原理　262，272
早期退職優遇プログラム　455-461，467-469，474，476，478-480
早期ピーク＝維持型　242
早期ピーク＝非維持型　242
ソーシャル・ワーカー　393
ソフォクレス　240
損害賠償訴訟　114-115，453，464

タ行

ダーウィン，チャールズ・ロバート　304
退職年金給付　67，351
代表的な抽出サンプル　443
ダウン症候群　31
多元的自己　114-118，124-125，127-128，130-131，188，341-342，345
ダニエルズ，ノーマン　358
タフト，ウィリアム・ハワード　259
地区裁判所　252-253
チャーチル，ウィンストン　228
懲役刑　176-177，208，416-417，421
徴兵制　367
積立方式　379，381
デイヴィッドソン，ドナルド・ヘルバート　228
ティツィアーノ，ヴェセリオ　215，237
ディヴィス対コックス事件　425-426
出来高払い　324，462，465
テニスン，アルフレッド　136-137，155，242
デューイ，ジョン　228
ドゥオーキン，ロナルド　357-361，393
統計的差別　431，433-435，437-439，449
動態的社会　280，285
糖尿病　64
投票行動　160-162，201-207，296，388，391-392

トスカニーニ，アルトゥーロ　227
トムソン，ジュディス・ジャーヴィス　228

ナ行

ナポレオン・ボナパルト　224，228
ニーチェ，フリードリッヒ・ウィルヘルム　153，155，229
ニュー・ディール　264
ニュートン，アイザック　310
妊娠中絶　322，349，367
認知症　64，118，346，354，383
認知バランス変化　34
ネットワーク　88-89，219
年金給付保証公社（PBGC）　406
年金受給権　107，261，402-408
年金所得　107
年金支分権　106-107
年齢区分　68
年齢コーホート　30，57，67，86-87，89，205，247-251，253-254，263，273，278，379，381，385，438，482
年齢差別　29，428，431，436，440，449，481-482，485
年齢差別主義者　31
年齢差別訴訟　452-453，461，464-465
ノイラート，オットー　229
農業社会　286-288，291-293
脳水腫　32
脳卒中　32，35
能力減退　28-31，35，91，98，167-169，181-182，208，213，236，242，253，255，259，261，268，270，431，453，472，477

ハ行

パーキンソン病　32
パース，チャールズ・サンダース　142-143
パートタイム　61，112-113
陪審サービス　206-207，210
陪審評決　413-414，449
ハイフェッツ，ヤシャ・ルヴィモヴィチ　227
パスカル，ブレーズ　82
罰金刑　416-417
パットナム，ヒラリー・ウィットホール　228
ハンド，ラーニッド　246，255-258，262，266，268-269，272
晩年期スタイル　236-237，243

ピーク年齢　214-215，222，225，228，
　230-232，235，242
ピカソ，パブロ　215
悲観主義　144-145，148，157
非細胞レベルの変化　33，91
ビタミンB12欠乏症　32
ヒューズ，チャールズ・エバンズ　259
フィッシャー，ディヴィッド　304-306，377
フェミニスト　371
フォースター，E・M　241
賦課方式　66-67，379-381
不完全情報　125
不法行為訴訟　414
不法行為法　125，170，408-409，416
プライバシー　198-199，201，209
ブラド，C・G　341
プラトン　228-229，303
フランクファーター，フェリックス　246
ブランダイス，ルイス・デンビッツ　246
不慮の事故　173
フルタイム　61，113，196，257
ブロック，ダン　343-344
ブロムリー，D・B　245
フレンドリー・ヘンリー　246，270
平均寿命　46，48，52，55，61，63-64，
　67-69，71，74-77，189，282，297，485
ベッカー，ゲリー　77，182，381
ペット・セラピー　185
「ペンと鉛筆」テスト　105
ホイットマン，ウォルト　227
ホームズ，オリヴァー・ウェンデル，Jr.
　154-155，241-242，246-247，262，296，300
保守主義　397
保守的スタイル　159
ポスト産業社会　295
ホスピス運動　324
ホメロス　45
ホロビッツ，ウラディミール・S　227

マ行

マーシャル，ジョン　259
マン，トーマス　295
未開社会　277，279，281-285，289，294，
　310-311
ミケランジェロ，B　215
ミル，ジョン・スチュアート　318，326-327，
　345，348-349
民間保険組織（HMO）　324
ミンサー，ジェイコブ　78
民主主義　296
無作為抽出　89，443
メディケア　58，61，65-66，68，352-357，
　360-361，379-380，382，393-396，420，485
メディケイド　65，352，393-394，420

ヤ行

薬物中毒　111
遺言検証人　348
優先順位　365，395
ユダヤ正教　306
余暇　37，58，62-63，106-107，112-113，130，
　187，211，267

ラ行

ライフ・サイクル　27，47，51，77-78，80，
　87，89-90，96，128，166，176，211，242，
　306-308，312，358，361，404
ライフ・サイクルに及ぼす認知バランス　27
楽観主義　144，157
ラッセル，バートランド・アーサー・ウィリア
　ム　228
ランデス，ウィリアム　410-411
利他主義　321
流動的知能　32，34，79，92-95，104，129，
　145，158-159，164，180，217-219，225-226，
　233-234，239，259，294，392，482
猟官制度　471
類推　95
類推適用　124，145，223，259，353
ルクレティウス　229
レーマン，ハーベイ　218，227，258
連邦公衆衛生局（PHS）　362
連邦公務員法　471
老眼　35
老人看護ケア施設　119，199-200，322，341，
　359
老人性認知症　31-33，359，399，421-422，
　424-425
労働組合　102
労働参加率　55-56，59，210，298，469，485
労働者退職所得保障法（ERISA）　400，403，
　405-408，427，448，465，485

老齢年金給付　162
ロー・クラーク　246
ロー・スクール　244, 263, 266, 340
ローゼン, シャーウィン　358-359
ローティ, リチャード　228
ローマ・カトリック　306, 308

ロールズ, ジョン　228

ワ行

ワインフェルド, エドワード　253, 259
割引率(利子率)　96, 107-108, 125-126, 130, 213, 306, 390, 419, 458

著者紹介
リチャード・アレン・ポズナー(Richard Allen Posner)
1939年アメリカ合衆国ニューヨーク市生まれ
ハーバード大学ロー・スクール卒業(LL. B)
スタンフォード大学ロー・スクール准教授, シカゴ大学ロー・スクール教授を経て
現在　連邦第7巡回控訴裁判所裁判官
専門分野　「法と経済学」を中心に幅広い学際的研究領域で研究・執筆活動
主な業績　『正義の経済学―規範的法律学への挑戦―』(馬場・國武監訳, 1991年, 木鐸社)など多数。

訳者紹介
國武輝久(くにたけ てるひさ)
1941年東京都生まれ
東北大学大学院法学研究科修士課程修了, 法学博士(北海道大学)
新潟大学法学部教授, 新潟青陵大学看護福祉心理学部教授を経て
現在　新潟大学名誉教授
専門分野　労働法学, 社会保障法学(英米法学, 法社会学, 法と経済学など)
主な業績　『カナダの労使関係と法』(1990年, 同文舘出版)など。

AGING AND OLD AGE by Richard A. Posner
Copyright © 1995 by the University of Chicago
All rights reserved
Japanese translation licensed by The University of
Chicago Press, Chicago, Illinois, U. S. A. through
The English Agency (Japan) Ltd

加齢現象と高齢者：高齢社会をめぐる法と経済学

2015年1月20日第1版第1刷　印刷発行　©

訳者との了解により検印省略	著　者　リチャード・A. ポズナー	
	訳　者　國　武　輝　久	
	発行者　坂　口　節　子	
	発行所　㈲　木　鐸　社	

印刷　フォーネット　　製本　吉澤製本
　　　互恵印刷

〒112-0002　東京都文京区小石川5-11-15-302
電話 (03) 3814-4195番　　振替 00100-5-126746
FAX (03) 3814-4196番　　http://www.bokutakusha.com

(乱丁・落丁本はお取替致します)

ISBN-978-4-8332-2478-9　C3032

〔「法と経済学」叢書1〕
「法と経済学」の原点
松浦好治編訳（名古屋大学法学部）
A5判・230頁・3000円（1994年）ISBN4-8332-2194-2
ロナルド・コース＝社会的費用の問題（新沢秀則訳）
G・カラブレイジィ＝危険分配と不法行為法（松浦好治訳）
E・ミシャン＝外部性に関する戦後の文献（岡敏弘訳）
　本書は「法と経済学」と呼ばれる法学研究のアプローチの出発点となった基本的文献を収録し、その発想の原点を示す。

〔「法と経済学」叢書2〕
不法行為法の新世界
松浦好治編訳
A5判・180頁・2500円（1994年）ISBN4-8332-2195-0
R・ポズナー＝ネグリジェンスの理論（深谷格訳）
G・カラブレイジィ／メラムド＝所有権法ルール，損害賠償法ルール，不可譲な権原ルール（松浦以津子訳）
　70年代から急速な展開を見せ始めた「法と経済学」研究は、アメリカ法学の有力な一学派を形成。70年代初期の代表的論文を収録。

〔「法と経済学」叢書3〕
法と経済学の考え方　■政策科学としての法
ロバート・クーター著　太田勝造編訳（東京大学法学部）
A5判・248頁・3000円（2003年2刷）ISBN4-8332-2248-5
1．法と経済学での評価基準，価値観　2．法と経済学の基本定理：コースの定理　3．不法行為法，契約法，所有権法の総合モデル　4．インセンティヴ規整：行動の価格設定と制裁
　1．と2．は法と経済学の基礎理論、3．と4．で民事法から刑法までカヴァーするクーターの統一的見地を提示する。

〔「法と経済学」叢書4〕
法と社会規範　■制度と文化の経済分析
Eric A. Posner, Law and Social Norms, 2nd., 2000
エリク・ポズナー著　太田勝造監訳
（飯田高・志賀二郎・藤岡大助・山本佳子訳）
A5判・360頁・3500円（2002年）ISBN4-8332-2331-7
　非・法的な協力の一般的モデルとしての「シグナリング・ゲーム」を提示し、法の個別分野に適用。更に規範的法理論をめぐる一般的な問題を検討する。「法と経済学」によるアプローチの有効性を示す。

〔「法と経済学」叢書5〕
結婚と離婚の法と経済学
Antony W. Dnes & Robert Rowthorn (eds.), The Law and Economics of Marriage & Divorce, 2002
アントニー・W・ドゥネス & ロバート・ローソン編著　太田勝造監訳
A5判・370頁・3500円（2004年）ISBN4-8332-2357-0 C3032
　著者たちは，結婚と離婚について法と経済学の手法を用いて分析する。結婚はどの程度契約といえるのであろうか。結婚が当事者に提供するものは何なのであろうか。本書の新しい研究は，家族法に関心を持つ法律家・政策担当者・経済学者に興味深い知見を提供。

〔「法と経済学」叢書6〕
民事訴訟法の法と経済学
Robert G. Bone, The Economics of Civil Procedure, Foundation Press, 2003
ロバート・G・ボウン著　細野　敦訳
A5判・280頁・3000円（2004年）ISBN4-8332-2359-7 C3033
　民事訴訟法の考察に「法と経済学」の手法を駆使した本書の鋭利で説得力のある分析は，伝統的民事訴訟法理論との連続と不連続を堪能することが出来，また法政策立案者には社会的総費用と社会的総便益のバランスに配慮した法創造に参考となる。

〔「法と経済学」叢書7〕
合理的な人殺し　■犯罪の法と経済学
Gary E. Marché, Murder as A Business Decision: An Economic Analysis of Criminal Phenomena (2nd ed.), University Press of America, 2002
マルシェ著　太田勝造監訳
A5判・270頁・3000円（2006年）ISBN4-8332-2379-1
　本書は刑事法分野，とりわけ殺人について法と経済学の手法による分析をした研究書。FBIをはじめとするアメリカ合衆国の捜査当局が利用する犯罪プロファイリングが口を極めて非難されている。

〔「法と経済学」叢書8〕
法，疫学，市民社会
Sana Loue, Case Studies in Forensic Epidemiology, 2002
サナ・ルー著　太田勝造・津田敏秀監訳
A5判・328頁・4000円（2009年）ISBN978-4-8332-2410-9
■法政策における科学的手法の活用
　法と疫学の交差する領域のなかで本書で扱ったケーススタデイが提起する様々な政策的課題は，文化や法制度の相違を超えて決定的に重要なものになっている。1　個別の権利請求の判断における科学と法の相克　2　損害発生とその補償との間の時間差　他

〔「法と経済学」叢書9〕
法統計学入門 ■法律家のための確率統計の初歩
Michael O. Finkelstein, Basic Concepts of Probability and Statistics in the Law, 2009
M・O・フィンケルスタイン著　太田勝造監訳　飯田高・森大輔訳
A5判・296頁・3000円（2014年）ISBN4-8332-2474-1 C3032

　現代における法律関係者は、統計学の素養を身に付けることが必須になっている。複雑な問題に直面した場合、自ら法統計学を習得している法律関係者の方が、専門コンサルタントの支援を受けなければならない法律関係者よりも、はるかに効率的に仕事ができる。

法と文学　上巻・下巻
Richard Allen Posner, Law and Literature (3rd. ed)
R. ポズナー著　平野晋監訳　坂本真樹・神馬幸一訳
上巻　A5判・352頁・5000円（2011年）ISBN978-4-8332-2443-7 C3032
下巻　A5判・384頁・5000円（2011年）ISBN978-4-8332-2444-4 C3032

　「法と経済」の第一人者ポズナーは、米国における「法と文学」運動が曖昧模糊とした理論を高尚なそれに見せかけている点を徹底的に論駁し、斬新な視点から「法学」と「文学」の両分野にまたがる作品の多様な分析を行い、この学問の将来の方向性を示す。

正義の経済学　■規範的法律学への挑戦
Richard A. Posner, The Economics of Justice, 1981
R. ポズナー著　馬場孝一・國武輝久他訳
46判・480頁・6000円（OD版2008年）ISBN4-8332-9003-0 C3030
Ⅰ　正義と効率性　Ⅱ　正義の起源　Ⅲ　プライヴァシーと関連諸利害　Ⅳ　最高裁と差別問題

　著者は、現代アメリカで隆盛をみせている「法の経済分析」に関するパイオニアの一人である。富の最大化アプローチを用いて、あらゆる法現象を徹底的・包括的に経済分析し、通説に挑戦する。

行政法の実施過程
平田彩子著
A5判・224頁・2800円（2009年）ISBN978-4-8332-2422-2
■環境規制の動態と理論

　水質汚濁防止法の行政による規制課程の実証的かつ理論的分析。実証的法社会学の方法と経済分析（ゲーム理論）による理論的分析の結合は、行政規制のどの分野についても応用可能であるのみならず、広く日本社会の法化のダイナミクスの研究方法として多大の成果が期待されるもの。